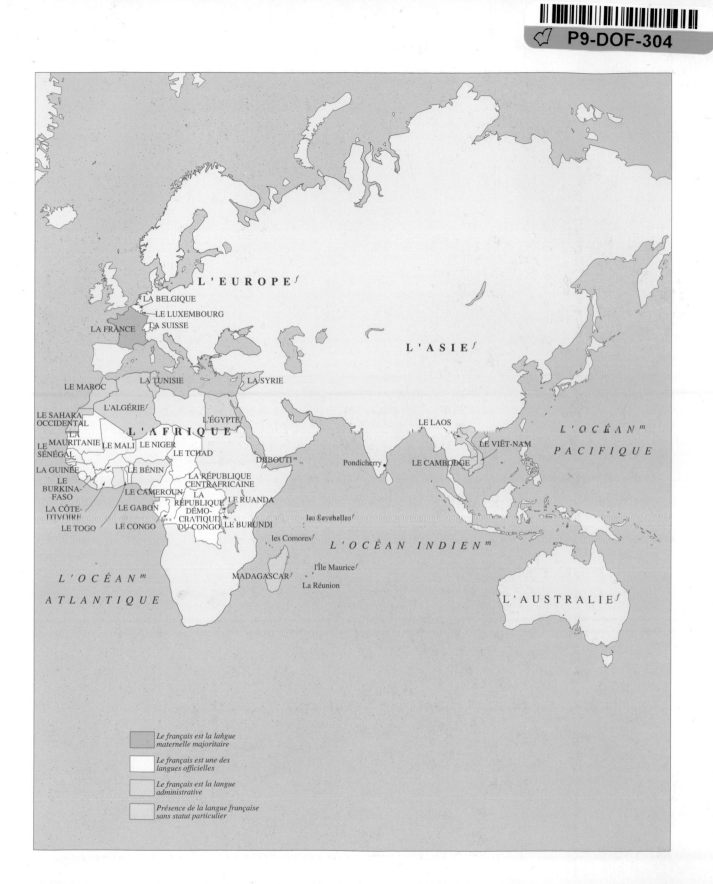

L'EUROPE ^{f}

LA BELGIQUE
LE LUXEMBOURG
LA SUISSE
LA FRANCE

L'ASIE ^{f}

LE MAROC
LA TUNISIE
LA SYRIE

L'ALGÉRIE ^{f}
L'ÉGYPTE ^{f}

LE SAHARA
OCCIDENTAL
L'AFRIQUE
LA
MAURITANIE
LE MALI LE NIGER
SÉNÉGAL
LE TCHAD
DJIBOUTI ^{m}

LE LAOS

L'OCÉAN ^{m}
PACIFIQUE

LA GUINÉE
LE BÉNIN
LE
BURKINA-
FASO
LA RÉPUBLIQUE
CENTRAFRICAINE
LA CÔTE-
D'IVOIRE
LE CAMEROUN
LE GABON
LA
RÉPUBLIQUE
DÉMO-
CRATIQUE
DU CONGO
LE RUANDA
LE TOGO
LE CONGO
LE BURUNDI
Pondicherry
LE CAMBODGE
LE VIÊT-NAM

les Seychelles
les Comores
L'OCÉAN INDIEN ^{m}

L'OCÉAN ^{m}
ATLANTIQUE
MADAGASCAR ^{f}
l'Île Maurice ^{f}
La Réunion

L'AUSTRALIE ^{f}

Le français est la langue
maternelle majoritaire

Le français est une des
langues officielles

Le français est la langue
administrative

Présence de la langue française
sans statut particulier

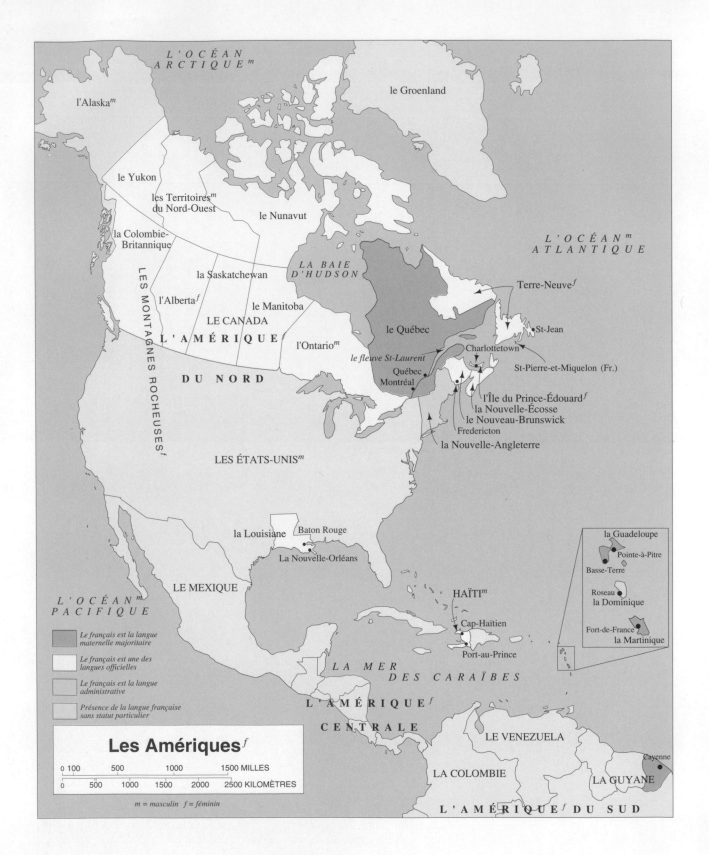

Les Amériques^f

L'OCÉAN ARCTIQUE^m

le Groenland

l'Alaska^m

le Yukon

les Territoires^m du Nord-Ouest

le Nunavut

la Colombie-Britannique

L'OCÉAN^m ATLANTIQUE

LA BAIE D'HUDSON

la Saskatchewan

Terre-Neuve^f

l'Alberta^f

le Manitoba

LE CANADA

le Québec

St-Jean

L'AMÉRIQUE^f

l'Ontario^m

Charlottetown

St-Pierre-et-Miquelon (Fr.)

DU NORD

le fleuve St-Laurent

Québec

Montréal

l'Île du Prince-Édouard^f

la Nouvelle-Écosse

le Nouveau-Brunswick

Fredericton

la Nouvelle-Angleterre

LES MONTAGNES ROCHEUSES^f

LES ÉTATS-UNIS^m

la Louisiane

Baton Rouge

La Nouvelle-Orléans

la Guadeloupe

Pointe-à-Pitre

Basse-Terre

L'OCÉAN^m PACIFIQUE

LE MEXIQUE

HAÏTI^m

Roseau

la Dominique

Cap-Haïtien

Le français est la langue maternelle majoritaire

Le français est une des langues officielles

Le français est la langue administrative

Présence de la langue française sans statut particulier

Fort-de-France

la Martinique

Port-au-Prince

LA MER DES CARAÏBES

L'AMÉRIQUE^f CENTRALE

LE VENEZUELA

Les Amériques^f

0 100   500   1000   1500 MILLES

0   500   1000   1500   2000   2500 KILOMÈTRES

m = *masculin*   *f* = *féminin*

LA COLOMBIE

Cayenne

LA GUYANE

L'AMÉRIQUE^f DU SUD

IMPORTANT:

HERE IS YOUR REGISTRATION CODE TO ACCESS
YOUR PREMIUM McGRAW-HILL ONLINE RESOURCES.

Vis-à-vis

BEGINNING FRENCH

THIRD EDITION

Evelyne Amon

Judith A. Muyskens
Colby-Sawyer College

Alice C. Omaggio Hadley
University of Illinois, Urbana-Champaign

With contributions by:
Brian Arganbright
Thierry Courchesne
Gregory A. Fulkerson
Julianna Nielsen
H. Jay Siskin

Mc Graw Hill

Boston   Burr Ridge, IL   Dubuque, IA   Madison, WI   New York
San Francisco   St. Louis   Bangkok   Bogotá   Caracas   Kuala Lumpur
Lisbon   London   Madrid   Mexico City   Milan   Montreal   New Delhi
Santiago   Seoul   Singapore   Sydney   Taipei   Toronto

Higher Education

This is an ⊏Ⅾ| book.

Vis-à-vis
Beginning French

Published by McGraw-Hill, an imprint of The McGraw-Hill Companies, Inc., 1221 Avenue of the Americas, New York, NY 10020. Copyright © 2004, 2000, 1996 by The McGraw-Hill Companies, Inc. All rights reserved. No part of this publication may be reproduced or distributed in any form or by any means, or stored in a database or retrieval system, without the prior written consent of The McGraw-Hill Companies, Inc., including, but not limited to, in any network or other electronic storage or transmission, or broadcast for distance learning.

This book is printed on acid-free paper.

2 3 4 5 6 7 8 9 0 VNH VNH 0 9 8 7 6 5 4

ISBN 0-07-256032-0 (Student's Edition)
ISBN 0-07-286029-4 (Instructor's Edition)

Vice president and Editor-in-chief: *Thalia Dorwick*
Publisher: *William R. Glass*
Development editor: *Michelle-Noelle Magallanez*
Director of development: *Susan Blatty*
Executive marketing manager: *Nick Agnew*
Lead project manager: *David M. Staloch*
Senior production supervisor: *Richard DeVitto*
Project designer: *Sharon Spurlock*
Interior designer: *Linda Robertson*

Cover designer: *Lisa Buckley*
Art director: *Jeanne M. Schreiber*
Art editor: *Emma Ghiselli*
Senior supplements producer: *Louis Swaim*
Photo researcher: *Nora Agbayani*
Compositor: *TechBooks*
Typeface: *10/12 New Aster*
Printer and binder: *Von Hoffmann Press*

Cover image: © The Museum of Modern Art/Licensed by SCALA/Art Resource, NY. Matisse, Henri (1869–1954). Interior with a Violin Case. Nice, (winter 1918–1919). Oil on canvas, 28 3/4 × 23 5/8" (73 × 60 cm). Lillie P. Bliss Collection.

Because this page cannot legibly accommodate all the copyright notices, credits are listed after the index and constitute an extension of the copyright page.

Library of Congress Cataloging-in-Publication Data

Amon, Evelyne.
  Vis-à-vis: beginning French / Evelyne Amon, Judith A. Muyskens, Alice C. Omaggio
Hadley; with contributions by, Thierry Courchesne, Gregory A. Fulkerson, H. Jay
Siskin.—3rd ed.
    p. cm.
  Includes indexes.
  ISBN 0-07-256032-0 (hc.)
  1. French language—Textbooks for foreign speakers—English. I. Title: Beginning
French. II. Muyskens, Judith A. III. Hadley, Alice Omaggio, 1947– IV. Title

PC2129.E5A48 2003

2003043011

www.mhhe.com

Contents

L'Arc de Triomphe, Paris, France

III

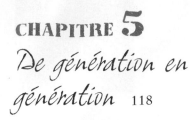

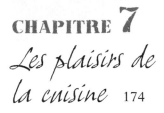

CHAPITRE 9

En route! 232

CHAPITRE 10

Comment communiquez-vous? 258

XI

Appendixes

Lexiques

Index

Preface

Welcome to the exciting third edition of *Vis-à-vis*, a complete beginning French program. The overall goal of the revision remains the same as that of the second edition: To promote a balanced four-skills approach to learning French through a variety of listening, speaking, reading, and writing activities, while introducing students to the richness and diversity of the Francophone world. In response to the success of the second edition, we have retained in the third edition those features that were praised by reviewers and that set *Vis-à-vis* apart from other beginning French programs.

- a unique chapter organization that divides the sixteen chapters into four distinct **leçons**
- vocabulary, grammar, and culture that work together as interactive units
- an abundance of practice materials ranging from form-focused to communicative
- a feature that links four young people in France—by postcard, letter, or e-mail—to four other correspondents in the Francophone world
- an integrated video that features the upbeat adventures of university students in Aix-en-Provence
- a complete supplementary package coordinated with the core text

New to This Edition

In response to feedback about the second edition of *Vis-à-vis*, we have made the following major changes in the new edition.

- Well-integrated cultural video segments appear after every fourth chapter. The new **Bienvenue** section provides all new cultural video footage shot specifically for *Vis-à-vis* in five Francophone cities throughout the world—Paris, France; Quebec City, Canada; Dakar, Senegal; Brussels, Belgium; and Fort-de-France, Martinique. With narration geared to students' comprehension level, these segments take students through a "day in the life" of each city. In the textbook, the new **Un coup d'œil** feature provides more information about the city in question, and the accompanying **Portrait** readings present an important figure from each country.

- A completely revised **Correspondance** section appears in each chapter. The highly praised two-page **Correspondance** section of this edition is even more inviting as it continues to bring to life the immense richness and variety of French and Francophone cultures in a single, easy-to-use presentation. Throughout the text, the cultural content has been significantly updated.
  - Postcards, letters, and e-mails shared between eight French and Francophone friends link the chapter-opening pages to the **Correspondance** section.
  - A new feature, **En image...**, describes the photo that accompanies the correspondence. Related cultural readings are included on the CD-ROM.
  - The **Reportage** readings explore cultural, social, and historical topics that address current interests and technological advancements of the 21st century in the French-speaking world.
  - The **À vous!** questions launch group conversation and explore in more depth the content of the **Reportage** reading and its accompanying photo.
  - **On est branché!** presents updated task-based web activities that connect students to the Internet and to the French-speaking world and extend the themes introduced in each chapter.

- Based on useful feedback from reviewers, half of the readings are new to this edition, most of them taken from French and Francophone magazines and websites. These new readings provide a contemporary perspective for students and add a context for learning authentic language.
- A new review section, **Révisez!,** following **Chapitres 4, 8, 12,** and **16,** systematically recycles the grammar from the preceding four chapters through cloze activities. Answer keys are provided in Appendix H to allow students to correct their own work.
- New visually-based margin boxes, entitled **Un peu plus...,** have been added throughout *Vis-à-vis* to provide cultural information related to the photos.
- A new text-specific website offers a variety of features to both instructors and students. The website includes daily French news feeds, self-correcting grammar and vocabulary quizzes, as well as task-based web activities related to the themes introduced in each chapter.
- A new Online Workbook/Laboratory Manual, developed in collaboration with Quia, includes a grade reporting feature, an online audio program, and interactive activities.

Vis-à-vis and the National Standards

The third edition of *Vis-à-vis* provides a vehicle for focusing on the following "Five C's of the Foreign Language Education" outlined in *Standards for Foreign Language Learning: Preparing for the 21st Century.*

- **Communication:** *Vis-à-vis* encourages students to communicate in French in meaningful contexts.
- **Culture:** Students learn about and develop an understanding of French-speaking cultures.
- **Connections:** The videos, readings, activities, and exercises together encourage students to connect their French language study to other disciplines and to their personal lives.
- **Comparisons:** *Vis-à-vis* helps students to realize the interrelationships between language and culture and to compare the French-speaking world with their own.
- **Community:** *Vis-à-vis* offers many opportunities for learners to relate to communities of French-speaking people through a variety of interactive resources, including the Internet.

Please turn the page for a fully illustrated Guided Tour of the third edition of *Vis-à-vis.*

Guided Tour of Vis-à-vis

As in the second edition, the third edition of *Vis-à-vis* features a clear, user-friendly organization. The sixteen chapters are divided into four **leçons,** each easily located through a color-coded tabbing system, along with a central two-page cultural section called **Correspondance.**

To help launch the chapter theme, each chapter opens with a postcard, a letter, or an e-mail from one of the correspondents. An outline of the chapter's content also appears: Communicative objectives, thematic vocabulary, grammar points, and cultural highlights.

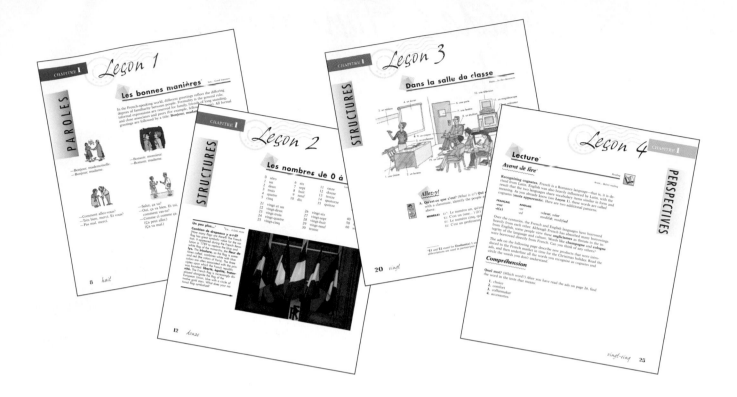

Leçon 1: Paroles offers visual presentations of the thematic chapter vocabulary and a wealth of enjoyable and engaging activities.

Leçons 2 and **3: Structures** each offer two grammar topics, introduced via minidialogues that illustrate communicative contexts from everyday conversation. Clear presentations in English follow, along with an abundance of examples in French. A variety of exercises and activities ranging from controlled and form-focused to open-ended and communicative complete each grammar topic.

Mots clés boxes feature lexical items for communication and are linked to an activity. They appear twice a chapter within the **Paroles** and **Structures** lessons.

Leçon 4: Perspectives integrates the vocabulary and grammar from the first three **leçons** in a rich and stimulating selection of skill-building activities: **Lecture** (pre-reading strategy, followed by a reading selection and a comprehension activity); **Écriture** (brief writing assignment based on the chapter's grammar and vocabulary); **À l'écoute sur Internet!** (listening comprehension with audio files available on the *Vis-à-vis* website and on a separate audio CD packaged with the Audio Program); and the functional video section, **En société,** complemented by vocabulary, a comprehension activity, a cultural note, and role plays.

Unified Culture Presentation

The cultures of the French-speaking world are an integral part of every page of *Vis-à-vis*. In particular, they are prominently displayed in the central **Correspondance** section of each chapter. Located between **Leçons 2 and 3**, **Correspondance** brings to life the immense richness and variety of French and Francophone cultures in a single, easy-to-use section.

- A response to the chapter-opener postcard, letter, or e-mail message opens each **Correspondance** section. Throughout the sixteen chapters of *Vis-à-vis*, Paul, Bénédicte, Michel, and Caroline, four university students living in Paris, exchange postcards, letters, and e-mail messages with their friends and relatives abroad. Their correspondence takes students to France and to four main regions of the Francophone world:

Chapitres 1 to **4** highlight Quebec, as students follow the correspondence between Caroline and her sister, Sophie, who lives in Canada.

Chapitres 5 to **8** focus on French-speaking Africa, with an exchange of cards and letters between Michel and his friend Malik, who is traveling through Senegal, the Ivory Coast, and Tunisia.

Chapitres 9 to **12** spotlight French-speaking Europe, as students witness the interaction between Paul and his former girlfriend, Nathalie, a journalist traveling through France, Switzerland, and Belgium.

Chapitres 13 to **16** provide a spirited exchange between Bénédicte and Jérôme, a tennis instructor at Club Med in Martinique, in the Antilles.

- **En image…** describes the photo that accompanies each message.
- The **Reportage** readings offer lively, incisive reports on an aspect of the chapter theme that brings students up-to-date on fascinating issues in contemporary French and Francophone societies.
- The **À vous!** questions launch group conversation and explore in more depth the content of the **Reportage** reading and its accompanying photo.
- **On est branché!** presents updated web-based activities that connect students to the Internet and to the French-speaking world.

In addition to the **Correspondance** pages in each chapter, we have provided a new cultural feature that appears after every fourth chapter. Entitled **Bienvenue,** this feature presents a brief reading, **Un coup d'œil,** and a cultural video segment that introduces students to the French and Francophone cities and regions depicted in *Vis-à-vis*. A **Portrait** offers students insight into a famous individual from each region.

Video and Interactive Multimedia

Video to accompany *Vis-à-vis*

The third edition of *Vis-à-vis* has two integrated video features. **En société** is the first part of the Video to accompany *Vis-à-vis*. **En société** features useful vocabulary, a comprehension activity, and a cultural note. In the accompanying **Jouez la scène!** activity, students make use of the functional expressions they hear and see during each episode. The **Bienvenue** feature is the second part of the Video to accompany *Vis-à-vis*. The first segment appears before **Chapitre 1,** and the remaining segments appear after every fourth chapter. This video feature provides all new cultural footage from five Francophone cities—Paris, France; Quebec City, Canada; Dakar, Senegal; Brussels, Belgium; and Fort-de-France, Martinique. Cultural notes and suggestions for presenting these segments are provided in the Instructor's Manual.

The *Vis-à-vis* CD-ROM

Available in both Windows and Macintosh formats, the *Vis-à-vis* CD-ROM presents a variety of interactive activities related to the content of the textbook. Many of the activities provide practice with the vocabulary and grammar of a given chapter. In addition, students can also view the video segments from **En société** and complete corresponding comprehension activities. To learn more about French and Francophone cultures, students can view the **Bienvenue** video cultural footage on the CD-ROM and complete readings and activities that develop the themes treated in these video segments. Recording and printing capabilities make the CD-ROM a true four-skill supplement. The CD-ROM also contains a link to the *Vis-à-vis* website, a talking dictionary, and helpful verb charts.

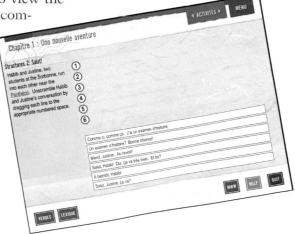

Vis-à-vis and the World Wide Web

The *Vis-à-vis* website brings France and the French-speaking world to students and instructors alike. Here are just a few of the features you will find on the site.

For Students:
- daily French news feeds
- questions and links for the **On est branché!** activity from the **Correspondance** section
- self-correcting quizzes for every chapter on each vocabulary presentation and grammar point
- audio files for the **À l'écoute sur Internet!** activities found at the end of each chapter in *Vis-à-vis*
- questions and links for the **Enquête culturelle** activity from the Workbook/Laboratory Manual
- study hints that offer students suggestions for improving their language skills

For Instructors:
- electronic versions of the Instructor's Manual, Audioscript, and overhead transparencies

Visit the site at **www.mhhe.com/visavis3**.

Premium Content on the *Vis-à-vis* Website

If you have purchased a *new copy* of *Vis-à-vis*, you have access free of charge to premium content on the Online Learning Center website at **www.mhhe.com/visavis3**. This includes, among other items, the complete audio program that supports the accompanying Workbook/Laboratory Manual. The card bound inside the front cover of this book provides a registration code to access the premium content. *This code is unique to each individual user.* Other study resources may be added to the premium content during the life of the edition of the book.

If you have purchased a used copy of *Vis-à-vis* but would like to also have access to the premium content, you may purchase a registration code for a nominal fee. Please visit the Online Learning Center website for more information.

If you are an instructor, you do not need a special registration code for premium content. Instructors have full access to all levels of content via the Instructor's Edition link on the homepage of the Online Learning Center website. Please contact your local McGraw-Hill sales representative for your password to the Instructor's Edition.

Supplements

As a full-service publisher of quality educational products, McGraw-Hill does much more than just sell textbooks to your students; we create and publish an extensive array of print, video, and digital supplements to support instruction on your campus. Orders of new (versus used) textbooks help us to defray the cost of developing such supplements, which is substantial. Please consult your local McGraw-Hill representative to learn about the availability of the supplements that accompany *Vis-à-vis: Beginning French*.

For Students

- The listening passages coordinated with the **À l'écoute sur Internet!** sections in the main text are available on the *Vis-à-vis* website.

- The combined **Workbook/Laboratory Manual** contains a variety of exercises on vocabulary, grammar, and culture; a guided writing section as well as a journal writing feature; and complete listening and pronunciation programs. Its sixteen chapters correspond to those in the main text. The Workbook/Laboratory Manual is designed primarily for independent study; your students can check their answers to single-response exercises against those given at the back of the Manual.
- The **Online Workbook/Laboratory Manual,** developed in collaboration with Quia, is the enhanced, interactive version of the printed product that includes instant feedback, the complete audio program, automatic grading and scoring, and a grade report feature that can be viewed online or printed.

- A **Student Audio Program,** available on audio CD, correlates with the Laboratory Manual portions of the Workbook/Laboratory Manual. The audio recording of the **À l'écoute sur Internet!** activities from the textbook is also included here on a separate audio CD.
- A **CD-ROM** offers a variety of innovative exercises and activities focusing on the theme of each chapter. This supplement is complemented with a talking dictionary and verb charts.

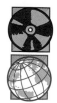

- A text-specific **Website** provides links to other culturally authentic sites and offers additional activities for each chapter of the text.

- **Ultra lingua,** a French-English bilingual dictionary on CD-ROM, is available for student purchase. This dual-platform CD-ROM contains 120,000 words and expressions, a special wild-card search function, an extensive hyperlinked grammar reference, and other valuable reference tools.
- **Sans faute** is an interactive writing environment that offers a high performance engine on CD-ROM, a simple word processor, a comprehensive French-English dictionary (*Ultra lingua*), and convenient grammatical resources to create accurate and meaningful French compositions.

For the Instructor

- The **Instructor's Edition** of the text includes teaching hints, suggestions for vocabulary recycling, and additional cultural information. This third edition has been revised with new activities and additional hints for language instruction.
- The **Instructor's Manual** offers more detailed teaching suggestions, sample lesson plans, and scripts for the **À l'écoute sur Internet!, En société,** and **Bienvenue** sections.
- The **Audio CD Program,** recorded by native speakers of French, contains exercises and listening passages to guide your students in speaking practice and listening comprehension (free of charge to institutions). An **Audioscript** is also available. The audio recording of the **À l'écoute sur Internet!** activities from the textbook is also included here on a separate audio CD.

- A **CD-ROM** (see The *Vis-à-vis* CD-ROM on page xix)
- The **Testing Program** consists of three sets of tests for each chapter of *Vis-à-vis,* as well as quarter and semester exams.
- The **Instructor's Resource CD-ROM** contains the **Testing Program, Instructor's Manual,** and **Audioscript** in an electronic format, providing you the flexibility of modifying or adapting these teaching materials to suit the needs of your class.
- A set of **Overhead Transparency** acetates, many in full color, contains drawings from the text and supplementary material for use in vocabulary and grammar presentations.

- A **Video Program** combines **En société** and the new cultural video footage presented in the **Bienvenue** sections. Both series are filmed on location (France, Canada, Senegal, Belgium, and Martinique) and are integrated into the text.

Acknowledgments

The authors and the publisher would like to express their gratitude to the following instructors across the country whose valuable suggestions contributed to the preparation of this new edition. The appearance of their names in this list does not necessarily constitute their endorsement of the text or its methodology.

Odette Borrey
Santiago Canyon College
Valerie Budig-Markin
Humboldt State University
Kimberlee Campbell
New York University
Simone Clay
University of California, Davis
Steven Daniell
Auburn University, Montgomery
Sabine J. Davis
Washington State University
Brigitte Debord
Lake Forest College
Katey Demougeot
Montgomery College
Louise Donohue
Ithaca College
Scott Fish
Augustana College

Maris Fletcher
Arkansas State University, Beebe
Eilene Hoit-March
Lawrence University
P. J. Lapaire
University of North Carolina at Wilmington
Dominique Lepoutre
Rochester Institute of Technology
David R. Long
Houston Community College
Charles R. McCreary
Indiana University of Pennsylvania
Hedwige Meyer
University of Washington
Brigitte Moretti-Coski
Ohio University
Eva Norling
Bellevue Community College

Kelly O'Leary
Kalamazoo Valley Community College
Kate Paesani
Wayne State University
Susan Petit
College of San Mateo
Regis Robe
University of South Carolina, Spartanburg
Anthony Scavillo
Converse College
Marilyn S. Severson
Seattle Pacific University
Peter-Otto Uhr
Florida Institute of Technology, Melbourne
Anna Weaver
Mercer University

The authors also wish to acknowledge the editing, production, and design team at McGraw-Hill: David Staloch, Sharon Spurlock, Emma Ghiselli, Rich DeVitto, Nora Agbayani, and Fionnuala McEvoy. Nick Agnew, and the marketing and sales staff of McGraw-Hill are also much appreciated for their loyal support of *Vis-à-vis*. Finally, many thanks are owed to our editors, Michelle-Noelle Magallanez and Susan Blatty, who followed the book through its writing and production phases and provided us with much needed encouragement and assistance, as well as to our publisher, William R. Glass, and to Thalia Dorwick, Editor-in-chief, for their continuing support and enthusiasm.

About the Authors

Evelyne Amon studied at the Université de Paris-Sorbonne. She holds a DEA in modern literature, a Diplôme de didactique des langues in French as a second language, and a CAPES in modern literature. She teaches French language and literature at both the secondary and university levels, and, for many years, has led a training seminar in Switzerland for professors on advances in methodology and pedagogy. She has written several reference volumes for Larousse (*Le Vocabulaire du commentaire de texte, Le Vocabulaire pour la dissertation, Les Auteurs de la littérature française, Grandes œuvres de la littérature française*), textbooks for Hatier (*Littérature et méthode*), and is currently working on a collection of textbooks (*Méthode, Anthologie littéraire*) for Magnard. She resides in Paris and New York.

Judith A. Muyskens, Ph.D., Ohio State University, is Professor of Humanities at Colby-Sawyer College, New Hampshire, where she is Academic Vice President and Dean of Faculty. She continues to teach French language courses when time allows, especially first- and second-year language classes. For many years, she taught courses in methodology and French language and culture and supervised teaching assistants at the University of Cincinnati. She has contributed to various professional publications, including the *Modern Language Journal, Foreign Language Annals,* and the ACTFL Foreign Language Education Series. She is a coauthor of several other French textbooks, including *Rendez-vous: An Invitation to French* and *À vous d'écrire.*

Alice C. Omaggio Hadley, Ph.D., Ohio State University, is a Professor in the Department of French at the University of Illinois at Urbana-Champaign, where she teaches courses in methodology, supervises teaching assistants, and directs basic language courses. She is a coauthor of the French texts *Rendez-vous: An Invitation to French* and *Kaléidoscope,* and is also the author of a language teaching methods text, *Teaching Language in Context.* Her publications have appeared in various professional journals, and she has given numerous workshops throughout the country.

Vis-à-vis

Bienvenue à Vis-à-vis!

Welcome to *Vis-à-vis,* to French, and to **la francophonie,** the French-speaking world! In the **Correspondance** sections, you will follow an exchange of cards, letters, and e-mail messages between Caroline, Michel, Paul, and Bénédicte—four college students in France—and some of their friends and relatives in French-speaking regions around the world.

Les gens

In **Chapitres 1–4,** Caroline corresponds with her sister, Sophie, a mother of two children living in Quebec City.

Nom: Caroline Tibéri
Âge: 20 (vingt) ans (*years*)
Profession: Étudiante

Nom: Sophie Tibéri
Âge: 27 (vingt-sept) ans
Profession: Mère

In **Chapitres 5–8,** Michel corresponds with his friend Malik, a professional tour guide working in West Africa.

Nom: Michel Veauvy
Âge: 21 (vingt et un) ans
Profession: Étudiant

Nom: Malik Hounsou
Âge: 23 (vingt-trois) ans
Profession: Guide touristique

In **Chapitres 9–12,** Paul corresponds with his former girlfriend, Nathalie, a freelance journalist traveling through France, Switzerland, and Belgium.

Nom: Paul Dumont
Âge: 22 (vingt-deux) ans
Profession: Étudiant

Nom: Nathalie Gérarde
Âge: 22 (vingt-deux) ans
Profession: Journaliste

In **Chapitres 13–16,** Bénédicte corresponds with her friend Jérôme, a tennis instructor at Club Med in Martinique.

Nom: Bénédicte Attal
Âge: 23 ans
Profession: Étudiante

Nom: Jérôme Lecroix
Âge: 22 ans
Profession: Employé au
Club Med

Les pays francophones

More than 220 million people in the world speak French, either as their native language or as a second language used in the workplace. French-speaking regions are found throughout the world.

By following the correspondence of Caroline, Michel, Paul, and Bénédicte in *Vis-à-vis*, you will learn more about the customs, traditions, lifestyles, and everyday routines that define France and the Francophone regions where their correspondents live: Canada, West Africa, French-speaking Europe, and the Antilles.

Pays: France (République française)
Nom des habitants: Français
Capitale: Paris
Langue officielle: français
Unité monétaire: euro
Fête nationale: 14 (quatorze) juillet

Pays: Canada
Nom des habitants: Canadiens
Capitale: Ottawa
Langues officielles: anglais, français
Unité monétaire: dollar canadien
Fête nationale: 1er (premier) juillet

La province de Québec
Capitale: Québec
81 % (pour cent) des habitants de la province de Québec parlent (*speak*) français.
Fête nationale: 24 (vingt-quatre) juin

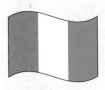

Pays: Côte-d'Ivoire (République de Côte-d'Ivoire)
Nom des habitants: Ivoiriens
Capitale: Yamoussoukro
Langue officielle: français
Unité monétaire: franc CFA
Fête nationale: 7 (sept) décembre

Pays: Sénégal (République du Sénégal)
Nom des habitants: Sénégalais
Capitale: Dakar
Langue officielle: français
Unité monétaire: franc CFA
Fête nationale: 4 (quatre) avril

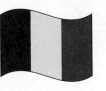

Pays: Belgique (Royaume de Belgique)
Nom des habitants: Belges
Capitale: Bruxelles
Langues officielles: français, allemand (*German*), flamand (*Flemish*)
Unité monétaire: euro
Fête nationale: 21 (vingt et un) juillet

Pays: Suisse (Confédération suisse)
Nom des habitants: Suisses
Capitale: Berne (siège [*seat*] administratif) Lausanne (siège judiciaire)
Langues officielles: allemand, français, italien
Unité monétaire: franc Suisse
Fête nationale: 1er (premier) août

Pays: Martinique
Nom des habitants: Martiniquais
Capitale: Fort-de-France
Langue officielle: français
Unité monétaire: euro
Fête nationale: 14 (quatorze) juillet

LA FRANCE

Bienvenue en France

Un coup d'œil° sur Paris

Un... *A glance*

Paris, the City of Light, intrigues, astonishes, provokes, overwhelms . . . and gets under your skin. For centuries, the city has served as a muse, inspiring artists, writers, and musicians alike with its beauty. Paris is the apex of architectural beauty, artistic expression, and culinary delight, and it knows it. As stately as the **Arc de Triomphe,** as disarmingly quaint as the lace-curtained bistros found in each neighborhood, Paris seduces newcomers to enjoy unhurried exploration of its picture-perfect streets.

It is a city of vast, noble perspectives and intimate, medieval streets, of formal **espaces verts** (green open spaces) and quiet squares. This combination of the pompous and the private is one of the secrets of its perennial pull. Another is its size. Paris is relatively small as capitals go, with distances between many of its major sights and museums invariably walkable. Paris is an open history book: A stroll through its streets will take you from the Middle Ages right up to the 21st century.

The Eiffel Tower by moonlight

Portrait - Astérix

Astérix, the iconic French comic strip character, is a boisterous little Gaul[1] who lives in a small French village that is holding out against the might of the Roman Empire. Protected by the village druid Panoramix's magic potion, which gives Astérix superhuman strength, Astérix takes the lead in the villagers' perilous attempts to conquer the invading Romans. He is a clever and level-headed warrior who knows when brain is better than brawn. The French see him as a symbol of themselves in his ability to outwit others.

[1]an inhabitant of the ancient region of Gaul, a province of the Roman Empire including territory corresponding to modern France, Belgium, and Northern Italy

Une nouvelle aventure

new

Paris
La Seine

CARTE POSTALE

0,46€ **Invitation** RF
La Poste

Chère Sophie,
Bonjour! Ça va?
Moi, ça va bien.
Aujourd'hui, c'est lundi:
Je suis devant mon ordinateur.
J'ai un examen de biologie
jeudi et je révise. Je pense à toi.
À bientôt!
Caroline*

Sophie Tibéri
23, rue Ste-Geneviève
Québec, Québec
G1R 1x 7

PAR AVION

Enjoy the postcards, letters, and e-mail messages in *Vis-à-vis*! You will gain the most by reading them for pleasure and not being concerned about the unfamiliar words you will occasionally encounter. English equivalents are available in Appendix F, but use this resource only as needed.

---

*In **Chapitres 1–4** of *Vis-à-vis*, you will follow the correspondence between Caroline and Sophie, her older sister in Quebec City. See **Bienvenue à *Vis-à-vis*** and **Les pays francophones** (on the preceding pages) for more information on this special feature of *Vis-à-vis*.

Dans ce chapitre...

Objectifs communicatifs

- greeting people; spelling; giving numerical information; introducing yourself; identifying people, places, and things; expressing the date

Paroles (Leçons 1 et 2)

- Les bonnes manières
- L'alphabet
- Les nombres de 0 à 60
- Les jours et les mois
- La salle de classe

Structures (Leçon 3)

- Les articles indéfinis

Culture

- Reportage: Bisous! (Correspondance)
- Lecture: Publicités (Leçon 4)

Multimédia

En société—Dans la salle de classe

In this episode, Claire and Aimée meet for the first time.

CD-ROM

In addition to completing vocabulary and grammar activities, you will have the opportunity to "greet" and "introduce yourself" to a French speaker.

Online Learning Center

Visit the *Vis-à-vis* website at **www.mhhe.com/visavis3** to review the vocabulary, grammar, and cultural topics presented in this chapter.

Leçon 1

Les bonnes manières° Les... Good manners

In the French-speaking world, different greetings reflect the differing degrees of familiarity between people. Formality is the general rule; informal expressions are reserved for family, friends of long standing, and close associates and peers (for example, fellow students). All formal greetings are followed by a title: **Bonjour, madame.**

—Bonjour, mademoiselle.
—Bonjour, madame.

—Bonsoir, monsieur.
—Bonsoir, madame.

—Je m'appelle Éric Martin. Et vous, comment vous appelez-vous?
—Je m'appelle Marie Dupont.

—Comment allez-vous?
—Très bien, merci. Et vous?
—Pas mal, merci.

—Salut, ça va?
—Oui, ça va bien. Et toi, comment vas-tu?
—Comme ci comme ça.
 (Ça peut aller.)
 (Ça va mal.)

—Comment? Je ne comprends pas. Répétez, s'il vous plaît.
—C'est Lise Bernard.
—Ah oui, je comprends.

—Oh, pardon! Excusez-moi,
mademoiselle.

—Merci (beaucoup).
—De rien.

—Au revoir!
—À bientôt!

Allez-y!

A. Répondez, s'il vous plaît. Respond in French.

1. Je m'appelle Maurice Lenôtre. Et vous, comment vous
appelez-vous? **2.** Bonsoir! **3.** Comment allez-vous? **4.** Merci.
5. Ça va? **6.** Au revoir! **7.** Bonjour.

B. Soutenu ou familier? (*Formal or informal?*) Decide if each situation
shown is formal or informal, then provide an appropriate expression
for it.

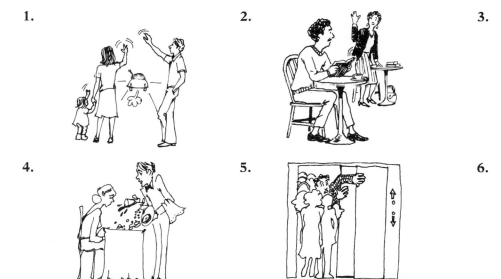

1.

2.

3.

4.

5.

6.

C. Le bon choix. (*The right choice.*) Indicate if the following expressions
are used in a formal or informal context.

1. Comment vous appelez-vous?
2. Et toi?
3. Répète, s'il te plaît.
4. Comment vas-tu?
5. Comment t'appelles-tu?
6. Bonjour!
7. Et vous?
8. Salut!
9. Répétez, s'il vous plaît.
10. Comment allez-vous?

L'alphabet français

a	a	**h**	hache	**o**	o	**v**	vé
b	bé	**i**	i	**p**	pé	**w**	double vé
c	cé	**j**	ji	**q**	ku	**x**	iks
d	dé	**k**	ka	**r**	erre	**y**	i grec
e	e	**l**	elle	**s**	esse	**z**	zède
f	effe	**m**	emme	**t**	té		
g	gé	**n**	enne	**u**	u		

Les accents

Accents or diacritical marks sometimes change the pronunciation of a letter and sometimes distinguish between two words otherwise spelled the same. A French word written without its diacritical marks is misspelled.

é	e **accent aigu**
à	a **accent grave**
ô	o **accent circonflexe**
ï	i **tréma**
ç	c **cédille**

Allez-y!

A. À vous! Spell your name in French. Then spell the name of a city, and see if your classmates can figure out which one it is.

B. Inscription. Several students are signing up for classes. Spell their names and cities for the registration clerk.

1. DUPONT Isabelle   Paris
2. EL AYYADI Allal   Rabat
3. GOUTAL Françoise   Papeete
4. GUEYE Jérôme   Dakar
5. HUBERT Hélène   Lille
6. PASTEUR Loïc   Montréal

Les mots apparentés°

Les... *Cognates*

French and English have many cognates, or **mots apparentés:** words spelled similarly with similar meanings. Their pronunciation often differs dramatically in the two languages.

Here are a few patterns to help you recognize cognates.

FRANÇAIS	ANGLAIS	
-ant	*-ing*	amus**ant** ⟶ *amusing*
ét-	*st-*	**ét**at ⟶ *state*
-ie, -é	*-y*	cit**é** ⟶ *city*
-eux, -euse	*-ous*	séri**eux** ⟶ *serious*
-ique	*-ic, -ical*	prat**ique** ⟶ *practical*
-iste	*-ist, -istic*	matérial**iste** ⟶ *materialistic*
-ment	*-ly*	rapide**ment** ⟶ *rapidly*
-re	*-er*	ord**re** ⟶ *order*

Be aware that there are also many apparent cognates, called **faux amis** (*false friends*). A few examples:

collège	*secondary school*	université	*college, university*
librairie	*bookstore*	bibliothèque	*library*
rester	*to stay, remain*	se reposer	*to rest*

Allez-y!

A. **Répétez, s'il vous plaît!** Pronounce these French cognates as your instructor does.

1. attitude	**4.** bracelet	**7.** injustice	**10.** parfum
2. police	**5.** passion	**8.** hôpital	**11.** magazine
3. balle	**6.** conclusion	**9.** champagne	**12.** présentation

B. **Les mots apparentés.** Figure out the English equivalents for the first five words. Then try to figure out the French equivalents for the last five words.

MODÈLES: étranger ⟶ *stranger*

generally ⟶ généralement

1. logique	**6.** *imperialistic*
2. centre	**7.** *strange*
3. étude	**8.** *tender*
4. liberté	**9.** *logically*
5. courageuse	**10.** *historic*

Leçon 2

Les nombres de 0 à 60°

Les... Numbers from 0 to 60

0	zéro	6	six	11	onze	16	seize
1	un	7	sept	12	douze	17	dix-sept
2	deux	8	huit	13	treize	18	dix-huit
3	trois	9	neuf	14	quatorze	19	dix-neuf
4	quatre	10	dix	15	quinze	20	vingt
5	cinq						

21	vingt et un	26	vingt-six	40	quarante
22	vingt-deux	27	vingt-sept	50	cinquante
23	vingt-trois	28	vingt-huit	60	soixante
24	vingt-quatre	29	vingt-neuf		
25	vingt-cinq	30	trente		

Un peu plus...°　　　*Un... A little more*

Combien de drapeaux y a-t-il?
(*How many flags are there?*) The French flag has great symbolic value for the nation. It appeared during the French Revolution in 1789 to replace the blue and white flag of the monarchy, the **fleur de lys.** The **tricolore,** as the flag is sometimes called, combines white with blue and red (the colors of Paris). The three colors are often associated with the principles upon which the French republic was founded: **liberté, égalité, fraternité.** The French flag is increasingly displayed alongside the flag of the European Union, blue with a circle of twelve gold stars. What does your national flag symbolize?

Allez-y!

A. Problèmes de mathématiques. Alternating with a partner, do the following math problems.

VOCABULAIRE UTILE

| + plus, et | − moins | × fois | = font |

Combien font 3 plus 10?   *How much is 3 + 10?*

MODÈLE: 6 + 2 ⟶
   É1*: Combien font six plus (et) deux?
   É2:   Six plus (et) deux font huit.

1. 8 + 2
2. 5 + 9
3. 4 + 1
4. 3 + 8
5. 43 − 16
6. 60 − 37

7. 56 − 21
8. 49 − 27
9. 2 × 10
10. 3 × 20
11. 6 × 5
12. 7 × 3

B. Les numéros de téléphone. In French, telephone numbers are said in groups of five two-digit numbers. Look at Martine's address book and, alternating with a partner, read out loud some of her most frequently called numbers.

MODÈLE: É1: Simon Beaujour?
   É2: 02.40.29.07.39

MES AMIS			
nom	*prénom*	*adresse*	*tél.*
Duclos	Alain	60, blvd. de l'Égalité	02.41.48.05.52
Bercegol	Fabienne	98, avenue Patton	02.41.46.42.60
deBailleux	Bénédicte	83, rue des Renardières	02.41.57.13.44
Koehnlein	Valérie	7, rue de Vernouil	02.41.35.21.08
Beaujour	Simon	12, rue du Temple	02.40.29.07.39

*É1 and É2 stand for **Étudiant(e) 1** and **Étudiant(e) 2** (*Student 1* and *Student 2*). These abbreviations are used in partner/pair activities throughout *Vis-à-vis*.

Quel jour sommes-nous?°

Quel... *What day is it?*

La semaine (*week*) de Claire

lundi	examen de biologie
mardi	examen de chimie
mercredi	dentiste
jeudi	tennis avec° Vincent
vendredi	laboratoire
samedi	théâtre avec Vincent
dimanche	en famille

°*with*

In French, the days of the week are not capitalized. The week begins with Monday.

—Quel jour sommes-nous (aujourd'hui)? / Quel jour est-ce (aujourd'hui)? — *What day is it (today)?*

—Nous sommes mardi. / C'est mardi. — *It's Tuesday.*

Allez-y!

La semaine de Claire. Look over Claire's calendar. Then, alternating with a partner, tell what day of the week it is.

MODÈLE: Claire est au (*is at the*) laboratoire. —→
    É1: Claire est au laboratoire. Quel jour est-ce? (Quel jour sommes-nous?)
    É2: C'est vendredi. (Nous sommes vendredi.)

1. Claire va (*goes*) au théâtre avec Vincent.
2. Claire est chez (*at*) le dentiste.
3. Claire a (*has*) un cours de biologie.
4. Claire est en famille.
5. Claire joue au (*is playing*) tennis avec Vincent.
6. Claire a un examen de chimie.

Quelle est la date d'aujourd'hui?

LES MOIS (*m.*)

décembre	mars	juin	septembre
janvier	avril	juillet	octobre
février	mai	août	novembre

In French, the day is usually followed by the month: **Nous sommes le 21 mars** (abbreviated as 21.3). The word **le** (*the*) usually precedes the day of the month.

Dates in French are expressed with cardinal numbers (**le 21 mars**), with the exception of the first of the month: **le 1ᵉʳ (premier) janvier.**

Allez-y!

A. Fêtes (*Holidays*) **américaines.** What months do you associate with the following holidays?

1.

2.

3.

4.

5.

6.

7.

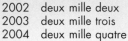

Mots clés

Les années (Years)

1999	mille neuf cent quatre-vingt-dix-neuf
2000	deux mille
2001	deux mille un
2002	deux mille deux
2003	deux mille trois
2004	deux mille quatre
2005	deux mille cinq

B. La fête des patrons. (*Saint's day.*) In France, each day of the year is associated with a particular saint. Look over the list of names and dates on the following page. Choose six of them and, with a partner, ask and answer questions about name days.

MODÈLE: É1: Quand est (*When is*) la fête de Didier?
             É2: Le vingt-trois mai. Et la fête de Gilbert?

fêtes à souhaiter°

a

ADOLPHE	30	juin
ADRIEN	8	sept
AGNES	21	janv
AIME	13	sept
AIMEE	20	fév
ALAIN	9	sept
ALBAN	22	juin
ALBERT	15	nov
ALEXANDRE	22	avril
ALEXIS	17	fév
ALFRED	15	août
ALICE	16	déc
ALINE	20	oct
ALPHONSE	1	août
AMAND	6	fév
ANATOLE	3	fév
ANDRE	30	nov
ANGE	5	mai
ANGELE	27	janv
ANNE	26	juil
ANSELME	21	avril
ANTOINE	17	janv
ANTOINETTE	28	fév
ANTONIN	2	mai
ARISTIDE	31	août
ARLETTE	17	juil
ARMAND	8	juin
ARMEL	16	août
ARNAUD	10	fév
ARTHUR	15	nov
AURORE	13	déc

b

BAUDOUIN	17	oct
BEATRICE	13	fév
BENJAMIN	31	mars
BENOIT	11	juil
BERNADETTE	18	fév
BERNARD	20	août
BERTHE	4	juil
BERTRAND	6	sept
BRIGITTE	23	juil

c

CAMILLE	14	juil
CARINE	7	nov
CAROLE	17	juil
CATHERINE	25	nov
CECILE	22	nov
CELINE	21	oct
CHANTAL	12	déc
CHARLES	2	mars
CHRISTEL (LE)	24	juil
CHRISTIAN	12	nov
CHRISTINE	24	juil
CHRISTOPHE	21	août
CLAIRE	11	août
CLAUDE	6	juin
CLEMENCE	21	mars
CLEMENT	23	nov
CLOTILDE	4	juin
COLETTE	6	mars
CORINNE	18	mai
CYRILLE	18	mars

d

DANIEL	11	déc
DAVID	29	déc
DELPHINE	26	nov
DENIS	9	oct
DENISE	15	mai
DIDIER	23	mai
DOMINIQUE	8	août

e

EDITH	13	sept
EDMOND	20	nov
EDOUARD	5	janv
ELIANE	4	juil
ELIE	20	juil
ELISABETH	17	nov
ELISE	17	nov
ELOI	1	déc
EMILE	22	mai
EMILIENNE	5	janv
EMMANUEL	25	déc
ERIC	18	mai
ERNEST	7	nov
ESTELLE	11	mai
ETIENNE	26	déc
EUGENE	13	juil
EVA	6	sept
EVELYNE	27	déc

f

FABIEN	20	janv
FABRICE	22	août
FELIX	12	fév
FERDINAND	30	mai
FERNAND	27	juin
FRANÇOIS	4	oct
FRANÇOISE	12	déc
FREDERIC	18	juil

g

GABRIEL (LE)	29	sept
GAEL	17	déc
GAETAN	7	août
GASTON	6	fév
GAUTIER	9	avril
GENEVIEVE	3	janv
GEOFFROY	8	nov
GEORGES	23	avril
GERALD	5	déc
GERARD	3	oct
GERAUD	13	oct
GERMAIN	31	juil
GERMAINE	15	juin
GERVAIS	19	juin
GHISLAIN	10	oct
GILBERT	7	juin
GILBERTE	11	août
GILLES	1	sept
GINETTE	3	janv
GISELE	7	mai
GODEFROY	8	nov
GONTRAN	28	mars
GREGOIRE	3	sept
GUILLAUME	10	janv
GUSTAVE	7	oct
GUY	12	juin

h

HELENE	18	août
HENRI	13	juil
HERVE	17	juin
HONORE	16	mai
HORTENSE	5	oct
HUBERT	3	nov
HUGUES	1	avril

i

IRENE	5	avril
ISABELLE	22	fév

j

JACINTHE	30	janv
JACQUELINE	8	fév
JACQUES	25	juil
JEAN	24	juin
JEANNE	30	mai
JEROME	30	sept
JOACHIM	26	juil
JOEL	13	juil
JOHANNE	30	mai
JOSEPH	19	mars
JOSETTE	19	mars
JOSSELIN	13	déc
JULES	12	avril
JULIEN	2	août
JULIENNE	16	fév
JULIETTE	30	juil
JUSTE	14	oct

k

KARINE	7	nov

l

LAETITIA	18	août
LAURENT	10	août
LEA	22	mars
LEON	10	nov
LILIANE	4	juil
LINE	20	oct
LIONEL	10	nov
LISE	17	nov
LOIC	25	août
LOUIS	25	août
LOUISE	15	mars
LUC	18	oct
LUCIE	13	déc
LUCIEN	8	janv
LUDOVIC	25	août

m

MADELEINE	22	juil
MARC	25	avril
MARCEL	16	janv
MARCELLE	31	janv
MARIANNE	9	juil
MARIANNICK	15	août
MARIE	15	août
MARIE-THERESE	7	juin
MARTHE	29	juil
MARTIAL	30	juin
MARTINE	30	janv
MARYVONNE	15	août
MATHILDE	14	mars
MATTHIAS	14	mai
MATTHIEU	21	sept
MAURICE	22	sept
MICHEL	29	sept
MICHELINE	19	juin
MIREILLE	15	août
MONIQUE	27	août
MURIEL	15	août

n

NATHALIE	27	juil
NELLY	18	août
NICOLAS	6	déc
NICOLE	6	mars
NOEL	25	déc

o

ODETTE	20	avril
ODILE	14	déc
OLIVIER	12	juil

p

PASCAL	17	mai
PATRICE	17	mars
PAUL	29	juin
PAULE	26	janv
PHILIPPE	3	mai
PIERRE	29	juin
PIERRETTE	31	mai

r

RAOUL	7	juil
RAPHAEL	29	sept
RAYMOND	7	janv
REGINE	7	sept
REGIS	16	juin
REMI	15	janv
RENAUD	17	sept
RENE (E)	19	oct
RICHARD	3	avril
ROBERT	30	avril
RODOLPHE	21	juin
ROGER	30	déc
ROLAND	15	sept
ROLANDE	13	mai
ROMAIN	28	fév
RONALD	17	sept
ROSELINE	17	janv
ROSINE	11	mars

s

SABINE	29	août
SAMUEL	20	août
SANDRINE	2	avril
SEBASTIEN	20	janv
SERGE	7	oct
SIMON	28	oct
SOLANGE	10	mai
SOPHIE	25	mai
STANISLAS	11	avril
STEPHANE	26	déc
SUZANNE	11	août
SYLVAIN	4	mai
SYLVESTRE	31	déc
SYLVIE	5	nov

t

TANGUY	19	nov
THERESE	1	oct
THIBAUT	8	juil
THIERRY	1	juil
THOMAS	3	juil

v

VALENTIN	14	fév
VALENTINE	25	juil
VALERIE	28	avril
VERONIQUE	4	fév
VICTOR	21	juil
VINCENT de Paul	27	sept
VIRGINIE	7	janv
VIVIANE	2	déc

w

WALTER	9	avril
WILFRIED	12	oct

x

XAVIER	3	déc

y

YOLANDE	11	juin
YVES	19	mai
YVETTE	13	janv
YVON	19	mai

°fêtes... *celebrating saints' days*

Correspondance

Québec, le château Frontenac

CARTE POSTALE

$1 CANADA

LOON   HUARD

Chère Caroline,
Merci pour ta carte!
Moi, ça va comme ci comme ça.
Aujourd'hui, nous sommes dimanche.
À Québec, c'est l'automne et il y a
encore des touristes!
Bon courage pour l'examen!
Bisous,
Sophie

Caroline Tibéri
Cité universitaire
21, Boulevard Jourdan
75014 Paris
FRANCE

PAR AVION By Air Mail

En image...
Le château Frontenac

Each city has its symbol—in Quebec City, it is the majestic Château Frontenac. Resting on a hill overlooking the Saint Lawrence River, its elegant red brick façade dominates the city. Constructed in 1893, the castle is considered a historic monument. Today it is a luxury hotel that welcomes visitors from around the world who enjoy its classic architecture and exceptional comfort.

Welcome to **Correspondance!** Here, at the center of each chapter of *Vis-à-vis*, you will find:

- The *response* to the postcard, letter, or e-mail message that opened the chapter. In **Chapitres 1–4,** the correspondents are Caroline and her sister, Sophie, in Quebec City.
- **En image,** a brief cultural description of the photo that accompanies the postcard, letter and e-mail messages.
- **Reportage,** up-to-date information about some aspect of the chapter theme as it relates to life in France, Quebec, West Africa, French-speaking Europe, or the Antilles.
- **À vous!,** which offers comprehension questions that accompany **Reportage** and a general cultural question related to the **Reportage** photo.
- **On est branché!,** leading to the *Vis-à-vis* website, where there are research activities that encourage in-depth exploration of the cultural content presented on the **Correspondance** pages.

Remember that English translations are available in Appendix F. **Amusez-vous bien!** (*Have fun!*)

Reportage

Bisous!

"Bonjour! Ça va?" With these words, Arielle greets her friend Luc and kisses him on the cheek. This is how French friends typically greet each other.

In France, to say "hello" or "good-bye," you give two, three, or sometimes four kisses, depending in the region in which you find yourself. The **bisou** is a kiss on the cheek. The term **bisou** has an affectionate connotation: You give a **bisou** to children, friends, and family in greeting.

In Belgium, a single kiss suffices, but three are necessary to celebrate joyful occasions.

In Quebec, the custom differs. Maria, who was born in Montreal, explains, "Like Americans, Canadians are warm and charming, but they often maintain a physical distance when greeting newcomers. Close friends and family members, however, share a **bisou.**"

In Muslim countries, people typically do not touch but exchange friendly greetings such as **As-salaam'alaykum** (*Peace*) or **Que la paix de Dieu soit avec vous** (*God's peace be with you*).

Bonjour ou au revoir? Baiser amical (*friendly kiss*) ou baiser d'amoureux (*lovers'*)? En France, en Belgique, au Canada, au Maroc ou au Sénégal? C'est difficile à dire (*to say*).

À vous!

1. In your culture, what do you do when you meet someone for the first time? How do you greet friends and family members?
2. What greeting customs from other cultures do you know?

ON EST BRANCHÉ!

Caroline would like to visit Sophie in Quebec City. Use the Internet to identify some monuments and museums that she could visit during her trip. For Internet links and additional information to complete this activity, visit the *Vis-à-vis* website at **www.mhhe.com/vlsavis3.**

Leçon 3

Dans la salle de classe°

Dans... *In the classroom*

3. un tableau
4. un écran
6. une porte
7. une fenêtre
8. un étudiant
9. un crayon
5. un professeur
10. une télévision
11. un magnétoscope
12. un ordinateur
13. une souris
14. un rétroprojecteur
19. un cahier
16. un stylo
15. une table
17. une étudiante
18. un livre
1. une chaise
2. un bureau

Allez-y!

A. Qu'est-ce que c'est? (*What is it?*) **Qui est-ce?** (*Who is it?*) Alternating with a classmate, identify the people and objects in the drawing above.

MODÈLE:
É1*: Le numéro un, qu'est-ce que c'est?
É2: C'est un (une...) (*It's a . . .*)
É1: Le numéro cinq, qui est-ce?
É2: C'est un professeur.

---

*É1 and É2 stand for **Étudiant(e) 1** and **Étudiant(e) 2** (*Student 1* and *Student 2*). These abbreviations are used in partner/pair activities throughout *Vis-à-vis*.

B. Combien? (*How many?*) Taking turns with a classmate, ask and answer questions about the number of people and objects there are in the illustration. Use the expression **Il y a.**

> **MODÈLE:** étudiants ⟶
> > É1: Il y a combien d'étudiants?
> > É2: Il y a quatre étudiants.

Les articles indéfinis
Identifying People, Places, and Things

La rentrée*

> CHRISTINE: Tu es prêt pour la rentrée?
> ALEX: Oui, dans ma serviette, j'ai **un** crayon, **une** gomme et **des** cahiers. Et toi?
> CHRISTINE: Moi? J'ai **un** ordinateur!

Vrai ou faux?

1. Alex a un crayon
2. Christine a une gomme.

Mots clés

Il y a

The expression **Il y a** (*There is, There are*) is used to state the existence of something or to specify the quantity.

> **Il y a** un cours de français.
> *There is a French class.*

> **Il y a** quatre étudiants dans la classe.
> *There are four students in the classroom.*

Singular Forms of Indefinite Articles

In French, all nouns (**noms**) are either masculine (**masculin**) or feminine (**féminin**), as are the articles that precede them.

The following chart shows the forms of the singular indefinite article in French, all corresponding to *a* (*an*) in English.

---

*Translations of minidialogues are in Appendix G.

MASCULINE		FEMININE	
un ami	*a friend* (*m.*)	**une** amie	*a friend* (*f.*)
un accent	*an accent*	**une** action	*an action*

Un is used for masculine nouns and **une** for feminine nouns. **Un** and **une** can also mean *one,* depending on the context.

Voilà **un** café.	*There's* a *café.*
Il y a **une** étudiante.	*There is* one *student.*

The Gender of Nouns

Because the gender (**le genre**) of a noun is not always predictable, it is best to learn it along with the noun. For example, learn **un livre** rather than just **livre.** Here are a few general guidelines to help you determine gender. Don't try to learn them all right now. You will become more familiar with nouns in all of these categories as you work through the chapters of *Vis-à-vis.*

1. Nouns that refer to males are usually masculine; nouns that refer to females are usually feminine.

un homme	*a man*
une femme	*a woman*

2. Sometimes the ending of a noun is a clue to its gender.

MASCULINE		FEMININE	
-eau	un bur**eau**	**-ence**	une différ**ence**
-isme	un pr**isme**	**-ion**	une réact**ion**
-ment	un monu**ment**	**-ie**	une librair**ie**
		-ure	une lect**ure**
		-té	une universi**té**

3. Nouns borrowed from other languages are usually masculine.

   un Coca-cola, un couscous, un baklava

4. The names of languages are masculine. They are not capitalized.

Elle parle un français impeccable!	*She speaks French perfectly!*

5. Some nouns that refer to people can be changed from masculine to feminine by adding **-e** to the noun ending.

un ami	*a friend* (*f.*)	une ami**e**	*a friend* (*f.*)
un étudiant	*a student* (*m.*)	une étudiant**e**	*a student* (*f.*)
un Français	*a French man* (*m.*)	une Français**e**	*a French woman* (*f.*)

Note: Final **t, n, d,** and **s** are silent in the masculine form. When followed by **-e** in the feminine form, they are pronounced.

6. Many nouns that end in **-e** have only one singular form, used to refer to both males and females. Sometimes the gender is indicated by the article.

un touriste	*a tourist* (*m.*)
une touriste	*a tourist* (*f.*)

Sometimes even the article is the same for both masculine and feminine.

un professeur	*a professor* (male or female)
un médecin	*a doctor* (male or female)

[Allez-y! A]

Note: The information between brackets refers you to an exercise for that grammar point. In this case, **Allez-y!,** Activity A on page 24, will allow you to practice this point.

Plural Forms of Indefinite Articles

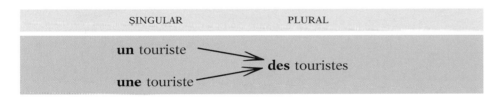

SINGULAR	PLURAL
un touriste	**des** touristes
une touriste	

The plural form (**le pluriel**) of the indefinite articles is always **des.***
Usually, an **s** is added to the noun:

un ami ⟶ **des** ami**s**	*a friend; some friends, friends*
une question ⟶ **des** questions	*a question; some questions, questions*

[Allez-y! B-C]

Note: You are now ready to do Activities B and C.

---

*In French, the final **s** of the article is usually silent, except when followed by a vowel or vowel sound: **des étudiants; des hommes.** In these cases, the **s** is pronounced like the letter **z.** This linking is called **liaison.**

Allez-y!

A. Qu'est-ce que c'est? (*What is it?*) Working with a partner, identify the following items and people.

MODÈLE: ⟶

> É1: Qu'est-ce que c'est?
> É2: C'est une table.

1.

2.

3.

4.

5.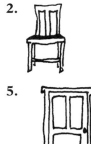

6.

7.

8.

B. Dans une salle de classe. Give the plural.

MODÈLE: un stylo ⟶ Voilà (*Here are*) des stylos.

1. une table
2. un écran
3. une chaise
4. un ordinateur
5. une porte
6. un cahier

C. C'est trop! (*It's too much!*) Give the singular.

MODÈLE: Des jours? ⟶ Non, un jour!

1. Des livres?
2. Des problèmes (*m.*)?
3. Des chaises?
4. Des ordinateurs?
5. Des tables?
6. Des mois?

Lecture°

Reading

Avant de lire°

Avant... Before reading

Recognizing cognates. French is a Romance language—that is, it is derived from Latin. English was also heavily influenced by Latin, with the result that the two languages share vocabulary items similar in form and meaning. As you already know (see **Leçon 1**), these words are called cognates (**mots apparentés**). Here are two additional patterns:

FRANÇAIS	ANGLAIS	
-eur	*-or*	od**eur**; *odor*
-é(e)	*-ed*	modifi**é**; *modified*

Over the centuries, the French and English languages have borrowed heavily from each other. Although French has absorbed many borrowings from English, some people view these **anglicismes** as threats to the integrity of the language and culture. Words like **champagne** and **cologne** were borrowed directly from French. Can you think of any others?

The ads on the following page describe new products that were introduced to the French market in time for the Christmas holiday. Read the ads, and then underline all the words you recognize as cognates and circle the words you don't understand.

Compréhension

Quel mot? (*Which word?*) After you have read the ads on page 26, find the word in the texts that means:

1. choice
2. comfort
3. coffeemaker
4. accessories

À *propos de la lecture...*

This reading is taken from the French edition of the magazine *Quo*. Note how English is used as a marketing tool in these advertisements.

MELITTA TOUT L'ARÔME DU CAFÉ

À l'occasion des fêtes de fin d'année, MELITTA, fort de son savoir-faire en matière de préparation du café, crée l'événement en lançant LOOK FUN, une gamme de quatre cafetières électriques aux formes modernes et arrondies et aux couleurs très "tendance". Dotées de toutes les caractéristiques techniques essentielles en matière d'électroménager, les nouvelles cafetières LOOK FUN permettent de réaliser facilement et rapidement du bon café.

Les cafetières LOOK FUN de MELITTA sont disponibles en grandes et moyennes surfaces.

■ Prix public indicatif : 28 euros (4 coloris : vert, jaune, bleu, blanc).

SUZUKI AUTOMOBILES JIMNY : NOUVEAU CONCEPT POUR NOUVEAU STYLE DE VIE

Le 29 septembre, le Top Model Carla Bruni a dévoilé en première européenne au Mondial de l'Automobile, le nouveau 4X4 de loisirs de SUZUKI : le nouveau JIMNY.

Le JIMNY est un 4X4 de sport compact qui, à travers un design jeune et sympathique, affiche à la fois un grand potentiel tout-terrain et tout le confort nécessaire à un usage quotidien agréable.

Le SUZUKI JIMNY se démarque par son positionnement tarifaire sans concurrence, son look jeune et adorable et par un très large choix d'accessoires utiles ou décoratifs.

PIERRE CLARENCE LIBÈRE L'HOMME DU STRESS DE LA CHEMISE

Pierre Clarence lance MOVEMAX, une chemise 100% confort, extensible du col aux poignets ! MOVEMAX est une chemise en coton/Lycra élaborée après deux ans de recherche et de développement par Pierre Clarence en collaboration avec Du Pont de Nemours.

MOVEMAX est une chemise d'un nouveau type entièrement dédiée au confort qui conserve l'allure et les attributs d'une chemise classique tout en bénéficiant de toutes les revendications de la modernité.

MOVEMAX : TOUT LE CONFORT DU WEEK-END DANS UNE CHEMISE DE VILLE

Écriture°

Writing

Carte d'identité. Fill out the ID card, giving the information requested. Then, following the guidelines, write a short paragraph about yourself.

> **prénom et nom:**
>
> **âge:**
>
> **date de naissance** (jour / mois):
>
> **informations supplémentaires*:**

*Give information on something you own.

_____ (*your name*). J'ai _____ ans. Je suis né(e) le _____. J'ai _____,
_____ et _____.

À l'écoute sur Internet!°

À... *Listening on the Internet!*

The **À l'écoute sur Internet!** section in *Vis-à-vis* offers a variety of recorded listening passages to develop your skills in understanding French, including conversations, interviews, stories, and advertisements. The audio files may be accessed on the *Vis-à-vis* website at **www.mhhe.com/visavis3**. They are also available on a separate audio CD packaged with the Audio Program. The transcripts are not printed in your textbook.

Make an effort to listen for general meaning, without worrying about understanding every word. The activities in your textbook check that you have understood the passage and do not require you to produce any language from what you hear.

Les bonnes manières. You will hear some people greeting each other. First, look at the drawings. Next, listen to the conversations. Then, mark a letter (*a* through *e*) under each drawing to indicate which conversation it represents. Replay the recording as often as you need to. (See Appendix H for answers.)

1. _____ 2. _____ 3. _____ 4. _____ 5. _____

En société

Objectif: Introductions and greetings

Dans la salle de classe

As you work your way through *Vis-à-vis*, you will follow the lives of three college students—Aimée, Claire, and Jacques—and see how they interact with each other. Their interests, desires, and adventures appear in "En société," the video that accompanies each chapter of *Vis-à-vis*.

In this video segment, Aimée and Claire meet for the first time in the classroom, as the professor asks Aimée to spell her unusual name. Remember, do not be concerned if you cannot follow along with the activity after the first viewing. You may need to view the episode more than once.

VOCABULAIRE UTILE

aimer	to like; to love
pour exprimer	to express
prénom	first name
asseyez-vous là-bas	sit down over there
à côté de	next to

Note culturelle

Throughout *Vis-à-vis*, you will see samples of French handwriting. Children are taught to write in cursive from the beginning of their educational experience, and they develop a very distinctive style. What characteristics of typical French handwriting do you see in the professor's handwriting in the video segment?

Visionnez!

Complete the following sentences with the words provided.

1. CLAIRE: Comment est-ce qu'on dit «_____» en anglais?   aimer

2. AIMÉE: C'est mon _____, je m'appelle Aimée.   continuer

3. CLAIRE: S'il vous plaît (*Please*), monsieur, pour _____   prénom
avec ma question.

Jouez la scène!

Working with a classmate, act out the following situations.

1. You're meeting a new classmate, and you ask his/her name. At first you don't understand, and you ask him/her to repeat.

2. Introduce yourself to a student in your class and ask how he/she is doing.

Vocabulaire

Les bonnes manières

À bientôt. See you soon.
Au revoir. Good-bye.
Bonjour. Hello. Good day.
Bonsoir. Good evening.
Ça peut aller. All right. Pretty well.
Ça va? How's it going?
Ça va bien. Fine. (Things are going well.)
Ça va mal. Things are going badly.
Comme ci comme ça. So so.
Comment? What? (How?)
Comment allez-vous? / Comment vas-tu? How are you?
Comment vous appelez-vous? / Comment t'appelles-tu? What's your name?
De rien. Not at all. Don't mention it. You're welcome.
Et vous? / Et toi? And you?
Excusez-moi. / Excuse-moi. Excuse me.
Je m'appelle... My name is . . .
Je ne comprends pas. I don't understand.
madame Mrs. (ma'am)
mademoiselle Miss
Merci (beaucoup). Thank you (very much).
monsieur Mr. (sir)
Pardon. Pardon (me).
Pas mal. Not bad(ly).
Répétez/Répète. Repeat.
Salut! Hi!
S'il vous plaît. / S'il te plaît. Please.
Très bien. Very well (good).

Les nombres de 0 à 60

un, deux, trois, quatre, cinq, six, sept, huit, neuf, dix, onze, douze, treize, quatorze, quinze, seize, dix-sept, dix-huit, dix-neuf, vingt, vingt et un, vingt-deux, etc., trente, quarante, cinquante, soixante

Dans la salle de classe

un bureau a desk
un cahier a notebook
une chaise a chair
un crayon a pencil
un écran a screen
un étudiant a (male) student
une étudiante a (female) student
une fenêtre a window
un livre a book
un magnétoscope a VCR
un ordinateur a computer
une porte a door
un professeur a professor, instructor (male or female)
un rétroprojecteur an overhead projector
une salle de classe a classroom
une souris a mouse
un stylo a pen
une table a table
un tableau a chalkboard
une télévision a television

Les jours de la semaine

Quel jour sommes-nous / est-ce? What day is it?

Nous sommes / C'est... lundi, mardi, mercredi, jeudi, vendredi, samedi, dimanche. It's . . . Monday, Tuesday, Wednesday, Thursday, Friday, Saturday, Sunday.

Les mois (*m.*)

janvier January
février February
mars March
avril April
mai May
juin June
juillet July
août August
septembre September
octobre October
novembre November
décembre December

Mots et expressions divers

aujourd'hui today
beaucoup very much, a lot
c'est un (une)... it's a . . .
combien de how many
et and
une femme a woman
un homme a man
il y a there is/are
non no
oui yes
quel (quelle) what; which
Quelle est la date? What is the date?
Qu'est-ce que c'est? What is it?
Qui est-ce? Who is it?

Petit Séminaire de Québec
École d'architecture, Université Laval

CARTE POSTALE

Chère Caroline,

Nous avons une étudiante américaine
au pair. Elle s'appelle Lisa et elle habite avec nous.
Elle adore les enfants et, bien sûr, les enfants adorent Lisa!

Elle étudie le français à l'Université Laval. Elle a l'intention
de visiter la France. Une amie pour toi, peut-être?

À bientôt!
Bisous,
Sophie

Dans ce chapitre...

Objectifs communicatifs

- identifying people, places, and things; talking about academic subjects; talking about nationalities; expressing actions; expressing disagreement

Paroles (Leçon 1)

- Les lieux
- Les matières
- Les pays et les nationalités
- Les distractions

Structures (Leçons 2 et 3)

- Les articles définis
- Les verbes réguliers en **-er**
- Le verbe **être**
- La négation **ne... pas**

Culture

- Reportage: Quartier latin: le quartier général des étudiants **(Correspondance)**
- Lecture: L'Université Laval **(Leçon 4)**

Multimédia

En société—La rencontre

In this episode, Claire introduces her new friend Aimée to Jacques.

CD-ROM

In addition to completing vocabulary and grammar activities, you will have the opportunity to "converse" with a French student about your class schedule.

Online Learning Center

Visit the *Vis-à-vis* website at **www.mhhe.com/visavis3** to review the vocabulary, grammar, and cultural topics presented in this chapter.

Leçon 1

PAROLES

Les lieux°

Les... (*m.*) Places

Voici l'amphithéâtre (l'amphi).

Voici la cité universitaire (la cité-U).

Voici le restaurant universitaire (le resto-U).

Voici la bibliothèque.

AUTRES MOTS UTILES

l'école (*f.*)	school
le gymnase	gymnasium
le laboratoire de langues	language lab
la librairie	bookstore
la salle de classe	classroom

Allez-y!

A. Une visite. Associate the following nouns with their location.

> **MODÈLES:** un examen de français ⟶ l'amphithéâtre
>
> un coca ⟶ le restaurant universitaire

1. un dictionnaire
2. une radio
3. un casque d'écoute (*headset*)
4. un livre
5. une télévision
6. un cours de français
7. un sandwich
8. une encyclopédie

B. C'est bizarre? C'est normal? Give your opinion!

> **MODÈLE:** Un match de football dans le restaurant universitaire... ⟶
> Un match de football dans le restaurant universitaire, c'est
> bizarre!

1. Un cours de français dans l'amphithéâtre...
2. Une radio dans la bibliothèque...
3. Un examen dans la cité universitaire...
4. Un café dans l'amphithéâtre...(lecture hall)
5. Un dictionnaire dans la bibliothèque...
6. Un magazine dans la librairie...

Les matières°

Les... (*f.*) Academic subjects

À la faculté des lettres et sciences humaines, on étudie (*one studies*)...

la littérature
la linguistique
les langues (*f.*) **étrangères**
   (*foreign languages*)
   l'allemand
   l'anglais
   le chinois
   l'espagnol
   l'italien
   le japonais
l'histoire (*f.*)
la géographie
la philosophie
la psychologie
la sociologie

À la faculté des sciences, on étudie...

les mathématiques (les maths)
l'informatique (*computer science*)
la physique
la chimie (*chemistry*)
les sciences naturelles
   (la géologie et **la biologie)**

AUTRES MOTS UTILES

le commerce	business
le cours	class
le droit	law
l'économie	economics

Allez-y!

A. **Les études et les professions.** Imagine what subjects are necessary for the following professions.

   MODÈLE: un(e) diplomate ⟶ On étudie les langues étrangères.

   1. un(e) psychologue
   2. un(e) chimiste
   3. un professeur de physique
   4. un professeur d'histoire
   5. un(e) ingénieur

B. **Mes** (*My*) **cours à l'université.** Look back over the lists of **matières,** then tell about yourself by completing the following sentences.

   1. J'étudie (*I study*)...
   2. J'aime étudier (*I like to study*)...
   3. Je n'aime pas (*don't like*) étudier...
   4. J'aimerais bien (*would like*) étudier...

C. **Et vos camarades?** Find out what three classmates are studying this term.

   MODÈLE: É1: Moi (*Me*), j'étudie le français, l'histoire et l'informatique. Et toi?
   É2: Moi aussi (*too*), j'étudie le français, et j'étudie la philosophie et la chimie.

Les pays et les nationalités°

Les... *Countries and nationalities*

la France

l'Allemagne

l'Espagne

les États-Unis

LES PAYS

LES NATIONALITÉS

LES PAYS	PERSONNES	ADJECTIFS
l'Algérie	l'Algérien, l'Algérienne	algérien, algérienne
l'Allemagne	l'Allemand, l'Allemande	allemand, allemande
l'Angleterre	l'Anglais, l'Anglaise	anglais, anglaise
la Belgique	le/la Belge	belge
le Canada	le Canadien, la Canadienne	canadien, canadienne
la Chine	le Chinois, la Chinoise	chinois, chinoise
la Côte d'Ivoire	l'Ivoirien, l'Ivoirienne	ivoirien, ivoirienne
l'Espagne	l'Espagnol, l'Espagnole	espagnol, espagnole
les États-Unis	l'Américain, l'Américaine	américain, américaine
la France	le Français, la Française	français, française
l'Italie	l'Italien, l'Italienne	italien, italienne
le Japon	le Japonais, la Japonaise	japonais, japonaise
le Liban	le Libanais, la Libanaise	libanais, libanaise
le Maroc	le Marocain, la Marocaine	marocain, marocaine
le Mexique	le Mexicain, la Mexicaine	mexicain, mexicaine
le Québec	le Québécois, la Québécoise	québécois, québécoise
la République Démocratique du Congo	le Congolais, la Congolaise	congolais, congolaise
la Russie	le/la Russe	russe
le Sénégal	le Sénégalais, la Sénégalaise	sénégalais, sénégalaise
la Suisse	le/la Suisse	suisse
la Tunisie	le Tunisien, la Tunisienne	tunisien, tunisienne
le Viêt-nam	le Vietnamien, la Vietnamienne	vietnamien, vietnamienne

The adjective of nationality is identical to the noun except that it is written in lowercase. Example: **un Anglais; un étudiant anglais.**

l'Angleterre

le Mexique

la Chine

la Tunisie

Allez-y!

A. Les villes (*Cities*) **et les nationalités.** What nationality are the following people? Ask a classmate to name the nationality.

Karim / Tunis   Djamila / Tunis

la Tunisie

MODÈLES: É1: Karim habite à (*lives in*) Tunis.
É2: Ah! Il est (*He is*) tunisien, n'est-ce pas?
É1: Djamila habite à Tunis.
É2: Ah! Elle est (*She is*) tunisienne, n'est-ce pas?

1. Gino / Rome

l'Italie

2. Kai / Kyoto

le Japon

> ### *Mots clés*
> **La préposition *à* + ville (*city*)**
>
> **À** indicates location or movement. Used before the name of a city, it means you are in the city or going to the city.
>
> J'habite **à** Genève.
> *I live in Geneva.*
>
> Vous allez **à** Montréal.
> *You are going to Montreal.*

3. Mme Roberge / Montréal

le Canada

4. Evelyne / Beyrouth

le Liban

5. Léopold / Dakar

le Sénégal

6. Françoise / Bruxelles

la Belgique

7. Salima / Casablanca

le Maroc

8. Claudine / Genève

la Suisse

B. Les nationalités et les langues. Working with a partner, give the nationality and probable language(s) of the people from Activity A.

MODÈLES: Karim ⟶ É1: Karim?
                        É2: Karim est tunisien. Il parle (*He speaks*) arabe et français.

        Djamila ⟶ É2: Djamila?
                        É1: Djamila est tunisienne. Elle parle (*She speaks*) arabe et français.

Langues: allemand, anglais, arabe, flamand, français, italien, japonais

Les distractions°

Les... *Entertainment*

| Julien | Fatima | Rémi | Anne-Laure | Marc | Thu | Sophie | Allal |

LA MUSIQUE	LE SPORT	LE CINÉMA
la musique classique	le tennis	les films (*m.*) d'amour
le rock	le jogging	les films
le jazz	le ski	d'aventures
la world music	le basket-ball	les films de
le rap	le football américain	science-fiction
	le football	les films d'horreur

Allez-y!

Préférences. What do these people like?

MODÈLE: Rémi ⟶ Rémi aime le rock.

1. Et Thu?   3. Et Julien?   5. Et Allal?   7. Et Marc?
2. Et Sophie?   4. Et Anne-Laure?   6. Et Fatima?   8. Et vous?

Leçon 2

Les articles définis
Identifying People, Places, and Things

Dans *le* quartier universitaire*

Alex, un étudiant américain, visite l'université
avec Anne, une étudiante française.

ANNE: Voilà **la** bibliothèque, **la** librairie
universitaire et **le** resto-U.
ALEX: Il y a aussi un café?
ANNE: Oui, bien sûr! **Les** étudiants aiment bien **le**
café. C'est **le** centre de **la** vie universitaire.
ALEX: En effet! Il y a vingt ou trente personnes ici
et une étudiante à **la** bibliothèque!

Complétez les phrases selon le dialogue.

1. Anne et Alex visitent _____ bibliothèque et _____ librairie universitaire.
2. _____ étudiants aiment _____ café.

Singular Forms of Definite Articles

Here are the forms of the singular definite article (**le singulier de
l'article défini**) in French, all corresponding to *the* in English.

MASCULINE		FEMININE		MASCULINE OR FEMININE BEGINNING WITH A VOWEL OR MUTE **h**†	
le livre	*the book*	**la** femme	*the woman*	**l'**ami	*the friend* (m.)
le cours	*the course*	**la** table	*the table*	**l'**amie	*the friend* (f.)
				l'homme	*the man* (m.)
				l'histoire	*the story* (f.)

*Translations of minidialogues are in Appendix G.
†In French, **h** is either *mute* (**muet,** *nonaspirate*) or *aspirate* (**aspiré**). In **l'homme,** the **h** is
called *mute,* which simply means that the word **homme** "elides" with a preceding article
(**le** + **homme** = **l'homme**). Most **h**'s in French are of this type. However, some **h**'s are aspirate, which means there is no elision; **le héros** (*the hero*) is an example of this. However, in
neither case is the **h** pronounced.

1. The definite article in French is used to indicate a specific noun.

>   Voici **le** resto-U. *Here's the university restaurant.*

2. In French, the definite article is also used with nouns employed in a general sense.

>   J'aime **le** café. *I like coffee.*
>   C'est **la** vie! *That's life!*

[Allez-y! A]

Plural Form of Definite Articles

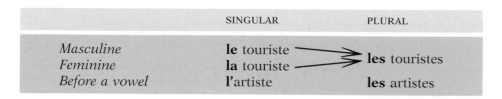

	SINGULAR	PLURAL
Masculine	**le** touriste	
Feminine	**la** touriste	**les** touristes
Before a vowel	**l'**artiste	**les** artistes

1. The plural form (**le pluriel**) of the definite article is always **les**.*

>   le livre, **les** livres *the book, the books*
>   la femme, **les** femmes *the woman, the women*
>   l'examen, **les** examens *the exam, the exams*

2. Note that in English, the article is omitted with nouns used in a general sense. In French, the definite articles **le, la, l',** and **les** are used.

>   J'aime **le** ski. *I like skiing.*
>   **Les** Français aiment **le** vin. *(Generally speaking) French people like wine.*

Plural of Nouns

1. Most French nouns are made plural by adding an **s** to the singular, as seen in the preceding examples. Here are some other common patterns.

- **-s, -x, -z** ⟶ no change

>   le cour**s** ⟶ les cour**s** *the course, the courses*
>   un choi**x** ⟶ des choi**x** *a choice, some choices*
>   le ne**z** ⟶ les ne**z** *the nose, the noses*

---

*As with the indefinite article **des,** there is a **liaison** with a vowel or a vowel sound: **les étudiants; les hommes.**

- **-eau, -ieu** ⟶ **-eaux, -ieux**

le tabl**eau** ⟶ les tabl**eaux**	*the board, the boards*
le bur**eau** ⟶ les bur**eaux**	*the desk, the desks*
le l**ieu** ⟶ les l**ieux**	*the place, the places*

- **-al, -ail** ⟶ **-aux**

un hôpit**al** ⟶ des hôpit**aux**	*a hospital, hospitals*
le trav**ail** ⟶ les trav**aux**	*the work, tasks*

2. Note that the masculine form is used in French to refer to a group that includes at least one male.

> un étudian**t** et sept étudian**tes** ⟶ des étudian**ts**
> un Françai**s** et une Franç**aise** ⟶ des Françai**s**

[Allez-y! B-C]

Allez-y!

A. Pensez-y! (*Think about it!*) Figure out the gender of the following words. Then add the definite article.

MODÈLE: femme ⟶ féminin, la femme

1. appartement
2. division
3. italien
4. tableau
5. Coca-cola
6. biologie
7. université
8. aventure
9. personne
10. tourisme
11. science
12. homme

B. Suivons le guide! (*Let's follow the tour guide!*) Show your guests around campus, using the plural of these expressions.

MODÈLE: la salle de classe ⟶ Voilà les salles de classe.

1. la bibliothèque
2. l'amphi(théâtre)
3. le professeur
4. l'étudiant
5. le laboratoire de langues
6. le bureau

C. Continuons la visite! (*Let's continue the tour!*) Give the plural forms.

MODÈLE: un bureau ⟶ Voilà des bureaux.

1. l'écran
2. un ordinateur
3. la bibliothèque
4. une étudiante
5. le tableau
6. une chaise

Les verbes réguliers en -er

Expressing Actions

Rencontre d'amis à la Sorbonne

XAVIER: Salut, Françoise! **Vous visitez** l'université?

FRANÇOISE: Oui, **nous admirons** particulièrement la bibliothèque. Voici Paul, de New York, et Mireille, une amie.

XAVIER: Bonjour, Paul. **Tu parles** français?

PAUL: Oui, un petit peu.

XAVIER: Bonjour, Mireille. **Tu étudies** à la Sorbonne?

MIREILLE: Non, **je travaille** pour la bibliothèque.

Trouvez (*Find*) la forme correcte du verbe dans le dialogue.

1. Vous _visitez_ l'université?
2. Nous _admirons_ particulièrement la bibliothèque.
3. Tu _parles_ français?
4. Tu _étudies_ à la Sorbonne?
5. Je _travaille_ pour la bibliothèque.

Subject Pronouns and *parler*

The subject of a sentence indicates who or what performs the action of the sentence: *L'étudiant* **visite l'université.** A pronoun (**un pronom**) is a word used in place of a noun (**un nom**): *Il* **visite l'université.**

SUBJECT PRONOUNS AND **parler** (*to speak*)			
SINGULAR		**PLURAL**	
je parl**e** — *I speak*		nous parl**ons** — *we speak*	
tu parl**es** — *you speak*		vous parl**ez** — *you speak*	
il parl**e** — *he, it (m.) speaks*		ils parl**ent** — *they (m., m. + f.) speak*	
elle parl**e** — *she, it (f.) speaks*		elles parl**ent** — *they (f.) speak*	
on parl**e** — *one speaks*			

1. **Je.** Note that **je** is not capitalized unless it starts a sentence. When a verb begins with a vowel sound, **je** becomes **j'.**

   En hiver, **j'aime** faire du ski.   *In winter, I like to go skiing.*

2. **Tu** and **vous.** There are two ways to say *you* in French: **Tu** is used when speaking to a friend, fellow student, relative, child, or pet; **vous** is used when speaking to a person you don't know well or when addressing an older person, someone in authority, or anyone with whom you wish to maintain a certain formality. The plural of both **tu** and **vous** is **vous.** The context will indicate whether **vous** refers to one person or to more than one.

Michèle, **tu** parles espagnol?	*Michèle, do you speak Spanish?*
Madame, où habitez-**vous?**	*Ma'am, where do you live?*
Vous parlez bien français, madame.	*You speak French well, ma'am.*
Pardon, messieurs (mesdames, mesdemoiselles), est-ce que **vous** parlez anglais?	*Excuse me, gentlemen (ladies), do you speak English?*

3. **Il** and **elle.** As you know, all nouns—people and objects—have gender in French. **Il** is the pronoun that refers to a masculine person or object, and **elle** refers to a feminine person or object.

Paul travaille. **Il** travaille à la bibliothèque.	*Paul works. He works at the library.*
L'ordinateur est cher, mais **il** est aussi utile.	*The computer is expensive, but it is useful as well.*
Mireille? **Elle** travaille au café.	*Mireille? She works at the café.*
La bibliothèque? **Elle** est ouverte le samedi.	*The library? It is open on Saturdays.*

The plural counterparts **ils** and **elles** are used in the same way as the singular forms. **Ils** corresponds to masculine plural nouns and to a group that includes at least one masculine noun; **elles** corresponds to feminine plural nouns.

<table>
<tr><td>Luc et Chantal? **Ils** sont toujours ensemble.</td><td>*Luc and Chantal? They are always together.*</td></tr>
</table>

4. **On.** In English, the words *people, we, one,* or *they* are often used to convey the idea of an indefinite subject. In French, the indefinite pronoun **on** is used, always with the third-person singular of the verb.

<table>
<tr><td>Ici **on** parle français.</td><td>{ *One speaks French here.*
People (They, We) speak French here.</td></tr>
</table>

On is also used frequently in informal French instead of **nous.**

Nous parlons français. ⟶ **On** parle français.

[Allez-y! A]

Present Tense of -er Verbs

Most French verbs have infinitives ending in **-er: parler** (*to speak*), **aimer** (*to like; to love*). To form the present tense of these verbs, drop the final **-er** and add the endings shown in the chart.*

PRESENT TENSE OF **aimer** (*to like; to love*)			
j'	aim**e**	nous	aim**ons**
tu	aim**es**	vous	aim**ez**
il/elle/on	aim**e**	ils/elles	aim**ent**

1. Note that the present tense (**le présent**) in French has several equivalents in English.

<table>
<tr><td>Je **parle** français.</td><td>{ *I speak French.*
I am speaking French.
I do speak French.</td></tr>
</table>

---

*As you know, final **s** is usually not pronounced in French. Final **z** of the second-person plural and the **-ent** of the third-person plural verb forms are also silent.

2. Other verbs conjugated like **parler** and **aimer** include:

adorer	*to love; to adore*	**fumer**	*to smoke*
aimer mieux	*to prefer (to like better)*	**habiter**	*to live*
		manger[†]	*to eat*
chercher	*to look for*	**penser**	*to think*
commencer[*]	*to begin*	**porter**	*to wear*
danser	*to dance*	**regarder**	*to watch; to look at*
demander	*to ask for*	**rêver**	*to dream*
détester	*to detest; to hate*	**skier**	*to ski*
		travailler	*to work*
donner	*to give*	**trouver**	*to find*
écouter	*to listen to*	**visiter**	*to visit (a place)*
étudier	*to study*		

> Vous **cherchez** le resto-U? *Are you looking for the cafeteria?*
> Nous **étudions** l'informatique. *We're studying computer science.*

3. Some verbs, such as **adorer, aimer (mieux),** and **détester,** can be followed by an infinitive.

> J'**aime écouter** la radio. *I like listening to the radio.*
> Je **déteste regarder** la télévision. *I hate watching television.*

[Allez-y! B-C-D-E]

Allez-y!

A. **Dialogue en classe.** Complete the following dialogue with subject pronouns or forms of **parler.**

LE PROFESSEUR: Valérie, _vous_[1] parlez français?
VALÉRIE: Oui, nous _parlons_[2] français.
LE PROFESSEUR: Ici, en classe, on _parle_[3] français?
JIM: Oui, ici _il_[4] parle français.
ROBERT: Marc et Marie, vous _parlez_[5] chinois?
MARC ET MARIE: Oui, _nous_[6] parlons chinois.
CHRISTINE: Jim, tu _parles_[7] allemand?
JIM: Oui, _je_[8] parle allemand.
MARTINE: Paul parle italien?
ROLAND: Oui, _je_[9] parle italien.

---

[*]The **nous** form of **commencer** is **commençons.** The **cédille** is added to retain the soft **s** sound.
[†]Note that the **nous** form of **manger** is **mangeons.** The **e** is kept to retain the soft **g** sound.

B. *Tu* ou *vous*? Complete the following sentences, using the appropriate pronoun and the correct form of the verb in parentheses.

1. Madame, _vous habitez_ (habiter) près de (*near*) l'université?
2. Gérard, _tu cherches_ (chercher) la faculté des sciences?
3. Paul et Jacqueline, _vous visitez_ (visiter) le Quartier latin?
4. Monsieur, _vous trouvez_ (trouver) ce que (*what*) _vous cherchez_ (chercher)?
5. Richard, _tu demandes_ (demander) des renseignements (*information*) sur la cité universitaire?

C. Portraits. State the preferences of the following people.

MODÈLE: Mon (*My*) cousin... ⟶ Mon cousin aime bien le football, mais (*but*) il aime mieux le basket. Il adore le rock et il déteste le travail!

Je...	aimer bien	le tennis
Mon (Ma) camarade...	aimer mieux	le jogging
Mes parents...	adorer	le cinéma
Les étudiants...	détester	la littérature
Le professeur...		les maths
		la physique

D. Une interview. Interview your instructor.

MODÈLE: aimer mieux danser ou (*or*) skier ⟶
Vous aimez mieux danser ou skier?

1. aimer mieux la télévision ou le cinéma
2. aimer ou détester regarder la télévision
3. aimer mieux le rock ou la musique classique
4. aimer mieux la musique ou le sport
5. aimer mieux les livres ou les magazines

E. Une autre interview. Now get to know a classmate. Ask if . . .

MODÈLE: il/elle aime écouter la radio ⟶
É1: Tu aimes écouter la radio?
É2: Oui, j'aime bien écouter la radio. Et toi?
É1: Moi, je déteste écouter la radio!

1. il/elle rêve en classe toujours ou de temps en temps
2. il/elle donne souvent ou rarement des conseils (*advice*)
3. il/elle aime ou déteste manger des huîtres (*oysters*)
4. il/elle aime mieux étudier ou danser
5. il/elle regarde toujours la télévision
6. il/elle adore le cinéma

Now say which response you find original or strange.

MODÈLE: Sonia déteste le cinéma. C'est bizarre!

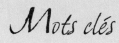

Mots clés

To express how often you do something.

The following adverbs usually follow the verb.

toujours	*always*
souvent	*often*
quelquefois	*sometimes*
rarement	*rarely*

D'habitude (*Usually*), **en général** (*generally*), and **de temps en temps** (*from time to time*) are adverbs that are most often placed at the beginning of a sentence.

Je regarde **souvent** la télévision.
Annie et moi, nous étudions **quelquefois** à la bibliothèque.
En général, j'étudie le week-end.

Correspondance

LE CIRQUE
EUROPA
0,46 €
RF

Chère Sophie,

Je suis parfaitement organisée, maintenant. Je mange au resto-U, je travaille beaucoup et j'étudie à la bibliothèque.

Mais le week-end, je ne travaille pas. J'aime mieux les discussions sur Internet, les soirées entre amis, le cinéma, la danse et la gym. La vie est belle!

Bisous à toute la famille.
Ta petite Caroline

PS. Donne mon adresse e-mail à Lisa. Je rêve d'avoir une amie américaine!

PAR AVION

En image...

L'université de la Sorbonne

Voici la prestigieuse Sorbonne, temple de la culture. Elle est célèbre pour son Grand Amphithéâtre—superbe mais très inconfortable. Sa bibliothèque est extraordinaire: elle ressemble à un musée. En général, les cours proposés à la Sorbonne sont classiques: littérature, linguistique, philosophie, histoire, géographie, mais aujourd'hui, on étudie aussi le cinéma ou l'histoire de la musique hip-hop.

Reportage
Quartier latin: le quartier général des étudiants

À la terrasse du café de la Sorbonne, Eva, d'origine russe, discute avec ses trois amis: Alexis, un étudiant lyonnais, Maren, une jeune Allemande qui étudie le droit social à Paris, et Ahmed, un jeune Marocain en doctorat de cinéma. Cette scène est typique du Quartier latin, zone cosmopolite, une sorte de campus international au centre de Paris.

Avec ses librairies et ses bibliothèques, le Quartier latin est l'univers de la culture. Les grands lycées (Louis-le-Grand, Henri IV) et les universités comme[1] la célèbre Sorbonne fondée en 1257[2] par Robert de Sorbon continuent à former[3] les élites intellectuelles.

Dans les boutiques du boulevard Saint-Michel, les vêtements[4] remplacent les livres. Mais les petites rues adjacentes ont encore[5] beaucoup de charme: petits restaurants délicieux, cinémas pour intellectuels comme le fameux Champollion, boutiques exotiques, bistros et bars animés, cybercafés.

Le jardin du Luxembourg est le parc du quartier. Dans ses allées[6] romantiques, les étudiants discutent, méditent, se relaxent avant ou après un examen. Au Quartier latin, tout est conçu[7] pour le travail et pour le bonheur[8] des étudiants.

Une population jeune, internationale, active et cultivée habite au Quartier latin. C'est le quartier des amitiés éternelles, des idées géniales et des discussions passionnées sur la politique, l'art et la vie. C'est le symbole de la vie étudiante.

[1]*such as* [2]*mille deux cent cinquante-sept* [3]*form* [4]*clothes* [5]*ont... still have* [6]*footpaths* [7]*conceived* [8]*happiness*

À vous!

1. Désirez-vous visiter le Quartier latin? Pourquoi? Imaginez votre itinéraire.
2. Le Quartier latin est-il différent d'un campus à l'américaine? Développez votre réponse.
3. Quels détails vous intéressent sur cette photo du Quartier latin?

ON EST BRANCHÉ!

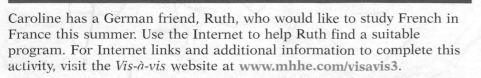

Caroline has a German friend, Ruth, who would like to study French in France this summer. Use the Internet to help Ruth find a suitable program. For Internet links and additional information to complete this activity, visit the *Vis-à-vis* website at **www.mhhe.com/visavis3**.

Leçon 3

Le verbe *être*
Identifying People and Things

Le travail d'équipe

FABRICE: Martine, la personne à la table, qui **est**-ce?

MARTINE: Oh, c'**est** Nicole, une nouvelle étudiante. Elle **est** italienne. Nous **sommes** dans le même cours de biologie. Tu **es** prêt à étudier?

FABRICE: Et avec elle, c'**est** qui?

MARTINE: C'**est** Marco, le fiancé de Nicole.

FABRICE: Maintenant, je **suis** prêt! On commence?

Vrai ou faux?

1. Nicole est espagnole.
2. Fabrice est un ami de Nicole.
3. Martine étudie la biologie.

Forms of *être*

PRESENT TENSE OF **être** (*to be*)	
je **suis**	nous **sommes**
tu **es**	vous **êtes**
il/elle/on **est**	ils/elles **sont**

Uses of *être*

1. The uses of **être** closely parallel those of *to be*.

Fabrice **est** intelligent.	*Fabrice is intelligent.*
Est-ce que Martine **est** organisée?	*Is Martine organized?*
Fabrice et Martine **sont** à la bibliothèque.	*Fabrice and Martine are at the library.*

2. In identifying someone's nationality, religion, or profession, no article is used following **être.**

Je **suis anglais.**	*I am English.*
Je **suis catholique;** mon ami **est musulman.**	*I'm (a) Catholic; my friend is (a) Muslim.*
—Vous **êtes professeur?**	*Are you a teacher?*
—Non, je **suis étudiant.**	*No, I am a student.*

C'est versus il/elle est

1. The indefinite pronoun **ce** (**c'**) is an invariable third-person pronoun. **Ce** has various English equivalents: *this, that, these, those, he, she, they,* and *it.*

2. The expression **c'est** (plural, **ce sont**) is used before modified nouns (always with an article) and proper names; it usually answers the questions **Qui est-ce?** and **Qu'est-ce que c'est?**

—Qui est-ce?	*Who is it?*
—C'est Maxime. C'est un étudiant belge.	*It's Maxime. He is a Belgian student*
—Ce sont des Français?	*Are they French?*
—Non, ce sont des Italiens.	*No, they're Italian.*
—Qu'est-ce que c'est?	*What is that?*
—C'est un ordinateur.	*That's (It's) a computer.*
—Et ça, qu'est-ce que c'est?	*And that, what is it?*
—Oh ça, c'est une souris.	*Oh, that's a mouse.*

3. **C'est** can also be followed by an adjective, to refer to a general situation or to describe something that is understood in the context of the conversation.

Le français? C'est facile!	*French? It's easy!*
J'adore la France. C'est magnifique!	*I love France. It's great!*

4. **Il/Elle est** (and **Ils/Elles sont**) are generally used to describe someone or something already mentioned in the conversation. They are usually followed by an adjective, a prepositional phrase, and occasionally by an unmodified noun (without an article).

—La librairie?	*The bookstore?*
—Elle est dans la rue Mouffetard.	*It's on Mouffetard Street.*
—Voici Karim. Il est étudiant en biologie.	*Here's Karim. He's a biology student.*
—Il est français?	*Is he French?*
—Oui, il est français, d'origine algérienne.	*Yes, he's French, of Algerian descent.*

Allez-y!

A. Un examen. Complete the following dialogue between Fabrice and Martine, using the correct forms of the verb **être.**

FABRICE: Ces livres _____¹ difficiles!

MARTINE: Pas pour toi, tu _____² un génie!

FABRICE: Oui, mais le professeur _____³ très exigeant (*demanding*).

MARTINE: Et il dit (*says*) toujours: «Vous _____⁴ une étudiante intelligente, mademoiselle.»

FABRICE: Nous _____⁵ peut-être (*maybe*) intelligents, mais moi, je ne _____⁶ pas prêt pour l'examen!

Qui est-ce? Identify each person described here, on the basis of the dialogue.

1. C'est une personne très exigeante.
   C'est *un professeur*
2. C'est une étudiante intelligente.
   C'est _____.
3. Il n'est pas prêt pour l'examen.
   C'est _____.

B. Deux étudiants africains à Paris. Tell about these young people by completing the descriptions with **c', il,** or **elle.**

Voici Fatima. *elle*¹ est marocaine. *elle*² est étudiante en philosophie. *c'*³ est une personne sociable et dynamique. Son petit ami (*boyfriend*) s'appelle Barthélémy. *il*⁴ est sénégalais. *c*⁵ est un jeune homme enthousiaste. *il*⁶ est aussi un peu timide. *c'*⁷ est un étudiant sérieux.

C. La France et les Français. Taking turns with a classmate, ask and answer questions using **c'est** and **ce n'est pas** (*it's not*).

MODÈLE: le sport préféré des Français:
le jogging, le football (*soccer*) →
É1: Le sport préféré des Français, c'est le jogging ou le football?
É2: Ce n'est pas le jogging, c'est le football!

1. un symbole de la France: la rose, la fleur de lys
2. un président français: Chevalier, Chirac
3. un cadeau (*present*) des Français aux Américains: la Maison-Blanche (*White House*), la Statue de la Liberté
4. une ville avec beaucoup de Français: La Nouvelle-Orléans, St. Louis
5. un génie français: Mme Curie, Albert Einstein
6. parler français: difficile, facile

D. Et vous, comment êtes-vous? Tell a little about yourself.

Je m'appelle _____.
Je suis un(e) _____. (femme / homme)
Je suis _____. (étudiant[e] / professeur)
Je suis _____. (nationalité)
J'habite à _____. (ville)
Je suis l'ami(e) de _____.
J'aime _____.

Now describe one of your classmates using the same guidelines.

Il/Elle s'appelle...

La négation *ne... pas*
Expressing Disagreement

La fin d'une amitié?

BERNARD: Avec Martine, ça va comme ci comme ça. Elle aime danser, je **n'aime pas** la danse. J'aime skier, elle **n'aime pas** le sport. Elle est étudiante en biologie, je **n'aime pas** les sciences...

MARTINE: Avec Bernard, ça va comme ci comme ça. Il **n'aime pas** danser, j'aime la danse. Je **n'aime pas** skier, il aime le sport. Il est étudiant en lettres, je **n'aime pas** la littérature...

1. Martine aime danser? Et Bernard?
2. Martine aime le sport? Et Bernard?
3. Martine aime la littérature? Et Bernard?
4. Martine aime les sciences? Et Bernard?

Maintenant posez ces questions à un(e) camarade. (Tu aimes... ?)

1. To make a sentence negative in French, **ne** is placed before a conjugated verb and **pas** after it.

Je **parle** chinois. ⟶ Je **ne parle pas** chinois.
Elles **regardent** souvent la télévision. ⟶ Elles **ne regardent pas** souvent la télévision.

2. **Ne** becomes **n'** before a vowel or a mute **h.**

> Elle aime skier. ⟶ Elle **n'a**ime pas skier.
> Nous habitons ici. ⟶ Nous **n'h**abitons pas ici.

3. If a verb is followed by an infinitive, **ne** and **pas** surround the conjugated verb.

> Il aime étudier. ⟶ Il **n'aime pas** étudier.

4. In informal conversation, the **e** in **ne** is usually not pronounced; sometimes you may not hear **ne** at all.

> Je **ne** pense **pas** (*I don't think so*).
> Je n̶e̶ pense **pas.** ⟶ J̶e̶ (n̶e̶) pense **pas.**

Allez-y!

A. Portrait de Bernard. Here is some more information about Bernard.

Bernard habite à la cité universitaire et, en général, il étudie à la bibliothèque. Après (*After*) les cours, il parle avec ses (*his*) amis au café. Le soir (*In the evening*), il écoute la radio: il aime beaucoup le jazz! Il adore le sport, il skie très bien et le week-end, il regarde les matchs de football à la télévision.

And Martine? Now tell what Martine doesn't like and doesn't do. Replace **il** with **elle** in the paragraph and make all the verbs negative. **Martine...**

B. Habitudes et préférences. Find out about a classmate's habits and preferences by asking if he or she does the following things.

> **MODÈLE:** travailler ⟶
> É1: Tu travailles?
> É2: Non, je ne travaille pas. (Oui, je travaille.) Et toi?

1. étudier la psychologie *Je n'étudie pas*
2. skier *Je ne skie pais*
3. détester les maths *Je déteste pas*
4. habiter à la cité-U *Je n'habite*
5. parler italien *Je ne parle pas*
6. manger au resto-U *Je ne mange pas*
7. danser *Je ne danse ps*
8. aimer écouter la radio *Je n'aim*

C. Et vous? Tell about yourself by completing the sentences.

1. J'aime _chocolat_, mais (*but*) je n'aime pas _candy_.
2. J'adore _se couche_, mais je déteste _l'ecole_.
3. J'écoute _reggae_, mais je n'écoute pas _rock_.
4. J'aime _BMW_, mais j'aime mieux _escalado_.
5. Je n'étudie pas _____. J'étudie _psychologie_
   kinesiolgie

Leçon 4 CHAPITRE 2

PERSPECTIVES

Lecture

Avant de lire

Predicting from context. When reading a text in your native language, you constantly—though perhaps unconsciously—make use of contextual information. This information gives you an immediate, overall orientation; it also allows you to figure out the meaning of unfamiliar words. Here are some ways to use contextual information when reading French texts. You will practice these techniques in the reading that follows.

1. Orient yourself using graphic elements: logos, illustrations, headings, and large or heavy type.

   - First, scan the brochure that follows and identify the institution being publicized and its location. Look at the accompanying photos. How would you describe the setting? (Is it modern? traditional? cosmopolitan?)
   - Then, quickly read through the first paragraph, underlining the cognates (**mots apparentés**) that you find. How well did your description match the text?

2. Use recognizable cognates to help you deduce the meaning of unfamiliar terms.

   - Read the following phrase from the brochure and try to figure out the meaning of the word **logement:**

      logement dans des familles francophones ou dans les résidences universitaires

   Were you able to infer that **logement** means *lodging*?

3. Watch for near cognates.

   - In the following phrases, your developing linguistic intuition should tell you that the words in boldface cannot be translated by the English form that most closely resembles them. Can you find an alternative to them that is close in meaning?

      plus de soixante ans d'expérience
      formation solide des enseignants (*teachers*)
      activités de **bénévolat** en milieu (*setting*) francophone

cinquante-trois **53**

4. Also be aware of false cognates.

  • Can you provide the false cognates in the following phrases?

    enseignement (*teaching*) assisté par ordinateur
    stages de travaux pratiques en milieu de travail
    équipe de moniteurs

5. Now that you have had the chance to refine your ability to recognize cognates, near cognates, and false cognates, scan the bulleted lists beneath each heading in the text and give a suitable English equivalent for them. Although you may not determine the precise meaning of those headings, you should be able to come close.

Before answering the comprehension questions, read the brochure from the **Université Laval** on the following page.

Compréhension

À propos de la lecture... This reading is taken from a brochure published by the **Université Laval** in Quebec City. There are many schools and colleges that offer French immersion programs throughout France and the French-speaking world.

À l'Université Laval. Are the following statements true (**vrai**) or false (**faux**)? Underline the words in the brochure on the following page that support your answer, and correct any false statements to make them true.

1. V F   The **Université Laval** has just begun to offer French courses for foreign students. ✓
2. V F   Individualized instruction is offered for those who need help. ✓
3. V F   Students may stay in university housing or rent apartments in town. F
4. V F   The university offers both classroom and extracurricular activities. ✓
5. V F   Some courses are given in English. F

Étudier le français... à QUÉBEC, bien sûr!

Plaque tournante de la francophonie, Québec vous offre le meilleur de deux mondes, le charme européen au cœur de la modernité nord-américaine.

Un séjour linguistique à Québec vous assure une immersion totale dans une ville francophone aux dimensions humaines (640 000 habitants), où vous vous sentirez en toute sécurité.

et à l'Université LAVAL évidemment!

QUALITÉ DES COURS
- plus de soixante ans d'expérience
- formation solide des enseignants
- matériel pédagogique «sur mesure»

SOUTIEN PÉDAGOGIQUE
- conseillers pédagogiques
- enseignement complémentaire «individualisé» pour les étudiants qui éprouvent des difficultés (trimestres d'automne et d'hiver)
- laboratoires de langues et laboratoires informatiques
- enseignement assisté par ordinateur

ENCADREMENT
- équipe de moniteurs
- activités socio-culturelles et sportives
- excursions
- stages de travaux pratiques en milieu de travail (trimestres d'automne et d'hiver)
- activités de bénévolat en milieu francophone (trimestres d'automne et d'hiver)

UNIVERSITÉ LAVAL
Faculté des lettres
École des langues vivantes

Cours à tous les niveaux pendant toute l'année

Programme spécial de français pour non-francophones

Les étudiants peuvent s'inscrire à l'une ou l'autre des sessions suivantes:

ÉTÉ	mai-juin	(5 sem. – 7 crédits)
	juillet-août	(5 sem. – 7 crédits)
AUTOMNE	septembre-décembre	(15 sem. – 16 crédits)
HIVER	janvier-avril	(15 sem. – 16 crédits)

Lors des trimestres d'automne et d'hiver les étudiants du niveau supérieur suivent leurs cours dans le cadre des programmes réguliers de français langue seconde (certificat, diplôme, baccalauréat).

PRIX ABORDABLE
- tous les étudiants de ces programmes de français paient les frais de scolarité des étudiants québécois
- coût de la vie peu élevé
- logement dans des familles francophones ou dans les résidences universitaires

Pour obtenir plus de renseignements sur
- les cours
- l'admission
- le logement
- le visa d'étudiant
- les assurances maladie
- les activités socio-culturelles
- etc.

demandez notre brochure en écrivant à:
École des langues vivantes
Pavillon Charles-De Koninck (2305)
Université Laval
Québec (Québec) G1K 7P4 Canada
Téléphone: (418) 656-2321
Télécopieur: (418) 656-7018
Courriel: elv@elv.ulaval.ca
http://www.fl.ulaval.ca/elv/

Écriture

Dites-moi qui vous êtes! Give information about yourself by answering the following questions. Then, rewrite the answers in a brief paragraph. Use **et** (*and*) and **mais** (*but*) to link your thoughts. You may provide additional information.

1. Comment vous appelez-vous?
2. Quelle est votre nationalité?
3. Dans quelle ville habitez-vous?
4. Qu'est-ce que vous étudiez? Quelles matières aimez-vous?
5. Quels sports aimez-vous? Quels genres de musique écoutez-vous?
6. Nommez une chose que vous n'aimez pas faire. (*Name one thing you don't like to do.*)

À l'écoute sur Internet!

The **À l'écoute sur Internet!** section in *Vis-à-vis* offers a variety of recorded listening passages to develop your skills in understanding French, including conversations, interviews, stories, and advertisements. The audio files may be accessed on the *Vis-à-vis* website at **www.mhhe.com/visavis3**. They are also available on a separate audio CD packaged with the Audio Program. The transcripts are not printed in your textbook.

Make an effort to listen for general meaning, without worrying about understanding every word. The activities in your textbook check that you have understood the passage and do not require you to produce any language from what you hear.

Les étudiants étrangers. A journalist is interviewing several foreign students in Paris. First, read through the topics in the chart. Next, listen to the vocabulary followed by the students' remarks. Then, do the activity. Replay the recording as often as you need to. (See Appendix H for answers.)

VOCABULAIRE UTILE

des cinémas movie theaters
partout everywhere

Draw a line connecting the name of each student with his or her country of origin, field of study, and hobby. (We have drawn the first two lines, to get you started.)

NOMS	PAYS	ÉTUDES	DISTRACTIONS
Fatima	Canada	philosophie	cinéma
François	Tunisie	sociologie	sport
Scott	Angleterre	espagnol	café

En société

La rencontre

Objectif: Talking about classes

In this video segment, Claire introduces her friend Jacques to Aimée. Together the university students talk about the type of courses that they prefer. Listen carefully as they describe their preferences.

VOCABULAIRE UTILE

Je te présente	I'd like you to meet
Elle vient de	She's from
n'est-ce pas?	don't they?
Je vous laisse	I have to go

Visionnez!

Complete the following sentences with one of the expressions provided.

1. AIMÉE: «Je _____ Aimée.»
2. AIMÉE: «J'adore _____.»
3. CLAIRE: «J'aime mieux _____,»
4. JACQUES: «J'ai des cours très _____.»

les arts
difficiles
l'économie
m'appelle

Jouez la scène!

Working with two classmates, act out the following situations.

1. You are sitting in a café with a friend. A new classmate stops by, and you introduce him/her to your companion. They say where they are from and talk about the classes they like and don't like.
2. You pass your French professor, Mme Lemoine, in the hallway. She introduces you to a visiting professor from **Genève**, M. Crelier.

Note culturelle

French universities (except for the **Grandes Écoles**) must admit anyone holding a **baccalauréat** (high school diploma) or a recognized equivalent to their first year of courses (two years of college in the United States). Non-native French speakers must also pass a written and oral language test. At the end of the first year, comprehensive exams identify the top students. The cream of the academic crop go to the elite **Grandes Écoles** after passing notoriously difficult entrance exams that require a year of preparatory schooling in themselves.

Vocabulaire

Verbes

adorer to love; to adore
aimer to like; to love
aimer mieux to prefer (like better)
chercher to look for
commencer to begin
danser to dance
demander to ask for
détester to detest
donner to give
écouter to listen to
être to be
étudier to study
fumer to smoke
habiter to live
manger to eat
parler to speak
regarder to look at; to watch
rêver to dream
skier to ski
travailler to work
trouver to find
visiter to visit (*a place*)

Substantifs

l'ami(e) (*m., f.*) friend
l'amphithéâtre (*m.*) lecture hall
la bibliothèque library
le café café; cup of coffee
le cinéma movies; movie theater
la cité universitaire (la cité-U) residence halls
le cours course
le dictionnaire dictionary
l'école (*f.*) school
l'examen (*m.*) test, exam
la faculté division (*academic*)
la femme woman

le film film
le gymnase gymnasium
l'homme (*m.*) man
le laboratoire de langues language lab
la librairie bookstore
le lieu place
la musique music
le pays country
le quartier quarter, neighborhood
la radio radio
le restaurant restaurant
le restaurant universitaire (le resto-U) university cafeteria
le sport sport; sports
le travail work
l'université (*f.*) university
la vie life
la ville city
la visite visit

À REVOIR: le bureau, le cahier, l'étudiant(e), le livre, le professeur, la salle de classe

Mots et expressions divers

à at; in
après after
aussi also
avec with
d'accord okay; agreed
dans in
de of, from
de temps en temps from time to time
en in
en général generally
ici here
maintenant now

mais but
moi me
ou or
pour for, in order to
quelquefois sometimes
rarement rarely
souvent often
toujours always
voici here is/are
voilà there is/are

Les nationalités

l'Algérien(ne) Algerian
l'Allemand(e) German
l'Américain(e) American
l'Anglais(e) English
le/la Belge Belgian
le Canadien / la Canadienne Canadian
le Chinois / la Chinoise Chinese
l'Espagnol(e) Spanish
le Français / la Française French
l'Italien(ne) Italian
le Japonais / la Japonaise Japanese
le Libanais / la Libanaise Lebanese
le Marocain / la Marocaine Moroccan
le Mexicain / la Mexicaine Mexican
le/la Russe Russian
le Sénégalais / la Sénégalaise Senegalese
le/la Suisse Swiss
le Tunisien / la Tunisienne Tunisian
le Vietnamien / la Vietnamienne Vietnamese

Les matières (f.)

l'allemand (m.) German
l'anglais (m.) English
la biologie biology
la chimie chemistry
le chinois Chinese
le commerce business
le droit law
l'économie (f.) economics
l'espagnol (m.) Spanish

le flamand Flemish
la géographie geography
la géologie geology
l'histoire (f.) history
l'informatique (f.) computer
  science
l'italien (m.) Italian
le japonais Japanese
les langues (f.) **étrangères**
  foreign languages

la linguistique linguistics
la littérature literature
les mathématiques (f.)
  mathematics
la philosophie philosophy
la physique physics
la psychologie psychology
les sciences (f.) **naturelles**
  natural sciences
la sociologie sociology

Ils ont l'air gentils!

Ils... They seem nice!

Fichier Edition Affichage Insertion Format Outils Aide

▤ DE: Sophie@image.qu.ca

À... Caroline@universpar.fr

Cc...

Objet:

Chère Caroline,

J'ai enfin un nouvel ordinateur.

Voici une photo récente des enfants. Ils sont beaux et intelligents!
Isabelle est gentille et sociable. Elle a beaucoup d'amis à l'école.
Jérémie est très sérieux. Il aime les livres mais c'est aussi un grand
sportif: il joue au football!

Je suis une mère heureuse et je vais bien.

Bisous,
Sophie*

Les enfants

---

*English equivalents of the letters, postcards, and e-mail messages are available in Appendix F.

Dans ce chapitre...

Objectifs communicatifs

- describing people, places, and things; talking about personalities, clothing, and colors; expressing possession and sensations; mentioning specific places or people; getting information

Paroles (Leçon 1)

- Les vêtements
- Les couleurs

Structures (Leçons 2 et 3)

- Le verbe **avoir**
- Les adjectifs qualificatifs
- Les questions à réponse affirmative ou négative
- Les prépositions **à** et **de**

Culture

- Reportage: Dis-moi où tu t'habilles! **(Correspondance)**
- Lecture: La haute couture: Paris, capitale de la mode **(Leçon 4)**

Multimédia

En société—Faire connaissance
In this episode, Claire and Jacques run into Aimée, who is relaxing between classes.

CD-ROM
In addition to completing vocabulary and grammar activities, you will have the opportunity to "converse" with Jacques and describe your family and friends.

Online Learning Center
Visit the *Vis-à-vis* website at **www.mhhe.com/visavis3** to review the vocabulary, grammar, and cultural topics presented in this chapter.

Leçon 1

Quatre personnalités différentes

Gilles est un jeune homme
enthousiaste, idéaliste et **sincère.**
Il est **sensible** (*sensitive*) mais
travailleur (*hard-working*).

Béatrice est une jeune femme
sociable, sympathique (*nice,
likeable*) et **dynamique.** Elle
n'est pas **égoïste** (*selfish*).

Nathalie est une jeune femme
calme, réaliste et **raisonnable.**
Ses études sont assez **difficiles.**

Olivier est un jeune homme **individualiste, excentrique** et **drôle**
(*funny*). Il n'est pas **paresseux**
(*lazy*).

Allez-y!

A. Qualités. Tell about these people by paraphrasing each statement.

> **MODÈLE:** Béatrice aime parler avec des amis. →
> C'est une jeune femme sociable.

1. Gilles parle avec sincérité.
2. Nathalie n'aime pas l'extravagance.
3. Olivier est amusant.
4. Béatrice aime l'action.
5. Gilles parle avec enthousiasme.
6. Olivier n'est pas conformiste.
7. Nathalie regarde la vie avec réalisme.
8. Olivier aime l'excentricité.
9. Nathalie n'est pas nerveuse.

généreux

B. Question de personnalité. What are the different people in your life like? Describe them using at least three adjectives.
Autres adjectifs possibles: hypocrite, conformiste, antipathique, optimiste, pessimiste, calme, égoïste, sincère, modeste, matérialiste, solitaire, triste (*sad*), riche, pauvre (*poor*)...

> **MODÈLE:** votre meilleur ami / meilleure amie (*f.*) (*your best friend*) →
> Il/Elle est calme, sincère...

1. votre meilleur ami / meilleure amie
2. votre père (*father*)
3. votre mère (*mother*)
4. votre camarade de chambre (*roommate*)
5. votre professeur de français
6. le président américain

Et vous? Now describe yourself. Begin your sentence with **Je suis... mais je ne suis pas...**

C. Interview. Ask a classmate the following questions. Use **très, assez, peu,** or **un peu** when appropriate.

> **MODÈLE:** sociable ou solitaire →
> É1: Es-tu sociable ou solitaire?
> É2: Moi, je suis assez sociable. Et toi?

1. sincère ou hypocrite	5. calme ou dynamique
2. excentrique ou conformiste	6. réaliste ou idéaliste
3. triste ou drôle *funny*	7. raisonnable ou inflexible
4. sympathique ou antipathique	8. optimiste ou pessimiste

Now summarize by stating a few characteristics of your classmate, along with their opposites.

Mots clés

How to qualify your description.

When you first learn a foreign language, you inevitably exaggerate a little because you do not yet have the tools to convey nuances. The following adverbs may be useful.

très	*very*	**peu**	*hardly*
assez	*somewhat*	**un peu**	*a little*

Jeanne est **très** calme mais Jacques est **un peu** nerveux.
Mon chien (*dog*) est **peu** intelligent mais il est **assez** drôle.

Les vêtements et les couleurs

un impperméable
un jean
un manteau
un blouson
un tailleur
un chemisier
une veste

un veston
une cravate
une chemise

un costume

un sac à dos

une jupe

un chapeau

une robe

des bottes (f.)
des chaussures (f.)
une chaussette
un pull-over
des tennis (m.)
un maillot de bain
un short
un sac à main
un tee-shirt
des sandales (f.)
un pantalon

une blouse

une ceinture (belt)

jaune   orange   rouge   rose   violet(te)   bleu   vert

beige

brun (brown)

marron   noir   gris   blanc

M. Beaujour **porte** (*is wearing*) **un costume gris** et **une cravate orange.**

bordeaux - burgundy

Allez-y!

A. Qu'est-ce qu'ils portent? Describe what these people are wearing.

Bruno   **Mme Dupuy**   **Aurélie**   **M. Martin**

1. Bruno porte une casquette, _____.
2. Mme Dupuy porte _____.
3. Aurélie porte un béret, _____.
4. M. Martin porte _____.

B. Un vêtement pour chaque (*each*) **occasion.** Describe in as much detail as possible what you wear when you go to these places.

1. à un match de football américain
2. à un concert de rock
3. à une soirée
4. à un interview
5. à l'université
6. à la plage (*beach*)

C. De quelle couleur? State the colors of the following things.

MODÈLE: le drapeau (*flag*) américain ⟶
Le drapeau américain est rouge, blanc et bleu.

1. le drapeau français
2. le ciel (*sky*)
3. un éléphant
4. le charbon
5. le lait (*milk*)
6. un tigre
7. un zèbre
8. le jade

Les amis d'Anne et de Céline

Lise est grande, belle et dynamique. Elle a (*has*) les yeux verts et les cheveux blonds. (Elle est blonde.)

Déo a les cheveux noirs. Il est beau et charmant. Il est de taille moyenne (*medium height*).

Chantal est aussi de taille moyenne. Elle a les yeux marron et les cheveux courts et roux. (Elle est rousse [*redheaded*].)

Jacques est très sportif. Il est grand, il a les cheveux longs et châtains* (*light brown*).

Thu est très petite et intelligente. Elle a les cheveux noirs et raides (*straight*).

Allez-y!

A. Erreur! Correct any statements that are wrong.

MODÈLE: Déo a les cheveux châtains. ⟶ Non, il a les cheveux noirs.

1. Jacques a les cheveux courts. **2.** Chantal a les cheveux longs et châtains. **3.** Thu a les cheveux noirs. **4.** Chantal a les yeux noirs. **5.** Lise a les cheveux roux. **6.** Déo est très grand. **7.** Lise est de taille moyenne. **8.** Thu est petite. **9.** Déo et Lise sont petits. **10.** Chantal est blonde et Lise est rousse.

 B. Vos camarades de classe. Describe the hair, eyes, and height of someone in the classroom. Your classmates will guess who it is.

MODÈLE: Il/Elle a les cheveux longs et noirs, il/elle a les yeux marron et il/elle est de taille moyenne.

---

*literally, *chestnut;* invariable in gender

Leçon 2

Le verbe *avoir*

Expressing Possession and Sensations

Une bonne amie

JASMINE: Allô Florence? Tu **as** une minute?

FLORENCE: Salut Jasmine! Je n'**ai** pas vraiment le temps. J'**ai besoin de** l'après-midi pour finir le travail de chimie.

JASMINE: Mais Florence, nous **avons rendez-vous** avec le professeur d'italien pour le test oral dans une heure!

FLORENCE: Quoi? Mais ce n'est pas possible! Il **a** toujours des questions difficiles à me poser. Je ne suis pas prête du tout!

JASMINE: Écoute, tu continues à étudier et moi, je téléphone au professeur Marchand et je lui dis que tu **as l'air** bien malade!

Vrai ou faux?

1. Jasmine travaille avec Florence pour le cours de biologie.
2. Florence est une étudiante organisée.
3. Elles ont rendez-vous avec le professeur d'italien.

Forms of *avoir*

The verb **avoir** is irregular in form.

PRESENT TENSE OF **avoir** (*to have*)			
j'	**ai**	nous	**avons**
tu	**as**	vous	**avez**
il/elle/on	**a**	ils/elles	**ont**

—J'**ai** un studio agréable.
—**Avez**-vous une camarade de chambre sympathique?
—Oui, elle **a** beaucoup de patience.

I have a nice studio apartment.
Do you have a nice roommate?

Yes, she has lots of patience.

To ask someone his/her age, use **Quel âge *avez*-vous?** or **Quel âge *as*-tu?**

[Allez-y! A]

Expressions with *avoir*

The verb **avoir** is used in many common idioms.

Elle **a chaud.**
Il **a froid.**

Elles **ont faim.**
Ils **ont soif.**

Loïc, tu **as tort.** Magalie, tu **as raison.**

Frédéric **a l'air** content. Il **a de la chance.**

L'immeuble **a l'air** moderne.

seems

Jean **a sommeil.**

Ingrid **a besoin d'**une lampe.

Avez-vous envie de danser?

feel 2

Il **a rendez-vous** avec le professeur.

meet

Il **a peur du** chien.

La petite fille **a honte.**

shame

Isabelle **a quatre ans.**

Note that with **avoir besoin de, avoir envie de,** and **avoir peur de,** the preposition **de** is used before an infinitive or a noun.

[Allez-y! B-C-D]

Géant. J'ai envie*

*slogan for a French supermarket

Allez-y!

A. Vive la musique! You and your friends are planning a musical evening. Say what each person has to contribute to the occasion.

> **MODÈLE:** Isaac / une trompette ⟶ Isaac a une trompette.

1. Monique et Marc / des disques compacts
2. vous / une guitare
3. tu / une clarinette
4. je / des cassettes
5. nous / un piano
6. Isabelle / une flûte

B. Quel âge ont-ils? Working with a partner, ask and answer questions about the age of the following people. Make educated guesses!

> **MODÈLE:** É1: Quel âge a-t-il?
> É2: Il a deux ou trois ans.

1.   2.   3.   4.

C. Dans quel contexte? For each situation, use an expression with **avoir.**

> **MODÈLE:** Pour moi, un Coca-cola, s'il vous plaît. ⟶ J'ai soif.

1. Je porte un pull et un manteau.
2. Il est minuit (*midnight*).
3. J'ouvre (*open*) la fenêtre.
4. Je mange une quiche.
5. Paris est la capitale de la France.
6. Des amis français m'invitent (*invite me*) à Paris.
7. Je gagne à la roulette.
8. Attention, un lion!
9. Je casse (*break*) le vase préféré de ma mère.
10. Je vais en boîte (*nightclub*).
11. Rome est en Belgique.
12. Et une limonade, s'il vous plaît.

D. Désirs et devoirs (*duties*). What do you and the people you know *want* to do? What do you *have* to do? Use **avoir envie / besoin de** to tell about these people. **Verbes utiles:** danser, écouter, étudier, parler, rêver, skier, travailler, voyager

> **MODÈLE:** je ⟶
> J'ai envie de jouer au tennis, mais j'ai besoin d'étudier!

1. je
2. mon meilleur ami / ma meilleure amie
3. mes parents
4. le professeur de français
5. mon/ma camarade de chambre

Les adjectifs qualificatifs
Describing People, Places, and Things

Rencontres par ordinateur

Il est sociable,
charmant,
sérieux,
beau,
idéaliste
et sportif.

Elle est sociable,
charmante,
sérieuse,
belle,
idéaliste
et sportive.

Ils sont difficiles à satisfaire!

Répondez aux questions suivantes.

1. Il cherche une femme sportive, réaliste ou extravagante?
2. Il est sympathique, extraordinaire ou réaliste?
3. Elle cherche un homme sociable, drôle ou réaliste?
4. Elle est sympathique, extraordinaire ou réaliste?
5. La machine est optimiste?

Position of Descriptive Adjectives

Descriptive adjectives (**les adjectifs qualificatifs**) give information about people, places, and things. In French, they usually follow the nouns they modify. They may also follow the verb **être**.

C'est un professeur **intéressant.**
J'aime les personnes **sincères** et **individualistes.**
Gabrielle est **sportive.**

He's an interesting teacher.
I like sincere and individualistic people.
Gabrielle is athletic.

A few common adjectives that generally precede the nouns they modify are presented in **Chapitre 4, Leçon 3.**

Agreement of Adjectives

In French, adjectives agree in gender (masculine or feminine) and number (singular or plural) with the nouns they modify. Most adjectives follow the pattern illustrated in the following table.

	MASCULINE	FEMININE
Singular	un étudiant intelligent	une étudiante intelligent**e**
Plural	des étudiants intelligent**s**	des étudiantes intelligent**es**

1. Most feminine adjectives are formed by adding an **-e** to the masculine form. Exception: adjectives whose masculine form ends in an unaccented **-e.**

   > Alain est **persévérant.** ⟶ Sylvie est **persévérante.**
   > Paul est **optimiste.** ⟶ Claire est **optimiste.**

   Remember that final **d, s,** and **t,** usually silent in French, are pronounced when **-e** is added.

2. Most plural adjectives of either gender are formed by adding an **-s** to the singular form. Exception: adjectives whose singular form ends in **-s** or **-x.**

   > Elle est **charmante.** ⟶ Elles sont **charmantes.**
   > L'étudiant est **sénégalais.** ⟶ Les étudiants sont **sénégalais.**
   > Marc est **courageux.** ⟶ Marc et Loïc sont **courageux.**

3. If a plural subject refers to one or more masculine items or persons, the plural adjective is masculine.

   > Sylvie et Françoise sont **françaises.**
   > Sylvie et François sont **français.**

Les magazines.

Accrochants.[1]

Captivants.

Enrichissants.

[1]Catchy.

Descriptive Adjectives with Irregular Forms

PATTERN		SINGULAR		PLURAL	
MASC.	*FEM.*	*MASC.*	*FEM.*	*MASC.*	*FEM.*
-eux -eur } →	-euse	courageux travailleur	courageuse travailleuse	courageux travailleurs	courageuses travailleuses
-er →	-ère	cher (*expensive*)	chère	chers	chères
-if →	-ive	sportif	sportive	sportifs	sportives
-il -el } →	-ille -elle	gentil (*nice, pleasant*) intellectuel	gentille intellectuelle	gentils intellectuels	gentilles intellectuelles
-ien →	-ienne	parisien	parisienne	parisiens	parisiennes

Other adjectives that follow these patterns include **paresseux /
paresseuse**, **naïf / naïve** (*naïve*), **sérieux / sérieuse**, **fier / fière** (*proud*),
and **canadien / canadienne.** The feminine forms of **beau** (*handsome,
beautiful*) and **nouveau** (*new*) are **belle** and **nouvelle.**

Adjectives of Color

1. Most adjectives of color have both masculine and feminine forms.

   un chemisier **blanc / bleu / gris / noir / vert / violet**
   une chemise **blanche / bleue / grise / noire / verte / violette**

2. **Jaune, rouge,** and **rose** are invariable in gender.

   un pantalon **jaune** / une robe **jaune**

3. **Marron** and **orange** are invariable in gender and number.

   une robe **marron / orange**   des robes **marron / orange**

Allez-y!

A. **Dans la salle de classe.** Dominique has a wonderful class. Describe
   it, choosing the appropriate expressions from the second column.

   1. Le professeur est...
   2. Les étudiants sont...
   3. La salle de classe est...
   4. Les chaises sont...

   a. bleue et blanche.
   b. confortables et nombreuses.
   c. intelligent et dynamique.
   d. sociables et amusants.

B. Des âmes sœurs. (*Soulmates.*) Patrice and Patricia are alike in every respect. Describe them, taking turns with a partner.

> **MODÈLE:** français →
> > É1: Patrice est français. Et Patricia?
> > É2: Patricia est française.

1. optimiste	5. sérieux	9. sportif
2. intelligent	6. parisien	10. courageux
3. charmant	7. naïf	11. travailleur
4. fier	8. gentil	12. intellectuel

C. À mon avis. (*In my opinion.*) Complete these sentences according to your own opinions.

1. L'homme idéal est _____.
2. La femme idéale est _____.
3. Le/La camarade de classe idéal(e) est _____.
4. Le professeur idéal est _____.
5. Le chauffeur de taxi idéal est _____.

D. Une lettre. Here is the letter Stéphane dreads receiving from his girl-friend. Transform it into the more positive one that is actually on the way by changing the adjectives and some verbs.

Angers, le 7 janvier

Stéphane,

   Je te déteste. Tu es stupide et antipathique. Tous les jours (*Every day*) tu es nerveux, tu ne rêves pas parce que tu es peu idéaliste, et tu es même (*even*) souvent hypocrite. En plus (*Furthermore*) je trouve que tu es paresseux.

   Je ne veux pas te revoir. (*I don't want to see you again.*)

   Adieu.

Catherine

> **MODÈLE:** Stéphane, je t'adore...

Un peu plus...

Café culture in France. Cafés in France are important parts of each neighborhood. Many French people go to their favorite café in the morning for a coffee and croissant, at lunch for a sandwich, or for a drink before dinner, an **apéro** (**apéritif**). There are **tabacs** in many cafés where one can purchase tobacco, stamps, bus tickets, and other items. Cafés in France are also important places to socialize, where people gather and hold lively conversations. Cafés are also welcoming if you prefer just to sit and relax with a delicious **café au lait.** Is café culture important in your community? Where do people usually go to socialize?

Correspondance

Fichier Edition Affichage Insertion Format Outils Aide

DE: Caroline@universpar.fr

À...   Sophie@image.qu.ca

Cc...

Objet:

Chère Sophie,

Merci pour la photo: les enfants sont magnifiques!

Moi aussi, je vais bien. Comme toujours, je suis optimiste. J'ai envie de changement et j'ai décidé d'être élégante. Mon nouveau style: les vêtements classiques. Dans une petite boutique de Saint-Germain, j'ai acheté des bottes noires, une jupe grise, un chemisier blanc et une veste en cachemire. Ta sœur est BCBG! Mais aujourd'hui, je porte mon jean et un vieux pull: demain j'ai un examen et j'étudie.

Embrasse Isabelle et Jérémie de ma part!

Bisous,
Caroline

avenue Montaigne

En image...
Le luxe[1] à Paris

Dans le quartier des Champs-Élysées, en particulier dans l'avenue Montaigne et la rue François 1er, les grands noms de la haute couture[2] et du prêt-à-porter[3] de luxe sont présents. Parfums, bijoux,[4] sacs et chaussures sublimes s'offrent à votre admiration. Les visiteurs aiment contempler les boutiques de Chanel, Dior, Nina Ricci, Cartier, Louis Vuitton. Tout[5] est très cher mais si beau!

[1]luxury [2]haute... high fashion [3]ready-to-wear [4]jewelry [5]Everything

Reportage
Dis-moi où tu t'habilles![1]

À Paris, est-ce qu'on a besoin d'être riche pour avoir l'air chic? Non! Ce paradoxe a une explication: le fameux chic français n'est pas dans ce qu'[2] on achète mais dans l'art d'assembler les vêtements et les accessoires.

Les étudiants connaissent[3] ce principe essentiel de l'élégance. Et ils font[4] des miracles avec des petits budgets. Mais où trouvent-ils leurs vêtements?

D'abord, dans les boutiques pour jeunes comme Zara, Morgan ou Kookaï. En janvier et en juillet, les prix diminuent de 50 %[5]: on n'a pas besoin de compter!

Il y a aussi le marché aux puces.[6] Fabien explique: «J'adore la fripe—les vieux vêtements—ils sont très confortables et vraiment pas chers.»

Mais que faire si[7] on aime le luxe?

Il y a deux solutions. Anne apprécie les beaux vêtements mais elle n'a pas envie de dépenser[8] beaucoup d'argent.[9] Elle s'habille dans les «stocks»,[10] magasins où s'accumulent les excès de production de vêtements. Cette semaine, elle a acheté une jupe de la collection Zara pour quinze euros! Gaëlle, qui est BCBG,[11] a une autre solution. Elle va dans un «dépôt-vente» de son quartier où elle achète des vêtements déjà portés mais presque neufs[12]: «Souvent j'ai de la chance, déclare-t-elle. La semaine dernière,[13] pour soixante-neuf euros, j'ai trouvé[14] un foulard Hermès!»

[1]Dis... *Tell me where you buy your clothes!* [2]ce... *what* [3]*understand* [4]*create* [5]*pour cent*
[6]marché... *flea market* [7]que... *what do you do if* [8]*spend* [9]*money* [10]*outlet stores*
[11]*preppy* [12]presque... *almost new* [13]*last* [14]ai... *found*

Le marché aux puces de la Porte de Montreuil est une véritable caverne d'Ali-Baba: les amateurs visitent le marché de préférence le samedi matin. Ils cherchent, ils explorent, ils achètent. Ils ont raison! Avec un peu de chance et beaucoup d'efforts, ils trouvent des trésors parmi (*among*) des montagnes de vêtements.

À vous!

1. Dans quels magasins trouvez-vous vos vêtements? Êtes-vous plutôt comme Fabien, comme Anne ou comme Gaëlle? Expliquez vos préférences.
2. Est-ce qu'il y a dans votre ville des «stocks», des dépôts-ventes, des marchés aux puces? Avez-vous quelquefois de la chance? Que trouvez-vous?
3. Avez-vous envie d'acheter des vêtements aux Puces de Montreuil, comme sur la photo? Pourquoi?

ON EST BRANCHÉ!

Caroline wants to send some clothing to Isabelle and Jérémie. Help her find suitable gifts for her niece and nephew online. For Internet links and additional information to complete this activity, visit the *Vis-à-vis* website at **www.mhhe.com/visavis3**.

soixante-quinze **75**

Leçon 3

STRUCTURES

Les questions à réponse affirmative ou négative
Getting Information

Discussion entre amis

LE TOURISTE: **Est-ce** un accident?
L'AGENT DE POLICE: Non, ce n'est pas un accident.
LE TOURISTE: **Est-ce que** c'est une manifestation?
L'AGENT DE POLICE: Mais, non!
LE TOURISTE: Alors, c'est une dispute?
L'AGENT DE POLICE: Pas vraiment. C'est une discussion animée entre amis.

Voici les réponses. Posez les questions. Elles sont dans le dialogue.

1. Non, ce n'est pas un accident.
2. Non, ce n'est pas une manifestation.
3. Non, ce n'est pas une dispute.

In French, there are several ways to ask a question requiring a *yes* or *no* answer.

Questions Without Change in Word Order

1. You can raise the pitch of your voice at the end of a sentence.

   —Vous ne parlez pas anglais?   *You don't speak English?*
   —Si, un peu.*   *Yes, a little.*

2. When confirmation is expected, add the tag **n'est-ce pas** to the end of the sentence.

   Il aime la musique, **n'est-ce pas?**   *He likes music, doesn't he?*
   Nous ne mangeons pas au resto-U, **n'est-ce pas?**   *We don't eat at the cafeteria, do we?*

---

*Note that **si,** not **oui,** is used to answer *yes* to a negative question.

3. Another way is to precede a statement with **Est-ce que** (**Est-ce qu'** before a vowel sound).

> **Est-ce que** Robert étudie
>   l'espagnol?   *Does Robert study Spanish?*
> **Est-ce qu'**elles écoutent la radio?   *Are they listening to the radio?*

[Allez-y! A-B with **Mots clés**]

Questions with Change in Word Order

Questions can also be formed by inverting the subject and verb. This question formation is more common in written French.

1. When a pronoun is the subject of the sentence, the pronoun and verb are inverted and hyphenated.

> **Tu es** étudiante en   **Es-tu** étudiante en
>   philosophie. →   philosophie?
> **Ils aiment** les discussions   **Aiment-ils** les discussions
>   animées. →   animées?

The final **t** of third-person plural verb forms is pronounced when followed by **ils** or **elles: aiment-elles.** When third-person singular verbs end with a vowel, **-t-** is inserted between the verb and the pronoun.

> Elle aim**e** les jupes. →   **Aime-t-elle** les jupes?
> Il port**e** un veston. →   **Porte-t-il** un veston?

Je is seldom inverted. **Est-ce-que** is used instead: **Est-ce que je suis élégant?**

2. When a noun is the subject of the sentence, the noun subject is retained. The third-person pronoun corresponding to the subject follows the verb and is attached to it by a hyphen.

> **Marc** est étudiant. →   **Marc est-il** étudiant?
> **Delphine** travaille   **Delphine travaille-t-elle**
>   beaucoup. →   beaucoup?
> **Les amis** arrivent ce soir. → **Les amis arrivent-ils** ce soir?

[Allez-y! C-D]

Allez-y!

A. C'est difficile à croire! You find it hard to believe what Mireille is telling you. Express your surprise by turning each statement into a question. (Your intonation should express your disbelief!)

MODÈLE: Solange est de Paris. ⟶ Solange est de Paris?

Pas

1. Pascal est aussi de Paris.
2. Solange et Pascal sont belges.
3. Roger est le camarade de Pascal.
4. C'est un garçon drôle.
5. Il n'habite pas à Paris.
6. Sandra est canadienne.

B. Des personnalités compatibles. With a partner, play the roles of two people whose personalities are perfectly matched. Use the expressions from **Mots clés** as in the model.

MODÈLE: calme ⟶
 É1: Est-ce que tu es calme?
 É2: Oui, je suis calme. Et toi?   Non, je ne suis pas calme. Et toi?
 or
 É1: Moi aussi, je suis calme.   Moi non plus, je ne suis pas calme.

1. sympathique
2. sportif / sportive
3. curieux / curieuse
4. sérieux / sérieuse
5. patient(e)
6. travailleur / travailleuse

Mots clés

Les expressions *moi aussi, moi non plus*

If you agree with someone's comment, your answer will be either **moi aussi** (*me too*) or **moi non plus** (*me neither*).

—Je suis fatigué!
—Moi aussi!

—Mais je n'ai pas faim!
—Moi non plus!

C. Étudiants à la Sorbonne. You are writing an article on student life in Paris. Verify the information you have jotted down by expressing your statements as questions.

MODÈLE: Stéphane étudie à la Sorbonne. ⟶
 Est-ce que Stéphane étudie à la Sorbonne?

1. Il est belge.
2. Vous admirez Stéphane.
3. Stéphane et Carole sont étudiants en philosophie.
4. Ils sont sympathiques.
5. Carole habite à la cité-U.

D. Portrait d'un professeur. Ask your instructor about his or her personality, tastes, and clothing. Use inversion in your questions.
Verbes suggérés: aimer, danser, écouter, être, parler, regarder, skier

MODÈLES: Êtes-vous pessimiste?
 Aimez-vous les cravates orange?

Now see if your classmates were listening. Ask a classmate three questions about your instructor.

MODÈLE: Est-ce que le professeur est pessimiste?

Les prépositions *à* et *de*
Mentioning Specific Places or People

Arnaud et Delphine, deux étudiants

Ils habitent **à la** cité universitaire.
Ils mangent **au** restaurant universitaire.
Ils jouent **au** volley-ball **au** gymnase.
Le week-end, ils jouent **aux** cartes entre amis.
Ils aiment parler **des** professeurs, **de** l'examen
d'anglais, **du** cours de littérature française et
de la vie **à** l'université.

Et vous?

1. Habitez-vous à la cité universitaire?
2. Mangez-vous au restaurant universitaire?
3. Jouez-vous au volley-ball au gymnase?
4. Le week-end, jouez-vous aux cartes?
5. Aimez-vous parler des professeurs? de
   l'examen de français? du cours de
   français? de la vie à l'université?

Deux étudiants au café à Paris

Prepositions (**les prépositions**) give information about the relationship
between two words. Examples in English are *at, before, for, of, in, to,
under, without.* In French, the prepositions **à** and **de** sometimes contract
with articles.

The Preposition *à*

1. **À** indicates location or destination. It has several English equivalents.

Arnaud habite **à** Paris.	*Arnaud lives in Paris.*
Il étudie **à** la bibliothèque.	*He studies at (in) the library.*
Il arrive **à** Bruxelles demain.	*He's going to Brussels tomorrow.*

2. With verbs such as **donner, montrer, parler,** and **téléphoner, à** introduces the indirect object (usually a person) even when *to* is not used
   in English.

Arnaud **donne** un livre **à** son copain.	*Arnaud gives his friend a book.*
Arnaud **montre** une photo **à** Delphine.	*Arnaud shows Delphine a photo.*
Il **parle à** un professeur.	*He's speaking to a professor.*
Il **téléphone à** un ami.	*He's calling a friend.*

The preposition *to* is not always used in English, but **à** must be used in French with these verbs.

The Preposition *de*

1. **De** indicates where something or someone comes from.

Medhi est **de** Casablanca.	*Medhi is from Casablanca.*
Il arrive **de** la bibliothèque.	*He is coming from the library.*

2. **De** also indicates possession (expressed by *'s* or *of* in English) and the concept of belonging to, being a part of.

Voici la librairie **de** Madame Vernier.	*Here is Madame Vernier's bookstore.*
J'aime mieux la librairie **de** l'université.	*I prefer the university bookstore (the bookstore of the university).*

3. When used with **parler, de** means *about*.

Nous parlons **de** la littérature contemporaine.	*We're talking about contemporary literature.*

The Prepositions *à* and *de* with the Definite Articles *le* and *les*

à + le = au	Arnaud arrive **au** cinéma.
à + les = aux	Arnaud arrive **aux** cours.
à + la = à la	Arnaud arrive **à la** librairie.
à + l' = à l'	Arnaud arrive **à l'**université.
de + le = du	Arnaud arrive **du** cinéma.
de + les = des	Arnaud arrive **des** cours.
de + la = de la	Arnaud arrive **de la** librairie.
de + l' = de l'	Arnaud arrive **de l'**université.

The Verb *jouer* with the Prepositions *à* and *de*

When **jouer** is followed by the preposition **à**, it means to play a team sport or a game. When it is followed by **de**, it means to play a musical instrument.

Martine
joue au tennis.

Philippe
joue du piano.

Allez-y!

A. Où est-ce qu'on va? (*Where do we go?*) Answer, taking turns with a partner. **Suggestions:** l'Alliance (*Institute*) française, l'amphithéâtre, la bibliothèque, le café, le cinéma, le concert, les courts de tennis, le Quartier latin, le restaurant universitaire, la salle des sports

> **MODÈLE:**   pour écouter une symphonie ⟶
> É1: Où est-ce qu'on va pour écouter une symphonie?
> É2: On va au concert.

1. pour regarder un film   **2.** pour jouer au tennis   **3.** pour jouer au volley-ball   **4.** pour écouter le professeur   **5.** pour apprendre (*learn*) le français   **6.** pour étudier   **7.** pour manger   **8.** pour visiter la Sorbonne   **9.** pour parler avec des amis

B. Camille, une personne très active. Adapt the following sentences, using the words in parentheses.

1. Camille téléphone *à Sophie.* (le professeur / les amies / Gabriel / le restaurant)
2. Elle parle *de la littérature africaine.* (le rap / la politique française / les livres de Marguerite Duras / le cours de japonais)
3. Camille arrive *de la librairie.* (le resto-U / New York / la bibliothèque / les courts de tennis)
4. Elle aime jouer *au football.* (le piano / les cartes / le basket-ball / la guitare)

C. Les passe-temps. Complete the following sentences with **jouer à** or **de**. Match the players with the sports or instruments they play.

MODÈLE: Brett Favre ⟶ Brett Favre joue au football américain.

1. Wynton Marsalis
2. Venus Williams
3. Carlos Santana
4. Alicia Keys
5. Shaquille O'Neal
6. Patrick Roy
7. Garry Kasparov
8. Barry Bonds
9. Angèle Dubeau
10. Mia Hamm

a. le violon
b. le hockey
c. les échecs (*chess*)
d. la trompette
e. le piano
f. le basket-ball
g. le base-ball
h. la guitare
i. le foot
j. le tennis

D. Trouvez quelqu'un qui... Find someone in the classroom who does each of the following activities. On a separate piece of paper, note down his/her name next to the activity. See who can complete the list the fastest.

MODÈLE: Est-ce que tu joues au tennis?
          Oui, je joue au tennis. (*ou* Non, je ne joue pas au tennis.)

jouer de la guitare
jouer au poker
jouer au base-ball
jouer au volley
jouer au bridge
jouer au tennis
jouer de la clarinette

aimer les films français
manger à la cafétéria
   aujourd'hui
aimer le laboratoire de
   langues
jouer aux cartes
?

LE MONDE DE YAYO

Lecture

Avant de lire

Gaining confidence in your reading skills. You have already practiced two strategies that facilitate comprehension of a written text: recognizing cognates (**Chapitre 1**) and predicting the content of a text using the context (**Chapitre 2**). These strategies *do* work. The more you practice them, the more confidence you will gain, enabling you to read texts in French with greater ease and enjoyment. Here is some additional advice:

- *Read and reread.* Read the text once to get the general sense. Then, read it a second time, using the techniques you already know to fill in the gaps.
- *Don't fret over every word.* Break the habit of trying to read for word-for-word translation. Concentrate on getting the meaning of larger "chunks" of text—phrases and entire sentences—to find meaning.
- *Use the dictionary as a last resort.* After using all of your reading strategies, try to decide whether the meaning of an unfamiliar word is truly crucial for your comprehension of the general meaning. If it is, consult a dictionary. The dictionary is an important tool, but it should be used with moderation.

Parlons de la mode. Paris is one of the great centers of the fashion industry, and French fashion terms have been incorporated extensively into English. For this reason, in fashion advertising in English, it is not unusual to see French words used unaltered. Do you know the meanings of the following words?

parfum	boutique	haute couture
couturier	mode	prêt-à-porter

Des mots apparentés! The following sentences are excerpted from the reading selection. Guess the meaning of the cognates in italics.

1. Depuis Louis XIV, c'est Paris qui décide des *tendances*, des *couleurs* et des *modèles* pour les *saisons* printemps-été et *automne*-hiver.
2. En mars et en octobre, Paris est le *centre* de l'*univers* de la mode: les créateurs *présentent* leurs nouvelles *collections* devant la *presse* et les *télévisions* du monde *entier*.

À propos de la lecture... This reading was written by one of the authors of *Vis-à-vis*.

Lacroix, c'est romantique

La magie Gaultier

La haute couture: Paris, capitale de la mode

Paris est bien la capitale de la mode, n'est-ce pas? Oui! Depuis[1] Louis XIV, c'est Paris qui décide des tendances, des couleurs et des modèles pour les saisons printemps-été et automne-hiver.[2]

En mars et en octobre, Paris est le centre de l'univers de la mode: les créateurs présentent leurs nouvelles collections devant la presse et les télévisions du monde[3] entier. Dans les palaces prestigieux comme le Ritz, les stylistes de la haute couture ou du prêt-à-porter de luxe organisent des défilés[4] fabuleux. Au premier rang sont assises[5] les célébrités: des actrices de cinéma et de riches clientes (beaucoup d'Américaines)! Chaque vêtement est unique, très cher et très luxueux.[6]

Christian Lacroix, le génie et l'enthousiasme

Christian Lacroix présente sa première collection en 1987,[7] à l'âge de quarante ans. C'est une symphonie de couleurs flamboyantes et de formes audacieuses.[8] Cet ancien[9] étudiant en Histoire de l'art préfère les matières luxueuses comme la soie et le velours.[10] Passionné de théâtre et d'opéra, il crée des costumes splendides. Avec lui, les vêtements sont des ornements.

Jean-Paul Gaultier, l'extravagance et l'humour

Entré dans la mode en 1976,[11] Jean-Paul Gaultier n'a pas peur de choquer. Il a raison: il est excentrique mais il a du talent. Il peut donc risquer,[12] toutes les audaces. Les stars du show-business (par exemple, Madonna) et les anticonformistes portent ses modèles. Sa mode est drôle, ses collections toujours originales. Il joue avec les matières et avec les idées: il invente le bijou électronique, il impose la jupe pour homme, il crée une collection «Piercings et Tatouages[13]»! Son imagination n'a pas de limites.

[1]*Since* [2]*printemps-été... spring-summer and fall-winter* [3]*world* [4]*fashion shows* [5]*Au... Sitting in the first row are* [6]*luxurious* [7]*mille neuf cent quatre-vingt-sept* [8]*daring* [9]*former* [10]*soie... silk and velvet* [11]*mille neuf cent soixante-seize* [12]*risk* [13]*Tatoos*

Chanel: le modernisme et la classe

Né[14] en 1939[15] en Allemagne, Karl Lagerfeld symbolise paradoxalement l'élégance française. Il est Monsieur Chanel. Avec sa queue de cheval[16] et ses grosses lunettes de soleil,[17] il a l'air snob. Il est tout simplement très individualiste. Ses modèles sont dans la tradition commencée par Coco Chanel: tailleurs en tweed, petites robes chics, jupes en mouvement. Le style est dans la simplicité des formes et dans le travail du détail. ⚜

[14]*Born* [15]*mille neuf cent trente-neuf* [16]*queue... ponytail* [17]*lunettes... sunglasses*

Le miracle Chanel

Compréhension

Quel couturier / Quels couturiers... ? Name the designer(s) best described in the following statements. Justify your choice by citing words or phrases from the text.

1. Design fashion inspired by the theater and the opera.
2. Dress celebrities.
3. Appeal to a younger buyer.
4. Design classic-looking fashion.
5. Employ humor and whimsy in fashion design.

Écriture

Mon meilleur ami / Ma meilleure amie. Describe your best friend, using the following guidelines. Then rewrite your ideas in the form of a paragraph. You may give additional information.

1. Donnez le nom de votre ami(e).
2. Indiquez sa (*his/her*) profession.
3. Donnez des informations sur son apparence: couleurs des cheveux et des yeux, taille, style de vêtements.
4. Donnez des informations sur sa personnalité.
5. Est-ce qu'il/elle joue d'un instrument de musique? Si oui, lequel (*which one*)?
6. Est-ce qu'il/elle pratique un sport d'équipe? Si oui, lequel?

Mon meilleur ami / Ma meilleure amie...

À l'écoute sur Internet!

Mon meilleur copain. Guillaume is talking about his best friend, Patrice. First, look through the activities. Next, listen to the vocabulary and to Guillaume's description of Patrice. Then, do the activities. Replay the recording as often as you need to. (See Appendix H for answers.)

VOCABULAIRE UTILE

vachement   very (*slang*)
le cuir   leather

A. C'est bien Patrice? Based on Guillaume's description, circle the drawing of Patrice.

B. Toujours Patrice! Now choose the correct answer, based on what you hear.

1. Patrice habite _____.
   a. à Lyon
   b. à Nice
2. Patrice étudie _____.
   a. l'anglais
   b. l'espagnol
3. Patrice adore _____.
   a. la musique classique
   b. le rock
4. Il joue _____.
   a. du piano
   b. de la guitare
5. Patrice est _____.
   a. intelligent mais un peu paresseux
   b. très intellectuel
6. Patrice porte toujours _____.
   a. un jean et un blouson noir
   b. un costume gris

 *En société*

Faire connaissance

Objectif: Describing people

In this video segment, Claire and Jacques run into Aimée who is relaxing between classes. Jacques is expecting to meet a friend whom he plans to help study. Pay close attention to the words used to describe people in this segment.

VOCABULAIRE UTILE

surtout en plein air	especially outdoors
je ne sais pas où il est	I don't know where he is
Je connais quelqu'un	I know someone
là-bas	over there
Je veux bien t'aider	I'm delighted to help you

Visionnez!

Are the following statements true (**V**) or false (**F**)?

1. V   F   Jacques aide Marc avec l'économie.
2. V   F   Marc est grand et il a les cheveux blonds.
3. V   F   M. Dépétri porte toujours un veston vert.
4. V   F   Anne est petite et individualiste.

Jouez la scène!

Working with a classmate, act out the following situations.

1. You are at the library and you are looking for your friend. You talk to the person working at the front desk and describe your friend.
2. You have just met a new person at your health club (**centre sportif**). Describe both his/her physical and personality traits to a friend.

Note culturelle

French families are spending a much smaller percentage of their income on clothing than they used to (5.6% today against 11% in 1960). Clothing is now less of a social symbol. It is a way of expressing one's identity. France is still known as the land of luxury products, however, and the new tendencies determined by **haute couture** collections are still carefully dissected on news broadcasts every season. Some of the most famous **couturiers** are Dior, Chanel, Givenchy, Ungaro, Gaultier, Lacroix, to name only a few. Do you feel it is a worthwhile investment to spend more for a designer item?

Vocabulaire

Verbes

arriver to arrive
avoir to have
jouer à to play (*a sport or game*)
jouer de to play (*a musical instrument*)
montrer to show
porter to wear; to carry
téléphoner à to telephone

À REVOIR: **regarder, travailler**

Expressions avec *avoir*

avoir (20) ans to be (20) years old
avoir besoin de to need
avoir chaud to be warm
avoir de la chance to be lucky
avoir envie de to want, feel like
avoir faim to be hungry
avoir froid to be cold
avoir honte to be ashamed
avoir l'air (+ *adj.*); **avoir l'air (de** + *inf.*) to seem; to look
avoir peur de to be afraid of
avoir raison to be right
avoir rendez-vous avec to have a meeting (date) with
avoir soif to be thirsty
avoir sommeil to be sleepy
avoir tort to be wrong

Substantifs

le/la camarade de chambre roommate
les cartes (*f.*) cards
les cheveux (*m. pl.*) hair
les échecs (*m.*) chess

la jeune femme young woman
le jeune homme young man
la personne person
la soirée party
les yeux (*m. pl.*) eyes

À REVOIR: **l'ami(e), la bibliothèque, l'université**

Adjectifs

antipathique unpleasant
beau / belle beautiful
blond(e) blond
châtain (*inv.*) chestnut brown
cher / chère expensive
court(e) short
drôle funny, odd
égoïste selfish
fatigué(e) tired
fier / fière proud
gentil(le) nice, pleasant
grand(e) tall, big
hypocrite hypocritical
nouveau / nouvelle new
paresseux / paresseuse lazy
pauvre poor
petit(e) small, short
prêt(e) ready
raide straight
roux / rousse redheaded
sensible sensitive
sportif / sportive *describes someone who likes physical exercise and sports*
sympa(thique) nice, likeable
travailleur / travailleuse hardworking

À REVOIR: **espagnol(e), français(e), italien(ne)**

Adjectifs apparentés

amusant(e), blond(e), calme, charmant(e), conformiste, courageux / courageuse, curieux / curieuse, (dés)agréable, différent(e), difficile, dynamique, élégant(e), enthousiaste, excentrique, extraordinaire, idéal(e), idéaliste, (im)patient(e), important(e), individualiste, inflexible, intellectuel(le), intelligent(e), intéressant(e), long(ue), modeste, naïf / naïve, nerveux / nerveuse, optimiste, ordinaire, parisien(ne), pessimiste, raisonnable, réaliste, riche, sérieux / sérieuse, sincère, snob, sociable, solitaire

Les vêtements

le béret beret
le blouson windbreaker
les bottes (*f.*) boots
la casquette baseball cap
le chapeau hat
les chaussettes (*f.*) socks
les chaussures (*f.*) shoes
la chemise shirt
le chemisier blouse
le costume (*man's*) suit
la cravate tie
l'imperméable (*m.*) raincoat
le jean jeans
la jupe skirt
le maillot de bain swimsuit

le manteau coat
le pantalon pants
le pull-over sweater
la robe dress
le sac à dos backpack
le sac à main handbag
les sandales (*f.*) sandals
le short shorts
le tailleur woman's suit
le tee-shirt T-shirt
les tennis (*m.*) tennis shoes
la veste sports coat, blazer
le veston suit jacket

Les couleurs

blanc / blanche white
bleu(e) blue
gris(e) gray
jaune yellow
marron (*inv.*) brown
noir(e) black
orange (*inv.*) orange
rose pink
rouge red
vert(e) green
violet(te) violet

Mots et expressions divers

assez somewhat
de taille moyenne of medium
  height
moi aussi me too
moi non plus me neither
n'est-ce pas? isn't it so?
peu not very; hardly
un peu a little
Quel âge avez-vous (as-tu)? How
  old are you?

Fichier Edition Affichage Insertion Format Outils Aide

DE: Caroline@universpar.fr

À... Sophie@image.qu.ca

Cc...

Objet:

Salut, Sophie!

Voici une idée de décoration pour ton nouvel appartement: la chambre de Marie-Antoinette à Versailles. Que penses-tu de cette chambre royale?

Par comparaison, mon petit palais est très modeste: un lit, un bureau, des étagères. Tout ça dans un espace de 10m^2! C'est petit, mais c'est charmant. Le problème, c'est qu'il n'y a pas de place pour mes amis! Mais j'ai un ordinateur, une imprimante et un lecteur de CD: le luxe. Bien sûr, tout est en désordre! Quand je perds quelque chose, je regarde sous le lit: je suis sûre de trouver ce que je cherche.

Bisous à tous,
Caroline

Versailles, chambre de la Reine

Dans ce chapitre...

Objectifs communicatifs

- locating people and objects; expressing the absence of something; getting information; expressing actions; describing people, places, and things

Paroles (Leçon 1)

- L'ameublement
- Les prépositions de lieu

Structures (Leçons 2 et 3)

- Les articles indéfinis après **ne... pas**
- Les mots interrogatifs
- Les verbes en **-ir**
- La place de l'adjectif qualificatif

Culture

- Reportage: Montréal: vivre en français (Correspondance)
- Lecture: Avantages et désavantages de la colocation (Leçon 4)

Multimédia

En société—Chercher un appartement
In this episode, Claire finds Aimée looking at apartment listings.

CD-ROM
In addition to completing vocabulary and grammar activities, you will have the opportunity to role-play the part of an apartment seeker "talking" to Claire, who has a room to rent.

Online Learning Center
Visit the *Vis-à-vis* website at **www.mhhe.com/visavis3** to review the vocabulary, grammar, and cultural topics presented in this chapter.

Leçon 1

Christine, Michel et la voiture°

car

Michel est **dans** le parc, **entre** le banc (*bench*) et l'arbre (*tree*).

Christine est **dans** sa voiture, **loin du** parc.

Maintenant, elle est **en face de** l'université, **près du** parc.

Michel est **devant** la voiture.

Christine est **à côté de** la voiture. Michel est **sur** la voiture.

Michel pousse la voiture. Il est **derrière** la voiture.

Christine est **sous** la voiture. Michel est **à gauche de** la voiture. Les outils (*tools*) sont **par terre, à droite de** la voiture.

LES PRÉPOSITIONS DE LIEU	
dans	in
entre	between
chez	at the home of; at the office of
à côté de	next to, beside
en face de	across from, opposite
devant ≠ derrière	in front of ≠ behind
sur ≠ sous	on ≠ under
à droite de ≠ à gauche de	to the right of ≠ to the left of
près de ≠ loin de	near ≠ far from
par	by
par terre	on the ground

Allez-y!

A. Vrai ou faux? The following statements correspond (by number) to the drawings on the previous page. Correct any statements that are wrong.

1. Michel est assis (*seated*) sur le banc.
2. Christine est à côté du parc.
3. Elle est près de l'université.
4. Michel est derrière la voiture.
5. Christine est à gauche de la voiture.
6. Michel est en face de la voiture.
7. Christine est sur la voiture.

B. Désordre. Alain has a problem with clutter! Describe his room, using **les prépositions de lieu.**

MODÈLE: Il y a deux livres sous la chaise.

Deux chambres d'étudiants

La chambre de Céline est en désordre. Elle habite dans un appartement.

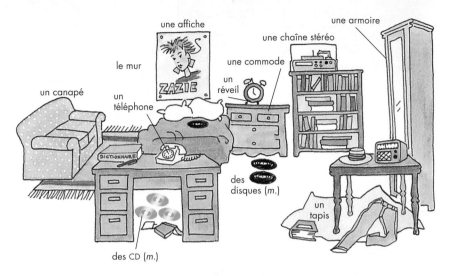

La chambre d'Anne est en ordre. Elle habite dans une maison.

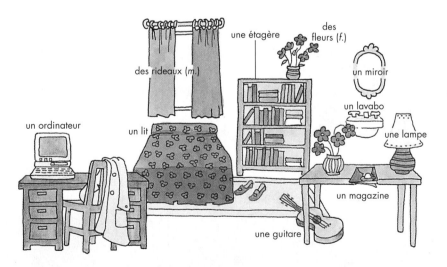

AUTRES MOTS UTILES

une cassette	a cassette tape
un immeuble	a building
un lecteur de cassettes	a cassette player
un lecteur de CD	a CD player
un meuble	a piece of furniture

Allez-y!

A. Deux chambres. Taking turns with a partner, ask and answer questions about the two rooms. Start with **Qu'est-ce qu'il y a...** (*What is there . . .*).

> **MODÈLE:**   derrière l'étagère d'Anne? ⟶
>
> > É1: Qu'est-ce qu'il y a derrière l'étagère d'Anne?
> > É2: Il y a un mur.

1. sur le bureau de Céline? d'Anne? *un telephone, un livre*
2. à côté du lit de Céline? d'Anne?
3. sous la table de Céline? d'Anne?
4. sur le lit de Céline?
5. sur l'étagère de Céline? d'Anne?
6. sous le bureau de Céline?
7. à côté du téléphone de Céline?
8. sur le mur de Céline? d'Anne?
9. par terre dans la chambre de Céline? d'Anne?
10. sur la table d'Anne?
11. à côté de l'étagère d'Anne?
12. sur le tapis de Céline? d'Anne?

B. Préférences. What might you find in the room of a person with the following interests?

> **MODÈLE:**   les arts ⟶
>
> > Sur le mur, il y a des affiches; il y a des livres d'art dans l'étagère et à côté du lit, et cetera.

1. étudier
2. écouter de la musique
3. parler à des amis
4. le sport
5. la mode
6. le cinéma

Une chambre d'étudiant à la cité-U

Leçon 2

STRUCTURES

Les articles indéfinis après *ne... pas*
Expressing the Absence of Something

Le confort étudiant

NATHALIE: Où sont les toilettes*?
ANNE: Désolée, je **n'**ai **pas de** toilettes dans ma chambre. Elles sont dans le couloir.
NATHALIE: Mais tu as une douche?
ANNE: Non, **pas de** toilettes, **pas de** douche, mais j'ai une cuisinette et...
NATHALIE: Et une télé?
ANNE: Non, il **n'**y a **pas de** télé, mais j'ai une chaîne stéréo.

Complétez selon le dialogue.

1. Dans sa chambre, Anne n'a _____.
2. Il n'y a pas _____.
3. Elle a une chaîne stéréo mais _____.

1. In negative sentences, the indefinite article (**un, une, des**) becomes **de** (**d'**) after **pas.**

Il a une amie.

Elle porte une casquette.

Il y a des voitures dans la rue.

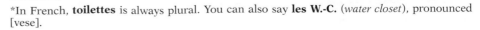

*In French, **toilettes** is always plural. You can also say **les W.-C.** (*water closet*), pronounced [vese].

Il n'a pas d'amie.

Elle ne porte pas
de casquette.

Il n'y a pas de
voitures dans la rue.

—Est-ce qu'il y a **un livre** sur la table?	*Is there a book on the table?*
—Non, il n'y a **pas de livre** sur la table.	*No, there is no book on the table.*
—Est-ce qu'il y a **des fleurs** sur la table?	*Are there any flowers on the table?*
—Non, il n'y a **pas de fleurs** sur la table.	*No, there aren't any flowers on the table.*

[Allez-y! A]

2. In negative sentences with **être,** however, the indefinite article does not change.

> —**C'est un livre?**
> —**Non, ce n'est pas un livre.**

3. The definite article (**le, la, les**) does not change in a negative sentence.

> —Elle a **la** voiture aujourd'hui?
> —Non, elle n'a pas **la** voiture.

[Allez-y! B]

Allez-y!

A. Chambre à louer. (*Room for rent.*) The room Christian is inquiring about is very sparsely furnished. Play the roles of Christian and his prospective landlord or landlady, following the example.

MODÈLE: une télé ⟶
    É1: Est-ce qu'il y a une télé dans la chambre?
    É2: Non, il n'y a pas de télé.

1. un lavabo
2. une armoire
3. des tapis
4. des étagères
5. une commode
6. un lit

B. Une interview. Interview a classmate. Pay close attention to the articles.

MODÈLES: avoir un ordinateur ⟶
> É1: Tu as un ordinateur?
> É2: Non, je n'ai pas d'ordinateur. *or* Oui, j'ai un ordinateur.

aimer les ordinateurs ⟶
> É1: Tu aimes les ordinateurs?
> É2: Non, je n'aime pas les ordinateurs. *or* Oui, j'aime les
> ordinateurs.

1. étudier le russe, l'italien, l'allemand
2. avoir une chambre, un appartement, une maison
3. travailler le soir (*in the evening*), le samedi, le dimanche
4. avoir des CD d'Alanis Morissette, des CD de musique classique,
   des CD de jazz
5. aimer les chats (*cats*), les chiens (*dogs*)
6. ?

Les mots interrogatifs
Getting Information

Chambre à louer

MME GÉRARD: Bonjour, mademoiselle. **Comment** vous appelez-vous?

AUDREY: Audrey Delorme.

MME GÉRARD: Vous êtes étudiante?

AUDREY: Oui.

MME GÉRARD: **Où** est-ce que vous étudiez?

AUDREY: À la Sorbonne.

MME GÉRARD: C'est très bien, ça. Et **qu'est-ce que**
vous étudiez?

AUDREY: La philosophie.

MME GÉRARD: Oh, c'est sérieux, ça. Vous avez
combien d'heures de cours?

AUDREY: 21 heures par semaine.

MME GÉRARD: Vous avez besoin d'une chambre
pas chère?

AUDREY: Oui, c'est ça. **Quand** est-ce que la
chambre est disponible?

MME GÉRARD: Aujourd'hui. Elle est à vous.

Vrai ou faux?

1. Audrey est étudiante à Paris.
2. Mme Gérard a l'air gentille.
3. Audrey a besoin d'une chambre pas chère.

Information Questions with Interrogative Words

Information questions ask for new information or facts. They often begin with interrogative expressions. Here are some of the most common interrogative adverbs in French.

où	*where*	**pourquoi**	*why*
quand	*when*	**combien de**	*how much,*
comment	*how*		*how many*

Information questions can be formed with **est-ce que** or with a change in word order. (You may wish to review the presentation of yes/no questions in **Chapitre 3, Leçon 3.**) The interrogative word is usually placed at the beginning of the question.

1. These are information questions with **est-ce que.**

> **Où**
> **Quand**
> **Comment** } **est-ce que** Michel joue du banjo?
> **Pourquoi**

> **Combien de** fois par semaine (*times a week*) **est-ce que** Michel joue?

2. These are information questions with a change in word order.

PRONOUN SUBJECT	**NOUN SUBJECT**
Où	**Où**
Quand étudie-t-il la	**Quand** Michel étudie-t-il
Comment musique?	**Comment** la musique?
Pourquoi	**Pourquoi**
Combien d'instruments a-t-il?	**Combien d'**instruments Michel a-t-il?

3. These are information questions consisting of a noun subject and verb only. With **où, quand, comment,** and **combien de,** it is possible to ask information questions using only a noun subject and the verb, with no pronoun.

> **Où**
> **Quand** } étudie Michel?
> **Comment**
> **Combien d'**instruments a Michel?

However, the pronoun is almost always required with **pourquoi.**

> **Pourquoi** Michel étudie-t-**il?**

[Allez-y! A-B]

Information Questions with Interrogative Pronouns

Some of the most common French interrogative pronouns (**les pronoms interrogatifs**) are **qui, qu'est-ce que,** and **que. Que** becomes **qu'** before a vowel or mute **h. Qui** is invariable.

1. **Qui** (*who, whom*) is used to ask about a person or people.

Qui étudie le français?	*Who studies French?*
Qui regardez-vous? **Qui** est-ce que vous regardez?	*Whom are you looking at?*
À qui Michel parle-t-il? **À qui** est-ce que Michel parle?	*Whom is Michel speaking to?*

2. **Qu'est-ce que** and **que** (*what*) refer to things or ideas. **Que** requires inversion.

Qu'est-ce que vous étudiez? **Qu'**étudiez-vous?	*What are you studying?*
Que pense-t-il de la chambre?	*What does he think of the room?*

[Allez-y! C-D-E]

Allez-y!

A. De l'argent. Monsieur Harpagon is sometimes stingy. Respond to these statements as he would, using **pourquoi.**

MODÈLE: J'ai besoin d'un manteau. ⟶
Pourquoi as-tu besoin d'un manteau?

1. Nous avons besoin d'une étagère.
2. Monique a besoin d'un dictionnaire d'anglais.
3. Paul a besoin d'une voiture.
4. J'ai besoin d'un nouveau tapis.

B. Une chambre d'étudiant. Complete the conversation with the appropriate interrogative expressions. **Suggestions:** comment, où, pourquoi, quand, combien de...

MODÈLE: SABINE: Comment est la chambre?
JULIEN: La chambre est *très agréable.*

SABINE: _____?
JULIEN: J'emménage (*I move in*) jeudi.
SABINE: _____?
JULIEN: La lampe est *à côté du lecteur de CD.*
SABINE: _____?
JULIEN: Il y a *deux* chaises et *une* table.

SABINE: _____?

JULIEN: J'ai un lecteur de CD *parce que j'adore la musique.*

SABINE: _____?

JULIEN: J'écoute de la musique *quand j'étudie.*

SABINE: _____?

JULIEN: La chambre est *petite mais confortable.*

C. **Une visite chez Camille et Marie-Claude.** Ask a question in response to each statement about Camille and Marie-Claude's new apartment. Use **qu'est-ce que** or **que**.

> **MODÈLE:** Nous visitons le logement de Camille et Marie-Claude. →
> Qu'est-ce que vous visitez? (*ou* Que visitez-vous?)

1. Il y a un miroir sur le mur.
2. Je regarde les affiches de Camille.
3. Nous admirons l'ordre de la chambre de Camille. → Qu'est-ce vous admirez / Qu'admirez-vous
4. Guy écoute les disques de Marie-Claude.
5. Je trouve des magazines intéressants.
6. Elles cherchent le chat de Camille. → Que cherchent-elle
7. Guy n'aime pas les rideaux à fleurs.
8. Nous aimons bien la vue et le balcon.

D. **Les étudiants et le logement.** With a little help from her friends, Brigitte finds a new room. Create a question, using **qui** or **à qui,** that corresponds to each item of information.

> **MODÈLE:** *Brigitte* cherche un logement. →
> Qui cherche un logement?

1. *Mme Boucher* a une petite chambre à louer dans une maison.
2. *Jocelyne et Richard* parlent de Mme Boucher à *Brigitte.* **3.** Brigitte téléphone à *Mme Boucher.* **4.** Mme Boucher montre la chambre à *Brigitte.* **5.** *Brigitte* loue la chambre de Mme Boucher.

(handwritten: À qui J et Richard parlent; a qui Mme Boucher; Qui Brigett loue la la)

E. **Voici les réponses.** Invent questions for these answers.

> **MODÈLE:** Dans la chambre de Claire. →
> Où est-ce qu'il y a des affiches de cinéma?
> Où sont les CD d'Aimée?

1. C'est un magazine français.
2. À l'université.
3. Parce que je n'ai pas envie d'étudier.
4. Vingt-quatre étudiants.
5. À Laure. *(a qui te léphoné-vous)*
6. Djamila. *(ou est ta meilleur amie)*
7. Très bien. *(comment ça va)*
8. Parce que j'ai faim. *(pourquois manges-tu?)*
9. Maintenant. *(quand étudiez-vous le français?)*

(handwritten bottom:)
2 Où sont claire et Briget
Où étudies-tu?
Où est-ce-que tu vas

3) Pourquois regardes-tu la télé
4) Combien étudiants y a-t-il dans la classe
est-ce-qu'il y a dans la cla

Mots clés
Giving reasons

To answer the question **pourquoi?,** use **parce que** (**parce qu'** before a vowel sound).

Je travaille **parce que** j'ai besoin d'argent.

Correspondance

DE: Sophie@image.qu.ca

À... Caroline@universpar.fr

Cc...

Objet:

Chère Caroline

Nous emménageons la semaine prochaine dans un nouvel appartement du Vieux-Québec. Ce n'est pas Versailles, mais le quartier a beaucoup de charme: des rues pittoresques, des églises anciennes, de belles maisons en pierre, des monuments construits au XVIIe siècle. J'ai l'impression d'être en Europe!

Les enfants finissent l'école dans deux semaines. Nous t'invitons pour les vacances, d'accord?

Mille baisers,
Sophie

Vieux-Québec

En image...
Le Vieux-Québec

Les rues de Québec ont beaucoup de charme. Les églises, les places, les rues, les musées racontent l'histoire d'une province très attachée à ses origines françaises. Les Québécois adorent parler français: la langue de leurs ancêtres[1] est intouchable.[2]

[1] ancestors   [2] untouchable

Reportage

Montréal: vivre en français

Parler français, dans une ambiance française, mais sur le continent américain, est-ce-que c'est possible? Bien sûr!

Il y a près de chez vous un territoire francophone. C'est la province de Québec, au Canada. Dans cette région, le français est la langue officielle des administrations, du travail, du commerce et des communications.

Combien de membres représente cette communauté? Six millions de personnes. Très actives et passionnément francophiles, elles désirent protéger leur héritage culturel français.

Étudiante américaine, Deborah étudie le français à l'université de Montréal pour devenir professeur. Tous les jours, elle lit[1] *Le journal de Montréal* ou *La presse*. À la télévision, elle regarde des programmes français proposés par le Réseau de l'Information[2] (RDI).

Elle aime se promener[3] dans les rues tranquilles de la vieille ville. «J'ai l'impression d'être en Europe» dit-elle. On comprend[4] pourquoi: Montréal a été fondé[5] par les Français en 1642.[6] Ses origines sont évidentes dans son architecture, dans les noms des rues, dans le Vieux-Port. Mais surtout, à Montréal, on attache une importance essentielle à la beauté de l'environnement et à la qualité de vie. Exactement comme à Paris, à Rome ou à Madrid.

[1]*reads* [2]*Réseau... Information Network* [3]*se... to walk* [4]*understands* [5]*a... was founded* [6]*mille six cent quarante-deux*

Montréal est la ville des contrastes: les demeures (*residences*) anciennes du Vieux-Montréal s'opposent aux grands immeubles ultra modernes d'autres secteurs de la ville.

À vous!

1. Regardez la carte au début du livre. Où est la province de Québec? la ville de Montréal?
2. Pourquoi est-ce qu'on parle français à Montréal?
3. Pourquoi Deborah aime-t-elle particulièrement Montréal?
4. Sur la photo, quels détails suggèrent que Montréal est une ville francophone?

ON EST BRANCHÉ!

Since Sophie and her family are moving into a larger apartment, both of her children will now have their own room. Help Sophie find furnishings for Jérémie's room. For Internet links and additional information to complete this activity, visit the *Vis-à-vis* website at **www.mhhe.com/visavis3**.

Leçon 3

Les verbes en -*ir*
Expressing Actions

À bas les dissertations!

Khaled et Naima ont une dissertation* d'histoire.

KHALED: Quel sujet **choisis**-tu?

NAIMA: Je ne sais pas, je **réfléchis.** Bon, je **choisis** le premier sujet—l'Empire de Napoléon. (*Deux jours plus tard.*)

KHALED: Alors, tu es prête?

NAIMA: Attends, je **finis** ma conclusion et j'arrive. Et si je **réussis** à avoir 15 sur 20, on fait la fête!

Vrai ou faux?

1. Naima n'aime pas le premier sujet.
2. Naima finit son introduction.
3. Naima veut (*wants*) avoir 15 sur 20.

Although the infinitives of the largest group of French verbs end in **-er,** those of a second group end in **-ir.** To form the present tense of these verbs, drop the final **-ir** and add the endings shown in the chart.

PRESENT TENSE OF **finir** (*to finish*)			
je	fin**is**	nous	fin**issons**
tu	fin**is**	vous	fin**issez**
il/elle/on	fin**it**	ils/elles	fin**issent**

The **-is** and **-it** endings of the singular forms have silent final consonants. The double **s** of the plural forms is pronounced.

---

*__Dissertation__ is the equivalent of a term paper. (A doctoral dissertation is **une thèse.**)

1. Other verbs conjugated like **finir** include:

agir	*to act*
choisir	*to choose*
réfléchir (à)	*to reflect* (*upon*), *to consider*
réussir (à)	*to succeed* (*in*)

J'**agis** toujours avec logique. *I always act logically.*
Nous **choisissons** des affiches. *We're choosing some posters.*

2. The verb **réfléchir** requires the preposition **à** before a noun when it is used in the sense of *to consider, to think about,* or *to reflect upon something.*

Elles **réfléchissent aux** *They are thinking about Paul's*
   questions de Paul. *questions.*

3. The verb **réussir** requires the preposition **à** before an infinitive or before the noun* in the expression **réussir à un examen** (*to pass an exam*).[†]

Je **réussis** souvent **à** trouver *I often succeed in finding the*
   les réponses. *answers.*
Marc **réussit** toujours **à** *Marc always passes the history*
   l'examen d'histoire. *exam.*

4. The verb **finir** requires the preposition **de** before an infinitive.

En général, je **finis d'**étudier à *I usually finish studying at*
   8 h 30. *8:30.*

Allez-y!

A. À la bibliothèque. Read the following description of Céline's visit to the library. Then imagine that Céline and Anne are there together and restate the account using **nous.**

nous choisissons
Je choisis un livre de référence sur la Révolution française. Je nous réfléchissons réfléchis au sujet. Je réussis à trouver une revue intéressante sur la nous réussissons Révolution. Je finis très tard.
nous finissons

B. En cours de littérature. Complete the sentences with appropriate forms of **agir, choisir, finir, réfléchir,** or **réussir.**

1. Le professeur ___choisit___ des textes intéressants.
2. Les étudiants ___réfléchissent___ avant de répondre aux questions du professeur.
3. Pierre et Anne ___réussi___ toujours leur travail très vite (*fast*).
4. Nous ___finis___ toujours aux examens.
5. Toi, tu ___finis___ souvent sans (*without*) réfléchir.
   ___agis___

---

*Note the exception: **réussir sa vie** (to make a success of one's life) does not require the preposition **à**.
[†]**Passer un examen** means *to take an exam,* not *to pass* one.

C. Choisissez! What might these people pick out for their new rooms?
Suggestions: une armoire, des étagères, un lecteur de CD, un miroir, un ordinateur, un téléphone

MODÈLE: Karim. Il aime la musique. ⟶ Il choisit un lecteur de CD.

1. Ako. Elle étudie l'informatique.   **2.** Fatima et Julie. Elles ont beaucoup de livres.   **3.** Luc. Il est vaniteux (*vain*).   **4.** Henri et Yves. Ils ont beaucoup de vêtements.   **5.** Chantal. Elle aime bavarder (*to chat*).

D. Une conversation. Use the following cues as a springboard for discussion with a classmate.

MODÈLE: réussir / aux examens ⟶
É1: Est-ce que tu réussis toujours aux examens?
É2: Oui, bien sûr, je réussis toujours aux examens!
É1: Ah, tu es intelligent(e)! Moi, je ne réussis pas toujours aux examens.

1. agir / souvent / sans réfléchir
2. finir / exercices / français
3. choisir / cours (difficiles, faciles,...)
4. réfléchir / problèmes (politiques, des étudiants,...)
5. choisir / camarade de chambre (patient, intellectuel, calme,...)

La place de l'adjectif qualificatif
Describing People, Places, and Things

Un *nouvel* appartement

CHLOË: J'emménage bientôt dans un **nouvel** appartement.
VINCENT: Ah bon? Où exactement?
CHLOË: Dans la rue des Braves, dans un **vieil** immeuble, près du parc.
VINCENT: Est-ce que tu aimes le quartier?
CHLOË: Beaucoup! Il y a de **grands** arbres et de **belles** églises. Et les gens sont sympathiques!

Répondez aux questions.

1. Est-ce que Chloë emménage dans une maison?
2. Est-ce qu'elle habite dans un immeuble moderne?
3. Pourquoi est-ce qu'elle aime le quartier?

Adjectives That Usually Precede the Noun

1. Certain short and commonly used adjectives usually precede the
   nouns they modify.

REGULAR	IRREGULAR	IDENTICAL IN MASCULINE AND FEMININE
grand(e) *big, tall; great* **joli(e)** *pretty* **mauvais(e)** *bad* **petit(e)** *small, little* **vrai(e)** *true*	**beau / belle** *beautiful, handsome* **bon(ne)** *good* **dernier / dernière** *last* **faux / fausse** *false* **gentil(le)** *nice, kind* **gros(se)** *large, fat, thick* **long(ue)** *long* **nouveau / nouvelle** *new* **premier / première** *first* **vieux / vieille** *old*	**autre** *other* **chaque** *each, every* **facile** *easy* **jeune** *young* **pauvre** *poor; unfortunate*

Marise habite une **petite**
chambre en cité-U.

Les **jeunes** étudiants aiment
bien le cinéma.

C'est une **bonne** idée!

*Marise lives in a small room at
the university dormitory.*

*Young students like to go to
the movies.*

It's a good idea!

2. The adjectives **beau, nouveau,** and **vieux** are irregular. They have two
   masculine forms in the singular.

*when adj by the noun
we add de*

	SINGULAR	
Masculine	*Masculine before vowel or mute* **h**	*Feminine*
un **beau** livre un **nouveau** livre un **vieux** livre	un **bel** appartement un **nouvel** appartement un **vieil** appartement	une **belle** voiture une **nouvelle** voiture une **vieille** voiture

PLURAL	
Masculine	*Feminine*
de **beaux** appartements de **nouveaux** appartements de **vieux** appartements	de **belles** voitures de **nouvelles** voitures de **vieilles** voitures

[Allez-y! A]

Adjectives Preceding Plural Nouns

When an adjective precedes a noun in the plural form, the plural indefinite article **des** generally becomes **de.***

J'ai **des** livres de français.

J'ai **de** nouveaux livres de français.

Il y a **des** films à la télé.

Il y a **de** vieux films à la télé.

[Allez-y! B-C]

Adjectives That Can Precede or Follow Nouns They Modify

The adjectives **ancien / ancienne** (*old; former*), **cher / chère** (*dear; expensive*), **grand(e),** and **pauvre** can either precede or follow a noun, but their meaning depends on their position. Generally, the adjective in question has a literal meaning when it follows the noun and a figurative meaning when it precedes the noun.

LITERAL SENSE	FIGURATIVE SENSE
C'est un homme très **grand.**† *He's a very tall man.*	C'est un très **grand** homme. *He's a great man.*
Les étudiants **pauvres** n'habitent pas en appartement. *Poor (not rich) students don't live in an apartment.*	**Pauvres** étudiants! Il y a un examen demain! *The poor (unfortunate) students! There is an exam tomorrow!*
Il a des chaises **anciennes.** *He has antique chairs.*	M. Sellier est l'**ancien** propriétaire. *Mr. Sellier is the former landlord.*
C'est un lecteur de CD très **cher.** *That's a very expensive CD player.*	Ma **chère** amie... *My dear friend . . .*

---

*In informal speech, **des** is often retained before the plural adjective: **Elle a toujours *des belles* plantes.**

†The adjective **grand(e)** is placed *after* the noun to mean *big* or *tall* only in descriptions of people. When it precedes the noun in descriptions of things and places, it means *big, tall, large:* **les grandes fenêtres, un grand appartement, une grande table.**

Placement of More Than One Adjective

When more than one adjective modifies a noun, each adjective precedes or follows the noun as if it were used alone.

C'est une **petite** femme **blonde.**
J'ai de **bons** livres **français.**
C'est un **vieil** immeuble (*building*) **agréable.**

Allez-y!

A. Vous déménagez? You are moving out of the apartment you share with a friend. Specify which items you are taking with you.

MODÈLE: la table / vieux → J'emporte la vieille table.

1. le lit / petit
2. les tapis / grand
3. l'ordinateur / nouveau
4. le lecteur de CD / vieux
5. la commode / grand
6. les chaises / beau

[handwritten notes: fait un petit lit; j'ai de grands tapis; j'ai de nouveau l'ordinateur; j'écoute de vieux le lecture; j'ai grand grande commode; j'ai de belle chaises]

B. Hervé emménage! Hervé has moved into his new apartment, and he's explaining where everything goes. Give the plural form of the nouns, and make the appropriate agreements.

MODÈLE: Je place <u>un beau vase</u> sur l'étagère. →
Je place de beaux vases sur l'étagère.

Pour décorer, je mets <u>une vieille affiche</u>[1] sur le mur. Près du lit, il y a <u>une petite lampe</u>[2]. J'ai <u>une nouvelle chaise</u>[3] pour la table de cuisine. À la fenêtre, j'installe <u>un long rideau</u>[4]. Pour me détendre (*relax*), je passe (*play*) <u>un bon CD</u>[5]. Pour finir, j'invite <u>un vieux copain</u>[6] (*buddy*).

C. Chez moi. Ask a classmate to describe his/her room. Use questions to get information on placement, color, size, and so on. As he/she gives you the details, draw a plan of the room. Then repeat the exercise, answering his/her questions about your room.

D. Jeu de logique. Complete the following thoughts logically using **les mots de liaison** found in the **Mots clés.**

1. J'habite dans un beau quartier, _____ c'est un peu cher.
2. Je vais déménager (*I'm going to move*) _____ je trouve un nouvel appartement.
3. J'ai envie d'habiter dans le vieux quartier de la ville _____ en banlieue (*in the suburbs*).
4. Pour le moment, mon amie Jeanne n'a pas d'argent, _____ elle habite chez ses (*her*) parents.
5. C'est une femme calme _____ organisée.
6. Elle commence un nouvel emploi le mois prochain (*next*), _____ elle pense emménager avec moi.

Mots clés

Quelques mots de liaison

To make more complex and interesting sentences, use the following words:

et	*and*	**mais**	*but*
alors	*so*	**si**	*if*
ou	*or*	**donc**	*therefore*

Geneviève est riche **et** (**mais**) généreuse.
J'habite près de l'université **donc** (**alors**) je marche.

Leçon 4

Lecture

Avant de lire

Predicting content from titles. The title of a reading selection often helps you anticipate content by activating your background knowledge about a topic. Brainstorming topics based on a title before you read will make reading easier, because you will already have information in mind that can aid your comprehension.

The text you will read in this section is called "Avantages et désavantages de la colocation." What do you already know about renting a room or a house with another person? Make a short list of the advantages and disadvantages. Use the following questionnaire as a guide. Then, as you read, see how many of the items you mentioned appear in the text.

Acceptable ou inacceptable? Which of the following situations would you consider acceptable or unacceptable behavior from a housemate?

	ACCEPTABLE	INACCEPTABLE
1. Votre colocataire (*housemate*) organise une soirée; vous n'êtes pas invité(e).	☐	☐
2. Les amis de votre colocataire arrivent à l'improviste (*unexpectedly*).	☐	☐
3. Le petit ami / La petite amie de votre colocataire emménage chez vous.	☐	☐
4. Votre colocataire mange vos provisions mais il/elle aime cuisiner (*to cook*) pour vous.	☐	☐
5. Votre colocataire déménage sans donner de préavis (*without notice*).	☐	☐

PERSPECTIVES

Avantages et désavantages de la colocation

À propos de la lecture...
This reading was adapted from *Quo* magazine.

La colocation est surtout[1] une affaire d'étudiants: elle concerne une population qui gagne[2] peu et qui a des difficultés à trouver un emploi stable et bien rémunéré. Contrairement aux pays anglo-saxons, la colocation n'est pas fréquente en France: de 5 à 8 %[3] des locations seulement. Partager[4] un appartement ne correspond pas à la mentalité latine—une fille qui emménage avec deux garçons, par exemple, trouble souvent les voisins.[5] L'importance de la vie privée et le confort personnel, deux autres valeurs culturelles importantes, défavorisent la colocation.

Néanmoins,[6] la colocation commence à s'implanter[7] en France. La situation économique et le rapport qualité-prix[8] expliquent ce développement.

Avant de vivre en colocation, pensez à organiser les détails de la vie quotidienne.[9] Les compromis sont souvent nécessaires. Voici quelques conseils pratiques:

- **Les amis.** Évitez[10] les visites à l'improviste, surtout la veille[11] des examens ou des rendez-vous. Présentez vos amis à votre colocataire et invitez-le/la[12] à vos soirées de temps en temps.
- **Les soirées.** Inscrivez les dates de vos soirées sur un calendrier affiché[13] dans la cuisine. Consultez-le[14] souvent pour éviter de mauvaises surprises!
- **Le petit ami / La petite amie.** Si le contrat stipule deux personnes, ce n'est pas pour trois ou quatre!
- **La nourriture.** Achetez la nourriture séparément. Ne mangez pas les provisions de l'autre.
- **Le ménage.**[15] Chacun[16] possède des degrés différents de tolérance au désordre. Parlez du ménage avec l'autre et instituez, si nécessaire, des tours de ménage. N'oubliez pas! Le dialogue et l'humour sont essentiels à la bonne entente.[17] N'hésitez pas à parler des problèmes. ⚜

[1]*especially* [2]*earns* [3]*pour cent* [4]*To share* [5]*neighbors* [6]*Nevertheless* [7]*to become established*
[8]*rapport... good value for the price* [9]*daily* [10]*Avoid* [11]*la... the night before* [12]*invite him/her* [13]*posted*
[14]*Consult it* [15]*Le... Housework* [16]*Each person* [17]*bonne... harmony*

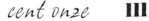

Voici un petit appartement à partager (*to share*).

Compréhension

A. Pourquoi? Expliquez pourquoi...

1. les étudiants choisissent la colocation plus souvent que les autres groupes.
2. les Français sont lents (*slow*) à accepter la colocation.
3. la colocation commence à s'implanter en France.

B. Oui ou non? Indiquez si l'auteur du texte conseille (*recommends*) ou déconseille les comportements suivants.

1. Si le petit ami / la petite amie de votre colocataire emménage chez vous, accueillez-le/la (*welcome him/her*).
2. Désignez une personne pour faire le ménage, une autre pour faire la cuisine.
3. Parlez des problèmes immédiatement.
4. N'invitez pas votre colocataire à vos soirées.
5. La nourriture dans le frigo appartient à (*belongs to*) tout le monde.

Un peu plus...

Vincent Van Gogh. Van Gogh (1853–1890) was born in the Netherlands but lived and worked most of his life in France. Early in his career, he lived in Paris among a community of artists in Montmartre, a neighborhood in the northern part of the city. He later left Paris for the south of France, where he was particularly inspired by the vivid colors of nature. The colors and bright sunlight of Provence are captured in some of his more well-known paintings of sunflowers, gardens, and his bedroom in Arles. Art critics speak of the intensity of emotion associated with this painting, *Chambre d'Arles*. What makes this work so intense?

Vincent Van Gogh: *Chambre d'Arles*, 1888. (Musée d'Orsay, Paris)

Écriture

La chambre de mes rêves. Using the following guidelines, write a paragraph describing the bedroom of your dreams. You may give additional information.

1. Donnez des informations générales sur la chambre: grandeur (*size*), style, objets et meubles, et cetera.
2. Dites pourquoi c'est la chambre de vos rêves.

La chambre de mes rêves...

À l'écoute sur Internet!

Chambre à louer. Laurence is looking for a room. She calls Mme Boussard, who has a room to rent. First, read the following activity. Listen to the vocabulary and the conversation. Then, complete the activity.

VOCABULAIRE UTILE

qui donnent sur	that overlook
meublé(e)	furnished
Je peux la visiter	I may (may I) visit it

Circle all the words that describe the room for rent.

1. La chambre est _____.
   - **a.** petite
   - **b.** grande
   - **c.** moderne
   - **d.** simple
   - **e.** confortable
   - **f.** calme
   - **g.** blanche
2. Dans la chambre, il y a _____.
   - **a.** un lavabo
   - **b.** un lit
   - **c.** un canapé
   - **d.** deux étagères
   - **e.** une chaîne stéréo
   - **f.** une armoire
   - **g.** deux chaises
   - **h.** une table

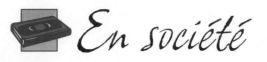

En société

Objectif: Talking about places

Chercher un appartement

In this video segment, Claire finds Aimée looking at apartment listings. Aimée explains that her current living situation is no longer acceptable, but everything that she has seen is too expensive. What will Aimée do?

VOCABULAIRE UTILE

chambre à louer	room to rent
j'ai sommeil	I'm sleepy
Ma colocataire est folle	My roommate is crazy

Visionnez!

Put the following phrases from the video segment in chronological order.

_____ **a.** «Je cherche un appartement tranquille.»

_____ **b.** «Ma colocataire est folle. Elle joue de la trompette tout le temps.»

_____ **c.** «Je connais (*know*) çette personne et ce studio.»

_____ **d.** «Il faut (*It's necessary*) que je trouve une autre solution.»

Jouez la scène!

Working with a classmate, act out the following situations.

1. You find an ad for a furnished apartment (**un appartement meublé**) in the newspaper. Because there is little information in the ad, call the number and ask about the size of the apartment, the furniture, the location, and so on.
2. You have just moved into a new house (**une nouvelle maison**), and your friend asks you questions about it. Describe your bedroom, giving the location of the furniture in the room.

Vocabulaire

Verbes

agir to act
bavarder to chat
choisir to choose
déménager to move out
emménager to move in
finir (de + *inf.*) to finish
louer to rent
passer un examen to take
  an exam
réfléchir (à) to think (about)
réussir (à) to succeed (in); to
  pass (*a test*)

Substantifs

l'affiche (*f.*) poster
l'appartement (*m.*) apartment
l'armoire (*f.*) wardrobe, closet
le canapé sofa
la cassette cassette tape
le CD CD
la chaîne stéréo stereo
la chambre bedroom
le chat cat
le chien dog
la commode chest of drawers
le couloir hallway
le disque record
la douche shower
l'étagère (*f.*) shelf
la fleur flower
la guitare guitar
l'immeuble (*m.*) apartment
  building
la lampe lamp
le lavabo bathroom sink
le lecteur de cassettes cassette
  player

le lecteur de CD CD player
le lit bed
le logement lodging, place of
  residence
le magazine magazine
la maison house
le meuble piece of furniture
le miroir mirror
le mur wall
le réveil alarm clock
le rideau curtain
la rue street
le tapis rug
le téléphone telephone
les toilettes (*f. pl.*) **(les
  W.-C.)** restroom
la voiture car

À REVOIR: **le bureau, la chaise,
  l'ordinateur, la table, la
  télé(vision)**

Adjectifs

ancien(ne) old, antique; former
autre other
bon(ne) good
facile easy
faux / fausse false
jeune young
joli(e) pretty
mauvais(e) bad
vieux / vieil / vieille old
vrai(e) true

À REVOIR: **beau / bel / belle,
  cher / chère, gentil(le),
  grand(e), long(ue),
  nouveau / nouvel /
  nouvelle, pauvre, petit(e)**

Prépositions de lieu

à côté de beside
à droite de on the right of
à gauche de on the left of
chez at the home of;
  at the office of
derrière behind
devant in front of
en face de across from
entre between
loin de far from
par by
par terre on the ground
près de near
sous under
sur on

Mots interrogatifs

combien (de) how many,
  how much
comment how, what
où where
pourquoi why
qu'est-ce que, quoi, que what
quand when
qui who, whom

Mots et expressions divers

alors so; then
donc then; therefore
en désordre disorderly
en ordre orderly
parce que because
si if

❂ Révisez! Chapitres 1–4

A. À l'Université Laval. The following is an excerpt from a brochure promoting the **Université Laval** in Quebec City. It was written by a Canadian student attending the university. Fill in the blanks with the most appropriate word from the following list.

Vocabulaire: bibliothèque, c'est, cherchez, écoutent, étudions, les, lundi, m'appelle, parle, sont, vendredi, vous

Bonjour, cher étudiant. Je _____[1] Claude, et je suis canadien. J'habite à Québec, et je _____[2] français. À l'université, j'étudie _____[3] langues à la faculté des Lettres. Mes amis et moi, nous avons beaucoup de cours, nous _____[4] le français, l'anglais et l'espagnol. J'ai un camarade de chambre qui étudie les sciences naturelles. _____[5] un étudiant très intelligent.

   Les étudiants de mon université _____[6] souvent très occupés. Moi, je suis à l'université tous les jours de la semaine, du _____[7] au _____[8]. Après les cours, je travaille souvent à la _____[9]. Le week-end, il y a souvent des soirées amusantes. Les étudiants _____[10] de la musique, et ils dansent. Si _____[11] aimez la langue française et si vous _____[12] une bonne université, l'Université Laval est pour vous!

B. Une année à la Sorbonne. Lucie, a Canadian student attending the Sorbonne University in Paris, is writing to a friend in Montreal. She is very enthusiastic about her experience there. Fill in the blanks with the most appropriate word from the following list.

Vocabulaire: à, à côté de, agis, ai, de, de la, ne, pas, réussit, sportive, une

Chère Marie-Josée,
Comment ça va? Je suis à Paris, et j'étudie _____[1] la Sorbonne! Je/J'_____[2] de la chance d'être ici! J'ai _____[3] amie très sympathique: Laetitia. Elle aime faire du sport. Elle est dynamique et _____[4].

   Ma camarade de chambre est différente. Elle étudie beaucoup et elle _____[5] bien aux examens. C'est une personne sérieuse. Elle me dit souvent: «Lucie, tu n'es _____[6] réaliste comme moi. Moi, je/j'_____[7] rêve pas, et je ne regarde pas la télévision, je travaille!» Elle trouve que je/j'_____[8] souvent sans réfléchir.

   J'ai aussi un petit ami (*boyfriend*): Xavier. Il joue _____[9] guitare. Le samedi soir, nous mangeons dans un bon restaurant _____[10] l'université.

   Je vais t'écrire (*will write to you*) la semaine prochaine. Je n'ai pas _____[11] téléphone dans ma chambre. À bientôt!

Lucie

Answers to Activities A and B in Appendix H.

RESOURCES

For further review of the grammar practiced in these activities, refer to **Chapitres 1–4** on the *Vis-à-vis* CD-ROM, on the website, and in the Workbook/Lab Manual.

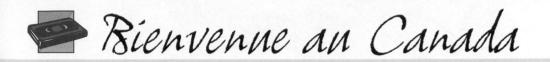

Bienvenue au Canada

LE CANADA

Un coup d'œil sur Québec!

Est-ce que vous aimez faire du ski[1]? Avez-vous envie de faire du magasinage,[2] ou est-ce que vous préférez visiter les musées? Venez voir la ville de Québec, la capitale de la province de Québec, et l'une des seules[3] villes fortifiées en Amérique du Nord. Les Québécois sont toujours très fiers[4] de leur héritage français et, pour environ[5] 80 % des Québécois, le français est leur langue maternelle.

Dans le Vieux-Québec, il y a beaucoup de magasins chics et de bons restaurants. Visitez le musée de la Civilisation, qui propose des expositions sur l'histoire et la culture contemporaine du Québec. Sur la terrasse Dufferin, derrière le château Frontenac, vous pouvez écouter des musiciens québécois pendant l'été[6] ou faire des glissades[7] pendant l'hiver. Chaque février pendant le carnaval de Québec, on célèbre les plaisirs de l'hiver[8] avec des feux d'artifice,[9] de la musique et une grande compétition de sculptures sur neige[10]!

L'hiver dans le Vieux-Québec

[1]faire... go skiing [2]faire... go shopping [3]only [4]proud [5]approximately [6]pendant... during the summer
[7]faire... go tobogganing [8]winter [9]feux... fireworks [10]sculptures... ice sculptures

Portrait - Samuel de Champlain (c. 1567[1]–1635[2])

Grand géographe et explorateur français, Samuel de Champlain explore, entre 1603[3] et 1633,[4] les régions du fleuve Saint-Laurent, l'Acadie (appelée[5] aujourd'hui Nouvelle-Écosse et Nouveau-Brunswick) et le Québec. Champlain devient[6] l'ami des Amérindiens Hurons et des Algonquins, qui lui font découvrir[7] leur pays. Il fonde la ville de Québec en 1608.[8]

[1]mille cinq cent soixante-sept [2]mille six cent trente-cinq [3]mille six cent trois [4]mille six cent trente-trois
[5]called [6]becomes [7]qui. . .who help him discover [8]mille six cent huit

Pierre Auguste Renoir (1814–1919)
Madame Charpentier et ses enfants, 1878
Metropolitan Museum of Art, New York

Salut Malik!

Merci pour ta carte d'anniversaire. Je compte célébrer l'événement à Paris, chez moi, en famille et avec mes amis.

Comment vas-tu? Quel temps fait-il là-bas? Tu aimes ton nouveau travail? Guide touristique: quelle aventure!

Décris-moi ton itinéraire en Afrique: quels pays est-ce que tu vas visiter? Moi, je voyage seulement dans mes livres et sur le Web!

À bientôt,
Ton ami Michel *

*__Chapitres 5–8__ of *Vis-à-vis* feature an exchange of cards and letters between Michel and his friend Malik in West Africa.

Dans ce chapitre...

Objectifs communicatifs

- talking about family and relatives; identifying rooms in a house; talking about weather; expressing possession; talking about plans and destinations; expressing what you are doing and making; expressing actions

Paroles (Leçon 1)

- **La famille**
- **La maison**
- **Le temps et les saisons**

Structures (Leçons 2 et 3)

- **Les adjectifs possessifs**
- **Le verbe aller et le futur proche**
- **Le verbe faire**
- **Les verbes en -re**

Culture

- **Reportage: La famille au Sénégal: entre tradition et modernisme (Correspondance)**
- **Lecture: Giverny: le petit paradis de Monet (Leçon 4)**

Multimédia

En société—Vos projets

Dans cet épisode, Aimée rencontre l'un de ses professeurs en dehors de la salle de classe.

CD-ROM

Révisez le vocabulaire et la grammaire de ce chapitre et parlez de vos plans pour le week-end avec une copine francophone.

Online Learning Center

Visitez le site Web de *Vis-à-vis* à **www.mhhe.com/visavis3** pour réviser le vocabulaire, la grammaire et les renseignements culturels qui se trouvent dans ce chapitre.

Leçon 1

Trois générations d'une famille

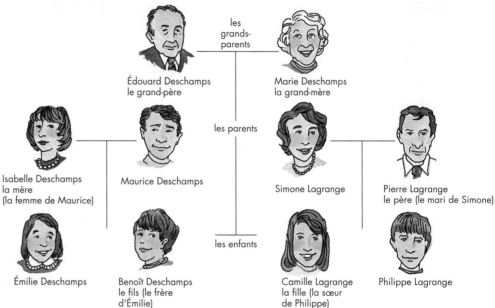

les grands-parents

Édouard Deschamps
le grand-père

Marie Deschamps
la grand-mère

les parents

Isabelle Deschamps
la mère
(la femme de Maurice)

Maurice Deschamps

Simone Lagrange

Pierre Lagrange
le père (le mari de Simone)

les enfants

Émilie Deschamps

Benoît Deschamps
le fils (le frère
d'Émilie)

Camille Lagrange
la fille (la sœur
de Philippe)

Philippe Lagrange

AUTRES MOTS UTILES

le petit-enfant grandchild
la petite-fille granddaughter
le petit-fils grandson

le cousin, la cousine cousin
le neveu nephew
la nièce niece
l'oncle uncle
la tante aunt

le beau-frère brother-in-law
la belle-sœur sister-in-law
le demi-frère half brother (*or* stepbrother)
la demi-sœur half sister (*or* stepsister)
le beau-père father-in-law (*or* stepfather)
la belle-mère mother-in-law (*or* stepmother)

le parent parent (*or* relative)
les arrière-grands-parents (*m. pl.*)
     great-grandparents

célibataire single
divorcé(e) divorced
marié(e) married

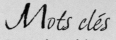

Allez-y!

A. La famille Deschamps. Étudiez l'arbre généalogique (*family tree*) de la famille Deschamps et répondez aux questions.

1. Comment s'appelle la femme d'Édouard?
2. Comment s'appelle le mari d'Isabelle?
3. Comment s'appelle la tante d'Émilie et de Benoît? Et l'oncle?
4. Combien d'enfants ont les Lagrange? Combien de filles et de fils?
5. Comment s'appelle le frère d'Émilie?
6. Combien de cousins ont Émilie et Benoît? Combien de cousines?
7. Comment s'appelle la grand-mère de Philippe? Et le grand-père?
8. Combien de petits-enfants ont Édouard et Marie? Combien de petites-filles? Combien de petits-fils?
9. Comment s'appelle la sœur de Philippe?
10. Comment s'appellent les parents de Maurice et de Simone?

B. Qui sont-ils? Complétez les définitions suivantes.

1. Le frère de mon père est mon ___oncle___.
2. La fille de ma tante est ma ___cousine___
3. Le père de ma mère est mon ___grand-père___
4. La femme de mon grand-père est ma ~~cousine~~ ___grand-mère___

Maintenant définissez les personnes suivantes.

5. une nièce	8. un grand-père
6. des arrière-grands-parents	9. une belle-sœur
7. une tante	10. un demi-frère

C. Une famille française. Avec un(e) camarade, décrivez la famille sur la photo. Donnez le nombre de personnes, et devinez (*guess*) qui sont les personnes et quel âge elles ont. Puis imaginez leur (*their*) profession, leurs goûts (*tastes*), leur personnalité. Donnez le plus de détails (*as many details as*) possibles.

D. Une famille américaine. Posez (*Ask*) les questions suivantes à votre camarade.

1. As-tu des frères, des sœurs, des demi-frères ou des demi-sœurs? Combien? Comment s'appellent-ils/elles? (Ils/Elles s'appellent...)
2. As-tu des grands-parents? Combien? Habitent-ils chez vous, dans une maison ou dans un appartement?
3. As-tu des cousins ou des cousines? Combien? Habitent-ils/elles près ou loin de la famille?
4. Combien d'enfants (de fils ou de filles) désires-tu avoir? Combien d'enfants est-ce qu'il y a dans une famille idéale?

Mots clés

La préposition *chez*

Chez, which generally refers to someone's residence, means **à la maison de.** It can also refer to a place of business (doctor's office, etc.).

> On travaille **chez** toi ou **chez** moi?
> *Are we working at your place or my place?*

> J'habite **chez** Éric.
> *I live at Éric's place.*

> Tu as rendez-vous **chez** le dentiste?
> *Do you have a dentist appointment?*

C'est une affaire de famille.

cent vingt et un   **121**

Chez les Chabrier

MAISON À LOUER: 5 pièces
(*f.*)—cuisine, salle de bains

la chambre   le couloir   la salle de bains

le balcon

l'arbre (*m.*)

la terrasse   la salle de séjour   la salle à manger   la cuisine   le jardin

AUTRES MOTS UTILES

le bureau	study, office
l'escalier (*m.*)	stairway
le rez-de-chaussée	ground floor
le premier (deuxième) étage	second (third) floor (*in North America*)
le sous-sol	basement

Allez-y!

Les pièces de la maison. Trouvez les pièces d'après (*according to*) les définitions suivantes.

> **MODÈLE:** C'est un lieu qui donne sur (*that overlooks*) la terrasse. →
> C'est le balcon.

1. la pièce où il y a une table pour manger
2. la pièce où il y a une télévision
3. la pièce où il y a un lavabo
4. la pièce où on prépare le dîner
5. un lieu de passage
6. la pièce où il y a un lit

Quel temps fait-il?
Les saisons et le temps°

Quel... How's the weather?
Seasons and weather

Au **printemps,** chez les Belges...
Le temps est nuageux.
Il fait frais.

En **été,** chez les Martiniquais...
Il fait beau.
Il fait du soleil. (Il fait soleil.)
Il fait chaud.

En **automne,** chez les Bretons...
Il pleut.
Il fait mauvais.
Le temps est orageux.

En **hiver,** chez les Québécois...
Il neige.
Il fait froid.
Il fait du vent. (Il vente. Il y a du vent.)

- To ask about the weather

    Quel temps fait-il?

- To tell about the season

    Nous sommes au printemps (en été, en automne, en hiver).

Allez-y!

A. Parlons du temps. Répondez aux questions suivantes.

1. En quelle saison est Pâques (*Easter*)?
2. Quel temps fait-il en hiver en Alaska?
3. Est-ce qu'il fait beau l'hiver à Seattle?
4. En quelle saison est le Jour d'action de grâce (*Thanksgiving Day*)?
5. C'est le mois de mai. Quel temps fait-il chez vous?

B. Les prévisions de la météo. (*Weather forecast.*) Regardez le temps prévu pour l'Alsace et l'Europe et répondez aux questions suivantes.

1. Quel temps fait-il en Alsace?
   a. Il neige.
   b. Le temps est nuageux.
   c. Il pleut.
2. Quel temps fait-il à Berlin?
   a. Il fait (du) soleil.
   b. Le temps est orageux.
   c. Il fait beau.
3. Quel temps fait-il à Alger?
   a. Il fait mauvais.
   b. Il fait froid.
   c. Il fait (du) soleil.

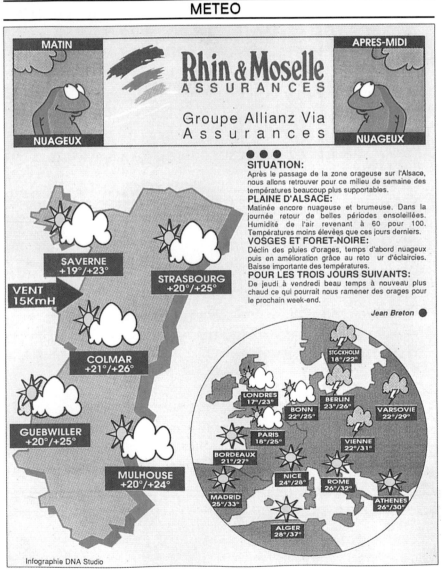

METEO

MATIN

APRES-MIDI

Rhin & Moselle
ASSURANCES

Groupe Allianz Via
Assurances

NUAGEUX

NUAGEUX

● ● ●
SITUATION:
Après le passage de la zone orageuse sur l'Alsace, nous allons retrouver pour ce milieu de semaine des températures beaucoup plus supportables.
PLAINE D'ALSACE:
Matinée encore nuageuse et brumeuse. Dans la journée retour de belles périodes ensoleillées. Humidité de l'air revenant à 60 pour 100. Températures moins élevées que ces jours derniers.
VOSGES ET FORET-NOIRE:
Déclin des pluies d'orages, temps d'abord nuageux puis en amélioration grâce au reto ur d'éclaircies. Baisse importante des températures.
POUR LES TROIS JOURS SUIVANTS:
De jeudi à vendredi beau temps à nouveau plus chaud ce qui pourrait nous ramener des orages pour le prochain week-end.

Jean Breton ●

SAVERNE
+19°/+23°

STRASBOURG
+20°/+25°

VENT
15KmH

COLMAR
+21°/+26°

GUEBWILLER
+20°/+25°

MULHOUSE
+20°/+24°

STOCKHOLM
18°/22°

LONDRES
17°/23°

BERLIN
23°/26°

BONN
22°/25°

VARSOVIE
22°/29°

PARIS
18°/25°

VIENNE
22°/31°

BORDEAUX
21°/27°

NICE
24°/28°

ROME
26°/32°

MADRID
25°/33°

ATHENES
26°/30°

ALGER
28°/37°

Infographie DNA Studio

Les adjectifs possessifs
Expressing Possession

La maison, reflet d'une situation sociale

Marc, un étudiant à la Sorbonne, fait un petit tour de Paris et de la banlieue avec Thu. Il indique à Thu différentes sortes de logement.

Mon beau-frère a beaucoup d'argent. Voilà **sa** villa: elle est belle, n'est-ce pas? **Notre** maison est petite, mais confortable; **ma** famille y est assez heureuse. Ici, en banlieue, on trouve de grands complexes où habitent surtout des familles d'ouvriers et d'immigrés. **Leurs** immeubles s'appellent des H.L.M. (Habitations à Loyer Modéré, *low-income housing*).

Maintenant complétez les phrases selon la description de Marc.

1. _____ beau-frère est très riche; _____ villa est grande et élégante.
2. Et voilà la maison de _____ famille. _____ maison est petite mais confortable.
3. Voici les immeubles où habitent beaucoup d'ouvriers et d'immigrés. _____ habitations s'appellent des H.L.M.

One way to indicate possession in French is to use the preposition **de:** **la maison *de* Claudine.** Another way is to use possessive adjectives.

	SINGULAR		PLURAL
	MASCULINE	FEMININE	MASCULINE AND FEMININE
my	**mon** père	**ma** mère	**mes** parents
your (informal)	**ton** père	**ta** mère	**tes** parents
his, her, its, one's	**son** père	**sa** mère	**ses** parents
our	**notre** père	**notre** mère	**nos** parents
your (formal and plural)	**votre** père	**votre** mère	**vos** parents
their	**leur** père	**leur** mère	**leurs** parents

1. In French, possessive adjectives agree in gender and number with the nouns they modify.

Mon frère et **ma sœur** aiment le sport.	*My brother and my sister like sports.*
Voilà **notre maison.**	*There's our house.*
Habitez-vous avec **votre sœur** et **vos parents?**	*Do you live with your sister and your parents?*
Ils skient avec **leurs cousins** et **leur oncle.**	*They're skiing with their cousins and their uncle.*

2. The forms **mon, ton,** and **son** are also used before feminine nouns that begin with a vowel or mute **h.**

affiche (*f.*) ⟶ **mon affiche**   histoire (*f.*) ⟶ **son histoire**
amie (*f.*) ⟶ **ton amie**

3. Pay particular attention to the use of **sa, son, ses** (*his, her*). Whereas English has two possessives corresponding to the sex of the possessor (*his, her*), French has three, corresponding to the gender and number of the noun possessed (**sa, son, ses**).

SINGULAR NOUNS:
Masculine   Il / Elle } aime **son** chien.

Feminine   Il / Elle } aime **sa** maison.

PLURAL NOUNS: Il / Elle } aime **ses** oncles et **ses** tantes.

In the preceding examples, **sa, son** and **ses** can all mean *his* or *her*. Usually, their meaning will be clear in context. Look at the following examples.

Carine habite une grande maison. **Son** jardin est magnifique.

Carine lives in a big house. Her garden is magnificent.

Pierre a deux enfants: **sa** fille a cinq ans et **son** fils a trois ans. **Ses** enfants sont jeunes.

Pierre has two children: His daughter is five years old and his son is three years old. His children are young.

Allez-y!

A. La curiosité. Formulez des questions et répondez.

> **MODÈLES:**   la lampe de Georges? (oui) ⟶
> > É1: Est-ce que c'est la lampe de Georges?
> > É2: Oui, c'est sa lampe.
>
> >   les lampes de Georges (non) ⟶
> > É1: Est-ce que ce sont les lampes de Georges?
> > É2: Non, ce ne sont pas ses lampes.

1. la chambre de Pierre? (oui)
2. la commode de Léa? (non)
3. les affiches de Jean? (non)
4. le piano de Pierre et de Sophie? (oui)
5. les meubles d'Annick? (non)
6. les bureaux des parents? (oui)
7. l'ordinateur de Fatima? (oui)
8. l'étagère de Claude? (non)

B. Casse-tête familial. (*Family puzzle.*) Posez rapidement les questions suivantes à un(e) camarade.

> **MODÈLE:**   Qui est le fils de ton oncle? ⟶ C'est mon cousin.

1. Qui est la mère de ton père?
2. Qui est la fille de ta tante?
3. Qui est la femme de ton oncle?
4. Qui est le père de ton père?
5. Qui est le frère de ta mère?
6. Qui est la sœur de ta mère?
7. Qui sont les femmes de tes frères?
8. Qui sont les enfants de tes sœurs?

C. À qui est-ce? Complétez les dialogues suivants avec les adjectifs possessifs. Étudiez bien le contexte avant de (*before*) choisir l'adjectif.

1. É1: Paul et Florence adorent les animaux.
   É2: Oui, ils ont un chien et deux chats: _____ chien s'appelle Marius et _____ chats Minou et Félix.

2. É1: Tiens, voilà Pierre. Avec qui est-il?
   É2: Il est avec _____ parents et _____ amie Laure.
   É1: Et _____ sœur n'est pas là?
   É2: Non, elle est en vacances au Maroc.

3. É1: Salut, Alain!
   É2: Salut, Pierre. Dis, la jolie fille aux cheveux blonds, c'est _____ cousine belge?
   É1: Oui. Viens (*Come*). Alain, je te présente _____ cousine Sylvie.
   É2: Enchanté, mademoiselle.

4. É1: Pardon, vous êtes Monsieur et Madame Legrand, n'est-ce pas?
   É2: Oui.
   É1: Je suis Monsieur Smith, le professeur d'anglais de _____ enfants.
   É2: Oh, mais ce ne sont pas _____ enfants, ce sont les fils de mon frère Henri. Voici _____ fils.

5. É1: Tu as de la chance, tu as une famille super! _____ parents sont très sympas! Est-ce que _____ grand-père habite avec vous?
   É2: Non, mais il est souvent à la maison.
   É1: _____ grand-père, malheureusement (*unfortunately*), habite très loin.

D. Interview. Posez les questions suivantes à un(e) camarade de classe.

1. Est-ce qu'il y a un membre de ta famille (un cousin, une cousine, un neveu, et cetera.) que tu admires particulièrement? Pourquoi?
2. Comment s'appelle-t-il/elle?
3. Où est-ce qu'il/elle habite? Avec qui? Comment est sa maison?
4. Quel est son sport préféré? sa musique favorite?

Maintenant faites le portrait du parent proche (*close relative*) préféré de votre camarade.

Le verbe *aller* et le futur proche

Talking About Plans and Destinations

Un père exemplaire

SIMON: On joue au tennis cet après-midi?

STÉPHANE: Non, je **vais** au zoo avec Céline.

SIMON: Alors, demain?

STÉPHANE: Désolé, mais demain je **vais** emmener Sébastien chez le dentiste.

SIMON: Quel père exemplaire!

Vrai ou faux? Corrigez les phrases fausses.

1. Simon va jouer au tennis avec Stéphane.
2. Stéphane va aller au zoo avec Céline.
3. Stéphane est le grand-père de Céline et Sébastien.

Forms of *aller*

The verb **aller** is irregular in form.

PRESENT TENSE OF **aller** (*to go*)	
je **vais**	nous **allons**
tu **vas**	vous **allez**
il/elle/on **va**	ils/elles **vont**

Allez-vous à Grenoble pour vos vacances?	*Are you going to Grenoble for your vacation?*
Comment est-ce qu'**on va** à Grenoble?	*How do you go to (get to) Grenoble?*

You have already used **aller** in several expressions.

Comment **allez-vous?**	*How are you?*
Salut, ça **va?**	*Hi, how's it going?*
Ça **va** bien / mal.	*Fine (badly).*

[Allez-y! A]

cent vingt-neuf   **129**

Aller + Infinitive

In French, **aller** + *infinitive* is used to express an event that will occur in the near future. This construction is called **le futur proche.**

Paul **va louer** un appartement.

Paul is going to rent an apartment.

Allez-vous **visiter** la France cet été?

Are you going to visit France this summer?

Ne... pas and the *futur proche*

When the **futur proche** is used in the negative, **ne** precedes the form of **aller,** and **pas** follows.

Sylvie ne **va** pas **étudier** ce week-end.

Sylvie is not going to study this weekend.

[Allez-y! B-C-D]

Allez-y!

A. Où est-ce qu'on va? La solution est simple!

> **MODÈLE:** J'ai envie de regarder un film. —→ Alors, je vais au cinéma!

1. Nous avons faim.	dans la salle de séjour
2. Il a envie de parler français.	à la bibliothèque
3. Elles ont besoin d'étudier.	dans la cuisine
4. J'ai soif.	à Paris
5. Tu as sommeil.	dans la salle à manger
6. Vous avez envie de regarder la télévision.	dans la chambre

B. Des projets. (*Plans.*) Qu'est-ce qu'on va faire (*to do*)?

> **MODÈLE:** tu / regarder / émission (*show*) préférée / soir —→ Tu vas regarder ton émission préférée ce soir.

1. je / finir / travail / semaine prochaine

2. nous / écouter / disques de jazz

3. vous / jouer / guitare

4. Frédéric / trouver / livre en français / bientôt

5. je / choisir / film préféré

6. les garçons / aller au cinéma / voiture / après-midi

7. tu / aller / concert / avec / amis

C. À vous la parole! Répondez aux questions suivantes.

1. Avec qui allez-vous prendre le déjeuner demain?
2. Qu'est-ce que vous allez faire demain après-midi?
3. Est-ce que vous allez faire du sport ce soir?
4. Quand allez-vous retourner à la maison ce soir?
5. Quand est-ce que vous allez passer votre prochain test de français?
6. La semaine prochaine, allez-vous aller au cinéma?
7. L'année prochaine, allez-vous continuer à étudier le français?

D. Quels sont vos projets pour le week-end? Interviewez un(e) camarade de classe. Rapportez à la classe les projets de votre camarade. Utilisez **peut-être** (*maybe*) si vous n'êtes pas certain(e).

Suggestions: rester (*stay*) à la maison, écouter la radio (des CD), préparer un dîner (des leçons), regarder un film (la télévision), travailler à la bibliothèque (dans le jardin), aller au restaurant, parler avec des amis, finir un livre intéressant, et cetera.

MODÈLE: aller au cinéma ⟶
    É1: Vas-tu aller au cinéma?
    É2: Oui, je vais peut-être aller au cinéma. (*ou* Non, je ne vais pas aller au cinéma.) Et toi?

Un peu plus...

La photo date des années 50 (*the 1950s*): une famille en vacances, à trois sur un scooter. À cette époque (*At this time*), on se marie et ensuite, on a des enfants. Aujourd'hui, le mariage n'est plus le seul moyen (*only means*) acceptable de former une famille. En France, 40 % des enfants sont nés (*born*) de parents non-mariés.

Correspondance

Cher Michel,

Je vais accompagner un groupe de trente touristes. Voici notre itinéraire: un circuit au Sénégal puis en Tunisie.

Aujourd'hui, je suis à Dakar, la capitale du Sénégal. Ce soir, je vais rendre visite à mon copain; il m'invite à dîner chez lui. Il a sept sœurs et deux frères: une famille de dix enfants au total. Quelle responsabilité pour ses parents! Mais, tu sais, avec mes touristes, je me demande souvent si je suis guide ou père de famille nombreuse!

Écris si tu as le temps.

Salut!

Malik

En image...
Dakar, capitale du Sénégal

Avenue du Général de Gaulle, place de l'Indépendance, poste principale, boulevard de la Libération, rue Victor Hugo, hôtel de ville: non, nous ne sommes pas en France mais à Dakar, la capitale du Sénégal où on parle français. Avec ses 2 200 000[1] habitants, cette grande métropole africaine est très animée: il fait toujours beau et on passe beaucoup de temps dehors.[2]

[1] deux millions deux cent mille [2] outdoors

Reportage

La famille au Sénégal: entre traditions et modernisme

Le Sénégal compte environ 10 millions d'habitants. Aujourd'hui on remarque deux tendances dans cette société.

À la campagne, les usages restent traditionnels: «Chez moi, la famille est large», explique Amadou, un jeune journaliste qui a quitté[1] son village natal en Casamance pour travailler à Dakar. «Dans la famille sénégalaise, plusieurs générations vivent[2] dans la même maison et forment une communauté solidaire. Les femmes s'occupent[3] des enfants. Les hommes travaillent hors[4] de la maison. La communauté obéit à[5] un principe fondamental: le respect des anciens.»

Dans les villes, au contraire, la culture se transforme rapidement. L'émigration favorise les échanges culturels entre l'Afrique et l'Europe, et la famille sénégalaise s'inspire de plus en plus du modèle occidental. Le cas d'Ibrahima est exemplaire: cette jeune mère de 23 ans vit avec son mari et leurs enfants à Dakar, dans un grand appartement confortable. Elle a un emploi bien payé dans une banque. Son mari dirige[6] un garage. À la maison, toutes les décisions sont prises[7] en commun. Ibrahima et son mari forment un couple moderne qui prépare le futur du Sénégal.

[1]a... left [2]live [3]take care [4]outside [5]obéit... obeys [6]directs [7]sont... made

Pour les Sénégalais, les enfants sont la vraie richesse d'une famille. Autour du père et de la mère, les enfants forment une petite communauté très solidaire; les plus âgés aident les plus jeunes; les plus riches—notamment les membres de la famille qui travaillent en Europe ou en Amérique—envoient de l'argent à leur famille qui reste au Sénégal.

À vous!

1. Caractérisez la famille traditionnelle au Sénégal.
2. Le respect des anciens est-il un principe essentiel de la société américaine? Où vivent vos grands-parents?
3. Identifiez plusieurs changements dans la société et la famille au Sénégal. Ces changements sont-ils visibles sur la photo présentée en illustration?

ON EST BRANCHÉ!

Vous décidez de faire un voyage organisé en Afrique en compagnie du groupe de Malik. Selon (*According to*) Malik, vous avez une journée libre (*free*) à Dakar. Trouvez des informations sur les sites touristiques que vous voulez visiter. Pour obtenir des informations supplémentaires et les liens nécessaires, visitez le site Web de *Vis-à-vis* à l'adresse **www.mhhe.com/visavis3**.

Leçon 3

STRUCTURES

Le verbe *faire*
Expressing What You Are Doing or Making

Une question d'organisation

SANDRINE: Vous mangez au resto-U, ta copine et toi?
MARION: Non, Candice et moi, nous sommes très organisées. Elle, elle **fait** les courses et moi, je **fais** la cuisine.
SANDRINE: Et qui **fait** la vaisselle?
MARION: Le lave-vaisselle, bien sûr!

Répondez d'après le dialogue.

1. Qui fait les courses?
2. Qui fait la cuisine?
3. Qui fait la vaisselle?

Et chez vous, en général, qui fait la cuisine? la vaisselle? les courses?

Forms of *faire*

The verb **faire** is irregular in form.

PRESENT TENSE OF **faire** (*to do; to make*)			
je	**fais**	nous	**faisons**
tu	**fais**	vous	**faites**
il/elle/on	**fait**	ils/elles	**font**

Note the difference in pronunciation of **fais / fait, faites,** and **faisons.**

Je fais mon lit.
Nous faisons le café.
Faites la vaiselle.

I make my bed.
We're making coffee.
Do the dishes.

Expressions with *faire*

The verb **faire** is used in many idiomatic expressions.

faire attention (à)	*to pay attention* (to); *to watch out* (for)
faire la connaissance (de)	*to meet* (for the first time), *make the acquaintance* (of)
faire les courses	*to do errands*
faire la cuisine	*to cook*
faire ses devoirs	*to do one's homework*
faire la lessive	*to do the laundry*
faire le marché	*to do the shopping; to go to the market*
faire le ménage	*to do the housework*
faire une promenade	*to take a walk*
faire la queue	*to stand in line*
faire un tour (en voiture)	*to take a walk* (*a ride*)
faire la vaisselle	*to do the dishes*
faire un voyage	*to take a trip*

Le matin je **fais le marché,** et le soir je **fais mes devoirs.**

In the morning I do the shopping, and in the evening I do my homework.

1. **Faire** is also used to talk about individual sports: **faire du sport, faire du jogging, de la voile** (*sailing*), **du ski, de l'aérobic.**
2. As seen in **Leçon 1, il fait** is also used to describe the weather.

Il fait tellement beau!   *It's so nice* (*outside*)!

Allez-y!

A. Faisons connaissance! Suivez le modèle.

MODÈLE: je / le professeur d'italien ⟶
Je fais la connaissance du professeur d'italien.

1. tu / la sœur de Louise
2. nous / un cousin
3. Annick / une étudiante sympathique
4. les Levêque / les parents de Simone
5. je / la femme du professeur
6. vous / la nièce de M. de La Tour

B. Activités du week-end. Qui fait les activités suivantes? Faites des phrases logiques avec les éléments des deux colonnes.

1. Tu...
2. Pierre...
3. Anne et Laurence...
4. Mon frère et moi, nous...
5. Benoît et toi, vous...
6. Non, moi le dimanche, je...

a. faisons du jogging dans le parc.
b. ne fais pas le ménage.
c. faites vos devoirs de français.
d. fais la cuisine pour mes amis.
e. font des courses en ville.
f. fait du sport avec ses copains.

C. D'habitude, qu'est-ce que vous faites? Avec un(e) camarade de classe, faites une liste de vos activités habituelles. Utilisez les expressions suivantes: **le matin, le midi, le soir; le lundi (matin), le mardi, et cetera; le week-end, une fois par semaine** (*once a week*), **tous les jours** (*every day*).

MODÈLE: É1: D'habitude, qu'est-ce que tu fais le soir?
                É2: Je fais du jogging tous les soirs.

Les verbes en *-re*
Expressing Actions

Beauregard au restaurant

JILL: Vous **entendez?**
GÉRARD: Non, qu'est-ce qu'il y a?
JILL: J'**entends** un bruit sous la table.
GENEVIÈVE: Oh, ça! C'est Beauregard... Il **attend** son dîner... et il n'aime pas **attendre...**

Trouvez la phrase équivalente dans le dialogue.

1. Écoutez.
2. Quel est le problème?
3. Il n'aime pas patienter (*to wait patiently*).

A third group of French verbs has infinitives that end in **-re.**

PRESENT TENSE OF **vendre** (*to sell*)			
je	vend**s**	nous	vend**ons**
tu	vend**s**	vous	vend**ez**
il/elle/on	vend	ils/elles	vend**ent**

1. Other verbs conjugated like **vendre** include the following.

attendre	*to wait* (*for*)	**rendre**	*to give back, return*
descendre	*to go down* (*to*); *to get off*	**rendre visite à**	*to visit* (*someone*)
entendre	*to hear*		
perdre	*to lose; to waste*	**répondre à**	*to answer*

Elle attend le dessert.	*She's waiting for dessert.*
Nous descendons de l'autobus.	*We're getting off the bus.*
Le commerçant rend la monnaie à la cliente.	*The storekeeper gives change back to the customer.*
Je réponds à sa question.	*I'm answering his/her question.*

2. The expression **rendre visite à** means to visit a *person* or *people*. The verb **visiter** is used only with places or things.

> **Je rends visite à** mon ami.
> **Les touristes visitent** les monuments de Paris.

Allez-y!

A. Tiens! (*You don't say!*) C'est bizarre: tout ce que (*everything that*) fait Jean-Paul, les autres le font aussi. Formez les phrases selon le modèle. Attention aux adjectifs possessifs.

> **MODÈLE:** vendre sa guitare (moi) $\longrightarrow$
> É1: Jean-Paul vend sa guitare.
> É2: Tiens! Moi aussi, je vends ma guitare.

1. rendre tous ses livres à la bibliothèque (nous)
2. attendre une lettre importante (son frère)
3. descendre de l'autobus rue Mouffetard (vous)
4. entendre des bruits bizarres au sous-sol (moi)
5. perdre toujours ses lunettes (*glasses*) (toi)
6. répondre à un sondage (*survey*) d'opinion politique (les amis)

B. Un week-end à Paris. Complétez l'histoire avec les verbes indiqués.

Alain et Marie-Lise habitent à Bruxelles. Aujourd'hui ils _____¹ à Paris en train. Ils vont _____² visite à leur cousine Pauline. Les trois cousins ont toujours beaucoup de projets (*plans*) et ne _____³ pas une minute quand ils sont ensemble (*together*). Alain et Marie-Lise aiment beaucoup Pauline parce qu'elle _____⁴ toujours à leurs lettres. Pauline aime aussi ses cousins, et elle _____⁵ leur arrivée avec impatience. Elle _____⁶ enfin la sonnette (*doorbell*)!

attendre
descendre
entendre
perdre
rendre
répondre

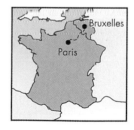

C. Perdez-vous souvent patience? Interviewez un(e) camarade de classe. Il/Elle utilise **souvent, pas souvent** ou **toujours** dans sa réponse.

> **MODÈLE:** É1: Tu attends l'autobus, mais il n'arrive pas. Est-ce que tu perds patience?
> É2: Oui, je perds souvent patience.

1. Tu attends un coup de téléphone (*telephone call*). La personne ne téléphone pas. 2. Un ami / Une amie ne répond pas à tes lettres.
3. Tu perds les clés (*keys*) de ta voiture ou de ton appartement.
4. Tu as rendez-vous avec un ami / une amie. Tu attends longtemps (*for a long time*), mais il/elle n'arrive pas.

Leçon 4

PERSPECTIVES

Lecture

Avant de lire

Identifying a pronoun's reference. As you know, a pronoun may "stand in" for a noun. By using a pronoun to replace a noun, an author can avoid repeating the noun, which would result in unnatural sounding language. To illustrate this, reformulate the following sentence from the text by replacing the pronoun **il** with the noun it refers to:

> Ici, l'artiste crée un environnement qui stimule sa peinture. Il dispose les fleurs dans un désordre apparent; il conçoit les perspectives; il associe les couleurs, les reflets, les nuances.

Without using the pronoun, the text is repetitive and awkward.

A pronoun may also refer to person or group that can be identified by context. For example, this text begins:

> Nous sommes à Giverny, chez le peintre Monet...

You can infer that the subject **nous** includes the reader as well as the author. The use of this inclusive **nous** creates a bond between the reader and author, inviting the reader to "come along for the ride."

Recall too that French does not have a single pronoun that corresponds to "it." A third-person pronoun such as **il, elle** or **ce** plays this role. In the sentence below, which **il** refers to Monet and which is an impersonal pronoun?

> Chaque jour, il fait une promenade et observe la nature quand il fait beau, quand il pleut, quand il fait du vent.

As you read the text, be sure that you are able to identify the referent for each pronoun to ensure accurate comprehension.

Giverny: le petit paradis de Monet

À propos de la lecture... Les auteurs de *Vis-à-vis* ont écrit ce texte.

Nous sommes à Giverny, chez le peintre Monet (1840[2]–1926[3]), maître de l'impressionnisme. Devant la maison rose, on découvre un immense jardin symétrique, planté d'arbres et de fleurs extraordinaires. C'est le Clos normand.[4] Puis on arrive au fameux Jardin d'eau[5] qu'on traverse en passant[6] sur le célèbre Pont[7] japonais. Ce lieu[8] a une histoire.

En 1883,[9] l'artiste s'installe à Giverny, village situé aux portes de la Normandie, à 75 kilomètres de Paris. Jusqu'à sa mort,[10] Monet vit[11] dans cette propriété bourgeoise avec sa famille. Pendant 43 ans un lien[12] extraordinaire attache Monet à Giverny: ici, l'artiste crée un environnement qui stimule sa peinture.[13] Il dispose les fleurs dans un désordre apparent; il conçoit[14] les perspectives; il associe les couleurs, les reflets, les nuances. Puis il peint. Il peint avec passion ce jardin qui est déjà un œuvre[15] d'art.

Le Pont japonais à Giverny

Chaque jour, il fait une promenade et observe la nature quand il fait beau, quand il pleut, quand il fait du vent. Il analyse la lumière[16] du matin, de l'après-midi, du soir. C'est à Giverny qu'il trouve son inspiration et qu'il définit son art. Ses peintures ne reproduisent pas les objets mais traduisent[17] une impression ou une émotion. «Je veux réussir à traduire ce que je ressens[18]» explique-t-il. C'est le principe de l'impressionnisme.

L'œuvre de Monet est un hymne à Giverny. La nature sublime inspire à l'artiste des œuvres célèbres comme le «Champ d'iris jaunes à Giverny» (1885[19]) ou le «Printemps, Giverny» (1890[20]). Le Jardin d'eau donne naissance aux «Nymphéas»: une série de 250[21] tableaux qui évoquent sous mille formes les nénuphars[22] du bassin.

Dans la maison, toutes les pièces semblent encore habitées. La salle à manger, les salons et les chambres sont marqués par la présence des illustres amis de Monet: les peintres Cézanne, Renoir, Matisse et l'écrivain Zola.

«Mon cœur[1] est à Giverny, toujours et toujours... » Claude Monet

[1]heart [2]mille huit cent quarante [3]mille neuf cent vingt-six [4]Clos... field in the Norman style [5]water
[6]en... by crossing [7]Bridge [8]place [9]mille huit cent quatre-vingt-trois [10]Jusqu'à... Until his death [11]lives
[12]link [13]painting [14]conceives [15]work [16]light [17]translate [18]réussir... to succeed in translating what I feel
[19]mille huit cent quatre-vingt-cinq [20]mille huit cent quatre-vingt-dix [21]deux cent cinquante [22]water lillies

Chaque année, 500 000[23] visiteurs découvrent avec émotion le petit paradis de Giverny. Et ils se demandent[24]: Est-ce que c'est un rêve? Tout cela ne va-t-il pas disparaître? ❧

[23]cinq cent mille   [24]se... *ask themselves*

Compréhension

Une brochure publicitaire. Create a travel brochure for Monet's garden in Giverny by filling in the blanks with the appropriate expressions from the text.

Un petit paradis terrestre? Ça existe à quelques _____[1] de Paris! Découvrez Giverny où le peintre _____[2] a trouvé son inspiration. Son œuvre ne reproduit pas les objets mais traduit _____[3]ou _____[4] —c'est le principe de l'impressionnisme.

Devant la maison de Monet, on trouve un immense jardin symétrique qui s'appelle «_____»[5]. En traversant le célèbre Pont japonais, on arrive au fameux _____[6] qui a donné naissance à une série de 250 _____[7] appelés «_____»[8].

La maison a l'air toujours _____[9], marquée par la présence des amis illustres de Monet, parmi eux (*among them*), l'écrivain _____[10].

Giverny, c'est la nature, la lumière, les couleurs, les nuances. Venez découvrir ce lieu privilégié!

Claude Monet: *Le jardin de l'artiste à Giverny*, 1900. (Musée d'Orsay, Paris)

Écriture

Portrait de famille. Répondez aux questions suivantes pour parler de votre famille. Ensuite, mettez vos réponses sous la forme d'un texte. Vous pouvez ajouter des informations supplémentaires.

1. Combien de personnes y a-t-il dans votre famille (parents et enfants)?
2. Donnez quelques informations sur chaque membre de votre famille: nom, âge, profession, et cetera.
3. Actuellement, où habitez-vous? Vous habitez chez vos parents? Vous louez un appartement avec des amis? Vous êtes propriétaire d'une maison ou d'un condo? Combien est-ce qu'il y a de pièces chez vous? Lesquelles (*Which ones*)?
4. En général, qui s'occupe (*takes care*) des tâches ménagères (*housework*) à la maison? Énumérez plusieurs tâches et dites qui en est responsable.

À l'écoute sur Internet!

Une grande famille. Véronique is 15. She is very fond of her family and is describing it to a friend. First, look at the diagram on the following page. Next, listen to the vocabulary and the names of the people in Véronique's family. Then, listen to Véronique's description. Finally, complete the activity.

VOCABULAIRE UTILE

au lycée	at the high school
une banque	a bank
un garçon	a boy
unique	only
un atelier	an artist's studio

LA FAMILLE DE VÉRONIQUE

Henri	Josiane	Juliette
Virginie	Raphaël	Laurence
Georges	Géraldine	Franck
Gérard	Charles	Caroline
Nicole	Marie	Léa

Fill in the blank boxes with the correct names based on Véronique's description.

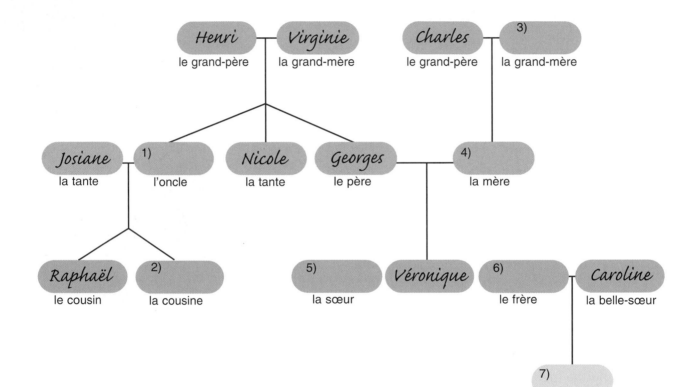

En société

Vos projets

Objectif: Talking about school-related activities

Dans cet épisode, Aimée rencontre l'un de ses professeurs en dehors de la salle de classe. Aimée veut parler de son dessin, mais son professeur préfère parler de ses notes. Il suggère à Aimée de passer plus de temps à étudier et moins à dessiner.

VOCABULAIRE UTILE

Je suis presqu'en retard	I'm almost late
J'ai déjà quelque chose de prévu	I already have something planned
libre	available
vous pouvez nous rencontrer	you can meet us
Quelle heure est-il?	What time is it?

Visionnez!

Les phrases suivantes sont-elles vraies ou fausses?

1. V F Le professeur invite Aimée à un groupe d'étude.
2. V F Aimée aime bien étudier.
3. V F Le groupe d'étude se réunit (*gets together*) à la bibliothèque.
4. V F Ce soir, Aimée va retrouver (*to meet*) ses amis à l'Hacienda.

Jouez la scène!

Avec un(e) partenaire, jouez les scènes suivantes.

1. Vous téléphonez à votre ami(e) pour discuter de vos projets de week-end. Parlez de la température et des activités que vous allez faire. Déterminez un lieu de rencontre.
2. Vous invitez votre ami(e) à une fête de famille chez vos parents. Votre ami(e) vous demande des informations sur les invités, la température qu'il va faire et les activités possibles.

Note culturelle

En France, le nombre de bistros et de cafés est en baisse[1] depuis quelques années.[2] Des 200 000[3] bistros en 1960,[4] il n'en reste plus que[5] 50 000[6] aujourd'hui. L'augmentation du nombre des fast-foods et des restaurants à thèmes—comme les pizzérias et les sandwicheries—explique ce déclin. Cependant, les cafés restent des endroits de rencontre privilégié pour les étudiants. On s'y retrouve pour bavarder entre deux cours ou à la fin de la journée.

[1]est... *is declining* [2]depuis... *for some years* [3]deux cent mille [4]mille neuf cent soixante [5]il... *there are only* [6]cinquante mille

Vocabulaire

Verbes

aller to go
  aller + *inf.* to be going (to do something)
  aller mal to feel bad (ill)
attendre to wait (for)
descendre (de) to go down (to); to get off
entendre to hear
faire to do; to make
perdre to lose; to waste
préparer to prepare
rendre to give back; to return; to hand in
rendre visite à to visit (*someone*)
répondre à to answer
rester to stay, remain
vendre to sell

À REVOIR: **étudier, habiter, jouer à (de), manger**

Substantifs

l'arbre (*m.*) tree
l'autobus (*m.*) (city) bus
le bruit noise
la famille family
la météo weather forecast
les projets (*m.*) plans
le temps time; weather
les vacances (*f. pl.*) vacation

À REVOIR: **l'affiche** (*f.*), **le chien, la commode, le couloir, le lavabo, le lit, le logement**

Adjectifs

célibataire single (*person*)
divorcé(e) divorced
marié(e) married
préféré(e) favorite, preferred

La famille

les arrière-grands-parents great-grandparents
le beau-frère brother-in-law
le beau-père father-in-law; stepfather
la belle-mère mother-in-law; stepmother
la belle-sœur sister-in-law
le cousin cousin (*male*)
la cousine cousin (*female*)
le demi-frère half-brother; stepbrother
la demi-sœur half-sister; stepsister
l'enfant (*m., f.*) child
la femme wife
la fille daughter
le fils son
le frère brother
la grand-mère grandmother
le grand-parent (les grands-parents) grandparent
le grand-père grandfather
le mari husband
la mère mother
le neveu nephew
la nièce niece
l'oncle (*m.*) uncle
le parent parent; relative
le père father
la petite-fille granddaughter
le petit-enfant grandchild
le petit-fils grandson
la sœur sister
la tante aunt

La maison

le balcon balcony
le bureau office
la chambre bedroom
la cuisine kitchen
l'escalier (*m.*) stairway
le jardin garden
la pièce room
le premier / deuxième étage second / third floor
le rez-de-chaussée ground floor
la salle à manger dining room
la salle de bains bathroom
la salle de séjour living room
le sous-sol basement
la terrasse terrace

Expressions avec *faire*

faire attention (à) to pay attention (to); to watch out (for)
faire la connaissance (de) to meet (for the first time), make the acquaintance (of)
faire les courses to do errands
faire la cuisine to cook
faire ses devoirs to do one's homework
faire la lessive to do the laundry
faire le marché to do the shopping, go to the market
faire le ménage to do the housework
faire une promenade to take a walk
faire la queue to stand in line
faire du sport: faire de l'aérobic to do aerobics;

du jogging to run, jog; **du ski** to ski; **du vélo** to go cycling; **de la voile** to go sailing
faire un tour (en voiture) to take a walk (ride)
faire la vaisselle to do the dishes
faire un voyage to take a trip

Le temps

Quel temps fait-il? How's the weather?
Il fait beau. It's nice (out).
Il fait chaud. It's hot.
Il fait (du) soleil. It's sunny.
Il fait du vent. (Il vente. Il y a du vent.) It's windy.
Il fait frais. It's cool.
Il fait froid. It's cold.
Il fait mauvais. It's bad (out).

Il neige. It's snowing.
Il pleut. It's raining.
Le temps est nuageux. It's cloudy.
Le temps est orageux. It's stormy.

Les saisons

Au printemps (*m.*)**...** In spring . . .
En automne (*m.*)**...** In fall . . .
En été (*m.*)**...** In summer . . .
En hiver (*m.*)**...** In winter . . .

Mots et expressions divers

l'année prochaine next year
après after, afterward
bientôt soon

ce week-end this weekend
cet après-midi / ce matin / ce soir this afternoon / morning / evening
chez at the home (establishment) of
dans quatre jours in four days
demain tomorrow
d'habitude usually
une fois par semaine once a week
le lundi / le vendredi soir on Mondays / on Friday evenings
peut-être maybe
la semaine prochaine next week
tous les jours every day
tout à l'heure in a while
tout de suite immediately
le week-end on weekends

À table!

À... *Let's eat!*

Cher Michel,

Guide de voyage, c'est un métier d'aventurier mais aussi de gastronome. Aujourd'hui, je déjeune avec mon groupe dans un excellent restaurant d'Abidjan, en Côte-d'Ivoire. Ici, ce n'est pas le pays du steak-frites. Le menu est exotique. J'ai commandé une spécialité locale: du «macharon» (c'est une variété de poisson), et comme boisson, un verre de «lemouroudji» (citron vert et gingembre).

C'est une nouvelle aventure culinaire!

Salut,

Malik

Une femme ivoirienne dans la cuisine

Dans ce chapitre...

Objectifs communicatifs

- talking about food and drink; expressing quantity; giving commands; telling time

Paroles (Leçon 1)

- Les repas
- La nourriture et les boissons
- Le verbe **préférer**

Structures (Leçons 2 et 3)

- Les verbes **prendre** et **boire**
- Les articles partitifs
- L'impératif
- L'heure

Culture

- Reportage: Les Français, ces mangeurs de grenouilles (**Correspondance**)
- Lecture: Les grandes occasions (**Leçon 4**)

Multimédia

En société—Au café

Dans cet épisode, Claire, Jacques et Aimée prennent le déjeuner dans un café près de l'université.

CD-ROM

Révisez le vocabulaire et la grammaire de ce chapitre et parlez de vos habitudes alimentaires avec une copine francophone.

Online Learning Center

Visitez le site Web de *Vis-à-vis* à **www.mhhe.com/visavis3** pour réviser le vocabulaire, la grammaire et les renseignements culturels qui se trouvent dans ce chapitre.

Leçon 1

PAROLES

Les repas de la journée*

Voilà des aliments (*m.*) populaires en France.

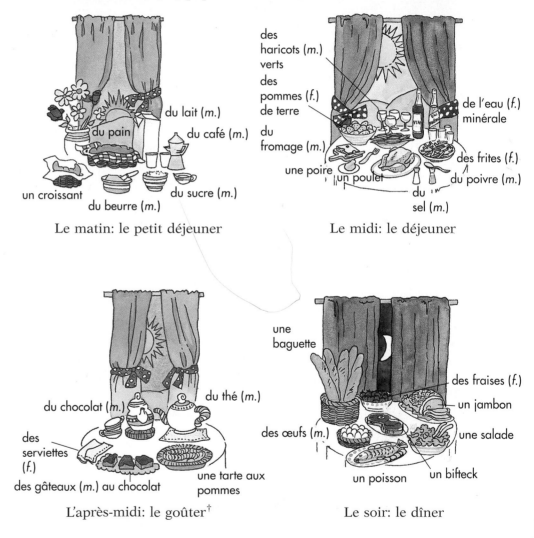

du lait (*m.*)
du pain
du café (*m.*)
un croissant
du beurre (*m.*)
du sucre (*m.*)

Le matin: le petit déjeuner

des haricots (*m.*) verts
des pommes (*f.*) de terre
du fromage (*m.*)
une poire
un poulet
de l'eau (*f.*) minérale
des frites (*f.*)
du poivre (*m.*)
du sel (*m.*)

Le midi: le déjeuner

du chocolat (*m.*)
du thé (*m.*)
des serviettes (*f.*)
des gâteaux (*m.*) au chocolat
une tarte aux pommes

L'après-midi: le goûter†

une baguette
des fraises (*f.*)
un jambon
des œufs (*m.*)
une salade
un poisson
un bifteck

Le soir: le dîner

---

*__La journée__ (*The day*) is used instead of **le jour** to emphasize the notion of an entire day, as in the expression **Quelle journée!** (*What a day!*)
†**Le goûter** is an afternoon snack: **pains au chocolat pour les enfants; thé ou café et gâteaux pour les adultes.**

AUTRES MOTS UTILES

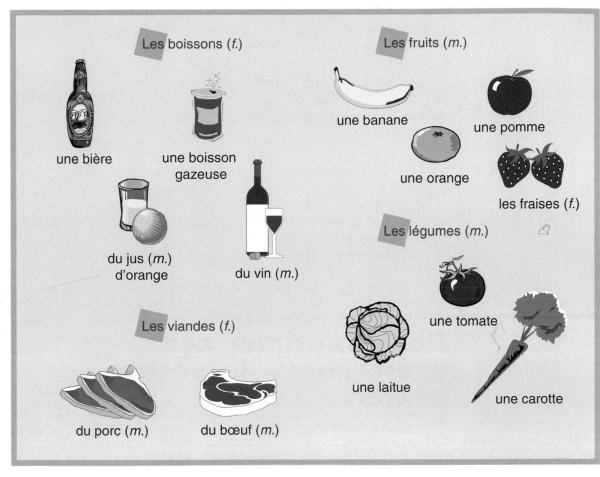

Les boissons (f.)

une bière

une boisson
gazeuse

du jus (m.)
d'orange

du vin (m.)

Les viandes (f.)

du porc (m.)

du bœuf (m.)

Les fruits (m.)

une banane

une pomme

une orange

les fraises (f.)

Les légumes (m.)

une tomate

une laitue

une carotte

AUTRES MOTS UTILES

les brocolis (*m.*)	broccoli	**le poivron**	bell pepper
le champagne	champagne	**le plat**	dish (of food)
le champignon	mushroom	**déjeuner**	to eat lunch
la crème	cream	**dîner**	to eat dinner
l'oignon (*m.*)	onion		

un maïs = corn

un comcombre

Allez-y!

A. Catégories. Ajoutez (*Add*) d'autres aliments dans les catégories
mentionnées.

> **MODÈLE:** La mousse au chocolat est *un dessert.* ⟶
> Le gâteau, la tarte aux pommes et les fraises sont aussi des
> desserts.

1. La bière est *une boisson.*
2. La pomme de terre est *un légume.*
3. Le porc est *une viande.*
4. La banane est *un fruit.*

B. **L'intrus.** Trouvez l'intrus et expliquez votre choix.

1. café / fraise / bière / thé / lait
2. haricots verts / salade / carotte / œuf / pomme de terre
3. bifteck / porc / pain / jambon / poulet
4. sel / gâteau / poivre / sucre / beurre
5. vin / banane / pomme / orange / melon
6. tarte aux pommes / fromage / chocolat / thé / gâteau au chocolat

C. **Les habitudes alimentaires.** Posez les questions suivantes à un(e) camarade de classe.

1. D'habitude, est-ce que tu prends le petit déjeuner? Si oui, qu'est-ce que tu manges? Sinon, pourquoi?
2. Quelle boisson préfères-tu prendre le matin?
3. Où prends-tu le déjeuner et avec qui?
4. Est-ce que tu prends un goûter quelquefois pendant la journée? Si oui, qu'est-ce que tu manges?
5. Pour le dîner, tu aimes cuisiner? Si oui, qu'est-ce que tu aimes préparer?
6. Est-ce que tu préfères manger à la maison ou aller manger au restaurant?

Pour exprimer ses préférences: le verbe *préférer*

Elle préfère le chocolat blanc.

PRESENT TENSE OF **préférer** (*to prefer*)	
je **préfère**	nous préférons
tu **préfères**	vous préférez
il/elle/on **préfère**	ils/elles **préfèrent**

Although the endings are regular, the verb **préférer** is irregular. For the forms of **je, tu, il/elle/on,** and **ils/elles,** the **é** from the stem (**préfér-**) changes to **è.** The **nous** and **vous** forms are regular. Verbs conjugated like **préférer** include **répéter, espérer** (*to hope*), **célébrer,** and **considérer.**

Allez-y!

A. Fiche (*Form*) **gastronomique.** Demandez à un(e) camarade de classe quelles sont ses préférences et complétez la fiche. Utilisez **quel** (*m.*) ou **quelle** (*f.*) et le verbe **préférer.**

MODÈLE: É1: Quelle boisson préfères-tu?
 É2: Je préfère le/la...

boisson _____
viande _____
légume _____
fruit _____
dessert _____
repas _____
plat _____

Maintenant, avec vos camarades de classe, examinez les différentes fiches et déterminez quels sont les plats et les boissons préférés de la classe.

B. Question de préférence. Avec un(e) camarade, répondez aux questions suivantes.

1. Quel repas est-ce que tu préfères? Pourquoi?
2. Est-ce que, selon toi, tu es un bon cuisinier / une bonne cuisinière?
3. À quel restaurant est-ce que tu espères aller prochainement (*next*)?
4. Chez toi, quelles fêtes est-ce qu'on célèbre? Qu'est-ce que vous préparez pour célébrer cette/ces (*this/those*) fête(s)?

À table

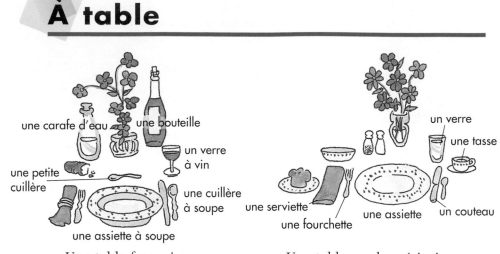

Une table française   Une table nord-américaine

AUTRES MOTS UTILES

un bol	bowl-shaped cup (*for* **café au lait**)
une nappe	tablecloth
la soupe	soup

Allez-y!

A. L'objet nécessaire. Quels objets utilisez-vous?

> **MODÈLE:** le café au lait ⟶
> J'utilise un bol pour le café au lait.

1. le vin
2. la viande
3. la soupe
4. la salade
5. le thé
6. la mousse au chocolat
7. l'eau
8. le café express

B. L'art de la table. Mettre le couvert (*Setting the table*) est souvent un art. Regardez la photo tirée du magazine *Gault Millau* et répondez aux questions.

1. Décrivez ce qu'il y a sur la table. Est-ce une table pour un repas simple ou élégant? Quel est l'objet en papier à gauche?
2. À votre avis, pourquoi est-ce qu'il y a quatre verres?
3. Et chez vous, qu'est-ce qu'on place sur la table au petit déjeuner, au déjeuner, au dîner, pour un repas spécial?

Une table élégante

Leçon 2

Les verbes *prendre* et *boire*
Talking About Food and Drink

Au restaurant

LE SERVEUR: Qu'est-ce que vous **prenez,**
messieurs dames?

JULIETTE: Nous **prenons** le poulet à la
crème et les légumes.

LE SERVEUR: Et qu'est-ce que vous **buvez?**

JEAN-MICHEL: Je **prends** une bière, et pour
mademoiselle une bouteille
d'eau minérale, s'il vous plaît.

Au café à Paris

Maintenant, avec un(e) camarade, faites les
substitutions suivantes et jouez à nouveau le
dialogue.

le poulet à la crème ⟶ le poisson grillé
les légumes ⟶ la salade de tomates
une bière ⟶ un verre de vin rouge
une bouteille d'eau minérale ⟶ une carafe d'eau

Prendre and Similar Verbs

The verb **prendre** is irregular in its plural forms.

PRESENT TENSE OF **prendre** (*to take*)	
je **prends**	nous **prenons**
tu **prends**	vous **prenez**
il/elle/on **prend**	ils/elles **prennent**

1. Verbs conjugated like **prendre** include **apprendre** (*to learn*) and **comprendre** (*to understand; to include*).

—Qu'est-ce que vous **prenez?**	*What are you having?*
—Je **prends** la salade verte.	*I'm having the green salad.*
Il **apprend** l'espagnol.	*He's learning (how to speak) Spanish.*
Est-ce que tu **comprends** l'allemand?	*Do you understand German?*
Le menu à 20 euros **comprend** une entrée, un plat et un dessert.	*The meal for 20 euros includes an appetizer, the main course, and a dessert.*

2. When an infinitive follows **apprendre,** the preposition **à** must be used.

Apprenez-vous **à** skier?	*Are you learning (how) to ski?*

Apprendre can also mean *to teach*. In this case, the person taught is preceded by **à.** If the thing taught is a verb, it is also preceded by **à.**

J'apprends le russe à Mireille.	*I'm teaching Mireille Russian.*
J'apprends à Mireille à parler russe.	*I'm teaching Mireille to speak Russian.*

3. Some common expressions with **prendre** include:

prendre du temps	*to take (a long) time*
prendre son temps	*to take one's time*
prendre un repas	*to eat a meal*
prendre le petit déjeuner	*to have breakfast*
prendre un verre	*to have a drink (usually alcoholic)*

Boire

The verb **boire** is also irregular in form.

PRESENT TENSE OF **boire** (*to drink*)			
je	**bois**	nous	**buvons**
tu	**bois**	vous	**buvez**
il/elle/on	**boit**	ils/elles	**boivent**

Tu **bois** de l'eau minérale.	*You're drinking mineral water.*
Nous **buvons** de la bière.	*We're drinking beer.*

Offrir un verre aux amis, c'est sympa!

Allez-y!

A. Des étudiants modèles? Lisez les phrases, puis faites les substitutions suivantes: (1) tu, (2) mon meilleur ami / ma meilleure amie, (3) mon/ma camarade et moi, (4) je, (5) mes copains.

1. Vous apprenez le français. **2.** Vous comprenez presque (*almost*) toujours le professeur. **3.** Pour préparer les examens, vous prenez des livres à la bibliothèque. **4.** Pour faire votre travail, vous prenez votre temps. **5.** Mais malheureusement (*unfortunately*), vous buvez trop de (*too much*) café.

B. Qu'est-ce qu'on boit? Choisissez la boisson qui convient à chaque situation.

Boissons: de l'eau, du jus de pomme, du jus d'orange, du café, du champagne, de la bière, du thé, du lait chaud, de la limonade, du vin

MODÈLE: Nous sommes le 31 décembre. (Loïc) ⟶
Il boit du champagne.

1. Il fait très chaud. (vous) **2.** Il fait froid. (Christian) **3.** Il est minuit (*midnight*). (tu) **4.** Il est huit heures du matin (*eight* A.M.). (je) **5.** Nous sommes au café. (nous) **6.** Agnès et Marie sont au restaurant. (elles)

C. Conversations au café. Vous êtes au café. Qu'est-ce que les gens disent? Complétez les conversations avec les verbes **prendre, apprendre** et **comprendre.**

1. CHANTAL: Est-ce que tu _____ un café?
JOËL: Non, je _____ une bouteille d'eau minérale.
2. LÉA: Est-ce que tu _____ l'anglais?
FRANCO: Oui, et j' _____ aussi l'anglais à mes enfants. Et vous deux, qu'est-ce que vous _____ comme (*as*) langue étrangère?
PAUL: Nous, nous _____ le japonais.
3. CLAUDE: Est-ce que vous _____ toujours le professeur de philosophie?
JEAN: Non, mais les autres (*others*) _____ tout!

D. Mission impossible? Parmi vos camarades, trouvez quelqu'un qui (*someone who*)...

MODÈLE: prend du sucre dans son café ⟶
Est-ce que tu prends du sucre dans ton café?

1. ne prend pas de petit déjeuner **2.** prend en général des crêpes (*pancakes*) au petit déjeuner **3.** boit cinq tasses de café ou plus par jour **4.** boit un verre de lait à chaque repas **5.** apprend un nouveau sport ce semestre **6.** comprend le sens de la vie (*meaning of life*)

Les articles partitifs
Expressing Quantity

Pas de dessert

JULIEN: Qu'est-ce qu'on mange aujourd'hui, maman?

MME TESSIER: Il y a **du poulet** avec **des pommes de terre.**

JULIEN: Et **la mousse au chocolat** dans le frigo, c'est pour ce midi?

MME TESSIER: Ah non, **la mousse,** c'est pour ce soir. Pour midi, il y a **des fruits** ou **de la glace au café.**

JULIEN: Je n'aime pas **la glace** et je n'aime pas **les fruits!** Mais j'adore **la mousse!**

MME TESSIER: Non, c'est non!

Et vous? Répondez aux questions suivantes.

1. Mangez-vous souvent **du** poulet?
2. Prenez-vous souvent **des** fruits?
2. Est-ce que vous aimez **la** glace au café?

Forms of Partitive Articles

In addition to the definite and indefinite articles, there is a third article in French, called the partitive (**le partitif**). It has three forms: **du** (*m.*), **de la** (*f.*), and **de l'** (before a vowel or mute **h**). It agrees in gender and number with the noun it precedes.

Prenez-vous **du** jambon?	*Are you having (some) ham?*
de la salade?	*(some) salad?*
de l'eau minérale?	*(some) mineral water?*

Partitive Versus Indefinite Articles

1. The partitive article is used to indicate part of a quantity that is measurable but not countable. This idea is sometimes expressed in English by *some* or *any;* usually, however, *some* is only implied.

Examples of noncountable nouns (also called *mass nouns*) include
viande, chocolat, lait, sucre, glace, vin, eau, beurre, pain, temps,
and **argent.**

Avez-vous **du** thé?	*Do you have tea?*
Je voudrais **du** sucre.	*I would like (some) sugar.*
Mangez-vous **du** poisson?	*Do you eat fish?*

2. When something is countable or is considered as a whole, the
indefinite article is used instead.

Après le dîner, je prends **un** thé.	*After dinner, I have (a cup of) tea.*
Je voudrais **un** sucre dans mon café.	*I would like (a cube of) sugar.*
Je mange **un** poisson par semaine.	*I eat a (whole) fish every week.*

Mots clés

Exprimer un désir

Je voudrais means *I would like.* It is used to make a polite request and can be followed by a noun or an infinitive.

Je voudrais un café, s'il vous plaît.
I would like a cup of coffee, please.

Je voudrais prendre le menu du jour.
I would like to have the special of the day.

Partitive Versus Definite Articles

1. The partitive article is used with verbs such as **prendre, boire,
acheter,** * and **manger,** because they usually involve consuming or
buying a *portion* of something. However, after verbs of preference
such as **aimer, aimer mieux, préférer, adorer,** and **détester,** the
definite article is used, because these verbs generally express a
reaction to an entire category.

Beaucoup de Français mangent **du** fromage après le repas, mais moi, je déteste **le** fromage.	*Many French people eat cheese after a meal, but I hate cheese.*

2. The partitive is also used with abstract qualities attributed to people,
whereas the definite article is used to talk about these qualities in
general.

Elle a **du** courage.	*She has (some) courage.*
Elle déteste **l'**hypocrisie.	*She hates hypocrisy.*

Partitives in Negative Sentences

1. In negative sentences, partitive articles become **de** (**d'**), except after
être.

Je bois **du** lait.	⟶	Je ne bois **pas de** lait.
Tu prends **de l'**eau.	⟶	Tu ne prends **pas d'**eau.
Vous mangez **des** carottes.	⟶	Vous ne mangez **pas de** carottes.
Ce sont **des** poires.	⟶	Ce ne sont **pas des** poires.

*****Acheter** means *to buy.* See Appendix B for the conjugation of this verb.

2. The expression **ne... plus** (*no more, not any more*) surrounds the conjugated verb, like **ne... pas.**

François et Zoë? Ils
ne mangent **plus** de viande.
Je suis désolé, mais nous **n'**avons
plus de vin.

*François and Zoë? They
don't eat meat anymore.
I'm sorry, but we have no
more wine.*

[Allez-y! A]

Partitives with Expressions of Quantity

Partitive articles also become **de (d')** after expressions of quantity.

Elle commande
du vin.

Combien de verres
est-ce qu'elle
commande?

Elle commande
un peu de vin.

Elle commande
beaucoup de vin.

Elle commande
un verre de vin.

Elle a **assez de vin.**

Elle boit **trop de vin.**

Dans son verre, il y a
peu de vin.

[Allez-y! B-C]

Allez-y!

A. À table! Qu'est-ce que vous prenez, en général, à chaque repas? Qu'est-ce que vous ne prenez pas? Pensez-y!

Possibilités: du café au lait, des croissants, du bacon, un bifteck, des frites, du fromage, un fruit, un hamburger, de la pizza, du poulet, des spaghettis...

MODÈLE: Au petit déjeuner... $\longrightarrow$
Au petit déjeuner, je prends du jus d'orange, mais je ne prends pas de café au lait.

1. Au petit déjeuner... **2.** Au déjeuner... **3.** Au dîner...

B. Dîner d'anniversaire (*birthday*). Avec un(e) camarade, vous préparez un dîner surprise pour fêter l'anniversaire d'un ami / d'une amie. Mais avez-vous tous (*all*) les ingrédients nécessaires?

MODÈLE: carottes (assez) / (ne... pas) tomates $\longrightarrow$
É1: Est-ce que tu as des carottes?
É2: Oui, j'ai assez de carottes mais je n'ai pas de tomates.

1. eau minérale (3 bouteilles) / (ne... plus) jus d'orange
2. café (un peu) / (ne... plus) thé
3. fraises (beaucoup) / (ne... pas) melon
4. chocolat (trop) / (ne... pas) œufs
5. viande (assez) / (ne... pas) légumes
6. sucre (un bol) / (ne... plus) sel

C. Dis-moi ce que tu manges! Regardez les résultats d'une enquête sur les habitudes alimentaires des Français et répondez aux questions suivantes.

1. Est-ce que les Français dépensent (*spend*) plus pour acheter des boissons alcoolisées ou non alcoolisées (sans compter le lait)?
2. Nommez deux catégories de produits frais que les Français aiment consommer.
3. Quels sont les produits que les Français végétariens ne consomment pas?
4. Dans la liste, nommez deux catégories de produits que l'on achète généralement au marché en plein air (*open air*).
5. À votre avis, quelles sont les différences entre les habitudes alimentaires des Français et des Nord-Américains?

Ce que les Français consomment (en % du total des dépenses alimentaires)

18,2 Produits laitiers et œufs

Source: Secodip-Anial

15,8 Viandes/ volailles

7,5 Charcuterie/traiteur/ plats cuisinés

2,6 Conserves

5,7 Surgelés/ glaces

1,4 Pâtes/ féculents/ farines

Pain **0,7**

Produits de la mer (poissons, crustacés...) **3,5**

1,4 Corps gras (huile, margarine...)

Condiments/ potages/ épices **2**

9,9 Confiserie/ biscuits/ petits déjeuners

2,4 Café/ thé/ infusions

9,6 Boissons alcoolisées

5,3 Boissons non alcoolisées

Fruits/ légumes frais **11,9**

Aliments pour animaux **2,1**

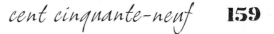

Correspondance

Salut Malik!

Continuons ce chapitre gastronomique. À Paris, j'ai découvert un petit restaurant dans mon quartier. Il s'appelle «Chez Yvette». Ils proposent un menu «Étudiant» à 10 euros, tout compris: un quart de vin ou une eau minérale, une entrée, un plat du jour, salade, fromage ET dessert En plus, un café pour finir.

Évidemment, ce n'est pas un restaurant trois étoiles mais, pour le prix, c'est vraiment excellent. Le problème, c'est qu'il y a toujours beaucoup de monde et peu de place.

Ce soir, à 21 h, je dîne là-bas avec mon amie Bénédicte qui sait apprécier les bonnes choses!

Allez, à bientôt,

Michel

En image...
Chez Paul Bocuse

Aller chez Paul Bocuse est une expérience inoubliable.[1] Classé trois étoiles[2] dans le célèbre *Guide Michelin,* le restaurant Paul Bocuse, situé à 4 km de Lyon, la capitale de la gastronomie, est fréquenté par une clientèle internationale. On y propose des menus très créatifs. Considéré comme une personnalité de l'art culinaire, Paul Bocuse a été décoré de la Légion d'Honneur.

[1]unforgettable [2]stars

Reportage

Les Français, ces mangeurs de grenouilles[1]

En France, la cuisine est considérée comme un art: elle a ses règles,[2] ses secrets, ses traditions. Un bon dîner, un excellent vin: voilà le bonheur[3] pour beaucoup de Français! «Moi, j'adore les tripes[4]», déclare Laurence. Quand mes amis américains viennent en France, je les initie à la gastronomie française. Mais ils ont parfois quelques préjugés... Pour eux, manger du lapin,[5] c'est comme manger du chat!»

Oui, c'est vrai, la gastronomie française nécessite une initiation. Il faut[6] avoir le courage d'apprendre, il faut goûter.[7] Ensuite «l'essayer, c'est l'adopter[8]» comme disent les Français. Alan, un ami américain de Laurence, aime les escargots servis dans les grandes brasseries[9] comme Bofinger ou le Terminus Nord, à Paris. «Je n'imaginais pas un jour manger des escargots et adorer cela» dit-il. «Maintenant, je dois tenter[10] les cuisses[11] de grenouilles» ajoute-t-il avec une étrange grimace...

Mais comme les visiteurs du monde entier, ce jeune Américain insiste sur sa passion pour les «classiques» de la cuisine française: «Acheter une baguette et un camembert, déjeuner d'un steak-frites et d'un bon petit vin du pays, voilà l'art de vivre à la française.» Cet ami de la France n'a sans doute pas tort.

Non, ces grenouilles ne vont pas sauter hors (to jump out) de leur assiette. Leur chair (meat) délicieuse va faire le bonheur d'un gourmet. Qui? Un visiteur américain prêt pour des expériences culinaires? Ou peut-être vous, si vous avez le courage de tenter une aventure gastronomique!

[1]frogs [2]rules [3]happiness [4]tripe, part of the stomach of an ox or a similar animal [5]rabbit [6]Il... One must [7]to taste [8]l'essayer... trying it, is loving it [9]large cafés that serve light meals [10]je... I should try [11]legs

À vous!

1. Voulez-vous manger, comme les Français, du lapin, des escargots et des cuisses de grenouilles? Expliquez vos raisons.
2. Quels sont vos plats préférés? Appréciez-vous la gastronomie ou préférez-vous la restauration rapide?
3. Mangez-vous quelquefois des plats exotiques? De quels pays? Dans quelles circonstances?
4. Que pensez-vous de cette assiette de grenouilles présentée en illustration? Avez-vous envie de goûter cette spécialité française?

ON EST BRANCHÉ!

Michel veut recevoir ses amis à dîner, mais il n'a pas le temps d'aller faire ses courses. Aidez-le (*Help him*) à trouver une recette d'un plat principal (*main dish*). Pour obtenir des informations supplémentaires et les liens nécessaires, visitez le site Web de *Vis-à-vis* à l'adresse **www.mhhe.com/visavis3**.

STRUCTURES

Leçon 3

L'impératif
Giving Commands

L'ennemi d'un bon repas

FRANÇOIS: Martine, **passe**-moi le sel, s'il te plaît... (*Martine passe la salade à François.*)

FRANÇOIS: Mais non, enfin! **Écoute** un peu... je te demande le sel!

MARTINE: François, **sois** gentil—**ne parle pas** si fort. Je n'entends plus la télé...

1. Est-ce que François demande la salade?
2. Est-ce que Martine passe le sel à François?
3. Est-ce que Martine écoute François?

The imperative is the command form of a verb. It is used to express an order, a piece of advice, or a suggestion. There are three forms. As in English, subject pronouns are not used with the imperative.

(tu)	**Arrête** de parler!	*Stop talking!*
(nous)	**Allons** au restaurant!	*Let's go to the restaurant!*
(vous)	**Passez** une bonne journée!	*Have a nice day!*

1. Verbs ending in **-er:** The imperatives are the same as the corresponding present-tense forms, except that the **tu** form does not end in **-s.**

INFINITIVE	**tu**	**nous**	**vous**
regarder	**Regarde!**	**Regardons!**	**Regardez!**
entrer	**Entre!**	**Entrons!**	**Entrez!**

Regardez! Un restaurant russe.   *Look! A Russian restaurant.*
Entrons!   *Let's go in!*

The imperative forms of the irregular verb **aller** follow the pattern of regular **-er** imperatives: **va, allons, allez.**

2. Verbs ending in **-re** and **-ir:** The imperative forms are identical to their corresponding present-tense forms. This is true even of most irregular **-re** and **-ir** verbs.

INFINITIVE	tu	nous	vous
attendre	**Attends!**	**Attendons!**	**Attendez!**
finir	**Finis!**	**Finissons!**	**Finissez!**
faire	**Fais... !**	**Faisons... !**	**Faites... !**

Attends! Finis ton verre!	*Wait! Finish your drink!*
Faites attention!	*Pay attention! (Watch out!)*

3. The verbs **avoir** and **être** have irregular command forms.

INFINITIVE	tu	nous	vous
avoir	**Aie... !**	**Ayons... !**	**Ayez... !**
être	**Sois... !**	**Soyons... !**	**Soyez... !**

Sois gentil, Michel.	*Be nice, Michel.*
Ayez de la patience.	*Have patience.*

4. In negative commands, **ne** comes before the verb and **pas** follows it.

Ne prends pas de sucre!	*Don't have any sugar!*
Ne buvons pas trop de café.	*Let's not drink too much coffee.*
N'attendez pas le dessert.	*Don't wait for dessert.*

Allez-y!

A. Les bonnes manières. Vous êtes à table avec un enfant. Dites-lui ce qu'il faut (= il est nécessaire de) faire ou ne pas faire.

MODÈLE: ne pas jouer avec ton couteau ⟶
Ne joue pas avec ton couteau!

1. attendre ton frère   **2.** prendre ta serviette   **3.** finir ta soupe
4. manger tes carottes   **5.** regarder ton assiette   **6.** être sage (*good* [*lit., wise*])   **7.** ne pas manger de sucre   **8.** boire ton verre de lait
9. ne pas demander de dessert

B. Un job d'été. Vous travaillez comme serveur / serveuse dans un café. Voici les recommandations de la patronne (*owner*).

MODÈLE: faire attention aux clients ⟶ Faites attention aux clients.

1. être aimable   **2.** avoir de la patience   **3.** écouter les clients
4. répondre aux questions   **5.** ne pas perdre de temps   **6.** rendre correctement la monnaie (*change*)

Maintenant vous parlez avec un autre serveur / une autre serveuse de ce qu'il faut faire au travail. Répétez les recommandations de la patronne.

MODÈLE: faire attention aux clients ⟶ Faisons attention aux clients!

L'heure
Telling Time

Quelle heure est-il?

Il est **sept heures.** Quel repas est-ce que Vincent prend?

Il est **dix heures et demie.*** Où est Vincent?

Il est **midi.** Quel repas est-ce qu'il prend?

Il est **deux heures et quart.** Où est Vincent?

---

*To tell the time on the half hour, **et demie** is used after the feminine noun **heure(s)** and **et demi** is used after the masculine nouns **midi** and **minuit**.

Il est trois heures **et demie.**   *It's 3:30 (half past three).*
Il est midi **et demi.**   *It's 12:30 (half past noon).*

Il est **quatre heures moins le quart.** Qu'est-ce qu'il fait?

Il est **huit heures vingt.** Il dîne en famille?

Il est **minuit moins vingt.** Est-ce qu'il étudie encore?

Il est **minuit** et Vincent dort (*is sleeping*).

1. To ask the time:

> **Excusez-moi, quelle heure est-il?**　　*Excuse me, what time is it?*

2. To ask at what time something happens:

> **À quelle heure** commence le film?　　*At what time does the movie start?*
>
> **À** deux heures et demie.　　*At 2:30.*

3. To tell the time:

> **Il est** une **heure.**　　*It is 1:00.*
>
> **Il est** deux **heures.**　　*It is 2:00.*
>
> **Il est** presque **midi / minuit.**　　*It's almost noon / midnight.*

4. To make a distinction between A.M. and P.M.:

> Il est neuf heures **du matin.**　　*It's 9 A.M. (in the morning)*
>
> Il est quatre heures **de l'après-midi.**　　*It's 4 P.M. (in the afternoon).*
>
> Il est onze heures **du soir.**　　*It's 11 P.M. (in the evening, at night).*

The 24-hour clock is used for official announcements (e.g., TV or transportation schedules), to make appointments, and to avoid ambiguity. For time expressed in figures, **h** (**heures**) is used (without a colon).

	OFFICIAL 24-HOUR	12-HOUR
9 h 15	neuf heures quinze	neuf heures **et quart** (du matin)
15 h 30	quinze heures trente	trois heures **et demie** (de l'après-midi)
18 h 45	dix-huit heures quarante-cinq	sept heures **moins le quart** (du soir)
20 h 50	vingt heures cinquante	neuf heures **moins dix** (du soir)

Mots clés

Exprimer le temps de façon générale

Il est **tard.**
It's late.

Il est **tôt.**
It's early.

Alain prend son repas **de bonne heure.**
Alain eats early.

Gabriel est **en retard** aujourd'hui.
Gabriel is late today.

D'habitude, il est **en avance.**
Usually, he's early.

Monique est toujours **à l'heure.**
Monique is always on time.

Allez-y!

A. Le réveil. Donnez l'heure selon les deux systèmes.

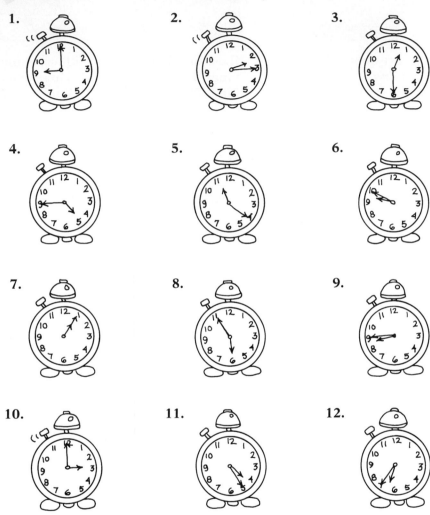

1.
2.
3.
4.
5.
6.
7.
8.
9.
10.
11.
12.

B. Paris–Genève en TGV. Imaginez que vous êtes à Paris et que vous allez visiter Genève. Vous décidez de prendre le train. Voici les horaires (*schedules*) du TGV (Train à grande vitesse).

TGV sans supplément.
TGV avec supplément.

PARIS → GENÈVE

Nº du TGV		EC 921	EC 923	EC 925	EC 927	EC 929
Restauration		▣	▣		▣	▣ 1/2
Paris-Gare de Lyon	D	7.35	10.36	14.32	17.42	19.13
Mâcon TGV	A	9.15		16.13		
Bourg-en-Bresse	A			16.33		21.11
Culoz	A			17.21		
Bellegarde	A	10.37	13.34	17.46	20.43	22.18
Genève	A	11.08	14.05	18.16	21.13	22.46

		EC 921	EC 923	EC 925	EC 927	EC 929
SEMAINE TYPE	Lundi	★	○	○	★	★
	Mardi	★	○	○	★	★
	Mercredi	★	○	○	★	★
	Jeudi	★	○	○	★	★
	Vendredi	★	○	○	★	★
	Samedi	○	○	○	○	○
	Dimanche	○	○	○	★	★
JOURS-PARTICULIERS	Dimanche 7 juin	○	○	○	○	○
	Lundi 8 juin	○	○	○	★	★
	Samedi 4 juillet	○	★	★	○	○
	Samedi 11 juillet	○	★	★	○	○
	Mardi 14 juillet	○	○	○	★	★
	Samedi 1er août	○	★	★	○	○
	Dimanche 2 août	○	★	○	★	★

A Arrivée   D Départ   EC Eurocity (voir p. 11)

▣ Service Restauration à la place en 1re classe, en réservation.
1/2 Coffrets repas froids ou sandwiches en 1re et 2e classes, sans réservation.

Pour Mâcon TGV, Bourg-en-Bresse et Culoz, voir également le tableau page 30.

1. À quelle heure sont les départs (*departures*) de Paris-Gare de Lyon pour Genève? À quelle heure est-ce que ces trains arrivent à Genève?
2. Regardez l'itinéraire du TGV 925.* À quelle heure est-ce qu'il part de Paris? À quelle heure est-ce qu'il arrive dans chaque ville?
3. Vous voulez partir de bonne heure de Paris-Gare de Lyon. Quel train est-ce que vous allez prendre?
4. Vous avez besoin d'arriver tard à Genève. Quel train est-ce que vous allez prendre dans ce cas?

---

*neuf cent vingt-cinq

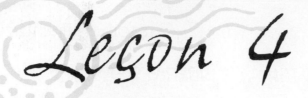

Leçon 4

PERSPECTIVES

Lecture

Avant de lire

Using titles and visuals. You have already used bulleted lists (**Chapitre 2**) and titles (**Chapitre 4**) to help you guess the content of a text. In many cases, visuals such as photos, graphs, and diagrams also allow you to anticipate the major themes of the text. Look at the title, the photos, and the photo captions in the following reading selection. What kinds of information do you think you might find in this passage? After you have read through the text, decide whether the title describes the content adequately. If not, suggest one that is more descriptive. How well do the photos correspond to the text? What other ideas in the text would you like to see illustrated?

Ça se fête! Quelles sont les plus grandes occasions de l'année pour vous: votre anniversaire, Noël, le nouvel an? Comment célébrez-vous ces occasions? Faites une liste des plats que vous mangez.

À propos de la lecture...
Les auteurs de *Vis-à-vis* ont écrit ce texte.

Les grandes occasions

En France, les jours de fête sont l'occasion de se réunir[1] en famille ou entre amis. À chaque fête, on mange des plats typiques qui varient parfois[2] selon les régions. Voici les fêtes les plus gourmandes[3] du calendrier français.

Pour la fête des Rois,* le 6 janvier, on achète chez le pâtissier[4] une galette. C'est un gâteau qui contient une fève.[5] La personne qui trouve la fève dans son morceau[6] de gâteau est le roi (ou la reine)[7] et cette personne choisit sa reine (ou son roi). La famille ou les amis boivent à leur santé.[8]

---

[1]se... *getting together*   [2]*sometimes*   [3]les plus... *où l'on mange bien*   [4]*pastry maker's*   [5]*bean*   [6]*piece*
[7]roi... *king (or queen)*   [8]*health*

---

*This Christian holiday, Epiphany, also called Twelfth Night, commemorates Christ's appearance to the Gentiles (in the form of the Three Kings).

De bonnes huîtres pour la Saint-Sylvestre

Paris: les délices de Pâques

Pâques[9] est, bien sûr, la fête du chocolat. C'est aussi un jour où on se retrouve ensemble, en famille à l'église et à table. On fait un grand repas, et au dessert, grands et petits mangent des œufs, des cloches,[10] des poules ou des poissons en chocolat remplis[11] de bonbons.

Noël est peut-être la fête des fêtes. Le Réveillon[12] de Noël est un grand dîner que l'on prend le plus souvent après la messe[13] de minuit. Au menu: huîtres, foie gras, dinde aux marrons[14] et beaucoup de champagne! Au dessert, on mange une bûche[15] de Noël, un gâteau roulé au chocolat en forme de bûche. Les enfants, bien sûr, attendent avec impatience l'arrivée du Père Noël. ⚜

[9]*Easter* [10]*bells* [11]*filled* [12]*Le... Midnight supper* [13]*cérémonie catholique* [14]*huîtres... oysters, pâté, turkey with chestnuts* [15]*log*

Compréhension

Match the following quotations with the relevant paragraphs in "Les grandes occasions."

1. «C'est ma fête préférée parce que j'adore les œufs en chocolat.»
2. «Je suis le roi!»
3. «Nous attendons toujours avec impatience l'arrivée de la bûche.»

Écriture

Vous êtes ce que vous mangez. Répondez aux questions suivantes pour parler de vos habitudes alimentaires. Ensuite, mettez vos réponses sous la forme d'un texte. Vous pouvez ajouter des informations supplémentaires.

1. Combien de repas prenez-vous par jour? Lesquels (*Which ones*)? À quelle heure?
2. Si vous prenez le petit déjeuner, qu'est-ce que vous mangez?
3. Achetez-vous régulièrement des fruits, des légumes, des produits laitiers (*dairy products*)? Lesquels?
4. Qu'est-ce que vous aimez boire aux repas?
5. Êtes-vous végétarien(ne)? Si oui, qu'est-ce que vous ne mangez pas? Sinon, quelles sortes de viande aimez-vous?

À l'écoute sur Internet!

Les supermarchés Traffic. The **Traffic** supermarket chain is advertising some of its products on the radio. First, look at activities A and B. Next, listen to the vocabulary and the ad. Then do the activities.

VOCABULAIRE UTILE

des promotions	specials (sales)
des prix incroyables	incredible prices
ouverts	open
Venez vite!	Come quickly!

A. Les promotions Traffic. Draw a line linking each price with the appropriate product, based on the ad.

1. 2,30 €   **a.** un litre de jus de pomme
2. 19,50 €   **b.** un kilo de jambon
3. 0,6 €   **c.** une baguette
4. 1,25 €   **d.** un kilo d'oranges

B. Horaire. Place a check mark next to the correct answer.

Les supermarchés Traffic sont ouverts:

_____ **1.** de 8 h à 21 h
_____ **2.** de 9 h à 22 h
_____ **3.** de 9 h à 21 h

En société

Au café

Objectif: Ordering food and drink

Dans cet épisode, Claire, Jacques et Aimée sont au café. Ils prennent leur déjeuner ensemble. Mais qu'est-ce qui se passe quand le serveur arrive pour prendre leurs commandes?

VOCABULAIRE UTILE

tourne un peu à gauche	turn a little to the left
C'est noté	I'll remember
Ne bouge pas!	Don't move!
Qu'est-ce que vous me recommandez?	What do you recommend?
Attendez un moment...	Wait a minute...
surtout	especially

Visionnez!

Choisissez la bonne réponse.

1. Aimée va prendre _____.
   a. un citron pressé   **b.** un café   **c.** de l'eau
   (*fresh lemon juice*)
2. Aimée dessine _____ de Jacques.
   a. les yeux   **b.** la bouche (*mouth*)   **c.** les cheveux
3. Claire prend _____.
   a. un thé   **b.** une limonade   **c.** un café crème
4. Le serveur recommande _____.
   a. le croque-monsieur   **b.** la salade de tomates   **c.** le poisson du jour

Note culturelle

Un croque-monsieur est un sandwich chaud au jambon et au fromage. Il existe également le «croque-madame». Cette variante est essentiellement un croque-monsieur servi avec un œuf dessus.[1]

[1] *on top*

Jouez la scène!

Avec un(e) partenaire, jouez les scènes suivantes.

1. Votre ami(e) et vous, vous vous arrêtez à un comptoir pour commander quelque chose à emporter (*take out*). Vous choisissez aussi quelque chose à boire.
2. Vous allez au marché. Achetez des fromages, des fruits et des légumes.

Vocabulaire

Verbes

acheter to buy
apprendre to learn
boire to drink
célébrer to celebrate
commander to order (*in a restaurant*)
comprendre to understand; to include
considérer to consider
déjeuner to eat lunch
dîner to dine, eat dinner
espérer to hope
passer to pass, spend (*time*)
préférer to prefer
prendre to take; to have (to eat; to order)

À REVOIR: **aimer mieux, préparer**

Substantifs

l'après-midi afternoon
la cuisine cooking; kitchen
le déjeuner lunch
le dîner dinner
le goûter afternoon snack
la journée (whole) day
le matin morning
le midi noon
le plat dish (*of food*)
le petit déjeuner breakfast
le repas meal
le soir evening

Les provisions

l'aliment (*m.*) food
la bière beer

le bifteck steak
le bœuf beef
la boisson gazeuse soft drink
le champignon mushroom
la crème cream
l'eau (*f.*) **(minérale)** (mineral) water
la fraise strawberry
les frites (*f.*) French fries
le fromage cheese
le gâteau cake
les haricots* (*m.*) **verts** green beans
le jambon ham
le jus (d'orange) (orange) juice
le lait milk
le légume vegetable
l'œuf (*m.*) egg
l'oignon (*m.*) onion
le pain bread
la poire pear
le poisson fish
le poivre pepper
le poivron bell pepper
la pomme de terre potato
le poulet chicken
le sel salt
le sucre sugar
la tarte pie
le thé tea
la viande meat
le vin wine

À table

l'assiette (*f.*) plate
le bol wide cup
la bouteille bottle

le couteau knife
la cuillère (à soupe) (soup) spoon
la fourchette fork
la glace ice cream
la nappe tablecloth
la serviette napkin
la tasse cup
le verre glass

Substantifs apparentés

la baguette, la banane, les brocolis (*m.*)**, la carafe, la carotte, le champagne, le chocolat, le croissant, le dessert, le fruit, la laitue, l'orange** (*f.*)**, le porc, la salade, la soupe, la tomate**

L'heure

Quelle heure est-il? What time is it?
Il est... heure(s). It is . . . o'clock.
... et demi(e) half past (the hour)
... et quart quarter past (the hour)
... moins le quart quarter to (the hour)
... du matin in the morning
... de l'après-midi in the afternoon
... du soir in the evening, at night
Il est midi. It's noon.
Il est minuit. It's midnight.

---

*The initial **h** is aspirate here, which means there is no elision with the article **les**.

À quelle heure... ? At what time . . . ?

À REVOIR: **les chiffres** (*numbers*)

Les expressions de quantité

assez de enough of
beaucoup de a lot of
peu de little of
trop de too much of, too many of
un peu de a little of

Mots et expressions divers

à l'heure on time
de bonne heure early
en avance early
en retard late
je voudrais I would like
ne... plus no more
presque almost
tard late
tôt early
vers around, about (*with time expressions*)

l'assiette
le bol
bouitelle
la bouteille
la bouteille

un couteau
la cuiripte a
cuillère - spot
fourchette
la glace
la nappe
la serviette
une ~~terre~~ tasse
un terr

Paris
Au marché

CARTE POSTALE

RÉPUBLIQUE FRANÇAISE
LA POSTE 1994   0,46€
Alain COLAS

Cher Malik,

Ce soir, j'invite mes amis à dîner. Je vais jouer
à Paul Bocuse et préparer ma spécialité: un coq au vin. Quel défi!

J'ai déjà fait les courses au marché: un petit coq, des oignons, des
herbes de Provence pour le plat principal et une belle salade pour compléter
ça. Pour finir, quelques bons fromages et des fruits de saison. Pas de
gâteaux: mes invités veulent garder la ligne! Comme boisson, je vais servir
un petit vin de pays que j'ai acheté directement chez un producteur.

Ma copine Bénédicte veut absolument m'aider. Je pourrais accepter,
mais... non, non et non! Je ne veux pas partager ma gloire.

Souhaite-moi bonne chance.

Salut!

Michel

Dans ce chapitre...

Objectifs communicatifs

- asking about choices; pointing out people and things; expressing desire, ability, necessity, and obligation

Paroles (Leçon 1)

- Les magasins d'alimentation
- Au restaurant
- Les nombres supérieurs à 60

Structures (Leçons 2 et 3)

- L'adjectif interrogatif **quel**
- Les adjectifs démonstratifs
- Les verbes **vouloir, pouvoir** et **devoir**
- L'expression impersonnelle **il faut**

Culture

- Reportage: Au Sénégal, la pêche miraculeuse (Correspondance)
- Lecture: Fricassée de poulet aux champignons (Leçon 4)

Multimédia

En société—Trouver un cadeau
Dans cet épisode, Claire cherche un cadeau au marché pour une amie.

CD-ROM
Révisez le vocabulaire et la grammaire de ce chapitre et parlez de ce que vous voulez acheter au marché avec un copain francophone.

Online Learning Center
Visitez le site Web de *Vis-à-vis* à **www.mhhe.com/visavis3** pour réviser le vocabulaire, la grammaire et les renseignements culturels qui se trouvent dans ce chapitre.

Leçon 1

Les magasins (*m.*) d'alimentation

Mme Dupont va d'abord (*first*) à la boulangerie, puis (*then*) à la poissonnerie, et ensuite (*then*), à la boucherie.

AUTRES MOTS UTILES

de l'ail (*m.*)	garlic	**de l'huile** (*f.*)	oil
une boîte (de conserve)	a can (of food)	**un saucisson**	a salami
		du saumon	salmon
des crevettes (*f.*)	shrimp		
un homard†	a lobster		

---

*These are also separate stores: **la boulangerie,** where one buys bread, **la pâtisserie,** where one buys pastries, and so on.
†The **h** in **homard** is aspirate, which means that there is no "elision" with the article **le** (i.e., **le homard**). Note how this is different from **l'huître,** which has a mute **h.** In both cases, the **h** is silent.

Allez-y!

Les magasins du quartier. Où est-ce qu'on va pour acheter les produits suivants?

MODÈLE: des éclairs au chocolat →
Pour acheter des éclairs au chocolat, on va à la boulangerie-pâtisserie.

1. des saucisses et un rôti de veau
2. des huîtres et des crabes
3. des sardines à l'huile
4. des côtes de porc
5. de la sole et du saumon
6. du pâté de campagne et du filet de bœuf
7. de l'ail et des boîtes de conserve
8. un pain de campagne

Au restaurant

Restaurant La Guirlande de Julie
Ouvert de 12 h 00 à 14 h 30 et de 19 h 00 à 22 h 30.
Fermé le lundi.

Pour commencer

Kir[1]	6,9 euros
Coupe[2] de champagne	6,1 euros
Américano	7,6 euros

Nos formules[3]

(excepté le soir, le samedi, le dimanche et les jours fériés)

Plat du marché	9,91 euros
Entrée, plat du marché	13,72 euros
ou	
Plat du marché, dessert	13,72 euros
Entrée, plat du marché, dessert	16,77 euros

Les entrées

Fromage de chèvre au basilic et à l'huile d'olive	7 euros
Escargots de Bourgogne	7,32 euros
Terrine de gibier,[4] petite salade «selon saison»	7,32 euros
Foie gras de canard maison	10,37 euros

Les plats

Notre spécialité «Pot-au-feu[5] royal»	13,26 euros
Confit de canard, pommes bûcheronnes, champignons	13,26 euros
Rognons de veau[6] bordelais et petits oignons	14,64 euros
Saumon braisé en croûte d'herbes, tagliatelle de légumes	13,11 euros

Nos fromages

Petit chèvre frais mariné à l'huile vierge	5,95 euros
Assiette de fromages	5,95 euros

Les desserts

Tarte aux pommes, glace à la cannelle	6,86 euros
Crème brûlée à la vanille de Bourbon	7,01 euros
Glaces et sorbets, parfums au choix	6,56 euros

Prix nets, TVA 20,6 % et 15 % inclus

[1]*White wine with blackcurrant liqueur* [2]*Goblet* [3]*Special of the day generally including* un plat *and* une entrée *or* un dessert. [4]*Terrine... Game paté* [5]*Stew*
[6]*Rognons... Veal kidneys*

AUTRES MOTS UTILES

l'addition (*f.*)	check
autre chose	something else
la carte	menu
compris	included
l'entrée (*f.*)	first course
les escargots (*m.*)	snails
le menu	fixed-price meal (*usually including* **une entrée, un plat,** *and* **du fromage** *or* **un dessert**)
la mousse au chocolat	chocolate mousse
le plat	course (*of a meal*); dish (*type of food*)
le plat principal	main course
le pourboire	tip
le prix	price
le serveur / la serveuse	waiter / waitress

Allez-y!

A. La Guirlande de Julie. Mettez le dialogue dans le bon ordre. Numérotez les phrases de 1 à 10.

LE SERVEUR

_____ Vous désirez quelque chose (*something*) à boire?

_____ (*plus tard*) Vous désirez autre chose?

_____ Une eau minérale. Vous désirez une entrée?

_____ Bonjour, madame. Avez-vous choisi? (*Have you decided?*)

_____ Très bien, madame. (*plus tard*) Prenez-vous du fromage, un dessert?

LA CLIENTE

_____ Une eau minérale, s'il vous plaît.

_____ Oui, j'ai fait mon choix (*choice*).

_____ Oui, comme entrée, je vais prendre le foie gras de canard, et ensuite, le pot-au-feu.

_____ Euh, je vais prendre une crème brûlée à la vanille, s'il vous plaît.

_____ Non, merci. Apportez-moi (*Bring me*) l'addition, s'il vous plaît.

B. Au restaurant. Avec un(e) camarade, regardez la carte de La Guirlande de Julie. Jouez les rôles du serveur / de la serveuse et du client / de la cliente. Notez ce que le client commande.

MODÈLE: LE SERVEUR / LA SERVEUSE: Qu'est-ce que vous prenez comme entrée? (plat principal, boisson...)

LE CLIENT / LA CLIENTE: Je prends le/la*...

---

*The definite article, rather than the partitive, is often used when one orders a dish from a menu.

Les nombres supérieurs à 60

60	soixante	72	soixante-douze	90	quatre-vingt-dix
61	soixante **et** un	73	soixante-treize	91	quatre-vingt-onze
62	soixante-deux	80	quatre-vingt**s**	92	quatre-vingt-douze
63	soixante-trois	81	quatre-vingt-un	93	quatre-vingt-treize
70	soixante-dix	82	quatre-vingt-deux	100	cent
71	soixante **et** onze	83	quatre-vingt-trois		

- Note that **quatre-vingts** takes an **-s,** but that numbers based on it do not: **quatre-vingt-un,** and so on.

101	cent un	600	six cents
102	cent deux	700	sept cents
200	deux cents	800	huit cents
201	deux cent un	900	neuf cents
300	trois cents	999	neuf cent quatre-vingt-dix-neuf
400	quatre cents	1 000	mille
500	cinq cents	999 999	?

- Note that the **-s** of **cents** is dropped if it is followed by any other number: **deux cent un, sept cent trente-cinq.**
- Like **cent, mille** (*one thousand*) is expressed without an article. **Mille** is invariable and thus never ends in **s: mille quatre, sept mille, neuf mille neuf cent quatre-vingt-dix-neuf.**

Des produits régionaux

Epinards hachés : 1,39 € le sac de 1 kg

Langoustines crues : 10,90 € la boîte de 500 g

Côtes d'agneau : 13,85 € le sac de 1 kg

cent soixante-dix-neuf **179**

- French currency is **l'euro** (*m.*) (**€**). It is divided into **centimes.** The most common way of writing prices in **euros** is: 48,50 € (quarante-huit euros cinquante).
- The nouns **million** and **milliard** (*billion*) take **-s** in the plural. When introducing a noun, they are followed by **de (d').**

Ce nouveau restaurant coûte deux **millions de** dollars.	*This new restaurant costs two million dollars.*

Allez-y!

A. **Problèmes de mathématiques.** Inventez six problèmes, puis demandez à un(e) camarade de les résoudre (*solve them*).

Vocabulaire utile: + (plus, et), − (moins), × (fois), ÷ (divisé par), = (font, égalent)

MODÈLES: 37 + 42 ⟶
  É1: Trente-sept plus (et) quarante-deux?
  É2: Trente-sept plus (et) quarante-deux font (égalent) soixante-dix-neuf.

  10 × 10 000 ⟶
  É1: Dix fois dix mille?
  É2: Dix fois dix mille font (égalent) cent mille.

B. **La cuisine diététique.** Votre partenaire et vous avez un restaurant français qui sert de la cuisine diététique. Créez un menu à moins de (*fewer than*) 1 000 calories. Le menu doit (*must*) avoir...

une entrée ou un hors-d'œuvre
un plat principal (viande + légumes)
un fromage ou un dessert

VALEUR CALORIQUE DE QUELQUES ALIMENTS (pour 100 grammes)							
TRÈS CALORIQUES		**CALORIQUES**		**PEU CALORIQUES**		**TRÈS PEU CALORIQUES**	
Saucisson	559	Brie	271	Banane	97	Poire	61
Chocolat	500	Pain	259	Crevettes	96	Pomme	61
Pâté de foie gras	454	Côte d'agneau	256	Pommes de terre	89	Carotte	43
Biscuits secs	410	Filet de porc	172	Lait	67	Fraise	40
Macaronis, pâtes	351	Œufs	162	Artichaut	64	Orange	40
Riz	340	Poulet	147			Champignons	31
Camembert	312	Canard (*Duck*)	135			Tomates	22

C. Les promotions du mois. Ce soir, vous faites des courses. Vous allez dans un magasin spécialisé en produits surgelés (*frozen*). Vous achetez un plat principal, des légumes et un dessert. Qu'est-ce que vous allez choisir?

CHEZ PICARD SURGELÉS

Côtes d'agneau
(pieces de 60 g environ)
le sac de 1 kg 13,85

Gigot d'agneau prêt
a découper
(piece de 1,4 a 1,8 kg) le kg 10,65

4 steaks hachés
(100 g) Bigard, *le kg 9,45 €*,
la boîte de 400 g 3,78

10 steaks hachés
(100 g) Picard,
la boîte de 1 kg 8,23

Crevettes crues
(10-20 au kg) élevées a
Madagascar, *le kg 37,50 €*,
l'étui de 800 g 30,00

Magret de canard
(pièce de 300-400 g)
le kg 16,40

2 cuisses de poulet rôties
avec partie de dos,
le kg 11,40 €, le sac de 400 g.............4,56

Poulet à la mexicaine
hauts de cuisses marinés,
cuits (5 pièces) *le kg 13,62 €*,
le sac de 400 g 5,45

Tarte sorbet pêche-framboisée : 9,50 € la pièce de 650 ml

Petits pois doux extra-fins
et jeunes carottes
le kg 2,84 €, le sac de 450 g.................1,28

Petits pois doux à
la française
(avec laitue en tablettes
et petits oignons blancs)
le sac de 1 kg.......................................2,77

Carottes jeunes entières
extra-fines
le sac de 1 kg.......................................1,85

Carottes en rondelles
le sac de 1 kg.......................................1,54

20 crêpes au jambon-fromage
la boîte de 1 kg 3,95

2 crêpes savoyardes
reblochon, pommes de terre,
lardons, oignons,
le kg 13,36 €, la boîte de 250 g.........3,34

4 crêpes campagnardes
champignons, jambon, lard
fumé, *le kg 10,56 €*,
la boîte de 460 g..................................4,86

Framboises brisées
Chili, le sac de 1 kg 4,50

Framboises entières
Chili, le sac de 1 kg 8,00

2 mousses au chocolat
Picard, *le kg 15,70 €*,
la boîte de 170 g 2,67

2 Petits Plaisirs au chocolat
recette Lenôtre, Brossard,
le kg 33,38 €, la boîte de 130 g 4,34

2 Tiramisù
crème au mascarpone,
génoise imbibée de café,
saupoudrage cacao, Picard,
le kg 19,25 €, la boîte de 200 g 3,85

Composez votre menu.

Maintenant calculez le prix de ce que vous allez acheter.

	PRIX
Plat principal	_____
Légumes	_____
Dessert	_____
Total	_____

Enfin, donnez votre menu et les résultats de vos calculs à la classe.
Qui compose le menu le plus cher (*most expensive*), le plus original?

cent quatre-vingt-un   **181**

Leçon 2

L'adjectif interrogatif *quel*
Asking About Choices

Henri Lefèvre, restaurateur à Deauville

Dan Bartell, journaliste américain, interroge Henri Lefèvre.

DAN BARTELL: **Quelle** est la principale différence entre la cuisine traditionnelle et la nouvelle cuisine?

HENRI LEFÈVRE: Les sauces, mon ami, les sauces.

DAN BARTELL: Et **quelles** sauces préparez-vous?

HENRI LEFÈVRE: J'aime beaucoup préparer les sauces traditionnelles comme la sauce bordelaise et le beurre blanc.

DAN BARTELL: **Quels** vins achetez-vous pour votre restaurant?

HENRI LEFÈVRE: J'achète surtout des vins rouges de Bourgogne et des vins blancs d'Anjou.

Et vous?

1. Quel est votre plat favori?
2. Quelle boisson préférez-vous?
3. Quelle cuisine préférez-vous?

Forms of *quel*

Quel (quelle, quels, quelles) means *which* or *what*. It agrees in gender and number with the noun it modifies. You are already familiar with **quel** in expressions such as **Quelle heure est-il?** and **Quel temps fait-il?** It is used to obtain more precise information about a noun already mentioned or implied. Questions with **quel** can be formed either with inversion or with **est-ce que.**

Quel fromage voulez-vous goûter?	*Which (What) cheese would you like to try?*
À **quelle** heure est-ce que vous dînez?	*(At) what time do you eat dinner?*

Dans **quels** restaurants aimez-vous manger?	*In what (which) restaurants do you like to eat?*
Quelles boissons préférez-vous?	*What (Which) beverages do you prefer?*

[Allez-y! A]

Quel with *être*

Quel can also stand alone before **être** followed by the noun it modifies.

Quel est le prix de ce champagne?	*What's the price of this champagne?*
Quelle est la différence entre le Perrier et l'Évian?	*What's the difference between Perrier and Évian?*

[Allez-y! B]

$\mathcal{M}$*ots clés*

S'exclamer

Quel is also used in exclamations.

Quel plat exemplaire!
What an exemplary dish!

Quelle horreur!
How awful!

Allez-y!

A. Qui vient dîner? Mme Guilloux veut organiser un dîner demain soir. Son mari l'interroge (*asks her questions*). Complétez leur dialogue avec **qu'est-ce que, quel(le)** ou **qui.**

M. GUILLOUX:	_____¹ vas-tu inviter?
MME GUILLOUX:	Maxime, Isabelle et Laurence.
M. GUILLOUX:	Et _____² tu vas préparer?
MME GUILLOUX:	Un rôti de bœuf avec des pommes de terre sautées.
M. GUILLOUX:	Oh là là, _____³ chance (*luck*)! Mais _____⁴ va faire les courses?
MME GUILLOUX:	Toi, bien sûr.
M. GUILLOUX:	Bien voyons! _____⁵ vin est-ce que je dois acheter?
MME GUILLOUX:	Je ne sais pas. _____⁶ tu préfères?
M. GUILLOUX:	Un vin rouge. Un bordeaux, par exemple.
MME GUILLOUX:	Très bien. _____⁷ heure est-il?
M. GUILLOUX:	6 h 30.
MME GUILLOUX:	Déjà! _____⁸ tu attends? Dépêche-toi (*Hurry up*), les magasins vont bientôt fermer.

B. Une interview. Interrogez vos camarades sur leurs goûts. Utilisez l'adjectif interrogatif **quel** et variez la forme de vos questions.

MODÈLE: sport → Quel est le sport que tu préfères?

1. boisson
2. légume
3. viande
4. repas
5. distractions
6. disques
7. boîte (*f.*) de nuit
8. émission (*f.*) de télévision
9. livres
10. magazines
11. couleur
12. matières
13. vêtements
14. films

Les adjectifs démonstratifs
Pointing Out People and Things

Un dîner entre amis

BRUNO: **Ce** rôti de bœuf, il est vraiment délicieux!
ANNE: Merci.
BRUNO: Est-ce que je peux goûter encore un peu de **cette** sauce-là?
ANNE: Mais bien sûr.
MARIE: **Ces** haricots verts, hum! Où vas-tu faire tes courses?
ANNE: Rue de la Contrescarpe.
MARIE: Moi aussi. J'adore **cette** rue, **cette** ambiance de village, **ces** petits magasins...

À la charcuterie

Répondez.

1. Qu'est-ce que les trois amis mangent?
2. Est-ce qu'ils mangent des légumes?
3. Pourquoi est-ce que Marie aime la rue de la Contrescarpe?

Forms of Demonstrative Adjectives

Demonstrative adjectives (*this / that, these / those*) are used to specify a particular person, object, or idea. They agree in gender and number with the nouns they modify.

	SINGULAR	PLURAL
Masculine	**ce** magasin	**ces** magasins
	cet escargot	**ces** escargots
	cet homme	**ces** hommes
Feminine	**cette** épicerie	**ces** épiceries

Note that **ce** becomes **cet** before masculine nouns beginning with a vowel or mute **h.**

[Allez-y! A-B]

Use of *-ci* and *-là*

In English, *this / these* and *that / those* indicate the relative distance to the speaker. In French, the suffix **-ci** is added to indicate closeness, and **-là,** to indicate greater distance.

—Prenez-vous **ce** gâteau**-ci?**
—Non, je préfère **cet** éclair**-là.**

[Allez-y! C]

Allez-y!

A. Au supermarché. Qu'est-ce que vous achetez?

MODÈLE: une bouteille d'huile ⟶ J'achète cette bouteille d'huile.

1. une boîte de sardines **2.** un camembert **3.** des tomates **4.** une bouteille de vin **5.** quatre poires **6.** une bouteille d'eau minérale **7.** des pommes de terre **8.** un éclair au café **9.** un artichaut

B. Exercice de contradiction. Vous allez faire un pique-nique. Vous faites des courses avec un(e) camarade, mais vous n'êtes pas d'accord! Jouez les rôles.

MODÈLE: pain / baguette ⟶
  É1: On prend ce pain?
  É2: Non, je préfère cette baguette.

1. saucisson / tranche (*f.*)   **6.** pommes / bananes
  (*slice*) de jambon   **7.** tarte / éclair
2. pâté / poulet froid   **8.** gâteau / glace
3. filet de bœuf / rôti de veau   **9.** jus de fruits / bouteille de vin
4. haricots verts / oignons   **10.** boîte de sardines / morceau
5. pizza (*f.*) / sandwich   (*m.*) (*piece*) de fromage

C. Chez le traiteur. (*At the delicatessen.*) Jouez les rôles du client / de la cliente et du traiteur.

MODÈLE: poulet ⟶
  LE CLIENT / LA CLIENTE: Donnez-moi un poulet, s'il vous plaît.
  LE TRAITEUR: Quel poulet? Ce poulet-ci ou ce poulet-là?
  LE CLIENT / LA CLIENTE: Ce poulet-ci. Et donnez-moi aussi un peu de ce fromage.
  LE TRAITEUR: Tout de suite, monsieur / madame.

1. salade **2.** rôti **3.** légumes **4.** pâté **5.** pizza **6.** saucisses

Correspondance

CARTE POSTALE

Côte-d'Ivoire
Marché en plein air

Cher Michel,

Ton marché parisien est bien différent des marchés africains. Ici, il faut admirer les couleurs: une symphonie de vert, de jaune, de bleu, comme un feu d'artifice. J'adore me promener et poser des questions aux marchands: «Quel est ce fruit bizarre? Comment s'appelle ce poisson aux yeux bleus? Quel est le nom de ce gâteau?» Autour de moi, les femmes en boubous discutent, goûtent, marchandent et choisissent.

Voilà l'Afrique authentique.
Je te laisse rêver...
Salut!
Malik

En image...
Un marché africain

Les marchés sont à la base de l'économie africaine. Dans une société encore essentiellement rurale, les fermiers[1] et les pêcheurs[2] vendent directement leurs produits sur les marchés. Les clients sont habitués aux produits frais.[3] Ils discutent et ils marchandent[4] avec passion, au milieu des haricots verts, des noix de coco et des bananes.

[1] farmers [2] fishermen [3] fresh [4] bargain

Reportage
Au Sénégal, la pêche miraculeuse

Il est cinq heures du matin. Sur une petite pirogue,[1] Ikonomie et son frère Biram s'élancent[2] sur les eaux agitées de l'Atlantique. Les deux garçons pratiquent une pêche artisanale. Ikonomie, le plus âgé, explique: «La meilleure[3] saison pour la pêche, c'est l'hiver.» Il mentionne l'impressionnant barracuda: «Quelquefois, c'est un monstre de 2 mètres de long et 30 kilos. Mais il est facile à prendre parce qu'il est attiré par la nourriture. Ici, ajoute-t-il, les eaux sont très riches. On pêche aussi des soles, des saumons, des sardines et mille autres espèces.»

Après plusieurs heures de travail, les deux frères rentrent au port avec une belle cargaison.[4] Les acheteurs professionnels veulent tout acheter. Quand la transaction est finie, ils apportent les poissons frais à Dakar, au marché.

Le Sénégal est le paradis des poissons et... des pêcheurs! Les villages de pêcheurs sont nombreux le long de la côte atlantique. Pour les habitants, le poisson est une source de revenus et la base de l'alimentation locale.

La pêche est la seconde ressource du Sénégal. La production totale est assurée aux deux tiers[5] par la pêche traditionnelle. L'océan, un bateau, quelques filets[6] et beaucoup de courage. Voilà les conditions de la pêche miraculeuse en Afrique.

[1]dugout canoe [2]rush out [3]best [4]cargo [5]thirds [6]nets

La pêche industrielle se développe rapidement au Sénégal grâce à (*thanks to*) l'action du Ministère de la Pêche. Mais la pêche artisanale est toujours une activité essentielle. Dans chaque village, les pêcheurs sont très populaires: le poisson, c'est l'argent, mais c'est aussi le dîner!

À vous!

1. D'habitude, que font Ikonomie et son frère à 5 h du matin?
2. Que représente la pêche pour le Sénégal?
3. Avez-vous envie d'embarquer sur le bateau présenté sur la photo? Imaginez une expédition.

ON EST BRANCHÉ!

Malik prépare un dîner sur la cuisine régionale de France pour ses touristes. Comme (*Since*) il n'a pas apporté ses livres de recette, il utilise Internet. Aidez-le préparer son menu. Pour obtenir des informations supplémentaires et les liens nécessaires, visitez le site Web de *Vis-à-vis* à l'adresse **www.mhhe.com/visavis3**.

Leçon 3

STRUCTURES

Les verbes *vouloir, pouvoir et devoir*
Expressing Desire, Ability, and Obligation

Le Procope*

MARIE-FRANCE: Tu **veux** du café?

CAROLE: Non, merci, je ne **peux** pas boire de café. Je **dois** faire attention. J'ai un examen aujourd'hui. Si je bois du café, je vais être trop nerveuse.

PATRICK: Je bois du café seulement les jours d'examen. Ça me donne de l'inspiration, comme à Voltaire!

Répétez le dialogue et substituez les nouvelles expressions aux expressions suivantes.

1. café ⟶ vin
2. nerveux / nerveuse ⟶ fatigué(e)
3. Voltaire ⟶ Bacchus†

Un peu plus...

Le Procope. Le Procope est le plus vieux (*oldest*) café de Paris. Il a ouvert ses portes en 1686 et reste toujours ouvert aujourd'hui. Il est situé sur la rive gauche (*Left Bank*) dans le Quartier latin. Le café a accueilli (*welcomed*) des gens célèbres tout au long de son histoire. De nos jours, on peut voir la table où Voltaire discutait avec d'autres libres penseurs comme Diderot et Rousseau. Quels sont les endroits dans votre ville qui ont une importance historique?

*In the 18th century, **Le Procope** was the first place in France to serve coffee. Because coffee was considered a subversive beverage, only freethinkers like the writer Voltaire dared to consume it.

†In classical mythology, Bacchus is the god of wine.

Forms of *vouloir, pouvoir,* and *devoir*

The verbs **vouloir** (*to want*), **pouvoir** (*to be able to*), and **devoir** (*to have to; to be obliged to; to owe*) are all irregular in form.

vouloir	pouvoir	devoir
je **veux**	je **peux**	je **dois**
tu **veux**	tu **peux**	tu **dois**
il/elle/on **veut**	il/elle/on **peut**	il/elle/on **doit**
nous **voulons**	nous **pouvons**	nous **devons**
vous **voulez**	vous **pouvez**	vous **devez**
ils/elles **veulent**	ils/elles **peuvent**	ils/elles **doivent**

Uses of *vouloir, devoir,* and *pouvoir*

1. **Vouloir** can be followed by a noun or an infinitive.

   Je **veux** un café.   *I want a cup of coffee.*
   Je **veux** commander un café.   *I want to order a cup of coffee.*

   Vouloir bien means *to be willing to, be glad (to do something).*
   Vouloir dire expresses *to mean.*

   Il **veut bien** goûter les escargots.   *He's willing to taste the snails.*
   Qu'est-ce que ce mot **veut dire?**   *What does this word mean?*

2. **Devoir,** followed by an infinitive, expresses necessity, obligation, or probability.

   Je suis désolé, mais nous   *I'm sorry, but we must leave.*
   devons partir.
   Marc est absent; il **doit** être   *Marc is absent; he must be*
   malade.   *sick.*

   When not followed by an infinitive, **devoir** means *to owe.*

   Combien d'argent est-ce que   *How much money do you owe*
   tu **dois** à tes amis?   *to your friends?*
   Je **dois** 10 euros à Jacques et   *I owe Jacques 10 euros and*
   20 euros à François.   *François 20 euros.*

3. **Pouvoir** is usually followed by an infinitive.

   Vous **pouvez** arriver à 3 h?   *Can you arrive at 3:00?*

cent quatre-vingt-neuf   **189**

Allez-y!

A. Une soirée compliquée. Composez un dialogue entre Christiane et François.

CHRISTIANE: je / avoir / faim / et / je / vouloir / manger / maintenant

FRANÇOIS: tu / vouloir / faire / cuisine?

CHRISTIANE: non... / est-ce que / nous / pouvoir / aller / restaurant?

FRANÇOIS: oui, je / vouloir / bien

CHRISTIANE: où / est-ce que / nous / pouvoir / aller?

FRANÇOIS: on / pouvoir / manger / couscous / Chez Bébert

CHRISTIANE: nous / devoir / inviter / Carole

FRANÇOIS: tu / pouvoir / inviter / Jean-Pierre / aussi

CHRISTIANE: ce / soir / ils / devoir / être / cité universitaire?

FRANÇOIS: oui, ils / devoir / préparer / un / examen

CHRISTIANE: un / examen? / donc / nous / aussi, / nous / devoir / avoir / un / examen / demain

FRANÇOIS: ce / (ne... pas) être / sérieux / nous / pouvoir / parler / de / ce / examen / restaurant

B. Le Ritz. Pour fêter son anniversaire (*To celebrate his birthday*), Stéphane invite ses amis américains Ben et Jessica au restaurant «le Ritz». Complétez leur dialogue avec les verbes **pouvoir, devoir** et **vouloir** à la forme appropriée. Quelquefois plusieurs réponses sont possibles.

BEN: Qu'est-ce qu'on _____[1] prendre?

STÉPHANE: Comme entrée, vous _____[2] prendre le pâté de lapin, il est excellent. Et comme plat de résistance...

JESSICA: Pardon, que _____[3] dire «plat de résistance»?

STÉPHANE: Bon, c'est le plat principal du repas. Vous _____[4] absolument essayer la truite (*trout*) aux amandes, c'est la spécialité de la maison. Comme dessert si vous _____[5], vous _____[6] prendre une charlotte aux framboises.

JESSICA: Ça _____[7] être très nourrissant (*rich, fattening*) tout ça, non?

STÉPHANE: Un peu, mais ce n'est pas tous les jours mon anniversaire. Tu _____[8] oublier ton régime pour aujourd'hui.

(*Une heure plus tard.*)

STÉPHANE: Bon, on _____[9] y aller. Mes parents _____[10] aller au ciné ce soir et ils _____[11] attendre la voiture. S'il vous plaît, combien je vous _____[12]?

LE SERVEUR: Cent vingt-cinq euros, s'il vous plaît.

BEN: Est-ce que nous _____[13] laisser un pourboire?

STÉPHANE: Si tu _____[14], mais ici le service est compris. Ça _____[15] dire qu'on n'est pas obligé.

Mots clés

Demander poliment et remercier

Je voudrais (presented in **Chapitre 6**) and **je pourrais** (*I could*) are conditional forms of **vouloir** and **pouvoir,** respectively. They are used to make a request sound more polite.

Je veux l'addition.
I want the check.
Je voudrais l'addition.
I would like the check.
Est-ce que je **peux** avoir de l'eau?
Can I have some water?
Est-ce que je **pourrais** avoir de l'eau?
Could I have some water?

Don't forget to add **s'il vous plaît** to your request and to say **merci.** The appropriate answers for **merci** are:

De rien. (*more familiar*)
Il n'y a pas de quoi.
Je vous en prie, madame.* (*formal*)

*In polite conversation in French, **monsieur, madame,** and **mademoiselle** are used much more often than *ma'am* or *sir* in English.

C. Soyons polis! Avec un(e) partenaire, demandez et remerciez selon le modèle.

> **MODÈLE:** vouloir / tasse / café
> É1: Je voudrais une tasse de café, s'il vous plaît.
> É2: Voilà, madame / monsieur.
> É1: Merci, monsieur / madame.
> É2: Il n'y a pas de quoi.

1. pouvoir avoir / carafe / eau?
2. vouloir / morceau / fromage
3. pouvoir avoir / bouteille / vin?
4. vouloir / kilo / poulet

L'expression impersonnelle *il faut*
Expressing Obligation and Necessity

Danielle et François invitent des amis ce soir.

DANIELLE: Qu'est-ce qu'on peut faire comme plat principal?
FRANÇOIS: Je suggère des darnes de saumon.
DANIELLE: Excellente idée! Est-ce qu'**il faut** aller au marché?
FRANÇOIS: Nous avons le saumon. Mais pour cette recette, **il faut** aussi de la crème fraîche, de la ciboulette et de la menthe.
DANIELLE: Alors, **il faut** faire vite. Nos invités arrivent dans moins d'une heure!

1. Où faut-il aller?
2. Quels sont les ingrédients nécessaires pour préparer ce plat?
3. Est-ce qu'ils ont beaucoup de temps?

1. The expression **il faut** is the impersonal form of the verb **falloir.** Followed by an infinitive, it is used to express general obligation or a necessity.

> **Il faut** étudier pour réussir.   *One has to study to do well.*
> **Il faut** manger pour vivre.   *One has to (It is necessary to) eat to live.*

In the near future (**le futur proche**), **il faut** + infinitive becomes **il va falloir** + infinitive.

Nous avons une réservation à 8 h: **il va falloir** arriver à l'heure.

We have a reservation for 8:00: We will have to be on time.

2. In the negative, the form **il ne faut pas** (*one must not*) expresses a prohibited action.

Il ne faut pas parler la bouche pleine.

You must not (should not) talk with your mouth full.

3. **Il faut** can also be followed by nouns referring to objects or to qualities to talk about what is needed. The partitive article is usually used before the noun in the construction **il faut** + noun.

Pour faire de la soupe à l'oignon, **il faut** des oignons, du consommé de bœuf, du gruyère et du pain.

To make onion soup, you need onions, beef broth, Swiss cheese, and bread.

Il faut du courage pour manger des escargots!

One needs courage to eat snails.

Allez-y!

HOME WORK

A. Qu'est-ce qu'il faut? Répondez aux questions avec un(e) camarade et notez vos conclusions. Répondez avec **il faut** + *infinitif* ou *nom*.

MODÈLE: pour passer une soirée à la française? ⟶
Qu'est-ce qu'il faut pour passer une soirée à la française?
Il faut des amis.
(*ou* Il faut aimer la bonne cuisine. / Il faut prendre son temps.)

1. pour faire une omelette?
2. pour ne pas grossir (*not to gain weight*)?
3. pour s'amuser (*to have fun*) à une soirée à l'américaine?
4. pour se faire «une bonne bouffe (*a big meal*)»?
5. pour passer un bon réveillon (*New Year's Eve*)?
6. pour faire des sandwichs?
7. pour être en bonne santé (*health*)?
8. pour fêter son anniversaire?

B. Conversation à trois. Avec deux autres camarades, vous allez préparer un repas pour toute la classe. Qu'est-ce que vous allez préparer? Où pouvez-vous acheter les provisions nécessaires? Comment voulez-vous partager le travail? Utilisez les verbes **pouvoir, vouloir, devoir** et l'expression **il faut. Expressions utiles:** vouloir bien, devoir acheter, devoir commander, devoir essayer de préparer un plat français, pouvoir acheter, pouvoir choisir, pouvoir boire du champagne, devoir demander un pourboire

Après votre conversation, décrivez votre menu à la classe.

Lecture

Avant de lire

Scanning. You are planning a dinner party. One of your guests doesn't eat meat, another is allergic to dairy products. As you look for recipes, you rapidly *scan* the list of ingredients, rejecting those that contain beef and/or cream, for example. Scanning allows you to read more efficiently. Instead of reading line by line or slowing down to make sense of a detail, you can skip much of a text when you scan and still find the information you need.

Scan the recipe in this section. Would you be able to prepare it for the guests described here? How quickly did you make your decision?

Le vocabulaire culinaire. In recipes, instructions are often given in the infinitive form, which can be translated by an imperative in English:

Découper le poulet en 6 morceaux.	*Cut the chicken into six pieces.*
Ajouter les champignons.	*Add the mushrooms.*

In addition, many cooking actions include the verb **faire.** Read the following examples carefully.

Faire cuire...	*Cook . . .*
Faire dorer...	*Brown . . .*

Can you guess the meaning of the expression **faire bouillir?**

Voyons voir... Parcourez rapidement (*Scan*) le texte suivant et dites si les affirmations sont vraies ou fausses.

1. V F   Votre ami végétarien fait souvent cette recette.
2. V F   Il vous faut une bouteille de vin blanc.
3. V F   La durée totale de préparation et de cuisson (*cooking*) est de moins d'une heure.
4. V F   Pour préparer ce plat, vous avez besoin de carottes, d'oignons, de petits pois et de pommes de terre.
5. V F   Cette recette contient beaucoup de matières grasses (*fat*).

À propos de la lecture... Cette recette est tirée et adaptée d'un site Web.

FRICASSÉE DE POULET AUX CHAMPIGNONS

Ingrédients pour 6 personnes:

1 poulet de 2 kg

500 g de champignons

150 g d'oignon

30 g de beurre

2 cuillères à soupe d'huile de tournesol[1]

200 g de crème fraîche

1 feuille de laurier[2]

sel et poivre

une bouteille de vin blanc

Préparation:

Découper le poulet en 6 morceaux. Faire dorer les morceaux de poulet dans le mélange[3] d'huile et de beurre dans une cocotte en fonte.[4]

Retirer le poulet avec une écumoire.[5] Le garder[6] sur un plat chaud.

Faire cuire l'oignon finement haché[7] dans la cocotte. Attendre qu'il devienne translucide[8] et ajouter les champignons coupés en morceaux de 2 à 3 cm de côté, puis le poulet. Saler et poivrer. Ajouter une demi-feuille de laurier.

Faire cuire 5 minutes, puis ajouter la bouteille de vin. Faire bouillir. Faire cuire à feu doux[9] pendant 45 minutes. Puis incorporer 200 g de crème fraîche liquide et faire de nouveau cuire 5 minutes.

[1] *sunflower*   [2] *feuille... bay leaf*   [3] *mixture*   [4] *cocotte... cast-iron casserole*   [5] *skimmer*   [6] *Le... Keep it*   [7] *chopped*
[8] *Attendre... Wait until it becomes translucent*   [9] *à... over a slow heat*

Compréhension

Mettons-y de l'ordre! Numérotez de 1 à 5 les principales étapes de préparation de la fricassée.

_____ Découper le poulet en 6 morceaux.

_____ Ajouter les champignons.

_____ Hacher l'oignon.

_____ Incorporer la crème fraîche.

_____ Faire dorer le poulet.

Écriture

Vous aimez faire la cuisine? Répondez aux questions suivantes pour parler de votre plat préféré. Ensuite, mettez vos réponses sous la forme d'un texte. Vous pouvez ajouter des informations supplémentaires.

1. Comment s'appelle votre plat préféré?
2. Quels sont les ingrédients nécessaires à sa préparation?
3. Quelles sont les étapes à suivre? Donnez les cinq étapes principales. **Expressions utiles:** couper, trancher (*to slice*), mélanger (*to mix*), ajouter, faire cuire, faire griller, et cetera.
4. À quelle occasion préparez-vous ce plat?
5. Qu'est-ce que vous offrez comme boisson pour accompagner ce repas?

À l'écoute sur Internet!

Un repas inoubliable. Maryse and Thomas, a couple visiting from Belgium, are having dinner in a French restaurant. A waiter is taking their order. First, look at the activity. Next, listen to their conversation. Then do the activity.

Précisions. Circle the correct answer.

1. Ils ont une réservation pour _____.
   a. 20 h　　　　　　　　　**b.** 19 h 30
2. Le nom de famille de Thomas est _____.
   a. Bonnet　　　　　　　　**b.** Blanchard
3. Maryse commande _____.
   a. un poisson　　　　　　**b.** le filet de bœuf
4. Thomas commande _____.
   a. un steak au poivre　**b.** un saumon
5. Aujourd'hui, c'est _____.
   a. la fête　　　　　　　　**b.** dimanche
6. Maryse et Thomas dînent dans _____.
   a. un restaurant élégant　**b.** un café

En société

Objectif: Negotiating prices

Note culturelle

Les santons sont de petites statues d'argile[1] faites à la main. La fabrication des santons est très répandue[2] en Provence. D'abord d'inspiration religieuse, ces personnages décorent les crèches[3] à l'époque de Noël. Plus tard, les santonniers s'inspirent des romans de Marcel Pagnol[4] et introduisent des personnages à caractère folklorique. Aubagne, la ville natale[5] de Pagnol, est aujourd'hui la capitale du santon.

[1]clay   [2]widespread   [3]Nativity scenes
[4]écrivain français (1895–1974)
[5]ville... hometown

Trouver un cadeau

Dans cet épisode, Claire cherche un cadeau (*gift*) pour une amie. Elle voudrait offrir à son amie un cadeau spécial et typique de Provence, mais elle n'a pas beaucoup d'argent. Qu'est-ce qu'elle propose au vendeur?

VOCABULAIRE UTILE

Je voulais lui offrir un cadeau	I wanted to give her a gift
santons	ornamental clay figurines made in Provence
J'aime celui-ci	I like this one
vous vous rendez compte	you realize
venons-en à un compromis	let's come to a compromise
le patrimoine	heritage

Visionnez!

Indiquez si les phrases suivantes sont vraies ou fausses.

1. V F   Claire cherche un cadeau pour une amie française.
2. V F   Les santons sont fabriqués seulement en Provence.
3. V F   Le vendeur et Claire arrive à un compromis.
4. V F   Le vendeur donne à Claire un exemplaire de «La Marseillaise».

Jouez la scène!

Avec un(e) partenaire, jouez les scènes suivantes.

1. Vous allez au marché aux puces, et vous trouvez plusieurs objets intéressants. Marchandez avec le vendeur / la vendeuse.
2. Vous entrez dans une librairie d'occasion (*used*). Vous trouvez un roman et un dictionnaire intéressants. Marchandez avec le/la libraire (*bookseller*).

Vocabulaire

Verbes

apporter to bring; to carry
coûter to cost
devoir to have to, be obliged to; to owe
goûter to taste
laisser to leave (behind)
pouvoir to be able to, can
vouloir to want
  vouloir bien to be willing; to agree
  vouloir dire to mean

À REVOIR: **acheter, boire, commander, préparer, vendre**

Substantifs

l'addition (*f.*) bill, check (*in a restaurant*)
l'ail (*m.*) garlic
la boîte (de conserve) can (*of food*)
la carte menu
le centime 1/100th of a euro
la côte chop
la chose thing
les crevettes (*f.*) shrimp
l'éclair (*m.*) eclair (*pastry*)
l'entrée (*f.*) first course
l'escargot (*m.*) snail
l'euro (*m.*) euro (*European Union currency*)

le filet fillet (*beef, fish, etc.*)
le homard lobster
l'huile (*f.*) **(d'olive)** (olive) oil
l'huître (*f.*) oyster
le kilo(gramme) kilo(gram)
le magasin store, shop
le menu fixed (price) menu
le morceau piece
la mousse au chocolat chocolate mousse
le pain de campagne country-style wheat bread
le pâté de campagne (country-style) pâté
le plat course (*meal*)
le plat principal main dish
le pourboire tip
le prix price
le régime diet
le rôti roast
les sardines (à l'huile) (*f.*) sardines (in oil)
la saucisse sausage
le saucisson salami
le saumon salmon
le serveur / la serveuse waiter / waitress
la sole sole (*fish*)
la tranche slice

À REVOIR: **l'assiette** (*f.*), **le bœuf, la boisson, le crabe, la cuisine, le déjeuner, le dîner, le fromage, la glace,**
le gâteau, les haricots verts, le pain, le petit déjeuner, la pomme, la pomme de terre, le porc, la viande, le vin

Les magasins

la boucherie butcher shop
la boulangerie bakery
la charcuterie pork butcher's shop (delicatessen)
l'épicerie (*f.*) grocery store
la pâtisserie pastry shop; pastry
la poissonnerie fish store

Mots et expressions divers

autre chose something else
ça this, that
ce (cet, cette) this, that
compris included
d'abord first
ensuite next, then
Il faut... It is necessary to / One needs . . .
Il n'y a pas de quoi. You're welcome.
je pourrais I could
Je vous en prie. You're welcome. (*formal*)
(et) puis (and) then, next
quel(le) which, what

poissonnerie
boulangerie
pâtisserie
l'épicerie

cent quatre-vingt-dix-sept **197**

La plage en Tunisie, près de Djerba

Salut, Michel!

Crois-tu au paradis? Moi, oui!

Depuis deux jours, je passe mon temps à bronzer sur la plage, à Djerba en Tunisie. Quand j'ouvre les yeux, derrière mes lunettes de soleil, je vois du bleu (la mer et le ciel) et du blanc (le sable). J'ai programmé une journée de plongée sous-marine pour demain. Et dans dix jours, j'embarque sur un voilier avec un groupe de touristes. Ensuite, je vais passer quelques jours en France.

À bientôt!

Malik, l'aventurier

Dans ce chapitre...

Objectifs communicatifs

- talking about vacation, recreational equipment; expressing dates and actions; talking about the past; expressing how long ago something happened; expressing location

Paroles (Leçon 1)

- Les noms de lieu
- Les loisirs
- L'équipement de voyage
- Le verbe **acheter**

Structures (Leçons 2 et 3)

- Quelques verbes irréguliers en **-ir**
- Le passé composé avec **avoir**
- Le passé composé avec l'auxiliaire **être**
- Les prépositions devant les noms de lieu

Culture

- **Reportage: France: le pays de grandes vacances (Correspondance)**
- **Lecture: Bienvenue au Sénégal: pays de la Teranga (Leçon 4)**

Multimédia

En société—Faire des réservations

Dans cet épisode, Aimée et Claire appellent un hôtel pour faire des réservations.

CD-ROM

Révisez le vocabulaire et la grammaire de ce chapitre et parlez à la réceptionniste d'un hôtel pour faire des réservations.

Online Learning Center

Visitez le site Web de *Vis-à-vis* à **www.mhhe.com/visavis3** pour réviser le vocabulaire, la grammaire et les renseignements culturels qui se trouvent dans ce chapitre.

Leçon 1

PAROLES

En vacances

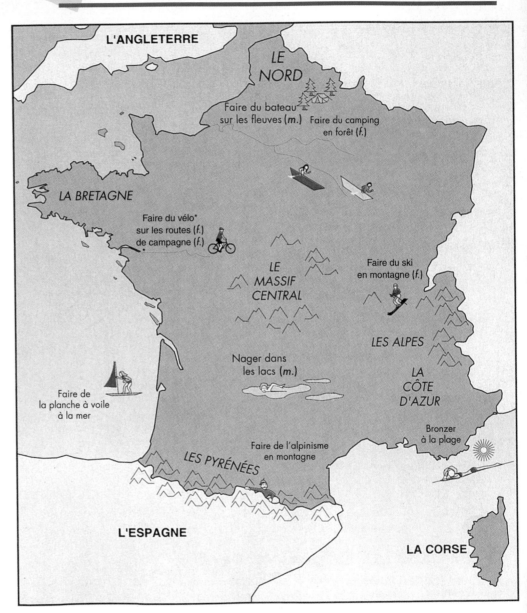

L'ANGLETERRE

LE NORD

Faire du bateau sur les fleuves (*m.*)   Faire du camping en forêt (*f.*)

LA BRETAGNE

Faire du vélo* sur les routes (*f.*) de campagne (*f.*)

LE MASSIF CENTRAL

Faire du ski en montagne (*f.*)

LES ALPES

Nager dans les lacs (*m.*)

LA CÔTE D'AZUR

Faire de la planche à voile à la mer

Bronzer à la plage

Faire de l'alpinisme en montagne

LES PYRÉNÉES

L'ESPAGNE

LA CORSE

*****Faire du vélo** is synonymous with **faire de la bicyclette.**

AUTRES MOTS UTILES

faire... du cheval, de l'équitation	to go . . . horseback riding
de la plongée sous-marine	skin diving
du ski nautique	waterskiing
du ski alpin	downhill skiing
du ski de fond	cross-country skiing
une randonnée	for a hike
aller à la pêche	to go fishing
patiner	to skate
prendre des vacances	to take a vacation

Allez-y!

Où passer les vacances? Quels sont les avantages touristiques des endroits (*places*) suivants?

1. Qu'est-ce qu'on peut faire en montagne?
2. Au lac?
3. À la plage?
4. Sur une route de campagne?
5. Sur un fleuve?
6. En forêt?
7. À la mer?

Maintenant expliquez où vous voulez passer vos prochaines vacances et quelles activités on peut faire à cet endroit.

Le verbe *acheter*

Faire du shopping en vue des vacances

The verb **acheter** (*to buy*) is irregular. The **e** from the stem (**achet-**) becomes **è** for the forms of **je, tu, il/elle/on,** and **ils/elles.** The forms of **nous** and **vous** are regular. Note that all the endings are regular.

PRESENT TENSE OF **acheter**			
j'	**achète**	nous	achetons
tu	**achètes**	vous	achetez
il/elle/on	**achète**	ils/elles	**achètent**

Allez-y!

Les besoins sont différents. Ces personnes préparent leurs vacances. Complétez les phrases avec la forme appropriée du verbe **acheter.**

1. Caroline veut aller à la plage. Elle _____ un maillot de bain.
2. Nous voulons passer les vacances de Noël à la Martinique. Nous _____ des shorts et des tee-shirts.
3. Tu veux bien aller à la montagne. Tu _____ un sac à dos.
4. Rock et Hélène organisent un voyage à Londres. Ils _____ des imperméables.
5. L'été prochain, vous voulez rendre visite à des amis à Paris. Vous _____ une jupe noire et un pull rouge.

Au magasin de sports

des skis (*m.*)
des lunettes (*f.*) de soleil
des lunettes de ski
un maillot de bain
un sac de couchage
un anorak
une tente
un parapluie
une serviette de plage
des chaussures (*f.*) de ski
un pantalon de ski
des chaussures (*f.*) de montagne

AUTRES MOTS UTILES

une valise	a suitcase
un sac à dos	a backpack

Allez-y!

A. Achats. (*Purchases.*) Complétez les phrases en vous basant sur le dessin à la page 202.

1. Le jeune homme va acheter des _____. Il va passer ses vacances à Grenoble où il veut _____.
2. La jeune femme veut acheter un _____, une _____ et des _____. Elle va descendre sur la Côte d'Azur (*French Riviera*) où elle va _____ et _____.
3. La jeune fille a envie d'acheter des _____ de ski, des chaussures de _____ et un _____ de ski. Sa famille va passer les vacances dans les Alpes où elle va _____.
4. L'homme va acheter un _____ et une _____. Il va _____ dans le nord de la France ce week-end.
5. La vieille dame est très sportive. Elle va acheter un _____ et des _____. Ce week-end, elle va _____ avec son mari dans les Pyrénées.
6. Le vieux monsieur a l'air patient. Il veut acheter un _____.

B. Choix de vêtements. Qu'est-ce qu'on porte pour faire les activités suivantes?

MODÈLE: pour aller à la pêche ⟶
Pour aller à la pêche, on porte un chapeau...

1. pour faire du ski nautique **2.** pour aller à la montagne **3.** pour faire une promenade dans la forêt **4.** pour faire du vélo **5.** pour faire du bateau **6.** pour faire du ski de fond

Et vous? Décrivez les vêtements que vous portez quand vous faites votre sport favori.

C. Conseils pratiques. Vous préparez un voyage en Tunisie. Voici les vêtements qu'on vous recommande.

Les vêtements

En hiver : quelques pulls, un imperméable et des vêtements de demi-saison.[1]
En été : des vêtements légers en fibres naturelles, maillot de bain, lunettes de soleil, chapeau, chaussures aérées,[2] tenues[3] pratiques pour les excursions. Sans oublier un léger pull pour les soirées et les hôtels climatisés.[4]

[1]*spring or autumn* [2]*well-ventilated* [3]*outfits, clothes* [4]*air-conditioned*

1. Selon la brochure, quels vêtements sont recommandés pour un voyage en hiver, en été? Donnez des exemples.
2. À votre avis, quel temps fait-il en Tunisie en hiver, en été?

Imaginez maintenant que vous travaillez dans une agence de voyages. Quels vêtements allez-vous conseiller (*to suggest*) à des touristes qui vont en Alaska, au Mexique ou dans le Grand Canyon? Quels autres achats conseillez-vous?

Des années importantes

La machine à calculer inventée par Blaise Pascal en **1642** (mille six cent quarante-deux).

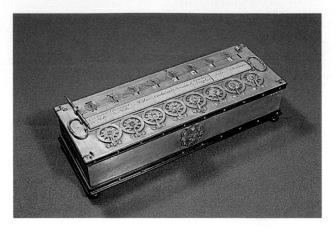

Le ballon à air chaud inventé par les frères Montgolfier en **1783** (mille sept cent quatre-vingt-trois).

Les procédés de développement des images photographiques inventés par Jacques Daguerre en **1835** (mille huit cent trente-cinq).

- In French, years are expressed with a multiple of **mille** or with **cent.**

mille neuf cents (dix-neuf cents)	*1900*
mille neuf cent quatre-vingt-dix-neuf (dix-neuf cent quatre-vingt-dix-neuf)	*1999*
deux mille cinq	*2005*

- The preposition **en** is used to express *in* with a year.

  en mille neuf cent vingt-trois   *in 1923*

- Note the expression **les années 50: les années cinquante,** *the (nineteen) fifties.*

Allez-y!

A. Un peu d'histoire. Êtes-vous bon(ne) en histoire? Avec un(e) camarade, trouvez la date qui correspond à chaque événement historique. Les événements sont présentés par ordre chronologique!

1. Charlemagne est couronné (*crowned*) empereur d'Occident.		**a.** 1944
		b. 1804
2. Guillaume, duc de Normandie, conquiert (*conquers*) l'Angleterre.		**c.** 1889
		d. 1066
3. Jeanne d'Arc bat (*beats*) les Anglais à Orléans.		**e.** 1429
4. Prise de la Bastille.		**f.** 1789
5. Napoléon est couronné empereur des Français.		**g.** l'an 800
6. Gustave Eiffel construit la tour Eiffel.		
7. Débarquement (*Landing*) anglo-américain en France.		

B. L'avenir. (*The future.*) Quels sont vos projets d'avenir? Posez les questions suivantes à un(e) camarade. Ensuite, présentez à la classe une observation sur l'avenir de votre camarade.

1. En quelle année vas-tu obtenir (*to obtain*) ton diplôme universitaire?
2. En quelle année vas-tu passer des vacances en France?
3. En quelle année vas-tu avoir 65 ans?

STRUCTURES

Leçon 2

Quelques verbes irréguliers en *-ir*
Expressing Actions

Les joies de la nature

STÉPHANE: Vous allez où en vacances cet été?

ANNE-LAURE: Cette année on va à la Martinique. On va camper dans un petit village à 30 km de Fort-de-France. Boire du ti'punch,* **sortir** tous les soirs, bronzer à la plage... le rêve quoi!† **Viens** avec nous. On **part** le deux août.

STÉPHANE: Non merci, la mer, ce n'est pas pour moi. **Sentir** les odeurs de poisson, **dormir** avec les moustiques, pas question!

ROMAIN: Décidément, tu ne changes pas. Monsieur a besoin de son petit confort. Tant pis pour toi! Nous, on aime **dormir** à la belle étoile, **sentir** le vent de la mer et admirer les étoiles.

Dites si les phrases suivantes sont probables ou peu probables. Corrigez les phrases improbables.

1. Anne-Laure aime faire la fête (*to party*).
2. Stéphane adore camper.
3. Romain est romantique.
4. Anne-Laure et Romain ont peur de dormir à la belle étoile.
5. Anne-Laure et Romain adorent la nature.

---

*Creole language for a white rum and lime drink.
†*a dream, huh?* **Quoi** is often added to the end of sentences in informal conversations for emphasis.

Dormir and Similar Verbs

The verb **dormir** (*to sleep*) has an irregular conjugation.

PRESENT TENSE OF **dormir**			
je	**dors**	nous	**dormons**
tu	**dors**	vous	**dormez**
il/elle/on	**dort**	ils/elles	**dorment**

Je **dors** très bien.	*I sleep very well.*
Dormez-vous à la belle étoile?	*Do you sleep in the open air?*
Nous **dormons** jusqu'à 7 h 30.	*We sleep until 7:30.*

Verbs conjugated like **dormir** include:

partir *to leave; to depart*
sentir *to feel; to sense; to smell*
servir *to serve*
sortir *to go out; to take out*

Je **pars** en vacances.	*I'm leaving on vacation*
Ce plat **sent** bon / mauvais.	*This dish smells good / bad.*
Nous **servons** le petit déjeuner à 8 h.	*We serve breakfast at 8:00.*
À quelle heure allez-vous **sortir** ce soir?	*What time are you going out tonight?*

Partir and sortir

Partir and **sortir** mean *to leave,* but they are used differently.

1. **Partir** is the opposite of **arriver.** It can be used alone or followed by a preposition.

Je **pars** demain.	*I'm leaving (departing) tomorrow.*
Elle **part** de / pour Cannes.	*She's leaving from / for Cannes.*

2. **Sortir** is the opposite of **entrer.** It also can be used alone or followed by a preposition.

Tu **sors?**	*Are you going out?*
Elle **sort** de la caravane.	*She's getting out of the camper.*
Sortons de l'eau!	*Let's get out of the water!*

Sortir can also mean that one is going out for the evening, or seeing another person regularly.

Tu **sors** ce soir?	*Are you going out tonight?*
Michèle et Édouard **sortent** ensemble.	*Michèle and Édouard are going out together.*

Note: **Quitter** (a regular **-er** verb) means *to leave something or someone.* It always requires a direct object, either a place or a person.

Je **quitte** Paris.	*I'm leaving Paris.*
Elle **quitte** son ami.	*She's leaving her boyfriend.*

[Allez-y! A]

Venir and the *passé récent*

The verb **venir** (*to come*) is irregular.

PRESENT TENSE OF **venir**			
je	**viens**	nous	venons
tu	**viens**	vous	venez
il/elle/on	**vient**	ils/elles	**viennent**

Nous **venons** de Saint-Malo.	*We come from Saint-Malo.*
Viens voir la plage!	*Come see the beach!*

1. **Venir de** + *infinitive* means *to have just* (*done something*). This is called **le passé récent.**

Je **viens de nager.**	*I've just been swimming.*
Mes amis **viennent de téléphoner.**	*My friends have just telephoned.*

2. Verbs conjugated like **venir** include:

devenir *to become*
obtenir *to obtain*
revenir *to come back*

Ils **reviennent** de vacances.	*They're coming back from vacation.*
On **devient** expert grâce à l'expérience.	*One becomes an expert with (thanks to) experience.*

[Allez-y! B-C]

Allez-y!

A. Quel verbe? Choisissez le verbe correct: **partir, sortir** ou **quitter.**

> **MODÈLE:** Alain, Philippe et Claire sont amis. →
> Ils **sortent** ensemble tous les week-ends.

1. Luc aime aller au ciné. Il _____ souvent.
2. Caroline et Patrick vont au Canada. Ils _____ demain.
3. Je _____ Rome lundi; je _____ pour Bruxelles.
4. Isabelle est dans la piscine. Il fait trop froid. Elle _____ de la piscine.
5. Vous avez fini (*have finished*) vos études. Vous _____ en vacances.
6. Léa _____ de chez elle à sept heures du matin.
7. Je ne veux pas rester seul(e) ce soir. Je _____ avec mes amis.

B. Au pays des pharaons. Loïc et Nathalie sont en vacances en Égypte avec le Club Aquarius. Ils envoient (*send*) une carte postale à leur grand-mère. Complétez la carte avec les verbes de la colonne de droite.

CLUB AQUARIUS EN EGYPTE

Chère mamie,

    Nous _____[1] d'arriver en Égypte. Le Club Aquarius, c'est le grand confort. Nous _____[2] dans des chambres immenses et tous les matins on _____[3] le petit déjeuner dans la chambre. Demain nous _____[4] pour le temple de Louxor. Nous _____[5] des experts en égyptologie. Nous _____[6] en France dans quatre jours.

    À bientôt et grosses bises.

devenir
dormir
partir
revenir
servir
venir

Loïc et Nathalie

C. La curiosité. Imaginez avec un(e) camarade ce que ces personnes viennent de faire. Donnez trois possibilités pour chaque phrase.

> **MODÈLE:** Albert rentre d'Afrique. →
> Il vient de visiter le Sénégal. Il vient de passer une semaine au soleil. Il vient de faire un safari.

1. Jennifer part en vacances.
2. Je sors du magasin de sports.
3. Nous revenons de la montagne.
4. Jean-Jacques et Yvon reviennent de la campagne.
5. Marie-Laure rentre du Canada.

Le passé composé avec l'auxiliaire *avoir*
Talking About the Past

À l'hôtel

LE CLIENT: Bonjour, madame. **J'ai réservé** une chambre pour deux personnes.
L'EMPLOYÉE: Votre nom, s'il vous plaît.
LE CLIENT: Bernard Meunier.
L'EMPLOYÉE: Euh... oui, chambre n° 12, au rez-de-chaussée. Vous **avez demandé** une chambre avec vue sur la mer, c'est bien ça?
LE CLIENT: Oui, c'est exact.
L'EMPLOYÉE: Alors, remplissez cette fiche, s'il vous plaît.

Jouez le dialogue avec un(e) camarade et faites les substitutions suivantes.

Nombre de personnes: une
Nom: votre nom

The **passé composé** is a compound past tense. It relates events that began and ended at some point in the past. The **passé composé** of most verbs consists of the present tense of the auxiliary verb (**le verbe auxiliaire**) **avoir** plus the past participle (**le participe passé**) of the verb in question.

PASSÉ COMPOSÉ OF **voyager** (*to travel*)			
j'	**ai voyagé**	nous	**avons voyagé**
tu	**as voyagé**	vous	**avez voyagé**
il/elle/on	**a voyagé**	ils/elles	**ont voyagé**

The **passé composé** has several equivalents in English. For example, **j'ai voyagé** can mean *I traveled, I have traveled,* or *I did travel,* according to the context.

Regular Past Participles

The following chart illustrates the formation of regular past participles.

Verbs ending in **-er:**	**-er** ⟶ **-é**	ach**eter** ⟶ ach**eté**
Verbs ending in **-ir:**	**-ir** ⟶ **-i**	chois**ir** ⟶ chois**i**
Verbs ending in **-re:**	**-re** ⟶ **-u**	perd**re** ⟶ perd**u**

J'**ai acheté** de nouvelles valises.
Tu **as choisi** la date de ton départ?
Nous **avons perdu** nos passeports.

I bought some new suitcases.
Have you chosen your departure date?
We lost our passports.

Irregular Past Participles

Most irregular verbs have irregular past participles, and they must be memorized. However, there are some predictable patterns.

1. The past participle of many verbs in **-oir** ends in **-u.**

   avoir ⟶ **eu**   pouvoir ⟶ **pu**
   devoir ⟶ **dû**   recevoir ⟶ **reçu***
   falloir ⟶ **fallu**   vouloir ⟶ **voulu**
   pleuvoir ⟶ **plu**

   Hier, il **a plu** toute la journée.

   Yesterday, it rained all day long.

2. The past participle of some verbs in **-re** ends in **-is.**

   apprendre ⟶ **appris**   prendre ⟶ **pris**
   comprendre ⟶ **compris**

   J'**ai pris** le train pour aller à Genève.

   I took the train to go to Geneva.

3. Other important irregular past participles include:

   boire ⟶ **bu**   faire ⟶ **fait**
   être ⟶ **été**

   Elle **a fait** ses devoirs hier soir.

   She did her homework last night.

[Allez-y! A-B]

***Recevoir** means *to receive*. See Appendix B for the verb conjugation.

Negative and Interrogative Sentences in the *passé composé*

1. In negative sentences, **ne... pas** surrounds the auxiliary verb (**avoir**).

Nous **n'avons pas** voyagé en Suisse.	*We have not traveled in Switzerland.*
Vous **n'avez pas** pris de vacances?	*Didn't you take a vacation?*

2. In questions with inversion, only the auxiliary verb and the subject are inverted.

As-tu oublié ton passeport?   *Did you forget your passport?*

[Allez-y! C-D]

Une forêt en République Démocratique du Congo

Allez-y!

A. Tourisme. Qu'est-ce que ces personnes ont fait pendant les vacances? Faites des phrases complètes au passé composé.

MODÈLE: nous / acheter / cartes postales ⟶
Nous avons acheté des cartes postales.

1. tu / nager / dans / fleuve
2. Sylvie / camper / dans / forêt
3. je / dormir / sous / tente*
4. Michèle et Vincent / perdre / clés
5. Thibaut / oublier / livre

*In French, one says **dormir *sous* la tente**.

6. vous / boire / Coca-cola / au bord (*shore*) de / mer
7. nous / prendre / beaucoup / photos
8. Thérèse et toi, vous / apprendre à / faire du cheval

B. Une carte postale de la neige. Complétez la carte postale de Marie. Choisissez le verbe approprié et conjuguez-le au passé composé.

L'amphithéâtre à Orange, près d'Avignon, en France

Chère Claudine,
    J'_____¹ mes vacances d'hiver une semaine avant Noël avec Christine. Nous _____² le train jusqu'en Suisse. Nous _____³ deux semaines à la montagne.   Nous _____⁴ de rester à Saint-Moritz. Nous _____⁵ du ski et du patin à glace. Nous _____⁶ une fondue délicieuse. Au retour, nous _____⁷ visite à des amis à Genève. Notre séjour en Suisse _____⁸ inoubliable.
Je t'embrasse,   *Marie*

commencer
décider
être
faire
manger
passer
prendre
rendre

C. À Orange. Thierry pose des questions à ses cousins Chantal et Jean-Claude, qui (*who*) ont visité la ville historique d'Orange, près d'Avignon. Jouez les rôles avec deux camarades.

MODÈLE: trouver l'auberge de jeunesse (*youth hostel*) à Orange →
       THIERRY: Avez-vous trouvé l'auberge de jeunesse à Orange?
    JEAN-CLAUDE: Non, nous n'avons pas trouvé l'auberge de jeunesse à Orange.

1. faire une promenade dans la vieille ville
2. prendre une photo de l'amphithéâtre romain
3. contempler la vieille fontaine
4. étudier les inscriptions romaines
5. apprendre l'histoire de France
6. acheter des cartes postales
7. envoyer une description de la ville à vos parents

D. Interview. Posez des questions à un(e) camarade sur ses activités passées. Essayez d'utiliser les expressions des **Mots clés.** Voici des suggestions:

Le matin: dormir tard, faire du sport, regarder la télévision, boire du café, prendre le petit déjeuner,...

L'après-midi / Le soir: pique-niquer, skier, jouer aux cartes, étudier une leçon, inviter des amis,...

La semaine dernière / L'année dernière: voyager en Europe, finir une dissertation, travailler dans un magasin, rendre visite à des amis,...

MODÈLE: É1: Est-ce que tu as dormi tard hier matin?
      É2: Oui, j'ai dormi jusqu'à (*until*) onze heures.
      (Non, je n'ai pas dormi...) Et toi?

Puis racontez à la classe ce que votre camarade a fait.

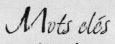
Mots clés

Exprimer le passé

avant-hier
  the day before yesterday

hier, hier matin, hier soir
  yesterday, yesterday morning, last night

le mois / l'hiver **dernier (passé)**
  last month, last winter

la semaine / l'année **dernière (passée)**
  last week, last year

toute la matinée / la journée / la soirée*
  all morning, all day, all evening

*Use **matinée, journée,** and **soirée** rather than **matin, jour,** and **soir** if you wish to express a duration. They are often used with **toute.**

Correspondance

CARTE POSTALE

Malik,

Moi aussi, je suis en vacances. Des vacances familiales à Deauville, chez ma grand-mère, avec mon frère. Je suis arrivé il y a deux jours.

Aujourd'hui, j'ai mangé de grosses tartines de pain beurré, j'ai dormi et je suis allé à Honfleur l'après-midi. Hier, j'ai marché pendant deux heures sur les plages du Débarquement de la Deuxième Guerre mondiale. Cet été j'espère faire un grand voyage, en Afrique peut-être. Je compte sur toi pour m'orienter.

Téléphone-moi à ton arrivée à Paris.

Bon voyage!

Michel

En image...
Les plages du Débarquement

Le 6 juin 1944, des milliers[1] de soldats américains et anglais débarquent en Normandie sous le commandement du général Eisenhower. Leur action annonce la fin prochaine[2] de la Deuxième Guerre mondiale.

Aujourd'hui, dans les gigantesques cimetières[3] militaires, des milliers de croix blanches racontent l'héroïsme de ces jeunes soldats qui ont donné leur vie pour libérer l'Europe de l'oppression nazie.

[1]des... thousands [2]fin... coming end [3]cemeteries

Reportage

La France: le pays des grandes vacances

Chez les Beaufour, on voyage énormément. Mme Beaufour est professeur et a presque[1] quatre mois de congés[2] payés; M. Beaufour, comme tous les salariés, a cinq semaines de vacances. «À Noël, explique Mme Beaufour, toute la famille part à la neige. Mon mari a la passion du ski alpin, mes deux fils adorent le surf des neiges. Les vacances de février sont généralement consacrées à[3] un petit voyage en Suisse. Pour Pâques, nous passons toujours une semaine chez ma mère qui possède une maison de campagne à Aix-en-Provence. Enfin, pour les vacances d'été, nous aimons le camping.»

En France, les vacances sont sacrées et intouchables.

À Noël et en février, les Français privilégient[4] la montagne. À Pâques, on choisit souvent des vacances familiales. En été, on va se faire bronzer sur les plages de la Côte d'Azur ou on pratique le «tourisme vert» à la campagne. Mais certains préfèrent le luxe et optent pour une ou deux semaines dans un château.

Les jours de départ en vacances sont souvent un vrai cauchemar[5] à cause des embouteillages[6]: pour ne pas perdre une seule minute de leurs précieuses vacances, les Français partent tous le même jour, à la même heure, sur les mêmes autoroutes!

[1]almost   [2]vacation   [3]consacrées... devoted to   [4]favor   [5]nightmare   [6]à... because of traffic jams

Les jours de départ en vacances, tout le monde quitte Paris en même temps. Les conducteurs et les passagers sont exaspérés. Mais on est heureux: c'est les vacances! Demain, on va dormir, bronzer, nager, faire de la planche à voile, aller à la pêche et s'amuser.

À vous!

1. Combien de semaines de vacances ont M. et Mme Beaufour? Leur cas est-il unique en France?
2. À quels moments les Français prennent-ils leurs vacances?
3. Comparez les vacances des Français à celles (*those*) des Américains: quelles différences observez-vous? Préférez-vous le système français ou le système américain? Pourquoi?
4. Décrivez cette photo. À votre avis, où partent tous ces gens bloqués dans les embouteillages?

ON EST BRANCHÉ!

Pour ses vacances, Michel a l'intention d'aller en Normandie et en Bretagne. Il veut visiter les sites historiques. À l'aide d'Internet, aidez-le à trouver des endroits à visiter. Pour obtenir des informations supplémentaires et les liens nécessaires, visitez le site Web de *Vis-à-vis* à l'adresse **www.mhhe.com/visavis3**.

Leçon 3

Le passé composé avec l'auxiliaire *être*

Talking About the Past

Les explications du dimanche matin

MME FERRY: Je voudrais bien savoir où tu **es allée** hier soir! Et à quelle heure **es-tu rentrée**?

STÉPHANIE: Pas tard, maman. Je **suis sortie** avec des copains. On **est allés*** prendre un verre chez Laurent, on **est restés** à peu près une heure puis on **est partis** pour aller au ciné. Je **suis rentrée** à la maison après le ciné.

MME FERRY: Tu es sûre? Parce que ton père **est revenu** du match de foot à 11 h et il n'a pas vu la voiture dans le garage...

Retrouvez la phrase équivalente dans le dialogue.

1. À quelle heure es-tu arrivée hier soir?
2. On a bu un verre chez Laurent.
3. On a discuté pendant une heure.
4. On a vu un film.
5. Ton père est rentré à 11 h.

Most French verbs form the **passé composé** with **avoir** as the auxiliary verb. A few, however, require **être** as the auxiliary verb. One of these verbs is **aller.**

PASSÉ COMPOSÉ OF **aller**			
je	suis all**é(e)**	nous	sommes all**é(e)s**
tu	es all**é(e)**	vous	êtes all**é(e)(s)**
il/on	est all**é**	ils	sont all**és**
elle	est all**ée**	elles	sont all**ées**

*When **on** clearly represents a plural subject, the past participle agrees with the subject. The auxiliary verb will always stay singular.

1. The past participle of verbs conjugated with **être** in the **passé composé** agrees with the subject in gender and number.

Marc est all**é** au Japon.	*Marc went to Japan.*
Hélène est all**ée** en Côte-d'Ivoire.	*Hélène went to Ivory Coast.*
Jean et Loïc sont all**és** à Chartres.	*Jean and Loïc went to Chartres.*
Elles sont all**ées** à Hawaï.	*They went to Hawaii.*

2. The following verbs take **être** in the **passé composé.** Note that most convey motion or a change in state. Irregular past participles are indicated in parentheses.

aller *to go*	***passer (par)** *to pass (by)*
arriver *to arrive*	**rentrer** *to return; to go home*
***descendre** *to go down; to get off*	**rester** *to stay*
devenir (devenu) *to become*	**retourner** *to return; to go back*
entrer *to enter*	**revenir (revenu)** *to come back*
***monter** *to go up; to climb*	
mourir (mort) *to die*	***sortir** *to go out*
naître (né) *to be born*	**tomber** *to fall*
partir *to leave*	**venir (venu)** *to come*

[Allez-y! A-B-C]

---

*When **descendre, monter, passer,** and **sortir** are followed by a direct object, they take **avoir** in the **passé composé: Nous avons descendu la rivière en bateau. Elle a passé la frontière** (*border*) **hier.**

3. Word order in negative and interrogative sentences in the **passé composé** with **être** is the same as that for the **passé composé** with **avoir**.

Je **ne suis pas** allé au cours. *I did not go to class.*
Sont-ils arrivés à l'heure? *Did they arrive on time?*

[Allez-y! D-E]

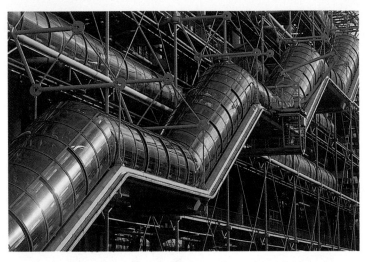

L'année dernière, je suis allée voir le Centre Pompidou à Paris.

Mots clés

L'expression *il y a*

The expression **il y a** used with a time period means *ago*. It requires a past tense.

Ils sont allés au Mexique **il y a** deux ans.
They went to Mexico two years ago.

Allez-y!

A. **Des sorties sur mesure.** Dites où ces personnes sont allées. Utilisez l'expression **il y a**.

MODÈLE: une semaine / Françoise / concert ⟶
Il y a une semaine, Françoise est allée à un concert.

1. un mois / Joël / plage
2. deux jours / tu / forêt
3. six mois / Mme Robert / montagne
4. trois jours / nous / campagne
5. deux ans / je / Nice

B. **Départ en vacances.** Les Dupont, vos voisins, sont partis en vacances ce week-end. Vous racontez maintenant la scène à vos amis. Complétez l'histoire de façon logique et mettez les verbes au passé composé.

Ce matin, mes voisins les Dupont _____¹ en vacances.   aller
Ils _____² à la mer. À 8 h, M. Dupont et son fils   entrer
_____³ et _____⁴ de la maison plusieurs fois avec des sacs   partir
et des valises. Mme Dupont _____⁵ cinq fois dans la   retourner
maison pour aller chercher des objets oubliés.   sortir

Enfin, trois heures plus tard, toute la famille ____[6] dans la voiture et elle ____[7]. Mais pas de chance, une des valises ____[8] de la galerie (*roof rack*). M. Dupont ____[9] de la voiture pour la remettre sur la galerie et ils ____[10]. Moi, je ____[11] chez moi.

descendre
monter
partir
repartir
rester
tomber

C. Week-end en Suisse. Brigitte et Bernard ont passé le week-end à Genève. Mettez l'histoire au passé composé et faites attention au choix de l'auxiliaire (**avoir** ou **être**).

Bernard vient[1] chercher Brigitte pour aller à la gare. Ils montent[2] dans le train. Ils cherchent[3] leur voiture. Le train part[4] quelques minutes plus tard. Il entre[5] en gare de Genève à midi. Bernard et Brigitte descendent[6] du train et vont[7] tout de suite à l'hôtel. L'après-midi, ils sortent[8] visiter la ville. Le soir, ils dînent[9] dans un restaurant élégant. Dimanche Brigitte va[10] au musée et prend[11] beaucoup de photos de la ville. Bernard reste[12] à l'hôtel. Brigitte et Bernard quittent[13] Genève en fin d'après-midi. Ils arrivent[14] à Paris fatigués mais contents de leur week-end.

Qu'est-ce que Brigitte a fait que Bernard n'a pas fait?

D. Les voyageurs. Ces personnes sont allées en Europe. Vous voulez connaître tous les détails du voyage. Avec un(e) camarade, posez des questions et donnez des réponses originales.

MODÈLE: Jacqueline / partir le 19 juin ⟶
É1: Est-ce qu'elle est partie le 19 juin?
É2: Non, elle n'est pas partie le 19 juin; (elle a perdu son passeport).

1. Raphaël / rester une semaine à Nice
2. toi / arriver hier soir
3. Emma / aller en Italie
4. Marianne et David / passer par la Suisse
5. vous / repartir le 15 août
6. Marie et Flore / revenir en septembre

E. Souvenirs de vacances. Décrivez les vacances de l'année passée d'un(e) camarade. D'abord, posez les questions suivantes à votre camarade. Si vous voulez, posez encore d'autres questions. Ensuite, présentez à la classe une description de ses vacances.

1. Quand es-tu parti(e)? Où es-tu allé(e)? Es-tu resté(e) aux États-Unis ou es-tu allé(e) à l'étranger? As-tu visité un endroit exotique?
2. Es-tu allé(e) voir l'endroit où tes parents sont nés? Où es-tu né(e)?
3. Qu'est-ce que tu as fait pendant les vacances? Est-ce que tu as rencontré des gens intéressants?
4. Comment es-tu rentré(e): en avion ou en voiture? Es-tu revenu(e) mort(e) de fatigue?
5. Est-ce que tu prépares déjà tes vacances de l'année prochaine?

Les prépositions devant les noms de lieu

Expressing Location

Bruno au Congo

Bruno est en vacances au Congo. Il a fait la connaissance de Kofi.

KOFI: Tu es d'où **en France?**

BRUNO: **De Marseille.**

KOFI: Ça doit être beau là-bas! Dis, tu as d'autres projets de voyages pour l'avenir?

BRUNO: Oui, plein. D'abord, l'année prochaine, je vais aller **au Mexique** avec un ami. Et plus tard, je veux aller **en Russie, au Québec, au Sénégal** et aussi **en Asie.**

KOFI: Et tu veux habiter dans quelle ville?

BRUNO: **À Vérone en Italie**—pour trouver ma Juliette!

Répondez aux questions selon les indications.

1. D'où vient Bruno? (ville, pays) D'où est Kofi? (pays, continent)
2. Où est-ce que Bruno va aller l'année prochaine? (pays, continent)
3. Et où est-ce qu'il veut aller plus tard? (continents)
4. Où est-ce qu'il rêve d'habiter? (ville, pays)

Gender of Geographical Nouns

1. In French, most place names that end in **-e** are feminine; most others are masculine. One important exception: **le Mexique.**
2. The names of the continents are feminine: **l'Afrique, l'Amérique du Nord, l'Amérique du Sud, l'Asie, l'Europe, l'Océanie** (Australia and the Pacific islands).
3. The names of most states in the United States are masculine: **le Connecticut, le Kentucky.** The names of nine states end in **-e** in French and are feminine:

la Californie	la Louisiane
la Caroline du Nord et du Sud	la Pennsylvanie
la Floride	la Virginie
la Géorgie	la Virginie-Occidentale

Prepositions with Geographical Names

	to, at, in		from	
cities islands	**à**	Suzanne habite **à** Lyon. Ils sont allés **à** Cuba.	**de** **(d')**	Elle vient **de** Montréal. Ils arrivent **d'**Hawaï.
continents	**en**	Lidia est née **en** Amérique du Sud.	**de** **(d')**	Je pars **d'**Europe.
feminine countries, states, provinces		Il y a deux ans, vous avez fait un voyage **en** Suisse. Bâton Rouge est **en** Louisiane. Les explorateurs sont arrivés **en** Nouvelle-Écosse.		Jean arrive **de** Floride. Viviane est **de** Colombie-Britannique.
masculine countries, states, or provinces starting with a vowel		On a voyagé **en** Israël. Il est né **en** Alaska. Elle a travaillé **en** Ontario.		Elle vient **d'**Iran. Ils arrivent **d'**Oregon. Mariane est originaire **d'**Ontario.
masculine countries or provinces starting with a consonant	**au**	**Au** Canada, il y a dix provinces. Je voudrais aller **au** Québec.	**du**	Ils reviennent **du** Brésil. Il va partir **du** Nouveau- Brunswick.
all plural countries	**aux**	Il y a dix ans, ils sont arrivés **aux** États-Unis.	**des**	Quand sont-ils partis **des** Pays-Bas?
regions masculine states* starting with a consonant	**dans le**	Elle va **dans le** Poitou. J'aime l'automne **dans le** Vermont.	**du** **(de l')**	Nous revenons **du** Sud. Elle vient **du** Colorado.

---

*Some exceptions: **au** / **du** Texas
             au / **du** Nouveau-Mexique
             dans l'état de / **de l'état de** New York / Washington (to distinguish the
             states from the cities)

Allez-y!

A. Jeu géographique. Voici quelques villes francophones. Dans quels pays se trouvent-elles? (Voir les cartes au début du livre.)

MODÈLE: Paris est en France.

1. Rabat		**a.** Haïti	
2. Montréal		**b.** la Belgique	
3. Kinshasa		**c.** la Tunisie	
4. Alger		**d.** la République Démocratique du Congo	
5. Dakar		**e.** le Canada	
6. Bruxelles		**f.** la Suisse	
7. Tunis		**g.** le Maroc	
8. Abidjan		**h.** la Côte-d'Ivoire	
9. Port-au-Prince		**i.** l'Algérie	
10. Genève		**j.** le Sénégal	

B. Retour de vacances. Un groupe de touristes rentre de vacances. D'après ce qu'ils ont dans leurs valises, dites d'où ils arrivent.

MODÈLE: une montre
la Suisse ⟶ Ils arrivent de Suisse.

SOUVENIRS	PAYS
1. du parfum	le Cameroun
2. un caméscope (*video camera*)	la Hollande
3. une bouteille de tequila	l'Italie
4. un masque d'initiation	le Mexique
5. des chaussures en cuir (*leather*)	le Japon
	l'Écosse
6. un pull en cachemire	le Maroc
7. des tulipes	la Colombie
8. du café	la Belgique
9. un couscoussier (*couscous maker*)	la France
10. du chocolat	

C. Un(e) jeune globe-trotter. Votre camarade va faire le tour du monde. Vous lui demandez où il/elle va aller.

Continents: l'Afrique, l'Océanie, l'Europe, l'Asie, l'Amérique du Nord, l'Amérique du Sud

Pays: l'Algérie, l'Allemagne, l'Australie, le Brésil, le Canada, la Chine, le Danemark, l'Égypte, les États-Unis, la Finlande, la Grèce, l'Inde, l'Italie, le Japon, le Maroc, le Mexique, la Polynésie française, la Norvège, le Viêt-nam...

MODÈLE: É1: Vas-tu en Asie?
É2: Oui, je vais en Chine (au Japon...).

D. Interview. Posez les questions à un(e) camarade de classe. Ensuite, révélez sa réponse la plus surprenante à la classe.

1. D'où viens-tu? De quelle ville? De quel état? Et tes parents?
2. Où habitent tes parents? Et le reste de ta famille?
3. Dans quels états as-tu voyagé?
4. Est-ce qu'il y a un état que tu préfères? Pourquoi?
5. Dans quel état est-ce qu'il y a de beaux parcs, de beaux lacs, de belles montagnes, de grandes villes, de grands déserts?

Le Mont-Saint-Michel, en Normandie

Un peu plus...

Le Mont-Saint-Michel. C'est un monument avec une histoire riche. Située au large des (*off the*) côtes bretonne et normande, la petite île rocheuse héberge (*shelters*) depuis l'an 966 une abbaye bénédictine dédiée à Saint Michel. Haut lieu de spiritualité, les pèlerinages (*pilgrimages*) au Mont-Saint-Michel ont eu lieu tout au long de son histoire. L'abbaye héberge également des documents précieux qui datent du Moyen Âge. Aujourd'hui, le Mont-Saint-Michel accueille des visiteurs du monde entier.

Leçon 4

PERSPECTIVES

Lecture

Avant de lire

Skimming for the gist. Skimming is a useful way to approach any new text, particularly in a foreign language. You will usually find it easier to understand more difficult passages once you have a general idea of the content. At this point, you need not be concerned with understanding everything when reading authentic French texts. Just try to get the gist, then answer the questions that follow the reading to check your overall comprehension.

In the following article, glance at the title and headings. What kind of information do you think the text contains, and how is the information organized? Next, skim the article to get the impression of the major points. Do not attempt to understand every word. Then, read the sections that may have appeared most difficult when you skimmed the article, and guess the meaning based on the rest of the text.

Un peu de pratique. Parcourez rapidement le texte suivant, puis choisissez la ville ou la région qui correspond à la description.

1. C'est un site archéologique.
2. C'est le centre politique du Sénégal.
3. C'est une ville située sur la côte.

À propos de la lecture...
Cette lecture est tirée et adaptée d'un site Web d'informations touristiques sur le Sénégal.

Bienvenue au Sénégal: pays de la Teranga[1]

Dakar

Ville cosmopolite, Dakar est le point de rencontre entre l'Afrique et le reste du monde, entre la tradition et la modernité, le point de départ de votre tourisme de découverte. Dakar, capitale du Sénégal et porte de

[1] hospitality (in wolof, a Senegalese language)

l'Afrique à quelques cinq heures de vol[2] de l'Europe, regroupe la quasi-totalité[3] des activités administratives, commerciales et politiques du pays: le Palais présidentiel, l'Assemblée nationale, les marchés (Kermel, Sandaga et Tilène), où l'on peut acheter des parfums exotiques et voir des couleurs incroyables; la Gare, la Cathédrale du Souvenir africain, la Grande Mosquée, le village artisanal de Soumbédioune, le Musée de la place Sowéto, et cetera.

Île de Gorée, au Sénégal

Gorée

À trois kilomètres au large de Dakar, Gorée, petite île, évoque pour l'humanité 350 ans d'esclavage[4] et de traite[5] négrière. Cette île a été le théâtre du plus grand mouvement humain imaginable: les enfants d'Afrique déportés vers l'Europe et les Amériques. La Maison des Esclaves vous plongera[6] dans une ambiance que vous n'oublierez jamais.[7] Classé comme site du patrimoine mondiale de l'humanité,[8] Gorée est admirablement préservé par les autorités sénégalaises.

Joal

C'est la ville natale du premier président de la République du Sénégal Léopold Sédar Senghor, poète et académicien. Joal se singularise[9] par son port qui date du XVe[10] siècle, ses plages bordées de cocotiers[11] et la quantité des coquillages.[12] Les vieilles maisons à étages ajoutent au charme de cette petite ville.

Les sites mégalithiques[13] à Sine Bgayène

C'est un ensemble de cercles concentriques faits de pierres[14] de plus de 2 mètres. Les archéologues n'ont pas encore pu établir formellement s'il s'agit de[15] tombes. Cependant les squelettes[16] et vestiges que l'on trouve sur ce site ne laissent pas beaucoup de doute. ⚜

[2]*flight* [3]*la... almost all* [4]*slavery* [5]*trade* [6]*vous... will plunge you* [7]*vous... you will never forget*
[8]*site... World Heritage Site* [9]*se... is distinguished* [10]*quinzième (15th)* [11]*coconut palms* [12]*shells*
[13]*megalithic (built with large stones)* [14]*stones* [15]*s'il... if they are* [16]*skeletons*

Compréhension

La destination de prédilection. Des touristes organisent leur itinéraire. Quel endroit mentionné dans le texte intéresserait (*would interest*) les personnes suivantes?

1. M. Os est un passionné de l'histoire et de l'archéologie.
2. Mme Langlois fait une enquête sur le système politique sénégalais.
3. Mme Léonie adore les paysages tropicaux.
4. M. Roman est un littéraire.
5. Mlle Négoce est une femme d'affaires qui cherche à organiser une entreprise.

Écriture

Ah! Les voyages... Répondez aux questions suivantes pour raconter un voyage que vous avez fait. Ensuite, écrivez un paragraphe à partir de vos réponses. Vous pouvez ajouter des informations supplémentaires.

1. Où êtes-vous allé(e)? En quelle année avez-vous fait ce voyage? Vous avez voyagé seul(e) ou avec quelqu'un?
2. Avez-vous loué une chambre d'hôtel, un appartement?
3. Donnez cinq activités que vous avez faites pendant votre voyage.

On peut faire un safari au Sénégal.

À l'écoute sur Internet!

Souvenirs de vacances. This is the first day of class at the **université de Nice.** Sandrine and Jean-Yves are talking about their vacations. First, read through the activities. Next, listen to the vocabulary followed by the conversation. Then do the activities.

VOCABULAIRE UTILE

quinze jours   two weeks
essayer   to try

You will now hear their conversation, followed by a few statements about it. Listen carefully, then do the exercises.

A. Vrai ou faux? Think about it!

1. V F   Jean-Yves a passé du temps à la campagne.
2. V F   Jean-Yves a fait du sport.
3. V F   Sandrine a passé un mois avec des amis.
4. V F   Sandrine a fait de la planche à voile, mais elle a eu peur.
5. V F   Sandrine a fait du bateau.

B. Qui a fait ça? Now determine who could have made the following statements. Mark **S** for Sandrine and **J-Y** for Jean-Yves.

1. _____ Cette année, j'ai pris deux semaines de vacances.
2. _____ J'ai rendu visite à ma grand-mère.
3. _____ J'ai beaucoup dormi.
4. _____ J'ai loué un bateau.
5. _____ J'ai marché sur la plage.

En société

Faire des réservations

Objectif: Making hotel reservations

RÉCEPTION de L'HÔTEL

Dans cet épisode, Aimée et Claire appellent un hôtel pour faire des réservations. Aimée explique à la réceptionniste quel type de chambre elles cherchent. Est-ce qu'il y a des chambres disponibles (*available*)?

VOCABULAIRE UTILE

Il me faudra	I will need
Ce serait pour quand?	When would this be for?
vous verrez	you will see
Il n'y a pas de quoi.	It's nothing, you're welcome.
Il faut que tu marchandes	You have to bargain

Visionnez!

Choisissez la bonne réponse.

1. Aimée voudrait faire des _____.
   a. projets   **b.** réservations   **c.** recherches
2. Aimée fait de _____.
   a. la pêche   **b.** la peinture   **c.** le vélo
3. Le réceptionniste peut proposer aux deux filles une chambre _____ pour 55 euros.
   a. sans douche   **b.** à deux lits   **c.** simple
4. D'habitude, _____ coûte 9 euros.
   a. le petit déjeuner   **b.** le dîner   **c.** le souper

Note culturelle

La plupart des[1] hôtels en France sont classés par le Secrétariat d'État au tourisme selon[2] un système d'étoiles: ☆☆☆L: grand luxe; ☆☆☆☆: grand confort; ☆☆☆: très confortable; ☆☆: de bon confort; ☆: assez confortable; sans étoile: très simple. Ces symboles et les prix des chambres sont généralement affichés[3] à l'entrée de l'hôtel.

[1]La... *Most of the*   [2]*according to*   [3]*posted*

Jouez la scène!

Avec un(e) partenaire, jouez les scènes suivantes.

1. Vous entrez dans un hôtel avec un ami / une amie. Vous voulez une chambre à deux lits. Vous demandez des informations sur la chambre, s'il y a une salle de bains, un téléphone, une télévision et si le petit déjeuner est compris. La réceptionniste répond à vos questions et vous demande votre nom, votre adresse et votre passeport.
2. Vous êtes en voyage en France pour un mois avec un ami / une amie. Vous êtes à votre hôtel, à Paris. Vous voulez immédiatement réserver une chambre pour votre retour. Vous allez à la réception et mentionnez à la réceptionniste qu'au retour, vous serez (*will be*) seul(e).

Vocabulaire

Verbes

aller à la pêche to go fishing
bronzer to get a suntan
devenir to become
dormir to sleep
entrer to enter
monter to go up; to climb
mourir to die
nager to swim
naître to be born
obtenir to obtain, get
oublier to forget
partir (à) (de) to leave (for) (from)
passer (par) to pass (by)
patiner to skate
pleuvoir to rain
prendre des vacances to take a vacation
quitter to leave (*someone or someplace*)
rentrer to return; to go home
retourner to return; to go back
revenir to come back to, return (*someplace*)
sentir to feel; to sense; to smell
servir to serve
sortir to leave; to go out
tomber to fall
venir to come
  venir de + *inf.* to have just (*done something*)
voyager to travel

À REVOIR: **acheter, descendre, porter, pouvoir, rendre visite à, rester**

Substantifs

l'alpinisme (*m.*) mountaineering
le bateau (à voile) (sail)boat
la campagne country(side)
le camping camping
le cheval horse
  faire du... to go horseback riding
la clé key
l'endroit (*m.*) place
l'équitation (*f.*) horseback riding
l'état (*m.*) state
le fleuve (large) river
la forêt forest
le lac lake
la matinée morning
la mer sea, ocean
le monde world
la montagne mountain
la nuit night
le parapluie umbrella
la plage beach
la planche à voile windsurfer
la plongée sous-marine skin diving
  faire de la... to go skin diving
la randonnée hike
  faire une... to go hiking
la route road
le ski alpin downhill skiing
  ...de fond cross-country skiing
  ...nautique waterskiing
la soirée evening
le vélo bicycle
  faire du... to go bicycling

À REVOIR: **la carte postale, la promenade, les vacances** (*f. pl.*)

Les vêtements et l'équipement sportifs

l'anorak (*m.*) (ski) jacket
les chaussures (*f.*) **de ski** ski boots
  ...de montagne hiking boots
les lunettes (*f.*) glasses
  ...de ski ski goggles
  ...de soleil sunglasses
le sac de couchage sleeping bag
la serviette de plage beach towel
le ski ski
la tente tent
la valise suitcase

À REVOIR: **la chaussure, le maillot de bain, la robe**

Expressions temporelles

les années (cinquante) the decade (era) of (the fifties)
avant-hier the day before yesterday
hier yesterday
il y a ago
passé(e) last
toute la matinée / la journée / la soirée: all morning / day / evening

À REVOIR: **les pays, dernier / dernière**

✳ Révisez! Chapitres 5–8

A. Dîner avec les Diop. Les Diop, une famille sénégalaise, viennent d'ouvrir un restaurant à Dakar. Vos amis et vous voulez dîner chez eux. Complétez les paragraphes avec les mots appropriés de la liste suivante.

Vocabulaire: allons, attend, ayez, boivent, chez, descendent, du, font un tour, préfèrent, prépare, sa

Pour une soirée à Dakar, nous _____¹ manger dans un restaurant très spécial. Le restaurant le Niani est une affaire de famille: Étienne Diop et _____² femme font la cuisine.

_____³ les Diop, la cuisine est magnifique et authentique. Mme Diop _____⁴ le plat national du Sénégal, le ceebu jen (riz au poisson).

Certains clients _____⁵ prendre de la bière ou _____⁶ vin. Mais, en général, les clients _____⁷ une boisson traditionnelle, le jus de bissap. N'_____⁸ pas peur d'essayer la nourriture et les boissons du pays. Tout est délicieux!

Après le repas, les clients _____⁹ en bateau. Quand les clients _____¹⁰ du bateau pour dire merci à la famille Diop, une surprise les _____¹¹: un grand dessert de fruits exotiques!

B. Le voyage de Suzette. Suzette a fait un voyage. À son retour, elle téléphone à son amie Julie pour parler de son voyage. Voici le message que Suzette laisse sur le répondeur de Julie. Complétez les paragraphes avec les mots appropriés de la liste suivante.

Vocabulaire: ai eu, avons acheté, avons visité, au, ce, n'ai pas compris, quel, quelle, quels, sent, sommes allées, suis descendue, veux

Salut Julie! C'est moi, Suzette. Je suis revenue de mon voyage _____¹ Maroc hier soir. Le Maroc est fantastique: _____² beau pays! Je vais te raconter toutes mes aventures!

J'ai pris l'avion et je _____³ à Casablanca. Une très bonne amie marocaine est venue me chercher et nous _____⁴ à Marrakech. Nous _____⁵ un souk au centre-ville. Dans _____⁶ souk, mon amie et moi, nous _____⁷ beaucoup de souvenirs.

Mais je _____⁸ des problèmes à l'aéroport. Le policier m'a dit: «Votre valise _____⁹ mauvais. _____¹⁰ est cette odeur? _____¹¹ objets avez-vous dans votre valise?» Mon amie marocaine a discuté longtemps avec le policier. Ils ont parlé en arabe et, comme je ne parle pas l'arabe, je _____¹². Mais, j'ai passé la douane (*customs*).

Maintenant, je _____¹³ visiter la Tunisie. Mais, la prochaine fois, je ne vais pas acheter de l'encens (*incense*)! À bientôt!

Answers to Activities A and B in Appendix H.

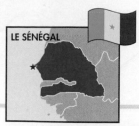

LE SÉNÉGAL

Bienvenue au Sénégal

Un coup d'œil sur Dakar

Au Sénégal dont[1] elle est la capitale, Dakar est l'une des pointes[2] les plus avancées de l'Afrique de l'Ouest dans l'océan Atlantique. Les Dakarois vous accueillent toujours avec amitié, «teranga». Visitez avec eux le Marché San-daga, près de la petite gare, et regardez partir les bateaux qui relient[3] Dakar à la Casamance ou à la Gambie voi-sines. Dans l'arrondissement du Plateau, vous voyez aussi l'Assemblée nationale et le Palais présidentiel.

Là-bas,[4] on voit dans l'océan l'Île de Gorée, ce joyau[5] de l'architecture coloniale avec ses petites rues et l'ombre[6] fraîche des bougainvillées. Mais, cet endroit tranquille cache[7] un passé terrible: le point de départ de la traite né-grière[8] dès le XVIe[9] siècle. La Maison des Esclaves résonne encore de la tragédie de femmes, enfants, hommes, trans-portés dans des conditions inhumaines vers les Antilles et les Amériques.

Voici Dakar sur su péninsule

[1]of which [2]headlands [3]link [4]There [5]jewel [6]shade [7]hides [8]traite... slave trade
[9]seizième

Portrait - Tiken Jah Fakoly

Quand il était petit, son père lui disait: «Arrête de danser, il faut bosser.[1]»

La vocation artistique de Tiken Jah a été précoce[2] et irrésistible. Aujourd'hui, il attire des fans en délire[3] dans des stades de 20 000 personnes. Les jeunes s'identifient à ce fils de l'Afrique qui, sur les rythmes reggae, chante des valeurs sociales fondamentales: la démocratie et la justice. Ses chansons sont engagées.[4] Dans ses fameux albums «Mangercratie» et «Cours d'histoire», il milite en faveur d'un gouvernement «propre» et condamne les conflits ethniques. Il chante dans le monde entier mais reste attaché à ses origines. Il répète: «L'Afrique, c'est ma vie, j'y reviendrai[5] toujours.»

[1]to work [2]precocious [3]en... ecstatic [4]politically oriented [5]j'y... I will return there

deux cent trente et un **231**

Le château de Chantilly
Chantilly, France

Chère Nathalie,

Je viens d'acheter une voiture des années 70: une pièce de collection!

Pendant une semaine, j'ai conduit sans problème. Malheureusement mon bonheur n'a pas duré: j'ai eu un accident sur la route de Chantilly. Rien de grave, mais ma voiture est chez le garagiste. Depuis cet événement je suis désespéré et ruiné. Comment aller à la fac maintenant? Je déteste les transports en commun et je ne connais personne qui a une voiture.

Je te défends de rire!

Paul*

Dans ce chapitre...

Objectifs communicatifs

- talking about transportation; expressing actions; expressing how long, how long ago, and since when; talking about the past; expressing negation

Paroles (Leçon 1)

- À l'aéroport
- À la gare
- En route
- Les points cardinaux

Structures (Leçons 2 et 3)

- Le verbe **conduire**
- **Depuis** et **pendant**
- Les adverbes affirmatifs et négatifs
- Les pronoms affirmatifs et négatifs

Culture

- Reportage: Étudiants: comment voyager moins cher? (Correspondance)
- Lecture: L'Orient-Express et son passé majesteux (Leçon 4)

Multimédia

En société—Acheter des billets

Dans cet épisode, Claire, Jacques et Aimée sont en train d'organiser leurs vacances, mais ils n'ont pas encore acheté leurs billets.

CD-ROM

Révisez le vocabulaire et la grammaire de ce chapitre et parlez de vos vacances idéales.

Online Learning Center

Visitez le site Web de *Vis-à-vis* à **www.mhhe.com/visavis3** pour réviser le vocabulaire, la grammaire et les renseignements culturels qui se trouvent dans ce chapitre.

Leçon 1

À l'aéroport

Air France Vol 512
à destination de New York

un avion · le pilote · le steward · l'hôtesse de l'air · Zone non-fumeurs · Zone fumeurs

Première classe · Classe affaires · Classe économique

une carte d'embarquement

Allez-y!

Bienvenue à bord! Complétez les phrases d'après le dessin.

1. Si on fume, on veut une place dans la _____.
2. Le _____ est le conducteur de l'avion.
3. L'_____ apporte les repas.
4. Les gens très riches voyagent en _____.
5. Quand on est dans la _____, on ne peut pas fumer.
6. Le _____ sert les boissons.
7. On présente une _____ pour monter dans l'avion.
8. Les hommes et les femmes d'affaires voyagent en _____.
9. Les étudiants voyagent en _____.
10. Le départ du _____ 512 est à 13 h 50.

0,46 €

La Poste 2002

RF **Concorde**

À la gare

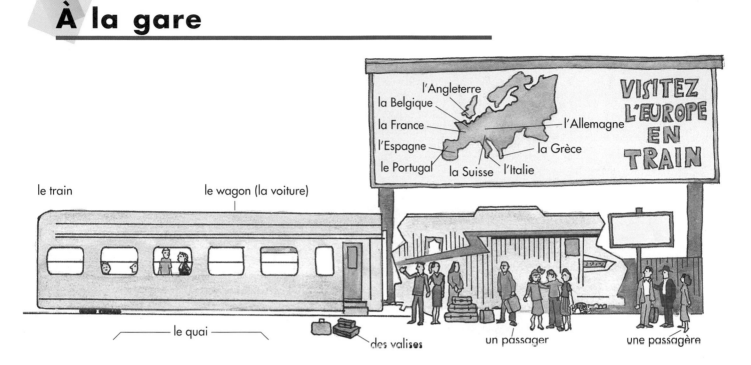

VISITEZ L'EUROPE EN TRAIN

l'Angleterre
la Belgique
la France
l'Espagne
le Portugal
la Suisse
l'Italie
l'Allemagne
la Grèce

le train

le wagon (la voiture)

le quai

des valises

un passager

une passagère

AUTRES MOTS UTILES

un aller-retour	round trip; round-trip ticket
le billet	ticket
la couchette	berth
le guichet	(ticket) window
le compartiment	compartment

Allez-y!

A. Définitions. Répondez, s'il vous plaît!

1. Quel moyen de transport est-ce qu'on trouve dans une gare?
2. Comment s'appelle chaque voiture d'un train?
3. Comment s'appellent les personnes qui voyagent?
4. Comment s'appelle la partie du wagon où les passagers sont assis (*seated*)?
5. Où est-ce que les passagers attendent l'arrivée d'un train?
6. Où est-ce qu'on achète les billets?

B. Trains / autos accompagnées. Pour partir en vacances, beaucoup de Français prennent le train. Lisez la publicité de la SNCF (Société nationale des chemins de fer français), puis répondez aux questions.

1. Quel service propose cette publicité?
2. Où se trouve le «coffre» d'une voiture? À quoi sert-il (*What is it for*)?
3. Quel autre véhicule peut-on transporter en train?
4. Comment sont les compartiments et les couchettes?
5. Est-ce que le petit déjeuner est compris dans le prix du voyage?
6. Combien de temps après l'arrivée est-ce qu'on retrouve sa voiture?

TRAINS AUTOS ACCOMPAGNÉES

1
Chez vous; le coffre est chargé: plus de souci de valises jusqu'à l'arrivée.

2
Vous arrivez tranquillement à la gare de chargement, vous avez jusqu'à 20 h 15 pour remettre votre voiture ou votre moto

3
Le compartiment est climatisé, la couchette est confortable, vous vous glissez dans vos draps.

4
C'est le plein sommeil, le train roule, votre voiture ou votre moto vous suit.

5
7 h 45: vous descendez du train; le petit déjeuner vous attend, il est gratuit.

6
8 h 30: en forme, vous retrouvez votre voiture ou votre moto. Bonne route!

Un exemple: Paris - Saint-Raphaël

C. Interview. Demandez à un(e) camarade s'il / si elle a voyagé en train. Est-ce qu'il/elle a mangé dans un wagon-restaurant? Est-ce qu'il/elle a dormi dans un wagon-lit? Quelle ville est-ce qu'il/elle a visitée pendant ce voyage? À qui est-ce qu'il/elle a rendu visite? Ensuite, racontez à la classe le voyage de votre camarade.

En route!

Jean-Pierre conduit (*drives*) sa **moto** avec prudence.

Annick **roule** toujours très **vite**. Elle préfère **l'autoroute!**

Marianne **fait le plein** d'essence à **la station-service**.

Martine et Annie **traversent** la France **à vélo**.

Allez-y!

A. Moyens de transport. Comment vous rendez-vous à destination dans les situations suivantes? Utilisez les **Mots clés**.

> **MODÈLE:** Vous voulez aller sur l'autre rive (*shore*) du lac. → en bateau

1. La classe fait une excursion.
2. Il y a des pistes cyclables (*bicycle paths*) dans votre ville.
3. Vous allez en Europe.
4. Vous voulez faire de l'équitation.
5. Vous aimez l'autoroute.

B. Interview. Posez les questions suivantes à un(e) camarade.

1. Comment préfères-tu voyager en vacances? Pourquoi? Est-ce que ça dépend de ta destination?
2. Quels moyens de transport préfères-tu prendre en ville?

Mots clés

Les prépositions devant les moyens de transport

En is used with means of transportation that you enter.

en autocar, **en** autobus, **en** avion, **en** bateau, **en** camion, **en** métro, **en** train, **en** voiture, et cetera.

À is used with means of transportation that you mount or on which you ride. It is also used in the expression **à pied.**

à bicyclette, **à** cheval, **à** moto, **à** vélo, et cetera.

deux cent trente-sept **237**

3. Nomme des moyens de transport qui correspondent à chacun des adjectifs suivants: **économique, dangereux, rapide, polluant, agréable.**

4. Est-ce qu'il y a des problèmes de transport dans ta ville ou ta région? Si oui, lesquels (*which ones*)?

Les points cardinaux

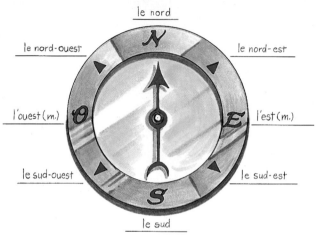

Allez-y!

Quelques pays européens et leurs capitales. Quel pays est situé dans chacune des régions mentionnées ici? Quelle est sa capitale? (Consultez la carte géographique de l'Europe au début de ce livre.)

MODÈLE: au sud-est de l'Italie ⟶
La Grèce est située au sud-est de l'Italie. Capitale: Athènes.

RÉGIONS	CAPITALES
1. au nord-est de l'Espagne	Londres
2. à l'est de la Belgique	Madrid
3. au sud-ouest de la France	Bruxelles
4. à l'ouest de l'Espagne	Berne
5. au nord-ouest de la France	Berlin
6. au sud-est de la France	Rome
7. au nord de l'Italie	Lisbonne
8. au nord de la France	Paris

Leçon 2

Le verbe *conduire*

Expressing Actions

Un week-end à la montagne

MARIE-JOSÉE: On va à la montagne ce week-end?

ALEX: Bonne idée! Ça va me donner l'occasion de **conduire** ma nouvelle décapotable!

MARIE-JOSÉE: Ah non! Tu **détruis** l'environnement avec ta voiture et puis tu **conduis** beaucoup trop vite! Allons-y en train!

ALEX: Mais on a **construit** une toute nouvelle autoroute. Prenons ma voiture; ça va être plus rapide.

MARIE-JOSÉE: Tu as reçu combien de contraventions dernièrement?

ALEX: Euh! À quelle heure part le train?...

Répondez aux questions selon le dialogue.

1. Comment est-ce qu'Alex conduit?
2. Est-ce que Marie-Josée se soucie de (*worries about*) l'environnement?
3. Pourquoi est-ce qu'Alex accepte de prendre le train?

PRESENT TENSE OF **conduire** (*to drive*)	
je condu**is**	nous condu**isons**
tu condu**is**	vous condu**isez**
il/elle/on condu**it**	ils/elles condu**isent**

Past participle: **conduit**

All verbs ending in **-uire** are conjugated like **conduire**.

construire *to construct*   Nous **construisons** une nouvelle ville.

deux cent trente-neuf   **239**

détruire *to destroy*	On **détruit** le vieux pour construire du neuf.
produire *to produce*	Le soleil **produit** de l'énergie.
réduire *to reduce*	**Réduisez** votre vitesse dans les zones scolaires.
traduire *to translate*	**Traduis** cette brochure en espagnol.

In French, the verb **conduire** is used to express the physical act of driving. It is used with types of car, ways of driving, and so on.

Sébastien **conduit** une Peugeot.	*Sébastien drives a Peugeot.*
Les jeunes **conduisent** rapidement.	*Young people drive fast.*

However, the construction **aller en voiture** is used to express *to drive somewhere*.

Ils sont allés en Belgique en voiture.	*They drove to Belgium.*

Allez-y!

A. Sur la route. Conjuguez les verbes dans les phrases suivantes.

1. ma vieille voiture / produire / trop de pollution
2. les gaz toxiques / détruire / l'environnement
3. nous / conduire / de nouveaux véhicules
4. ils / réduire / le niveau (*level*) de pollution
5. conduire (*impératif, vous*) / avec prudence

B. Interview. Posez les questions suivantes à un(e) camarade de classe. Ensuite, mentionnez le fait le plus intéressant à la classe.

1. Conduis-tu souvent? Quand tu sors avec des copains, conduisez-vous ou utilisez-vous les transports en commun?
2. Dans ta famille, qui conduit le plus (*the most*) souvent? Qui ne conduit pas?
3. Aimes-tu conduire? Quelle marque de voiture préfères-tu? Pourquoi? Préfères-tu les voitures américaines ou les voitures fabriquées à l'étranger (*abroad*)?
4. Penses-tu que les voitures détruisent la qualité de la vie en ville? Est-ce qu'on construit trop d'autoroutes aux États-Unis?
5. Qu'est-ce que tu penses des motos et des vélos?
6. As-tu déjà traversé les États-Unis en voiture? Si oui, quand et avec qui?

Depuis et pendant
Expressing How Long, How Long Ago, and Since When

La course automobile

JOURNALISTE: **Depuis quand** est-ce que vous faites de la course automobile?

PILOTE: Je participe à des compétitions professionnelles **depuis** 1998. Avant, j'ai été au niveau amateur **pendant** trois ans.

JOURNALISTE: **Pendant combien de temps** est-ce que vous vous entraînez?

PILOTE: D'habitude, je travaille tous les jours **pendant** sept heures. C'est un travail exigeant, mais aussi vraiment très excitant!

Vrai ou faux?

1. Cet homme est pilote professionnel depuis 1996.
2. Il a été pilote amateur pendant trois ans.
3. Le week-end, il travaille pendant cinq heures.

Depuis

Depuis is used with a verb in the present tense to talk about an activity that began in the past and continues in the present time. The most frequent English equivalent is *have been + -ing*.

1. With a starting point that can be a date (day, month, year) or a noun:

Depuis quand... ? + *present tense*	= Since when . . . ?
present tense + **depuis** + *starting point in the past*	= . . . since . . .

Depuis quand est-ce que tu conduis?	*Since when have you been driving?*
Je conduis **depuis** 2000.	*I have been driving since 2000.*
Je conduis plus lentement **depuis** mon accident.	*I have been driving slower since my accident.*

deux cent quarante et un   **241**

2. To express a duration:

Depuis combien de temps... ? +
present tense   = (For) How long . . . ?

present tense + **depuis** *+ period of time*   = . . . for (*duration*)

Depuis combien de temps est-ce que vous prenez l'autobus?	(*For*) *How long have you been taking the bus?*
Je prends l'autobus **depuis** six mois.	*I have been taking the bus for six months.*

[Allez-y! A]

Pendant

1. **Pendant** expresses the duration of a habitual or repeated action, situation, or event with a definite beginning and end. It is often used with the **passé composé.**

Pendant combien de temps... ? +
present or past tense   (For) how long . . . ?

present or past tense + **pendant** *+ time period*   . . . for (*duration*)

Pendant combien de temps es-tu resté en Belgique?	(*For*) *How long did you stay in Belgium?*
Je suis resté en Belgique **pendant** deux semaines.	*I stayed in Belgium for two weeks.*
D'habitude, le matin, j'attends l'autobus **pendant** vingt minutes.	*Usually, in the morning, I wait for the bus for 20 minutes.*

2. **Pendant** can also mean *during*.

Qu'est-ce que tu as fait **pendant** ce temps?	*What did you do during this time?*

Reminder: **Il y a** + *time period* = ago

J'ai fait mes réservations **il y a** un mois.	*I made my reservations a month ago.*

[Allez-y! B]

Allez-y!

A. Le temps passe. Carole (C) et Thomas (T), deux étudiants étrangers à l'université de Lyon, parlent de leur vie en France. Avec un(e) partenaire, à tour de rôle, posez les questions et répondez. Utilisez **depuis quand** ou **depuis combien de temps** selon l'indice.

MODÈLE: (C) habiter / Europe (2001) ⟶
   CAROLE: Depuis quand est-ce que tu habites en Europe?
   THOMAS: J'habite en Europe depuis 2001.

1. (T) travailler / Lyon (deux ans)
2. (C) faire / vélo (mon arrivée en France)
3. (T) étudier / cette université (un an)
4. (C) conduire (1998)
5. (T) être mariée (six mois)
6. (C) étudier l'informatique (l'automne dernier)

B. Expressions de temps. Thomas et Carole continuent leur conversation. Complétez les phrases suivantes en utilisant **depuis, pendant** ou **il y a.**

1. Thomas a rencontré sa femme _____ ses vacances. Aujourd'hui, ils sont mariés _____ trois ans.
2. _____ deux mois, Carole a fait un voyage en Tunisie. Elle est restée à Sousse _____ trois semaines.
3. L'année dernière, Thomas et sa femme sont allés en Angleterre _____ trois semaines.
4. L'été prochain, ils veulent visiter la Belgique _____ deux semaines. Ils ont fait leurs réservations _____ deux jours.
5. Il est maintenant 3 h. Ils ont commencé à parler à 1 h. Ils parlent _____ deux heures.

Correspondance

Mon pauvre Paul!

Sur la route comme sur l'autoroute, tu roules toujours trop vite. C'est dangereux pour toi et pour les autres. Pourquoi est-ce que tu n'utilises pas un autre moyen de transport: le TGV, par exemple?

Autre solution quand tu es à Paris: tu peux circuler à vélo. C'est économique et écologique. Ou bien, tu peux acheter une Carte Orange et, comme tout le monde, prendre le métro ou le bus. J'imagine que tu n'as jamais utilisé les transports en commun!

Dernière solution: tu marches. C'est gratuit et c'est excellent pour la forme.

Moi, je prends le train pour Cannes la semaine prochaine. Le Festival et ses splendeurs m'attendent. Je compte faire une série d'interviews pour mon journal.

Je te tiens au courant.

Bisous,
Nathalie

En image...
La France à vélo

En France, le vélo appelé «la petite reine[1]» a de plus en plus de partisans. À Paris, il y a même des pistes cyclables pour les adeptes du deux-roues.

Mais la tradition n'exclut pas le progrès: depuis 2001, le TGV Méditerranée relie Paris à Marseille en trois heures seulement. Avec le train le plus rapide[2] du monde, on a l'impression d'être dans un avion.

[1]queen [2]le... the fastest

Reportage

Étudiants: comment voyager moins cher?

Vous êtes étudiant(e)? Cela signifie que vous n'avez pas beaucoup d'argent. Mais vous avez du temps et surtout, vous adorez voyager!

Partir à petit prix, c'est possible en France avec la SNCF (Société nationale des chemins de fer français) qui vous propose toutes sortes de solutions pour voyager moins cher. Le week-end, Aurélie rend souvent visite à ses parents qui habitent à Lyon. Avec le billet «Découverte Séjour», elle bénéficie d'une réduction de 25 %.

Tristan et sa copine Noémie ont choisi la formule «Découverte à deux», qui leur donne aussi droit à une réduction de 25 %. Pourtant, on peut encore mieux faire avec «Découverte J30» si on commande son billet un mois à l'avance. «La réduction est intéressante, mais je n'arrive jamais à avoir ces bons tarifs, regrette Aurélie. Je suis incapable de planifier mes voyages à l'avance.»

Pour les grands voyageurs, la solution idéale existe. C'est la «Carte Pass Inter Rail» qui donne accès à 29 pays d'Europe et d'Afrique du Nord pour un prix unique. Jules l'a achetée: «J'embarque à Paris. Je passe un petit week-end à Nice. Puis je vais à Florence et à Rome. Je traverse ensuite l'Allemagne. Après, je ne sais pas. Je veux improviser.» Oui, tout est possible et facile dans une Europe sans frontières. Bon voyage à tous!

Star des trains européens, l'Eurostar renforce l'amitié entre la France et l'Angleterre: en trois heures, le voyageur va de Paris à Londres grâce au (*thanks to the*) fabuleux tunnel sous la Manche! Mais attention: même si (*even if*) l'Angleterre fait partie de l'Union européenne, elle n'utilise pas l'euro!

À vous!

1. Quelles sont les solutions possibles pour voyager moins cher quand on est seul? Quand on est à deux?
2. Existe-t-il en Amérique du Nord une formule «Carte Pass Inter Rail»? Comment faites-vous pour voyager avec un petit budget?
3. D'après la légende de la photo, comment le mot «Eurostar» est-il formé? Que suggère ce nom?

ON EST BRANCHÉ!

Paul a une semaine de vacances et pense se rendre à Cannes pour retrouver son amie Nathalie. Utilisez Internet pour l'aider à préparer son itinéraire. Pour obtenir des informations supplémentaires et les liens nécessaires, visitez le site Web de *Vis-à-vis* à **www.mhhe.com/visavis3**.

Leçon 3

STRUCTURES

Les adverbes affirmatifs et négatifs
Expressing Negation

Le Train à grande vitesse

PATRICIA: Tu as **déjà** voyagé en TGV?

FRÉDÉRIC: Non, **pas encore.** Mais j'ai réservé une place pour samedi prochain. Je vais voir mes parents à Lyon.

PATRICIA: Est-ce qu'il faut **toujours** réserver à l'avance pour le TGV?

FRÉDÉRIC: Oui, c'est obligatoire. Moi, je **n'**aime **pas du tout** ce système parce que j'ai **toujours** eu horreur de prévoir à l'avance. J'aime partir à la dernière minute, je **ne** fais **jamais de** projets, et je **n'**ai **jamais** eu **d'**agenda.

Trouvez la phrase ou la question équivalente dans le dialogue.

1. Tu n'as pas encore voyagé en TGV?
2. On ne peut jamais prendre le TGV sans réservation?
3. Moi, je déteste ce système.

Sur le quai à la gare de l'Est à Paris

The adverbs **toujours, souvent,** and **parfois** (*sometimes*) generally follow the verb in the present tense. The expression **ne (n')... jamais,** constructed like **ne... pas,** is the negative adverb (**l'adverbe de négation**) equivalent to *never* in English.

Henri voyage **toujours** en train.*
Marie voyage **souvent** en train.*
Hélène voyage **parfois** en train.

Je **ne** voyage **jamais** en train.
I never travel by train.

---

*Sentences whose verbs are modified by **toujours** and **souvent** can also be negated by **ne (n')... pas:** Henri ne voyage pas toujours en train. Il voyage parfois en avion. Marie ne voyage pas souvent en train. Elle préfère conduire.

Other common adverbs follow this pattern.

AFFIRMATIVE	NEGATIVE
encore *still* Le train est **encore** sur le quai. *The train is still at the platform.*	**ne (n')... plus** *no longer, no more* Le train **n'**est **plus** sur le quai. *The train is no longer at the platform.*
déjà *already* Nos valises sont **déjà** là? *Are our suitcases there already?*	**ne (n')... pas encore** *not yet* Nos valises **ne** sont **pas encore** là. *Our suitcases aren't there yet.*
déjà *ever* Est-ce que tu es **déjà** allé à Lyon? *Have you ever been to Lyon?*	**ne... jamais** *never* Non, je **ne** suis **jamais** allé à Lyon. *No, I have never been to Lyon.*

1. As with **ne (n')... pas,** the indefinite article and the partitive article become **de (d')** when they follow negative adverbs.

AFFIRMATIVE	NEGATIVE
Je vois **toujours des Américains** dans l'autocar. *I always see Americans on the tour bus.*	Je **ne** vois **jamais de Français** dans l'autocar. *I never see (any) French people on the tour bus.*
Avez-vous **encore des billets** à vendre? *Do you still have (some) tickets to sell?*	Non, je **n'**ai **plus de billets** à vendre. *No, I have no more (I don't have any more) tickets to sell.*
Karen a **déjà des amis** en France. *Karen already has (some) friends in France.*	Vincent **n'**a **pas encore d'amis** aux États-Unis. *Vincent doesn't have any friends in the United States yet.*

2. Definite articles do not change.

> Je ne vois jamais **le** contrôleur (*conductor*) dans ce train.
> Annick ne prend plus **l'**autoroute à Caen.
> On ne voit pas encore **le** sommet de la montagne.

3. In the **passé composé,** affirmative adverbs are generally placed between the auxiliary and the past participle.

> M. Huet a **toujours / souvent / parfois** pris l'avion.

4. **Ne... pas du tout** is used instead of **ne... pas** for emphasis.

Je **n'**aime **pas du tout** les avions!	*I don't like planes at all!*
—As-tu faim?	*Are you hungry?*
—**Pas du tout!**	*Not at all!*

Allez-y!

A. Un voyageur nerveux. Chaque fois qu'il part en vacances, M. Laffont se préoccupe de tout (*worries about everything*). Mme Laffont essaie toujours de le calmer (*calm him down*). Avec un(e) camarade, jouez les rôles de M. et Mme Laffont. Suivez le modèle.

> **MODÈLE:** M. LAFFONT: Tu n'as pas encore trouvé les valises.
> MME LAFFONT: Mais si!* J'ai déjà trouvé les valises.

1. Nous ne faisons jamais de voyages agréables.
2. Il n'y a plus de places dans le train.
3. Il n'y a plus de billets en seconde classe.
4. Nous ne sommes pas encore arrivés.
5. Il n'y a jamais de téléphone à la gare.
6. Il n'y a plus de voitures à louer.
7. Tu n'as pas encore trouvé la carte.
8. Nous ne sommes pas encore sur la bonne route (*the right road*).

B. En voyage. Dites ce que font ces personnes quand elles sont en voyage. Remplacez **seulement** par **ne... que.**

> **MODÈLE:** Je prends seulement le train. ⟶
> Je ne prends que le train.

1. Martin envoie (*sends*) seulement des cartes postales.
2. Vous achetez seulement des souvenirs drôles.
3. Mes cousins mangent seulement dans les fast-foods.
4. Tu prends seulement une valise.
5. Nous dormons seulement dans des auberges de jeunesse.
6. Sophie regarde seulement les bateaux sur la mer.

Mots clés

La négation *ne... que*

The expression **ne (n')... que (qu')** is used to indicate a limited quantity of something or a limitation of choices. It has the same meaning as **seulement** (*only*).

Je **n'**ai **qu'**un billet.
J'ai **seulement** un billet.
  I have only one ticket.

Hélène **n'**a fait **que** deux réservations.
Hélène a fait **seulement** deux réservations.
  Hélène made only two reservations.

---

*Remember that **si** rather than **oui** is used to contradict a negative question or statement.

C. Préparatifs de voyage. Quand vous partez en voyage, faites-vous les choses suivantes? Utilisez **toujours, souvent, parfois** ou **ne... jamais** dans vos réponses.

MODÈLE: arriver à l'aéroport à la dernière minute ⟶

> É1: Est-ce que tu arrives toujours à l'aéroport à la dernière minute?
>
> É2: Moi non, je n'arrive jamais à l'aéroport à la dernière minute! (J'arrive parfois à l'aéroport à la dernière minute.) Et toi?

1. oublier ton passeport (ton billet, ta carte de crédit...)
2. prendre ton appareil photo (un guide, une carte...)
3. acheter de nouveaux vêtements (de nouvelles chaussures, de nouvelles lunettes de soleil...)
4. tracer un itinéraire (à l'avance, au dernier moment...)
5. faire ta valise au dernier moment (la veille [*the day before*], une semaine avant...)

Les pronoms affirmatifs et négatifs
Expressing Negation

La consigne automatique

SERGE: Il y a **quelque chose** qui ne va pas?

JEAN-PIERRE: Oui, j'ai des ennuis avec la consigne; elle ne marche pas.

SERGE: Ah, ça! Il **n'**y a **rien** de plus énervant!

JEAN-PIERRE: **Tout le monde** semble toujours trouver une consigne qui marche, sauf moi.

SERGE: Regarde, **quelqu'un** sort ses bagages d'une consigne. Là, tu es sûr qu'elle marche!

JEAN-PIERRE: Excellente idée!

Corrigez les phrases inexactes.

1. Tout va bien pour Jean-Pierre.
2. Il y a quelque chose de plus énervant (*something more exasperating*) qu'une consigne qui ne marche pas.
3. Jean-Pierre et deux autres passagers ne trouvent pas de consigne qui marche.
4. Quand quelqu'un sort ses bagages d'une consigne, on peut être sûr qu'elle marche.

deux cent quarante-neuf **249**

Affirmative Pronouns

Quelqu'un* (*Someone*), **quelque chose** (*something*), **tout** (*everything, all*), and **tout le monde** (*everybody*) are indefinite pronouns (**des pronoms indéfinis**). All four can serve as the subject of a sentence, the object of a verb, or the object of a preposition.

Quelqu'un a pris ma valise.	*Someone took my suitcase.*
Vous avez vu **quelqu'un** sur le quai?	*Did you see someone on the platform?*
Jacques a parlé avec **quelqu'un** il y a un moment.	*Jacques spoke with someone a moment ago.*
Quelque chose est arrivé.	*Something has happened.*
Marie a acheté **quelque chose** au buffet de la gare.	*Marie bought something at the station restaurant.*
Elle pense à **quelque chose,** mais à quoi?	*She's thinking about something, but what?*
Tout est possible.	*Everything is possible.*
Tout le monde est prêt?	*Is everybody ready?*

Negative Pronouns

1. **Personne** (*No one, Nobody, Not anybody*) and **rien** (*nothing, not anything*) are negative pronouns generally used in a construction with **ne** (**n'**). They can be the subject of a sentence, the object of a verb, or the object of a preposition.

Personne n'est monté dans ce train.	*No one boarded this train.*
Je **ne** vois **personne** dans le compartiment.	*I don't see anyone in the compartment.*
Jacques **ne** parle avec **personne** maintenant.	*Jacques isn't speaking with anyone right now.*
Rien ne l'intéresse.	*Nothing interests him/her.*
Je **ne** veux **rien.**	*I don't want anything.*
Elle **ne** pense à **rien.**	*She's not thinking about anything.*
Rien n'est impossible.	*Nothing is impossible.*
Personne n'est prêt.	*Nobody is ready.*

2. As the object of a verb in the **passé composé, rien** precedes the past participle, whereas **personne** follows it.

Marie **n'a rien** acheté au buffet de la gare.	*Marie didn't buy anything at the station restaurant.*
Je **n'**ai vu **personne.**	*I didn't see anyone.*

[Allez-y! A]

***Quelqu'un** is invariable in form: It can refer to both males and females.

3. Like **jamais, rien** and **personne** can be used without **ne** to answer a question.

—Qu'est-ce qu'il y a sur la voie?	*What's on the track?*
—**Rien.**	*Nothing.*
—Qui est au guichet?	*Who's at the ticket counter?*
—**Personne.**	*Nobody.*

4. When used with adjectives, the expressions **quelque chose, quelqu'un, ne... rien,** and **ne... personne** are followed by **de (d')** plus the masculine singular form of the adjective.

Il y a **quelque chose de bon** au menu de la voiture-restaurant?	*Is there anything good on the menu in the restaurant car?*
J'ai rencontré **quelqu'un d'intéressant** dans le compartiment d'à côté.	*I met someone interesting in the next compartment.*
Il **n'y** a **rien d'amusant** dans ce journal.	*There is nothing entertaining in this paper.*
Je **n'**ai parlé à **personne d'important** dans la voiture de première classe.	*I didn't speak to anyone important in the first-class car.*

[Allez-y! B]

Allez-y!

A. À la gare. Vous avez des ennuis avant de partir en voyage. Transformez les phrases suivantes.

MODÈLE: Quelqu'un est prêt! ⟶ Personne n'est prêt!

1. Quelqu'un a acheté les billets.
2. Quelqu'un a apporté nos valises.
3. Tout est prêt.
4. Jean-Claude pense à quelque chose.
5. Éric a tout pris.
6. Claudine parle avec quelqu'un.

B. La vie en rose. Transformez les phrases pessimistes de votre camarade. Suivez le modèle.

MODÈLE: Il n'y a personne à la caisse (*cash register*). ⟶
   É1: Il n'y a personne à la caisse.
   É2: Mais si! Il y a quelqu'un à la caisse.

1. Il n'y a personne dans ce restaurant.   2. Il n'y a rien de bon sur le menu.   3. Il n'y a rien dans ce magasin de sports.   4. Il n'y a rien de joli ici.   5. Il n'y a personne dans cette agence de voyages.   6. Il n'y a rien d'intéressant dans ces brochures.   7. Il n'y a rien de moderne dans ce quartier.   8. Il n'y a rien d'intéressant dans les rues.

Leçon 4

PERSPECTIVES

Lecture

Avant de lire

Reading longer sentences. As you begin to read longer sentences, it will help you to learn how to identify the main thought. Together, the subject and the verb represent the main thought expressed in a sentence.

Two steps can help you. First, omit words and phrases set off by commas; they usually contain information supplementary to the main thought. Second, delete the relative clauses, that is, phrases introduced by **qui, que,** or **où** (*who, whom, that, where*). You will learn how to use relative pronouns later, but you should learn to recognize them now for the purpose of reading. Try to find the main thought in the following sentence:

> Mais l'avion a abrégé les jours de ce train légendaire qui a cessé de rouler en 1977.

First find the verb (**a abrégé**), then try to determine the subject of the verb. Subjects are usually nouns or pronouns, in this case, **l'avion.**

If you isolate the relative clause beginning with **qui,** you'll see that **train** belongs with the core subject-verb group. And once you have identified the main thought, you can reread the sentence, adding more information such as the type of train. Like guessing the meaning of a word based on context, recognizing the structure of a sentence is another tool to help you read new texts in French more easily.

À propos de la lecture...
Les auteurs de *Vis-à-vis* ont écrit ce texte.

L'Orient-Express et son passé majestueux

S'il est un train qui a enflammé l'imagination de plus grands écrivains, c'est bien l'Orient-Express. D'Agatha Christie à Alfred Hitchcock, nombreux sont les artistes qui ont pris le fameux train comme décor de leurs œuvres.

L'Orient-Express a débuté en 1883, sous la direction de Georges Nagelmackers, un constructeur belge qui s'est inspiré des trains de Pullman, un Américain qui a inventé les premiers trains à couchettes. Le voyage d'origine quitte la gare de Strasbourg à destination de la Roumanie via Vienne, Budapest, Bucarest et les Balkans. 3 200 kilomètres en quatre jours, dans un confort digne[1] de grands hôtels de luxe de l'époque. Dans le wagon-restaurant, les passagers consomment de grandes quantités de champagne, de caviar et d'huîtres.

Puis, avec la construction en 1906 du tunnel du Simplon qui relie l'Italie à la Suisse, l'itinéraire est modifié: le train va de Paris à Constantinople via Venise et Trieste, et il prend le nom de Venice Simplon-Orient-Express (VSOE).

L'histoire de ce train est peuplé de péripéties.[2] Il a été mis en quarantaine à cause du choléra, est resté bloqué dans la neige pendant cinq jours (les passagers ont dû chasser[3] et manger des loups[4] afin de survivre[5]). Résultat cinq jours de retard et le livre «Le Crime de l'Orient-Express» d'Agatha Christie, inspiré de cet incident.

Un voyage inoubliable sur l'Orient-Express

En 1914, les voitures ont été réquisitionnées par les Allemands pour le transport de leurs troupes sur les lignes de front.

Entre les deux grandes guerres,[6] le train a connu[7] ses plus grands succès. Rois, rajahs, princes russes, acteurs et artistes célèbres, tous ont figuré parmi les passagers.

Mais l'avion a abrégé les jours de ce train légendaire qui a cessé de rouler en 1977. Cette pause dans son histoire extraordinaire n'a pas duré longtemps. Un homme d'affaires[8] américain a acheté deux voitures du VSOE. Puis, petit à petit, il a rassemblé les pièces égarées[9] du puzzle. Quelques années et 16 millions de dollars plus tard, il a réuni les 35 voitures. La restauration du train est confiée à un français, Gérard Gallet, qui a mis cinq ans pour remettre à neuf[10] dans le moindre[11] détail le train mythique.

Aujourd'hui, le train est composé de 17 voitures (11 voitures-lits, 3 voitures-restaurants, une voiture-bar et 2 pour le personnel et les bagages). Il relie Paris à Venise une fois par semaine. C'est un voyage extraordinaire que vous n'oublierez jamais—et à un prix tout aussi inoubliable. ⚜

[1]worthy [2]adventures [3]to hunt [4]wolves [5]afin... in order to survive [6]wars [7]had [8]homme... businessman [9]scattered [10]remettre... restore [11]smallest

Compréhension

Vrai ou faux? Si c'est faux, donnez la solution correcte.

1. V   F   Dès son origine, l'Orient-Express a toujours été un train luxueux.
2. V   F   Pendant toutes ses métamorphoses, l'Orient-Express est toujours parti d'une gare française.

3. V   F   Le roman d'Agatha Christie est basé sur un incident fictif.

4. V   F   L'Orient-Express a été mis en service par les Allemands pendant la Deuxième Guerre mondiale.

5. V   F   L'Orient-Express a cessé de rouler à cause de sa mauvaise réputation en matière de sécurité.

6. V   F   Pendant toute son histoire, le train n'a jamais changé d'itinéraire.

Écriture

Excursion en voiture. Répondez aux questions suivantes pour parler d'un voyage que vous avez fait en voiture, puis écrivez un paragraphe en utilisant vos réponses. Vous pouvez ajouter des informations supplémentaires.

1. Où êtes-vous allé(e)? Quand y êtes-vous allé(e)? Qui vous a accompagné(e)?

2. Avez-vous préparé un itinéraire avant de partir ou êtes-vous parti(e) à l'aventure?

3. Quel genre d'équipement avez-vous apporté?

4. Est-ce vous qui avez conduit pendant tout le voyage?

À l'écoute sur Internet!

Retour de voyage. Alain is talking to Philippe about his vacation. First, look at the activities. Next, listen to the vocabulary and the conversation. Then do the activities.

VOCABULAIRE UTILE

raconte	tell (a story) (*imperative*)
partout	everywhere
du thé à la menthe	mint tea

A. Précisons! Circle the correct answer.

1. Alain a fait un voyage _____.
    a. touristique   **b.** d'affaires   **c.** d'études

2. Alain est allé en _____.
    a. Asie   **b.** Afrique   **c.** Amérique du Sud

3. Alain a visité _____.
  a. Marrakech   **b.** Casablanca   **c.** Agadir

4. Le couscous est _____.
  a. une boisson   **b.** un plat   **c.** un taxi

5. Il a bu du _____.
  a. thé   **b.** café   **c.** vin

6. Alain est revenu avec _____.
  a. deux valises   **b.** une valise seulement   **c.** trois valises

B. Vrai ou faux?

1. V F   Philippe a voyagé en Amérique du Sud.
2. V F   Le Maroc est un pays bilingue.
3. V F   Au Maroc, on voit des femmes partout.
4. V F   Alain n'a pas aimé la cuisine marocaine.
5. V F   Il a rapporté beaucoup de souvenirs.

Sur la route, dans les environs de Saint-Rémy-de-Provence

Un peu plus...

En voiture.   Voyager en France est facile. Le système ferroviaire (les chemins de fer) et le système routier (les autoroutes) sont très développés. Les voitures en France sont souvent plus petites qu'en Amérique. Ceci facilite la circulation dans les rues étroites des villes médiévales, et la taille modeste des voitures leur permet de consommer moins d'essence (*gas*), chose indispensable étant donné (*given*) le prix beaucoup plus élevé (*higher*) de l'essence en France. Il y a trois grandes marques de voiture fabriquées en France: Peugeot, Renault et Citroën.

En société

Objectif: Buying train tickets

Acheter des billets

Dans cet épisode, Claire, Jacques et Aimée vont faire leur voyage en train, mais ils n'ont pas encore acheté leurs billets. Claire suggère qu'ils utilisent le distributeur automatique pour acheter leurs billets de train.

VOCABULAIRE UTILE

tarifs	rates
on ne perdra pas beaucoup de temps	we won't waste a lot of time
le voyage prendra	the trip will take
le meilleur choix	the best choice
en utilisant	using

Note culturelle

Le système ferroviaire en Europe est considéré comme le meilleur au monde. Les Européens le préfèrent pour plusieurs raisons. C'est un moyen de transport rapide, fiable[1] et économique qui permet de rencontrer les gens du pays que l'on visite. En France, le TGV (Train à grande vitesse) représente la moitié[2] du trafic. Invention française, le TGV est le train le plus rapide au monde et peut atteindre[3] une vitesse de 300 km/h.

[1]*reliable*   [2]*la... half*   [3]*reach*

Visionnez!

Indiquez si les phrases sont vraies (**V**) ou fausses (**F**).

1. V   F   Claire et Jacques ont décidé de faire le voyage en train.
2. V   F   Les billets d'avion sont trop chers.
3. V   F   Aimée a déjà utilisé une machine pour acheter des billets.
4. V   F   En seconde classe, on a des couchettes.

Jouez la scène!

Avec un(e) partenaire, jouez les scènes suivantes.

1. Vous désirez acheter un billet de train aller-retour deuxième classe pour Avignon. Vous allez à la gare et demandez au guichetier (*ticket seller*) les heures de départ et le prix des billets. Faites votre choix. Le guichetier vous indique le quai d'embarquement et vous rappelle de composter (*punch*) votre billet.
2. Vous arrivez à la gare avec un ami / une amie. Vous décidez d'acheter vos billets de train en utilisant un distributeur automatique. Ensemble, décidez de votre destination, de la durée du séjour, des jours et des heures de départ et de retour.

Vocabulaire

Verbes

conduire to drive
construire to construct
détruire to destroy
faire le plein to fill it up (*gas tank*)
produire to produce
réduire to reduce
rouler to travel (*in a car*)
traduire to translate
traverser to cross

À REVOIR: **partir, voyager**

Substantifs

l'aéroport (*m.*) airport
un aller-retour round trip; round-trip ticket
l'arrivée (*f.*) arrival
l'auberge (*f.*) **de jeunesse** youth hostel
l'autocar (*m.*) interurban bus
l'autoroute (*f.*) highway
l'avion (*m.*) airplane
le billet ticket
le camion truck
la carte d'embarquement boarding pass
la classe affaires business class
la classe économique tourist class
le coffre trunk
le compartiment compartment
le conducteur / la conductrice driver
la consigne (automatique) coin locker
la couchette berth
le départ departure

l'ennui (*m.*) problem, trouble
la gare train station
le guichet (ticket) window
l'hôtesse de l'air (*f.*) stewardess
le métro subway
la moto(cyclette) motorcycle
le moyen de transport means of transportation
le passager / la passagère passenger
le pilote pilot
la première classe first class
le quai platform (*at the train station*)
la station-service service station
le steward steward
le train train
le vol flight
le wagon train car
la zone fumeurs smoking area
la zone non-fumeurs nonsmoking area

À REVOIR: **l'endroit** (*m.*), **l'état** (*m.*), **la fois, le monde, le pays, la semaine, la valise, la voiture**

Expressions affirmatives et négatives

déjà already; ever
encore still
ne... jamais never
ne... pas du tout not at all
ne... pas encore not yet
ne... personne no one, nobody
ne... plus no longer
ne... que only
ne... rien nothing
parfois sometimes

quelque chose something
quelqu'un someone
seulement only
tout everything
tout le monde everybody, everyone

Les points cardinaux

l'est (*m.*) east
le nord north
le nord-est northeast
le nord-ouest northwest
l'ouest (*m.*) west
le sud south
le sud-est southeast
le sud-ouest southwest

Mots et expressions divers

à by, on
à destination de to, for
à l'est / ouest to the east / west
à l'étranger abroad, in a foreign country
à l'heure on time
à pied on foot
au nord / sud to the north / south
depuis since, for
Depuis combien de temps... ? (For) How long . . . ?
Depuis quand... ? Since when . . . ?
en in; by
pendant for; during
Pendant combien de temps... ? (For) How long . . . ?
si yes (*response to a negative question*)
vite quickly

deux cent cinquante-sept **257**

Comment communiquez-vous?

Cannes (Côte d'Azur)
Festival de Cannes

0,46 €

RF
Les arènes de Nîmes

Paul,

Je viens de réaliser l'interview du

siècle: l'actrice Juliette Binoche, en personne.

Elle est très belle, et en plus elle est sympathique. Elle a répondu à toutes mes

questions avec beaucoup de gentillesse, et elle m'a parlé de son prochain film:

une exclusivité. Je suis la meilleure! Mon article va paraître dans le

magazine Première.

En ce moment, je prépare un article sur les nouvelles technologies:

assistants numériques, DVD, portables.

J'ai acheté un nouvel ordinateur très rapide. Maintenant, c'est encore

plus facile de communiquer par courrier électronique. J'attends de tes nouvelles.

Bises,

Nathalie

MAI 2002

55ᵉ Festival de CANNES

15-26 mai 2002

Dans ce chapitre...

Objectifs communicatifs

- talking about communication, the media, and modern technology; describing the past; speaking succinctly; talking about the past; expressing observations and beliefs

Paroles (Leçon 1)

- **Les nouvelles technologies**
- **Les médias et la communication**
- **Quelques verbes de communication**

Structures (Leçons 2 et 3)

- **L'imparfait**
- **Les pronoms d'objet direct**
- **L'accord du participe passé**
- **Les verbes voir et croire**

Culture

- **Reportage: Jamais sans mon portable! (Correspondance)**
- **Lecture: Rencontre Internet: rendez-vous avec le bonheur (Leçon 4)**

Multimédia

En société—La Poste

Dans cet épisode, Jacques va à la poste pour envoyer un colis (*parcel*) à Paris.

CD-ROM

Révisez le vocabulaire et la grammaire de ce chapitre et parlez à une employée de la poste.

Online Learning Center

Visitez le site Web de *Vis-à-vis* à **www.mhhe.com/visavis3** pour réviser le vocabulaire, la grammaire et les renseignements culturels qui se trouvent dans ce chapitre.

Leçon 1

P A R O L E S

Les nouvelles technologies

Qu'est-ce que vous voulez comme cadeau (*m.*) (*gift*)?

des cassettes vidéo

un magnétoscope

une caméra (un caméscope)

un portable

un répondeur

une boîte vocale

un pager

un ordinateur

le Minitel

des CD

un lecteur de CD

un lecteur de DVD

un DVD

AUTRES MOTS UTILES

un assistant numérique	a PDA (personal digital assistant)
un cédérom (CD-ROM)	a CD-ROM
le courrier électronique	e-mail
Internet	Internet
un message électronique	an e-mail message
un photocopieur	a photocopy machine
un traitement de texte	word processing
le Web	Web

Allez-y!

A. **Définitions.** Regardez les illustrations et trouvez le mot qui correspond à chaque définition.

1. C'est une machine qui enregistre (*records*) les messages téléphoniques.
2. C'est un appareil qu'on utilise pour faire des films.
3. C'est un service qui nous permet d'envoyer (*to send*) et de recevoir très rapidement des messages écrits.
4. C'est un appareil qui nous aide à contacter quelqu'un qui se trouve loin d'un téléphone.
5. C'est un appareil qui nous permet de visionner des DVD à la maison.

6. C'est un appareil qui nous permet de parler avec quelqu'un n'importe où (*anywhere*), même en voiture.

B. Les nouvelles technologies. Posez les questions suivantes à un(e) ou plusieurs camarades.

1. Tu as un ordinateur? Tu as l'accès à Internet? Est-ce que tu as ton propre (*own*) site Web? Qu'est-ce que tu fais à l'ordinateur?
2. Tu as une boîte vocale, le courrier électronique ou les deux? Quelles autres nouvelles technologies de communication est-ce que tu utilises? D'après toi, lesquelles (*which ones*) sont indispensables? Explique pourquoi.
3. Est-ce que tu préfères visionner des cassettes vidéo et des DVD chez toi ou aller au cinéma?
4. Tu as un caméscope? Si oui, tu aimes tourner tes propres films?

Les médias et la communication

1. Nous écrivons (*write*) et nous envoyons*...

Où est la dame sur l'illustration? Qu'est-ce qu'il y a, en général, sur une enveloppe? Où se trouve la boîte aux lettres? Que fait-on quand on veut envoyer un message urgent? Qu'est-ce qu'on envoie souvent pendant les vacances? Si vous envoyez un cadeau à quelqu'un, qu'est-ce que vous envoyez?

---

*The conjugation of **écrire** is presented on page 264. The present-tense conjugation of **envoyer** is **j'envoie, tu envoies, il/elle envoie, nous envoyons, vous envoyez, ils/elles envoient.**

2. Nous lisons (*read*)*...

AUTRES MOTS UTILES

les petites annonces (*f.*)   classified ads
un roman   a novel

Où est-ce qu'on va pour acheter des journaux? Où se trouvent (*are found*) les petites annonces? Pour quelles raisons est-ce qu'on lit les petites annonces? Quels magazines, journaux ou revues achetez-vous régulièrement?

3. Nous parlons...

AUTRES MOTS UTILES

consulter l'annuaire	to look up (*a phone number*) in the phone book
introduire la télécarte	to insert the card
composer le numéro	to dial the number

D'après (*According to*) l'illustration, comment est-ce qu'on peut payer sa communication? Dans quoi est-ce qu'on cherche les numéros de

---

*The conjugation of **lire** is presented on page 264.
†**Une revue** is generally a monthly publication of a scholarly or informational nature; **un magazine,** on the other hand, contains articles on a wide variety of topics and has many photographs and advertisements.
‡Nearly all public phones in France require the **télécarte,** which can be purchased at the post office, the tobacco store (**le bureau de tabac**), or the gas or train station.

téléphone? Que dit la personne qui répond? Combien de nombres est-ce qu'il y a dans un numéro de téléphone?

4. Nous écoutons et nous regardons...

Quelques chaînes de la télévision française

Télévision Française 1 (TF1)
le journal

France 2
la publicité

France 3
une émission de musique

Canal Plus (Télévision
privée par câble) une
retransmission sportive

La Cinquième et Arte
un documentaire

Canal Plus est une chaîne publique? Aimez-vous les émissions de musique classique, les retransmissions sportives, les documentaires? Regardez-vous régulièrement le journal? Que pensez-vous des publicités?

Quelques verbes de communication

dire bonjour

lire le journal

écrire une lettre

mettre une lettre à la boîte

dire (*to say; to tell*)		**lire** (*to read*)		**écrire** (*to write*)		**mettre** (*to place; to put*)	
je	dis	je	lis	j'	écris	je	**mets**
tu	dis	tu	lis	tu	écris	tu	**mets**
il/elle/on	dit	il/elle/on	lit	il/elle/on	écrit	il/elle/on	**met**
nous	disons	nous	**lisons**	nous	**écrivons**	nous	mettons
vous	**dites**	vous	**lisez**	vous	**écrivez**	vous	mettez
ils/elles	disent	ils/elles	**lisent**	ils/elles	**écrivent**	ils/elles	mettent
Past participle: **dit**		**lu**		**écrit**		**mis**	

Another verb conjugated like **écrire** is **décrire** (*to describe*).

Allez-y!

A. Lettre aux parents. Vous racontez à un(e) camarade ce que vous mettez dans la lettre que vous écrivez à vos parents. Complétez les phrases avec les verbes **décrire, dire, écrire, lire** et **mettre,** au présent. Faites tous les changements nécessaires.

Cet après-midi, je/j'_____¹ une longue lettre à mes parents. Dans ma lettre, je _____² mes cours et ma vie à l'université. Je donne aussi beaucoup de détails sur mes camarades et mes professeurs parce que mes parents sont très curieux. Ils sont aussi très compréhensifs (*understanding*) et je leur _____³ toujours la vérité quand j'ai des problèmes. Avant de cacheter (*sealing*) l'enveloppe, je _____⁴ la lettre une dernière fois (*last time*). Puis je _____⁵ la lettre à la boîte aux lettres.

Racontez la même histoire, mais cette fois remplacez «**je**» par «**mon (ma) camarade de chambre**», puis par «**Stéphanie et Albane**». Faites tous les changements nécessaires.

B. Interview. Posez les questions suivantes à un(e) camarade, puis inversez les rôles.

1. Est-ce que tu écris souvent des lettres ou des cartes postales? À qui écris-tu? D'habitude, pour donner de tes nouvelles à tes amis, préfères-tu écrire une lettre, un message électronique ou préfères-tu téléphoner?
2. Est-ce que tu aimes lire? Lis-tu le journal tous les jours? Si oui, lequel? As-tu déjà cherché du travail dans les petites annonces? Quel(s) magazine(s) achètes-tu régulièrement? As-tu lu un bon livre récemment? Quel est le titre de ce livre?
3. Est-ce que tu regardes la télévision tous les soirs? Quelles émissions préfères-tu? Que penses-tu de la télévision américaine? À ton avis, y a-t-il trop de publicité à la télévision?

D'après ses réponses, que pouvez-vous dire de votre camarade et de ses goûts?

0,46€ 3,00F

LA POSTE 2001

Le téléphone portable

RF

Leçon 2

L'imparfait
Describing the Past

Pauvre grand-mère!

Mᵐᵉ CHABOT: Tu vois, quand j'**étais** petite, la télévision n'**existait** pas.

CLÉMENT: Mais alors, qu'est-ce que vous **faisiez** le soir?

Mᵐᵉ CHABOT: Eh bien, nous **lisions,** nous **bavardions;** nos parents nous **racontaient** des histoires...

CLÉMENT: Pauvre grand-mère, ça **devait** être triste de ne pas pouvoir regarder la télévision le soir...

Qui parle dans les phrases suivantes, Mᵐᵉ Chabot ou Clément?

1. La télévision n'existait pas quand j'étais petite.
2. Ça devait être triste de ne pas regarder la télévision.
3. Tu n'avais pas de télévision, mais avais-tu la radio?
4. La télévision existait-elle quand je suis né?
5. Nous n'avions que la radio et les journaux pour avoir les nouvelles.

You are already familiar with one past tense in French: the **passé composé,** used to relate events that began and ended in the past. In contrast, the **imparfait** (*imperfect*) is used to describe continuous, repeated, or habitual past actions or situations.* It is also used in descriptions.

The **imparfait** has several equivalents in English. For example:

Je parlais.
↗ *I talked.*
→ *I was talking.*
↘ *I used to talk.*
↘ *I would talk.*

---

*You will learn more about the differences between the **passé composé** and the **imparfait** in **Chapitre 11, Leçon 2.**

Formation of the *imparfait*

The formation of the **imparfait** is identical for all French verbs except **être.** To find the regular imperfect stem, drop the **-ons** ending from the present-tense **nous** form. Then add the imperfect endings.

nous parlø**n**ø **parl-**   nous vendø**n**ø **vend-**
nous finissø**n**ø **finiss-**   nous avø**n**ø **av-**

IMPARFAIT OF **parler**			
je	parl**ais**	nous	parl**ions**
tu	parl**ais**	vous	parl**iez**
il/elle/on	parl**ait**	ils/elles	parl**aient**

J'allais au bureau de poste tous les matins.	*I used to go to the post office every morning.*
Mon grand-père **disait** toujours: «L'excès en tout est un défaut.»	*My grandfather always used to say, "Moderation in all things."*
Quand j'**habitais** avec les Huet, je **mettais** souvent la table.	*When I lived with the Huets, I would often set the table.*

1. Verbs with an imperfect stem that ends in **-i** (**étudier: étudi-**) have a double **i** in the first- and second-person plural of the **imparfait: nous étud*i*ions, vous étud*i*iez.** The **ii** is pronounced as a lengthened *i* sound, to distinguish the **imparfait** from the present-tense forms **nous étudions** and **vous étudiez.**
2. Verbs with stems ending in **-c** or **-g** have a spelling change when the **imparfait** endings start with **a: je mangeais, nous mangions; elle commençait, nous commencions.** In this way, the pronunciation of the stem is preserved.
3. The verb **être** has an irregular stem in the **imparfait: ét-.** The endings, however, are regular.

À Paris, j'allais au bureau de poste tous les jours pour envoyer des cartes postales.

IMPARFAIT OF **être**			
j'	**étais**	nous	**étions**
tu	**étais**	vous	**étiez**
il/elle/on	**était**	ils/elles	**étaient**

Quand tu **étais** petit, tu aimais bien lire les contes de ma mère l'Oye.	*When you were little, you liked to read Mother Goose stories.*
J'**étais** très heureux quand j'habitais à Paris.	*I was very happy when I lived in Paris.*

Uses of the *imparfait*

In general, the **imparfait** is used to describe actions or situations that existed for an indefinite period of time in the past. There is usually no mention of the beginning or end of the event. The **imparfait** is used in the following situations.

1. In descriptions, to set a scene:

C'**était** une nuit tranquille à Paris. Il **pleuvait** et il **faisait** froid. M. Cartier **lisait** le journal. Mme Cartier **regardait** la télévision.	*It was a quiet night in Paris. It was raining and (it was) cold. Mr. Cartier was reading the newspaper. Mrs. Cartier was watching television.*

2. For habitual or repeated actions:

Quand j'étais jeune, j'**allais** chez mes grands-parents tous les dimanches. Nous **faisions** de belles promenades.	*When I was young, I went to my grandparents' home every Sunday. We would take (used to take) lovely walks.*

3. To describe feelings and mental states:

Claudine **était** très heureuse— elle **avait** envie de chanter.	*Claudine was very happy— she felt like singing.*

4. To tell the time of day, the date, and to express age in the past:

C'était un samedi. Il **était** cinq heures et demie du matin.	*It was a Saturday. It was 5:30 A.M.*
C'était son anniversaire; il **avait** douze ans.	*It was his birthday; he was 12 years old.*

5. To describe appearance and physical traits:

Le suspect **portait** un jean; il **avait** les cheveux blonds et les yeux verts.	*The suspect was wearing jeans; he had blond hair and green eyes.*

6. To describe an action or situation that was happening when another event (usually in the **passé composé**) interrupted it:

Jean **lisait** le journal quand le téléphone a sonné.

Jean was reading the paper when the phone rang.

Allez-y!

A. Sorties. L'an dernier, vous sortiez régulièrement avec vos amis. Faites des phrases complètes selon le modèle.

MODÈLE: dîner ensemble → Nous dînions ensemble.

1. jouer au tennis   **2.** prendre un café   **3.** faire des promenades l'après-midi   **4.** pique-niquer à la campagne   **5.** aller en boîte tous les week-ends   **6.** partir en vacances ensemble

B. Souvenirs d'enfance. Qui dans votre famille faisait les choses suivantes quand vous étiez petit(e)? **Expressions utiles: mes parents, mon frère / ma sœur, mon meilleur ami / ma meilleure amie et moi, je...**

1. Qui lisait le journal tous les matins?   **2.** Qui regardait la télévision après le dîner?   **3.** Qui aimait écouter la radio le matin?   **4.** Qui faisait beaucoup de sport?   **5.** Qui étudiait tous les après-midi?

C. Avant la télévision. Marc demande à sa grand-mère Isabelle de parler de sa jeunesse (*youth*). Complétez la conversation avec les verbes indiqués à l'imparfait.

MARC: Est-ce que tu _____¹ (regarder) la télé tous les soirs quand tu _____² (être) jeune?

ISABELLE: Mais non, il n'y _____³ (avoir) pas de télévision!

MARC: Et alors, qu'est-ce que vous _____⁴ (faire) chaque soir?

ISABELLE: D'habitude, nous _____⁵ (écouter) la radio. Mais moi, j'_____⁶ (aimer) lire pendant que (*while*) mon frère _____⁷ (jouer) du piano.

MARC: Dis donc, la vie n'_____⁸ (être) pas très intéressante en ce temps-là.

ISABELLE: Ce n'est pas vrai. En général, nous _____⁹ (être) très heureux. Toute la famille _____¹⁰ (passer) du temps ensemble. Tous les dimanches, nous _____¹¹ (déjeuner) chez mes grands-parents et après le déjeuner nous _____¹² (aller) au cinéma ou au parc. Aujourd'hui, il est difficile de trouver le temps.

Mots clés

Exprimer une action répétée dans le passé

Use **tous les** (*m.*) or **toutes les** (*f.*) in the following expressions to indicate habitual actions.

tous les jours
every day

tous les après-midi (matins / soirs)
every afternoon (morning / evening)

toutes les semaines
every week

Other adverbs used with the **imparfait** include the following.

d'habitude
as a rule, habitually

en général
generally

souvent
often

D. Conversation. Posez les questions suivantes à un(e) camarade. En 1993...

1. Quel âge avais-tu? **2.** Habitais-tu à la campagne, dans une petite ville ou dans une grande ville? Avec qui habitais-tu? **3.** Comment était ta maison ou ton appartement? **4.** Étais-tu bon(ne) élève (*pupil*)? Aimais-tu tes instituteurs (*teachers*)? **5.** Où passais-tu tes vacances? **6.** Faisais-tu du sport?

Maintenant racontez à la classe ce que votre camarade faisait en 1993.

Les pronoms d'objet direct
Speaking Succinctly

Les Cossec déménagent

THIERRY: Qu'est-ce qu'on fait avec la télé?
MARYSE: On va **la** donner à ta sœur.
THIERRY: D'accord. Et avec tous nos livres?
MARYSE: On va **les** envoyer par la poste. Ils ont un tarif spécial pour les livres.
THIERRY: Tu as raison. Je n'ai pas envie de **les** jeter. Et le Minitel, on va **le** vendre?
MARYSE: Mais non. Tu sais bien qu'on **le** loue à France Télécom.* On doit **le** rendre avant la fin du mois.

Trouvez la réponse correcte et complétez la phrase.

1. Qu'est-ce qu'ils font avec la télé?
2. Et avec les livres?
3. Et avec le Minitel?

a. Ils vont _____ envoyer par la poste.
b. Ils vont _____ donner à la sœur de Thierry.
c. Ils vont _____ rendre.

Direct objects are nouns that receive the action of a verb. They usually answer the question *what?* or *whom?* For example, in the sentence *Robert dials the number,* the word *number* is the direct object of the verb *dials.*

Direct object pronouns (**les pronoms complément d'objet direct**) replace direct object nouns: Robert dials *it.*

J'aime bien mon ordinateur. Je **l'**utilise tous les jours.	*I like my computer. I use it every day.*
J'ai écrit la lettre hier. Je **l'**ai postée ce matin.	*I wrote the letter yesterday. I mailed it this morning.*

―――――
*France Télécom: agence française de télécommunication

Forms and Position of Direct Object Pronouns

DIRECT OBJECT PRONOUNS			
me (m')	*me*	**nous**	*us*
te (t')	*you*	**vous**	*you*
le (l')	*him, it*	**les**	*them*
la (l')	*her, it*		

1. Usually, French direct object pronouns immediately precede the verb in the present and the imperfect tenses and the auxiliary verb in the **passé composé.**

Maryse aime bien **la publicité.** Elle **la** trouve divertissante.
Maryse likes advertisements. She finds them entertaining.

Françoise collectionnait **les timbres** et **les** gardait précieusement dans son album.
Françoise collected stamps and preserved them in her album.

Laurent a demandé **le numéro** et il **l'**a écrit sur un papier.
Laurent asked for the number, and he wrote it on a piece of paper.

2. Third-person direct object pronouns agree in gender and in number with the nouns they replace.

—Est-ce que Pierre lisait **le journal?**
Was Pierre reading the newspaper?
—Oui, il **le** lisait.
Yes, he was reading it.

—Vois-tu **ma mère?**
Do you see my mother?
—Oui, je **la** vois.
Yes, I see her.

—Est-ce que vous postez **ces lettres?**
Are you mailing these letters?
—Oui, je **les** poste.
Yes, I'm mailing them.

3. If the verb following the direct object pronoun begins with a vowel sound, the direct object pronouns **me, te, le,** and **la** become **m', t',** and **l'.**

J'achète la carte postale. Je **l'**achète.
I'm buying the postcard. I'm buying it.

Isabelle **t'**admirait. Elle ne **m'**admirait pas.
Isabelle used to admire you. She didn't admire me.

Nous avons lu le journal. Nous **l'**avons lu.
We read the newspaper. We read it.

4. If the direct object pronoun is the object of an infinitive, it is placed immediately before the infinitive.

Annick va **poster la lettre** demain.	*Annick is going to mail the letter tomorow.*
Annick va **la poster** demain.	*Annick is going to mail it tomorrow.*
Elle allait **la poster.** Elle est allée **la poster.**	*She was going to mail it. She went to mail it.*

5. In a negative sentence, the direct object pronoun always immediately precedes the verb to which it refers.

Nous ne regardons pas **la télévision.** Nous ne **la** regardons pas.	*We don't watch TV. We don't watch it.*
Je ne vais pas acheter **les billets.** Je ne vais pas **les** acheter.	*I'm not going to buy the tickets. I'm not going to buy them.*
Elle n'est pas allée chercher **le journal.** Elle n'est pas allée **le** chercher.	*She did not go to get the newspaper. She did not go to get it.*

6. Direct object pronouns also precede **voici** and **voilà.**

Le voici!	*Here he (it) is!*
Me voilà!	*Here I am!*

Allez-y!

A. Eurêka! Suivez le modèle.

MODÈLE: Je cherche le bureau de poste. ⟶ Le voilà. (*ou* Le voici.)

1. Où est l'annuaire?
2. Elle a perdu le numéro de téléphone.
3. Où est le téléphone?
4. Il cherche le kiosque.
5. Il a envie de lire *Le Monde* d'hier.
6. Avez-vous le journal?
7. Où est l'adresse des Thibaudeau?
8. J'ai besoin de la grande enveloppe blanche.

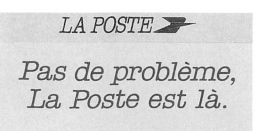

LA POSTE

Pas de problème, La Poste est là.

B. De quoi parlent-ils? Vous êtes dans un café parisien et vous entendez les phrases suivantes. Trouvez dans la colonne de droite l'information qui correspond à chaque pronom.

1. Je vais les poster cet après-midi.
2. Elle le consulte.
3. Je l'écris sur l'enveloppe.
4. Nous venons de la lire.
5. Je les achète à la poste.
6. Je l'ai déjà composé.

a. l'adresse
b. les lettres
c. le numéro
d. l'annuaire
e. la revue
f. les timbres

C. Projets de voyage. Jean-Luc et Philippe font toujours la même chose. Avec un(e) camarade, parlez de leurs projets selon le modèle.

MODÈLE: étudier le français cette année ⟶
 É1: Est-ce que Jean-Luc va étudier le français cette année?
 É2: Oui, et Philippe va l'étudier aussi.

1. apprendre le français très rapidement
2. prendre l'avion pour Paris en juin
3. lire les journaux le matin
4. admirer la vue du haut de la tour Eiffel
5. prendre ses repas dans de bons restaurants
6. regarder les gens sur les Champs Élysées
7. essayer de lire les romans de Flaubert

Maintenant imaginez que Jean-Luc est l'opposé de Philippe.

MODÈLE: É1: Est-ce que Jean-Luc va étudier le français cette année?
 É2: Oui, mais Philippe, il ne va pas l'étudier.

Le Figaro, un petit crème: un après-midi parisien

D. Interview. Interviewez un(e) camarade de classe sur ses préférences. Votre camarade doit utiliser un pronom complément d'objet direct dans sa réponse.

1. Utilises-tu souvent le téléphone?
2. Appelles-tu souvent tes camarades de classe? tes professeurs? tes parents?
3. Est-ce que tes parents t'appellent souvent? tes amis?
4. Regardes-tu souvent la télé?
5. Aimes-tu regarder la publicité?
6. Préfères-tu apprendre les nouvelles dans le journal ou à la radio? à la radio ou à la télé?
7. Lis-tu les bandes dessinées?
8. Tu utilises souvent Internet pour faire des recherches?

Correspondance

Fichier Edition Affichage Insertion Format Outils Aide
DE: Paul@universpar.fr
À...   Nathalie@media.fr
Cc...
Objet:

Chère Nathalie,

Félicitations pour ton interview de la belle Juliette. Je vois que tu t'amuses bien. Tant mieux pour toi. Moi, je m'ennuie à mourir. Il pleut et je passe mon temps devant la télévision, à regarder des émissions sans intérêt. Demain je vais à Surcouf où j'achèterai des jeux vidéo pour me distraire.

Bien sûr, j'ai mes copains Bénédicte, Michel, Caroline… Mais sans toi, la vie n'est pas drôle. Viens vivre à Paris. Tu peux travailler pour un journal ou une chaîne de télévision.

J'ai essayé de te téléphoner, mais sans succès. C'est exaspérant. J'ai laissé des messages. Interroge donc ton répondeur ou ton portable!

Tu m'appelles bientôt?

Gros bisous,
Paul

Surcouf, Paris,
France

En image...

Surcouf, le roi du multimédia

Le magasin Surcouf, qui se trouve dans le 12e[1] arrondissement à Paris, reçoit entre 10 et 15 000 visiteurs par jour; il distribue quatre millions de catalogues par an. Ordinateurs et logiciels,[2] imprimantes,[3] jeux vidéo, cédéroms et DVD, portables, répondeurs, caméras, et cetera. Tout ce que vous pouvez imaginer! Vendeurs, techniciens et clients sont en adoration devant leurs idoles technologiques.

[1] douzième [2] software programs [3] printers

Reportage

Jamais sans mon portable!

Au début, quand on avait un portable, on était nécessairement snob, prétentieux et vulgaire.

Maintenant, un Français sur deux possède un portable. C'est devenu un phénomène de société. Partout on téléphone: chez l'épicier, à la gare, au café...

La guerre des prix entre les marques[1] françaises comme Bouygues, SFR et Orange de France Télécom stimule la concurrence.[2] «Le meilleur plan, c'est celui qui inclut des week-ends gratuits,[3] déclare Stéphanie. Le samedi et le dimanche, je passe des heures au téléphone.»

«Chez Orange, on propose une formule «Étudiants» qui coûte seulement 25 euros chaque mois», dit Laurent.

«Moi, explique Bastien, j'achète une carte, c'est-à-dire un coupon de rechargement, à 15, 25 ou 35 euros qui me donne droit à un nombre limité de minutes.»

Le téléphone portable fait maintenant partie du quotidien.[4] Les jeunes l'adorent; les parents sont séduits.[5] Pour Madame Guez, c'est une sécurité: «En cas de problème, mes filles peuvent m'appeler. Si elles sont vraiment en danger, elles composent le numéro de la police (le 17), des pompiers[6] (le 18) ou du Samu[7] (le 15). Les secours[8] arrivent immédiatement.»

Le portable est le véhicule des déclarations d'amour, des disputes et des confidences. Il favorise les contacts et sauve des vies. Dans le sac des femmes, il a trouvé sa place comme un rouge à lèvres.[9] Dans la poche[10] des hommes, c'est un gadget très élégant et très pratique: de vrais petits bijoux[11]!

En France, SMS (*Short Message Service*) est devenu très populaire parmi les jeunes utilisateurs des portables. C'est un service téléphonique qui permet l'envoi et la réception d'un message texte. Les jeunes Français ont créé une sorte de code pour se parler, comme Je t'm, G 1 Kdo, Biz, A+, JV.

---

[1]*brand names* [2]*competition* [3]*free* [4]*daily life* [5]*sont... have been won over* [6]*fire department* [7]*paramedics* [0]*rescue services (Service d'assistance médicale d'urgence)* [9]*rouge... lipstick* [10]*pocket* [11]*jewels*

À vous!

1. Pourquoi les Français ont-il d'abord résisté au portable? Que pensez-vous de leurs arguments contre ce téléphone du troisième millénaire?
2. Expliquez la popularité du portable. Quels en sont ses avantages?
3. Que veut dire le message sur l'écran du portable sur la photo? Écrivez d'autres messages de cette manière.

ON EST BRANCHÉ!

Monique, une amie de Nathalie, vient d'accepter un poste de représentante pour une maison d'édition de manuels scolaires. On lui a donné un budget pour se procurer les outils (*tools*) dont elle va avoir besoin. Qu'est-ce qu'elle doit acheter? Pour obtenir des informations supplémentaires et les liens nécessaires, visitez le site Web de *Vis-à-vis* à **www.mhhe.com/visavis3**.

Leçon 3

L'accord du participe passé
Talking About the Past

L'opinion d'un téléspectateur américain en France

LE REPORTER: Avez-vous déjà regardé la télévision française?

L'AMÉRICAIN: Oui, je l'ai **regardée** hier soir.

LE REPORTER: Quelles **émissions** avez-vous **préférées?**

L'AMÉRICAIN: C'est difficile à dire...

LE REPORTER: Ne trouvez-vous pas qu'elle est très différente de la télévision américaine?

L'AMÉRICAIN: Eh bien... **les émissions** que j'ai **vues** sont plutôt semblables... «Six pieds sous terre», «Les Simpson»... Enfin oui, elles sont différentes—elles sont en français!

Et vous?

1. Est-ce que vous avez lu le journal ce matin?
2. Avez-vous regardé la télévision hier soir?
3. Quelles émissions avez-vous choisies? Les avez-vous aimées?

In the **passé composé,** the past participle is generally used in its basic form. However, when a direct object—noun or pronoun—precedes the auxiliary verb **avoir** plus the past participle, the participle agrees with the preceding direct object in gender and number.

J'ai lu le **journal.**
Je **l'**ai **lu.**

J'ai lu les **journaux.**
Je **les** ai **lus.**

J'ai lu **la revue.**
Je **l'**ai **lue.**

J'ai lu les **revues.**
Je **les** ai **lues.**

Quels **amis** avez-vous **appelés?**

Quelles **émissions** avez-vous **regardées?**

Allez-y!

A. Un nouveau travail. Vous travaillez comme assistant administratif / assistante administrative. Votre patronne (*boss*) vous pose des questions. Répondez à la forme affirmative ou négative.

> **MODÈLE:** Avez-vous regardé *le calendrier* ce matin? $\longrightarrow$
> Oui, je l'ai regardé. (Non, je ne l'ai pas regardé.)

1. Est-ce que vous avez donné *notre numéro de téléphone* à Mme Milaud?
2. Est-ce que vous avez mis *le nouveau nom de la firme* sur les enveloppes?
3. Attendiez-vous *le facteur* (*mailman*) à 5 h hier soir?
4. Allez-vous finir *le courrier* avant midi?
5. Avez-vous appelé *Georges Dupic et Catherine Duriez*?
6. Avez-vous vu *Annick et Françoise* ce matin?
7. *M'*avez-vous comprise pendant la réunion (*meeting*) hier?
8. Est-ce que je *vous* dérange (*disturb*) si je téléphone à midi et demi?

B. Conversation. Posez les questions suivantes à un(e) camarade. Il/Elle utilise, quand c'est possible, un pronom complément d'objet direct dans ses réponses.

1. Quand tu étais enfant, écoutais-tu quelquefois la radio? Préférais-tu regarder la télévision? Quels programmes de radio ou quelles émissions aimais-tu surtout?
2. Quels magazines ou quelles revues lisais-tu quand tu étais adolescent(e)? Ce sont les mêmes maintenant?
3. As-tu lu les romans de Stephen King, de Toni Morrison? Aimes-tu les livres d'aventures? Aimes-tu mieux les romans d'amour? Quel est ton écrivain préféré?
4. Quelle est la meilleure (*best*) chaîne de télévision, à ton avis? Peux-tu nommer deux ou trois émissions que tu trouves excellentes et expliquer pourquoi?
5. Parmi les genres d'émissions qu'offre Africa N°1 (à droite), lesquelles (*which ones*) vous intéressent? Pourquoi?

"Sur Africa N° 1 je raconte des histoires africaines"

Hit-parade, concerts, interviews, derniers succès, nouveaux talents : la musique africaine, c'est le rythme d'Africa N°1. Pourrait-il en être autrement quand l'ensemble de ses journalistes, animateurs et techniciens sont eux-mêmes africains.
Africa N°1, c'est jour après jour l'information, la musique et le sport pour 20 millions d'auditeurs africains entre Dakar et Kinshasa.
Pour rester à la pointe de l'information à travers l'Afrique et dans le monde entier, branchez-vous sur l'Afrique en direct... Branchez-vous sur Africa N°1.

"HISTOIRES D'ENFANTS", "CARTE BLANCHE" :
les émissions de Ghislaine sont la mémoire de l'Afrique.

AFRIQUE DE L'OUEST
de 07 h à 16 h : 17630 KHz
de 16 h à 21 h : 15475 KHz
ou de 05 h à 23 h : 9580 KHz
AFRIQUE CENTRALE
de 06 h à 24 h : 9580 KHz

AFRICA N°1

BP 1 Libreville - GABON
Tél. : (241) 76-00-01
Fax : (241) 74 21 33
Télex : 5388 GO

L'AFRIQUE EN DIRECT

deux cent soixante-dix-sept **277**

Les verbes *voir* et *croire*
Expressing Observations and Beliefs

Où sont les clés?

MICHAËL: Je **crois** que* j'ai perdu les clés de la voiture.

VIRGINIE: Quoi!... Elles doivent être au restaurant.

MICHAËL: Tu **crois?**

VIRGINIE: Je ne suis pas sûre mais on peut aller **voir.**

(*au restaurant*)

MICHAËL: Tu as raison. Elles sont là-bas sur la table. Je les **vois.**

VIRGINIE: Ouf! Bon, qu'est-ce qu'on fait maintenant?

MICHAËL: Allons **voir** ce qu'on trouve chez les bouquinistes.†

Vrai ou faux?

1. Michaël a perdu son stylo.
2. Virginie croit que les clés sont au restaurant.
3. Michaël voit une plante sur la table.
4. Michaël veut voir la tour Eiffel.

The verbs **voir** (*to see*) and **croire** (*to believe*) are irregular.

voir		croire	
je **vois**	nous **voyons**	je **crois**	nous **croyons**
tu **vois**	vous **voyez**	tu **crois**	vous **croyez**
il/elle/on **voit**	ils/elles **voient**	il/elle/on **croit**	ils/elles **croient**
Past participle: **vu**		*Past participle:* **cru**	

---

*Croire** and **voir** must be followed by **que** (*that*) when they introduce another clause.
†The **bouquinistes** (*booksellers*) and their stalls filled with new and used books, magazines, engravings, postcards, and sundry items are a fixture along the banks of the Seine.

J'**ai vu** Michèle à la plage la semaine passée.	*I saw Michèle at the beach last week.*
Est-ce que tu **crois** cette histoire?	*Do you believe this story?*
Je **crois** qu'il va faire beau demain.	*I think the weather is going to be fine tomorrow.*
Tu **crois?**	*You think so? / Are you sure?*

1. **Revoir** (*to see again*) is conjugated like **voir.**

| Je **revois** les Moreau. | *I'm seeing the Moreau family again.* |

2. **Croire à** means *to believe in* a concept or an idea.

| Nous **croyons à** la chance. | *We believe in luck.* |
| Ils **croient au** Père Noël. | *They believe in Santa Claus.* |

3. **Croire en** means *to believe in* a god or to have confidence in someone.

| Vous **croyez en** Dieu? | *Do you believe in God?* |

4. **Croire que** means *to think* (*that*), *to believe* (*that*) and is followed by another clause. It is used to express an opinion.

| Je **crois qu'**Internet est l'invention du XXe siècle. | *I think (that) the Internet is the invention of the 20th century.* |

Allez-y!

A. **Paris dans le brouillard** (*fog*). Trois étudiants américains sont désorientés. Complétez la conversation avec les verbes **croire** et **voir** au présent, sauf quand le passé composé est indiqué.

JULIE: Tu _____¹ où on est?

DAVID: Non, je ne _____² pas cette rue sur le plan.

MARK: Vous faites confiance à ce vieux plan?

JULIE: Non, nous _____³ ce que nous a dit Annick, le guide.

DAVID: Elle a beaucoup d'expérience et je _____⁴ ce qu'elle dit.

MARK: Moi, je pense qu'elle _____⁵ à la chance!

JULIE: Très drôle... mais dis, David, tu _____⁶ (*passé composé*) le guide quelque part?

DAVID: Oui, j'_____⁷ (*passé composé*) Annick, mais il y a environ une heure, au café...

MARK: Cette fois, je _____⁸ que nous sommes perdus! Heureusement, j'ai mon portable!

B. Conversation. Avec un(e) camarade, parlez d'une ville qu'il/elle a visitée récemment. Qu'est-ce qu'il/elle a vu? Qui est-ce qu'il/elle a rencontré? Qu'est-ce qu'il/elle veut revoir? Qui veut-il/elle revoir? Ensuite, racontez à la classe l'expérience la plus intéressante (*most interesting*) de votre camarade.

C. Interview. Interrogez un(e) camarade sur ses croyances. Est-ce qu'il/elle croit à la chance, à l'amour, au progrès, à une religion, à la perception extra-sensorielle, aux O.V.N.I.* (*UFOs*), à _____? Utilisez les **Mots clés.**

Mots clés

Marquer une hésitation ou une pause

Eh bien,...	*Well . . .*
Voyons,...	*Let's see, . . .*
C'est-à-dire que...	*That is / I mean . . .*
Euh...	*Uhmm . . .*
Oui, mais...	*Yes, but . . .*

Un peu plus...

Cabines téléphoniques. Dans les années 70, la France s'est lancée (*threw itself*) dans un grand project de modernisation de son système téléphonique. De cet effort est né les nouvelles cabines téléphoniques qui sont pratiques et fiables (*reliable*). Les téléphones publics en France fonctionnent avec une carte téléphonique qu'on achète à la poste ou dans un bureau de tabac. On introduit la télécarte dans une fente (*slot*) et sur un petit écran, on voit le nombre de minutes (en unités) qui restent pour parler. Aujourd'hui, les télécartes sont devenues des petits «panneaux de poche» (*pocket billboards*): c'est-à-dire que la télécarte porte des publicités. Et les cabines téléphoniques aux États-Unis, sont-elles comparables aux téléphones publics en France, à votre avis?

«Alors, c'est d'accord pour se voir vendredi soir?»

---

*Objets volants non identifiés

Lecture

Avant de lire

Identifying a text's logical structure. Being able to identify words that authors use to sequence their presentation of ideas, express cause and effect, or qualify an observation will facilitate your comprehension of a text's logical structure. For example, words such as **d'abord, en plus, puis, ensuite, enfin,** and **finalement** may be used to develop an argument or support a point of view. To support the point of view that technology has revolutionized communication, an author might write:

D'abord, Internet facilite la communication.
En plus, on peut communiquer plus rapidement.
Finalement, on peut contacter des gens partout dans le monde.

To affirm a preceding idea, words such as **alors, en effet** (*indeed*), and **effectivement** might be used:

Internet est un outil important dans la vie quotidienne. En effet, il a transformé nos goûts et nos habitudes.

Cependant (*However, Nevertheless*) and **pourtant** (*yet*) qualify a preceding idea or express a reservation:

Cependant, certains pensent qu'Internet a des effets négatifs.

As you read, pay attention to these important words that express logical development and the relationship between ideas.

PERSPECTIVES

Rencontre Internet: rendez-vous avec le bonheur

C'est la révolution! Internet vient au secours[1] des célibataires.[2]

Vous ne savez pas comment sortir de votre solitude? Vous êtes timide? Ou tout simplement vous n'avez pas de temps pour la séduction? Alors, les rencontres en ligne[3] s'adressent à vous!

En France plus de 250 sites vous ouvrent les portes du bonheur. La plupart sont très sérieux et contrôlent la bonne moralité des membres inscrits. Ils attirent une foule[4] de célibataires à la recherche de l'amour. Les jeunes, les adultes et même les retraités[5] voient en ce moyen une façon de briser[6] la solitude.

Plusieurs facteurs expliquent ce fabuleux succès des rencontres en ligne.

D'abord, Internet, c'est facile. Un «clic» et le contact est établi! On choisit un pseudonyme et un mot de passe; on décrit son profil; on définit le partenaire idéal et, parfois, on donne son numéro de carte bancaire...

Une histoire d'amour à Paris

C'est tout. On peut immédiatement envoyer son premier message. Sur certains sites, il est même possible de se présenter avec photo, vidéo ou message téléphonique enregistré.[7]

Et puis, Internet, c'est anonyme. Le pseudonyme permet aux candidats d'approcher les autres membres sans prendre de risques en gardant le secret de leur véritable identité. En plus, Internet favorise le dialogue. Pour séduire, les internautes[8] s'expriment.[9] Ils échangent des sentiments et des idées. Ils écrivent de belles lettres pleines d'humour ou de romantisme.

Enfin avec Internet, on multiplie les chances d'une bonne rencontre: un seul courrier électronique peut générer[10] plusieurs centaines de réponses, surtout si on a pris soin[11] de joindre une photo à sa candidature... En effet, c'est une réalité: la candidature avec photo a nettement[12] plus de succès.

[1]*aid* [2]*singles* [3]*en... online* [4]*crowd* [5]*retired people* [6]*ending* [7]*recorded* [8]*Internet users* [9]*express themselves* [10]*generate* [11]*a... took care* [12]*clearly*

Coup de foudre,[13] amitié amoureuse, amours sans frontières... Tous les scénarios sont possibles sur Internet. Pourtant, il y a les déçus[14] des rencontres Internet comme Marc, un jeune agriculteur de 35 ans. Les jeunes femmes qu'il a rencontrées n'ont pas supporté l'isolement de sa ferme. Elles sont toutes reparties en le laissant seul avec ses vaches[15] et son ordinateur.

Les statistiques confirment ce cas: les rencontres Internet favorisent surtout les citadins.[16] De même, elles inspirent surtout les hommes: sur les sites, on trouve trois hommes pour une femme! ⚜

[13]Coup... *Love at first sight*   [14]*disappointed users*   [15]*cows*   [16]*city dwellers*

Compréhension

Vrai ou faux? Si c'est faux, donnez la solution correcte.

1. V F   Il y a moins de 200 sites Web où vous pouvez trouver l'amour en ligne en France.
2. V F   Les sites de rencontres en ligne attirent des gens de tout âge.
3. V F   Le succès des rencontres en ligne est d'abord dû à la facilité de l'usage.
4. V F   D'habitude, les gens qui habitent en ville trouvent plus facilement l'amour sur les sites de rencontre que les gens qui habitent en province.

Internet: un monde vaste!

Voici une liste de quelques mots utiles pour parler des ordinateurs et d'Internet:

cliquer (sur)	to click (on)	**le logiciel**	software program
un clic	a click	**le logiciel de navigation**	browser
(re)lier	to link	**le moteur de recherche**	search engine
un lien	a link		
surfer	to surf	**la page d'accueil**	home page
télécharger	to download		
la base de données	database	**le répertoire**	directory
le fichier	file	**le réseau**	network
le fournisseur d'accès	provider	**le site**	site
		le survol	browsing

Écriture

Le courrier du lecteur. Écrivez une lettre au journal de votre université où vous exprimez votre opinion concernant l'ouverture d'un méga laboratoire d'informatique. Utilisez les conseils suivants.

1. Adoptez la position pour ou contre et justifiez.
2. Parlez des avantages ou des inconvénients de la technologie en milieu universitaire.
3. Donnez des exemples personnalisés.

Expressions utiles:

Monsieur, / Madame,
J'aimerais vous faire part de ma position...
Je vous prie de recevoir mes meilleures salutations,

À l'écoute sur Internet!

Où suis-je? Vous allez entendre parler diverses personnes dans des situations variées. Lisez l'activité suivante avant d'écouter les séquences sonores.

Où se trouve-t-on? Décidez où on peut entendre de telles bribes (*snatches*) de conversation.

1. La première séquence a lieu _____.
    a. dans une cabine téléphonique
    b. dans une boucherie
    c. dans un bureau de poste
2. La deuxième séquence a lieu _____.
    a. dans une librairie
    b. dans un kiosque à journaux
    c. dans une boulangerie
3. La troisième séquence a lieu _____.
    a. pendant un match de football
    b. à la radio
    c. au cinéma

En société

La Poste

Objectif: Buying stamps and mailing parcels

Dans cet épisode, Jacques va à la poste pour envoyer un colis à Paris. L'employée donne à Jacques tous les renseignements nécessaires.

VOCABULAIRE UTILE

courrier recommandé	registered mail
il faut que vous remplissiez ce formulaire	you have to fill out this form
merci quand même	thank you anyway
votre colis pèse	your parcel weighs
Est-ce que je devrais... ?	Should I . . . ?

Visionnez!

Numérotez les phrases par ordre chronologique.

_____ **a.** «J'ai aussi une carte postale.»

_____ **b.** «Ça dépend si c'est un colis de valeur ou un colis fragile.»

_____ **c.** «Pour le colis et la carte postale, ça fait 6 euros.»

_____ **d.** «Je voudrais envoyer ce colis à Paris.»

Note culturelle

Le musée de La Poste gère (*manages*) les collections postales de l'État et celles de l'établissement public, La Poste. Installé en 1973 à proximité de la gare Montparnasse à Paris, le musée de La Poste est un musée de société. Il est aussi aujourd'hui le plus grand musée d'entreprise français.

Jouez la scène!

Consultez les grilles des tarifs pour des envois postaux. Ensuite, avec un(e) partenaire, jouez les scènes suivantes.

SERVICE PRIORITAIRE		SERVICE ÉCONOMIQUE	
Poids (*weight*) jusqu'à	Tarifs pour l'Amérique du Nord	Poids jusqu'à	Tarifs pour l'Amérique du Nord
20 g	0,67 euros	100 g	2,29 euros
40 g	1,25 euros	200 g	4,27 euros
60 g	1,98 euros	500 g	7,93 euros

1. Vous allez à la poste pour envoyer une carte postale à votre ami québécois / amie québécoise et une lettre à vos parents. L'employé(e) vous indique le prix pour chaque envoi.
2. Vous êtes en voyage en France et vous voulez poster un colis à un ami / une amie qui habite aux États-Unis. Vous voulez également acheter un Prêt-à-Poster (une enveloppe pré-affranchie) pour la France (0,76 euros).

Vocabulaire

Verbes

appeler to call
composer un numéro to dial a number
consulter l'annuaire to look up (a phone number) in the phone book
croire to believe
décrire to describe
dire to tell; to relate
écrire (à) to write (to)
envoyer (à) to send (to)
introduire la télécarte to insert the card
lire to read
mettre to put; to place
payer to pay
poster to mail
revoir to see again
voir to see

À REVOIR: **acheter, écouter, entendre, jouer, regarder, rendre**

Substantifs

l'adresse (*f.*) address
l'annuaire (*m.*) telephone book
l'appareil (*m.*) apparatus; telephone

la boîte aux lettres mailbox
le bureau de poste (La Poste) post office
le bureau de tabac tobacco store
la cabine téléphonique telephone booth
le cadeau gift
la carte postale postcard
la chaîne television channel; network
le colis package
le courrier mail
le documentaire documentary
l'émission (*f.*) program; broadcast
l'enveloppe (*f.*) envelope
le fax fax
le journal (les journaux) newspaper; news
le kiosque kiosk; newsstand
la lettre letter
la monnaie coins, change
le numéro (de téléphone) (telephone) number
le paquet package
les petites annonces (*f.*) classified ads
la publicité commercial; advertisement; advertising
la revue review, magazine

le roman novel
la télécarte telephone calling card
le timbre stamp

À REVOIR: **le magazine, la télé(vision)**

Adjectifs

heureux / heureuse happy, fortunate

Les nouvelles technologies

l'assistant (*m.*) **numérique** PDA (personal digital assistant)
la boîte vocale voice mail
la caméra (le caméscope) video camera
le cédérom (CD-ROM) CD-ROM
le courrier électronique e-mail
le DVD DVD
Internet Internet
le lecteur de DVD DVD player
le message électronique e-mail message
le Minitel Minitel
le pager pager
le photocopieur photocopy machine
le portable cellular phone
le répondeur answering machine

le site site
le traitement de texte word
  processing
le Web Web

À REVOIR: **la cassette vidéo, le
  lecteur de CD, le magnétoscope, l'ordinateur** (*m.*)

Au téléphone

Allô. Hello.
Qui est à l'appareil? Who's
  calling?

Mots et expressions divers

C'est-à-dire que That is
là-bas over there
surtout especially
tout, toute, tous, toutes all;
  every
tous les jours / matins, etc.
  every day (morning, etc.)
toutes les semaines every week
Voyons Let's see

À REVOIR: **d'habitude, en général,
  souvent**

Fichier Edition Affichage Insertion Format Outils   Aide

DE: Nathalie@media.fr

À... Paul@universpar.fr

Cc...

Objet:

Paul,

C'est vrai, la semaine dernière, j'ai été difficile à joindre. Je voyage constamment. Mais le journalisme, c'est la mobilité. Je n'ai pas le choix, et ma carrière est plus importante que tout.

Cette semaine, par exemple, je prépare un article sur les capitales européennes autour du thème «Vivre en ville». Il y a deux jours j'étais à Vienne; aujourd'hui je suis à Genève et ensuite, Zurich et Bruxelles.

Viens me rejoindre! On va passer le week-end ensemble. Ça va te changer les idées.
Bisous,
Nathalie

Genève, en Suisse

Dans ce chapitre...

Objectifs communicatifs

- talking about city life; describing past events; speaking succinctly; expressing what and whom you know

Paroles (Leçon 1)

- La ville
- Les directions
- Les arrondissements
- Les nombres ordinaux

Structures (Leçons 2 et 3)

- Le passé composé et l'imparfait
- Les pronoms d'objet indirect
- Les verbes **savoir** et **connaître**
- Les pronoms y et **en**

Culture

- Reportage: Bruxelles: le symbole de l'Europe (Correspondance)
- Lecture: Profil: Kofi Yamgnane (Leçon 4)

Multimédia

En société—Comment donner des informations
Dans cet épisode, une employée à la gare donne aux trois amis des informations sur la ville.

CD-ROM
Révisez le vocabulaire et la grammaire de ce chapitre et donnez des renseignements sur votre ville à une nouvelle copine.

Online Learning Center
Visitez le site Web de *Vis-à-vis* à **www.mhhe.com/visavis3** pour réviser le vocabulaire, la grammaire et les renseignements culturels qui se trouvent dans ce chapitre.

Leçon 1

PAROLES

Une petite ville

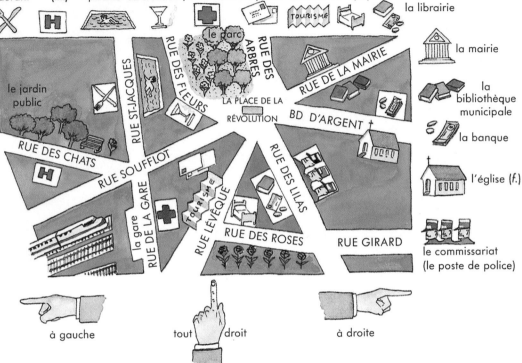

le restaurant | l'hôpital (*m.*) | la piscine | le café-tabac | la pharmacie | le bureau de poste | le syndicat d'initiative | l'hôtel (*m.*)

la librairie
la mairie
la bibliothèque municipale
la banque
l'église (*f.*)
le commissariat (le poste de police)

le jardin public

le parc

RUE DES ARBRES
RUE DE LA MAIRIE
LA PLACE DE LA RÉVOLUTION
BD D'ARGENT
RUE DES FLEURS
RUE ST-JACQUES
RUE DES CHATS
RUE SOUFFLOT
RUE DES LILAS
TOURISME
RUE LÉVÊQUE
RUE DES ROSES
RUE GIRARD
la gare
RUE DE LA GARE

à gauche   tout droit   à droite

AUTRES MOTS UTILES

le bâtiment	building
le carrefour	intersection
le coin	corner
jusqu'à	up to, as far as
le marché en plein air	open-air market
le plan	map (of a city)
se trouver	to be located (situated)

—Comment fait-on pour aller de la banque à la pharmacie?
—On **prend** le boulevard d'Argent **à droite** et on va **jusqu'à** la place de la Révolution. On **traverse** la rue des Lilas et on **prend** la rue Lévêque **à gauche. On continue tout droit jusqu'au coin** et on **prend** la rue de la Gare **à droite.** La pharmacie est **en face de** la gare.

Allez-y!

A. Les endroits importants. Où est-ce qu'on va pour _____?

MODÈLE: acheter des livres ⟶
Pour acheter des livres, on va à la librairie.

1. encaisser (*to cash*) un chèque de voyage **2.** acheter de l'aspirine
3. parler avec le maire (*mayor*) de la ville **4.** obtenir des brochures
touristiques **5.** nager **6.** admirer des plantes et des fleurs
7. assister à (*to attend*) des services religieux catholiques **8.** acheter
des timbres **9.** prendre une bière

B. Où est-ce? Précisez l'emplacement des endroits suivants selon le plan
de la ville à la page précédente.

MODÈLE: Où est l'hôtel? ⟶
L'hôtel est en face du syndicat d'initiative dans* la rue
Lévêque.

1. Où est le jardin public?   **4.** Où est l'église?
2. Où est le commissariat?   **5.** Où est la librairie?
3. Où est la bibliothèque?   **6.** Où est le syndicat d'initiative?

C. Trouvez votre chemin (*way*). Regardez le plan de la ville. Imaginez
que vous êtes à la gare. Un(e) touriste vous demande où est le bureau
de poste; vous lui indiquez le chemin. Jouez les rôles avec un(e)
camarade.

MODÈLE: LE/LA TOURISTE: Pardon, madame / monsieur, pourriez-vous
me dire où est le bureau de poste?
VOUS: Tournez à gauche. Prenez la rue Soufflot à
droite et vous y êtes (*you're there*).
LE/LA TOURISTE: Je tourne à gauche, je prends la rue
Soufflot à droite et j'y suis.

1. le café-tabac **2.** le restaurant **3.** l'hôtel **4.** la banque
5. le poste de police **6.** le parc **7.** la mairie **8.** la pharmacie
9. le jardin public **10.** la place de la Révolution **11.** la piscine
12. le syndicat d'initiative

Maintenant, avec un(e) autre camarade de classe, faites une liste de
cinq ou six endroits sur votre campus ou dans votre ville. À tour de
rôle, indiquez le chemin pour aller à ces endroits. Votre salle de classe
est votre point de départ.

---

*One says **dans la rue, sur le boulevard,** and **sur** or **dans l'avenue.**

Les arrondissements° de Paris

districts

AUTRES MOTS UTILES

la banlieue	suburbs
la carte	map (*of a region, country*)
le centre-ville	downtown
la rive droite / gauche	Right / Left Bank

Les vingt arrondissements de Paris:

1er le premier	11e le onzième
2e le deuxième	12e le douzième
3e le troisième	13e le treizième
4e le quatrième	14e le quatorzième
5e le cinquième	15e le quinzième
6e le sixième	16e le seizième
7e le septième	17e le dix-septième
8e le huitième	18e le dix-huitième
9e le neuvième	19e le dix-neuvième
10e le dixième	20e le vingtième

Les nombres ordinaux

- Ordinal numbers (*first, second,* and so on) are formed by adding **-ième** to cardinal numbers. Note the irregular form **premier / première,** and the spelling of **cinquième** and **neuvième.**
- **Le** and **la** do not elide before **huitième** and **onzième: le huitième.**
- The superscript abbreviation ^e indicates that a number should be read as an ordinal: 7 = **sept;** 7e = **le/la septième.**
- Note the forms **vingt et unième, trente et unième,** and so on.

Allez-y!

A. Les arrondissements de Paris. Quels arrondissements se trouvent sur la rive gauche de la Seine, sur la rive droite? Quel arrondissement est situé au bord du bois de Boulogne, du bois de Vincennes? Où est l'île de la Cité*?

B. Le plan de Paris. Avec un(e) partenaire, situez les endroits suivants.

> **MODÈLE:** É1: la tour Eiffel?
> É2: Euh, voyons... La tour Eiffel se trouve dans le septième arrondissement.

1. le Panthéon	**5.** Montmartre	**8.** l'Opéra
2. Notre-Dame	**6.** Beaubourg	**9.** l'Arc de Triomphe
3. la gare de l'Est	**7.** Sacré-Cœur	
4. le Louvre		

---

*The **île de la Cité** is the historical center of Paris; it is one of the two islands on the Seine in Paris. The other is the **île St-Louis.**

Leçon 2

Le passé composé et l'imparfait
Describing Past Events

Casablanca

ALAIN: Alors, tu nous racontes tes vacances au Maroc?

SYLVIE: Eh bien, je **suis partie** de Paris le 23 juillet. Il **faisait** un temps pourri, il **faisait** froid, il **pleuvait,** l'horreur! Mais quand je **suis arrivée** à Casablanca, le ciel **était** tout bleu, le soleil **brillait,** la mer **était** tiède...

RÉMI: Et tu **as aimé** la ville?

SYLVIE: Oui, beaucoup. Mais je **voulais** visiter une mosquée et je n'**ai** pas **pu** entrer.

ALAIN: Pourquoi?

SYLVIE: C'est ma faute parce que je **portais** une mini-jupe.

Répondez aux questions.

1. Quel temps faisait-il à Paris le 23 juillet? Et à Casablanca?
2. Que voulait faire Sylvie à Casablanca?
3. Pourquoi est-ce qu'elle n'a pas visité la mosquée?

When speaking about the past in English, you choose which past tense forms to use in a given context: *I visited Casablanca, I did visit Casablanca, I was visiting Casablanca, I used to visit Casablanca,* and so on. Usually only one of these options will convey exactly the meaning you want to express. Similarly in French, the choice between the **passé composé** and the **imparfait** depends on the kind of past action or condition that is being conveyed, and sometimes on the speaker's point of view with respect to the past event.

As you've learned, the **passé composé** is used to indicate a single completed action, something that began and ended in the past, or a sequence of such actions.

The **imparfait,** on the other hand, usually indicates an ongoing or habitual action in the past. It does not emphasize the end of that action.

1. Compare the following sets of examples.

J'**écrivais** des lettres.	*I was writing letters.*
J'**ai écrit** des lettres.	*I wrote (have written) letters.*
Je **commençais** mon travail.	*I was starting on my assignments.*
J'**ai commencé** mon travail.	*I started (have started) my assignments.*
Elle **allait** au parc le dimanche.*	*She went (used to go) to the park on Sundays.*
Elle **est allée** au parc dimanche.	*She went to the park on Sunday.*

2. The following chart sets out the major differences between these two tenses.

IMPARFAIT	PASSÉ COMPOSÉ
1. *Ongoing action with no emphasis on the completion or end of the action*	*Completed action, or a series of completed events or actions*

J'**allais** en France.
    Je **visitais** des monuments.
	Je **suis allé(e)** en France.
	    J'**ai visité** des monuments.

2. *Habitual or repeated action*	*A single event*

J'**allais** en France tous les ans.
    Je **visitais** souvent le château de Versailles.
	Je **suis allé(e)** en France l'année dernière.
	    J'**ai visité** Versailles un samedi matin.

[Allez-y! A]	
3. *Description or "background" information; how things were or what was happening when . . .*	*. . . an event or events occurred. ("foreground" information)*
Je **visitais** Beaubourg...	...quand on **a annoncé** la projection d'un vieux film de Chaplin.
J'**étais** à Paris...	...quand une lettre **est arrivée**.
[Allez-y! B]	
4. *Physical or mental states of being (general description)*	*Changes in an existing physical or mental state at a precise moment, or for a particular isolated cause*
Ma nièce **avait** peur des chiens.	Ma nièce **a eu** peur quand le chien a aboyé (*barked*).

---

*Remember the role of the definite article with days of the week: **le dimanche** (*on Sundays*);
dimanche (*on Sunday*).

3. In summary, the **imparfait** is generally used for *descriptions* in the past, and the **passé composé** is generally used for the *narration* of specific events in the past. The **imparfait** also often sets the stage for an event expressed with the **passé composé**. Look over the following passages with these points in mind.

IMPARFAIT	PASSÉ COMPOSÉ
Il **faisait** beau; le ciel (*sky*) **était** clair; les terrasses des cafés **étaient** pleines (*filled*) de gens; c'**était** un beau jour de printemps à Paris.	**J'ai continué** tout droit dans la rue Mouffetard, **j'ai traversé** le boulevard de Port-Royal et **j'ai descendu** l'avenue des Gobelins jusqu'à la place d'Italie.

4. The following indicators of tense can help you determine whether to use the **passé composé** or the **imparfait**.

IMPARFAIT	PASSÉ COMPOSÉ
autrefois (*formerly*) d'habitude de temps en temps le lundi (le mardi...) le week-end pendant que	au moment où lundi (mardi...) plusieurs fois soudain (*suddenly*) tout à coup (*suddenly*) un jour un week-end une fois (*once*), deux fois...
D'habitude, nous **étudiions** à la bibliothèque.	**Un jour,** nous **avons étudié** au café.
Quand j'**étais** jeune, nous **allions** à la plage **le week-end.**	**Un week-end,** nous **sommes allés** à la montagne.

[Allez-y! C-D-E]

Allez-y!

A. **Un dimanche pas comme les autres.** Votre voisin Marc Dufour était une personne routinière, mais un dimanche, il a changé ses habitudes. Voici son histoire.

MODÈLE: le dimanche matin / dormir en général jusqu'à huit heures /
/ mais ce dimanche-là / dormir jusqu'à midi →
Le dimanche matin, il dormait en général jusqu'à huit
heures, mais ce dimanche-là, il a dormi jusqu'à midi.

1. normalement au petit déjeuner / prendre des céréales et une tasse
   de café / mais ce matin-là / prendre un petit déjeuner copieux
2. après le petit déjeuner / faire toujours du jogging dans le parc /
   mais ce jour-là / rester longtemps au téléphone
3. souvent l'après-midi / regarder le match de football à la télé / mais
   cet après-midi-là / lire des poèmes dans le jardin
4. d'habitude le soir / sortir avec ses copains / mais ce soir-là / sortir
   avec une jeune fille
5. parfois / aller au cinéma ou / lire un roman / mais ce soir-là /
   inviter son amie à un restaurant élégant
6. normalement / rentrer chez lui assez tôt / mais ce dimanche-là /
   danser jusqu'au petit matin (*early morning*)

B. Interruptions. Annie était à la maison hier soir. Elle voulait faire
plusieurs choses, mais il y a eu toutes sortes d'interruptions.
Décrivez-les.

MODÈLE: étudier... téléphone / sonner →
Annie étudiait quand le téléphone a sonné.

1. parler au téléphone / un ami... l'employé / couper la ligne (*to cut
   the line*)
2. écouter / CD... son voisin / commencer à faire / bruit (*m., noise*)
3. lire / journal... le propriétaire (*landlord*) / venir demander / argent
4. faire / devoirs... un ami / arriver
5. regarder / informations à la télé... son frère / changer de chaîne
6. dormir... quelqu'un / frapper (*to knock*) à la porte

C. Une année à l'université de Caen. François a passé un an à Caen,
une de grandes villes de Normandie. Il raconte son histoire.
Choisissez l'imparfait ou le passé composé pour les verbes suivants.

Mon année en Normandie a été vraiment super, mais j'ai dû passer
beaucoup de temps à étudier. Je (avoir)[1] cours le matin dc 8 h à 11 h.
L'après-midi, je (étudier)[2] en général à la bibliothèque. Le week-end,
avec des amis, nous (faire)[3] du tourisme. Le samedi, nous (rester)[4] en
ville et le dimanche, nous (aller)[5] à la campagne. En octobre, nous
(faire)[6] une excursion à Rouen. Ce (être)[7] très intéressant. Pour Noël,
je (rentrer)[8] chez mes parents. En février, je (faire)[9] du ski dans les
Alpes. Nous (avoir)[10] de la chance car (*because*) il (faire)[11] très beau
et je (rentrer)[12] bien bronzé (*tanned*). De temps en temps, je (manger)[13]
chez les Levergeois, des amis français très sympathiques. Pendant ces
dîners entre amis, je (perfectionner)[14] mon français. Finalement, au
début du mois de mai, je (devoir)[15] quitter Caen. Je (être)[16] triste de
partir.

Au jardin du Luxembourg, à Paris

deux cent quatre-vingt-dix-sept **297**

Marguerite Yourcenar

D. Biographie de Marguerite Yourcenar. Voici quelques faits (*facts*) importants de la vie de cette romancière (*novelist*) et historienne de langue française. Mettez-les dans l'ordre chronologique et utilisez les adverbes de temps des **Mots clés.**

1. Elle est allée aux États-Unis en 1958.
2. Elle a écrit son fameux livre *L'Œuvre au noir* en 1968.
3. Elle est née à Bruxelles en 1903.
4. Elle est morte en 1987 à l'âge de 84 ans dans le Maine, aux États-Unis.
5. Elle a été la première femme élue à l'Académie française, en 1980.

Maintenant, faites brièvement (*briefly*) votre autobiographie. Utilisez des adverbes de temps.

E. Conversation. Posez les questions suivantes à un(e) camarade pour découvrir ce qui s'est passé dans sa vie l'année dernière. Ensuite, changez de rôle.

1. Où étais-tu? Où as-tu étudié? Qu'est-ce que tu as étudié?
2. Qu'est-ce que tu as fait pendant tes vacances? As-tu fait un voyage? Où es-tu allé(e)? Comment était le voyage?
3. Et tes amis, où étaient-ils l'année dernière? Qu'est-ce qu'ils ont fait pendant les vacances?

Mots clés

Mettre les événements par ordre chronologique

d'abord *first of all*
puis *next*
ensuite *and then . . .*
après *after that . . .*
enfin *finally*

Puis and **ensuite** can be used interchangeably.

DÉPANNAGE (*Emergency Repair*)
D'abord, j'ai garé (*parked*) la voiture.
Puis, j'ai cherché une cabine téléphonique.
Ensuite, j'ai tout expliqué au mécanicien.
Après, j'ai attendu dans la voiture.
Enfin, il est arrivé. Maintenant, le carburateur fonctionne à merveille.

Des façades typiques du Vieux-Montréal

Les pronoms d'objet indirect

Speaking Succinctly

Un nouveau parc au centre-ville

RÉGIS: Tu as écrit au maire de la ville?

NICOLE: Oui, je **lui** ai écrit.

RÉGIS: Et il **t'**a répondu?

NICOLE: Oui, il **nous** a donné rendez-vous demain.

RÉGIS: Est-ce qu'il a aimé l'idée de la création d'un nouveau parc au centre-ville?

NICOLE: Il ne **m'**a encore rien dit. On va devoir attendre jusqu'à demain.

Retrouvez la phrase équivalente dans le dialogue.

1. Nicole a écrit au maire de la ville. Nicole dit: «_____»
2. Le maire a donné rendez-vous à Nicole et à Régis. Nicole dit: «_____»
3. Le maire n'a encore rien dit à Nicole. Elle dit: «_____»

Indirect Objects

1. As you know, direct object nouns and pronouns answer the question *what?* or *whom?* Indirect object nouns and pronouns usually answer the question *to whom?* or *for whom?* In English, the word *to* is frequently omitted: I gave the book *to Paul.* ⟶ I gave *Paul* the book. In French, the preposition **à** is *always* used before an indirect object noun.

J'ai donné des informations **à** Paul.	*I gave information to Paul.*
Elle a écrit une lettre **au** maire.	*She wrote a letter to the mayor.*
Nous montrons l'article **aux** journalistes.	*We show the article to the journalists.*
Elle prête les photos **à** son frère.	*She lends the photos to her brother.*

2. If a sentence has an indirect object, it usually has a direct object as well. Some French verbs, however, take only an indirect object. These include **téléphoner à, parler à,** and **répondre à.**

Je téléphone / parle souvent **à** mes amis.	*I often phone / speak to my friends.*
Elle a répondu **au** professeur.	*She answered the instructor.*

deux cent quatre-vingt-dix-neuf   **299**

Indirect Object Pronouns

1. Indirect object pronouns replace indirect object nouns. They are identical in form to direct object pronouns, except for the third-person forms, **lui** and **leur.**

INDIRECT OBJECT PRONOUNS

me, m'	*(to/for) me*	nous	*(to/for) us*
te, t'	*(to/for) you*	vous	*(to/for) you*
lui	*(to/for) him, her*	**leur**	*(to/for) them*

2. The placement of indirect object pronouns is identical to that of direct object pronouns. However, the past participle does not agree with a preceding indirect object.

Je **lui** ai montré la réception.	*I showed him (her) the (front) desk.*
On **m'**a demandé l'adresse de l'auberge de jeunesse.	*They asked me for the address of the youth hostel.*
Valérie **nous** a envoyé une carte postale.	*Valérie sent us a postcard.*
Nous allons **leur** téléphoner maintenant.	*We're going to telephone them now.*
Je **leur** ai emprunté* la voiture.	*I borrowed the car from them.*
Ils **m'**ont prêté de l'argent.	*They loaned me some money.*

3. In negative sentences, the object pronoun immediately precedes the auxiliary verb in the **passé composé.** In the **futur proche,** it is placed directly before the infinitive.

Elle **ne** lui a **pas** téléphoné.	*She hasn't telephoned him (her).*
Je **ne** vais **pas** leur écrire.	*I am not going to write to them.*

Allez-y!

A. L'après-midi de Léa. Léa va tous les vendredis après-midi chez sa grand-mère qui habite dans son quartier. Elle nous raconte ce qu'elle a fait vendredi dernier. Complétez son histoire avec les pronoms qui correspondent: **me, te, lui, nous, vous, leur.**

Après les cours, j'ai pris un café avec des amies. Je _____[1] ai montré mon nouveau baladeur (*Walkman*). Un peu plus tard, j'ai rendu visite à ma grand-mère. Je _____[2] ai apporté ses magazines préférés. Elle était très contente et elle _____[3] a dit: «Je vais _____[4] préparer un

---

****Emprunter** takes both a direct object (the thing borrowed) and an indirect object (the person from [**à**] whom it is borrowed).

bon goûter.» En fin d'après-midi, mon frère est arrivé. Il _____5 a raconté ses aventures avec sa nouvelle moto. Nous avons bien ri. (*We laughed a lot.*)

Au moment de partir, ma grand-mère _____6 a demandé (à mon frère et à moi): «Je vous revois la semaine prochaine, les enfants?» Nous _____7 avons répondu, «Bien sûr, à vendredi prochain!»

B. N'oublie pas... Au moment de dire au revoir, la grand-mère de Léa se rappelle (*remembers*) plusieurs questions qu'elle voulait lui poser. Jouez le rôle de Léa et répondez-lui, en utilisant les pronoms complément d'objet indirect.

1. As-tu téléphoné à ton oncle?   **2.** Tu as écrit à ta tante Louise?
3. Tu as donné le plan de la ville à ton frère pour son voyage?
4. As-tu répondu à M. et Mme Morin en Espagne?   **5.** Est-ce que tu as souhaité (*wished*) «bon anniversaire» à ton petit cousin?   **6.** Est-ce que tu as rendu à Nicolas et Virginie le livre qu'ils nous ont prêté?

C. Êtes-vous communicatif / communicative? Posez les questions suivantes à un(e) camarade et créez de nouvelles questions sur le même sujet.

1. À qui as-tu écrit la semaine dernière? Qu'est-ce que tu lui as écrit? Pourquoi? En général, écris-tu souvent?
2. À qui as-tu téléphoné hier soir? Qu'est-ce que tu lui as dit?
3. Tu envoies souvent du courrier électronique? À quelle occasion? À qui?

Ensuite, dites à la classe si votre camarade est très ou peu communicatif / communicative. Pouvez-vous déterminer la personne la plus communicative de la classe?

Le Trocadéro au crépuscule (*dusk*)

Un peu plus...

Le Trocadéro. Où trouver, à Paris, un endroit où l'on peut visiter plusieurs grands musées, se rendre dans un théâtre national et profiter d'une vue impressionnante de la tour Eiffel? Place du Trocadéro, bien sûr! Le Trocadéro est une grande place située en face de la tour Eiffel, sur la rive droite de la Seine. Sur cette place se trouve le Palais de Chaillot qui abrite (*houses*) les musées de la Marine, de l'Homme, du Cinéma et des Monuments français. C'est aussi le lieu du Théâtre National de Chaillot.

trois cent un   **301**

Correspondance

Fichier Edition Affichage Insertion Format Outils Aide

DE: Paul@universpar.fr

A... Nathalie@media.fr

Cc...

Objet:

Nathalie,

Sais-tu que j'ai fini mes révisions? Je suis libre comme l'air.

D'accord pour te voir à Bruxelles, la ville du chocolat, des frites et du Parlement européen! Dimanche prochain, je t'attends à midi sur la Grand-Place, devant l'Hôtel de Ville. J'aurai un bouquet de roses rouges dans la main droite et la main gauche sur le cœur. Au programme: promenades, restaurants et cinéma.

Confirme ce rendez-vous par courrier électronique.
Paul

PS. Eh oui, en dépit des apparences,
   je suis un romantique…

La Grand-Place, à Bruxelles

En image...
La Grand-Place à Bruxelles

Située dans le centre-ville, la Grand-Place est un lieu de rendez-vous. Les cafés, les restaurants et les tavernes en font un site touristique très populaire. Avec ses façades sculptées, chargées d'[1]ornements, elle raconte toute l'histoire de la cité. Le magnifique hôtel de ville gothique construit au XVe siècle est un bâtiment administratif où sont célébrés des mariages.

[1]chargées… *loaded with*

Reportage

Bruxelles: le symbole de l'Europe

Capitale de la Belgique, Bruxelles était autrefois considérée comme la ville des moules,[1] des frites et de la bière. On y venait en touriste, pour savourer le plat national.

On connaissait aussi Bruxelles pour ses dentelles[2] délicates, ses chocolats exquis, son marché aux puces, sa Grand-Place et son musée Horta.[3]

Mais cette grande métropole francophone a changé d'identité: elle est devenue la capitale administrative de l'Europe. Bruxelles, tout le monde en parle, tout le monde y vient car c'est là que se trouvent les principales institutions européennes, notamment le Parlement. Cette assemblée qui représente les pays de l'Union, c'est-à-dire 370 millions d'habitants, symbolise le pouvoir européen: elle vote des lois et prend toutes les décisions regardant la communauté.

Les 30 0000 agents et fonctionnaires européens vivent en majorité dans la capitale belge. Ils forment une société multiculturelle où se mêlent[4] des représentants de chaque pays. Yves Schultz, député allemand, est bruxellois pour cinq ans. Avec sa famille, il s'est installé dans un appartement proche de la Grand-Place et semble apprécier cette expérience: «Dans la classe de mon fils, il y a des enfants portugais, espagnols, français, allemands, italiens... Ici, l'Europe existe vraiment et on apprend à être un citoyen[5] européen», explique-t-il.

[1]mussels [2]laces [3]musée... museum dedicated to the Art Nouveau architect, Victor Horta [4]se... mingle [5]citizen

Le Parlement européen rassemble 626 députés qui participent à la construction et à la gestion (management) de l'Union européenne. Les douze étoiles (stars) en cercle du drapeau européen symbolisent l'union entre les peuples d'Europe. Le nombre d'étoiles est invariable: douze signifie la perfection et la plénitude—les douze mois de l'année, les douze signes du zodiaque, et cetera.

À vous!

1. Quelles images associait-on à Bruxelles dans le passé? Expliquez les transformations de la ville et précisez sa nouvelle identité.
2. Présentez la ville où vous êtes né(e), puis la ville où vous habitez. Quelles sont leurs caractéristiques fondamentales? Que symbolisent-elles?
3. Avez-vous envie de vivre à Bruxelles? Pourquoi ou pourquoi pas?
4. Que représentent les étoiles du drapeau européen sur la photo? les étoiles du drapeau américain?

ON EST BRANCHÉ!

Pendant son séjour à Bruxelles, Paul voudrait aussi visiter deux autres villes belges. Utilisez Internet pour l'aider à organiser son voyage. Pour obtenir des informations supplémentaires et les liens nécessaires, visitez le site Web de *Vis-à-vis* à **www.mhhe.com/visavis3**.

Leçon 3

STRUCTURES

Les verbes *savoir* et *connaître*
Expressing What and Whom You Know

Labyrinthe

MARCEL: Taxi! Vous **connaissez** la rue Vaucouleurs?

LE CHAUFFEUR: Mais bien sûr, je **sais** où elle est! Je **connais** Paris comme ma poche!

MARCEL: Je ne **sais** pas comment vous faites. Je me suis perdu hier dans l'île de la Cité.

LE CHAUFFEUR: Je **connais** mon métier et puis, vous **savez,** avec un plan de Paris, ce n'est pas si difficile!

«Savez-vous où se trouve la rue Vaucouleurs?»

Faites des phrases complètes pour décrire ce qui se passe (*what happens*) dans le dialogue.

Marcel	sait	la rue Vaucouleurs
le chauffeur	ne sait pas	où est la rue Vaucouleurs
	connaît	Paris
	ne connaît pas	comment le chauffeur fait son métier

The verbs **savoir** and **connaître** both correspond to the English verb *to know,* but they are used differently.

Forms of *savoir* and *connaître*

PRESENT TENSE OF **savoir**	
je **sais**	nous **savons**
tu **sais**	vous **savez**
il/elle/on **sait**	ils/elles **savent**

Past participle: **su**

PRESENT TENSE OF **connaître**	
je **connais**	nous **connaissons**
tu **connais**	vous **connaissez**
il/elle/on **connaît**	ils/elles **connaissent**

Past participle: **connu**

Uses of *savoir* and *connaître*

1. **Savoir** means *to know* or *to have knowledge of* a fact, *to know by heart,* or *to know how to* do something. It is frequently followed by an infinitive or by a subordinate clause introduced by **que, quand, pourquoi,** and so on.

Sais-tu l'heure qu'il est?	*Do you know what time it is?*
Savez-vous où est le bureau de poste le plus proche d'ici?	*Do you know where the closest post office is?*
Je **sais** que le bureau de poste du boulevard Haussmann est fermé.	*I know that the post office on Boulevard Haussmann is closed.*

2. In the **passé composé, savoir** means *learned* or *found out.*

J'**ai su** hier que la mairie allait être démolie.	*I learned yesterday that the city hall is going to be demolished.*

3. **Connaître** means *to know* or *to be familiar (acquainted) with* someone or something. **Connaître**—never **savoir**—means *to know a person or a place.* **Connaître** is always used with a direct object; it cannot be followed directly by an infinitive or by a subordinate clause.

Cagnes-sur-mer, un petit village de la Côte d'Azur

—**Connais**-tu Marie-Françoise? *Do you know Marie-Françoise?*
—Non, je ne la **connais** pas. *No, I don't know her.*

Ils **connaissent** très bien Dijon. *They know Dijon very well.*

4. In the **passé composé, connaître** means *met for the first time.* It is
the equivalent of the **passé composé** of **faire la connaissance de.**

J'ai connu Jean à l'université. *I met Jean at the university.*

Allez-y!

A. Dialogue. Complétez les phrases avec **connaître** ou **savoir.**

MME DUPUY: _____¹-vous Paris, monsieur?

M. STEIN: Je _____² seulement que c'est la capitale de la France.

MME DUPUY: _____³-vous quelle est la distance entre Paris et
Marseille?

M. STEIN: Non, mais je _____⁴ une agence de voyages où on doit le
_____⁵. Dans cette agence, ils _____⁶ très bien le pays.

MME DUPUY: _____⁷-vous s'il y a d'autres villes intéressantes à visiter?

M. STEIN: Comme je l'ai dit, je ne _____⁸ pas bien ce pays, mais
hier j'ai fait la connaissance d'un homme qui _____⁹
où aller pour passer de bonnes vacances.

MME DUPUY: Je voudrais bien _____¹⁰ cet homme. _____¹¹-vous où
il travaille?

B. Et toi, connais-tu Paris? Avec un(e) camarade, posez des questions
et répondez-y.

MODÈLE: l'Opéra-Bastille ⟶

VOUS: Connais-tu l'Opéra-Bastille?

VOTRE CAMARADE: Non, je ne le connais pas, mais je sais
qu'on y va pour écouter de la musique.

ENDROITS	DÉFINITIONS
l'Opéra-Bastille	C'est le quartier des étudiants à Paris.
la Notre-Dame de Paris	Le président y habite.
le Louvre	On y va pour écouter de la musique.
le Palais de l'Élysée	On y trouve une vaste collection de livres.
la tour Eiffel	
la Bibliothèque nationale	C'est une église située dans l'île de la Cité.
le Quartier latin	
la Pyramide	C'est la structure en verre (*glass*) devant le Louvre.
	On y trouve une riche collection d'art.
	Elle a 320 mètres de haut (*tall*) et elle est en fer (*iron*).

Les luxes de la ville: le grand escalier de l'Opéra de Paris

Un peu plus...

L'Opéra-Garnier. Cet opéra est l'un des édifices les plus somptueux de Paris. L'intérieur est fait de différents marbres et décoré de nombreuses sculptures. La salle de concert est rouge et or. C'est Napoléon III qui a fait construire l'Opéra du palais Garnier. Son décor flamboyant devait représenter le luxe, l'art et le plaisir. De nos jours, on y présente de grands spectacles de danse.

C. Vos connaissances. Utilisez ces phrases pour interviewer un(e) camarade. Dans les réponses, utilisez le verbe **savoir** ou **connaître**.

1. Nomme deux choses que tu sais faire.
2. Nomme deux choses que tu veux savoir faire un jour.
3. Nomme deux domaines (*fields*) où tu es plus ou moins compétent(e). (Je ne connais pas bien...)
4. Nomme une personne que tu as connue récemment.
5. Nomme quelqu'un que tu aimerais (*would like*) connaître.

D. Une ville. Donnez le nom d'une ville que vous connaissez bien. Ensuite, racontez ce que vous savez sur cette ville.

MODÈLE: Je connais New York. Je sais qu'il y a d'immenses gratte-ciel (*skyscrapers*).

trois cent sept **307**

Les pronoms **y** et *en*
Speaking Succinctly

Paris: ville de l'amour

MYRIAM: Tu es déjà allée au parc Montsouris?

FABIENNE: Non, pas encore, mais j'**y** vais samedi avec Vincent.

MYRIAM: Vincent? Dis-moi, tu as combien de petits amis?

FABIENNE: En ce moment, j'**en** ai deux. Mais je vais bientôt rompre avec Jean-Marc.

MYRIAM: Et tu **en** as parlé à Jean-Marc?

FABIENNE: Non, pas encore, mais j'**y** pense sérieusement.

Trouvez la phrase équivalente dans le dialogue.

1. Je vais au parc Montsouris samedi.
2. J'ai deux petits amis.
3. Tu as parlé à Jean-Marc de ta décision?
4. Je pense à lui parler.

The Pronoun y

1. The pronoun **y** can refer to a place that has already been mentioned. It replaces a prepositional phrase, and its English equivalent in such cases is *there*.

—Est-ce que Fabienne est déjà allée **au parc Montsouris?**	*Has Fabienne already gone to Montsouris Park?*
—Non, mais elle **y** va samedi.	*No, but she is going there Saturday.*
—Est-ce que Myriam va **au festival** avec elle?	*Is Myriam going to the festival with her?*
—Non, elle n'**y** va pas avec elle.	*No, she isn't going (there) with her.*
—Vont-ils **chez Fabienne** ce week-end?	*Are they going to Fabienne's this weekend?*
—Oui, ils **y** vont ensemble.	*Yes, they're going (there) together.*

Note that *there* is often implied in English, whereas **y** must always be expressed in French.

2. **Y** can replace the combination **à** + *noun* when the noun refers to a place or thing. This substitution most often occurs after certain verbs that are followed by **à: répondre à, réfléchir à, réussir à, penser à** (*to think about someone or something*), **jouer à.** It is not usually applied to the **à** + *noun* combination when the noun refers to a person; in these cases, a stressed or indirect object pronoun is used.*

—As-tu répondu **à la lettre** de ta sœur?	*Did you answer your sister's letter?*
—Oui, j'**y** ai répondu.	*Yes, I answered it.*
—Elle pense déjà **au voyage** à Marseille?	*Is she already thinking about the trip to Marseille?*
—Non, elle n'**y** pense pas encore.	*No, she's not thinking about it yet.*

BUT

—As-tu téléphoné **à ta mère?**	*Did you call your mother?*
—Non, je ne **lui** ai pas téléphoné.	*No, I didn't call her.*

3. The placement of **y** is identical to that of object pronouns: It precedes a conjugated verb, an infinitive, or an auxiliary verb in the **passé composé.**

La ville de Nice? Nous **y** cherchons une maison.	*The city of Nice? We're looking for a house there.*
Mon mari va **y** aller jeudi.	*My husband will go there on Thursday.*
Est-ce qu'il **y** est allé en train ou en avion?	*Did he go there by train or by plane?*

[Allez-y! A]

The Pronoun *en*

1. **En** can replace a combination of a partitive article (**du, de la, de l'**) or indefinite article (**un, une, des**) plus a noun. **En** is then equivalent to English *some* or *any*. Again, whereas these expressions can often be omitted in English, **en** must always be used in French. Like other object pronouns, **en** is placed directly before the verb that refers to it. In the **passé composé,** it is placed directly before the auxiliary verb.

—Est-ce qu'il y a **des musées intéressants** à Avignon?	*Are there interesting museums in Avignon?*
—Oui, il y **en** a.	*Yes, there are (some).*
—Est-ce que vous avez visité **des sites touristiques** à Avignon?	*Did you visit any tourist attractions in Avignon?*
—Oui, nous y **en** avons visité.	*Yes, we visited some (there).*
—Avez-vous acheté **des souvenirs?**	*Did you buy souvenirs?*

---

*In informal conversation, however, **y** is now used frequently to refer to people: **Je pense aux enfants. J'y pense.**

—Non, nous n'**en** avons pas acheté.	*No, we didn't buy any.*
—Voici **du vin d'Avignon. En** veux-tu?	*Here's some wine from Avignon. Do you want some?*
—Non merci. Je n'**en** veux pas.	*No, thanks, I don't want any.*

2. **En** can also replace a noun modified by a number or by an expression of quantity such as **beaucoup de, un kilo de, trop de, deux,** and so on. Only **en** (*of it, of them*) and the number or expression of quantity are used in place of the noun.

—Avez-vous **une chambre?**	*Do you have a room?*
—Oui, j'**en** ai **une.***	*Yes, I have one.*
—Vous avez **beaucoup de chambres** disponibles?	*Do you have a lot of rooms available?*
—Oui, j'**en** ai **beaucoup.**	*Yes. I have a lot.*
—**Combien de lits** voudriez-vous?	*How many beds would you like?*
—J'**en** voudrais **deux.**	*I'd like two.*

3. **En** is also used to replace **de** plus a noun and its modifiers (unless the noun refers to people) in sentences with verbs or expressions that use **de: parler de, avoir envie de,** and so on.

—Avez-vous besoin **de ce guide?**	*Do you need this guide?*
—Oui, j'**en** ai besoin.	*Yes, I need it.*
—Parliez-vous **des ruines romaines?**	*Were you talking about the Roman ruins?*
—Non, nous n'**en** parlions pas.	*No, we weren't talking about them.*

[Allez-y! B-C]

Y and *en* Together

The combination of **y en** is very common with the expression **il y a.**

—Combien de terrains de camping est-ce qu'il y a?	*How many campgrounds are there?*
—Il **y en** a sept.	*There are seven (of them).*
—Combien de campeurs y avait-il?	*How many campers were there?*
—Il **y en** avait à peu près cent cinquante.	*There were about a hundred fifty (of them).*

[Allez-y! D-E]

———

*In a negative answer to a question containing **un(e),** the word **un(e)** is not repeated: **Je n'en ai pas.**

Allez-y!

A. Roman policier. Paul Marteau est détective. Il file (*trails*) une suspecte, Pauline Dutour. Doit-il aller partout (*everywhere*) où elle va?

> **MODÈLE:** Pauline Dutour va à Paris. ⟶
> Marteau y va aussi. (*ou* Marteau n'y va pas.)

1. La suspecte entre dans un magasin de vêtements.
2. Elle va au cinéma.
3. Elle entre dans une cabine téléphonique.
4. Pauline reste longtemps dans un bistro.
5. La suspecte monte dans un taxi.
6. Elle va chez le coiffeur (*hairdresser*).
7. Elle entre dans un hôtel.
8. La suspecte va au bar de l'hôtel.
9. Finalement, elle va en prison.

Maintenant, racontez les aventures de Marteau au passé composé.

B. Un dîner chez Maxim. Un(e) camarade vous interroge sur votre choix.

> **MODÈLE:** pâté ⟶
> É1: Tu as envie de manger du pâté? (Prends-tu du pâté?)
> É2: Oui, j'ai envie d'en manger. (Oui, j'en prends.)
> (*ou* Non, je n'ai pas envie d'en manger. / Non, je n'en prends pas.)

1. hors-d'œuvre	3. escargots	5. légumes	7. dessert
2. soupe	4. viande	6. vin	8. café

C. Lettre à ma mère. Lisez la lettre et répondez aux questions suivantes. Utilisez le pronom **en** dans vos réponses.

1. Est-ce que Marie a trouvé un appartement?
2. Combien de pièces est-ce qu'il y a?
3. Est-ce que Marie et ses copains parlent souvent de la vie parisienne?
4. Quand va-t-elle acheter un vélo?
5. Pourquoi ne veut-elle pas de voiture?

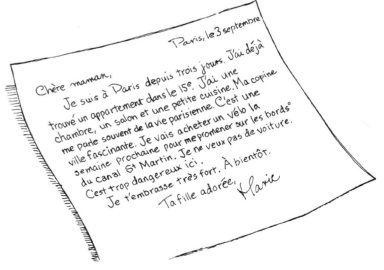

> Paris, le 3 septembre
>
> Chère maman,
> Je suis à Paris depuis trois jours. J'ai déjà trouvé un appartement dans le 15e. J'ai une chambre, un salon et une petite cuisine. Ma copine me parle souvent de la vie parisienne. C'est une ville fascinante. Je vais acheter un vélo la semaine prochaine pour me promener sur les bords° du canal St Martin. Je ne veux pas de voiture. C'est trop dangereux ici. À bientôt.
> Je t'embrasse très fort.
> Ta fille adorée, Marie

°me... *ride along the banks*

trois cent onze **311**

D. Votre ville. Imaginez qu'un(e) touriste vous pose des questions sur votre ville. Jouez les rôles avec un(e) camarade. Utilisez dans vos réponses le pronom **en** et un nombre ou une expression de quantité. Donnez aussi le plus de détails possible.

MODÈLE: É1: Il y a de grands magasins dans votre ville?
É2: Oui, il y en a beaucoup—Saks, Macy's, Nordstrom...
(Il y en a seulement deux, Macy's et Saks.)

1. Avez-vous une université dans votre ville?
2. Il y a des musées intéressants à visiter?
3. Combien de cinémas et de théâtres avez-vous?
4. Est-ce qu'on peut y faire beaucoup de sport?
5. Combien d'habitants est-ce qu'il y a dans votre ville?
6. On y rencontre beaucoup d'étrangers?

Mots clés

Demander à quelqu'un son opinion

Que pensez-vous / penses-tu de...***
What do you think of . . .

Qu'en pensez-vous / penses-tu?
What do you think about that?

À votre / ton avis,...
In your opinion, . . .

―――――

*****Penser de** is normally used to ask a person's opinion about something or someone; **penser à** means to think about (to have on one's mind) something or someone.

La Grande Arche à la Défense, le centre d'affaires de Paris

E. Échange d'opinions. Avec un(e) camarade, donnez des opinions sur des sujets divers. Utilisez les **Mots clés.**

Suggestions: les musées, les touristes, les chauffeurs de taxi, les monuments, les grandes villes américaines, les transports en commun...

MODÈLE: É1: Que penses-tu des voitures japonaises?
É2: Elles sont jolies (trop petites, pratiques)... Et toi, qu'en penses-tu?
É1: Je (ne) les aime (pas). Elles (ne) sont (pas)...

 *Leçon 4*

Lecture

Avant de lire

Scanning paragraphs. Quickly scan each paragraph of this reading selection about the former mayor of a small village in Brittany. As you scan, note the general function of each paragraph in the reading. Do not read every paragraph word for word, but look for the major point made in each one. Indicate whether each paragraph presents a principal idea, an example, or an anecdote.

PARAGRAPHE	IDÉE PRINCIPALE	EXEMPLE	ANECDOTE
premier	☐	☐	☐
deuxième	☐	☐	☐
troisième	☐	☐	☐
quatrième	☐	☐	☐
cinquième	☐	☐	☐

Profil: Kofi Yamgnane

Premier maire noir de France métropolitaine¹ et même d'Europe, Kofi Yamgnane a présidé de 1989 à 1998 aux destinées² de Saint-Coulitz, un petit village breton (dans le Finistère) de 364 habitants. Il a aussi été député à l'Assemblée nationale du 1er juin 1997 au 18 juin 2002.

Né au Togo (Afrique occidentale), Kofi Yamgnane est remarqué³ dès l'âge de 7 ans⁴ par un Père jésuite et envoyé à l'école primaire puis au lycée de Lomé. En 1964, il débarque à Brest avec le bac en poche⁵ pour faire ses études. «À l'époque, se souvient-il,⁶ j'étais le seul Noir de toute l'Université. Malgré un accueil souvent chaleureux⁷ de la part des Bretons, je ne pouvais qu'éprouver⁸ un fort sentiment d'isolement.»

Après un détour par l'École des Mines de Nancy, il s'installe avec sa famille (sa femme est bretonne) à Saint-Coulitz en 1973. En 1983, un groupe d'agriculteurs le persuade de se présenter aux élections

---

¹continental ²aux... over the inhabitants ³est... was noticed ⁴dès... from the age of 7 ⁵en... in hand
⁶À... At the time, he recalls ⁷Malgré... Despite a warm welcome ⁸feel

À propos de la lecture...
Cette lecture est adaptée d'un article tiré du *Journal Français* publié à San Francisco.

Kofi Yamgnane en visite dans une école

municipales. Il est élu.[9] Pendant son mandat,[10] il fait preuve[11] d'un esprit constructif et est un modèle de dynamisme. En 1989, il enlève le siège[12] de maire.

M. Yamgnane a alors l'idée, prise dans son village africain, de créer un Conseil des sages.[13] Il s'agit[14] d'un groupe de cinq femmes et de quatre hommes de plus de 60 ans, élus, qui se réunissent[15] une fois par mois pour donner leur avis sur les sujets appelés à être traités[16] ensuite par le Conseil municipal.

Kofi Yamgnane fait aussi de sa commune une vitrine[17] de démocratie, que certains d'ailleurs ont tenté[18] de copier. Comme le premier maire noir de France, secrétaire d'État et député, M. Yamgnane a mis[19] sa culture au service de la France. Aujourd'hui, il explore dans un livre, à la lumière de[20] son expérience, les relations entre la France et le continent africain. Il considère son livre, *Nous grandirons*[21] *ensemble* (éditions Robert Laffont, 2002), «un cri d'alarme, de colère,[22] de rage et d'espoir.[23]» Selon M. Yamgnane, l'Afrique est un continent qui vit difficilement: «On peut chercher des responsabilités dans les deux siècles[24] d'esclavage puis les deux siècles de colonisation qu'a connus l'Afrique mais il y a aussi des responsabilités internes comme la corruption et la mal gouvernance.» Malgré ses troubles, M. Yamgnane croit que le dialogue et la discussion peuvent éviter les affrontements.[25] ⚜

[9]*elected* [10]*term* [11]*fait... showed* [12]*enlève... won the post* [13]*Conseil... Council of Wise People* [14]*Il... It involves* [15]*se... meet* [16]*appelés... meant to be addressed* [17]*showcase* [18]*tried* [19]*a... put* [20]*à... in light of* [21]*will grow up* [22]*anger* [23]*hope* [24]*centuries* [25]*confrontations*

Compréhension

A. **Petite biographie.** Mettez dans l'ordre les diverses étapes de la vie de Kofi Yamgnane.

_____ Kofi Yamgnane vient en France faire ses études.

_____ Il s'installe avec sa famille à Saint-Coulitz, en Bretagne.

_____ Kofi Yamgnane est né au Togo.

_____ Il va au lycée à Lomé, capitale du Togo.

_____ Il devient maire de Saint-Coulitz.

_____ Il est élu à l'Assemblée nationale.

_____ Il écrit le livre, *Nous grandirons ensemble.*

B. **Réflexions.** Répondez, s'il vous plaît!

1. Qui a persuadé Kofi Yamgnane de faire de la politique?
2. Kofi Yamgnane n'est pas un maire comme les autres. Pourquoi?
3. Quelle idée africaine est-ce qu'il a appliquée dans le village de Saint-Coulitz?
4. Est-ce que le Conseil des sages vous semble une bonne idée?
5. Qui est le maire de votre ville?

Écriture

Témoin d'un événement cocasse (*Witnessing something amusing*).
Répondez aux questions suivantes pour parler d'un événement drôle dont
vous avez été témoin (*you witnessed*). Ensuite, écrivez un paragraphe à
partir de vos réponses. Utilisez les **Mots clés** de la page 298. Ajoutez des
informations supplémentaires, si nécessaire.

1. Où s'est passé cet événement? Combien de personnes est-ce qu'il y
   avait? Avec qui étiez-vous?
2. Quel temps faisait-il? À quelle heure de la journée est survenu
   (*happened*) cet événement?
3. Qu'est-ce qui s'est passé exactement?
4. Est-ce que c'était la première fois que vous étiez témoin d'un tel
   (*such an*) événement? Avez-vous été impliqué(e) (*involved*)
   directement?

À l'écoute sur Internet!

Pour aller au syndicat d'initiative. Anne-Marie visite Blain, une petite
ville dans le nord-ouest de la France. Elle demande à un passant où se
trouve le syndicat d'initiative. Lisez les activités avant d'écouter le
dialogue qui leur correspond.

A. **Vous avez bien compris?** Entourez la bonne réponse en vous basant
   sur le dialogue.

1. Pour aller au syndicat d'initiative, Anne-Marie préfère _____.
   a. marcher   **b.** prendre le bus
2. Elle doit prendre la première rue _____.
   a. à droite   **b.** à gauche
3. Elle doit traverser _____.
   a. la place de la Gare   **b.** la rue Pasteur
4. À la rue Pasteur, elle doit tourner à gauche dans la

   _____.
   a. quatrième rue   **b.** cinquième rue
5. Le syndicat d'initiative est en face _____.
   a. d'une boulangerie   **b.** du commissariat

B. **Le chemin d'Anne-Marie.** Maintenant tracez le
   chemin sur la carte.

   Indiquez où se trouve le syndicat d'initiative. Est-ce
   qu'il y a un chemin plus court (*shorter route*) pour aller
   au syndicat d'initiative? Si oui, tracez-le aussi.

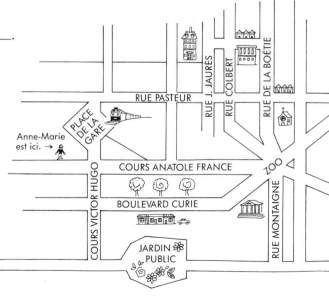

trois cent quinze **315**

En société

Objectif: Asking and giving directions

Comment donner des informations

Dans cet épisode, une employée à la gare donne à Jacques, Claire et Aimée des informations sur la ville. Elle leur explique où se trouvent leur hôtel, des restaurants, des bars et le château que les trois amis veulent visiter.

VOCABULAIRE UTILE

animation	bustle
vous verrez	you will see
plein de	full of
à peu près	approximately

Visionnez!

Indiquez si les phrases suivantes sont vraies (**V**) ou fausses (**F**).

1. V F   Le petit plan représente le centre-ville.

2. V F   Il y aura (*will be*) des restaurants, des bars et beaucoup d'animation sur la place Plumereau.

3. V F   Le billet aller-retour pour Chenonceaux coûte 35 euros.

4. V F   Aimée a déjà visité le château.

Jouez la scène!

Avec un(e) partenaire, jouez les scènes suivantes.

1. Un étudiant / Une étudiante vous demande le chemin pour aller à divers endroits sur le campus. Vous lui donnez des informations précises et ensuite, il/elle les répète pour vérifier s'il / si elle a bien compris.

2. Pendant un séjour à Montréal, vous allez faire une promenade dans le parc du Mont Royal. Mais au retour, vous ne savez plus où est votre hôtel. Demandez à un passant / une passante le chemin pour retourner à votre hôtel.

Note culturelle

Parmi les châteaux de la vallée de la Loire, Chenonceaux est sans doute l'un des plus impressionnants. Construit au XVIe siècle, il enjambe[1] le Cher[2] et permet le passage des bateaux. À cause des six célèbres châtelaines[3] qui l'ont habité, on l'appelle aussi le «Château des six femmes». Ces femmes sont Catherine Briçonnet, la bâtisseuse (au début du XVIe siècle); Diane de Poitiers, la toujours belle (1547); Catherine de Médicis, la fastueuse (XVIIe siècle); Louise de Lorraine, l'inconsolable (fin du XVIIe siècle); Madame Dupin, l'amie des lettres (XVIIIe siècle); Madame Pelouze, l'amateur d'ancien (XIXe siècle).

[1]*spans* [2]*French river that flows into the Loire* [3]*femmes qui habitent dans un château*

Vocabulaire

Verbes

connaître to know; to be familiar with
emprunter (à) to borrow (from)
encaisser to cash (*a check*)
penser à to think of (about)
penser de to think of (about) (to have an opinion about)
poser une question (à) to ask a question
prêter (à) to lend (to)
savoir to know (how)
se trouver to be located (situated)

À REVOIR: **écrire, envoyer, montrer, prendre, réfléchir (à), rendre visite (à), réussir (à), traverser**

Substantifs

l'arrondissement (*m.*) district, section (*of Paris*)
la banlieue suburbs
le bâtiment building
le bois forest, woods
le boulevard boulevard
le café-tabac bar-tobacconist
le carrefour intersection
la carte map (*of a region, country*)
le centre-ville downtown
le château castle, château
le chemin way (road)
le coin corner
le commissariat police station

l'église (*f.*) church
l'île (*f.*) island
la mairie town hall
le marché en plein air open-air market
la piscine swimming pool
la place square
le plan map (*of a city*)
le poste de police police station
la rive droite the Right Bank (*in Paris*)
la rive gauche the Left Bank (*in Paris*)
le syndicat d'initiative tourist information bureau
la tour tower

À REVOIR: **la bibliothèque, le bureau de poste, le jardin, la librairie, la pièce, le quartier, le restaurant, la rue**

Les nombres ordinaux

le premier (la première), le/la deuxième,... , le/la cinquième,... , le/la huitième, le/la neuvième,... , le/la onzième, etc.

Les expressions temporelles

au moment où at the time when
autrefois formerly
d'abord first, first of all, at first
enfin finally

pendant que while
puis then, next
soudain suddenly
tout à coup suddenly
une fois once

À REVOIR: **de temps en temps, un week-end, une fois**

Mots et expressions divers

À votre (ton) avis,... ? In your opinion, . . . ?
de nouveau (*adv.*) again
en (*pron.*) of them; of it; some
jusqu'à up to, as far as
partout (*adv.*) everywhere
plusieurs several
Qu'en penses-tu? What do you think of that?
Que pensez-vous de... ? What do you think about . . . ?
tout droit (*adv.*) straight ahead
y (*pron.*) there

À REVOIR: **à droite, à gauche**

Mots apparentés

Verbes: **continuer, tourner, traverser**
Substantifs: **la banque, l'hôpital** (*m.*)**, l'hôtel** (*m.*)**, le monument, le musée, le parc, la pharmacie, la station (de métro)**
Adjectifs: **municipal(e), public / publique**

La passion pour les arts

Fichier Edition Affichage Insertion Format Outils Aide
DE: Paul@universpar.fr
À...   Nathalie@media.fr
Cc...
Objet:

Chère Nathalie,

Merci pour ce week-end vraiment sympa. J'ai adoré me promener avec toi dans les rues de Bruxelles et je suis prêt à recommencer.

Voilà ce que je te propose: prochain rendez-vous à Paris, place des Vosges, devant la maison de Victor Hugo, dans treize jours, trois heures et dix minutes (nous sommes lundi; il est 8 h 50). Je te promets des moments magnifiques. Le quartier du Marais est riche en monuments historiques. Il est toujours surprenant et plein de charme. Qu'est-ce que tu en penses? Bonne idée, n'est-ce pas!

J'espère que tu vas accepter de venir.

Je t'embrasse,
Paul

place des Vosges
Paris

Dans ce chapitre...

Objectifs communicatifs

- talking about artistic and historical heritage;
  emphasizing and clarifying; speaking succinctly;
  expressing actions; talking about how things are done

Paroles (Leçon 1)

- Le patrimoine historique
- Les œuvres d'art et de littérature
- Les verbes **suivre, vivre** et **habiter**

Structures (Leçons 2 et 3)

- Les pronoms accentués
- La place des pronoms personnels
- Les verbes suivis d'une préposition
- Les adverbes

Culture

- Reportage: Les musées parisiens (Correspondance)
- Lecture: *Déjeuner du matin* (Leçon 4)

Multimédia

En société—Aimez-vous les films français?

Dans cet épisode, Claire et Aimée discutent des films français.

CD-ROM

Révisez le vocabulaire et la grammaire de ce chapitre et parlez à Jacques du cinéma français.

Online Learning Center

Visitez le site Web de *Vis-à-vis* à **www.mhhe.com/visavis3** pour réviser le vocabulaire, la grammaire et les renseignements culturels qui se trouvent dans ce chapitre.

Leçon 1

PAROLES

Le patrimoine historique°

Le... Historical heritage

Les arènes d'Arles, monument de l'époque romaine (59 av. J.-C.*–Ve siècle)

La cathédrale d'Amiens, chef-d'œuvre (*masterpiece*) du Moyen Âge (l'époque médiévale: V^e–XVe siècles)

*avant Jésus-Christ

Chenonceaux, château de la Renaissance (XVIᵉ siècle)

Versailles, château de l'époque classique (XVIIᵉ siècle)

Allez-y!

A. Définitions. Regardez les quatre photos et complétez les phrases.

1. Une période historique, c'est une _____.
2. Une durée de cent ans, c'est un _____.
3. On a bâti (*built*) la cathédrale d'Amiens à l'époque _____.
4. L'époque historique qui se situe entre le Vᵉ et le XVᵉ siècles s'appelle le _____.
5. Le château de Chenonceaux a été bâti au _____.
6. Le château de Versailles date de l'époque _____.
7. Les arènes d'Arles datent de l'époque _____.

B. Leçon d'histoire. Indiquez dans une phrase en quel siècle et à quelle époque chacun des événements suivants s'est passé (*took place*). Remplacez les éléments en italique par des pronoms.

MODÈLE: *Guillaume, duc de Normandie,* a conquis *l'Angleterre* en 1066. ⟶ Il l'a conquise au XIᵉ siècle, à l'époque du Moyen Âge.

1. *Blaise Pascal* a inventé *la première machine à calculer* en 1642.
2. On a bâti *les arènes de Nîmes* au premier siècle.
3. *La ville de Paris* s'appelait Lutèce du IIᵉ siècle av. J.-C. jusqu'au IVᵉ siècle après J.-C.
4. *Jacques Cartier* a pris possession *du Canada* au nom de la France en 1534.
5. *Jeanne d'Arc* a essayé de prendre *la ville de Paris* en 1429.
6. *René Descartes* a écrit *sa «Géométrie»* en 1637.
7. *Charlemagne* est devenu roi (*king*) en 768.

C. À vous! Imaginez que votre classe de français est en visite à Paris. Votre guide vous propose trois sites à visiter. En groupes de trois ou quatre personnes, choisissez un site parmi les suggestions suivantes. Vous devez présenter votre choix à la classe et le justifier. Finalement, on vote pour choisir un seul site pour toute la classe.

Les arènes de Lutèce

Histoire: des arènes romaines de 15 000 places avec une arène séparée pour les combats des gladiateurs

Aujourd'hui: un jardin public très agréable où on peut flâner (*stroll*), pique-niquer ou rêver

À proximité: le Quartier latin

Le palais du Louvre

Histoire: ancienne résidence royale commencée au XIIIᵉ siècle

Aujourd'hui: un magnifique musée d'art

À proximité: le quartier élégant de l'Opéra

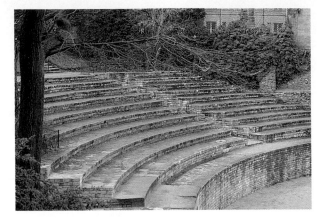

La cathédrale de Notre-Dame

Histoire: Le grand chef-d'œuvre du Moyen Âge. Commencée en 1163 et finie en 1345. Son architecture de style gothique crée une atmosphère de mystère et de beauté.

Aujourd'hui: Toujours une église catholique. On peut monter les 387 marches (*steps*) jusqu'au sommet de sa tour et prendre de splendides photos de Paris.

À proximité: le Quartier latin, l'île Saint-Louis, l'Hôtel de Ville (*City Hall*) de Paris

Les œuvres d'art et de littérature

La littérature

une pièce de théâtre

un poème

un roman

un écrivain (une femme écrivain)

La sculpture

une sculpture

un sculpteur

La peinture

un tableau

un peintre

La musique

un compositeur (un musicien)

Le cinéma

une actrice

un acteur

une cinéaste

AUTRES MOTS UTILES

une compositrice	a composer (*f.*)
une femme peintre	a painter (*f.*)
une femme sculpteur	a sculptor (*f.*)
une musicienne	a musician (*f.*)
un recueil	a collection

Allez-y!

A. Qui sont-ils? Retrouvez la profession de ces artistes. Si vous ne savez pas, devinez ou faites des recherches.

MODÈLE: Jean-Paul Sartre ⟶ C'est un écrivain.

1. Sarah Bernhardt	peintre
2. Auguste Rodin	sculpteur
3. Pierre Auguste Renoir	musicien
4. Simone de Beauvoir	cinéaste
5. Louis Malle	écrivain
6. Camille Claudel	acteur / actrice
7. Claude Debussy	
8. Mary Cassatt*	
9. Henri Matisse	
10. Catherine Deneuve	

Escalier au Louvre

B. Littérature. Complétez les phrases avec la forme correcte des mots suivants: **poésie, acteur, roman, pièce de théâtre, écrivain, poème.**

1. *L'Étranger* est un _____ d'Albert Camus.
2. Molière était un _____ et un _____. Il a écrit des _____.
3. La vie de Verlaine a été turbulente, mais ses _____ font partie des chefs-d'œuvre de la _____ française.
4. Simone de Beauvoir a écrit des _____ et des essais sur la condition féminine.
5. *Les Fleurs du mal* est un recueil de _____ de Charles Baudelaire.

C. Les goûts artistiques. Posez les questions à un(e) camarade.

1. Quel est ton roman préféré? C'est de qui?
2. Quel est ton peintre préféré? Pourquoi?
3. Connais-tu des artistes français? Lesquels?
4. Est-ce que tu écoutes de la musique classique? Quel (Quelle) est ton compositeur préféré / ta compositrice préférée?
5. Aimes-tu la poésie? Quels poètes anglais ou américains aimes-tu? Connais-tu un poème par cœur (*by heart*)? Lequel?
6. Vas-tu quelquefois au théâtre? Quelle pièce as-tu vue récemment?
7. Aimes-tu aller au cinéma? Quel film as-tu vu récemment?

Maintenant, décrivez les goûts artistiques de votre camarade à la classe.

---

*Mary Cassatt est née à Pittsburgh, mais elle a vécu (*lived*) à Paris et a participé au mouvement impressionniste.

Les verbes *suivre et vivre*

suivre (*to follow*)	
je **suis**	nous **suivons**
tu **suis**	vous **suivez**
il/elle/on **suit**	ils/elles **suivent**
Past participle: **suivi**	

vivre (*to live*)	
je **vis**	nous **vivons**
tu **vis**	vous **vivez**
il/elle/on **vit**	ils/elles **vivent**
Past participle: **vécu**	

Suivre and **vivre** are irregular verbs, and they have similar conjugations in the present tense. **Suivre un cours** means *to take a course.*
Poursuivre (*to pursue*) is conjugated like **suivre.**

Combien de cours d'art **suis**-tu?	*How many art courses are you taking?*
Suivez mes conseils!	*Follow my advice!*
Monet **a vécu** plusieurs années à Giverny.	*Monet lived many years in Giverny.*
Est-ce qu'il a **poursuivi** ses études de musique?	*Did he pursue his musical studies?*

> ## *Mots clés*
> ### Les verbes *vivre* et *habiter*
>
> Use **vivre** to express *to live; to be alive, to exist.* Use it also to express how one lives.
>
> > Picasso **a vécu** jusqu'à 92 ans.
> > Cette artiste ne **vit** pas dans le luxe.
> > Ils **vivent** toujours dans cette région.
>
> **Vivre** is also used in certain idiomatic expressions.
>
> > Elle est **difficile / facile à vivre.**
> > *She's hard / easy to live with.*
> > Il est parti sans raison apparente, «pour **vivre ma vie**», a-t-il dit.
> > *He left without apparent reason, to "live my own life," as he put it.*
>
> In general, use **habiter** to express *to reside.*
>
> > Mary Cassatt **a habité** Paris pendant des années.
> > Vous **habitez** rue de Rivoli?

Allez-y!

A. Van Gogh. Complétez l'histoire en utilisant les verbes suivants: **suivre, poursuivre, vivre, habiter.** Mettez tous les verbes, excepté le numéro 7, au présent.

Vincent Van Gogh est né en 1853 à Groot-Zundert, aux Pays-Bas. En 1877, il _____[1] des cours pour devenir pasteur (*preacher*), mais malheureux, il change d'avis. Il _____[2] des études de dessin anatomique parce qu'il veut devenir artiste. Après des séjours en Belgique et aux Pays-Bas, où il peint *Les Mangeurs de pommes de terre*, il _____[3] à Paris, où il fait la connaissance des peintres impressionnistes. C'est Pissarro qui le convainc d'utiliser des couleurs vives (*bright*). À Paris, Van Gogh ne vend aucun* tableau; il _____[4] dans la misère (*poverty*). De 1888 jusqu'à sa mort, Van Gogh _____[5] le sud de la France où il _____[6] sa passion pour la peinture. De plus en plus tourmenté, il se suicide en 1890. Il _____[7] (*passé composé*) seulement jusqu'à l'âge de 37 ans et n'a vendu qu'un tableau pendant sa vie.

*****ne... aucun(e)** is a negative expression meaning *no, not one.*

B. Conversation. Avec un(e) camarade, répondez aux questions suivantes.

1. Quelle carrière veux-tu poursuivre? Suis-tu déjà des cours qui mènent à (*lead to*) cette carrière?
2. Est-ce que la plupart (*majority*) des gens basent leur choix de carrière sur ce qui les intéresse? Sinon, comment la choisissent-ils?
3. Comment veux-tu vivre dans dix ans? Dans le luxe en ville, par exemple, ou très simplement à la campagne? Dans quelle sorte de logement veux-tu habiter?
4. À ton avis, est-il plus important de suivre ses passions dans la vie ou de poursuivre la fortune? Pourquoi?

Point de départ

Vincent Van Gogh. Le séjour à Paris de Van Gogh a une influence définitive sur son travail. Il visite les toutes premières expositions des impressionnistes et incorpore certaines techniques dans son propre travail. Sa palette de couleurs change: les couleurs traditionnelles en Hollande, plus sombres, font place (*take the place*) aux couleurs vives des impressionnistes. Van Gogh commence aussi à collectionner les estampes (*engravings*) japonaises qui auront (*will have*) une influence subtile sur son art à travers sa carrière.

Vincent Van Gogh: *Autoportrait,* 1889–1890 (Musée d'Orsay, Paris)

Leçon 2

Les pronoms accentués
Emphasizing and Clarifying

Des visites artistiques

David est en visite à Paris avec ses parents et son frère. Il raconte leurs activités à Géraldine, une amie parisienne.

GÉRALDINE: Et **toi,** David, tu es allé au Louvre?

DAVID: Non, c'est trop grand pour **moi.** Je préfère le musée Picasso.

GÉRALDINE: **Moi** aussi! Mais tes parents, ils ont visité le Louvre?

DAVID: **Eux?** Oui, ils y sont allés plusieurs fois. Mais mon frère, **lui,** il préfère visiter les magasins et les boîtes de nuit!

Les phrases suivantes sont des variantes des phrases du dialogue. Complétez ces phrases avec **moi, toi, lui** ou **eux.**

1. Tu es allé au Louvre, _____?
2. _____, j'aime mieux le musée Picasso.
3. Non, mais _____, ils l'ont visité.
4. _____, il n'aime pas les musées.

Le musée Picasso, à Paris

Forms of Stressed Pronouns

Stressed pronouns (**les pronoms accentués**) are used as objects of prepositions or for clarity or emphasis. The following chart shows their forms. Note that several are identical in form to subject pronouns.

moi	*I, me*	nous	*we, us*
toi	*you*	vous	*you*
lui	*he, him*	eux	*they, them (m.)*
elle	*she, her*	elles	*they, them (f.)*
soi*	*oneself*		

Uses of Stressed Pronouns

Stressed pronouns are used:

1. As objects of prepositions

Nous allons travailler chez **toi** ce soir.	*We're going to work at your house tonight.*
Après **vous!**	*After you!*
Après le concert, tout le monde rentre chez **soi.**	*After the concert, everybody goes back home.*

2. As part of compound subjects

Clara et elle ont lu *À la recherche du temps perdu*† en entier.	*She and Clara read the entire In Search of Lost Time.*
Michel et moi avons joué ensemble une sonate de Debussy.	*Michel and I played a Debussy sonata together.*

3. With subject pronouns, to emphasize the subject

Et **lui,** écrit-il un roman?	*What about him? Is he writing a novel?*
Eux, ils ont de la chance.	*As for them, they are lucky.*
Tu es brillant, **toi!**	*You're brilliant!*

When stressed pronouns emphasize the subject, they can be placed at the beginning or the end of the sentence.

[Allez-y! A]

4. After **ce** + **être**

—C'est **vous,** Monsieur Lemaître?	*Is it you, Mr. Lemaître?*
—Oui, c'est **moi.**	*Yes, it's me (it is I).*
C'est **lui** qui donnait le cours sur Proust.	*He's the one who was teaching the course on Proust.*

---

*Soi corresponds to the subjects **on, tout le monde,** and **chacun** (*each one*).
†Long roman de Marcel Proust, en sept volumes. L'ancienne traduction anglaise du titre était *Remembrance of Things Past.*

5. In sentences without verbs, such as one-word answers to questions and tag questions

—Qui a visité le musée
   Delacroix?
—Toi!

*Who has visited the Delacroix
   Museum?*
You!

—As-tu pris mon livre d'art?
—Moi?

Did you take my art book?
Me?

Nous allons visionner une vidéo
   sur la peinture moderne. Et **lui?**

*We're going to see a video
   on modern painting. What
   about him?*

6. In combination with **même(s)** for emphasis

Préparent-ils la vidéo
   eux-mêmes?
Allez-vous choisir les images
   vous-même?

*Are they preparing the video
   themselves?*
*Are you going to choose the
   pictures yourself?*

[Allez-y! B–C]

Allez-y!

A. Au théâtre. Vos amis et vous avez présenté une pièce de théâtre devant la classe. Décrivez le comportement des acteurs / actrices avant le commencement de la pièce, à l'aide des pronoms accentués.

MODÈLE: nous / fatigués ⟶ Nous, nous étions fatigués

1. je / préoccupé(e)
2. Catherine / anxieuse
3. Louis / agité
4. Jessica et Christine / sérieuses
5. Marc et Angela / calmes
6. nous / heureux

B. Pour monter la pièce. (*To prepare the play.*) D'autres étudiants vous ont aidé(e) à monter la pièce de l'exercice précédent. Dites ce qu'ils ont fait. Remplacez les mots en italique par des pronoms qui correspondent aux mots entre parenthèses. Faites attention à la conjugaison du verbe.

1. Qui a fait les costumes? C'est *moi* qui ai fait les costumes. (Sandrine, Bruno, Pierre et Jean-Paul)
2. Vous avez écrit le scénario vous-mêmes? Oui, *nous* l'avons écrit *nous*-mêmes. (je, une amie et moi, Richard et Jean-Claude, les acteurs)

C. Êtes-vous indépendant(e)? Est-ce que vos camarades et vous faites des choses intéressantes, utiles ou inhabituelles? Renseignez-vous sur les activités de quatre camarades. Utilisez les pronoms accentués + **même(s)** et les verbes de la liste suivante.

Verbes utiles: acheter, aller, bâtir* (*to build*), devoir, faire, gagner, jouer, lire, pouvoir, préparer, réparer, travailler, vendre, venir, voir, vouloir

MODÈLES: Moi, je fais toujours le pain moi-même pour les repas à la maison.

J'ai une camarade qui, elle, répare elle-même sa voiture.

La place des pronoms personnels
Speaking Succinctly

Un tempérament artistique

Marie veut une boîte de peinture.

MARIE: Allez, maman, achète-**la-moi!**
MAMAN: Écoute-moi bien, Marie! Je vais **te l'**acheter mais à condition que tu la partages avec ta sœur. Donne-**lui-en** la moitié.
MARIE: Je **te le** promets.

Trouvez la phrase équivalente dans le dialogue.

1. Tu m'achètes la boîte de peinture.
2. Je vais t'acheter la boîte.
3. Donne la moitié de la boîte à ta sœur.

Order of Object Pronouns in Declarative Statements

When two or more pronouns are used in a declarative sentence, they follow a fixed order. The direct object pronoun is usually **le, la,** or **les. Me, te, nous,** and **vous** precede **le, la,** and **les; lui** and **leur** follow them. The pronouns **y** and **en,** in that order, come last.

DIRECT OR INDIRECT OBJECT	DIRECT OBJECT	INDIRECT OBJECT	**y / en**
me te nous vous	le la les	lui leur	y / en

*Conjugated like **finir.**

—Le guide vous a expliqué la théorie des peintres impressionnistes?	*Did the guide explain the theory of the Impressionist painters to you?*
—Oui, il **nous l'**a expliquée.	*Yes, he explained it to us.*
—Avez-vous montré le tableau de Manet aux étudiants américains?	*Did you show the Manet painting to the American students?*
—Oui, je **le leur** ai montré.	*Yes, I showed it to them.*
—Est-ce que le guide a donné des livrets sur l'impressionnisme aux autres étudiants?	*Did the guide give booklets on Impressionism to the other students?*
—Oui, il **leur en** a donné.	*Yes, he gave them some.*

It might help you to remember this formula: First and second person before third; direct object before indirect object. Apply the first part if it is relevant, then the second.

1. When the pronouns are objects of an infinitive, they are placed immediately before the infinitive. The same order rules apply.

—Quand est-ce que tu vas donner le cadeau à Hélène?	*When are you going to give Hélène the gift?*
—Je vais **le lui** donner à Noël.	*I am going to give it to her at Christmas.*

2. In negative sentences with object pronouns, **ne** precedes the object pronouns; when the negative sentence is in the **passé composé, pas** follows the conjugated verb and precedes the past participle.

—Ils nous ont envoyé les horaires des autres musées de Paris?	*Did they send us the schedules of the other museums in Paris?*
—Non, ils **ne nous les** ont **pas** envoyés.	*No, they didn't send them to us.*

[Allez-y! A-B]

Commands with One or More Object Pronouns

1. The order of object pronouns in a negative command is the same as the order in declarative sentences: The pronouns precede the verb.

N'**en** parlons pas!	*Let's not talk about it!*
N'**y** pense pas!	*Don't think about it!*
Ne **me** donnez pas le tableau!	*Don't give me the painting!*
Ne **me le** donnez pas!	*Don't give it to me!*
Ne **leur** dites pas que vous êtes venus!	*Don't tell them you came!*
Ne **le leur** dites pas!	*Don't tell them!*

trois cent trente et un **331**

2. In affirmative commands with one object pronoun, the object pronoun follows the verb and is attached with a hyphen. When **me** and **te** come at the end of the expression, they become **moi** and **toi**.

La lettre? **Écrivez-la!**	*The letter? Write it!*
Voici du papier. **Prenez-en!**	*Here's some paper. Take some!*
Tes amis? **Donne-leur** des billets!	*Your friends? Give them some tickets!*
Parle-moi des concerts!	*Tell me about the concerts!*

As you know, the final **-s** is dropped from the **tu** form of regular **-er** verbs and of **aller** to form the **tu** imperative: **Parle de tes problèmes! Va à la maison!** However, the **-s** is *not* dropped before **y** or **en** in the affirmative imperative: **Parles-*en*! Vas-*y*!**

3. When there is more than one pronoun in an affirmative command, however, all direct object pronouns precede indirect object pronouns, followed by **y** and **en,** in that order. All pronouns follow the command form of the verb and are attached by hyphens. The forms **moi** and **toi** are used except before **y** and **en,** where **m'** and **t'** are used.

DIRECT OBJECT	INDIRECT OBJECT		**y / en**
le	moi (m')	nous	
la	toi (t')	vous	y / en
les	lui	leur	

—Voulez-vous ma carte d'entrée au musée?	*Do you want my museum entrance card?*
—Oui, **donnez-la-moi.**	*Yes, give it to me.*
—Je t'apporte du papier?	*Shall I bring you some paper?*
—Oui, **apporte-m'en.**	*Yes, bring me some.*
—Tu veux que je cherche l'horaire du musée?	*Do you want me to look for the museum schedule?*
—Oui, **cherche-le-moi.**	*Yes, look for it for me.*
—Est-ce que je dis aux autres que l'entrée est gratuite?	*Shall I tell the others that admission is free?*
—Oui, **dites-le-leur.**	*Yes, tell them that* (lit., *tell it to them*).

[Allez-y! C-D]

Allez-y!

A. Travail d'équipe. (*Teamwork.*) Audrey et ses camarades font un travail sur l'art du XIXe siècle. Transformez les phrases selon le modèle.

MODÈLE: Audrey donne ses notes à Christine. → Elle les lui donne.

1. Elle prête un livre sur Manet à Sylvie.
2. Christine décide d'emprunter des diapositives (*slides*) à son professeur de français.
3. Le professeur offre aussi la vidéo *Vincent et Théo* aux trois filles.
4. Sylvie prend des notes sur Monet et les donne à Audrey et à Christine.
5. Christine est chargée (*given the responsibility*) d'expliquer le pointillisme aux deux autres.
6. Les trois étudiantes présentent leur exposé aux autres étudiants du cours.

B. Détails pratiques. Vous faites une visite artistique de Paris. Répondez par *oui* ou *non* et utilisez des pronoms.

> **MODÈLE:**   Achetez-vous vos guides (*guidebooks*) à la librairie?
> Oui, je les y achète. (Non, je ne les y achète pas.)

1. Prenez-vous vos repas dans les musées?
2. Achetez-vous vos cartes postales au musée?
3. Emmenez-vous vos amis au musée?
4. Il y a des sculptures au musée du Louvre?
5. Avez-vous rencontré vos amis au ciné-club?
6. Apportez-vous votre appareil photo au musée?
7. Est-ce qu'il y avait beaucoup de visiteurs à l'exposition du Grand-Palais?

C. Pour devenir un écrivain célèbre. Dans les phrases suivantes, remplacez les mots en italique par des pronoms.

> **MODÈLES:**   Lisez *beaucoup de romans*. $\longrightarrow$
> Lisez-en beaucoup!
>
> Montrez *vos œuvres à vos amis*. $\longrightarrow$
> Montrez-les-leur!

1. N'oubliez jamais *vos cahiers à la maison*.
2. Prenez *des notes*.
3. Révisez *votre travail*.
4. Envoyez *votre roman à l'éditeur*.
5. Invitez *votre éditeur* à dîner.
6. Après la publication du roman, demandez *à vos amis* d'acheter un exemplaire (*copy*).

D. Interview. Interrogez un(e) camarade sur une ville ou une région que vous pensez visiter. Suivez le modèle. **Mots utiles:** un musée, une cathédrale, le cinéma, la musique, la sculpture, les tableaux, une pièce de théâtre, des acteurs / actrices célèbres, des compositeurs, des cinéastes, des écrivains

> **MODÈLE:**   É1: Est-ce qu'il y a une belle cathédrale à Strasbourg?
> É2: Oui, il y en a une.

Mots clés

Les verbes *apporter* et *emmener*

Apporter (*to bring something*) is used only with objects.

> Il apporte ses tableaux à la galerie d'art.

Emmener (*to take someone; to invite*) is used with people or animals.

> Je t'emmène au cinéma?

trois cent trente-trois   **333**

Correspondance

Fichier Edition Affichage Insertion Format Outils   Aide

DE: Nathalie@media.fr

A...   Paul@universpar.fr

Cc...

Objet:

Mon petit Paul,

Je suis très flattée de ton invitation. J'aimerais flâner dans les rues du Marais à Paris, admirer l'architecture des siècles passés, voir quelques expositions. Franchement, c'est tentant. Malheureusement, je suis obligée de refuser ce rendez-vous parisien car je pars en mission très loin. Je dois écrire un article sur les îles francophones. Devine où je vais... À La Réunion, dans l'océan Indien! J'ai vraiment de la chance. Je fais un métier que j'adore, je voyage dans le monde entier, je suis jeune, je suis libre. Tout est possible!

Je pense être à Paris dans quelques semaines. Je te propose un rendez-vous au musée Rodin, devant *Le Penseur*. Tu vois, moi aussi j'ai de bonnes idées!

Gros bisous de Nathalie, journaliste globe-trotter

Le Penseur de Rodin

En image...
Le Penseur de Rodin

Le Penseur de Rodin est une œuvre mondialement[1] célèbre. Influencée par la sculpture de la Renaissance italienne, notamment par le travail de Michel-Ange, cette statue de bronze suggère la concentration d'un homme qui réfléchit. Sa perfection formelle en fait le symbole universel de la pensée humaine. Elle traduit la philosophie de Rodin qui refuse les poses académiques de l'Antiquité et préfère sculpter les mouvements du corps.

[1] *throughout the world*

Reportage
Les musées parisiens

Où se trouve *Le Penseur*, la plus fameuse sculpture d'Auguste Rodin? À Paris, au musée Rodin, qui était autrefois l'hôtel Biron où l'artiste a passé beaucoup de temps pendant les dernières années de sa vie. Le jardin qui entoure[1] le musée est une petite merveille. Flânez dans les allées et découvrez les chefs-d'œuvre du grand maître exposés en plein air.

Ensuite, visitez le musée. Imaginez une sorte de petit palais avec des parquets cirés.[2] D'une pièce à l'autre, vous découvrez des sculptures remarquables: *Le Baiser*,[3] *La Main de Dieu*[4]...

Vous sortez de ce musée fasciné par la blancheur du marbre, charmé par ces corps et ces visages[5] sculptés dans la pierre[6] éternelle.

Pour continuer votre visite des musées parisiens, vous devez, bien sûr, aller au Louvre: cette ancienne demeure[7] des rois de France est une pièce majeure du patrimoine français et l'un de plus grands musées d'art du monde. On y trouve notamment la célèbre *Joconde*[8] au sourire mystérieux. Le musée d'Orsay, très riche en tableaux impressionnistes, mérite aussi une visite.

Mais si vous voulez sourire, il faut aller au musée Grévin, qui présente environ 500 personnages célèbres… en cire,[9] ou au musée de la Poupée,[10] qui va vous rappeler votre enfance. Et si vous aimez la littérature, vous devez absolument visiter la maison de Balzac et la maison de Victor Hugo: dans ces murs, des œuvres immortelles sont nées.

C'est dans l'ancienne gare d'Orsay que le musée d'Orsay s'est installé. Ce bâtiment magnifique, classé monument historique, date de 1900. Construit pour l'Exposition Universelle, il réunit aujourd'hui des chefs-d'œuvre de l'impressionnisme et du post-impressionnisme français, comme *Femme à l'ombrelle* de Monet ou *La Danseuse* de Renoir.

[1]*surrounds* [2]*parquets… waxed wood floors* [3]*Kiss* [4]*Main… Hand of God* [5]*faces* [6]*stone* [7]*residence* [8]*Mona Lisa* [9]*en… in wax* [10]*Doll*

À vous!

1. Avez-vous envie de visiter le musée Rodin ou un autre musée parisien? Expliquez.
2. Est-ce que vous avez visité, aux États-Unis ou dans d'autres pays, des musées originaux et surprenants? Racontez une de ces expériences et expliquez vos réactions.
3. D'après la photo, le musée d'Orsay ressemble-t-il à une gare ou à un musée? Justifiez votre avis en donnant des arguments.

ON EST BRANCHÉ!

Pour un cours sur l'histoire de Paris, Paul doit faire la présentation de trois musées. Utilisez Internet pour l'aider à trouver des informations. Pour obtenir des informations supplémentaires et les liens nécessaires, visitez le site Web de *Vis-à-vis* à **www.mhhe.com/visavis3**.

Leçon 3

Les verbes suivis de l'infinitif

Expressing Actions

Sortie au cinéma

FRANÇOISE: **J'ai décidé d'**aller voir le dernier film de Juliette Binoche ce soir.

THOMAS: Juliette Binoche!!! Ma Juliette? Je crois que j'**ai oublié de** te dire que j'étais libre ce soir...

FRANÇOISE: Ah là là! Tu **rêves** encore **de** la rencontrer un jour!

THOMAS: Mais pas du tout! Je **cherche** simplement **à** me cultiver!

FRANÇOISE: Ah bien sûr! Avec des intentions aussi nobles, ce n'est pas moi qui vais t'**empêcher de** venir!

Répondez aux questions suivantes.

1. Qu'est-ce que Françoise a décidé de faire?
2. Qu'est-ce que Thomas a oublié de dire à Françoise?
3. Est-ce que Françoise va empêcher Thomas de l'accompagner?

1. Some verbs are followed directly by an infinitive, without an intervening preposition. Among the most frequently used are:

aimer	**détester**	**falloir (il faut)**	**savoir**
aller	**devoir**	**pouvoir**	**venir**
désirer	**espérer**	**préférer**	**vouloir**

Je **déteste chanter.** Mais je **sais** très bien **jouer** de la guitare.	*I hate singing, but I know how to play the guitar very well.*
Sophie **ne peut pas aller** au cinéma samedi soir. Elle **doit aller voir** sa grand-mère.	*Sophie cannot go to the movies on Saturday evening. She has to visit her grandmother.*

When **penser** is followed by an infinitive, it means *to count or plan on doing something.*

> Je **pense rester** chez moi ce week-end.
>
> *I'm planning on staying home this weekend.*

2. Other verbs require the preposition **à** directly before the infinitive. These include:

aider à	**chercher à**	**continuer à**	**réussir à**
apprendre à	**commencer à**	**enseigner à**	

> J'**ai commencé à fumer** quand j'avais 16 ans. Caroline m'**a aidé à arrêter.**
>
> *I started to smoke when I was 16. Caroline helped me quit.*
>
> La semaine prochaine, je vais **apprendre à jouer** au tennis et je **continue à prendre** des cours de yoga deux fois par semaine.
>
> *Next week I will learn how to play tennis, and I will continue to take yoga classes twice a week.*

3. Still other verbs require the preposition **de** directly before the infinitive.

accepter de	**décider de**	**finir de**	**rêver de**
arrêter de	**demander de**	**oublier de**	**venir de**
choisir de	**empêcher de**	**permettre de**	
conseiller de	**essayer de**	**refuser de**	

> François **a décidé de prendre** des cours d'art dramatique. Il **rêve de devenir** acteur. Il **vient de jouer** un petit rôle dans *Le Cid* à l'université. L'année prochaine, il va **essayer d'entrer** au Conservatoire de Paris.
>
> *François has decided to take drama classes. He dreams of becoming an actor. He just played a small role in* Le Cid *at the university. Next year, he is going to try to get into the Paris Conservatory.*

4. A few verbs change in meaning with different prepositions. **Commencer** is regularly followed by **à** plus an infinitive; **finir** is normally followed by **de** plus an infinitive. However, they can both be followed by **par: Commencer par** is used to talk about what one did first in a series of things; **finir par** means *to end up by doing something.*

> Michel **a commencé par** jouer un petit rôle dans une comédie à l'université. Il **a fini par** devenir acteur à Hollywood.

5. Note that the meaning of **venir** changes depending on whether it is followed directly by an infinitive or by **de** plus an infinitive. **Ils viennent dîner** means *They are coming to dinner.* **Ils viennent de dîner** means *They've just had dinner.*

Allez-y!

A. Au cabaret de la Contrescarpe. Corinne, Chuck et Jacques arrivent à la Contrescarpe, dans le quartier Montmartre, à Paris. Classez leurs activités par ordre chronologique de 1 à 8.

_____ Ils décident de commander du champagne.

_____ Ils finissent par s'endormir dans la salle de séjour.

_____ Ils demandent au serveur de leur apporter l'addition.

_____ Ils choisissent de s'asseoir à une table près de la scène.

_____ Ils commencent par regarder la salle.

_____ Ils commence à chanter en rentrant chez eux.

_____ Ils arrêtent de parler quand le spectacle commence.

_____ Ils n'oublient pas de laisser un pourboire au serveur.

B. Projets et activités. Posez des questions à vos camarades pour vous informer de leurs projets et de leurs activités.

MODÈLE: aller / faire / ce soir $\longrightarrow$
  É1: Qu'est-ce que tu vas faire ce soir?
  É2: Je vais sortir avec mes amis.

1. vouloir / faire / ce week-end
2. aller / faire / l'été prochain
3. devoir / faire / demain
4. aimer / faire / après les cours
5. penser / faire / la semaine prochaine
6. détester / faire / le soir
7. espérer / faire / ce soir

C. Résolutions du Nouvel An. Énumérez quelques-unes de vos résolutions à vos camarades. Complétez les phrases suivantes avec un infinitif.

MODÈLE: Cette année, je vais finir... $\longrightarrow$
  Cette année, je vais finir de lire *La Vie mode d'emploi* de Georges Perec.*

0,46€

LA POSTE 2002

Georges
Perec
1936-1982

RF

TARASHOFF   IT VF   ALBISSON

1. Je voudrais apprendre...
2. Je vais commencer...
3. J'ai aussi décidé...
4. En plus, je vais arrêter...
5. Enfin, je rêve...
6. Mais je refuse...

_____

*Fruit de neuf années de travail, *La Vie mode d'emploi* retrace l'histoire d'un immeuble parisien et de ses habitants.

Les adverbes
Talking About How Things Are Done

La Provence

ANNE-LAURE: **Demain,** je pars pour la Provence. Je vais visiter **rapidement** la maison de Renoir à Cagnes, puis le musée Matisse à Nice, le musée Picasso à Antibes...

SYLVAIN: Tu voyages **constamment,** toi?

ANNE-LAURE: Non, pas **vraiment.** Mais je veux **absolument** aller en Provence parce que plusieurs peintres français y ont habité.

SYLVAIN: Et **maintenant,** qu'est-ce que tu fais?

ANNE-LAURE: Je vais voir la maison de Monet à Giverny, dans la banlieue parisienne.

SYLVAIN: **Franchement,** à part la peinture, qu'est-ce qui t'intéresse?

ANNE-LAURE: La musique classique... J'aime beaucoup Berlioz.

Les champs de lavande en Provence, France

Corrigez les phrases incorrectes.

1. Anne-Laure est partie en Provence hier.
2. Elle voyage très souvent.
3. Elle veut vraiment aller en Provence.
4. Demain, elle va visiter la maison de Matisse.

Forms of Adverbs

Adverbs (**les adverbes,** *m.*) modify a verb, an adjective, or another adverb: She learns *quickly.* He is *extremely* hardworking. They see each other *quite often.* You have already learned a number of adverbs, such as **souvent, parfois, bien, mal, beaucoup, trop, peu, très, vite, d'abord, puis, ensuite, après,** and **enfin.**

1. Most adverbs are formed by adding **-ment** (often corresponding to *-ly* in English) to the feminine form of an adjective.

FEMININE

ADJECTIVE	ADVERB	
lente	**lentement**	*slowly*
franche	**franchement**	*frankly*
active	**activement**	*actively*
(mal)heureuse	**(mal)heureusement**	*(un)fortunately*

2. If the masculine form of the adjective ends in a vowel, **-ment** is usually added directly to it.

MASCULINE

ADJECTIVE	ADVERB	
absolu	**absolument**	*absolutely*
poli	**poliment**	*politely*
rapide	**rapidement**	*quickly*
vrai	**vraiment**	*truly, really*

3. If the masculine form of the adjective ends in **-ent** or **-ant,** the corresponding adverbs have the endings **-emment** and **-amment,** respectively. The two endings have the same pronunciation.

MASCULINE

ADJECTIVE	ADVERB	
différent	**différemment**	*differently*
évident	**évidemment**	*evidently, obviously*
constant	**constamment**	*constantly*
courant	**couramment**	*fluently*

[Allez-y! A-B]

Note: In English, the adverbial forms of *good* and *bad* are *well* and *badly*. In French, the adverb forms of **bon** and **mauvais** are both irregular.

bon ⟶ **bien**	Sonia est une **bonne** actrice; elle joue **bien** son rôle.
mauvais ⟶ **mal**	Normand est un **mauvais** cinéaste; il dirige **mal** ses acteurs.

Position of Adverbs

1. When adverbs qualify adjectives or other adverbs, they usually precede them.

Elle est **très** intelligente.	*She is very intelligent.*
Il va au cinéma **assez** souvent.	*He goes to the movies fairly often.*

2. When a verb is in the present or imperfect tense, the qualifying adverb usually follows it. In negative constructions, the adverb comes after **pas.**

Je travaille **lentement.**	*I work slowly.*
Elle voulait **absolument** devenir écrivain.	*She absolutely wanted to become a writer.*
Vous ne l'expliquez pas **bien.**	*You aren't explaining it well.*

3. Short adverbs usually precede the past participle when the verb is in a compound form; they usually follow **pas** in a negative construction.

J'ai **beaucoup** voyagé cette année.	*I've traveled a lot this year.*
Il a **déjà** visité le Louvre.	*He has already visited the Louvre.*
Elle n'est pas **souvent** allée en Normandie.	*She has not often been to Normandy.*
Je n'ai pas **très** faim.*	*I'm not very hungry.*

4. Adverbs ending in **-ment** follow a verb in the present or imperfect tense, and usually follow the past participle when the verb is in the **passé composé.**

Tu parles **couramment** le français.	*You speak French fluently.*
Il était **vraiment** travailleur.	*He was really hardworking.*
Paul n'a pas répondu **intelligemment.**	*Paul didn't respond intelligently.*

[Allez-y! C]

Allez-y!

A. Ressemblances. Donnez l'équivalent adverbial de chacun des adjectifs suivants.

MODÈLE: franc ⟶
franchement

1. heureux
2. actif
3. long
4. vrai
5. différent
6. naturel
7. certain
8. constant
9. absolu
10. admirable
11. poli
12. intelligent

---

*In idiomatic expressions with **avoir,** one often uses an adverb: **J'ai très soif; Elle a très chaud,** and so on.

B. Carrières. Complétez les paragraphes suivants avec des adverbes logiques.

1. Le linguiste

Adverbes: bien, bientôt, couramment, ensuite, évidemment, probablement, vite

Jean-Luc parle _____¹ l'anglais. Il a vécu aux États-Unis. Il est allé au lycée (à l'école secondaire) aux États-Unis et il a très _____² appris la langue pendant son séjour. _____³, à l'université il a choisi la section langues étrangères. Il va _____⁴ passer sa licence d'anglais. _____⁵, il doit _____⁶ choisir entre la traduction (*translation*) littéraire et l'enseignement. Ses parents sont professeurs et je pense qu'il va _____⁷ choisir de devenir professeur.

2. L'actrice

Adverbes: absolument, beaucoup, constamment, fréquemment, rarement, seulement, souvent, très

Marie-Hélène veut _____¹ devenir une actrice célébrée. Elle travaille _____² pour y arriver: le matin, elle arrive _____³ au Théâtre national de Chaillot après six heures et elle y reste _____⁴ jusqu'à neuf heures du soir. Dans la journée, elle travaille _____⁵ et prend _____⁶ quinze minutes pour déjeuner. _____⁷, elle est fatiguée le soir. Mais je pense qu'elle va réussir parce qu'elle est _____⁸ travailleuse et ambitieuse.

Le Théâtre national de Chaillot se trouve au Palais de Chaillot, à Paris

C. Interview. Interviewez un(e) camarade de classe sur ses préférences et ses habitudes. Votre camarade doit utiliser dans sa réponse un adverbe basé sur les mots entre parenthèses. Décidez ensuite quelle sorte de personne il/elle est (pratique, énergique, calme, patiente, travailleuse, et cetera).

> **MODÈLE:**   Comment déjeunes-tu d'habitude? (rapide / lent) ⟶
> Je déjeune lentement pour me reposer. *ou*
> Je déjeune rapidement parce que je suis toujours pressé(e).

1. Quand fais-tu la sieste? (fréquent / rare)
2. Comment attends-tu le résultat de ton examen? (patient / impatient)
3. Regardes-tu souvent ta montre? (constant / fréquent / rare / jamais)
4. Comment travailles-tu en général? (bon / mal)
5. Lis-tu souvent les romans policiers? (fréquent / rare / jamais)

Maintenant décrivez le caractère de votre camarade.

Claude Monet (1840–1926), *Nymphéas*

Un peu plus...

Claude Monet.   Comme ils ne sont pas acceptés dans les galeries tradition-nelles, Monet et ses amis peintres déci-dent, en 1874, d'organiser leur propre exposition. La technique de Monet vise (*aims*) à suggérer une expression sponta-née de la nature par une application de couleurs vives. C'est la naissance du mouvement impressionniste qui sera (*will be*) reconnu plus tard comme l'un des plus importants mouvements d'art moderne.

trois cent quarante-trois   **343**

PERSPECTIVES

Lecture

Avant de lire

Reading poetry. Up until this chapter, you have been reading narrative texts. Depending on the text type, you have used a variety of strategies to facilitate comprehension: Anticipating context by the use of titles and visuals, guessing from context, scanning for the gist, and so on.

Reading poetry, on the other hand, requires different skills. To identify these skills, it will be helpful for you to first identify your expectations in reading poetry. Which of the following statements are true for you?

Poetry _____.

- ☐ is hard to read and understand
- ☐ uses abstract and figurative language
- ☐ must rhyme
- ☐ is written for the ear as well as for the eye
- ☐ should be read for the literal meaning
- ☐ creates a mood
- ☐ tells a story

Based on your answers, which of the following strategies would be most useful to read poetry effectively and pleasurably?

- ☐ Poetry should be read aloud.
- ☐ Be alert to both the literal and figurative meaning of a word.
- ☐ Skip unimportant details and concentrate on the main idea.
- ☐ Both the meaning of words and the shape of the text contribute to understanding.
- ☐ Because poetry is difficult to read, it helps to paraphrase the text.

Déjeuner du matin
(par Jacques Prévert)

Il a mis le café
Dans la tasse
Il a mis le lait
Dans la tasse de café
Il a mis le sucre
Dans le café au lait
Avec la petite cuiller
Il a tourné
Il a bu le café au lait
Et il a reposé[1] la tasse
Sans me parler
Il a allumé[2]
Une cigarette
Il a fait des ronds
Avec la fumée
Il a mis les cendres

Dans le cendrier
Sans me parler
Sans me regarder
Il s'est levé[3]
Il a mis
Son chapeau sur sa tête
Il a mis
Son manteau de pluie
Parce qu'il pleuvait
Et il est parti
Sous la pluie
Sans une parole
Sans me regarder
Et moi j'ai pris
Ma tête dans ma main
Et j'ai pleuré.[4]

[1]*a... put down again* [2]*a lit* [3]*s'est... got up* [4]*j'ai... I cried*

À propos de la lecture...
La poésie de Jacques Prévert (1900–1977) est accessible à un très large public. Sa poésie traite de justice, de liberté et de bonheur. Ce poème est tiré du recueil *Paroles* (1946).

Le poète Jacques Prévert

Compréhension

Qu'en pensez-vous? Dites si les phrases suivantes reflètent votre interprétation du poème. Sinon, reformulez-les pour mieux exprimer votre opinion. Justifiez votre point de vue en citant des extraits du poème.

1. Dans ce poème, une mère raconte son petit déjeuner avec son fils.
2. Ces personnes se connaissent (*know each other*) depuis longtemps.
3. On a l'impression que c'est un repas typique entre ces deux personnes.
4. Le narrateur / La narratrice est très satisfait(e) de sa vie.
5. Le poète crée une ambiance de joie.

Écriture

Soif de culture. Décrivez un événement culturel auquel (*that*) vous avez assisté (un film, une pièce de théâtre, un concert, une exposition, et cetera). Répondez aux questions qui suivent. Ensuite, écrivez un paragraphe en vous basant sur vos réponses. N'hesitez pas à donner des détails supplémentaires.

1. Où et quand a eu lieu (*took place*) cet événement?
2. Quels étaient les participants (acteurs, artistes, et cetera)?
3. Est-ce que c'était un événement à contenu classique ou contemporain?
4. Comment était l'auditoire (*audience*), les spectateurs, les visiteurs? Étaient-ils nombreux? Quel était l'âge moyen?
5. En général, est-ce que vous avez aimé cet événement? Expliquez.

À l'écoute sur Internet!

Les châteaux de la Loire. Virginie parle de ses vacances avec Marc. Lisez les activités avant d'écouter le vocabulaire et le dialogue qui leur correspondent.

VOCABULAIRE UTILE

ses meubles d'époque   its antique furniture
ses tapisseries   its tapestries

A. Vrai ou faux?

1. V F   Virginie a voyagé avec un groupe de touristes allemands.
2. V F   Marc a déjà visité Blois.
3. V F   Virginie a mieux aimé Azay-le-Rideau.
4. V F   Elle n'aime pas les autres châteaux de la Loire.
5. V F   Elle a aussi visité le château de Chinon.
6. V F   Elle adore le Moyen Âge.

B. Châteaux et visites. Entourez la bonne réponse en vous basant sur le dialogue.

1. Virginie a visité les châteaux de la Loire _____.
   a. en bus   **b.** à vélo   **c.** en voiture
2. Marc a visité le château de Blois en _____.
   a. 1977   **b.** 1982   **c.** 1987
3. Le château de Blois date _____.
   a. du Moyen Âge   **b.** de l'époque   **c.** de la
                              classique   Renaissance
4. Azay-le-Rideau se trouve sur _____.
   a. une île   **b.** une montagne   **c.** un plateau
5. Le château de Chinon date _____.
   a. de l'époque romaine **b.** de la Renaissance **c.** du Moyen Âge

Azay-le-Rideau, en France

En société

Aimez-vous les films français?

Objectif: Discussing a film

Claire suit un cours de cinéma. Dans cet épisode, elle doit terminer son devoir, mais elle est bloquée (*has a mental block*). Quand Aimée arrive, Claire lui explique son problème. Aimée n'a jamais vu le film, mais Claire la convainc que ce n'est pas nécessaire…

VOCABULAIRE UTILE

C'est pénible!	It's awful!
une dissertation	a paper
de toute façon	anyway
tordre le cou	wringing his neck
cinglée	crazy

Note culturelle

Les Césars français sont l'équivalent des Oscars américains. Créée[1] en 1975, cette manifestation prestigieuse compte aujourd'hui 3 000 membres qui élisent[2] les gagnants. Chaque membre doit avoir reçu une nomination et avoir participé à un minimum de trois longs métrages.[3] La statuette est l'œuvre du sculpteur français César.

[1]*Founded* [2]*elect* [3]*longs… feature films*

Visionnez!

Choisissez la bonne réponse.

1. Claire doit écrire _____ sur le film *Les Nuits Fauves*.
   a. une dissertation   **b.** un compte rendu   **c.** un résumé
2. Claire a déjà vu le film _____ fois.
   a. cinq   **b.** quatre   **c.** trois
3. Aimée veut _____ le film.
   a. visionner   **b.** emprunter   **c.** étudier
4. Claire _____ le cinéma français.
   a. adore   **b.** préfère   **c.** déteste

Jouez la scène!

Avec deux partenaires ou plus, participez aux discussions suivantes.

1. À tour de rôle, parlez du dernier film que vous avez vu. Dites ce que vous avez aimé et n'avez pas aimé dans ce film et donnez-en les raisons. Parlez des acteurs, des costumes, des décors, de la mise en scène (*production*), et cetera.
2. Discutez des résultats de la dernière soirée des Oscars. Êtes-vous d'accord avec le choix des gagnants (*winners*) des différentes catégories (meilleur film, meilleur acteur, meilleure actrice, et cetera)? Expliquez pourquoi.

Vocabulaire

Verbes

bâtir to build
dater (de) to date from
deviner to guess
emmener to take someone along
flâner to stroll
peindre to paint
poursuivre to pursue
suivre to follow; to take
  (*a course*)
vivre to live

À REVOIR: **habiter**

Verbes suivis de l'infinitif

accepter (de) to accept (to)
aider (à) to help (to)
arrêter (de) to stop
chercher à to try to
commencer par to begin by
  (doing something)
conseiller (de) to advise
continuer (à) to continue (to)
décider (de) to decide (to)
empêcher (de) to prevent
  (from)
enseigner (à) to teach (to)
essayer (de) to try (to)
finir par to end up (doing
  something)
permettre (de) to permit, allow
refuser (de) to refuse (to)
réussir (à) to succeed

À REVOIR: **aimer, aller,
  apprendre à, choisir de,
  commencer à, demander
  de, désirer, détester, devoir,
  espérer, finir de, il faut,**
**oublier de, pouvoir,
  préférer, rêver de, savoir,
  venir de, vouloir**

Substantifs

l'acteur / l'actrice actor
les arènes (*f. pl.*) arena
l'artiste (*m., f.*) artist
la cathédrale cathedral
le chef-d'œuvre (*pl.* **les chefs-
  d'œuvre**) masterpiece
le/la cinéaste filmmaker
**le compositeur / la
  compositrice** composer
la conférence lecture
l'écrivain (*m.*) **/ la femme
  écrivain** writer
l'époque (*f.*) period (*of history*)
l'événement (*m.*) event
l'exposition (*f.*) exhibit
l'horaire (*m.*) schedule
le Moyen Âge Middle Ages
le/la musicien(ne) musician
l'œuvre (*f.*) **(d'art)** work (of art)
le palais palace
le patrimoine legacy, heritage
**le peintre / la femme
  peintre** painter
la peinture painting
la pièce de théâtre play
la place seat
le poème poem
la poésie poetry
le poète / la femme poète poet
le recueil collection
la reine queen
la Renaissance Renaissance
le roi king

**le sculpteur / la femme
  sculpteur** sculptor
la sculpture sculpture
le siècle century
le tableau painting

À REVOIR: **le cadeau, la carte
  postale, le château, le
  cinéma, le roman**

Adjectifs

actif / active active
absolu(e) absolute
classique classical
constant(e) constant
courant(e) common; standard
évident evident, obvious
franc(he) frank
gothique Gothic
historique historical
lent(e) slow
magnifique magnificent
malheureux / malheureuse
  unhappy; unfortunate
médiéval(e) medieval
rapide fast, rapid
romain(e) Roman

À REVOIR: **bon(ne), différent(e),
  heureux / heureuse,
  mauvais(e), vrai(e)**

Adverbes

activement actively
absolument absolutely
constamment constantly
couramment fluently
différemment differently
évidemment evidently, obviously

franchement frankly
heureusement fortunately
lentement slowly
malheureusement unfortunately
poliment politely
rapidement rapidly

récemment recently
vraiment really

À REVOIR: **beaucoup, bien, mal, parfois, peu, souvent, très, trop, vite**

Mots et expressions divers

la plupart de the majority
moi-même myself
  toi-même, lui-même...
par cœur by heart

Révisez! Chapitres 9–12

RESOURCES

For further review of the grammar practiced in these activities, refer to **Chapitres 9–12** on the *Vis-à-vis* CD-ROM, on the website, and in the Workbook/Lab Manual.

A. Un nouveau emploi. Jules, qui est français, écrit à son amie pour lui dire qu'on vient de lui proposer un nouvel emploi à Bruxelles. Complétez sa lettre en utilisant les mots appropriés de la liste suivante.

Vocabulaire: ai eue, crois, déjà, depuis, étais, jamais, l', m'ont offert, pendant, quelque chose, quelqu'un, tout le monde

Salut Martine!
Bonnes nouvelles. _____[1] d'extraordinaire est arrivé! Te souviens-tu de la réunion que je/j'_____[2] aux Nations-Unies? Il _____[3] un emploi de spécialiste des droits de l'homme! Mais, je ne sais pas si je vais l'accepter. C'est vrai que j'attends cette réponse _____[4] plusieurs mois. Et _____[5] ce temps-là, je m'inquiétais et je/j'_____[6] pessimiste. Je/J'_____[7] que l'offre est valable (*valid*) jusqu'à la semaine prochaine. Ils cherchent _____[8] d'intègre (*honest*) et de professionnel.

Un poste à Bruxelles... je ne suis pas encore sûr de/d'_____[9] accepter. Je n'ai _____[10] quitté la France, et je ne sais pas si je veux vivre dans une grande ville. Es-tu _____[11] allée en Belgique? _____[12] me dit que c'est une ville magnifique.

Amicalement,
Jules

B. Un voyage en Europe. Un étudiant en voyage en Europe raconte ses expériences dans un journal intime. Complétez les paragraphes en utilisant les mots appropriés de la liste suivante.

Vocabulaire: à, avons participé, avons poursuivi, connaissais, couramment, de, faisait, merveilleusement, savais, y

Cher journal,
Mon voyage en Europe avec un groupe d'étudiants se passe _____[1]! Au début, je ne/n'_____[2] personne, mais maintenant, j'ai beaucoup d'amis. J'ai aussi appris _____[3] parler quelques langues européennes. Avant de partir, je ne/n'_____[4] pas parler un mot de français et maintenant, je parle _____[5]—ou presque!

À Genève, dimanche dernier, nous _____[6] à la Fête de la Musique. Nous _____[7] notre voyage en Suisse dans la ville de Zurich. Comme il _____[8] mauvais, le guide a emmené le groupe au musée Kunsthaus. Nous _____[9] avons vu une des plus grandes collections d'œuvres d'Alberto Giacometti. Demain, nous avons décidé _____[10] partir pour le Luxembourg pour voir le vieux quartier du Marché aux poissons. Quel beau voyage!

Answers to Activities A and B in Appendix H.

Bienvenue en Belgique

LA BELGIQUE

Un coup d'œil sur Bruxelles

Capitale du Royaume de Belgique, Bruxelles est aussi l'une des villes-phares[1] de la francophonie depuis le Moyen Âge. On y parle flamand—surtout dans les quartiers historiques du centre—et français. En fait, les Bruxellois se composent de deux groupes linguistiques: les Wallons (ceux[2] qui parlent français) et les Flamands (ceux pour qui le flamand est la langue maternelle). Les Bruxellois sont donc souvent bilingues.

À Bruxelles, le temps est souvent gris, mais on dit que ses habitants ont le soleil dans le cœur. Vous y serez[3] accueilli avec chaleur[4] et bonne humeur. Ses musées, ses églises, ses petites rues commerçantes et ses passages couverts où sont installés confiseries,[5] chocolateries et magasins de dentelles font de Bruxelles une ville de culture et de commerce. Les fêtes se succèdent[6] été comme hiver; à ces occasions, les cortèges,[7] comme celui de Carnaval, convergent vers la Grand-Place, ou *Grote Markt* en flamand. Beaucoup de belles demeures anciennes de la Grand-Place sont maintenant des restaurants où vous pouvez trouver des spécialités culinaires comme les moules-frites ou le célèbre waterzoï.[8] Bruxelles est aussi la capitale politique de l'Union européenne, siège du Parlement européenne, ce qui lui donne un caractère cosmopolite.

[1]beacons [2]those [3]will be [4]warmth [5]candy stores [6]se... follow each other [7]processions [8]Belgian speciality made from fish or meat in a cream sauce

Le triple Arc de Triomphe domine le parc du Cinquantenaire, à Bruxelles.

Portrait - René Magritte (1898–1967)

René Magritte est le peintre surréaliste par excellence. Ce Belge rivalise dans cet art du XXe siècle avec l'Espagnol Salvador Dali. Ses nombreuses œuvres nous ouvrent un monde inconnu[1] où se mélangent le rêve et une réalité transposée par l'artiste. Il crée des associations étranges et conçoit[2] des personnages extraordinaires et des paysages fabuleux. Son univers est imprévisible,[3] énigmatique, absurde, ironique.

[1]unknown [2]conceives [3]unpredictable

René Magritte (1954),
Le Maître d'école

Paris
Le Métro: les heures d'affluence

Cher Jérôme,

Il n'y a rien d'amusant dans ma vie. Je suis prisonnière du train-train quotidien, et je m'ennuie à mourir. Je rêve d'aventure, de soleil, de rencontres. Je voudrais des surprises, des projets, et rien ne vient. Peut-être que je ne sais pas m'amuser? Examens, sorties au cinéma, au restaurant, en boîte avec mes copains, dîners en famille. Où est la nouveauté dans tout ça?

Au moins toi, au Club Med, tu t'amuses!

Raconte-moi tout en détail!

Bisous,
Bénédicte*

*Chapitres 13–16** of *Vis-à-vis* feature an exchange of cards and letters between Bénédicte and her friend Jérôme, from Martinique.

Dans ce chapitre...

Objectifs communicatifs

- talking about love, marriage, the human body, and daily life; expressing actions; reporting everyday events; expressing reciprocal actions; talking about the past; giving commands

Paroles (Leçon 1)

- L'amour et le mariage
- Le corps humain
- Les activités de la vie quotidienne

Structures (Leçons 2 et 3)

- Les verbes pronominaux (première partie)
- Les verbes pronominaux (deuxième partie)
- Les verbes pronominaux (troisième partie)
- Les verbes pronominaux (quatrième partie)

Culture

- Reportage: La Martinique au quotidien (Correspondance)
- Lecture: Les aiguilles magiques (Leçon 4)

Multimédia

En société—Chez la pharmacienne

Dans cet épisode, Jacques est malade. Il va chercher des médicaments à la pharmacie.

CD-ROM

Révisez le vocabulaire et la grammaire de ce chapitre et discutez des pharmacies avec une nouvelle copine.

Online Learning Center

Visitez le site Web de *Vis-à-vis* à www.mhhe.com/visavis3 pour réviser le vocabulaire, la grammaire et les renseignements culturels qui se trouvent dans ce chapitre.

Leçon 1

L'amour et le mariage

Ils se rencontrent.
Ils tombent amoureux.

Ils se fiancent.

Les amoureux:
le coup de foudre*

Le couple:
les fiançailles (*f. pl.*)

Ils se marient.

Mais ils ne s'entendent
pas toujours.

Le couple:
la cérémonie

Les nouveaux mariés:
parfois, ils se disputent.

AUTRES MOTS UTILES

l'amitié (*f.*)	friendship
célibataire	single
divorcer	to divorce
le voyage de noces	honeymoon

Allez-y!

A. Pour commencer... Quelles phrases de la colonne de droite
correspondent aux étapes traditionnelles qui précèdent le mariage?

---

*Love at first sight (lit., *flash of lightning*)

1. la rencontre
2. le coup de foudre
3. les rendez-vous
4. les fiançailles
5. la cérémonie
6. l'installation (*setting up house*)

a. Ils se marient.
b. Ils sortent ensemble.
c. Ils tombent amoureux.
d. Ils se rencontrent.
e. Ils s'installent.
f. Ils se fiancent.

B. Conversation. Posez les questions suivantes à un(e) camarade.

1. Est-ce que tu préfères sortir seul(e), avec un ami / une amie ou avec d'autres couples?
2. Selon toi, est-ce que les jeunes d'aujourd'hui tombent trop vite ou trop souvent amoureux?
3. Est-ce que tu crois au coup de foudre? Pourquoi? Pourquoi pas?
4. Est-ce que tout le monde doit se marier? Pourquoi? Pourquoi pas? Si oui, à quel âge?

Le corps humain

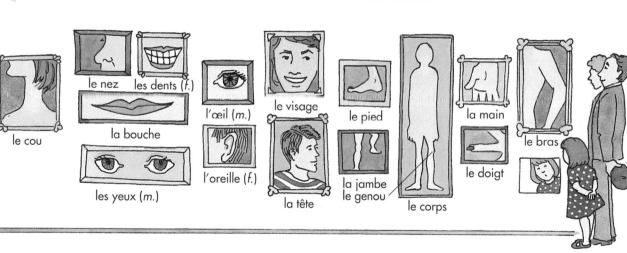

le nez les dents (f.)
la bouche
le cou
les yeux (m.)
l'œil (m.)
l'oreille (f.)
le visage
la tête
le pied
la jambe
le genou
le corps
la main
le doigt
le bras

AUTRES MOTS UTILES

avoir mal (à)	to hurt, have a pain (in)
J'ai mal à la tête.	My head hurts. (I have a headache.)
le cœur	heart
le dos	back
la gorge	throat
la santé	health
le ventre	abdomen; stomach

Allez-y!

A. Exercice d'imagination. Où ont-ils mal? Répondez d'après le modèle.

> **MODÈLE:** Il y a beaucoup de bruit chez Martine. ⟶
> Elle a mal à la tête / aux oreilles.

1. Vous portez des paquets très lourds (*heavy*).
2. Les nouvelles chaussures d'Henri-Pierre sont trop petites.
3. J'ai mangé trop de chocolat.
4. Vous apprenez à jouer de la guitare.
5. Patricia a marché très longtemps.
6. La cravate de Patrice est trop serrée (*tight*).
7. Ils font du ski et il y a beaucoup de soleil.
8. Il fait extrêmement froid et vous n'avez pas de gants (*gloves*).
9. Chantal va chez le dentiste.
10. Albert chante depuis deux heures.

Une pharmacie française

B. Devinettes. Pensez à une partie du corps et donnez-en une définition au reste de la classe. Vos camarades vont deviner de quelle partie il s'agit.

> **MODÈLE:** Vous en avez une. On fait la bise avec cette partie du corps. ⟶
> C'est la bouche!

Les activités de la vie quotidienne

Ils se réveillent et ils se lèvent.

Ils se brossent les dents.

Il se rase et elle se maquille.

Ils se peignent.

Ils s'habillent.

Ils s'en vont.

Ils se couchent.

Ils s'endorment.

Allez-y!

A. Et votre journée? Décrivez votre journée en employant le vocabulaire des illustrations.

> **MODÈLE:** À ＿＿ heures, je me ＿＿. ⟶ À 7 heures, je me réveille.*

B. Habitudes quotidiennes. Dites dans quelles circonstances on utilise les objets suivants.

Mots utiles: se brosser, se coucher, s'en aller, s'endormir, s'habiller, se lever, se maquiller, se peigner, se raser, se réveiller

> **MODÈLE:** une voiture ⟶ On utilise une voiture pour s'en aller.

1. un réveil
2. une brosse à dents
3. des vêtements
4. un lit
5. un peigne
6. du rouge à lèvres (*lipstick*)
7. un rasoir (*razor*)
8. les pantoufles (*f.*) (*slippers*)

---

*To conjugate the **je** form of pronominal verbs, place the pronoun **me** before the first-person conjugation of the verb.

Leçon 2

Les verbes pronominaux (*première partie*)
Expressing Actions

Une rencontre

DAMIEN: Madeleine! Comment vas-tu?

VÉRONIQUE: Vous **vous trompez,** monsieur. Je ne **m'appelle** pas Madeleine.

DAMIEN: Je **m'excuse,** madame. Je **me demande** si je ne vous ai pas déjà rencontrée...

VÉRONIQUE: Je ne **me souviens** pas de vous avoir rencontré. Mais ça ne fait rien... Je **m'appelle** Véronique. Comment **vous appelez**-vous?

DAMIEN: Damien... Vous voudriez prendre un café peut-être?

Retrouvez la phrase équivalente dans le dialogue.

1. Vous faites erreur, monsieur. Mon nom n'est pas Madeleine.
2. Pardon, je pense que je vous ai déjà rencontrée.
3. Mon nom est Véronique. Quel est votre nom?

Certain French verbs are conjugated with an object pronoun in addition to the subject. Consequently, they are called pronominal verbs (**les verbes pronominaux**). The object pronoun agrees with the subject of the verb. **Se reposer** (*To rest*) and **s'amuser** (*to have fun*) are two pronominal verbs.

se reposer				s'amuser			
je	**me** repose	nous	**nous** reposons	je	**m'**amuse	nous	**nous** amusons
tu	**te** reposes	vous	**vous** reposez	tu	**t'**amuses	vous	**vous** amusez
il/elle/on	**se** repose	ils/elles	**se** reposent	il/elle/on	**s'**amuse	ils/elles	**s'**amusent

—Est-ce que tu **t'amuses** en général chez tes grands-parents?

—Oui, on **s'amuse** bien ensemble.

Do you usually have fun at your grandparents' house?

Yes, we have a good time together.

1. Note that the reflexive pronouns **me, te,** and **se** become **m', t',** and **s'** before a vowel or a nonaspirate **h.**

2. Common pronominal verbs include:

s'appeler *to be named*	**s'excuser** *to apologize*
s'arrêter *to stop*	**s'installer** *to settle down,*
se demander *to wonder*	*settle in*
se dépêcher *to hurry*	**se rappeler** *to remember*
se détendre *to relax*	**se souvenir (de)** *to remember*
s'entendre (avec) *to get along*	**se tromper** *to make a mistake*
(with)	**se trouver** *to be located*

Où **se trouve** l'arrêt d'autobus?	*Where is the bus stop?*
L'autobus **s'arrête** devant mon immeuble.	*The bus stops in front of my building.*

3. Note that word order in the negative and infinitive forms follows the usual word order for pronouns: The reflexive pronoun precedes the main verb.

Jean-Luc ne **se souvient** pas à quelle heure le musée ouvre.	*Jean-Luc doesn't remember what time the museum opens.*
Je vais **me dépêcher** pour arriver à l'heure.	*I'm going to hurry to arrive on time.*

Allez-y!

A. Questions d'amour. Trouvez dans la colonne de droite une réponse logique aux phrases de la colonne de gauche.

1. Je dis que le mariage précède les fiançailles.
2. Demain c'est l'anniversaire de ma femme et je n'ai encore rien acheté.
3. Jean-Pierre et moi, nous nous disputons tout le temps. Nous travaillons trop et ne nous amusons jamais.
4. Quelle est la date de l'anniversaire de mariage de vos parents?
5. Toi et moi, nous aimons les mêmes choses! Nous ne nous disputons presque jamais.

a. Désolé(e), mais je ne m'en souviens plus.
b. Tu te trompes!
c. Oui, nous nous entendons bien.
d. Je me demande pourquoi tu n'y as pas pensé!
e. Il faut vous arrêter pour respirer un peu. Prenez le temps de vivre!

trois cent cinquante-neuf **359**

B. Départ à la hâte. C'est l'heure de partir pour Chartres mais vous avez un petit problème. Remplacez l'expression en italique par un des verbes pronominaux suivants: **se demander, se rappeler, se tromper, se trouver, se dépêcher.**

Où *est*[1] mon sac à dos? Je ne *me souviens*[2] plus où je l'ai mis. En plus, je dois *faire vite*[3], je suis en retard. Mais je ne peux pas aller à Chartres sans mon appareil photo. Je *veux savoir*[4] si Jean-François l'a mis dans sa valise. Il peut facilement *faire une erreur*[5] quand il est en retard.

C. Trouvez quelqu'un qui... Circulez dans la classe pour trouver quelqu'un qui fait une des activités suivantes. Ensuite, trouvez quelqu'un qui fait l'activité suivante et ainsi de suite (*so on*).

1. veut s'installer à l'étranger
2. se souvient de son premier jour de classe à l'université
3. se trompe souvent dans ses calculs
4. se détend en regardant (*while watching*) des matchs de foot
5. s'entend bien avec ses frères ou ses sœurs
6. se repose en écoutant (*while listening*) de la musique classique
7. s'arrête tous les jours au café
8. se rappelle son meilleur ami / sa meilleure amie à l'école primaire

Les verbes pronominaux (deuxième partie)
Reporting Everyday Events

Profiter du beau temps

MAX: Tu **t'en vas?**

THÉO: Oui, il fait beau et je **m'ennuie** ici. Je vais **me promener** au bord du lac. Tu viens?

MAX: Non, je ne peux pas. J'ai beaucoup de travail.

THÉO: Oh, tu exagères. Allez, on va **s'amuser** un peu!

MAX: Une autre fois. Si je **m'arrête** maintenant, je ne vais pas avoir le courage de finir plus tard.

1. Qui sort?
2. Est-ce que Théo s'amuse?
3. Qu'est-ce qu'il va faire?
4. Est-ce que Max se repose?
5. Est-ce qu'il veut s'arrêter?

Reflexive Pronominal Verbs

1. In reflexive constructions, the action of the verb reflects or refers back to the subject: *The child dressed **himself**. Did you hurt **yourself**? She talks to **herself**.* In these examples, the subject and the object are the same person. In French, common reflexive pronominal verbs include:

se baigner *to bathe; to swim*	**se lever** *to get up*
se brosser *to brush*	**se maquiller** *to put on makeup*
se coucher *to go to bed*	**se peigner** *to comb one's hair*
se doucher *to take a shower*	**se raser** *to shave*
s'habiller *to get dressed*	**se regarder** *to look at oneself*
se laver *to wash oneself*	**se réveiller** *to wake up*

Zoë **se réveille** à 6 h.	*Zoë wakes up at 6:00.*
Pierre **se douche** et **se rase** pendant que Sarah **se maquille.**	*Pierre showers and shaves while Sarah puts on makeup.*

2. Most reflexive pronominal verbs can also be used nonreflexively.

Aujourd'hui, Pierre **lave** la voiture.	*Today, Pierre is washing his car.*
Le bruit **réveille** tout le monde.	*The noise wakes everyone up.*

3. Some reflexive pronominal verbs can have two objects, one direct and one indirect; this frequently occurs with the verbs **se brosser** and **se laver** plus a part of the body. The definite article—not the possessive adjective, as in English—is used with the part of the body.

Valérie se brosse **les** dents.	*Valérie is brushing her teeth.*
Je me lave **les** mains.	*I'm washing my hands.*

Idiomatic Pronominal Verbs

When certain verbs are used with reflexive pronouns, their meaning changes.

aller *to go*	→	**s'en aller** *to go away*
appeler *to call*	→	**s'appeler** *to be named*
demander *to ask*	→	**se demander** *to wonder*
endormir *to put to sleep*	→	**s'endormir** *to fall asleep*
entendre *to hear*	→	**s'entendre** *to get along*
ennuyer *to bother*	→	**s'ennuyer** *to be bored*
fâcher *to make angry*	→	**se fâcher** *to get angry*
installer *to install*	→	**s'installer** *to settle in (to a new house)*
mettre *to place, put*	→	**se mettre à** *to begin*
perdre *to lose*	→	**se perdre** *to get lost*
promener *to (take for a) walk*	→	**se promener** *to take a walk*
tromper *to deceive*	→	**se tromper** *to be mistaken*
trouver *to find*	→	**se trouver** *to be located*

Les jeunes mariés **s'en vont** en voyage de noces.

The newlyweds are going away on their honeymoon trip.

Après cela, Véronique va **se mettre à** chercher un appartement.

Afterward, Véronique is going to start looking for an apartment.

Tu **te trompes!** Elle en a déjà trouvé un.

You're wrong! She's already found one.

Où est-ce qu'il **se trouve?**

Where is it?

Allez-y!

Annick

A. La routine. Que font les membres de la famille Duteil?

MODÈLE: Annick se lave les mains.

Le matin...

1. Papy   **2.** Wolfgang   **3.** Mme Duteil   **4.** M. Duteil

Plus tard...

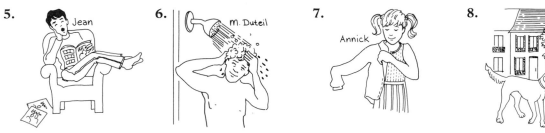

5.   Jean

6.   M. Duteil

7.   Annick

8.   Wolfgang

Et vous, parmi ces activités, lesquelles faites-vous régulièrement?

B. Habitudes matinales. Qui dans votre famille a les habitudes suivantes? Faites des phrases complètes. Puis comparez leurs habitudes aux vôtres (*to yours*). Commencez par «Moi aussi, je... » ou «Mais moi, je... ».

mon père	se regarder longtemps dans le miroir
ma mère	se lever souvent du pied gauche*
ma sœur	se réveiller toujours très tôt
mon frère	s'habiller rapidement / lentement
le chien	se maquiller / se raser très vite
le chat	se préparer à la dernière minute
	s'en aller sans prendre de petit déjeuner
	se laver les cheveux tous les jours
	se fâcher quand il n'y a plus de lait
	se tromper de chaussures

C. Synonymes. Racontez l'histoire suivante. Remplacez l'expression en italique par un verbe pronominal.

À sept heures du matin, Sylvie *ouvre les yeux*,[1] elle *sort de son lit*,[2] fait *sa toilette*[3] et *met ses vêtements*.[4] À huit heures, elle *quitte la maison*.[5] Au travail, elle *commence à*[6] parler au téléphone. Sylvie *finit de*[7] travailler vers six heures; elle *fait une promenade*[8] et parfois ses amies et elle vont *nager*[9] à la piscine. Le soir, elle *va au lit*[10] et elle *trouve le sommeil*[11] très vite!

D. Interview. Interrogez un(e) camarade sur une de ses journées typiques à l'université. Posez-lui des questions avec les verbes **se réveiller, s'habiller, se dépêcher, s'en aller, s'amuser, s'ennuyer, se reposer, se promener** et **se coucher.** Ensuite, comparez votre journée et celle de votre camarade et présentez les résultats à la classe.

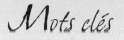

$\mathcal{M}ots\ clés$

Vous parlez français?

You are now at a point where you can answer this question with something else besides **Un peu.** Here are some suggestions:

Je me débrouille.   (*I can get by.*)
Oui, couramment.
Bien sûr! Je suis bilingue.

*****Se lever du pied gauche** is the equivalent of *to get up on the wrong side of the bed.*

Correspondance

CARTE POSTALE

Ma petite Bénédicte,

C'est vrai, quand on est instructeur de tennis comme moi, on s'amuse bien au Club Med!

Ici à la Martinique, il n'y a pas de place pour la routine. Je me lève tôt et je me couche tard. Les journées sont longues mais bien remplies et toujours pleines de surprises. Repas en commun, cours de tennis, soirées: chaque moment est une occasion de rencontrer des gens intéressants et même de tomber amoureux!

Mais ce que j'adore, c'est le sport: le tennis, la natation, la voile, la planche à voile et, le soir, la danse!

Et toi? Est-ce que tu te sens mieux? Écris-moi!

Ton meilleur copain,
Jérôme

PAR AVION

En image...
Le Club Med

Concept révolutionnaire à l'origine, le Club Med, créé en 1950, est devenu une institution française. Dans ses 120 villages de vacances répartis[1] sur tous les continents, les GM («gentils membres») se reposent, se baignent, s'amusent et font du sport. Ils ne s'ennuient jamais: les GO («gentils organisateurs») sont là pour mettre de l'ambiance!

[1] spread out

Reportage
La Martinique au quotidien

Vivre en France ou à la Martinique, est-ce réellement diffé-rent? Élisa, qui travaille à Fort-de-France, est catégorique: «Non, malgré le fait que la Martinique est un département d'outre-mer, c'est exactement la même chose. Mais ici, le quotidien s'adapte aux tropiques. Par exemple, à la Marti-nique, on ne se dépêche jamais. On aime se reposer et se détendre dans l'après-midi, à cause de la chaleur.[1] Au contraire, sur le continent, les gens courent constamment.»

Tandis que[2] les Martiniquais habitent dans une région tropicale de luxe[3] et de calme, leur vie quotidienne res-semble à celle qui se trouve en France. «Ici, la grande diffé-rence c'est qu'on se débrouille pour tirer avantage du climat: on se couche tard et on sort beaucoup.»

C'est vrai. À la Martinique, les sorties sont fréquentes. À Fort-de-France, de nombreuses discothèques, ouvertes du mercredi au dimanche, vous proposent de danser au rythme des musiques antillaises et internationales. Les styles de musique proposés sont très variés: jazz, rock, variétés françaises ou caribéennes.

Soleil, rues animées, forêts luxuriantes, plages sorties d'une carte postale, baignées des eaux bleues de la mer des Caraïbes, la Martinique réunit tous les ingrédients d'une vie quotidienne qui est à la fois[4] familière et dépaysante.[5]

[1]*heat* [2]*Tandis... Whereas* [3]*luxury* [4]*à... at once* [5]*a change of scene*

Débutant(e) ou certifié(e) en plongée libre (*snorkeling*) ou avec bouteille (*scuba diving*), vous pouvez découvrir les eaux cristal-lines et la faune (*animal life*) de la mer des Caraïbes. Vous êtes accueilli(e) par des bancs de poissons multicolores, des barrières de corail (*coral reefs*) intactes et des variétés d'organismes marins uniques.

À vous!

1. Caractérisez le quotidien à la Martinique et sur le continent. Quelle est la différence majeure à la Martinique?
2. Décrivez une journée typique. Êtes-vous satisfait(e) de votre vie? Que voulez-vous changer?
3. Faites-vous des sports nautiques comme le jeune homme sur la photo? Si oui, décrivez vos expériences. Sinon, décrivez les sports que vous préférez.

ON EST BRANCHÉ!

Bénédicte pense aller rendre visite à son ami Jérôme à la Martinique. Utilisez Internet pour l'aider à rassembler quelques informations. Pour obtenir des informations supplémentaires et les liens nécessaires, visitez le site Web de *Vis-à-vis* à **www.mhhe.com/visavis3**.

Leçon 3

Les verbes pronominaux (*troisième partie*)
Expressing Reciprocal Actions

Le couple idéal

THIERRY: Tu vois, pour moi, le couple idéal c'est Jacquot et Patricia.

VALÉRY: Pourquoi est-ce que tu dis ça?

THIERRY: Parce qu'ils **s'adorent** tous les deux. Chaque fois que je les vois, ils **se regardent** amoureusement, ils **s'embrassent,** ils **se disent** des choses gentilles. Ils **se connaissent** depuis dix ans et je ne les ai jamais vus **se disputer.**

Vrai ou faux?

1. Patricia et Jacquot s'aiment.
2. Ils se connaissent depuis peu de temps.
3. Ils s'entendent bien.
4. Ils se disputent souvent.
5. Ils se disent des choses désagréables.

The plural reflexive pronouns **nous, vous,** and **se** can be used to show that an action is reciprocal or mutual in which two or more subjects interact. Almost any verb that can take a direct or indirect object can be used reciprocally with **nous, vous,** and **se.**

Ils **se** rencontrent par hasard.	*They meet by chance.*
Ils **s'**aiment.	*They love each other.*
Allons-nous **nous** téléphoner demain?	*Are we going to phone each other tomorrow?*
Vous ne **vous** quittez jamais.	*You are inseparable (never leave each other).*
Vous **vous** disputez souvent?	*Do you argue often?*

Allez-y!

A. Une amitié sincère. Mme Chabot raconte l'amitié qui unit sa famille à la famille Marnier. Complétez son histoire au présent.

Gisèle Marnier et moi, nous _____¹ depuis plus de quinze ans. Nous _____² tous les jours et nous parlons longtemps. Nous _____³ souvent en ville. Quand nous partons en voyage, nous _____⁴ des cartes postales.

    Nos maris _____⁵ aussi très bien. Nos enfants _____⁶ surtout pendant les vacances quand ils jouent ensemble. Parfois ils _____⁷, mais comme ils _____⁸ bien, ils oublient vite leurs différends (*disagreements*).

s'aimer
se connaître
se disputer
s'écrire
s'entendre
se rencontrer
se téléphoner
se voir

B. Une brève rencontre. Racontez au présent l'histoire un peu triste d'un jeune homme et d'une jeune fille qui ne forment pas le couple idéal. Dites quand et où chaque action a lieu.

    MODÈLE: se voir ⟶ Ils se voient un dimanche matin (au jardin du Luxembourg, à l'Opéra-Garnier, à la gare de Lyon)...

    1. se voir
    2. se rencontrer
    3. s'admirer
    4. se donner rendez-vous
    5. se téléphoner
    6. s'écrire souvent
    7. se revoir
    8. se disputer
    9. (ne plus) s'entendre
   10. se détester
   11. se quitter

C. Rapports familiaux. Posez les questions suivantes à un(e) camarade de classe.

    1. Avec qui est-ce que tu t'entends bien dans ta famille?
    2. Tes parents et toi, quand est-ce que vous vous téléphonez?
    3. Tes frères et sœurs et toi, combien de fois par semaine, par mois, par an est-ce que vous vous voyez?
    4. Est-ce que tu te disputes souvent avec tes frères et tes sœurs? Quand et pourquoi vous disputez-vous?
    5. Tes cousins et toi, est-ce que vous vous connaissez bien? Pourquoi ou pourquoi pas?

Les verbes pronominaux (quatrième partie)

Talking About the Past and Giving Commands

Un mariage d'amour

SABINE: Dis-moi, Denis, **vous vous êtes rencontrés** comment?

DENIS: La première fois qu'**on s'est vus,** c'était à Avignon.

VÉRONIQUE: **Souviens-toi!** Il pleuvait, tu es entré dans la boutique où je travaillais et...

DENIS: Et ça a été le coup de foudre! **Nous nous sommes mariés** cette année-là.

1. Où se sont vus Véronique et Denis pour la première fois?
2. Véronique et Denis se sont-ils rencontrés par hasard?
3. Quand se sont-ils mariés?

Passé composé of Pronominal Verbs

1. All pronominal verbs are conjugated with **être** in the **passé composé.** The past participle agrees with the reflexive pronoun in number and gender when the pronoun is the *direct* object of the verb.

PASSÉ COMPOSÉ OF **se baigner** (*to bathe; to swim*)			
je	me suis baigné(e)	nous	nous sommes baigné(e)s
tu	t'es baigné(e)	vous	vous êtes baigné(e)(s)
il	s'est baigné	ils	se sont baignés
elle	s'est baignée	elles	se sont baignées
on	s'est baigné(e)(s)		

Nous **nous sommes mariés** en octobre.	*We got married in October.*
Vos parents **se sont fâchés?**	*Did your parents get angry?*
Vous ne **vous êtes** pas **vus** depuis Noël?	*You haven't seen each other since Christmas?*

2. Here are some of the more common pronominal verbs whose past participles do not agree with the pronoun: **se demander, se dire, s'écrire, s'envoyer, se parler, se téléphoner.** The reflexive pronoun of these verbs is *indirect* (**demander à, parler à,** etc.).

Elles se sont **écrit** des cartes postales.	*They wrote postcards to each other.*
Ils se sont **téléphoné** hier soir?	*Did they phone each other last night?*
Vous êtes-vous **dit** bonjour?	*Did you say hello to each other?*

[Allez-y! A-B]

Imperative of Pronominal Verbs

Reflexive pronouns follow the rules for the placement of object pronouns. In the affirmative imperative, they follow and are attached to the verb with a hyphen; **toi** is used instead of **te.** In the negative imperative, reflexive pronouns precede the verb.

AFFIRMATIVE		NEGATIVE	
Lève-**toi.**	*Get up.*	Ne **te** lève pas.	*Don't get up.*
Dépêchons-**nous.**	*Let's hurry.*	Ne **nous** dépêchons pas.	*Let's not hurry.*
Habillez-**vous.**	*Get dressed.*	Ne **vous** habillez pas.	*Don't get dressed.*

[Allez y! C]

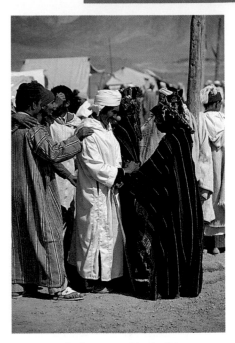

Des époux berbères, au Maghreb*

Un peu plus...

Les Berbères. On retrouve les traces de ce groupe de peuple à diverses époques, de l'Égypte jusqu'à l'Atlantique et du Niger à la Méditerranée. Aussi loin qu'on remonte (*go back*) dans le passé, l'Afrique du Nord est occupée par ce peuple autochtone (*native*). Pasteurs (*Shepherds*), agriculteurs, ils vivaient divisés en tribus; la division reste un fait constant et essentiel de l'histoire berbère.

Allez-y!

A. **Avant la soirée.** Hier, il y avait une fête à la Maison des Jeunes (*youth center*). Décrivez les activités de ces jeunes gens. Faites des phrases complètes au passé composé.

MODÈLE: Yves / se raser / avant de partir ⟶
Yves s'est rasé avant de partir.

---

*Ensemble des pays du nord-ouest de l'Afrique, situés entre la Méditerranée et le Sahara, l'océan Atlantique et le désert de Libye.

1. Fabrice / s'habiller / avec soin (*care*)
2. Christine et toi, vous / se reposer
3. Valérie et Thomas / s'amuser / à écouter des CD
4. Sylvie / s'endormir / sur le canapé
5. David et moi, nous / s'installer / devant la télévision
6. je / se promener / dans le jardin

B. **Souvenirs.** Annick retrouve un vieil album de photos. Lisez son histoire, puis racontez-la au passé composé.

MODÈLE: Annick s'interroge sur son passé. ⟶
Annick s'est interrogée sur son passé.

1. Elle s'installe pour regarder son album de photos. 2. Elle s'arrête à la première page. 3. Elle se souvient de son premier amour. 4. Elle ne se souvient pas de son nom. 5. Elle se trompe de personne. 6. Elle se demande où il est aujourd'hui. 7. Elle s'endort sur la page ouverte.

C. **Un rendez-vous difficile.** Bruno a rendez-vous avec quelqu'un qu'il ne connaît pas. Il est très nerveux. Donnez-lui des conseils et utilisez l'impératif.

MODÈLE: Je ne *me suis* pas encore *préparé.* (vite) ⟶
Prépare-toi vite!

1. À quelle heure est-ce que je dois *me réveiller*? (à 5 h)
2. Je n'ai pas envie de *m'habiller.* (tout de suite)
3. Je ne *me souviens* pas de la rue. (rue Mirabeau)
4. J'ai peur de *me tromper.* (ne... pas)
5. Je dois *m'en aller* à 6 h. (maintenant)

Maintenant, utilisez **vous.**

MODÈLE: Je ne *me suis* pas encore *préparé.* (vite) ⟶
Préparez-vous vite!

On s'amuse à l'école aujourd'hui!

Lecture

Avant de lire

Formulating and supporting an argument. This reading selection presents differing points of view about the practice of acupuncture. In order to follow the line of reasoning, you must be familiar with the phrases used in French to formulate and support a point of view. Look over the following list of expressions. Classify them into two groups:

- Expressions that present a point of view
- Expressions that introduce supporting evidence

> Pour les uns... Pour les autres
> Par exemple...
> Pour expliquer ce phénomène...
> Force est de constater (*One must state*)...
> C'est un fait que...
> Une chose est sûre...
> Le docteur Fabien affirme que...
> Des études ont prouvé que...

Les aiguilles¹ magiques

L'acupuncture est-elle sur la bonne voie²? Le débat fait rage. Pour les uns, la maladie, et donc la douleur, résulte d'un déséquilibre du Ch'i, (l'énergie vitale). La mise en place d'³aiguilles dans les points d'acupuncture, situés le long des méridiens—les «chemins» qui permettent la circulation du Ch'i—corrige ce déséquilibre et soulage la douleur.⁴ Les autres refusent ce point de vue en soulignant⁵ que les méridiens d'acupuncture n'existent pas. Pour d'autres encore, ce n'est pas si simple.

Car,⁶ c'est un fait, les effets de l'acupuncture sur la douleur sont indéniables. Nombreux sont les patients qui en retirent un vrai soulagement.⁷ Cette pratique est même couramment utilisée dans les centres antidou-

À propos de la lecture...
Cet article est tiré et adapté de «L'acupuncture est-elle sur la bonne voie?», publié dans *Ça m'intéresse*, le magazine français qui traite de connaissances générales.

---

¹*needles* ²*sur... on the right track* ³*La... Placing* ⁴*soulage... relieves pain* ⁵*en... by emphasizing*
⁶*Because* ⁷*qui... who truly get relief from it*

leur où l'on tente[8] tout pour soulager les patients victimes depuis des mois, voire[9] des années, de douleurs insupportables.[10] Dans le traitement de ces douleurs chroniques, nombre d'études décrivent une nette[11] amélioration, à court et parfois à long terme.

Pour expliquer ce succès, certains scientifiques rapprochent[12] l'acupuncture d'un simple effet placebo: des études ont en effet prouvé que ces substances neutres, que le patient prend pour de vrais médicaments, sont efficaces dans 36 % des cas, quelle que soit la douleur.[13] Et force est de constater que l'acupuncture ne repose sur aucune[14] base scientifique solide. Mais son effet analgésique pourrait[15] s'expliquer par le fait que les aiguilles déclencheraient[16] dans l'organisme des systèmes d'autocontrôle de la douleur: elles entraîneraient[17] notamment la libération naturelle de substances morphiniques. Une chose est sûre: l'acupuncture soulage la douleur. Pour les patients, c'est là l'essentiel. ⚜

L'acupuncture: un simple effet placebo?

[8]*tries*   [9]*even*   [10]*unbearable*   [11]*distinct*   [12]*compare*   [13]*quelle... whatever the pain might be*   [14]*any*   [15]*could*
[16]*may release*   [17]*would bring about*

Compréhension

Les arguments. Dégagez les arguments pour et contre les techniques de l'acupuncture en vous servant de la grille suivante. Indiquez ensuite comment on justifie ces différents points de vue dans le passage.

POUR		CONTRE	
argument(s)	justification(s)	argument(s)	justification(s)
• •	• •	• •	• •

Écriture

Une journée typique. Décrivez ce que vous avez fait pendant la journée d'hier. Utilisez les verbes de la liste suivante: **se réveiller, se lever, prendre une douche, se raser, se maquiller, s'habiller, prendre le petit déjeuner, se reposer, se promener, aller à l'université / au travail, rentrer, lire, sortir, se détendre, faire du sport / des courses,** etc.

> **1er PARAGRAPHE:**
> Hier matin,...

> **2e PARAGRAPHE:**
> L'après-midi,...

> **3e PARAGRAPHE:**
> Le soir,...

À l'écoute sur Internet!

Un rêve bizarre. Vincent raconte son rêve à Gilles. Lisez les activités suivantes avant d'écouter le vocabulaire et la conversation qui leur correspondent.

VOCABULAIRE UTILE

a disparu   disappeared
dehors   outside

A. Qu'est-ce qu'il fait? Mettez les actions de Vincent dans l'ordre chronologique en les numérotant de 1 à 10.

_____ Il se rase. _____ Il se brosse les dents.
_____ Personne ne lui dit bonjour. _____ Il se prépare le petit
__1__ Il se lève. déjeuner.
_____ Il s'en va au bureau. _____ Il prend sa douche.
_____ Il veut se peigner. _____ Les policiers
_____ Il crie «non!» l'emmènent.

B. Vrai ou faux?

1. V F   Tous les matins, Vincent se lève à 7 h 30.
2. V F   Dans son rêve, il n'y a pas d'eau dans la douche.
3. V F   Dans son rêve, ses cheveux sont rouges.
4. V F   Dans son rêve, il se rase avec un couteau.
5. V F   Dehors, tout est bizarre.
6. V F   Il se réveille quand les policiers l'emmènent avec eux.

En société

Objectif: Talking about health

Chez la pharmacienne

Dans cet épisode, Jacques est enrhumé. Il passe à la pharmacie pour acheter des médicaments. Quel va être le conseil de la pharmacienne?

VOCABULAIRE UTILE

je suis enrhumé	I have a cold
je tousse sans arrêt	I cough nonstop
j'éternue	I sneeze
je me mouche	I blow my nose
pour guérir	to get better

Note culturelle

Selon de récentes statistiques, un Français sur trois a recours aux médecines dites «douces», parmi elles, l'homéopathie, l'acupuncture et l'ostéopathie.[1] L'homéopathie est sans doute la plus répandue[2]—78 % des Français l'ont essayée. Les médicaments homéopathiques sont fabriqués à partir de doses infinitésimales des substances mêmes[3] qui provoquent la maladie traitée.

[1]*osteopathy: therapeutic system that uses manipulation of muscles and bones to restore health* [2]*la... the most common* [3]*des... the very same substances*

Visionnez!

Indiquez l'ordre dans lequel ces phrases apparaissent dans la vidéo.

_____ **a.** «Je suis sûr que j'ai attrapé (*caught*) un rhume.»

_____ **b.** «Est-ce que vous pourriez me recommander des médicaments?»

_____ **c.** «Et vous avez de la fièvre (*fever*)?»

_____ **d.** «Bien sûr! Mais pour guérir, le sommeil est la chose la plus importante.»

Jouez la scène!

Avec un(e) partenaire, jouez les scènes suivantes.

1. Vous êtes en voyage avec un ami / une amie. Il/Elle tombe malade. Essayez de trouver pourquoi il/elle est malade. Demandez-lui ce qu'il/elle a mangé, à quelle heure il/elle s'est couché(e), depuis quand il/elle a mal au ventre ou à la tête, s'il / si elle a d'autres symptômes, et cetera.

2. À tour de rôle, racontez l'histoire d'une cicatrice (*scar*). Dites quand et comment ça s'est passé, avec qui vous étiez et ce que vous avez fait pour soigner (*treat*) la blessure.

Vocabulaire

Verbes

s'amuser (à) to have fun
s'appeler to be named
s'arrêter to stop
avoir mal (à) to have pain; to hurt
se baigner to bathe; to swim
se brosser (les cheveux, les dents) to brush (one's hair, one's teeth)
se coucher to go to bed
se débrouiller to manage
se demander to wonder
se dépêcher to hurry
se détendre to relax
se disputer to argue
divorcer to divorce
se doucher to take a shower
s'embrasser to kiss
s'en aller to go away, go off (to work)
s'endormir to fall asleep
s'ennuyer to be bored
s'entendre (avec) to get along (with)
s'excuser to apologize
se fâcher to get angry
se fiancer to get engaged
s'habiller to get dressed
s'installer to settle down, settle in
se laver to wash oneself
se lever to get up
se maquiller to put on makeup

se marier (avec) to get married (to)
se mettre à (+ *inf.*) to begin to (*do something*)
se peigner to comb one's hair
se perdre to get lost
se préparer to get ready
se promener to take a walk
se rappeler to remember
se raser to shave
se regarder to look at oneself, at each other
se rencontrer to meet
se reposer to rest
se réveiller to awaken, wake up
se souvenir (de) to remember
tomber amoureux / amoureuse to fall in love
se tromper to make a mistake

À REVOIR: se trouver

Substantifs

l'amitié (*f.*) friendship
l'amour (*m.*) love
l'amoureux / l'amoureuse lover, sweetheart
la bouche mouth
le bras arm
la brosse brush
le cœur heart
le corps body
le cou neck
le coup de foudre flash of lightning; love at first sight

la dent tooth
le doigt finger
le dos back
les fiançailles (*f. pl.*) engagement
le genou knee
la gorge throat
la jambe leg
la main hand
le mariage marriage
le nez nose
les nouveaux mariés (*m. pl.*) newlyweds
l'œil (*m.*) (les yeux) eye(s)
l'oreille (*f.*) ear
le peigne comb
le pied foot
la rencontre meeting, encounter
le rendez-vous date
la santé health
la tête head
le ventre abdomen; stomach
le visage face
le voyage de noces honeymoon

À REVOIR: les cheveux (*m. pl.*)

Adjectifs

amoureux / amoureuse loving, in love
quotidien(ne) daily, everyday

Mots et expressions divers

Allez-vous-en! Go away!
Va-t'en! Go away!

Sur le marché du travail

Chère Bénédicte,

On s'amuse au Club Med, mais on travaille beaucoup!

Cette semaine, j'organise un tournoi de tennis: tous les matins, je me lève à 5 h pour préparer les matchs et vérifier l'état des courts.

Dès 8 h, on s'entraîne. À 10 h, la compétition commence. À 18 h, je suis crevé! À partir de 20 h, il faut être en pleine forme pour dîner et ensuite faire la fête.

Comme dit la chanson: «Le travail, c'est la santé, ne rien faire, c'est la conserver.» Je te laisse méditer sur cette pensée profonde.

Bisous,

Jérôme, fatigué mais heureux

Des joueurs de tennis à la Martinique

Dans ce chapitre...

Objectifs communicatifs

- talking about jobs and professions; talking about banking and finances; talking about the future; linking ideas; making comparisons

Paroles (Leçon 1)

- Les métiers et professions
- À la banque
- Au travail
- Le verbe **ouvrir**

Structures (Leçons 2 et 3)

- Le futur simple (première partie)
- Le futur simple (deuxième partie)
- Les pronoms relatifs
- La comparaison de l'adjectif qualificatif

Culture

- Reportage: Étudiants: la chasse aux stages et aux petits boulots (**Correspondance**)
- Lecture: Un métier pas ordinaire... (**Leçon 4**)

Multimédia

En société—L'entretien
Dans cet épisode, Claire a un entretien dans une société.

CD-ROM
Révisez le vocabulaire et la grammaire de ce chapitre et posez votre candidature pour un nouvel emploi.

Online Learning Center
Visitez le site Web de *Vis-à-vis* à **www.mhhe.com/visavis3** pour réviser le vocabulaire, la grammaire et les renseignements culturels qui se trouvent dans ce chapitre.

Leçon 1

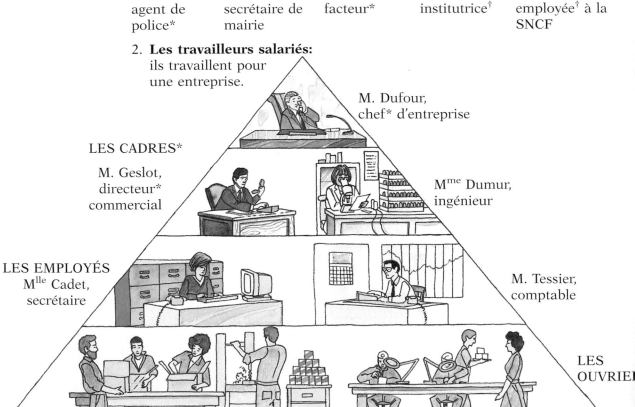

Au travail

1. **Les fonctionnaires:** ils travaillent pour l'État.

M. Durand,
agent de
police*

Mlle Drouet,
secrétaire de
mairie

M. Martin,
facteur*

Mme Lambert,
institutrice†

Mme Guilloux,
employée† à la
SNCF

2. **Les travailleurs salariés:**
ils travaillent pour
une entreprise.

M. Dufour,
chef* d'entreprise

LES CADRES*

M. Geslot,
directeur*
commercial

Mme Dumur,
ingénieur

LES EMPLOYÉS
Mlle Cadet,
secrétaire

M. Tessier,
comptable

LES
OUVRIE

*Formes pour les femmes: un agent, une factrice, un cadre, un chef, une directrice, une ouvrière
†Formes pour les hommes: un instituteur, un employé

3. **Les travailleurs* indépendants:** ils travaillent à leur compte.

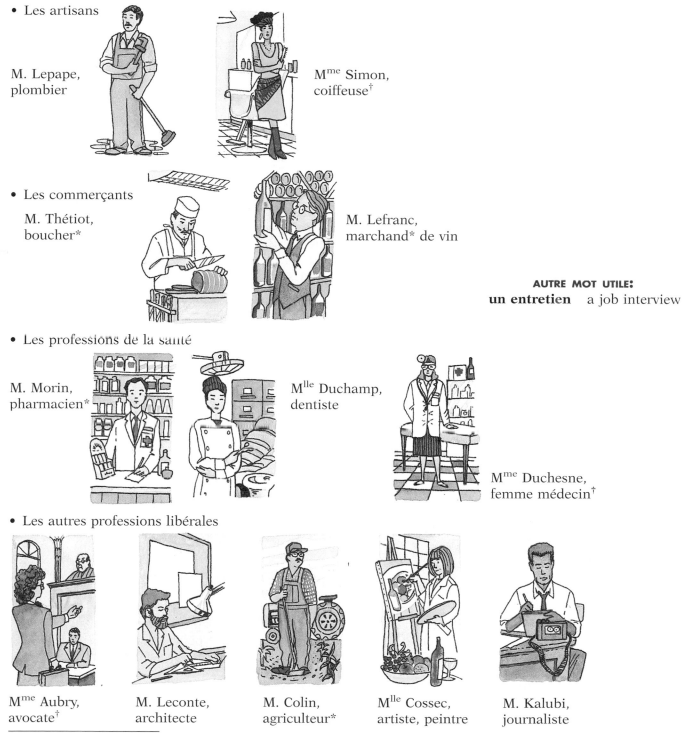

• Les artisans

M. Lepape,
plombier

Mme Simon,
coiffeuse†

• Les commerçants

M. Thétiot,
boucher*

M. Lefranc,
marchand* de vin

AUTRE MOT UTILE:
un entretien   a job interview

• Les professions de la santé

M. Morin,
pharmacien*

Mlle Duchamp,
dentiste

Mme Duchesne,
femme médecin†

• Les autres professions libérales

Mme Aubry,
avocate†

M. Leconte,
architecte

M. Colin,
agriculteur*

Mlle Cossec,
artiste, peintre

M. Kalubi,
journaliste

*Formes pour les femmes: une travailleuse, une bouchère, une marchande, une pharmacienne, une agricultrice
†Formes pour les hommes: un coiffeur, un médecin, un avocat

Allez-y!

A. Définitions. Quelle est la profession des personnes suivantes?

MODÈLES: Elle enseigne à l'école primaire. ⟶ Elle est institutrice.

Il écrit des articles pour des journaux. ⟶ Il est journaliste.

1. Elle soigne les dents de ses patients.
2. Il travaille à la campagne.
3. Il règle la circulation automobile.
4. Elle vend des billets de train.
5. Elle s'occupe de (*takes care of*) la santé de ses patients.
6. Il distribue des lettres et des colis.
7. Il vend de la viande aux clients.
8. Elle coupe (*cuts*) les cheveux des clients.
9. Elle tape des lettres sur un ordinateur.
10. Il vend des vins et des liqueurs.
11. Il prépare et vend des médicaments.
12. Elle fait des portraits et des paysages (*landscapes*).

B. Stéréotypes. Voici quelques dessins du caricaturiste français Jean-Pierre Adelbert. Choisissez la profession qui, selon vous, correspond le mieux à chaque dessin. Expliquez pourquoi.

Professions: architecte, artiste, caricaturiste, chef d'entreprise, chômeur / chômeuse (*unemployed person*), coiffeur / coiffeuse, comptable, critique de cinéma, critique de cuisine, journaliste de mode, peintre, plombier, vendeur / vendeuse de CD... ?

C. Projets d'avenir. Découvrez les futures professions de vos camarades de classe. Interviewez cinq étudiant(e)s pour découvrir quel métier ils/elles désirent faire après avoir terminé leurs études. Ensuite, analysez les résultats. En général, avez-vous des ambitions différentes ou semblables (*similar*)?

MODÈLE: É1: Que veux-tu faire après tes études?
É2: Je veux / Je voudrais devenir avocat(e).
É1: Et pourquoi?...

À la banque

Rebecca Johnson est une architecte américaine.
Elle vient de s'installer en France et va à la banque.

1. Elle ouvre (*opens*) **un compte-chèques** pour pouvoir **faire des chèques** et **un compte d'épargne** pour pouvoir **faire des économies (économiser) pour l'avenir** (*f.*).

2. Elle prend aussi **une carte bancaire.**

3. Elle regarde **le cours du jour (le taux de change)** et change ses dollars en euros.

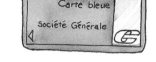

4. Quelques jours plus tard, elle va au **distributeur automatique.** Avec sa carte bancaire, elle **retire** du **liquide** et **dépose** un chèque.

AUTRES MOTS UTILES

un bureau de change exchange office
un carnet de chèques a checkbook
une dépense an expenditure
un emprunt a loan
des frais (*m. pl.*) expenses, costs

la monnaie change; currency
un montant a sum
un reçu a receipt
toucher, encaisser to cash

Allez-y!

A. Les services bancaires. Assane, un étudiant sénégalais, vient d'obtenir un permis de travail (*work permit*) en France. Complétez les phrases suivantes en utilisant le vocabulaire que vous venez d'apprendre.

1. Pour changer ses francs sénégalais en euros, il consulte _____.
2. Il va à la banque pour ouvrir un _____ et un _____ afin de (*in order to*) pouvoir faire des économies.
3. Quand il veut retirer du _____ ou _____ un chèque sur son compte, il peut aller au _____ et utiliser sa _____.

B. Une globe-trotter. Audrey vient d'arriver à Paris et veut changer de l'argent. Indiquez dans quel ordre elle doit faire les choses suivantes.

_____ **1.** prendre des chèques de voyage avec soi
_____ **2.** prendre le reçu
_____ **3.** compter l'argent
_____ **4.** se présenter à un bureau de change avec son passeport
_____ **5.** vérifier le montant sur le reçu
_____ **6.** dire combien d'argent qu'elle veut changer

Le budget de Marc Convert

Marc travaille dans une petite **société** (*company*) près de Marseille où il est responsable (*director*) commercial.

Il **gagne** 1 800 euros par mois.

Il **dépense** presque tout ce qu'il gagne pour vivre; le **coût de la vie** est très **élevé** dans les villes françaises. Mais il espère avoir une **augmentation de salaire** dans six mois. En ce moment, il **fait des économies** pour acheter une maison.

Marc est content de son travail. Il sait qu'il a de la chance **car le taux de chômage** est très élevé en France: 9 % en l'an 2002.

Voulez-vous travailler dans une petite société ou une grande entreprise?

Allez-y!

A. Frais et revenus. Complétez les phrases en utilisant le vocabulaire que vous venez d'apprendre.

1. Danielle _____ pour acheter une voiture.
2. Les employés demandent souvent des _____.
3. Le _____ est moins élevé dans les petites villes.
4. Joël est très économe: il _____ très peu.
5. Mme Reich? Elle travaille dans une _____ d'assurance (*insurance*).
6. Irène a un emploi sympa; elle est contente même si elle _____ relativement peu.

B. Parlons d'argent! Posez les questions suivantes à un(e) camarade.

1. Est-ce que tu travailles en ce moment? Si oui, qu'est-ce que tu fais comme travail?
2. Est-ce que tu as un compte-chèques, un compte d'épargne, une carte de crédit?
3. Qu'est-ce que tu fais pour économiser de l'argent?
4. Est-ce que tu as un budget ou est-ce que tu vis au jour le jour (*from day to day*)? Pourquoi?

Le verbe *ouvrir*

PRESENT TENSE OF **ouvrir** (*to open*)			
j'	**ouvre**	nous	**ouvrons**
tu	**ouvres**	vous	**ouvrez**
il/elle/on	**ouvre**	ils/elles	**ouvrent**
Past participle: **ouvert**			

The verb **ouvrir** is irregular. Verbs conjugated like **ouvrir** include **couvrir** (*to cover*), **découvrir** (*to discover*), **offrir** (*to offer*), and **souffrir** (*to suffer*). Note that these verbs are conjugated in the present tense like **-er** verbs.

The opposite of **ouvrir** is **fermer** (*to close*).

«J'aimerais ouvrir un compte, s'il vous plaît.»

Allez-y!

A. Finances. Ce mois-ci, Jean-Paul a des problèmes d'argent. Racontez cette histoire en choisissant un des verbes suivants: **ouvrir, couvrir, découvrir, offrir, souffrir.** Utilisez le passé composé où c'est indiqué (*p.c.*).

Le mois dernier, Jean-Paul _____¹ (*p.c.*) un compte-chèques et un compte d'épargne. Sa grand-mère lui _____² toujours de l'argent pour son anniversaire, mais il l'utilise pour ses frais scolaires. Jean-Paul est très économe. Il _____³ toujours ses dépenses (*expenses*). Mais ce mois-ci, il a acheté une nouvelle moto et il _____⁴ parce qu'il ne peut pas sortir aussi souvent. Alors, il _____⁵ les plaisirs de la lecture!

B. Profil psychologique. Demandez à un(e) camarade _____.

1. s'il / si elle a un compte bancaire
2. s'il / si elle couvre toujours ses dépenses
3. s'il / si elle fait des économies et pourquoi
4. s'il / si elle souffre quand il/elle est obligé(e) de faire des économies

Leçon 2

Le futur simple (*première partie*)

Talking About the Future

Son avenir

LE PÈRE: Il **apprendra** des langues étrangères et **travaillera** comme diplomate.

LA MÈRE: Non, il **étudiera** le droit et **dirigera** une firme importante.

L'ENFANT: (Je crois que je me **chercherai** un appartement très tôt...)

Remplacez les verbes au futur proche par les formes contenues dans le dialogue.

1. Il va étudier le droit.
2. Il va travailler comme diplomate.
3. Il va se chercher un appartement.

Expressing the Future in French

In French, there are three ways of expressing future actions or events:

PRESENT	J'**arrive** à 2 h.	*I arrive at 2:00.*
NEAR FUTURE	Je **vais arriver** demain.	*I'm going to arrive tomorrow.*
FUTURE TENSE	J' **arriverai** en janvier.	*I will arrive in January.*

Verbs with Regular Future Stems

The future is a simple tense, formed with the infinitive plus the endings **-ai, -as, -a, -ons, -ez, -ont.** The final **-e** of the infinitive of **-re** verbs is dropped.

parler	finir	vendre
je parler**ai**	je finir**ai**	je vendr**ai**
tu parler**as**	tu finir**as**	tu vendr**as**
il/elle/on parler**a**	il/elle/on finir**a**	il/elle/on vendr**a**
nous parler**ons**	nous finir**ons**	nous vendr**ons**
vous parler**ez**	vous finir**ez**	vous vendr**ez**
ils/elles parler**ont**	ils/elles finir**ont**	ils/elles vendr**ont**

Demain nous **parlerons** avec le conseiller d'orientation.
Il te **donnera** des conseils.
Ces conseils t'**aideront** peut-être à trouver du travail.
La réunion **finira** vers cinq heures.

Tomorrow we will talk with the job counselor.
He will give you some advice.
Maybe this advice will help you find a job.
The meeting will end around five o'clock.

Allez-y!

A. Stratégies. Anne-Marie cherche du travail pour cet été. Elle doit se présenter demain à un entretien. Dites ce qu'elle fera.

MODÈLE: se lever très tôt ⟶ Elle se lèvera très tôt.

1. se coucher tôt ce soir
2. s'habiller avec soin
3. prendre un petit déjeuner léger
4. mettre son curriculum vitæ dans sa serviette (*briefcase*)
5. prendre le métro pour éviter les embouteillages (*traffic jams*)
6. y arriver un peu en avance
7. se présenter brièvement
8. parler calmement
9. répondre avec précision aux questions de l'employeur
10. remercier l'employeur avant de partir

Maintenant répétez l'exercice en utilisant le sujet **Anne-Marie et Loïc.**

MODÈLE: se lever très tôt ⟶ Ils se lèveront très tôt.

L'architecture: un travail de précision

B. Jeu de société. À une soirée, vous jouez à la voyante (*fortune teller*) et prédisez la carrière de chacun(e) de vos ami(e)s. Choisissez le verbe convenable pour décrire vos prédictions.

Verbes: devenir, écrire, enseigner, faire, jouer, participer, s'occuper, vendre, voyager

1. Vous _____ cosmonaute.
2. Vous _____ des bijoux à Alger.
3. Vous _____ le rôle de Hamlet à Londres.
4. Vous _____ à la construction d'un stade à Mexico.
5. Vous _____ des articles pour le *New York Times*.
6. Vous _____ souvent à l'étranger.
7. Vous _____ de la publicité pour Toyota.
8. Vous _____ des malades à Dakar.
9. Vous _____ dans une école primaire à Seattle.

Le futur simple (deuxième partie)
Talking About the Future

Un emploi de rêve

L'EMPLOYEUR: Vous **aurez** deux mois de vacances par an.

LE CANDIDAT: Est-ce je **devrai** venir travailler au bureau?

L'EMPLOYEUR: Bien sûr que non! Vous **viendrez** quand ça vous **plaira**. Vous **pourrez** également profiter de notre propriété sur la Côte d'Azur.

LA FEMME DU CANDIDAT: Michel, réveille-toi! Il est temps d'aller travailler!

Transformez les phrases en utilisant le futur simple.

1. Il va avoir deux mois de vacances.
2. Il va venir travailler au bureau.
3. Il va pouvoir profiter de la propriété sur la Côte d'Azur.

Verbs with Irregular Future Stems

Some verbs have irregular future stems.

aller: **ir-**	être: **ser-**	savoir: **saur-**
avoir: **aur-**	faire: **fer-**	venir: **viendr-**
devoir: **devr-**	pleuvoir: **pleuvr-**	voir: **verr-**
envoyer: **enverr-**	pouvoir: **pourr-**	vouloir: **voudr-**
	recevoir: **recevr-**	

J'**irai** au travail la semaine prochaine.	*I'll go to work next week.*
Et toi, quand **enverras**-tu ta demande d'emploi?	*And you? When will you send in your job application?*
Pas de problème! J'**aurai** bientôt un poste.	*No problem! I will have a position soon.*
Alors, vous **devrez** tous les deux vous lever très tôt le matin.	*So both of you will have to get up very early in the morning.*
C'est vrai. Mais demain on **devra** célébrer cela!	*It's true. But tomorrow we should celebrate!*

Verbs with spelling irregularities in the present tense also have irregularities in the future tense. These include verbs such as **acheter, appeler,** and **payer.** See Appendix D: **-er** Verbs with Spelling Changes, at the end of the book.

Uses of the Future Tense

1. As you can see from the preceding examples, the use of the future tense parallels that of English. This is also true of the tense of verbs after an *if*-clause in the present tense.

Si je pose ma candidature pour ce poste, j'**aurai** peut-être des chances de l'obtenir.	*If I apply for this position, I may (will maybe) have some chance of getting it.*
Mais si tu ne te présentes pas, tu ne l'**auras** sûrement pas!	*But if you don't apply in person, you surely will not get it!*

2. However, in dependent clauses following words such as **quand, lorsque** (*when*), **dès que** (*as soon as*), or **aussitôt que** (*as soon as*), the future tense is used in French if the action is expected to occur at a future time. English uses the present tense in this case.

Mots clés

Exprimer le futur

All the expressions mentioned in the **Mots clés** of **Chapitre 5, Leçon 2** are also applicable to the **futur simple.** The following expressions are mostly used with the **futur simple:**

à l'avenir *from now on; in the future*
un jour *someday*
à partir de maintenant *from now on*

À l'avenir, nous ferons des économies.
Un jour, nous n'aurons plus de dettes.
À partir de maintenant, je te montrerai toutes mes dépenses.

Je te **téléphonerai** *dès que* j'**arriverai**.	*I'll phone you as soon as I arrive.*
Nous **pourrons** en discuter *lorsque* l'avocat **sera** là.	*We'll be able to discuss it when the lawyer arrives.*
La discussion **commencera** *dès que* tout le monde **sera** prêt.	*The discussion will begin as soon as everyone is ready.*

3. The **futur simple** can also be used to express a command, a request, or a piece of advice.

Tu me **donneras** ton adresse avant de partir.	*Give me your address before you leave.*
Vous **finirez** de taper ces documents pour demain.	*Finish typing these documents for tomorrow.*

Allez-y!

A. **Les exigences du milieu de travail.** Transformez les phrases en utilisant le futur simple.

> **MODÈLE:** Téléphone à ton collègue! ⟶
> Tu téléphoneras à ton collègue!

1. Va poster ce paquet!
2. Venez nous voir pendant les vacances!
3. Sois patient(e) avec tes collègues!
4. Envoyez des références!
5. Fais ton possible!

B. **Des promesses, toujours des promesses...** Qu'est-ce que ces personnes feront?

> **MODÈLE:** (tu) commencer / dès que / Carine / arriver ⟶
> Tu commenceras dès que Carine arrivera.

1. (je)	commencer la réunion / aussitôt que / tu / téléphoner
2. (Pierre)	en parler / dès que / la patronne / arriver
3. (nous)	t'expliquer le problème / quand / nous / avoir le temps
4. (Lyne et Paul)	partir / lorsque / tu / être prêt(e)
5. (vous)	le lui dire / aussitôt que / il / téléphoner

C. **Interview.** Vous voulez savoir ce que votre camarade pense de l'avenir, et vous lui posez les questions suivantes. Mais malheureusement, il/elle ne vous prend pas au sérieux! L'interviewé(e) utilise toute son imagination et tout son humour pour répondre. À la fin, inversez les rôles.

MODÈLE: dès que tu auras ton diplôme ⟶

     É1: Qu'est-ce que tu feras dès que tu auras ton diplôme?

     É2: Moi, plus tard, je vendrai des légumes biologiques (*organic*) à Athènes.

1. quand tu seras vieux / vieille
2. si un jour tu es acteur / actrice
3. dans dix ans
4. lorsque tu te marieras
5. dès que tu pourras réaliser un de tes rêves
6. si tu n'obtiens pas tout ce que tu veux
7. lorsque tu auras des enfants

À votre avis, parmi toutes les réponses, laquelle (*which one*) est la plus originale, la plus amusante et la plus bizarre?

«Il n'y a pas de sot métier.»

Un peu plus...

Les métiers. Le chômage est en baisse en France, mais même à 9 %, le taux de chômage demeure élevé par rapport aux autres pays européens. En comparaison, le taux moyen pour l'ensemble des pays européens est de 7,7 % et celui des États-Unis est de 6 %. De nombreux programmes du gouvernement visent à stimuler la création d'emplois pour les jeunes et pour les chômeurs de longue durée.

Correspondance

Gustave Caillebotte (1848–1894)
Les raboteurs de parquet, 1875, musée d'Orsay, Paris

CARTE POSTALE

Jérôme,

Après une période de déprime dont je viens de sortir, je m'investis dans mes études et je fais des projets. J'aimerais bien me trouver un petit boulot pour l'été prochain. Quelque chose d'original: photographe, pâtissière, guide touristique... au Club Med, par exemple! Il y a du boulot pour moi à la Martinique? Peux-tu transmettre ma candidature à ton directeur? S'il est intéressé, je serai la fille la plus heureuse du monde!

Je compte sur toi. Réponds-moi dès que possible.
Je t'embrasse mille fois,
Bénédicte

PAR AVION

En image...
Gustave Caillebotte (1848–1894)

Ancien élève des Beaux-Arts, Caillebotte est un peintre impressionniste atypique. Inspiré des techniques de la photographie, son style qui joue avec la lumière et les angles de vue est considéré comme innovateur parce qu'il donne une vision très moderne de la réalité. Ce tableau très célèbre est une étude réaliste du monde ouvrier au temps de la Révolution industrielle.

Reportage

Étudiants: la chasse aux stages[1] et aux petits boulots

En France, l'accès à l'université est gratuit.[2] Mais ensuite, comment couvrir vos dépenses et gagner l'argent du loyer, de la nourriture, des livres, des sorties et des vacances? Il n'y a qu'une solution: trouver un petit boulot.

Vous voulez un travail intéressant, pas trop fatigant et, en plus, bien payé? Première règle: si vous désirez travailler en été, commencez vos recherches dès[3] le mois de janvier. Deuxième règle: faites l'inventaire des entreprises qui embauchent[4] des étudiants; parlez de vos projets à votre boucher, à votre dentiste, à votre facteur, à votre pharmacien, aux membres de votre famille, à tout le monde. Troisième règle: envoyez des lettres de motivation personnalisées et des C.V. attractifs qui mettent en valeur[5] vos points forts.

Attention, il ne faut pas confondre petit boulot et stage en entreprise. Aurélie, qui vient de terminer un stage de relations publiques chez Air France, explique: «Un stage en entreprise vous donne une compétence professionnelle. Souvent obligatoire, mais pas toujours payé, il complète votre formation universitaire dans le domaine de vos études. C'est le meilleur argument sur un C.V. au moment de la recherche d'un emploi.» Comment a-t-elle trouvé son stage? «J'ai consulté les petites annonces du CIDJ (Centre d'information et de documentation de la jeunesse) sur Internet et j'ai posé ma candidature à plusieurs endroits. À la fin, j'ai eu plusieurs propositions!»

[1]_internships_ [2]_free_ [3]_by_ [4]_hire_ [5]_mettent... emphasize_

Le CIDJ propose aux étudiants plus de 10 000 offres d'emplois pour l'été en France et dans les autres pays d'Europe. Tous les secteurs sont représentés: la vente, l'hôtellerie, le sport, les nouvelles technologies... N'hésitez pas à consulter son site Internet. Comme cette jeune femme, vous y trouverez sûrement le stage ou le petit boulot de vos rêves!

À vous!

1. En France, quel est le meilleur moyen de trouver un petit boulot pour l'été? En Amérique, comment procédez-vous?
2. Expliquez la différence entre un petit boulot et un stage en entreprise.
3. Avez-vous l'expérience de petits boulots? Avez-vous déjà fait un stage en entreprise? Décrivez votre expérience. Sinon, décrivez l'expérience d'un(e) de vos ami(e)s qui l'a fait.
4. Quel emploi occupe la jeune femme sur la photo? Imaginez ses fonctions: Quelles tâches accomplit-elle toute la journée?

ON EST BRANCHÉ!

Vous pensez accompagner Bénédicte dans ses aventures à la Martinique. Vous aimeriez y rester pour l'été et trouver un emploi. Utilisez Internet pour trouver des emplois qui correspondent à vos qualifications. Pour obtenir des informations supplémentaires et les liens nécessaires, visitez le site Web de _Vis-à-vis_ à **www.mhhe.com/visavis3**.

trois cent quatre-vingt-onze **391**

Leçon 3

Les pronoms relatifs
Linking Ideas

Interview d'un chef d'entreprise

LA JOURNALISTE: Et pourquoi dites-vous que vous avez fait trois ans d'études inutiles?

GENEVIÈVE: Eh bien, parce que pendant tout ce temps-là, c'était la création de bijoux **qui** m'intéressait.

LA JOURNALISTE: Les bijoux **que** vous créez sont fabriqués avec des matériaux naturels?

GENEVIÈVE: Oui. Je dessine aussi pour les magazines des bijoux fantaisie **qu'**on peut réaliser à la maison.

LA JOURNALISTE: Maintenant, votre entreprise fabrique des milliers de bijoux **dont** les trois-quarts partent au Japon?

GENEVIÈVE: Oui, et j'ai des tas de nouveaux projets!

1. Qu'est-ce qui intéressait Geneviève pendant ses études?
2. Qu'est-ce qu'on peut réaliser à la maison?
3. Les trois-quarts de quoi partent au Japon?

A relative pronoun (*who, that, which, whom, whose*) links a dependent (relative) clause to a main clause. A dependent clause is one that cannot stand by itself—for example, the italicized parts of the following sentences: The suitcase *that he is carrying* is mine; There is the store *in which we met*.

	PERSON	THING
subject	qui	qui
object	que	que
with preposition	qui	lequel*
with **de**	dont	dont

***Lequel** is not discussed in this chapter. Refer to **Chapitre 15, Leçon 2** and Appendix E.

Qui

1. The relative pronoun used as a subject of a dependent clause is **qui** (*who, that, which*). It can refer to both people and things.

> J'ai un emploi. **Il** me plaît.
>
> J'ai un emploi **qui** me plaît.
>
> Je vois la femme. **Elle** vous a parlé.
>
> Je vois la femme **qui** vous a parlé.

In the first example, **qui** replaces the subject **il** in the dependent clause. Because it is the subject of the clause, **qui** will always be followed by a conjugated verb (**qui... plaît**). Note that in the second example, **vous** is not a subject but an object pronoun; **elle** is the subject of **a parlé.**

2. **Qui** does not elide when followed by a vowel sound.

> L'architecte **qui** est arrivé ce matin vient du Japon.

3. **Qui** can also be used as the object of a preposition to refer to people.

> | Le comptable **avec qui** je travaille est agréable. | *The accountant with whom I work is pleasant.* |
> | L'ouvrier **à qui** j'ai donné du travail est travailleur. | *The worker to whom I gave some work is industrious.* |

[Allez-y! A]

Que

1. The relative pronoun used as a direct object of a dependent clause is **que** (*whom, that, which*). It also can refer to both people and things.

> C'est une entreprise. Je connais bien **cette entreprise.**
>
> C'est une entreprise **que** je connais bien.
>
> Voici une amie. J'ai rencontré **cette amie** au travail.
>
> Voici une amie **que** j'ai rencontrée au travail.

In the second example, **que** replaces the direct object **cette amie. Que** is always followed by a subject and a conjugated verb (**que j'ai rencontrée**). Note that the past participle agrees with the preceding feminine direct object **que** (**une amie**). You may want to review the section on agreement of the past participles in **Chapitre 10, Leçon 3.**

2. **Que** elides with a following vowel sound.

> L'architecte **qu'**elle a rencontré vient du Japon.

trois cent quatre-vingt-treize   **393**

Dont

1. The pronoun **dont** is used to replace the preposition **de** (**du, de la, de l', des**) plus its object. If the verb of the dependent clause requires the preposition **de** (as in **parler de, avoir besoin de,** etc.) before an object, use **dont.**

> Où est le reçu? J'ai besoin **du reçu.** ↓
> *Where is the receipt? I need the receipt.*
>
> Où est le reçu **dont** j'ai besoin?
> *Where is the receipt that I need?*

2. **Dont** is also used to express possession.

> C'est la passagère. Ses valises sont à la douane. ↓
> *That's the passenger. Her suitcases are at the customs office.*
>
> C'est la passagère **dont** les valises sont à la douane.
> *That's the passenger whose suitcases are at the customs office.*
>
> Martin est écrivain. On peut acheter ses livres à la librairie. ↓
> *Martin is a writer. You can buy his books at the bookstore.*
>
> Martin est l'écrivain **dont** on peut acheter les livres à la librairie.
> *Martin is the writer whose books you can buy at the bookstore.*

When **dont** is used, there is no need for a possessive adjective. Note the use of the definite article (**les**).

Où

Où is the relative pronoun of time and place. It can mean *where, when,* or *which.*

> Le guichet **où** vous changez votre argent est là-bas.
> *The window where you change your money is over there.*
>
> Le 1ᵉʳ janvier, c'est le jour **où** je commence mon nouveau travail.
> *The first of January, that's the day (when) I begin my new job.*
>
> L'aéroport d'**où** vous êtes partis est maintenant fermé.
> *The airport from which you departed is closed now.*

[Allez-y! B-C-D]

Allez-y!

A. **À la recherche d'un emploi.** Jean-Claude raconte comment il a passé sa semaine à chercher du travail. Reliez les phrases suivantes avec **qui.**

MODÈLE: Dimanche, j'ai téléphoné à une amie. Elle est directrice d'un journal. ⟶
Dimanche, j'ai téléphoné à une amie qui est directrice d'un journal.

1. Lundi, j'ai déjeuné avec un ami. Il connaît beaucoup de comptables.
2. Mardi, j'ai eu une interview à la Banque Nationale de Paris. Elle est près de la place de la Concorde.
3. Mercredi, j'ai parlé à un employé du Crédit Lyonnais. Il m'a beaucoup encouragé.
4. Jeudi, j'ai pris rendez-vous avec un membre de la Chambre de commerce. Il est expert-comptable.
5. Enfin samedi, j'ai reçu une lettre d'une société belge. Elle m'offre un poste de comptable à Bruxelles.
6. Et aujourd'hui, je prends l'avion. Il me conduit vers ma nouvelle vie.

B. Promenade sur la Seine. Cet été, Marie-Claude travaille comme guide sur un bateau-mouche* à Paris. Complétez ses explications avec les pronoms relatifs **qui, que** et **où.**

Ce bâtiment _____[1] vous voyez à présent dans l'île de la Cité, c'est la Conciergerie. Autrefois une prison, c'est l'endroit _____[2] Marie-Antoinette a passé ses derniers jours. Et cette église _____[3] se trouve en face de nous, c'est Notre-Dame. Voici le musée d'Orsay _____[4] vous pourrez admirer les peintres impressionnistes et _____[5] je vous recommande de visiter. Et un peu plus loin, le musée du Louvre _____[6] vous trouverez *la Joconde* et *la Vénus de Milo.* Et enfin, voici la tour Eiffel _____[7] est le symbole de notre ville. Est-ce que vous voyez cette statue _____[8] ressemble à la Liberté éclairant (*lighting*) le monde? Eh bien, c'est l'original de la statue _____[9] la France a donnée aux Américains.

C. Photos de vacances. Jeanine a passé un mois dans un village d'artistes dans le Midi. Elle y a rencontré beaucoup de gens intéressants. Elle montre maintenant ses photos de vacances à ses amis.

MODÈLE: Voici un artisan. Ses poteries sont très chères. ⟶
Voici un artisan **dont les** poteries sont très chères.

1. Michel est un jeune artiste. On peut admirer ses tableaux au musée de Marseille.
2. Voici Yann. Ses sculptures sont déjà célèbres dans le milieu artistique.
3. Et voilà Claire. On vend ses bijoux à Saint-Tropez.
4. Laurent est un jeune écrivain. Son premier roman vient d'être publié.

---

*The **bateaux-mouches** are boats that travel up and down the Seine.

D. Énigme. Décrivez un objet, une personne ou un endroit à vos camarades. Utilisez des pronoms relatifs. Vos camarades vont essayer de trouver la chose dont vous parlez.

Catégories suggérées: une ville, un pays, un plat, un gâteau, une personne, une classe, une profession...

MODÈLE: É1: Je pense à un gâteau qui est français et dont le nom commence par un *e*.
É2: Est-ce que c'est un éclair?

Maintenant, continuez ce jeu avec une différence. Cette fois, vous ne donnez que la catégorie d'un objet ou d'une personne. Vos camarades vous demandent des précisions. Répondez-leur par *oui* ou *non*.

Autres catégories suggérées: un film, une émission de télévision, une pièce de théâtre, un acteur / une actrice, un chanteur / une chanteuse...

MODÈLE: É1: Je pense à un film.
É2: C'est un film que tu as vu il y a longtemps?
C'est un film dont l'action se passe à l'étranger?
C'est un film où Leonardo DiCaprio a joué le rôle principal?
C'est un film qui se déroule (*takes place*) pendant les années 60?
C'est *Catch me if you can.*

Être professeur: une profession prestigieuse et satisfaisante

La comparaison de l'adjectif qualificatif
Making Comparisons

Les courses

Laurence et Franck vont faire des courses ensemble.

LAURENCE: Nous allons où faire nos courses?

FRANCK: À Carrefour,* bien sûr! C'est **moins cher** et c'est **plus propre** que Trouvetout.

LAURENCE: Moi, j'ai horreur des grandes surfaces. Je préfère aller chez le petit épicier de la rue Leclerc. Les produits sont **plus chers,** d'accord, mais ils sont **plus frais.** Et puis, c'est **plus pratique** aussi: on n'a pas besoin de prendre la voiture. Et il offre **le meilleur** accueil du quartier.

FRANCK: D'accord, ma chérie, mais en ce moment, la chose **la plus importante,** c'est de faire des économies.

Vrai ou faux?

1. À Carrefour, les produits sont plus chers que chez l'épicier.
2. Les produits sont moins frais à Carrefour.
3. C'est plus pratique d'aller chez l'épicier.
4. L'épicier offre le meilleur service.

Comparison of Adjectives

1. In French, the following constructions can be used with adjectives to express a comparison. It is not always necessary to state the second term of the comparison.

plus... que (*more . . . than*)

Chez l'épicier, les produits sont **plus** chers (**qu'**à Carrefour).

The products at the grocer's are more expensive (than at Carrefour).

---

*Supermarché très populaire.

moins... que *(less . . . than)*

Franck pense que Carrefour est **moins** cher (**que** Trouvetout).	*Franck thinks Carrefour is less expensive (than Trouvetout).*

aussi... que *(as . . . as)*

Pour Laurence, l'accueil est **aussi** important **que** la qualité des produits.	*For Laurence, the friendly service is as important as the quality of the products.*

2. Stressed pronouns (**Chapitre 12, Leçon 2**) are used after **que** when a pronoun is required.

Elle est plus intelligente que **lui**.	*She is more intelligent than he is.*

[Allez-y! A]

Superlative Form of Adjectives

1. To form the superlative of an adjective, use the appropriate definite article with the comparative form of the adjective.

Deborah est frisée. ⟶ Juliette est plus frisée que Deborah. ⟶ Alice est **la** plus frisée des trois.

OU

Alice est frisée. ⟶ Juliette est moins frisée qu'Alice. ⟶ Deborah est **la** moins frisée des trois.

2. Superlative adjectives normally follow the nouns they modify, and the definite article is repeated.

Alice est **la** femme **la plus** **frisée** des trois.	*Alice is the woman with the curliest hair of the three.*

3. Adjectives that usually precede the nouns they modify can either precede or follow the noun in the superlative construction. If the adjective follows the noun, the definite article must be repeated.

> **la** plus petite maison
>
> OU
>
> **la** maison **la** plus petite

4. The preposition **de** expresses *in* or *of* in a superlative construction.

Alice et Grégoire habitent la plus belle maison **du** quartier.	*Alice and Grégoire live in the most beautiful house in the neighborhood.*
C'est le quartier le plus cher **de** la ville.	*It's the most expensive neighborhood in town.*

Irregular Comparative and Superlative Forms

The adjective **bon(ne)** has irregular comparative and superlative forms. **Mauvais(e)** has both regular and irregular forms.

	COMPARATIVE	SUPERLATIVE
bon(ne)	meilleur(e)	le meilleur / la meilleure
mauvais(e)	plus mauvais(e)	le plus mauvais / la plus mauvaise
	pire	le/la pire

Les légumes à Carrefour sont bons, mais les légumes à Trouvetout sont **meilleurs.**	*The vegetables at Carrefour are good, but the vegetables at Trouvetout are better.*
Ce grand magasin est **le meilleur** de la ville.	*This department store is the best (one) in town.*
Ce détergent-ci est **plus mauvais (pire)** que ce détergent-là.	*This detergent is worse than that detergent.*
C'est **le plus mauvais (le pire)** des produits.	*It's the worst of products.*

[Allez-y! B-C]

Allez-y!

A. Comparaisons. Regardez les deux dessins et répondez aux questions suivantes.

> **MODÈLE:** Qui est moins nerveux, le jeune homme ou la jeune fille?
> La jeune fille est moins nerveuse (que le jeune homme).

1. Qui est plus grand, le jeune homme ou la jeune fille? Qui est plus mince?
2. Est-ce que la jeune fille a l'air aussi dynamique et sympathique que le jeune homme?
3. Qui est plus timide, plus bavard (*talkative*)?
4. Est-ce que le jeune homme est aussi studieux que la jeune fille?
5. Est-ce que le jeune homme est plus ou moins travailleur que la jeune fille?
6. Qui est le plus ambitieux des deux? Qui est le plus sportif des deux?

B. Un couple de francophiles. M. et Mme Cohen adorent tout ce qui est français et ils ont tendance à exagérer. Donnez leur opinion en transformant les phrases selon le modèle.

> **MODÈLE:** Le français est une très belle langue. ⟶
> Le français est la plus belle langue du monde.

1. La cuisine française est bonne.
2. Les vins de Bourgogne sont sophistiqués.
3. La civilisation française est très avancée.
4. Paris est une ville intéressante.
5. Les Français sont un peuple cultivé.
6. La France est un beau pays.

C. Opinions. Changez les phrases suivantes, si nécessaire, pour indiquer votre opinion personnelle: **plus / moins / aussi... que; meilleur(e) / plus mauvais(e) que.** Regardez d'abord les expressions de **Mots clés.** Utilisez ces mots et justifiez vos opinions.

1. Le sport est aussi important que les études.
2. Les rapports humains sont aussi importants que les bonnes notes.
3. Grâce à la technologie, la vie des étudiants est meilleure qu'il y a vingt ans.
4. Les cours universitaires sont plus intéressants que les cours à l'école secondaire.
5. Comme étudiant(e), je suis plus sérieux / sérieuse que la plupart de mes ami(e)s.

PERSPECTIVES

Lecture

Avant de lire

Using the dictionary. As you know, you can figure out from context the meaning of many unfamiliar words that you encounter in readings. Sometimes, however, you will need to consult a dictionary. When you do, keep in mind the following guidelines.

1. If possible, use a good hardback French–English dictionary. Paperback dictionaries often do not provide all the common equivalents for a word, nor do they offer examples of usage.
2. Read through *all* the meanings and examples. Make sure the meaning you choose corresponds to the part of speech (noun, verb, etc.) of the French word you are looking for and, of course, that it makes sense in context.
3. Later on, try consulting a monolingual dictionary: One in which French words are defined in French. This may present a bit of a challenge at first, but you will find it of great benefit in terms of vocabulary enrichment and increased range of expression.

The following sentence appears in the middle of the third paragraph of the reading selection: "Dans son abbaye de Hautvilliers, il a trouvé la formule d'un vin qui mousse et qui pétille... " Look for the meaning of **mousser** in the following excerpt from the *Larousse French Dictionary:*

> **mousser** [muse] *vi* [écumer-champagne, cidre] to bubble, to sparkle; [bière] to froth; [savon, crème à raser] to lather; [détergent, shampooing] to foam, to lather

Which meaning is closest to the use of **mousser** in the sentence quoted from the article? Now, take a look at the definition of **mousser** from the *Nouveau Petit Robert:*

> **1♦** Produire de la mousse. *Boisson qui mousse. Shampooing qui mousse beaucoup.*
> **2♦** Fig. et Fam. *Faire mousser:* vanter, mettre exagérément en valeur (une personne, une chose) ⟶ **valoir.** *Se faire mousser.*

Was it easier or harder to use the monolingual dictionary?

À propos de la lecture...
Les auteurs de *Vis-à-vis* ont écrit ce texte.

Un métier pas ordinaire...

Tout le monde ne peut pas être fonctionnaire et des métiers originaux, il y en a plus que vous ne pensez!

L'œnologue,[1] par exemple, est un spécialiste des vins. Il les déguste,[2] les évalue et les classe. On le voit avec de grandes bottes marcher dans les vignes ou un verre à la main en train de tester la personnalité d'un vin. Conseiller des producteurs, des marchands et des restaurateurs, c'est un expert formé à l'université: quatre ans d'études après le Bac sont nécessaires pour obtenir le très sérieux Diplôme National d'Œnologie.

Au XVIIᵉ siècle, le moine[3] Dom Pérignon a été œnologue sans le savoir. Dans son abbaye de Hautvillers, il a trouvé la formule d'un vin qui mousse et qui pétille,[4] le fameux champagne, «le seul vin qui rend les femmes plus belles après qu'elles l'aient bu» disait la Marquise de Pompadour[5]!

Est-ce qu'il y a un point commun entre l'œnologue et l'aromaticien? Oui, car ces deux métiers font appel aux sens.

L'aromaticien est un grand artiste qui invente des parfums. On l'appelle aussi un «Nez». Dans son cabinet, il dispose de 5 000 petits flacons avec des odeurs différentes. Il doit les analyser et les associer pour réussir à créer un parfum unique.

[1]*œnologist (wine expert)* [2]*tastes* [3]*monk* [4]*fizzes* [5]*Marquise... la confidente du roi Louis XV, connue pour sa beauté et son esprit au XVIIIᵉ siècle*

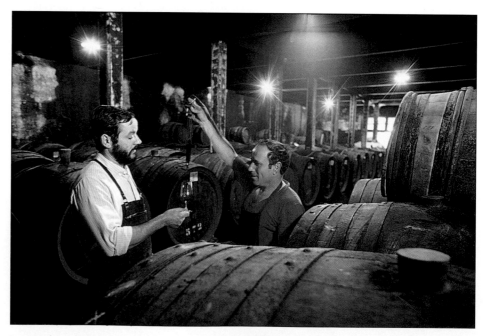

Les œnologues dans leur cave, à Bourgogne, en France

Le «Nez» a étudié la chimie à l'université ou il a fréquenté l'ISIPCA (Institut supérieur international du parfum, de la cosmétique et de l'aromatique alimentaire). Mais il a aussi un don[6] particulier—un instinct de création extrêmement rare. C'est pourquoi il n'y a que 250 «Nez» dans le monde. La plupart d'entre eux travaillent à Grasse, la capitale mondiale du parfum, dans le sud de la France. Ernest Beaux est l'un des plus fameux. En 1920, il propose à sa patronne Coco Chanel, deux séries de tests numérotés de 1 à 5 et de 20 à 24. Le numéro 5 plaît à Mademoiselle! Le parfum le plus célèbre du monde, Chanel N° 5, vient de naître!

Enfin parlons des artisans chocolatiers. Chaque Français consomme en moyenne sept kilos de chocolat par an! Euphorisant,[7] anti-stress, stimulant, aphrodisiaque, le chocolat est une passion nationale depuis le XVIIᵉ siècle. Sous Louis XIV, on disait même: «La Reine a deux passions, le Roi et... le chocolat!»

Un chocolatier est un spécialiste diplômé d'un lycée professionnel. Employé ou travailleur indépendant, il peut devenir riche et célèbre s'il gagne le concours[8] annuel du Meilleur Ouvrier de France. Mais le métier est difficile: il faut se lever à 5 h du matin, travailler les week-ends et les jours de fêtes.

Pour réussir, l'artisan chocolatier doit être aussi courageux qu'imaginatif. Il peut s'inspirer, par exemple, de cette équipe de huit chocolatiers qui a récemment créé une réplique en chocolat de la cathédrale Notre-Dame de Paris: 1 500 heures de travail! ⚜

[6]gift [7]Producing a sense of euphoria [8]competition

Compréhension

Un métier pour vous? Répondez aux questions suivantes.

1. Combien d'années d'étude sont nécessaires pour devenir œnologue?
2. Qui est Dom Pérignon? Qu'est-ce qu'il a fait?
3. Qu'est-ce que l'aromaticien étudie à l'université?
4. Pourquoi est-ce que le chocolat est aussi populaire en France?

Écriture

Vos projets d'avenir. Répondez aux questions suivantes au sujet de votre avenir. Ensuite, mettez vos réponses sous la forme d'un texte. Vous pouvez ajouter des informations supplémentaires.

1ᴱᴿ PARAGRAPHE:

1. Qu'est-ce que vous ferez dans cinq ans? Quel genre d'emploi occuperez-vous?
2. Où habiterez-vous?
3. Quel sera votre état civil (*marital status*)?

2ᴱ PARAGRAPHE:

4. Quelle sera la situation dans le monde?
5. Comment est-ce que la technologie influencera la vie de tous les jours?

À l'écoute sur Internet!

Carrières. Vous allez entendre trois offres d'emploi à la radio. Lisez les activités suivantes avant d'écouter le vocabulaire et les séquences sonores qui leur correspondent.

VOCABULAIRE UTILE

la comptabilité	accounting
la rentrée prochaine	beginning of next academic year

A. Quel poste? Déterminez de quel poste il s'agit dans chaque cas.

Annonce 1 _____   **a.** professeur
Annonce 2 _____   **b.** ingénieur
Annonce 3 _____   **c.** secrétaire

B. À chacun son emploi! Quelle annonce (numéro 1, 2 ou 3) convient à (*is appropriate for*) chacune des personnes suivantes? Entourez le numéro.

1. Laurence Chassagne enseigne la physique et la chimie dans un lycée technique et rêve de partir à l'étranger.
   1   2   3
2. Carole Bernard parle trois langues couramment et est forte en calcul (*arithmetic*).
   1   2   3
3. Lionel Pelletier est spécialiste en informatique. Il voudrait trouver un travail avec plus de responsabilité.
   1   2   3

En société

L'entretien

Claire cherche un emploi. Dans cet épisode, elle a un entretien avec la patronne d'une société. Pendant l'entretien, la patronne lui demande si elle a de l'expérience en marketing. Claire décrit ses expériences professionnelles.

VOCABULAIRE UTILE

on a rédigé un nouveau plan de commercialisation   we wrote a new business plan

une telle expérience   this much experience

un bon défi que j'ai su relever   a challenge that I was able to accept

Visionnez!

Indiquez si les phrases suivantes sont vraies (**V**) ou fausses (**F**).

1. V   F   La patronne explique à Claire que leur société n'est pas la plus grande.

2. V   F   Claire étudie le commerce et la biologie.

3. V   F   L'été dernier, Claire a travaillé dans une société de fabrication de produits chimiques.

4. V   F   Claire a des connaissances en chimie et en marketing.

Jouez la scène!

Avec un(e) partenaire, jouez les scènes suivantes.

1. Vous rencontrez Mme Dumont, directrice pour l'Europe à l'Agence France Presse. Elle a besoin d'un assistant / une assistante ayant (*having*) l'anglais comme langue maternelle et une bonne connaissance du français.

2. Vous voulez vous inscrire à des études de deuxième (ou troisième) cycle (*graduate school*). Mais d'abord, vous devez voir le professeur Mathieu pour parler de vos études, de votre expérience de travail et de vos intérêts.

Vocabulaire

Verbes

couvrir to cover
découvrir to discover
dépenser to spend (*money*)
déposer to deposit
diriger to direct
économiser to save money
encaisser to cash
faire des économies to save (up) money
faire un chèque to write a check
fermer to close
gagner to earn; to win
intéresser to interest
offrir to offer
ouvrir to open
poser sa candidature to apply
retirer to withdraw
soigner to treat
souffrir to suffer
toucher to cash

Substantifs

l'argent (*m.*) **liquide** cash
l'augmentation (*f.*) increase
l'avenir (*m.*) future
le bijou jewel
le budget budget
le bureau de change money exchange (office)
le carnet de chèques checkbook
la carte bancaire bank (ATM) card
la carte de crédit credit card
le chèque check
le chômeur / la chomeuse unemployed person
le compte-chèques checking account

le compte d'épargne savings account
le cours exchange rate
le coût de la vie cost of living
le curriculum vitæ (C.V.) résumé
la demande d'emploi job application
la dépense expense
le distributeur automatique automatic teller machine (ATM)
l'emploi (*m.*) job
l'emprunt (*m.*) loan
l'entreprise (*f.*) company
l'entretien (*m.*) job interview
les frais (*m. pl.*) expenses, costs
le métier trade, profession
la monnaie change; currency
le montant sum, amount
le reçu receipt
le salaire salary
la société company
le taux de change exchange rate
le taux de chômage unemployment rate

À REVOIR: **l'horaire** (*m.*)

Les professions

l'agent (*m.*) **de police** police officer
l'agriculteur / l'agricultrice farmer
l'architecte (*m., f.*) architect
l'artisan(e) artisan, craftsperson
l'artiste (*m., f.*) artist
l'avocat(e) lawyer
le boucher / la bouchère butcher

le cadre middle or upper manager
le chef d'entreprise company head, top manager, boss
le coiffeur / la coiffeuse hairdresser
le/la commerçant(e) shopkeeper
le/la comptable accountant
le/la dentiste dentist
le directeur / la directrice manager, head
le directeur / la directrice commercial(e) business manager
l'employé(e) employee
le facteur / la factrice letter carrier
le/la fonctionnaire civil servant
l'ingénieur (*m.*) engineer
l'instituteur / l'institutrice primary school teacher
le/la journaliste reporter
le marchand / la marchande (de vin) (wine) merchant
le médecin / la femme médecin doctor
l'ouvrier / l'ouvrière (manual) worker
le / la peintre painter
le/la pharmacien(ne) pharmacist
le plombier plumber
le/la secrétaire secretary
le travailleur / la travailleuse worker
  le travailleur indépendant self-employed worker
  le travailleur salarié salaried worker

À REVOIR: **l'acteur, l'actrice; l'écrivain / la femme écrivain; le serveur / la serveuse**

Mots et expressions divers

à l'avenir from now on, in the future

à partir de maintenant from now on

aussi... que as . . . as

aussitôt que as soon as

car because

dès que as soon as

dont whose, of whom, of which

élevé(e) high

fort (*adv.*) very

un jour someday

lorsque when

meilleur(e) better

moins... que less . . . than

où where; when

pire worse

plus... que more . . . than

que whom, that, which

qui who, that, which

À REVOIR: **quand**

Les loisirs

Chère Bénédicte,

Qui va être très contente et remercier son grand ami Jérôme? Qui va travailler au Club Med cet été comme photographe? Qui va partir aux Antilles avec un billet d'avion payé par son employeur? Qui va vivre sous le soleil des Caraïbes pendant trois mois?

Tu as deviné? C'est toi. Et ce n'est pas une blague! Je t'ai trouvé le petit boulot de tes rêves et tu peux déjà commencer à faire ta valise: n'oublie pas tes maillots de bain! Tu prendras des photos à la piscine, à la plage, pendant les activités de plein air et aussi le soir pendant les spectacles. Une vraie vie d'artiste.

J'espère que tu es contente. Toute l'équipe t'attend!

À bientôt,
Jérôme

Fort-de-France, à la Martinique

Dans ce chapitre...

Objectifs communicatifs

- talking about leisure-time activities; getting information; being polite; speculating; making comparisons; talking about quantity

Paroles (Leçon 1)

- Les loisirs
- Les verbes **courir** et **rire**

Structures (Leçons 2 et 3)

- Les pronoms interrogatifs
- Le présent du conditionnel
- La comparaison de l'adverbe et du nom
- Les adjectifs et les pronoms indéfinis

Culture

- Reportage: Les Antilles: la vie en musique (Correspondance)
- Lecture: Légendes et héros du cyclisme (Leçon 4)

Multimédia

En société—Les projets pour le week-end

Dans cet épisode, Aimée et Claire discutent de ce qu'elles feront pendant le week-end.

CD-ROM

Révisez le vocabulaire et la grammaire de ce chapitre et parlez de vos projets pour l'été.

Online Learning Center

Visitez le site Web de *Vis-à-vis* à **www.mhhe.com/visavis3** pour réviser le vocabulaire, la grammaire et les renseignements culturels qui se trouvent dans ce chapitre.

Leçon 1

Quelques loisirs°

(m.) leisure activities

Les spectacles (*m.*)
la chanson de
variété*
le cinéma

Les activités (*f.*) **de plein air**
la pêche le ski
la pétanque† la marche
le pique-nique

Les sports (*m.*)
le football
le cyclisme
les matchs (*m.*)
(de football)

Les jeux (*m.*)
les jeux de hasard
les jeux de société

Le bricolage
le jardinage

Les passe-temps (*m.*)
les collections (*f.*)
la lecture
la peinture

Qu'est-ce qu'on est en train de faire? Est-ce qu'on fait un pique-nique?
Est-ce qu'on joue au football? Est-ce qu'on assiste à‡ un concert?

AUTRES MOTS UTILES

bricoler to putter around, do odd jobs
une équipe a team

---

*__Une chanson de variété__ is a popular song, frequently associated with a particular singer
and sung in a music hall or a small nightclub.
†__La pétanque__ is a Provençal game similar to Italian bocce ball.
‡__Aider__ means *to assist, help.* __Assister à__ means *to attend.*

Allez-y!

A. Catégories. La chanson de variété est un spectacle. Dans quelle(s) catégorie(s) de distractions classez-vous _____?

MODÈLE: la marche ⟶ La marche, c'est une activité de plein air.

1. un match de football
2. une collection de timbres
3. le jardinage
4. la pêche
5. la roulette
6. la lecture
7. un pique-nique
8. le poker
9. le cinéma
10. la pétanque
11. le cyclisme
12. un concert de jazz

B. Interview. Posez les questions suivantes à un(e) camarade. Demandez-lui _____.

1. quelles sortes de chansons il/elle aime (les chansons d'amour, les chansons folkloriques, le rap, le hip hop?)
2. s'il / si elle a déjà joué à la pétanque
3. à quelles sortes de spectacles il/elle assiste souvent et à quel spectacle il/elle a assisté récemment
4. s'il / si elle préfère faire du sport ou s'il / si elle préfère assister à des événements sportifs; à quel événement sportif il/elle a assisté récemment
5. quel jeu de société il/elle préfère (le bridge, le Scrabble, le Monopoly?)
6. à quels jeux de hasard il/elle a joué, où il/elle y a joué et combien il/elle a gagné ou perdu
7. s'il / si elle aime bricoler et quels objets il/elle a réparés ou fabriqués
8. s'il / si elle collectionne quelque chose

Du travail ou du bricolage? À vous de décider!

Les verbes *courir* et *rire*

vive la détente!

PRESENT TENSE OF **courir** (*to run*)	**rire** (*to laugh*)
je cour**s**	je ri**s**
tu cour**s**	tu ri**s**
il/elle/on cour**t**	il/elle/on ri**t**
nous cour**ons**	nous ri**ons**
vous cour**ez**	vous ri**ez**
ils/elles cour**ent**	ils/elles ri**ent**
Past participle: **couru**	**ri**
Future stem: **courr-**	**rir-**

A verb conjugated like **rire** is **sourir** (*to smile*).

Allez-y!

A. Sondage sur le jogging. De plus en plus de gens sont des adeptes du jogging.

1. Demandez à un(e) camarade s'il / si elle fait du jogging.

Sioui, demandez-lui _____.

2. combien de fois par semaine il/elle court
3. pendant combien de temps il/elle court ou combien de kilomètres il/elle fait (1 mille = 1,6 kilomètres)
4. depuis quand il/elle fait du jogging

Sinon, demandez-lui _____.

5. pourquoi il/elle ne court pas
6. s'il / si elle pratique un autre sport
7. ce qu'il/elle pense des gens qui font du jogging régulièrement

B. Le rire. Le rire est le passe-temps préféré de beaucoup de gens. Et vous? Aimez-vous rire? Avec un(e) camarade, répondez aux questions suivantes. Chaque fois que vous répondez que oui, donnez un exemple.

1. Racontez-vous des blagues (*jokes*)? **2.** Faites-vous souvent des jeux de mots (*puns*)? **3.** Avez-vous un comique préféré / une comique préférée? **4.** Est-ce qu'il y a un film ou une pièce de théâtre que vous trouvez particulièrement intéressant(e)? **5.** Est-ce que vous riez quelquefois en cours de français? Quand et pourquoi?

Les pronoms interrogatifs

Getting Information

Au match de rugby

BILL: **Qu'est-ce qu'**ils essaient de faire?

JEAN-PAUL: Eh bien, ils essaient de poser le ballon derrière la ligne de but de l'équipe adverse.

BILL: Qu'est-ce qui se passe là?

JEAN-PAUL: Là, il y a une mêlée.

BILL: Et c'est **quoi,** une mêlée?

JEAN-PAUL: C'est quand plusieurs joueurs de chaque équipe sont regroupés autour du ballon. Tu vois, un des joueurs l'a récupéré.

BILL: **Lequel?**

JEAN-PAUL: Fabien Devichi.

BILL: **Qu'est-ce qui** l'empêche de le passer vers le but?

JEAN-PAUL: Les règles du jeu, mon vieux! C'est du rugby, ce n'est pas du football américain.

Des joueurs de rugby en France

Voici des réponses. Quelles en sont les questions?

1. Ils essaient de plaquer (*tackle*) le joueur qui court avec le ballon.
2. C'est Duval qui passe le ballon à Fabien Devichi.
3. Un essai, c'est l'avantage obtenu quand un joueur réussit à poser le ballon derrière la ligne de but.

Forms of Interrogative Pronouns

Interrogative pronouns—in English, *who? whom? which? what?*—are used to ask questions. They can play several roles in questions, serving as subjects, as objects of verbs, or as objects of prepositions. You are already familiar with the French interrogative pronouns **qui** and **qu'est-ce que.** Following is a more detailed list of French interrogative pronouns. Note that different pronouns are used for people and for things, and that several pronouns have a short and a long form.

USE	PEOPLE		THINGS
Subject of a question	qui qui est-ce qui		——— qu'est-ce qui
Object of a question	qui qui est-ce que		que qu'est-ce que
Object of a preposition	à qui		à quoi

Interrogative Pronouns as the Subject of a Question

As the *subject* of a question, the interrogative pronoun that refers to people has both a short and a long form. The pronoun that refers to things has only one form. Note that **qui** is always followed by a singular verb.

PEOPLE

Qui fait du jogging ce matin?
Qui est-ce qui fait du jogging ce matin?

THINGS

Qu'est-ce qui se passe? (*What's happening?*)

Interrogative Pronouns as the Object of a Question

As the *object* of a question, the interrogative pronouns referring to people, as well as those referring to things, have both a long and a short form.

1. Long forms

   PEOPLE: **Qui est-ce que**
   THINGS: **Qu'est-ce que** + *subject* + *verb* + (*other elements*)?

   Qui est-ce que tu as vu sur le court de tennis ce matin?
   Qu'est-ce que Marie veut faire ce soir?

   Whom did you see on the tennis court this morning?
   What does Marie want to do this evening?

   Remember that **qu'est-ce que** (**qu'est-ce que c'est que**) is a set phrase used to ask for a definition: *What is_____?* **Qu'est-ce que la pétanque?**

2. The short form **qui** can follow the subject and verb in questions using an intonation change.

   Tu cherches **qui?**
   André a vu **qui** au théâtre?

   You're looking for whom?
   Whom did André see at the theater?

The short form **qui** can also be followed by an inverted subject and verb.

> **Qui** (+ *noun subject*) + *verb-pronoun* + (*other elements*)?

Qui as-tu vu au club de gym? *Whom did you see at the gym?*
Qui Marie a-t-elle vu su le *Whom did Marie see on the*
court de tennis? *tennis court?*

3. The short form **que** is followed by an inverted subject and verb. This is true for both noun and pronoun subjects.

> **que** + *verb* + *subject* (*noun or pronoun*) + (*other elements*)?

Que cherches-tu? *What are you looking for?*
Que cherche Isabelle? *What is Isabelle looking for?*

[Allez-y! A]

Use of *qui* and *quoi* after Prepositions

After a preposition or as a one-word question, **qui** is used to refer to people, and **quoi** is used to refer to things.

À qui est-ce que Michel parle? *Who is Michel speaking to?*
De qui est-ce que tu parles? *Who are you talking about?*
À quoi est-ce que Corinne *What is Corinne thinking*
réfléchit? *about?*
De quoi est-ce que vous parlez? *What are you talking about?*

[Allez-y! B-C]

Lequel

Lequel, laquelle, lesquels, and **lesquelles** (*which one[s]?*) is used to ask about a person or thing that has already been mentioned. It agrees in gender and number with the noun to which it refers.

—Avez-vous vu cet opéra? *Have you seen this (that) opera?*
—**Lequel?** *Which one?*

—Vous rappelez-vous cette pièce *Do you remember this (that)*
de théâtre? *play?*
—**Laquelle?** *Which one?*

[Allez-y! D]

Allez-y!

A. À la Maison des jeunes et de la culture.* Posez des questions sur les activités des jeunes à la MJC. Utilisez **qui** ou **qui est-ce qui,** en remplaçant les mots en italique.

MODÈLE: *Pierrot* apprend à jouer du piano. ⟶
Qui (Qui est-ce qui) apprend à jouer du piano?

1. *Astrid* est en train de lire (*is reading*) un roman.
2. *Paul* apprend à faire un portrait dans le cours de peinture.
3. *Jean-Loup* écoute un concert de musique vietnamienne.
4. *Le professeur* choisit les meilleures œuvres à exposer.

Maintenant, posez des questions avec **que** ou **qu'est-ce que.**

MODÈLE: Sylvie regarde *un film de François Truffaut* au ciné-club. ⟶
Que regarde Sylvie au ciné-club? (Qu'est-ce que Sylvie regarde au ciné-club?)

5. Les jeunes font *des vases* dans le cours de poterie.
6. On joue *un air de Jacques Brel* dans le cours de guitare.
7. Jean a fabriqué *des étagères* dans l'atelier de bricolage.
8. Marie a travaillé *son service* pendant son cours de tennis.

B. Exposition à la MJC. Vous êtes chargé(e) d'organiser une exposition à votre MJC, et vous donnez des instructions à un groupe de volontaires. Quelles questions vous posent-ils? Choisissez l'interrogatif correct.

MODÈLE: (qui / qu'est-ce que) William nous prêtera une... ⟶
Qu'est-ce que William nous prêtera?

1. (qui / qu'est-ce qui) Le directeur a invité...
2. (qui / qu'est-ce que) Valérie va nous apporter une...
3. (qui / qui est-ce qui) Nous devons téléphoner à...
4. (à quoi / de quoi) Demain, vous voulez nous parler...
5. (qui est-ce qui / qui) Nadine viendra avec son...
6. (quoi / que) Vous pensez beaucoup à la...

C. Une matinée de bricolage. Ce matin, il y a eu beaucoup d'animation chez les Fontanet. À son retour de la maternelle (*kindergarten*), la petite Émilie veut tout savoir. À l'aide des mots en italique, formulez les questions.

MODÈLE: Papa a invité *un ami.* ⟶
Qui est-ce que papa a invité?

1. *Maman* fabriquait une petite table.
2. Jean-Louis faisait *de la poterie.*

---

*The **Maison des jeunes et de la culture** (**MJC**) is a recreational center supported by the French government. **MJC**s offer courses in many hobbies and sports and sponsor cultural events.

3. Papa parlait avec *son ami*.
4. *Jean-Louis* a ouvert la porte.
5. Le chien a vu *le facteur*.
6. Maman a crié après *le chien*.
7. Le chien a couru après *le facteur*.
8. *La poterie* est tombée par terre.
9. *Papa* a rattrapé (*caught*) le chien.
10. Le chien a cassé (*broke*) *la petite table de maman*.

D. Interview. Avec un(e) camarade de classe, posez des questions et répondez-y à tour de rôle.

> **MODÈLE:** acteurs comiques: Jim Carrey, Adam Sandler →
> > É1: Lequel de ces acteurs comiques préfères-tu, Jim Carrey ou Adam Sandler?
> > É2: Je préfère Adam Sandler. Et toi, lequel préfères-tu?
> > É1: Je préfère...

1. actrices: Jodie Foster, Sandra Bullock
2. peintres: le Français Degas, l'Espagnol Picasso
3. chanteuses: Madonna, Britney Spears
4. loisirs: le bricolage, le jardinage
5. spectacles: les manifestations sportives, les chansons de variété
6. chansons: les chansons des Flaming Lips, de Smash Mouth

Que pouvez-vous dire des goûts de votre camarade?

Le présent du conditionnel
Being Polite, Speculating

Ah, si j'étais riche...

FRANÇOIS: Qu'est-ce que tu **ferais**, toi, si tu gagnais au loto?

VINCENT: Moi, je crois que j'**achèterais** un vieux cinéma de quartier. Je **choisirais** tous les films que j'aime et tous mes copains **pourraient** entrer gratuitement.

CHLOË: Moi, si je gagnais assez d'argent, je **m'installerais** dans le sud de la France et je **passerais** mon temps à faire de la peinture. J'**aurais** une grande maison et vous **pourriez** venir me voir tous les week-ends.

Et vous? Si vous gagniez au loto, qu'est-ce que vous feriez?

Forms of the Conditional

1. In English, the conditional is a compound verb form consisting of *would* plus the infinitive: *He would travel, we would go.* In French, the **conditionnel** is a simple verb form. The imperfect tense endings **-ais, -ais, -ait, -ions, -iez, -aient** are added to the infinitive. The final **-e** of **-re** verbs is dropped before the endings are added.

parler	finir	vendre
je parler**ais**	je finir**ais**	je vendr**ais**
tu parler**ais**	tu finir**ais**	tu vendr**ais**
il/elle/on parler**ait**	il/elle/on finir**ait**	il/elle/on vendr**ait**
nous parler**ions**	nous finir**ions**	nous vendr**ions**
vous parler**iez**	vous finir**iez**	vous vendr**iez**
ils/elles parler**aient**	ils/elles finir**aient**	ils/elles vendr**aient**

Elle **passerait** son temps à faire de la peinture.	*She'd spend her time painting.*
Elle **habiterait** dans une grande maison à la campagne.	*She'd live in a big house in the country.*

2. Verbs with irregular stems in the future tense (**Chapitre 14, Leçon 2**) have the same irregular stems in the conditional.

S'il ne pleuvait pas, nous **irions** tous à la pêche.	*If it weren't raining, we would all go fishing.*
Elle **voudrait** venir avec nous.	*She would like to come with us.*
Est-ce que tu **aurais** le temps de m'aider à tout préparer?	*Would you have time to help me prepare everything?*

Uses of the Conditional

1. In both English and French, the conditional is used to make polite requests or inquiries. It gives a softer, more deferential tone to statements that might otherwise seem abrupt (see **Mots clés** of **Chapitre 6, Leçon 2** and **Chapitre 7, Leçon 3**).

Auriez-vous la gentillesse de m'aider?	*Would you be so kind as to help me?*
Je **pourrais** poser une question?	*Could I ask a question?*
Jean **voudrait** venir avec moi.	*Jean would like to come with me.*
Tu **devrais** faire plus de sport.	*You should be more active.*
Nous **aimerions** commander.	*We would like to order.*

[Allez-y! A-B]

2. The conditional is used in the main clause of sentences containing **si** (*if*) clauses to express what *would* happen if the hypothesis of the *if*-clause were true. The imperfect is used in the *if*-clause.

> Si j'**avais** le temps, je **jouerais** au tennis.
>
> *If I had time, I would play tennis.*
>
> Si nous **pouvions** pique-niquer tous les jours, nous **serions** contents.
>
> *If we could go on a picnic every day, we would be happy.*
>
> Elle **irait** avec vous au bord de la mer si elle **savait** nager.
>
> *She would go to the seashore with you if she knew how to swim.*

The **si** clause containing the condition is sometimes understood and not directly expressed.

> Je **viendrais** avec grand plaisir... (si tu m'invitais, si j'avais le temps, et cetera).
>
> *I would like to come . . . (if you invited me, if I had the time, etc.).*

3. Remember that an *if*-clause in the present expresses a condition that if fulfilled, will result in a certain action (stated in the future).

> Si j'**ai** le temps, je **jouerai** au tennis cet après-midi.
>
> *If I have the time, I'll play tennis this afternoon.*

Note that the future and the conditional are *never* used in the dependent clause (after **si**) of an *if*-clause sentence.

4. The present conditional of the verb **devoir** is used to give advice and corresponds to the English *should.*

> —J'aime bien les jeux de hasard.
> —Vous **devriez** aller à Monte-Carlo.
>
> *I like games of chance.*
> *You should go to Monte-Carlo.*
>
> —Elle a besoin d'exercice.
> —Elle **devrait** faire du jogging.
>
> *She needs some exercise.*
> *She should go jogging.*

[Allez-y! C-D-E]

> ## Mots clés
>
> **Exprimer un désir et suggérer**
>
> The construction **si** + **imparfait** (without the conditional) is used to express a wish or to make a suggestion.
>
> **Si j'étais** riche!   *If I were rich!*
>
> **Si on dansait?**   *Shall we dance?*

Allez-y!

A. S'il vous plaît. Soyons poli(e)s! Utilisez le conditionnel dans les phrases suivantes. Ajoutez **s'il vous plaît** / **s'il te plaît** si possible.

MODÈLE: Je veux parler à Mme de la Falaise. ⟶
Je voudrais parler à Mme de la Falaise, s'il vous plaît.

1. Pouvez-vous nous aider?
2. Est-ce que tu sais son numéro de téléphone?
3. Je veux bien assister à ce spectacle.
4. Savez-vous où on achète les billets?
5. Peux-tu venir avec nous?
6. Je préfère dîner en plein air.

B. Soyons diplomates. Vous avez un ami / une amie qui donne toujours des ordres. Indiquez-lui deux façons de demander la même chose, mais poliment.

MODÈLE: L'AMI(E): Dites-moi à quelle heure le film commence!
VOUS: Non! Pourriez-vous me dire à quelle heure le film commence? (Je voudrais savoir à quelle heure le film commence.)

1. Donnez-moi un billet!
2. Expliquez-moi pourquoi les billets sont si chers.
3. Faites-moi de la monnaie de cinquante euros.
4. Dites-moi dans quelle salle on passe ce film.
5. Dites-moi si je dois réserver des places pour le film qui ouvre demain.

C. Un après-midi de loisir. Si vous pouviez choisir, laquelle de ces activités feriez-vous cet après-midi? Posez les questions à un(e) camarade.

MODÈLE: faire une promenade en ville ou à la campagne ⟶
É1: Est-ce que tu ferais une promenade en ville ou à la campagne?
É2: Je ferais une promenade à la campagne.

1. jouer au tennis ou au football
2. aller au cinéma ou au café
3. passer une heure au musée ou au parc
4. manger une pizza ou un sandwich
5. boire un café ou un Coca-cola
6. parler anglais ou français
7. faire des courses ou la sieste
8. écouter de la musique classique ou du rock
9. acheter des vêtements ou des livres
10. lire des bandes dessinées ou un roman
11. rendre visite à un ami / une amie ou à la famille
12. se reposer ou faire du sport

D. Problèmes de loisir. Donnez des conseils à un ami / une amie qui a des difficultés à organiser son temps libre. Commencez par «À ta place, je _____.»

MODÈLE: É1: J'ai envie de danser!
                É2: À ta place, j'irais en boîte.

1. J'aime le sport.   **2.** J'aime les pièces de théâtre.   **3.** J'ai envie de lire quelque chose d'intéressant.   **4.** J'aime les films étrangers. **5.** J'ai besoin de tranquillité.   **6.** J'admire les tableaux de l'école de Fontainebleau.

E. De beaux rêves. Imaginez ce que vous feriez dans les situations suivantes. Justifiez vos choix.

MODÈLE: si vous gagniez un voyage ⟶
                Si je gagnais un voyage, j'irais à Tahiti.

1. si vous receviez un chèque de 100 000 dollars   **2.** si vous deviez vivre dans une autre ville   **3.** si vous pouviez avoir la maison de vos rêves   **4.** si vous preniez de longues vacances   **5.** si vous veniez de finir vos études

Et si on allait en Provence?

Un peu plus...

En Provence. La lavande est une plante indigène de la région des Alpes, et différentes variétés poussent (*grow*) partout en Provence. Les fleurs de lavande s'épanouissent (*bloom*) de juin à octobre et colorent de violet les champs (*fields*). Ces fleurs peuvent être séchées (*dried*) et utilisées en cuisine ou pour parfumer le linge (*laundry*). On utilise l'essence de lavande dans les parfums et les savons.

⟵

Correspondance

CARTE POSTALE

Mon cher Jérôme,

Tu es un amour! Je savais bien que je pouvais compter sur toi!

Comment te remercier?

Je suis aux anges! Bientôt, je serai à la Martinique! Je vais faire du sport, danser, bronzer—et bien sûr, prendre des photos!

En attendant le grand jour où je pourrai faire ton portrait—en couleur et grand format—j'ai un cadeau pour toi: c'est rond, léger, élégant, original. C'est un chapeau que j'ai acheté au marché aux puces. Ce sera parfait pour nos soirées costumées.

J'arrête mes bavardages. Demain j'ai un examen et je veux me coucher tôt. Gros bisous,
Bénédicte

En image...
Paul Gauguin (1848–1903)

Peintre post-impressionniste français, Gauguin adore les terres exotiques comme la Martinique dans les Caraïbes ou l'île de Tahiti dans le Pacifique. Il est attiré par les couleurs flamboyantes des tropiques autant que[1] par les cultures primitives qui renouvellent son inspiration. Son ami, le peintre Degas, l'honore en ces termes: «Un garçon qui meurt de faim et que j'admire profondément comme artiste.»

[1]autant... *as much as*

Reportage
Les Antilles: la vie en musique

Les Antillais adorent la musique et la danse. À la Martinique et à la Guadeloupe, on vit au rythme du tambour,[1] du violon, de l'accordéon, de la guitare et du saxophone.

Avec le jazz et le reggae, la musique antillaise combine trois influences: celles de l'Afrique, de l'Amérique du Sud et de La Nouvelle-Orléans.

Sous les tropiques, toute occasion est bonne pour se divertir en musique, chanter et danser: une naissance, un mariage, un anniversaire, une simple réunion de famille. Les Antillais ont le sens de la fête. Ils aiment s'amuser, boire et manger: ils aiment la vie.

Chaque année, en février ou en mars, pendant cinq jours, chacun assiste au Carnaval[2]: concours[3] de chansons créoles, de costumes et de masques, jeux, spectacles, concerts, bals. En tout, cinq jours de festivités, de chants et de danses au rythme des orchestres de la rue. Myriam, qui est déjà en train de préparer son costume pour le prochain Carnaval, insiste sur un point: «Aux Antilles, le Carnaval n'est pas un événement fabriqué pour les touristes. C'est une fête réellement populaire. Chacun y participe: les enfants, les parents, les jeunes et les vieux.» Elle ajoute: «Si je pouvais, j'aimerais me présenter au concours de la reine du Carnaval! Mais la concurrence[4] est terrible parce qu'il y a autant de candidates que de jeunes filles! Et elles sont toutes plus jolies les unes que les autres… »

[1]*drum* [2]*Mardi Gras celebration* [3]*contest* [4]*competition*

Cette jeune femme aime les couleurs vives: le rouge, le jaune, le bleu. Au milieu d'un décor de poissons multicolores en papier ou en tissu, elle sourit. Peut-être sera-t-elle élue reine du Carnaval? En tout cas, elle semble apprécier la fête!

À vous!

1. Comment s'exprime le sens de la fête aux Antilles?
2. Myriam explique que le Carnaval n'est pas un événement fabriqué pour les touristes et que c'est une fête réellement populaire. Que veut-elle dire exactement?
3. Avez-vous déjà participé à une fête populaire comme le Carnaval? Racontez cette expérience en détail.
4. Aimez-vous le costume de la jeune femme sur la photo? Comment vous habilleriez-vous si vous participiez au Carnaval?

ON EST BRANCHÉ!

Après son emploi au Club Med, Jérôme aimerait explorer d'autres îles aux Antilles. Aidez-le à organiser son séjour. Pour obtenir des informations supplémentaires et les liens nécessaires, visitez le site Web de *Vis-à-vis* à **www.mhhe.com/visavis3**.

Leçon 3

La comparaison de l'adverbe et du nom
Making Comparisons

Le jazz

JENNIFER: Tu vas souvent en boîte le week-end?

BRUNO: Non, je vais **plus souvent** dans des bars de jazz **qu'**en boîte. Il n'y a pas **autant de** monde et j'aime **mieux** la musique.

JENNIFER: Moi aussi, j'adore le jazz. J'ai **plus de disques** de Duke Ellington **que de** Madonna. Mais le jazz, je l'écoute **le plus souvent** chez moi. Quand je vais en boîte, c'est pour danser et aussi parce qu'il y a **plus d'ambiance.**

Corrigez les phrases erronées.

1. Bruno va rarement dans des bars de jazz.
2. Il y a plus de gens dans les bars de jazz que dans les boîtes.
3. Jennifer a autant de disques de Madonna que de Duke Ellington.
4. Jennifer trouve qu'il y a moins d'ambiance dans les bars de jazz.

Comparative and Superlative Forms of Adverbs

1. The same constructions you learned in **Chapitre 14, Leçon 3** for the comparative forms of adjectives are used for the comparative forms of adverbs.

plus... que (*more . . . than*)	Jeanne écoute du jazz **plus** souvent (**que** moi).	*Jeanne listens to jazz music more often (than I).*
moins... que (*less . . . than*)	On écoute la musique **moins** attentivement dans les boîtes de nuit **que** dans les bars de jazz.	*People listen to the music less attentively at discos than at jazz bars.*

aussi... que (*as . . . as*)   Nous allons danser **aussi** souvent **que** possible.   *We go dancing as often as possible.*

[Allez-y! C]

2. To form the superlative of an adverb, place **le** in front of the comparative form (**le plus...** or **le moins...**). Because adverbs are invariable, the definite article will always be **le.**

Pierre s'en va tard. Louis s'en va plus tard. Michel s'en va **le plus tard.**

Bien and mal

The comparative and superlative forms of **bien** are irregular. The comparative and superlative forms of **mal** are regular.*

	COMPARATIVE	SUPERLATIVE
bien	mieux	le mieux
mal	plus mal	le plus mal

Tu parles français **mieux** que moi.   *You speak French better than I.*

Mais c'est Jean-Claude qui le parle **le mieux.**   *But Jean-Claude speaks it best.*

Roland joue **plus mal** au tennis que moi.   *Roland plays tennis worse than I.*

Mais c'est Marc qui y joue **le plus mal.**   *But Marc plays the worst.*

[Allez-y! A]

*Irregular comparative and superlative forms of **mal** (**pis, le pis**) exist, but the regular forms are much more commonly used.

Comparisons with Nouns

Plus de... (que), moins de... (que), and **autant de... (que)** express quantitative comparisons with nouns.

Ils ont **plus d'**argent (**que** nous), mais nous avons **moins de** problèmes (**qu'**eux).	*They have more money (than we do), but we have fewer problems (than they do).*
Je suis **autant de** cours **que** toi ce semestre.	*I'm taking as many courses as you this semester.*

[Allez-y! B-C]

Allez-y!

A. Les comparaisons. Formez des pharses pour comparer ces personnes célèbres en vous aidant des signes donnés. Mettez les verbes au présent.

> **Signes:**   + *more*   = *as*   − *less*

> **MODÈLE:**   Jennifer Lopez / danser / + bien / Mariah Carey ⟶
> Jennifer Lopez danse mieux que Mariah Carey.

1. Steven Spielberg / aller au cinéma / = souvent / George Lucas
2. Madonna / chanter / − bien / Alicia Keys
3. Zinedine Zidane / jouer / + bien / au football / Alexei Lalas
4. Luciano Pavarotti / chanter / = bien / Plácido Domingo
5. Philippe Candeloro / patiner / − bien / Elvis Stojko
6. Tout le monde / jouer / − bien / au basket-ball / Kobe Bryant

B. Les Français et les loisirs. Regardez le tableau et faites au moins trois comparaisons entre les hommes et les femmes en ce qui concerne les loisirs.

> **MODÈLE:**   Les hommes font moins de danse que les femmes, mais ils font plus de musique en groupe que les femmes.

C. Les habitudes. Demandez à un(e) camarade combien de fois par semaine, par jour, par mois ou par an il/elle fait quelque chose, puis comparez sa réponse avec vos propres habitudes. **Possibilités:** lire le journal, faire du sport, regarder la télévision, partir en voyage...

> **MODÈLE:**   É1: Combien de fois par semaine vas-tu au cinéma?
> É2: Une ou deux fois par semaine.
> É1: J'y vais plus (moins, aussi) souvent que toi.

Des millions d'artistes

Pratiques artistiques amateurs au cours des douze derniers mois par sexe et âge (en % de la population de 15 ans et plus):

	Homme	Femme
Jouer d'un instrument musical	15	11
Faire de la musique en groupe	11	9
Tenir un journal	6	11
Écrire des poèmes, nouvelles, romans	5	7
Faire de la peinture, sculpture, gravure	9	11
Faire de la poterie, céramique, reliure, artisanat d'art	3	5
Faire du théâtre	2	2
Faire du dessin	16	16
Faire de la danse	5	10

Les adjectifs et les pronoms indéfinis
Talking About Quantity

Des vacances à la Martinique

DANIEL: Alors, vos vacances à la Martinique?

NADINE: **Tout** s'est très bien passé. Nous sommes restés **quelques** jours à Fort-de-France, la capitale, puis nous nous sommes détendus à la plage. Tu sais, les gens sont très sympas, mais ils ont **tous** un accent que nous avions du mal à comprendre. On avait parfois l'impression qu'il y en avait **quelques-uns** qui ne nous comprenaient pas non plus.

RAPHAËL: Et **chaque** fois qu'ils disaient **quelque chose,** on devait leur demander de répéter. C'est marrant. **Certains** mots sont les **mêmes** que chez nous, mais **d'autres** sont complètement différents.

La montagne Pelée à la Martinique

Vrai ou faux? Corrigez les phrases fausses.

1. Tout s'est mal passé.
2. Ils sont restés plusieurs jours à Fort-de-France.
3. Quelques personnes avaient un accent que Nadine et Raphaël ne comprenaient pas.
4. Les Martiniquais et les Français utilisent exactement les mêmes termes (les mêmes mots).

Forms and Uses of *tout*

1. The adjective **tout** (**toute, tous, toutes**)

   As an adjective, **tout** can be followed by an article, a possessive adjective, or a demonstrative adjective.

Nous avons marché **toute la journée** pour arriver au sommet du volcan.	*We hiked all day to reach the summit of the volcano.*
Nous étions là-haut avec **tous nos amis.**	*We were up there with all our friends.*
Tu as apporté **toutes ces provisions?**	*Did you bring all those supplies?*

   [Allez-y! A]

2. The pronoun **tout**

   As a pronoun (masculine singular), **tout** means *all, everything*.

Tout va bien!	*Everything is fine!*
Tout est possible dans ce pays.	*Everything is possible in this country.*

3. **Tous** and **toutes** mean *everyone, every one* (*of them*), *all of them*. When **tous** is used as a pronoun, the final **s** is pronounced: **tous** [tus].

Tu vois ces jeunes gens? Ils veulent **tous** faire une danse traditionnelle.	*Do you see those young people? They all want to do a traditional dance.*
Ces photos sont arrivées hier. Sur **toutes,** on voit des costumes traditionnels.	*These photos arrived yesterday. In all of them, you see traditional costumes.*

Other Indefinite Adjectives and Pronouns

Indefinite adjectives and pronouns refer to unspecified things, people, or qualities. They are also used to express sameness (*the same one*) and difference (*another*). Here is a list of the most frequently used indefinite adjectives and pronouns in French.

ADJECTIVES		PRONOUNS	
quelques (+ *noun*)	*some*	**quelqu'un** (*invariable*)	*someone, anyone*
		quelqu'un de (+ *masc. adj.*)	*someone, anyone* (+ *adj.*)
		quelque chose	*something, anything*
		quelque chose de (+ *masc. adj.*)	*something, anything* (+ *adj.*)
		quelques-uns / quelques-unes (*pl.*)	*some, a few*
chaque (+ *noun*)	*each, every*	**chacun / chacune**	*each* (*one*)

EXPRESSIONS USED AS ADJECTIVES AND PRONOUNS	
un(e) autre *another*	**certain(e)s** *certain*
d'autres* *others*	**le/la même; les mêmes** *the same*
l'autre / les autres *the other*(s)	**plusieurs (de)** *several* (*of*)

---

*Note that **de** is used without an article before **autres** whether **autres** modifies a noun or stands alone as a pronoun.

ADJECTIVES	PRONOUNS
J'ai **quelques*** amis à Tahiti.	**Quelques-uns** sont agriculteurs. **Quelqu'un** m'a envoyé un livre sur Tahiti.
Nous avons **plusieurs**† choix.	→ **Plusieurs** de ces choix sont extrêmement difficiles.

Chaque voyageur voudrait
    un circuit différent.
	→ **Chacun** des voyageurs visitera
	    une île différente.

Tu veux **une autre** tasse de thé?	→ Non, si j'en prenais **une autre,** je ne pourrais pas dormir.
Où est **l'autre** autocar?	→ **L'autre** est parti.
Les autres passagers sont partis.	→ **Les autres** sont partis.
J'ai **d'autres** problèmes.	→ J'en ai **d'autres.**
Ce sont **les mêmes** voyageurs.	→ **Les mêmes** sont en retard.

The indefinite pronouns **quelqu'un** and **quelque chose** are singular and masculine. Remember that adjectives that modify these pronouns follow them and are introduced by **de.**

Je connais **quelqu'un
    d'intéressant** dans la capitale.
	*I know someone interesting in
	    the capital.*

Il a toujours **quelque chose de
    drôle** à dire.
	*He always has something
	    amusing to say.*

[Allez-y! B-C]

Allez-y!

A. À Dakar. Jeanne-Marie a passé quelque temps à Dakar, capitale du Sénégal. Jouez le rôle de Jeanne-Marie et répondez aux questions avec **tout, toute, tous** ou **toutes.**

MODÈLE: Tu as visité les marchés? ⟶ Oui, j'ai visité tous les marchés.

1. Tu as vu le musée anthropologique? **2.** Tu as photographié les églises de la ville? **3.** Est-ce que tu as visité les bâtiments de l'université? **4.** Tu as vu la vieille ville? **5.** Tu as lu l'histoire du Sénégal? **6.** Est-ce que tu as fait le tour des plantations?

---

*__*Quelques__ means *some, a few.*
†**Plusieurs** means *several.*

B. L'île de la Martinique. Estelle a passé de nombreuses années à la Martinique. Elle y pense toujours avec nostalgie. Complétez les phrases.

«J'aime la Martinique. On y trouve encore (quelques-unes / d'autres)[1] de belles maisons coloniales bâties par les planteurs français. (Chacun / Certains)[2] jours, à Fort-de-France, je me promenais dans les marchés en plein air, près du port. (Certaines / D'autres)[3] fois, je restais sur la place de la Savane pendant de longues heures. Il y a, tout près de la place, (quelques / quelques-unes)[4] maisons décorées avec du fer forgé (*wrought iron*) qui me rappellent La Nouvelle-Orléans.

(Certaines / Quelques)[5] choses ont changé, il est vrai, mais on trouve encore les (plusieurs / mêmes)[6] gommiers (*gum trees*) et ces bateaux pittoresques aux couleurs vives, que Gauguin* aimait tant.

C. La première chose qui vient à l'esprit (*mind*). Avec un(e) camarade de classe, posez des questions—en français, s'il vous plaît—à partir des indications suivantes. Votre camarade doit donner la première réponse qui lui vient à l'esprit.

MODÈLE: *someone important* ⟶
    É1: Est-ce que tu as déjà rencontré quelqu'un d'important?
    É2: Non, mais une fois mon frère a rencontré Uma Thurman.

1. *something important*
2. *something stupid*
3. *something funny*
4. *someone funny*
5. *all the large cities in Quebec*
6. *a few of the Francophone countries in Africa*
7. *several French cities*
8. *other French cities*
9. *another Canadian city*

Une maison coloniale à la Martinique

————

*Le peintre français Paul Gauguin a vécu à la Martinique et aussi à Tahiti.

Leçon 4

Lecture

Avant de lire

Using knowledge of text type to predict content. Identifying the type or genre of a text can help you predict its content. In **Chapitre 12,** for example, you identified your general expectations for reading poetry. In the biographical genre, you can make even more precise predictions regarding content. Furthermore, your general knowledge of people and events may help you anticipate important details.

The text you will be reading contains short biographical information about two famous Tour de France cyclists: Eddy Merckx and Lance Armstrong. What do you already know about these athletes? What kind of information might you expect to find in their biographies? Make a list of at least four items.

Now, scan the text and try to locate this information. How accurate were your predictions?

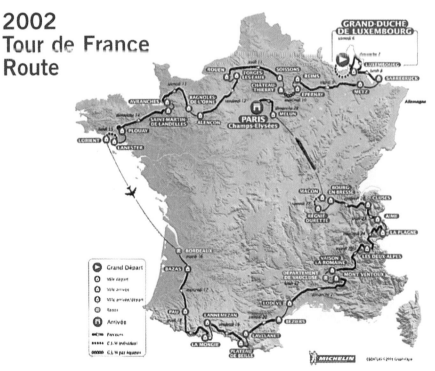

2002
Tour de France
Route

© Copyright Société du Tour de France/A.S.O. GEOATLAS © 2001 Graphi-Ogre

quatre cent trente et un   **431**

À propos de la lecture...
Les auteurs de *Vis-à-vis* ont écrit ce texte.

Légendes et héros du cyclisme

Parmi les plus grands cyclistes de l'histoire du sport, deux noms sont connus mondialement: le Belge Eddy Merckx et l'Américain Lance Armstrong. Mais c'est en France où ces deux sportifs se sont distingués, remportant à plusieurs reprises[1] l'épreuve[2] internationale la plus célèbre: le Tour de France. Cette course, disputée tous les ans au mois de juillet pendant trois semaines, se compose d'une vingtaine d'étapes sur environ 4 000 km. Le Tour de France compte le plus de spectateurs au monde, avec environ 10 millions de personnes présentes au total. Ses grands champions sont devenus des héros et sont entrés dans la légende du sport.

Eddy Merckx: «le cannibale»

Eddy Merckx (1945–) est considéré comme le plus grand sportif belge de tous les temps. Sa carrière de coureur cycliste commence en 1961 chez les débutants et s'achève en 1978. Il gagne le Tour de France à cinq reprises entre 1969 et 1974. On l'a surnommé[3] «le cannibale», à cause de son dévorant[4] désir de vaincre.[5] Grâce à son palmarès[6] sportif et ses qualités humaines, Eddy Merckx peut prétendre au[7] titre de plus grand cycliste de l'histoire.

Lance Armstrong dans le maillot jaune

[1]remportant... *winning several times* [2]*test* [3]*On... He was nicknamed* [4]*all-consuming* [5]*win* [6]*record of achievement* [7]*lay claim to the*

Le Texan Lance Armstrong

Né le 18 septembre 1971, Lance Armstrong commence le cyclisme à 14 ans. Fin 1996, Armstrong est 9e mondial et à son meilleur niveau depuis le début de sa carrière. Tragiquement, il contracte un cancer et il est écarté[8] de la compétition pendant un an.

Après une guérison[9] et une longue rééducation, il reprend le vélo. En 1999, il remporte[10] son premier Tour de France. Il est aussi victorieux les trois années suivantes. Selon Armstrong, «Le Tour est et sera toujours l'objectif principal de ma saison. [...] J'adore cet événement, ses défis et je suis plus que jamais motivé.» ⚜

[8]est... withdrew   [9]recovery   [10]wins

Compréhension

Détails biographiques. Remplissez la grille en donnant des détails tirés des biographies d'Eddy Merckx et de Lance Armstrong. Dans certains cas, il vous faudra tirer des conclusions en vous basant sur des détails du texte.

	EDDY MERCKX	LANCE ARMSTRONG
Année de naissance:		
Âge actuel:		
Année où il a commencé sa carrière:		
Nombre de victoires au Tour de France:		
Pratique toujours le cyclisme professionnel:		

Écriture

Le temps de s'amuser. Réfléchissez à deux activités ou à deux sports que vous pratiquez, puis écrivez une petite rédaction en vous basant sur le plan et les questions suivantes. N'hésitez pas à ajouter des détails supplémentaires.

1ᵉʳ PARAGRAPHE:
1. Combien de fois par semaine pratiquez-vous ces activités?
2. Qu'est-ce que ces activités vous apportent?

2ᵉ PARAGRAPHE:
3. Comparez-les. Laquelle est la plus exigeante (*demanding*), reposante, et cetera? Pourquoi?

3ᵉ PARAGRAPHE:
4. Si vous aviez le temps ou l'argent pour pratiquer un autre sport ou une autre activité, qu'est-ce que vous feriez? Pourquoi?

À l'écoute sur Internet!

Le Tour de France. Vous allez entendre une retransmission à la radio de cette manifestation sportive. Lisez les activités avant d'écouter le vocabulaire et la retransmission qui leur correspondent.

VOCABULAIRE UTILE

cette douzième étape	this twelfth lap (race)
les coureurs	runners, racers
se rapprochent	are getting closer
le maillot jaune	yellow jersey (*worn by current leader of the* **Tour**)

A. Partez! Choisissez la bonne réponse.

1. Cette étape du Tour de France a lieu _____.
   a. dans les Pyrénées   **b.** dans les Alpes   **c.** dans les Vosges
2. Le temps est _____.
   a. gris   **b.** mauvais   **c.** beau
3. Pour voir les coureurs, il y a _____.
   a. beaucoup de gens   **b.** peu de gens

4. Alain Laville porte le numéro _____.
   a. 62   **b.** 52   **c.** 42
5. Alain Laville est né à _____.
   a. Paris   **b.** Annecy   **c.** Chamonix
6. Le coureur qui a gagné cette étape du Tour s'appelle _____.
   a. Gilbert Monier   **b.** Alain Laville   **c.** Steve Johnson
7. Demain le Tour aura lieu à _____.
   a. Annecy   **b.** Chamonix   **c.** Paris

B. Les classements. Remplissez les tableaux en vous basant sur la retransmission.

   1. De quelles nationalités sont les coureurs qui ont gagné la 12e étape à Chamonix?

CLASSEMENT DE L'ÉTAPE		
	n^o	*nationalité*
1er	52	Il est... français.
2^e	75	

   2. De quelles nationalités sont les coureurs qui sont les leaders du Tour en général?

CLASSEMENT DU TOUR	
	nationalité
1er	Il est... français.
2^e	

En société

Objectif: Making weekend plans

Les projets pour le week-end

Dans cet épisode, Aimée et Claire discutent de ce qu'elles feront pendant le week-end. L'une de leurs amies va se marier. Elles parlent de l'événement.

VOCABULAIRE UTILE

ma réplique	my line
T'en fais pas! (Ne t'en fais pas!)	Don't worry!
garçon d'honneur	best man
demoiselles d'honneur	bridesmaids
salir	to soil

Visionnez!

Qui parle: Aimée (A) ou Claire (C)?

_____ **1.** «La cérémonie sera très belle.»

_____ **2.** «Mais elle est si jeune, je ne peux pas croire qu'elle se marie déjà.»

_____ **3.** «Lorsqu'elle avait mon âge, elle était déjà mère de famille!»

_____ **4.** «T'en fais pas! Elle est comme moi, elle est très rationnelle... »

Jouez la scène!

Avec un(e) partenaire, jouez les scènes suivantes.

1. Faites des projets pour le week-end prochain. Choisissez une destination, la durée de votre séjour, votre moyen de transport et l'équipement nécessaire. Décrivez votre emploi du temps: Quelles activités allez-vous faire et comment allez-vous les organiser?

2. Votre ami(e) et vous êtes invité(e)s à un anniversaire qui aura lieu à plus de 500 km de chez vous. Planifiez votre week-end. Dites ce que vous devez faire avant de partir, comment vous allez voyager et ce que vous devrez apporter.

Note culturelle

De nos jours en France, les fins de semaine ont un caractère beaucoup plus actif que rituel. On passe le samedi à faire du sport, des courses ou des travaux ménagers. On consacre surtout le dimanche à la détente.[1] Chez les jeunes, la messe et le rituel des déjeuners en famille sont beaucoup moins populaires qu'auparavant.[2] De plus en plus de Français quittent leur domicile pendant tout le week-end.

[1]*relaxation* [2]*avant*

Vocabulaire

Verbes

assister à to attend
bricoler to putter
courir to run
désirer to desire, want
indiquer to show, point out
se passer to happen, take
  place
rire to laugh
sourire to smile

À REVOIR: **aider, emmener, faire
  du sport, gagner, jouer à,
  jouer de, perdre**

Substantifs

les activités (*f.*) **de plein
  air** outdoor activities
la bande dessinée cartoon
la blague joke
le bricolage do-it-yourself work,
  puttering around
la chanson de variété popular
  song
la collection collection
le cyclisme cycling
l'équipe (*f.*) team
le jardinage gardening
le jeu de mot pun

les jeux (*m.*) **de hasard** games
  of chance
les jeux (*m.*) **de société** board
  games
la lecture reading
les loisirs (*m.*) leisure activities
**la manifestation
  sportive** sporting event
la marche walking
le match game
le passe-temps hobby
la pêche fishing
la pétanque bocce ball, lawn
  bowling
le pique-nique picnic
le spectacle show, performance

Expressions interrogatives

**lequel, laquelle, lesquels,
  lesquelles, qu'est-ce qui, qui
  est-ce que, qui est-ce qui,
  qui, quoi**

Mots et expressions divers

à ta place... if I were you . . .
autant (de)... que as much
  (many) . . . as
bien, mieux, le mieux well,
  better, best

en train de in the process of;
  in the middle of
je devrais I should
Qu'est-ce qui se passe? What's
  happening? What's going on?
tant mieux that's good
tant pis that's too bad

À REVOIR: **je pourrais**

Adjectifs et pronoms
Indéfinis

un(e) autre another
d'autres other(s)
l'autre / les autres the other(s)
certain(e) certain
chacun(e) each (one)
chaque each
le/la même, les mêmes the
  same one(s)
plusieurs (de) several
quelques (*adj.*) some, a few
quelque chose (de) something
quelqu'un someone, anyone
quelques-uns / quelques-unes
  (*pron.*) some, a few
tout(e) all, everything
tous / toutes everyone, every one
  (of them), all of them

La prise de la Bastille de Claude Cholat, 1789

Cher Jérôme,

J'ai un gros problème: je me suis disputée avec mon amie Caroline. Sur un simple désaccord politique, elle est partie furieuse. Depuis, je n'ai plus de nouvelles. Évidemment, tu vas me dire qu'il vaut mieux éviter certains sujets. Il se peut que tu aies raison, mais je pense qu'on doit pouvoir exprimer ses opinions avec ses amis.

Personnellement, j'ai des convictions fortes mais je suis capable de m'expliquer avec modération.

Caroline n'admet pas la contradiction: l'énergie nucléaire, l'environnement, le sexisme, la mondialisation, la solidarité... Avec elle, tout est objet de conflit au lieu d'être sujet à discussion.

Et la tolérance alors?

Heureusement que pour me changer les idées, je peux penser à la Martinique!

Je t'embrasse,

Bénédicte

PAR AVION

Dans ce chapitre...

Objectifs communicatifs

- talking about environmental and social problems; expressing attitudes, wishes, necessity, possibility, emotions, doubt, and uncertainty

Paroles (Leçon 1)

- L'environnement
- Les problèmes de la société moderne

Structures (Leçons 2 et 3)

- Le subjonctif (première partie)
- Le subjonctif (deuxième partie)
- Le subjonctif (troisième partie)
- Le subjonctif (quatrième partie)

Culture

- Reportage: L'avenir de la francophonie (Correspondance)
- Lecture: *La Réclusion solitaire* de Tahar Ben Jelloun (Leçon 4)

Multimédia

En société—L'opinion
Dans cet épisode, Claire et Aimée parlent des problèmes sociaux.

CD-ROM
Révisez le vocabulaire et la grammaire de ce chapitre et participez à un sondage sur l'environnement.

Online Learning Center
Visitez le site Web de *Vis-à-vis* à www.mhhe.com/visavis3 pour réviser le vocabulaire, la grammaire et les renseignements culturels qui se trouvent dans ce chapitre.

Leçon 1

L'environnement

le gaspillage[1] des sources d'énergie
la pollution de l'atmosphère

les déchets[2] (*m.*) industriels

ne gaspillez pas les sources d'énergie

CONTRÔLEZ LES DÉCHETS INDUSTRIELS!

NE POLLUEZ PAS L'ATMOSPHÈRE!

Il faut conserver les sources d'énergie!

IL FAUT DÉVELOPPER L'ÉNERGIE SOLAIRE

IL FAUT RECYCLER

PROTÉGEZ LA NATURE

la conservation des sources d'énergie

le recyclage

le développement de l'énergie solaire

la protection de la nature

[1]*wasting* [2]*waste, refuse*

Allez-y!

A. Association de mots. Quels problèmes écologiques associez-vous avec les verbes suivants?

> **MODÈLE:** gaspiller ⟶ le gaspillage des sources d'énergie

1. conserver
2. protéger
3. polluer
4. recycler
5. développer

B. Remèdes. Expliquez quelles sont les actions nécessaires pour sauver notre planète. Utilisez **Il faut** ou **Il ne faut pas** suivi d'un infinitif.

> **MODÈLES:** le contrôle des déchets industriels ⟶
> Il faut contrôler les déchets industriels.
>
> le gaspillage de l'énergie ⟶
> Il ne faut pas gaspiller l'énergie.

1. la pollution de l'environnement
2. la protection de la nature
3. le développement de l'énergie solaire
4. la conservation des sources d'énergie
5. le gaspillage des ressources naturelles
6. le développement des transports en commun

C. Rendez-vous des Verts. Vous êtes pour une ville plus verte où il y a moins de voitures et plus de gens qui circulent à pied ou à vélo. En résumant le plaidoyer (*defense*) à droite, faites une petite présentation pour comparer les voitures avec les vélos. Parlez des avantages du vélo, mais n'oubliez pas ses inconvénients.

Petit plaidoyer pour le vélo à Paris

Il ne pollue pas

Il est silencieux

Il est très maniable[1]

Il occupe un espace restreint

Il ne demande pas beaucoup d'infrastructures

Il est économique (il revient en moyenne à 100 euros par an, quand une voiture réclame 800 euros par mois, et une Carte orange 125 euros chaque année)

Il se gare[2] relativement facilement (adieu les soucis de stationnement gênant, les PV,[3] les parkings et les horodateurs[4]...)

Il est très bien adapté aux petits parcours en ville[5]

Il est bon pour la santé

Il est bon pour le moral

Il n'est pas aussi dangereux qu'on veut bien le dire

Il expose moins à la pollution que l'habitacle[6] d'une voiture

Il permet de découvrir Paris...

[1]*easy to steer* [2]*se... is parked* [3]*les... tickets* [4]*parking ticket machines* [5]*parcours... trips around town* [6]*interior*

Les problèmes de la société moderne

Les grandes peurs	
«Selon vous, ces sujets d'inquiétude[1] sont-ils ou non importants?» (en %):	**Très ou plutôt importants**
• Le SIDA,[2] les maladies graves	93,7
• Le chômage[3]	93,3
• La drogue	91,1
• La pollution, les problèmes d'environnement	87,6
• La sécurité, les banlieues, la délinquance	86,4
• Le tiers-monde[4]	77,3
• Les manipulations génétiques, les progrès scientifiques	72,8
• L'immigration clandestine	69,4

[1]*anxiety*   [2]Le... *AIDS*   [3]Le... *Unemployment*
[4]Le... *Third World countries*

AUTRES MOTS UTILES

le citoyen / la citoyenne
  citizen
l'électeur / l'électrice voter
l'élection election
les impôts (*m.*) taxes
le parti political party
le politicien / la politicienne
  politician
la politique politics; policy
la réussite success
les sans-abri (*m.*) homeless people
augmenter to raise
diminuer to lower

élire to elect
s'engager (dans) to get involved
  (in) (*a public issue, cause*)
exiger to necessitate, demand
exprimer une opinion
  to express an opinion
faire grève to strike
manifester (pour / contre)
  to demonstrate (for / against)
poser sa candidature to run for
  elected office; to apply (for a job)
soutenir to support

Allez-y!

A. Autrement dit. Choisissez la bonne définition.

_____ **1.** exiger
_____ **2.** le parti
_____ **3.** la grève
_____ **4.** soutenir
_____ **5.** la politicienne
_____ **6.** élire
_____ **7.** s'engager
_____ **8.** manifester

a. prendre publiquement position
b. encourager
c. la femme d'état
d. l'association politique
e. participer à une manifestation
f. demander, réclamer
g. la cessation collective du travail
h. choisir

B. L'actualité. Lisez à la page précédente les résultats d'une enquête faite pour *Le Figaro Magazine*. Puis répondez aux questions.

1. Quels thèmes sont d'actualité dans votre pays?
2. Parmi ces thèmes, lequel considérez-vous comme le plus important ou le moins important?
3. Selon vous, qu'est-ce qu'on peut faire pour résoudre (*resolve*) ces problèmes?
4. Quels autres thèmes ajouteriez-vous à ce sondage?

C. À mon avis. Choisissez une des expressions des **Mots clés** pour exprimer votre point de vue.

MODÈLE: possible / contrôler le problème des déchets nucléaires ⟶
À mon avis, je crois qu'il est (qu'il n'est pas) possible de contrôler le problème des déchets nucléaires, parce que...

1. essentiel / développer de nouvelles sources d'énergie
2. impossible / empêcher les accidents nucléaires
3. important / respecter l'image de la femme dans les publicités
4. indispensable / faire attention aux problèmes de la jeunesse
5. inutile / limiter l'immigration
6. essentiel / augmenter les impôts
7. utile / parler aux jeunes du SIDA

Mots clés

Exprimer son opinion

To express a personal point of view, use the following expressions:

Moi,
Pour ma part,   } je crois que...
Personnellement,   je pense que...
je pense que...
j'estime que...
je trouve que...

À mon avis...
Selon moi...

Your point will seem more convincing if you give examples or refer to other people's opinions. Use the following expressions:

Par exemple...
On dit que...
J'ai entendu dire que...

Leçon 2

Le subjonctif (*première partie*)
Expressing Attitudes

Votez pour Laure!

LAURE: Alors, vous voulez que je **pose** ma candidature au Conseil de l'université?

SIMON: Oui, nous souhaitons que le Conseil **sorte** de son inertie et que ses délégués **prennent** conscience de leurs responsabilités politiques.

LAURE: Mais je me suis déjà présentée sans succès l'an dernier.

LUC: Cette année, Laure, nous voulons que tu **réussisses.** Et nous te soutiendrons jusqu'au bout.

Retrouvez la phrase équivalente dans le dialogue.

1. Est-ce que je dois poser ma candidature au Conseil de l'université?
2. Nous espérons que le Conseil sortira de son inertie.
3. Nous espérons que ses délégués prendront conscience de leurs responsabilités.
4. Nous espérons que tu réussiras cette année.

The Subjunctive Mood

The verb tenses you have learned so far have been in the *indicative* mood (**présent, passé composé, imparfait, futur**), in the *imperative* mood (used for direct commands or requests), or in the *conditional* mood (used to express hypothetical situations). In this chapter, you will learn about the *subjunctive* mood.

The subjunctive is used to present actions or states as subjective or doubtful, instead of as facts. It appears most frequently in dependent clauses, and is used infrequently in English. Compare the following examples.

INDICATIVE	SUBJUNCTIVE
He *goes* to Paris.	I insist that he *go* to Paris for the meeting.
We *are* on time.	They ask that we *be* on time.
She *is* the president.	She wishes that she *were* the president of the group.

In French, the subjunctive is used more frequently than it is in English. It almost always appears in a dependent clause introduced by **que.** In such cases, the main clause contains a verb expressing desire, emotion, uncertainty, or some other subjective view of the action in the dependent clause. For now, you will focus on the use of the subjunctive in dependent clauses introduced by **que** after verbs of volition (wanting), including **aimer bien, désirer, insister (pour), préférer, souhaiter** (*to want, to wish*), and **vouloir.**

Usually, the subjects of the main and dependent clauses are different.

MAIN CLAUSE *Indicative*	DEPENDENT CLAUSE *Subjunctive*
Je veux	**que** vous **partiez.**

Pour ou contre l'énergie nucléaire? Et vous?

Un peu plus...

Les manifestations. En France, 75 % de l'énergie nécessaire aux entreprises et aux particuliers est produite par des centrales nucléaires. Bien que les Français soient généralement en faveur de la production d'énergie nucléaire, le problème des déchets nucléaires les inquiète. Dans les années 80, de violentes émeutes (*riots*) ont éclaté (*broke out*) dans les régions rurales où l'on voulait enfouir (*to bury*) ces déchets. Aujourd'hui, le gouvernement cherche une solution.

Note that French constructions with the subjunctive have many possible English equivalents.

que je parle $\longrightarrow$ *that I speak, that I'm speaking, that I do speak, that I may speak, that I will speak, me to speak*

De quoi veux-tu **que je parle?**	*What do you want me to talk about?*
Il préfère **que je parle** des déchets nucléaires.	*He prefers that I speak about nuclear waste.*
L'agent ne croit pas **que je parle.**	*The police officer doesn't believe that I will speak.*

Forms of the Present Subjunctive

For most verbs, the stem for the forms of the subjunctive is found by dropping the **-ent** of the third-person plural (**ils/elles**) form of the present indicative and by adding the subjunctive endings. The endings are **-e, -es, -e, -ions, -iez** and **-ent.**

	parler	**vendre**	**finir**	**sortir**
	(ils) **parl**/ent	(ils) **vend**/ent	(ils) **finiss**/ent	(ils) **sort**/ent
...que je	parl**e**	vend**e**	finiss**e**	sort**e**
...que tu	parl**es**	vend**es**	finiss**es**	sort**es**
...qu'il/elle/on	parl**e**	vend**e**	finiss**e**	sort**e**
...que nous	parl**ions**	vend**ions**	finiss**ions**	sort**ions**
...que vous	parl**iez**	vend**iez**	finiss**iez**	sort**iez**
...qu'ils/elles	parl**ent**	vend**ent**	finiss**ent**	sort**ent**

Verbs with Two Stems in the Subjunctive

Some verbs that have two stems in the present indicative have also two stems in the subjunctive: One stem is taken from the **ils** form of the present (for **je, tu, il/elle/on,** and **ils/elles**), and the other, from the **nous** form (for **nous** and **vous**). Some verbs of this type are **acheter, apprendre, boire, préférer, prendre,** and **venir.**

boire	
ils **boiv**ent	
nous **buv**ons	
...que je **boiv**e	...que nous **buv**ions
...que tu **boiv**es	...que vous **buv**iez
...qu'il/elle/on **boiv**e	...qu'ils/elles **boiv**ent

[Allez-y! A-B]

Irregular Subjunctive Verbs

Some verbs have irregular subjunctive stems. The endings themselves are all regular, except for some endings of **avoir** and **être**.

	aller: *aill-/all-*	faire: *fass-*	pouvoir: *puiss-*	savoir: *sach-*	vouloir: *veulll-/voul-*	avoir: *ai-/ay-*	être: *soi-/soy-*
...que je/j'	aille	fasse	puisse	sache	veuille	aie	sois
...que tu	ailles	fasses	puisses	saches	veuilles	aies	sois
...qu'il/elle/on	aille	fasse	puisse	sache	veuille	ait	soit
...que nous	allions	fassions	puissions	sachions	voulions	**avons**	so**yons**
...que vous	alliez	fassiez	puissiez	sachiez	vouliez	a**yez**	so**yez**
...qu'ils/elles	aillent	fassent	puissent	sachent	veuillent	aient	soient

Le professeur veut que nous **allions** au débat.	*The professor wants us to go to the debate.*
Son parti veut que le gouvernement **fasse** des réformes.	*His (Her) party wants the government to make reforms.*
Le président préfère que les sénateurs **soient** présents.	*The president prefers the senators to be there.*

[Allez-y! C-D-E]

Allez-y!

A. Stratégie électorale. Laure accepte de poser sa candidature au Conseil universitaire. Avec un groupe d'étudiants, elle prépare sa campagne. Que veut Laure?

MODÈLE: Elle veut que les étudiants / choisir / des délégués responsables ⟶
Elle veut que les étudiants choisissent des délégués responsables.

1. Elle veut que tout le monde / réfléchir / aux problèmes de l'université
2. Elle aimerait que nous / préparer / tout de suite / une stratégie électorale
3. Elle préfère que vous / finir / les affiches aujourd'hui
4. Elle veut que Luc et Simon / organiser / un débat
5. Elle souhaite que la trésorière / établir / un budget
6. Elle insiste pour que je / convoquer (*to ask to attend*) / tous les bénévoles (*volunteers*) ce soir

B. Discours politique. Ce soir, Laure fait son premier discours de la campagne électorale. Voici ce qu'elle dit aux étudiants.

MODÈLE: Je voudrais que nous / trouver / tous ensemble des solutions à nos problèmes ⟶
Je voudrais que nous trouvions tous ensemble des solutions à nos problèmes.

1. Je veux que le Conseil universitaire / agir / en faveur des étudiants
2. Je souhaite que vous / participer / aux décisions du Conseil
3. Je préfère que nous / discuter / librement des mesures à prendre
4. Je désire que l'université / prendre / en considération nos inquiétudes
5. Je voudrais que les professeurs / comprendre / nos positions
6. Je souhaite enfin que tous les candidats / se réunir / bientôt pour mieux exposer leurs idées

C. Revendications. Les délégués du Conseil universitaire donnent leurs directives aux étudiants. Remplacez les sujets en italique par **vous,** puis par **les étudiants.**

Nous ne voulons pas que *tu* ailles[1] en cours aujourd'hui. Nous préférons que *tu* sois[2] présent(e) à la manifestation et que *tu* fasses[3] grève. Nous désirons que *tu* aies[4] une affiche lisible (*legible*). Naturellement, nous voudrions que *tu* puisses[5] exprimer tes opinions librement.

D. Engagement politique. Les Legrand ont des opinions libérales. Quels conseils donnent-ils à leurs enfants? Suivez les modèles.

>   **MODÈLES:**   Patrick—tu / être réactionnaire $\longrightarrow$
>   Patrick, nous ne voulons pas que tu sois réactionnaire.
>
>   Fabrice / être courageux $\longrightarrow$
>   Nous voulons que Fabrice soit courageux.

1. Jacques / être actif en politique
2. Corinne et Jacques / avoir le courage de leurs opinions
3. vous / avoir des amis intolérants
4. Patrick / être bien informé
5. Sylvain—tu / être violent
6. vous / être tolérant
7. Fabrice—tu / avoir de l'ambition politique
8. Patrick et Sylvain / avoir des idéaux pacifistes

E. Exprimez-vous! Composez votre propre slogan. Complétez les phrases suivantes et donnez votre opinion. Commencez avec **Je voudrais que.**

1. notre gouvernement _____
2. les environnementalistes _____
3. les hommes et les femmes politiques _____
4. nous _____
5. les pays industrialisés _____
6. ?

Le subjonctif (deuxième partie)

Expressing Wishes, Necessity, and Possibility

Service militaire obligatoire ou volontaire?

PATRICK FAURE: À mon avis, le service obligatoire,
(22 ANS) c'est un anachronisme à l'âge nucléaire.

GÉRARD BOURRELLY: **Il est possible que** les jeunes
(36 ANS) s'intéressent plus au service si
on leur donne une formation
professionnelle.

FRANCIS CRÉPIN: Maintenant qu'on a aboli le
(25 ANS) service obligatoire, **il faut qu'**on
établisse une armée de métier.

CHARLES PALLANCA: Moi, si j'étais volontaire,
(18 ANS) **j'exigerais que** la solde soit au
moins de 1 000 euros par mois!

Retrouvez la phrase équivalente selon le dialogue.

Des soldats français

1. Il se peut que les jeunes s'intéressent plus à un service comprenant une formation professionnelle complémentaire.
2. Il faut établir une armée de métier.
3. J'insisterais pour que la solde soit au moins de 1 000 euros par mois!

The Subjunctive with Verbs of Volition

1. When someone expresses a desire for someone else to behave in a certain way, or for a particular thing to happen, the verb in the subordinate clause is usually in the subjunctive. The following construction is used.

Mon père **veut que je fasse** mon service militaire.	*My father wants me to do my military service.*
Ma mère **préfère que je finisse** mes études à l'université.	*My mother prefers that I finish my studies at the university.*

Note that an infinitive construction is sometimes used in English to express such a desire.

2. Verbs of volition are followed by an infinitive in French when there is no change in subject, as in the first example.

Je veux finir mes études.	*I want to finish my studies.*
Et **ma mère veut** aussi **que** je les **finisse.**	*And my mother wants me to finish them too.*

3. Verbs expressing desires include **aimer bien, désirer, exiger, insister (pour), préférer, souhaiter, vouloir,** and **vouloir bien.** These verbs take the subjunctive. The verb **espérer,** however, takes the indicative.

> **Je souhaite que** tu **aies** de bonnes vacances.
>
> *I hope you have a good vacation.*
>
> **J'espère que** tu **as** mon numéro de téléphone.
>
> *I hope you have my telephone number.*

[Allez-y! A]

The Subjunctive with Impersonal Expressions

1. An impersonal expression is one in which the subject does not refer to any particular person or thing. In English, the subject of an impersonal expression is usually *it: It is important that I go to class.* In French, many impersonal expressions—especially those that express will, necessity, judgment, possibility, or doubt—are followed by the subjunctive in the dependent clause.

IMPERSONAL EXPRESSIONS USED WITH THE SUBJUNCTIVE	
WILL OR NECESSITY	POSSIBILITY, JUDGMENT, OR DOUBT
il est essentiel que	il est normal que
il est important que	il est peu probable que[†]
il est indispensable que	il est possible / impossible que
il est nécessaire que	il se peut que (*it's possible that*)
il est préférable que	il semble que (*it seems that*)
il faut que*	
il vaut mieux que* (*it's better that*)	

> **Il est important que** le racisme **disparaisse.**
>
> *It's important that racism disappear.*
>
> **Il faut que** vous **soyez** au courant de la politique.
>
> *You must (It's necessary that you) keep up with politics.*
>
> **Il est peu probable que** le sexisme **soit** tout à fait éliminé.
>
> *It's not likely that sexism will be (is) totally eliminated.*
>
> **Il se peut que** d'autres pays **possèdent** des armes nucléaires.
>
> *It's possible that other countries possess nuclear weapons.*

---

*The infinitive of the verb conjugated in the expression **il faut que** is **falloir** (*to be necessary*). The infinitive of the verb in **il vaut mieux que** is **valoir** (*to be worth*).
[†]Although **il est peu probable que** takes the subjunctive because it conveys a lack of certainty, the expression **il est probable que** takes the indicative because it conveys probability or more certainty. For more information on this difference, see page 460.

quatre cent cinquante et un **451**

Except for **il faut que, il vaut mieux que,** and **il semble que,** these impersonal expressions are usually limited to writing and formal discourse.

2. When no specific person or thing is mentioned, impersonal expressions are followed by the infinitive instead of the subjunctive. Compare the following sentences.

Il vaut mieux **attendre.**	*It's better to wait.*
Il vaut mieux **que nous attendions.**	*It's better for us to wait.*
Il est important **de voter.**	*It's important to vote.*
Il est important **que vous votiez.**	*It's important for you to vote.*

Note that the preposition **de** is used before the infinitive after impersonal expressions that contain **être.**

[Allez-y! B-C-D-E]

Allez-y!

A. À la table de négociations. Faites des phrases pour exprimer des souhaits et des exigences.

> **MODÈLE:** les environnementalistes / vouloir / le gouvernement / contrôler les déchets industriels ⟶
> Les environnementalistes veulent que le gouvernement contrôle les déchets industriels.

1. les politiciens / vouloir (*cond.*) / nous / payer plus d'impôts
2. les Verts / exiger / on / développer l'énergie solaire
3. je / aimer (*cond.*) / tout le monde / faire du recyclage
4. vous / vouloir bien (*cond.*) / il y avoir moins de pollution atmosphérique
5. nous / vouloir / les richesses mondiales / être partagées

B. Comment gagner? Donnez des conseils à Jeanne Laviolette, candidate à la mairie de Dijon, en suivant le modèle.

> **MODÈLE:** Il est important de savoir écouter les gens. ⟶
> Il est important que vous sachiez écouter les gens.

1. Pour être maire, il faut être dynamique et responsable.
2. Il est essentiel de ne pas avoir peur d'agir.
3. Il est nécessaire de rester calme en toutes circonstances.
4. Il est préférable de parler souvent aux électeurs.
5. Il faut faire attention aux problèmes des jeunes.
6. Il est indispensable de gagner la confiance des commerçants.

C. La routine de tous les jours. Posez des questions à un(e) camarade de classe. Suivez le modèle.

MODÈLE: nécessaire / faire la cuisine chaque soir
    É1: Est-il nécessaire que tu fasses la cuisine chaque soir?
    É2: Oui, il est nécessaire que je fasse la cuisine chaque soir.
        (Non, il n'est pas nécessaire que je fasse la cuisine
        chaque soir; mes copains m'aident souvent.)

1. vaut mieux / aller au cours de français tous les jours
2. préférable / faire ton lit chaque matin
3. faut / nettoyer ta chambre tous les jours
4. normal / pouvoir dormir tard le matin
5. indispensable / étudier chaque soir
6. important / lire le journal chaque jour

D. Problèmes contemporains. Discutez des problèmes suivants avec un(e) camarade. Suggérez des solutions. Utilisez les expressions suivantes: **il est important que, il faut que, il est nécessaire que, il est indispensable que, il est essentiel que, il est préférable que.**

1. l'immigration clandestine dans votre pays
2. l'abus de la drogue chez les jeunes
3. la pollution
4. le chômage
5. le gaspillage des sources d'énergie
6. la violence dans votre pays
7. l'effet de serre (*greenhouse effect*)
8. la propagation du SIDA

E. Nécessités et probabilités. Quelle sera votre vie? Répondez aux questions suivantes. Dans chaque réponse, utilisez une de ces expressions: **il se peut que, il est peu probable que, il est impossible que, il est possible que, il est essentiel que, il faut que, il est nécessaire que.**

MODÈLE: Ferez-vous une découverte (*discovery*) importante? —→
    Il est peu probable que je fasse une découverte importante.

1. Vous marierez-vous?
2. Apprendrez-vous une langue étrangère?
3. Voyagerez-vous beaucoup?
4. Deviendrez-vous célèbre?
5. Serez-vous riche?
6. Saurez-vous jouer du piano?
7. Écrirez-vous un roman?
8. Ferez-vous la connaissance d'un homme / d'une femme d'état?
9. Irez-vous en Chine?
10. Vivrez-vous jusqu'à l'âge de cent ans?

Maintenant, utilisez ces questions pour interviewer un(e) camarade de classe.

MODÈLE: É1: Feras-tu une découverte importante?
    É2: Oui, il est possible que je fasse une découverte
        importante. (Non, il est peu probable que je fasse une
        découverte importante.)

quatre cent cinquante-trois **453**

Correspondance

St-Pierre, à la Martinique
Vue de la montagne Pelée

Ma petite chérie,

Calme-toi! Tu connais tes compatriotes. Ils adorent discuter, critiquer et contester...

Un petit conseil d'ami: à l'avenir, il vaut mieux éviter certains sujets brûlants comme la politique, l'immigration, le chômage, les inégalités, la Sécurité sociale. Parle plutôt du dernier petit restaurant que tu viens de découvrir ou de tes projets de vacances. Pas de grandes problématiques nationales ou universelles avec les gens bornés!

Pour ma part, j'ai une importante décision à prendre: où vais-je passer l'hiver? J'ai le choix entre la Polynésie et les Alpes françaises. Autrement dit, entre le bonheur et le bonheur.

On en discutera en tête-à-tête et tu me diras ce que tu en penses. J'attends ton arrivée avec impatience.

À très bientôt,

Jérôme

PAR AVION

En image...
Liberté, égalité, fraternité

Découverte par Christophe Colomb en 1502, la Martinique est officiellement devenue un département français d'outre-mer en 1946. Depuis, l'abolition de l'esclavage[1] le 27 avril 1848 a donné à tous les habitants des Antilles françaises les mêmes droits.[2] Les Martiniquais sont des citoyens français: ils manifestent, ils font grève, ils votent et ils paient des impôts, comme tout le monde.

[1] slavery.   [2] rights

Reportage

L'avenir de la francophonie

Pour garder sa place dans le monde, la francophonie a de nombreux atouts[1] :

1° Dans de nombreux pays du monde, on étudie le français.

2° La langue française a un statut international: le français est l'une des deux langues de travail au Conseil de l'Europe et aux Nations Unies.

3° Les pays francophones sont nombreux. Ils représentent le quart des pays présents aux Nations Unies.

Mais comment fortifier cette place à l'avenir?

Tous les francophiles sont d'accord: il est essentiel que l'Alliance française[2] et les lycées français assurent dans le monde leur rôle éducatif. Il est indispensable aussi que des programmes de promotion soient lancés,[3] que des actions soient développées à un niveau international. C'est le rôle, par exemple, de «la Semaine de la langue française et de la francophonie», sorte de festival mondial organisé chaque année avec la participation des gouvernements, des entreprises, des radios et des télévisions.... Pendant cette semaine, chacun est invité à célébrer la langue française, à montrer sa richesse, sa diversité et sa vitalité.

Il est clair aussi qu'aujourd'hui, on doit utiliser les médias. Déjà, la chaîne internationale câblée TV5 propose des émissions et des films diffusés partout. Radio France International émet[4] en français 24 heures sur 24. Ils constituent une source de renseignements très riche et constamment actualisée.[5]

[1]*assets* [2]*Alliance... association privée fondée à Paris le 21 juillet 1883 dans le but de diffuser la langue et la culture françaises à l'étranger* [3]*launched* [4]*broadcasts* [5]*updated*

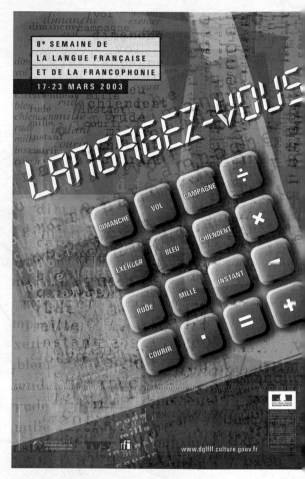

Depuis quatre ans, la Semaine de la langue française et de la francophonie propose dix mots chaque année au public pour sensibiliser tous ceux qui vivent en Europe à l'importance du plurilinguisme et de l'apprentissage des langues (*language learning*) tout au long de la vie.

À vous!

1. Selon vous, quel est le meilleur atout de la francophonie? Justifiez votre opinion par des arguments et des exemples.
2. Quelle place occupent la France, sa langue et sa culture aux États-Unis? Expliquez pourquoi vous étudiez le français.
3. Sur quel aspect de la francophonie insiste l'image?

ON EST BRANCHÉ!

Pour un cours de politique internationale, Bénédicte doit faire un travail de recherche sur des pays francophones. Utilisez Internet pour l'aider à trouver des informations. Pour obtenir des informations supplémentaires et les liens nécessaires, visitez le site Web de *Vis-à-vis* à **www.mhhe.com/visavis3**.

Leçon 3

Le subjonctif (troisième partie)
Expressing Emotion

L'Europe unie

Plusieurs Français donnent leur opinion sur l'unification politique et économique de l'Europe.

JEAN-PIERRE: Je suis **content** que la France **fasse**
(35 ANS) partie de l'Union européenne.

ISABELLE: Nous, nous avons **peur** que les
(24 ANS) nationalistes **deviennent** violents
comme en Bosnie-Herzégovine.

CLAUDE: Je **regrette** que la Suisse ne **veuille**
(40 ANS) pas faire partie de l'Union.

NICOLE: Je **doute** que l'Europe **puisse** régler
(30 ANS) le problème du chômage.

MONIQUE: Je suis **furieuse** que les Américains
(52 ANS) **imposent** des taxes sur les
produits agricoles européens.

Complétez les phrases selon le dialogue.

1. Jean-Pierre est _____ que la France _____ partie de l'Union européenne.
2. Isabelle a _____ que les nationalistes _____ violents comme en Bosnie-Herzégovine.
3. Claude _____ que les Suisses ne _____ pas faire partie de l'Union.
4. Nicole _____ que l'Europe _____ régler le problème du chômage.
5. Monique est _____ que les Américains _____ des taxes sur les produits agricoles européens.

1. The subjunctive is frequently used after expressions of emotion.

EXPRESSIONS OF EMOTION
happiness: **être content(e), être heureux / heureuse**
regret: **être désolé(e), être triste, regretter** (*to be sorry*)
surprise: **être surpris(e), être étonné(e)**
fear: **avoir peur**
relief: **être soulagé(e)**
anger: **être furieux / furieuse**

Le président **est content** que les électeurs **aient** confiance en lui.	*The president is pleased that the voters have confidence in him.*
Les électeurs **ont peur** que l'inflation **soit** un problème insoluble.	*The voters are afraid that inflation is an insurmountable problem.*
Les écologistes **sont furieux** que les lois contre la pollution des forêts et des rivières **soient** tellement faibles.	*The ecologists are angry that the laws against polluting the forests and rivers are so weak.*

2. As with verbs of volition, there must be different subjects in the main and dependent clauses. Otherwise, an infinitive is used.

Le président est content de rencontrer le Premier ministre du Canada.	*The president is happy to meet the prime minister of Canada.*

3. The subjunctive is also used following impersonal expressions of emotion.

il est bizarre que	il est juste / injuste que
il est bon que*	il est stupide que*
il est dommage que (*it's too bad that*)	il est utile / inutile que

Il est dommage que la guerre y **continue.**	*It's too bad that war is continuing there.*
Est-il bon que les enfants aussi **expriment** leurs opinions?	*Is it good that children also express their opinions?*
Il est stupide que tant de citoyens ne **votent** pas.	*It is stupid that so many citizens do not vote.*

---

*In everyday conversation, the French often say **c'est stupide que, c'est bon que,** etc.

Allez-y!

A. Sentiments. Complétez chaque phrase de façon logique en mettant une des expressions en italique au subjonctif.

> **MODÈLE:** Nous sommes furieux / *les leaders politiques se sentent responsables face aux électeurs / la télévision n'analyse pas les problèmes actuels.* →
> Nous sommes furieux que la télévision n'analyse pas les problèmes actuels.

1. Je suis désolé(e) / *tu es malade aujourd'hui / tu réussis à l'examen.*
2. Mes parents ont peur / *je finis mes études très rapidement / je ne finis pas mes études.*
3. Je regrette / *mon frère et moi ne sommes jamais d'accord / mon frère et moi nous amusons souvent ensemble.*
4. Mon amie Catherine est soulagée / *il y a enfin deux femmes à la Cour suprême / le taux de chômage est élevé cette année.*
5. Les sénateurs sont étonnés / *le public ne veut pas payer plus d'impôts / le public veut payer plus d'impôts.*

B. Le journal. Voici des titres (*headlines*) adaptés de divers journaux français. Donnez votre réaction à chaque situation. Utilisez les expressions suivantes: **être content(e), heureux / heureuse, désolé(e), triste, surpris(e), étonné(e), soulagé(e), fâché(e), furieux / furieuse, regretter, avoir peur, il est stupide (bizarre, bon, dommage, juste, injuste, utile, inutile) que.**

> **MODÈLE:** **Les femmes et les chômeurs fument davantage** (*more*) →
> Il est dommage que les femmes et les chômeurs fument davantage.

1. **Le Club Méditerranée ouvre son premier village en Chine**
2. **L'Europe aime la France** (La majorité des Européens choisiraient la France comme terre d'accueil [*country where they would settle*].)
3. **Le froid tue** (*kills*) **5 sans-abri** (Des centres d'hébergement [*shelters*] exceptionnels ont ouvert leurs portes aux victimes du froid.)
4. **Les Français disent «non» à la drogue** (68 % des Français sont favorables au maintien de l'interdiction totale des ventes et de la consommation de drogues, selon un sondage.)
5. **L'industrie textile va supprimer** (*to eliminate*) **un emploi sur sept** (L'industrie textile a annoncé qu'elle comptait supprimer 750 emplois.)

C. Émotions. Donnez votre opinion personnelle sur les problèmes de la société américaine.

> **MODÈLE:** Je suis heureux / heureuse que... ⟶
> Je suis heureux / heureuse que les États-Unis aident plusieurs pays en voie de développement (*developing*).

1. Je suis heureux / heureuse que...
2. Je regrette que...
3. Il est injuste que...
4. Il est bon que...
5. Il est bizarre que...
6. Il est stupide que...

D. Encore des émotions. Reprenez les *trois premières* phrases de l'exercice C. Maintenant demandez à cinq camarades comment ils/elles ont complété ces phrases. Pouvez-vous trouver quelqu'un qui a les mêmes opinions que vous?

> **MODÈLE:** É1: Qu'est-ce qui te rend heureux / heureuse?
> É2: Je suis heureux / heureuse que le maire fasse quelque chose pour aider les sans-abri.

Le subjonctif (quatrième partie)
Expressing Doubt and Uncertainty

Les interventions militaires

KOFI: **Crois-tu qu'on doive** intervenir militairement dans les pays où il y a des difficultés politiques?

KARIM: Je **ne suis pas sûr** que ce **soit** une bonne solution.

KOFI: Pourquoi?

KARIM: Parce que **je ne pense pas** que cela **puisse** changer la situation politique de ces pays.

Complétez les phrases selon le dialogue.

1. Karim ne croit pas qu'on _____ intervenir militairement dans les pays où il y a des difficultés politiques.
2. Il n'est pas sûr que ce _____ une bonne solution.
3. Il ne pense pas que cette intervention _____ changer la situation politique de ces pays.

1. The subjunctive is used—with a change of subject—after expressions of doubt and uncertainty, such as **je doute, je ne suis pas sûr(e),** and **je ne suis pas certain(e).**

> Beaucoup de femmes **ne sont pas sûres** que leur statut **soit** égal au statut des hommes.
>
> *Many women aren't sure that their status is equal to the status of men.*
>
> Les jeunes **doutent** souvent que les hommes et les femmes politiques **soient** honnêtes.
>
> *Young people often doubt that politicians are honest.*

2. In the affirmative, verbs such as **penser** and **croire** are followed by the indicative. In the negative and interrogative, they express a degree of doubt and uncertainty and can then be followed by the subjunctive. In spoken French, however, the indicative is more commonly used.

> Je **pense** que la presse **est** libre.
>
> *I think the press is free.*
>
> **Pensez**-vous que la presse **soit** libre?
> **Pensez**-vous que la presse **est** libre?
>
> *Do you think the press is free?*
>
> Je **ne crois pas** que la démocratie **soit** en danger.
> Je **ne crois pas** que la démocratie **est** en danger.
>
> *I don't think that democracy is in danger.*

3. The following impersonal expressions are followed by the *indicative* because they imply certainty or probability.*

IMPERSONAL EXPRESSIONS USED WITH THE INDICATIVE	
il est certain que	il est probable que
il est clair que	il est sûr que
il est évident que	il est vrai que

> **Il est probable que** l'Europe et les États-Unis **feront** plus d'échanges culturels et commerciaux.
>
> *It's probable that Europe and the U.S. will engage in more cultural and commercial exchanges.*
>
> **Il est vrai que** les Québécois **veulent** préserver leur propre identité.
>
> *It's true that the Quebecois want to preserve their own identity.*

---

*In everyday conversation, you will often hear **c'est,** rather than **il est,** with these expressions.

Allez-y!

A. Réflexions sur l'Afrique francophone. Complétez les phrases avec le subjonctif ou l'indicatif des verbes, selon le cas.

1. Il est sûr que le Burkina-Faso _____ (être) un pays en pleine mutation.
2. Pensez-vous que la Côte-d'Ivoire _____ (être) un pays où l'intervention militaire est justifiée?
3. Les observateurs diplomatiques ne croient pas que l'assistance étrangère _____ (pouvoir) améliorer la crise économique et sociale de l'Afrique centrale.
4. On ne doute pas que les Sénégalais _____ (vouloir) multiplier les échanges commerciaux avec les pays voisins.
5. Il est évident que le Ghana _____ (avoir) des ressources minières importantes.
6. Je ne crois pas que les autres nations _____ (devoir) intervenir dans les affaires africaines.

B. Discussion. Avec un(e) camarade, discutez des idées suivantes. Choisissez une phrase et posez une question. Votre camarade répond selon sa conviction.

> **MODÈLE:** Le politicien est honnête. →
> É1: Crois-tu que le politicien soit honnête?
> É2: Oui, je crois qu'il est honnête. (Non, je ne crois pas qu'il soit honnête.)

Idées à discuter:

1. Nous avons besoin d'une armée plus moderne.
2. Les citoyens de ce pays savent voter intelligemment.
3. Le gouverneur de votre état / province a de bonnes idées.
4. On doit limiter l'immigration dans ce pays.
5. L'enseignement bilingue est une bonne idée.

C. Opinions et croyances. Complétez les phrases de façon logique. Exprimez une opinion personnelle.

> **MODÈLE:** Je ne pense pas que... →
> Je ne pense pas que les jeunes soient informés sur la contraception.

1. C'est vrai que... 2. Personne ne croit que... 3. Je ne suis pas sûr(e) que... 4. Il est probable que... 5. Beaucoup d'étudiants trouvent que...

Mots clés

Éviter l'emploi du subjonctif

Espérer, followed by the indicative, can be used instead of **souhaiter** and other constructions that require the subjunctive.

J'**espère** qu'il gagnera les élections.

Devoir + infinitive can sometimes be used instead of **il faut que** and **il est nécessaire que.**

Tu **dois** afficher les prospectus.

In general statements, the use of the infinitive can replace the subjunctive.

Il faut que nous contrôlions les déchets industriels.
Il faut **contrôler** les déchets industriels.

Leçon 4

Lecture

Avant de lire

Inferring an author's point of view. Approximately 7% of the French population is composed of immigrants, chiefly from former French colonies in North and West Africa, as well as Spain, Portugal, and Eastern European countries. These immigrants came to France to seek greater economic opportunities and social freedoms. However, immigrants have not been universally welcomed. Some of the French have associated immigration with increased violence and crime and with a disruption of the French way of life.

You will be reading an excerpt from the novel *La Réclusion solitaire,* written in 1976 by the Moroccan writer and poet, Tahar Ben Jelloun (1944–). In this work, Ben Jelloun draws on his personal experience to describe the sometimes difficult conditions experienced by Arabs in French society. The narrator, a North African worker, lives in a room with three others. In this excerpt, he describes the sometimes arbitrary and discriminatory rules imposed upon the residents.

Examine carefully the wording of these rules, as illustrated in the following examples. Which words and structures are repeated?

Il est interdit de faire son manger dans la chambre...
Il est interdit de recevoir des femmes; [...]

The repetition of the impersonal expression **Il est interdit de** followed by the infinitive is an example of parallelism.

Now compare the following two rules. You will note that although they are parallel in structure, they do not express parallel ideas. (In what ways are the ideas dissimilar?)

Il est interdit d'écouter la radio à partir de neuf heures.
Il est interdit de vous peindre en bleu, en vert ou en mauve.

In the first case, the restriction is of a realistic nature, a rule one might find in place such as workers' housing. In the second, the rule is absurd, a behavior that would never occur and consequently expresses a useless regulation.

As you read the text, pay particular attention to the nature of the behavior forbidden by the repeated formula **Il est interdit de.** Which rules are plausible? Which seem ridiculous? Which criticize the behaviors of immigrants? Which express hostility toward the presence of immigrants in French society?

La Réclusion solitaire [extrait] de Tahar Ben Jelloun

À propos de la lecture...
Cet extrait est tiré du roman *La Réclusion solitaire* de Tahar Ben Jelloun.

À l'entrée du bâtiment, on nous a donné le règlement:

—Il est interdit de faire son manger dans la chambre (il y a une cuisine au fond du couloir);

—Il est interdit de recevoir des femmes;...

—Il est interdit d'écouter la radio à partir de neuf heures;

—Il est interdit de chanter le soir, surtout en arabe ou en kabyle[1];

—Il est interdit d'égorger[2] un mouton dans le bâtiment;...

—Il est interdit de faire du yoga dans les couloirs;

—Il est interdit de repeindre les murs, de toucher aux meubles, de casser les vitres,[3] de changer d'ampoule,[4] de tomber malade, d'avoir la diarrhée, de faire de la politique, d'oublier d'aller au travail, de penser à faire venir sa famille,... de sortir en pyjama dans la rue, de vous plaindre[5] des conditions objectives et subjectives de vie,... de lire ou d'écrire des injures[6] sur les murs, de vous disputer, de vous battre,[7] de manier[8] le couteau, de vous venger.

—Il est interdit de mourir dans cette chambre, dans l'enceinte de[9] ce bâtiment (allez mourir ailleurs: chez vous, par exemple, c'est plus commode);

—Il est interdit de vous suicider (même si on vous enferme à Fleury-Mérogis[10]): votre religion vous l'interdit, nous aussi;

—Il est interdit de monter dans les arbres;

—Il est interdit de vous peindre en bleu, en vert ou en mauve;

—Il est interdit de circuler en bicyclette dans la chambre, de jouer aux cartes, de boire du vin (pas de champagne);

—Il est aussi interdit de... prendre un autre chemin pour rentrer du boulot. Vous êtes avertis. Nous vous conseillons de suivre le règlement, sinon,... ce sera le séjour dans un camp d'internement en attendant votre rapatriement. ❧

Tahar Ben Jelloun

---

[1] language spoken in Kabylia, a rugged mountain region in northeastern Algeria [2] slit the throat of [3] windows [4] light bulb [5] vous... complain [6] insults [7] vous... fight [8] wield [9] dans... within the boundary of [10] prison près de Paris

Compréhension

Classez. Choisissez sept des règles énumérées dans le texte. Ensuite, classez-les en utilisant les catégories suivantes.

C'est une règle...

- qui convient à la situation.
- qui exprime le racisme.
- qui semble critiquer des pratiques musulmanes.
- ridicule.
- qui exprime de l'hostilité envers la présence maghrébine.
- qui suggère que les Maghrébins sont impliqués dans la criminalité.

Écriture

L'environnement. Quel problème écologique vous préoccupe le plus? Est-ce la détérioration de la couche d'ozone, les déchets toxiques, la déforestation, l'usage de pesticides... ? Choisissez-en un, puis écrivez une lettre adressée à votre député(e).

1er PARAGRAPHE:
1. Exposez le problème.
2. Présentez les conséquences pour votre ville, pour la région et la nation.

2e PARAGRAPHE:
3. Proposez des solutions au problème.

3e PARAGRAPHE:
4. Essayez de convaincre votre député(e) de suivre vos recommandations. Présentez les avantages d'opter pour vos solutions.

4e PARAGRAPHE:
5. Remerciez-le/la de son aide.

Monsieur le Député / Madame la Députée,

J'aimerais attirer votre attention sur le problème suivant:...

Recevez, Monsieur / Madame, l'expression de mes sentiments les meilleurs.

À l'écoute sur Internet!

Les informations. Vous allez entendre un flash d'informations à la radio. Lisez les activités suivantes avant d'écouter le vocabulaire et le flash d'informations qui leur correspondent.

VOCABULAIRE UTILE

en hommage à	in recognition of
une balle	a bullet
un chiffre record	a record number
ne jetez plus	don't throw away any more
la coupe d'Europe	European Cup

A. Thèmes et problèmes. Choisissez les thèmes qui sont traités dans ce flash d'informations.

1. le SIDA
2. l'éducation
3. le racisme
4. la drogue
5. la Bosnie-Herzégovine
6. le chômage
7. le logement
8. la politique
9. l'écologie
10. la Sécurité sociale
11. le recyclage
12. le sport
13. l'agriculture

B. Associations. Associez les éléments de chaque colonne.

_____ 1. recyclage
_____ 2. séparation
_____ 3. chiffre record
_____ 4. coupe d'Europe
_____ 5. manifestation

a. 3 millions de chômeurs
b. Limoges
c. Rachid Bencherif
d. «La Journée de la terre»
e. les «Verts» et «Génération écologie»

En société

Objectif: Suggesting and giving advice

$\mathcal{N}$ote culturelle

Avec un taux de chômage des plus élevés, la France tente de remédier à cette instabilité sociale. Une des solutions a été la création de la semaine de 35 heures (en vigueur[1] le Ier janvier 2000): «Du temps pour soi, une chance pour chacun».[2] Non seulement cette mesure permettrait la création de nombreux emplois, mais elle favoriserait également un autre genre de société qui améliorerait la vie personnelle et familiale.

[1]en... *effective*   [2]«Du... *"Some free time for yourself, an opportunity for everyone."*

L'opinion

Dans cet épisode, qu'est-ce qui se passera lorsque Claire se trouvera face à face avec un sans-abri?

VOCABULAIRE UTILE

J'aurais dû l'aider	I should have helped him
un clochard	a bum
des types	some guys
un carton	a box

Visionnez!

Indiquez l'ordre dans lequel ces phrases apparaissent dans la vidéo.

_____ **a.** «À mon avis, c'est bien que tu donnes un carton de nourriture à l'Association des sans-abri.»

_____ **b.** «Et juste après avoir vu ce sans-abri, j'ai pensé à toi et à ton travail avec l'Association des sans-abri.»

_____ **c.** «Je voudrais aussi aider ce sans-abri que j'ai vu cet après-midi.»

_____ **d.** «Cet après-midi, j'ai vu un clochard ou plutôt un sans-abri.»

Jouez la scène!

Avec deux ou trois partenaires, lisez les situations suivantes. Pour chacune d'entre elle, une personne doit prendre une décision. Les autres étudiants lui donnent des conseils et discutent du problème. La personne doit réagir aux suggestions et prendre une décision.

- abandonner ses études avant l'obtention d'un diplôme
- donner de l'argent à un sans-abri dans la rue
- s'engager dans l'armée
- traverser un piquet de grève (*picket line*)

Vocabulaire

Verbes

abolir to abolish
augmenter to raise
conserver to conserve
contrôler to inspect, monitor
développer to develop
diminuer to lower
douter to doubt
élire to elect
s'engager (dans) to get involved (in) (*a public issue, cause*)
estimer to consider, to believe, to estimate
exiger to require; to demand
exprimer une opinion to express an opinion
faire grève to strike
falloir to be necessary
gaspiller to waste
manifester (pour / contre) to demonstrate (for / against)
polluer to pollute
poser sa candidature to run for elected office; to apply (for a job)
protéger to protect
reconnaître to recognize
recycler to recycle
regretter to regret, be sorry
sauver to save, rescue
souhaiter to wish, desire
soutenir to support
valoir to be worth

Substantifs

la banlieue suburb
le citoyen / la citoyenne citizen
les déchets (*m. pl.*) waste (*material*)

l'électeur / l'électrice voter
le gaspillage wasting
la guerre war
les impôts (*m. pl.*) taxes
le parti political party
le politicien / la politicienne politician
la politique politics; policy
le recyclage recycling
la réussite success
le/la sans-abri homeless person
le sondage survey

Substantifs apparentés

l'accident (*m.*), **l'atmosphère** (*f.*), **le budget (militaire), le développement, l'élection, l'énergie** (*f.*) **nucléaire / solaire, l'environnement** (*m.*), **le gouvernement, l'inflation** (*f.*), **la légalisation, la liberté d'expression, les médias** (*m.*), **la nature, l'opinion** (*f.*) **publique, la pollution, le problème, le progrès, la prolifération, la protection, la réduction, la réforme, les ressources naturelles, la sécurité, le sexisme, la source**

Adjectifs

désolé(e) sorry
étonné(e) surprised
fâché(e) angry
furieux / furieuse furious

grave serious
industriel(le) industrial
soulagé(e) relieved
sûr(e) sure, certain
surpris(e) surprised

Expressions impersonnelles

il est... it is . . .
  dommage too bad
  étrange strange
  fâcheux unfortunate
  (in)utile useless / useful
il se peut que... it is possible that . . .
il semble que... it seems that . . .
il vaut mieux (que)... it is better (that) . . .

Expressions impersonnelles apparentées

il est... certain, clair, essentiel, évident, important, (im)possible, indispensable, (in)juste, nécessaire, normal, peu probable, préférable, probable, stupide, sûr, urgent, vrai

Mots et expressions divers

j'ai entendu dire que... I heard that . . .
par exemple for example
personnellement personally
pour ma part in my opinion, as for me
selon moi according to me

❋ Révisez! Chapitres 13–16

RESOURCES

For further review of the grammar practiced in these activities, refer to **Chapitres 13–16** on the *Vis-à-vis* CD-ROM, on the website, and in the Workbook/Lab Manual.

A. Les extraits d'un journal intime. Voici les pensées d'un employé de banque qui n'aime plus sa routine. Lisez et complétez son journal intime avec des mots de la liste de vocabulaire.

Vocabulaire: le moins, m'ennuyer, m'habille, m'installe, me réveille, me suis trompé, où, plus

13 novembre

Je suis triste parce que mes journées à la banque commencent à _____¹. Chaque jour, c'est pareil (*the same*). Je _____² à 6 h du matin. Je _____³ d'un costume bleu foncé et je vais au travail. À la banque, je _____⁴ devant mon ordinateur et pendant huit heures je travaille comme un fou. Il est vrai que je gagne _____⁵ d'argent que mes collègues, mais je souffre. Je suis _____⁶ satisfait de tous mes collègues. Est-ce que je dois continuer à travailler dans un endroit _____⁷ je me sens si mal? Quand j'ai accepté ce poste, est-ce que je _____⁸?

B. Les vacances à la Martinique. Magali et Pascal parlent des vacances qu'ils aimeraient prendre ensemble. Magali trouve des renseignements sur la Martinique et écrit tout de suite à Pascal. Lisez et complétez son e-mail avec des mots de la liste de vocabulaire.

Vocabulaire: allions, aurons, laquelle, le plus, mieux, nous amuserons, plus, plusieurs, pourrions, quelqu'un, qu'est-ce que, qui est-ce qui, serait, visitions

Cher Pascal,

Je viens de visiter un site Web sur la Martinique et il me semble que nous _____¹ y aller cet été. Il y a _____² façons de découvrir cette île extraordinaire. Je connais _____³ qui a déjà visité l'île à vélo. À vélo, on rencontrera _____⁴ facilement les habitants de la région. Penses-tu que nous _____⁵ assez d'énergie pour faire un tour à vélo? Sinon, ça _____⁶ sympathique de faire une randonnée pour voir de près la montagne Pelée. C'est un volcan, tu sais! J'aimerais aussi que nous _____⁷ l'île aux Fleurs pour mieux apprécier la faune et la flore tropicales. _____⁸ tu penses de ces options? _____⁹ préfères-tu? Nous devons décider _____¹⁰ vite possible. Nous devons contacter les gens de l'agence, n'est-ce pas? _____¹¹ doit le faire? Toi ou moi? Je crois que ce serait _____¹² si tu leur écrivais. Je suis contente que nous _____¹³ ensemble à la Martinique. Je suis sûre que nous _____¹⁴ bien!

Magali

Answers to Activities A and B in Appendix H.

Bienvenue à la Martinique

LA MARTINIQUE

Un coup d'œil sur Fort-de-France

Tournée vers[1] la mer des Caraïbes, Fort-de-France est la capitale de «l'île aux Fleurs» découverte par Christophe Colomb en 1502. C'est un port où font escale[2] les bateaux de croisière[3] venus d'Amérique et d'Europe. La Martinique est un département français depuis 1946. Le souffle bienfaisant[4] des vents alizés[5] vous accueille pour une visite du centre-ville, avec le marché aux poissons près du canal Levassor, la bibliothèque Schœlcher (du nom de l'abolitionniste du XIXᵉ siècle) dans la rue de Liberté et la Cathédrale Saint-Louis sur rue Schœlcher! Ces deux bâtiments sont construits en fer et en acier,[6] comme la tour Eiffel à Paris!

Ici le créole est la langue maternelle et tout le monde apprend le français à l'école, même les Békés. Les Békés, qui sont les descendants blancs des premiers colons français, contrôlent à peu près toute l'économie de l'île. Ils possèdent plus de 50 % des richesses de l'île et sont les propriétaires des plantations de canne à sucre, qu'on appelle des «habitations». Mais la vraie richesse de la Martinique vient de sa culture ainsi que[7] de ses femmes et de ses hommes qui forment une société solidaire.

La bibliothèque Schœlcher à Fort-de-France

[1]Tournée... *Facing* [2]font... *stop over* [3]bateaux... *cruise ships* [4]souffle... *refreshing breath* [5]vents... *trade winds* [6]*steel* [7]ainsi... *as well as*

Portrait - Aimé Césaire (1913–)

Poète et homme politique (Maire de Fort-de-France pendant cinquante ans), il personnifie la théorie de la «négritude».[1] La littérature mondiale lui doit des œuvres majeures comme *Cahier d'un retour au pays natal*, écrit après sa rencontre avec Léopold Sédar Senghor,[2] et *La Tragédie du roi Christophe*, sur les difficultés de la libération psychologique des anciens esclaves devenus maîtres[3] d'Haïti.

[1]*the movement to restore the cultural identity of Africans around the world by rejecting European values and affirming the history and personality of African peoples*
[2]Léopold... *(1906–2001) poet and founding president of Senegal who was an early leader of the Black consciousness movement and who coined the term négritude.* [3]*masters*

Appendix A

Glossary of Grammatical Terms

ACCORD (*m.*) (*AGREEMENT*) There is agreement when a word takes the gender and the number of another word it modifies. Articles and adjectives agree with the noun they modify, as do past participles of verbs conjugated with **être.**

C'est **une femme indépendante.**
She is an independent woman.
Elles sont arrivées à temps.
They arrived in time.

ADJECTIF (*m.*) (*ADJECTIVE*) A word that describes a noun or a pronoun. It agrees in number and gender with the word it modifies.

Adjectif démonstratif (*Demonstrative adjective*) An adjective that points out a particular noun.

ce garçon, **ces** livres
this boy, *these* books

Adjectif interrogatif (*Interrogative adjective*) An adjective used to form questions.

Quelles affiches cherchez-vous?
What posters are you looking for?
Quel livre?
Which book?

Adjectif possessif (*Possessive adjective*) An adjective that indicates possession or a special relationship.

leur voiture, **ma** sœur
their car, *my* sister

Adjectif qualificatif (*Descriptive adjective*) An adjective that specifies size, color, or other qualities.

Elles sont **intelligentes.**
*They are **smart.***
C'est une **grande** maison.
*It's a **big** house.*

ADVERBE (*m.*) (*ADVERB*) A word that describes an adjective, a verb, or another adverb.

Il écrit **très bien.** Elle va **plus** efficace.
*He writes **very well.** She is **more** efficient.*

Adverbe interrogatif (*Interrogative adverb*) An adverb that introduces a question about time, place, manner, or quantity (amount).

Combien ça coûte?
How much is it?*
Quand est-ce que vous partez?
When are you leaving?*

ANTÉCÉDENT (*m.*) A word, usually a noun, that is replaced by a pronoun in the same or a subsequent sentence. In the example, **Jeanne** is the antecedent of **elle,** and **un gant** is the antecedent of **le.**

Jeanne a perdu **un gant** et **elle** ne **le** retrouve plus.
Jeanne lost a glove, and she can't find it anymore.

ARTICLE (*m.*) A determiner that sets off a noun.

Article défini (*Definite article*) An article that indicates a specific noun.

le pays, **la** chaise, **les** femmes
the country, the chair, the women

Article indéfini (*Indefinite article*) An article that indicates an unspecified noun.

un garçon, **une** ville, **des** carottes
*a boy, a city, (**some**) carrots*

Article partitif (*Partitive article*) In French, an article that denotes part of a whole. *Some* is not always expressed in English, but the partitive is almost always expressed in French.

du chocolat, **de la** tarte, **de l'**eau
(**some**) *chocolat*, (**some**) *pie*, (**some**) *water*

COMPARATIF (*m.*) (*COMPARATIVE*) The form of adjectives and adverbs used to compare two nouns or actions.

Léa est **moins** bavarde **que** Julien.
*Léa is **less** talkative **than** Julien.*
Elle court **plus** vite **que** lui.
*She runs **faster than** he does.*

CONDITIONNEL (*m.*) (*CONDITIONAL*)

See **Mode.**

CONJUGAISON (*f.*) (*CONJUGATION*) The different forms of a verb for a particular tense or mood. A present indicative conjugation:

je parle	*I speak*
tu parles	*you speak*
il/elle/on parle	*he/she/it/one speaks*
nous parlons	*we speak*
vous parlez	*you speak*
ils/elles parlent	*they speak*

CONJONCTION (*f.*) (*CONJUNCTION*) An expression that connects words, phrases, or clauses.

Christophe **et** Diane.
*Christophe **and** Diane.*
Il fait froid, **mais** il fait beau.
*It's cold, **but** nice.*

CONTRACTION (*f.*) (*CONTRACTION*) Two words combine to form one. In French, this phenomenon happens with **à** and **de** combined with the definite articles **le** or **les.**

Ils parlent **aux** étudiants.
He's talking to the students.
C'est le livre **du** professeur.
It's the teacher's book.

ÉLISION (*f.*) (*ELISION*) The replacement of the final vowel of a word by an apostrophe before the initial vowel or vowel sound of the following word.

Il arrive à **l'**université à 8 h.
He arrives at the university at 8:00.
J'ai compris **qu'**il reviendrait.
I understood that he would come back.

GENRE (*m.*) (*GENDER*) A grammatical category of words. In French, there are two genders: feminine and masculine. Gender applies to nouns, articles, adjectives, and pronouns.

	masc.	fem.
articles and nouns	**le** disque	**la** cassette
adjectives	**lent, beau**	**lente, belle**
pronouns	**il, celui**	**elle, celle**

IMPARFAIT (*m.*) (*IMPERFECT*) In French, a verb tense that expresses a past action with no specific beginning or ending.	Nous **nagions** souvent. *We **used to swim** often.*
IMPÉRATIF (*m.*) (*IMPERATIVE*)	*See* **Mode.**
INDICATIF (*m.*) (*INDICATIVE*)	*See* **Mode.**
INFINITIF (*m.*) (*INFINITIVE*)	*See* **Mode.**
LIAISON (*f.*) (*LIAISON*) A speech-sound redistribution in which an otherwise silent final consonant is articulated with the initial vowel or vowel sound of the following word.	C'est_un_animal domestique. [sɛtœnanimal] aux États-Unis [ozetazyni]
MODE (*m.*) (*MOOD*) A set of categories for verbs indicating the attitude of the speaker toward what he or she is saying.	
Mode conditionnel (*Conditional mood*) A verb form conveying possibility	J'**irais** si j'avais le temps. *I **would go** if I had time.*
Mode impératif (*Imperative mood*) A verb form expressing a command	**Allez**-y! ***Go** ahead!*
Mode indicatif (*Indicative mood*) A verb form denoting actions or states considered facts.	Je **vais** à la bibliothèque. *I **am going** to the library.*
Mode infinitif (*Infinitive mood*) A verb form introduced in English by *to*. In French dictionaries, this form appears as the main entry.	**jouer, vendre, venir** ***to play, to sell, to come***
Mode subjonctif (*Subjunctive mood*) A verb form, uncommon in English, used primarily in subordinate clauses after expressions of desire, doubt, or emotion. French constructions with the subjunctive have many possible English equivalents.	Je veux que vous y **alliez.** *I want you to go there.* J'ai peur qu'elle **dise** non. *I'm afraid she will say no.*
MOT APPARENTÉ (*m.*) (*COGNATE*) In two languages, words spelled similarly with similar meaning.	**état, sérieux, ordre** ***state, serious, order***
NOM (*m.*) (*NOUN*) A word that denotes a person, place, thing, or idea. Proper nouns are capitalized names.	**avocat, ville, journal, Louise** ***lawyer, city, newspaper, Louise***
NOMBRE (*m.*) (*NUMBER*) A grammatical category of words. It indicates whether a noun, article, adjective, or pronoun is singular (**singulier**) or plural (**pluriel**).	singulier: Le fromage est bon. pluriel: Les fromages sont bons.

NOMBRE (*m.*) (*NUMBER*)

Nombre cardinal (*Cardinal number*) A number that expresses an amount.	**deux** bureaux, **quatre** ans *two desks, four years*
Nombre ordinal (*Ordinal number*) A number that indicates position in a series.	le **deuxième** bureau, la **quatrième** année *the second desk, the fourth year*

PARTICIPE PASSÉ (*m.*) (*PAST PARTICIPLE*) The form of a verb used in a compound tense (such as the **passé composé**) with forms of *to have* in English, and with **avoir** and **être** in French.

mangé, fini, perdu
eaten, finished, lost

PASSÉ COMPOSÉ (*m.*) In French, a verb tense that expresses a past action with a definite ending. It consists of the present indicative of the auxiliary verb (**être** or **avoir**) and the past participle of the conjugated verb. There are several equivalent forms in English.

J'ai mangé
I ate, I did eat, I have eaten
Elle **est tombée**
She fell, she did fall, she has fallen

PERSONNE (*f.*) (*PERSON*) The form of a pronoun or a verb that indicates the person involved in an action.

singulier	pluriel
1st person je / *I*	nous / *we*
2nd person tu / *you*	vous / *you*
3rd person il, elle, on / *he, she, one, it*	ils, elles / *they*

PRÉPOSITION (*f.*) (*PREPOSITION*) A word or phrase that specifies the relationship of a word (usually a noun or a pronoun) to another. The relationship is usually spatial or temporal.

près de l'aéroport, **avec** lui, **avant** 11 h
near the airport, with him, before 11:00

PRONOM (*m.*) (*PRONOUN*) A word used in place of one or more nouns.

Pronom accentué ou disjoint (*Stressed or disjunctive pronoun*) In French, a pronoun used for emphasis or as the object of a preposition.	**Toi,** tu es incroyable! *You are unbelievable!* Je travaille avec **lui.** *I work with him.*

Pronom complément (d'objet) (*Object pronoun*) A pronoun that replaces a direct object noun or an indirect object noun.	direct: Je vois Alain. Je **le** vois.
	    I see Alain. I see him.
	indirect: Je donne le livre à Daniel. Je **lui** donne le livre.
	    I give the book to Daniel. I give him the book.

Pronom démonstratif (*Demonstrative pronoun*) A pronoun that singles out a particular person or thing.	Voici deux livres: **celui-ci** est intéressant, mais **celui-là** est ennuyeux. *Here are two books: this one is interesting, but that one is boring.*
Pronom interrogatif (*Interrogative pronoun*) A pronoun used to ask a question.	**Qui** parle? **Qu'est-ce que** vous voulez? *Who is speaking? What do you want?*
Pronom réfléchi (*Reflexive pronoun*) A pronoun that represents the same person as the subject of the verb.	Je **me** regarde dans le miroir. *I am looking at myself in the mirror.*

Pronom relatif (*Relative pronoun*) A pronoun that introduces an independent clause and denotes a noun already mentioned.	On parle à la femme **qui** habite ici. *We're talking to the woman **who** lives here.* C'est le stylo **que** vous cherchez? *Is it the pen (**that**) you're looking for?*
Pronom sujet (*Subject pronoun*) A pronoun representing the person or thing performing the action of the verb.	**Ils** travaillent bien ensemble. ***They** work well together.*
PROPOSITION (*f.*) (*CLAUSE*) A construction that contains a subject and a verb.	
Proposition principale (*Main clause*) A clause that stands on its own and expresses a complete idea.	**Je cherche la femme** qui joue au tennis. ***I'm looking for the woman** who plays tennis.*
Proposition subordonnée (*Subordinate clause*) A clause that cannot stand on its own because it does not express a complete idea.	Je cherche la femme **qui joue au tennis.** *I'm looking for the woman **who plays tennis.***
SUJET (*m.*) (*SUBJECT*) The word(s) denoting the person, place, or thing performing an action or existing in a state.	**Mon ordinateur** est là-bas. ***My computer** is over there.* **Marc** arrive demain. ***Marc** arrives tomorrow.*
SUBJONCTIF (*m.*) (*SUBJUNCTIVE*)	*See* **Mode.**
SUPERLATIF (*m.*) (*SUPERLATIVE*) The form of adjectives or adverbs used to compare three or more nouns or actions. In English, the superlative is marked by *most* or *-est*.	Elle a choisi la robe **la plus** chère. *She chose **the most** expensive dress.* Béatrice court **le plus** vite. *Béatrice runs the fast**est**.*
TEMPS (*m.*) (*TENSE*) The form of a verb indicating time: present, past, or future.	
VERBE (*m.*) (*VERB*) A word that reports an action or state.	Elle **est arrivée** hier. *She **arrived** yesterday.* Elle **était** fatiguée. *She **was** tired.*
Verbe auxiliaire (*Auxiliary verb*) A verb used in conjunction with an infinitive or a participle to convey distinctions of tense and mood. In French, the main auxiliaries are **avoir** and **être.**	J'**ai** fait mes devoirs. *I **did** my homework.* Nous **sommes** allés au cinéma. *We went to the movies.*
Verbe impersonnel (*Impersonal verb*) Always accompanied by the impersonal pronoun **il,** impersonal verbs are divided into two categories: verbs reporting natural phenomena and verbs with special meaning.	**Il fait** beau aujourd'hui. ***It is** nice today.* **Il faut** travailler fort. ***One has** to work hard.*
Verbe pronominal (*Pronominal verb*) In French, a verb with a reflexive pronoun as well as a subject pronoun in its conjugated form. Its infinitive is preceded by **se.**	**se souvenir, je me souviens** *to remember, I remember* **Il se coupe** quand **il se rase.** *He **cuts himself** when he shaves (**himself**).*

Appendix B

Verb Charts

1. The verbs *avoir* and *être*

INFINITIVE PRESENT PARTICIPLE PAST PARTICIPLE	INDICATIVE PRESENT		PASSÉ COMPOSÉ		IMPERFECT		PLUPERFECT	
avoir	j'	ai	j'	ai eu	j'	avais	j'	avais eu
(*to have*)	tu	as	tu	as eu	tu	avais	tu	avais eu
ayant	il/elle/on	a	il/elle/on	a eu	il/elle/on	avait	il/elle/on	avait eu
eu	nous	avons	nous	avons eu	nous	avions	nous	avions eu
	vous	avez	vous	avez eu	vous	aviez	vous	aviez eu
	ils/elles	ont	ils/elles	ont eu	ils/elles	avaient	ils/elles	avaient eu
être	je	suis	j'	ai été	j'	étais	j'	avais été
(*to be*)	tu	es	tu	as été	tu	étais	tu	avais été
étant	il/elle/on	est	il/elle/on	a été	il/elle/on	était	il/elle/on	avait été
été	nous	sommes	nous	avons été	nous	étions	nous	avions été
	vous	êtes	vous	avez été	vous	étiez	vous	aviez été
	ils/elles	sont	ils/elles	ont été	ils/elles	étaient	ils/elles	avaient été

	FUTURE		CONDITIONAL PRESENT		PAST		SUBJUNCTIVE PRESENT	IMPERATIVE
j'	aurai	j'	aurais	j'	aurais eu	que j'	aie	
tu	auras	tu	aurais	tu	aurais eu	que tu	aies	aie
il/elle/on	aura	il/elle/on	aurait	il/elle/on	aurait eu	qu'il/elle/on	ait	
nous	aurons	nous	aurions	nous	aurions eu	que nous	ayons	ayons
vous	aurez	vous	auriez	vous	auriez eu	que vous	ayez	ayez
ils/elles	auront	ils/elles	auraient	ils/elles	auraient eu	qu'ils/elles	aient	
je	serai	je	serais	j'	aurais été	que je	sois	
tu	seras	tu	serais	tu	aurais été	que tu	sois	sois
il/elle/on	sera	il/elle/on	serait	il/elle/on	aurait été	qu'il/elle/on	soit	
nous	serons	nous	serions	nous	aurions été	que nous	soyons	soyons
vous	serez	vous	seriez	vous	auriez été	que vous	soyez	soyez
ils/elles	seront	ils/elles	seraient	ils/elles	auraient été	qu'ils/elles	soient	

2. Regular verbs

INFINITIVE PRESENT PARTICIPLE PAST PARTICIPLE	INDICATIVE PRESENT		PASSÉ COMPOSÉ		IMPERFECT		PLUPERFECT	
-er verbs	je	parle	j'	ai parlé	je	parlais	j'	avais parlé
parler	tu	parles	tu	as parlé	tu	parlais	tu	avais parlé
(*to speak*)	il/elle/on	parle	il/elle/on	a parlé	il/elle/on	parlait	il/elle/on	avait parlé
parlant	nous	parlons	nous	avons parlé	nous	parlions	nous	avions parlé
parlé	vous	parlez	vous	avez parlé	vous	parliez	vous	aviez parlé
	ils/elles	parlent	ils/elles	ont parlé	ils/elles	parlaient	ils/elles	avaient parlé
-ir verbs	je	finis	j'	ai fini	je	finissais	j'	avais fini
finir	tu	finis	tu	as fini	tu	finissais	tu	avais fini
(*to finish*)	il/elle/on	finit	il/elle/on	a fini	il/elle/on	finissait	il/elle/on	avait fini
finissant	nous	finissons	nous	avons fini	nous	finissions	nous	avions fini
fini	vous	finissez	vous	avez fini	vous	finissiez	vous	aviez fini
	ils/elles	finissent	ils/elles	ont fini	ils/elles	finissaient	ils/elles	avaient fini
-re verbs	je	perds	j'	ai perdu	je	perdais	j'	avais perdu
perdre	tu	perds	tu	as perdu	tu	perdais	tu	avais perdu
(*to lose*)	il/elle/on	perd	il/elle/on	a perdu	il/elle/on	perdait	il/elle/on	avait perdu
perdant	nous	perdons	nous	avons perdu	nous	perdions	nous	avions perdu
perdu	vous	perdez	vous	avez perdu	vous	perdiez	vous	aviez perdu
	ils/elles	perdent	ils/elles	ont perdu	ils/elles	perdaient	ils/elles	avaient perdu

		CONDITIONAL				SUBJUNCTIVE		IMPERATIVE
FUTURE		PRESENT			PAST	PRESENT		
je	parlerai	je	parlerais	j'	aurais parlé	que je	parle	
tu	parleras	tu	parlerais	tu	aurais parlé	que tu	parles	parle
il/elle/on	parlera	il/elle/on	parlerait	il/elle/on	aurait parlé	qu'il/elle/on	parle	
nous	parlerons	nous	parlerions	nous	aurions parlé	que nous	parlions	parlons
vous	parlerez	vous	parleriez	vous	auriez parlé	que vous	parliez	parlez
ils/elles	parleront	ils/elles	parleraient	ils/elles	auraient parlé	qu'ils/elles	parlent	
je	finirai	je	finirais	j'	aurais fini	que je	finisse	
tu	finiras	tu	finirais	tu	aurais fini	que tu	finisses	finis
il/elle/on	finira	il/elle/on	finirait	il/elle/on	aurait fini	qu'il/elle/on	finisse	
nous	finirons	nous	finirions	nous	aurions fini	que nous	finissions	finissons
vous	finirez	vous	finiriez	vous	auriez fini	que vous	finissiez	finissez
ils/elles	finiront	ils/elles	finiraient	ils/elles	auraient fini	qu'ils/elles	finissent	
je	perdrai	je	perdrais	j'	aurais perdu	que je	perde	
tu	perdras	tu	perdrais	tu	aurais perdu	que tu	perdes	perds
il/elle/on	perdra	il/elle/on	perdrait	il/elle/on	aurait perdu	qu'il/elle/on	perde	
nous	perdrons	nous	perdrions	nous	aurions perdu	que nous	perdions	perdons
vous	perdrez	vous	perdriez	vous	auriez perdu	que vous	perdiez	perdez
ils/elles	perdront	ils/elles	perdraient	ils/elles	auraient perdu	qu'ils/elles	perdent	

3. Intransitive verbs conjugated with *être*[1]

INFINITIVE PRESENT PARTICIPLE PAST PARTICIPLE	INDICATIVE PRESENT		PASSÉ COMPOSÉ		IMPERFECT		PLUPERFECT
entrer	j'	entre	je	suis entré(e)	j'	entrais	j'	étais entré(e)
(*to enter*)	tu	entres	tu	es entré(e)	tu	entrais	tu	étais entré(e)
entrant	il/elle/on	entre	il/elle/on	est entré(e)	il/elle/on	entrait	il/elle/on	était entré(e)
entré	nous	entrons	nous	sommes entré(e)s	nous	entrions	nous	étions entré(e)s
	vous	entrez	vous	êtes entré(e)(s)	vous	entriez	vous	étiez entré(e)(s)
	ils/elles	entrent	ils/elles	sont entré(e)s	ils/elles	entraient	ils/elles	étaient entré(e)s

4. Pronominal verbs

INFINITIVE PRESENT PARTICIPLE PAST PARTICIPLE	INDICATIVE PRESENT	PASSÉ COMPOSÉ	IMPERFECT	PLUPERFECT
se laver	je me lave	je me suis lavé(e)	je me lavais	je m'étais lavé(e)
(*to wash*	tu te laves	tu t'es lavé(e)	tu te lavais	tu t'étais lavé(e)
oneself)	il/elle/on se lave	il/elle/on s'est lavé(e)	il/elle/on se lavait	il/elle/on s'était lavé(e)
se lavant	nous nous lavons	nous nous sommes lavé(e)s	nous nous lavions	nous nous étions lavé(e)s
lavé	vous vous lavez	vous vous êtes lavé(e)(s)	vous vous laviez	vous vous étiez lavé(e)(s)
	ils/elles se lavent	ils/elles se sont lavé(e)s	ils/elles se lavaient	ils/elles s'étaient lavé(e)s

[1]Other intransitive verbs conjugated with **être** in compound tenses are **aller, arriver, descendre, devenir, entrer, monter, mourir, naître, partir, passer, rentrer, rester, retourner, revenir, sortir, tomber,** and **venir.** Note that **descendre, monter, passer, retourner,** and **sortir** may sometimes be used as transitive verbs (i.e., with a direct object), in which case they are conjugated with **avoir** in compound tenses.

	CONDITIONAL		SUBJUNCTIVE	IMPERATIVE
FUTURE	PRESENT	PAST	PRESENT	
j' entrerai	j' entrerais	je serais entré(e)	que j' entre	
tu entreras	tu entrerais	tu serais entré(e)	que tu entres	entre
il/elle/on entrera	il/elle/on entrerait	il/elle/on serait entré(e)	qu'il/elle/on entre	
nous entrerons	nous entrerions	nous serions entré(e)s	que nous entrions	entrons
vous entrerez	vous entreriez	vous seriez entré(e)(s)	que vous entriez	entrez
ils/elles entreront	ils/elles entreraient	ils/elles seraient entré(e)s	qu'ils/elles entrent	

	CONDITIONAL		SUBJUNCTIVE	IMPERATIVE
FUTURE	PRESENT	PAST	PRESENT	
je me laverai	je me laverais	je me serais lavé(e)	que je me lave	
tu te laveras	tu te laverais	tu te serais lavé(e)	que tu te lave	lave-toi
il/elle/on se lavera	il/elle/on se laverait	il/elle/on se serait lavé(e)	qu'il/elle/on se lave	
nous nous laverons	nous nous laverions	nous nous serions lavé(e)s	que nous nous lavions	lavons-nous
vous vous laverez	vous vous laveriez	vous vous seriez lavé(e)(s)	que vous vous laviez	lavez-vous
ils/elles se laveront	ils/elles se laveraient	ils/elles se seraient lavé(e)s	qu'ils/elles se lavent	

5. Irregular verbs

INFINITIVE PRESENT PARTICIPLE PAST PARTICIPLE		INDICATIVE PRESENT		PASSÉ COMPOSÉ		IMPERFECT		PLUPERFECT
aller	je	vais	je	suis allé(e)	j'	allais	j'	étais allé(e)
(*to go*)	tu	vas	tu	es allé(e)	tu	allais	tu	étais allé(e)
allant	il/elle/on	va	il/elle/on	est allé(e)	il/elle/on	allait	il/elle/on	était allé(e)
allé	nous	allons	nous	sommes allé(e)s	nous	allions	nous	étions allé(e)s
	vous	allez	vous	êtes allé(e)(s)	vous	alliez	vous	étiez allé(e)(s)
	ils/elles	vont	ils/elles	sont allé(e)s	ils/elles	allaient	ils/elles	étaient allé(e)s
asseoir[2]	j'	assieds	j'	ai assis	j'	asseyais	j'	avais assis
(*to seat*)	tu	assieds	tu	as assis	tu	asseyais	tu	avais assis
asseyant	il/elle/on	assied	il/elle/on	a assis	il/elle/on	asseyait	il/elle/on	avait assis
assis	nous	asseyons	nous	avons assis	nous	asseyions	nous	avions assis
	vous	asseyez	vous	avez assis	vous	asseyiez	vous	aviez assis
	ils/elles	asseyent	ils/elles	ont assis	ils/elles	asseyaient	ils/elles	avaient assis
battre	je	bats	j'	ai battu	je	battais	j'	avais battu
(*to beat*)	tu	bats	tu	as battu	tu	battais	tu	avais battu
battant	il/elle/on	bat	il/elle/on	a battu	il/elle/on	battait	il/elle/on	avait battu
battu	nous	battons	nous	avons battu	nous	battions	nous	avions battu
	vous	battez	vous	avez battu	vous	battiez	vous	aviez battu
	ils/elles	battent	ils/elles	ont battu	ils/elles	battaient	ils/elles	avaient battu
boire	je	bois	j'	ai bu	je	buvais	j'	avais bu
(*to drink*)	tu	bois	tu	as bu	tu	buvais	tu	avais bu
buvant	il/elle/on	boit	il/elle/on	a bu	il/elle/on	buvait	il/elle/on	avait bu
bu	nous	buvons	nous	avons bu	nous	buvions	nous	avions bu
	vous	buvez	vous	avez bu	vous	buviez	vous	aviez bu
	ils/elles	boivent	ils/elles	ont bu	ils/elles	buvaient	ils/elles	avaient bu
conduire	je	conduis	j'	ai conduit	je	conduisais	j'	avais conduit
(*to lead;*	tu	conduis	tu	as conduit	tu	conduisais	tu	avais conduit
to drive)	il/elle/on	conduit	il/elle/on	a conduit	il/elle/on	conduisait	il/elle/on	avait conduit
conduisant	nous	conduisons	nous	avons conduit	nous	conduisions	nous	avions conduit
conduit	vous	conduisez	vous	avez conduit	vous	conduisiez	vous	aviez conduit
	ils/elles	conduisent	ils/elles	ont conduit	ils/elles	conduisaient	ils/elles	avaient conduit
connaître	je	connais	j'	ai connu	je	connaissais	j'	avais connu
(*to be*	tu	connais	tu	as connu	tu	connaissais	tu	avais connu
acquainted)	il/elle/on	connaît	il/elle/on	a connu	il/elle/on	connaissait	il/elle/on	avait connu
connaissant	nous	connaissons	nous	avons connu	nous	connaissions	nous	avions connu
connu	vous	connaissez	vous	avez connu	vous	connaissiez	vous	aviez connu
	ils/elles	connaissent	ils/elles	ont connu	ils/elles	connaissaient	ils/elles	avaient connu

[2]**S'asseoir** (pronominal form of **asseoir**) means *to be seated* or *to take a seat*. The imperative forms of **s'asseoir** are **assieds-toi, asseyons-nous,** and **asseyez-vous.**

						CONDITIONAL	SUBJUNCTIVE	IMPERATIVE

	FUTURE		PRESENT		PAST		PRESENT	IMPERATIVE
j'	irai	j'	irais	je	serais allé(e)	que j'	aille	
tu	iras	tu	irais	tu	serais allé(e)	que tu	ailles	va
il/elle/on	ira	il/elle/on	irait	il/elle/on	serait allé(e)	qu'il/elle/on	aille	
nous	irons	nous	irions	nous	serions allé(e)s	que nous	allions	allons
vous	irez	vous	iriez	vous	seriez allé(e)(s)	que vous	alliez	allez
ils/elles	iront	ils/elles	iraient	ils/elles	seraient allé(e)s	qu'ils/elles	aillent	
j'	assiérai	j'	assiérais	j'	aurais assis	que j'	asseye	
tu	assiéras	tu	assiérais	tu	aurais assis	que tu	asseyes	assieds
il/elle/on	assiéra	il/elle/on	assiérait	il/elle/on	aurait assis	qu'il/elle/on	asseye	
nous	assiérons	nous	assiérions	nous	aurions assis	que nous	asseyions	asseyons
vous	assiérez	vous	assiériez	vous	auriez assis	que vous	asseyiez	asseyez
ils/elles	assiéront	ils/elles	assiéraient	ils/elles	auraient assis	qu'ils/elles	asseyent	
je	battrai	je	battrais	j'	aurais battu	que je	batte	
tu	battras	tu	battrais	tu	aurais battu	que tu	battes	bats
il/elle/on	battra	il/elle/on	battrait	il/elle/on	aurait battu	qu'il/elle/on	batte	
nous	battrons	nous	battrions	nous	aurions battu	que nous	battions	battons
vous	battrez	vous	battriez	vous	auriez battu	que vous	battiez	battez
ils/elles	battront	ils/elles	battraient	ils/elles	auraient battu	qu'ils/elles	battent	
je	boirai	je	boirais	j'	aurais bu	que je	boive	
tu	boiras	tu	boirais	tu	aurais bu	que tu	boives	bois
il/elle/on	boira	il/elle/on	boirait	il/elle/on	aurait bu	qu'il/elle/on	boive	
nous	boirons	nous	boirions	nous	aurions bu	que nous	buvions	buvons
vous	boirez	vous	boiriez	vous	auriez bu	que vous	buviez	buvez
ils/elles	boiront	ils/elles	boiraient	ils/elles	auraient bu	qu'ils/elles	boivent	
je	conduirai	je	conduirais	j'	aurais conduit	que je	conduise	
tu	conduiras	tu	conduirais	tu	aurais conduit	que tu	conduises	conduis
il/elle/on	conduira	il/elle/on	conduirait	il/elle/on	aurait conduit	qu'il/elle/on	conduise	
nous	conduirons	nous	conduirions	nous	aurions conduit	que nous	conduisions	conduisons
vous	conduirez	vous	conduiriez	vous	auriez conduit	que vous	conduisiez	conduisez
ils/elles	conduiront	ils/elles	conduiraient	ils/elles	auraient conduit	qu'ils/elles	conduisent	
je	connaîtrai	je	connaîtrais	j'	aurais connu	que je	connaisse	
tu	connaîtras	tu	connaîtrais	tu	aurais conduit	que tu	connaisses	connais
il/elle/on	connaîtra	il/elle/on	connaîtrait	il/elle/on	aurait conduit	qu'il/elle/on	connaisse	
nous	connaîtrons	nous	connaîtrions	nous	aurions conduit	que nous	connaissions	connaissons
vous	connaîtrez	vous	connaîtriez	vous	auriez conduit	que vous	connaissiez	connaissez
ils/elles	connaîtront	ils/elles	connaîtraient	ils/elles	auraient conduit	qu'ils/elles	connaissent	

Appendix B **A13**

INFINITIVE PRESENT PARTICIPLE PAST PARTICIPLE	INDICATIVE PRESENT	PASSÉ COMPOSÉ	IMPERFECT	PLUPERFECT
courir (*to run*) courant couru	je cours tu cours il/elle/on court nous courons vous courez ils/elles courent	j' ai couru tu as couru il/elle/on a couru nous avons couru vous avez couru ils/elles ont couru	je courais tu courais il/elle/on courait nous courions vous couriez ils/elles couraient	j' avais couru tu avais couru il/elle/on avait couru nous avions couru vous aviez couru ils/elles avaient couru
craindre (*to fear*) craignant craint	je crains tu crains il/elle/on craint nous craignons vous craignez ils/elles craignent	j' ai craint tu as craint il/elle/on a craint nous avons craint vous avez craint ils/elles ont craint	je craignais tu craignais il/elle/on craignait nous craignions vous craigniez ils/elles craignaient	j' avais craint tu avais craint il/elle/on avait craint nous avions craint vous aviez craint ils/elles avaient craint
croire (*to believe*) croyant cru	je crois tu crois il/elle/on croit nous croyons vous croyez ils/elles croient	j' ai cru tu as cru il/elle/on a cru nous avons cru vous avez cru ils/elles ont cru	je croyais tu croyais il/elle/on croyait nous croyions vous croyiez ils/elles croyaient	j' avais cru tu avais cru il/elle/on avait cru nous avions cru vous aviez cru ils/elles avaient cru
devoir (*to have to; to owe*) devant dû	je dois tu dois il/elle/on doit nous devons vous devez ils/elles doivent	j' ai dû tu as dû il/elle/on a dû nous avons dû vous avez dû ils/elles ont dû	je devais tu devais il/elle/on devait nous devions vous deviez ils/elles devaient	j' avais dû tu avais dû il/elle/on avait dû nous avions dû vous aviez dû ils/elles avaient dû
dire[3] (*to say; to tell*) disant dit	je dis tu dis il/elle/on dit nous disons vous dites ils/elles disent	j' ai dit tu as dit il/elle/on a dit nous avons dit vous avez dit ils/elles ont dit	je disais tu disais il/elle/on disait nous disions vous disiez ils/elles disaient	j' avais dit tu avais dit il/elle/on avait dit nous avions dit vous aviez dit ils/elles avaient dit
dormir[4] (*to sleep*) dormant dormi	je dors tu dors il/elle/on dort nous dormons vous dormez ils/elles dorment	j' ai dormi tu as dormi il/elle/on a dormi nous avons dormi vous avez dormi ils/elles ont dormi	je dormais tu dormais il/elle/on dormait nous dormions vous dormiez ils/elles dormaient	j' avais dormi tu avais dormi il/elle/on avait dormi nous avions dormi vous aviez dormi ils/elles avaient dormi

[3]Verbs like **dire: contredire (vous contredisez), interdire (vous interdisez), prédire (vous prédisez)**

[4]Verbs like **dormir: mentir, partir, repartir, sentir, servir, sortir. (Partir, repartir,** and sortir are conjugated with **être.)**

FUTURE	PRESENT	PAST	PRESENT	
je courrai	je courrais	j' aurais couru	que je coure	
tu courras	tu courrais	tu aurais couru	que tu coures	cours
il/elle/on courra	il/elle/on courrait	il/elle/on aurait couru	qu'il/elle/on coure	
nous courrons	nous courrions	nous aurions couru	que nous courions	courons
vous courrez	vous courriez	vous auriez couru	que vous couriez	courez
ils/elles courront	ils/elles courraient	ils/elles auraient couru	qu'ils/elles courent	
je craindrai	je craindrais	j' aurais craint	que je craigne	
tu craindras	tu craindrais	tu aurais craint	que tu craignes	crains
il/elle/on craindra	il/elle/on craindrait	il/elle/on aurait craint	qu'il/elle/on craigne	
nous craindrons	nous craindrions	nous aurions craint	que nous craignions	craignons
vous craindrez	vous craindriez	vous auriez craint	que vous craigniez	craignez
ils/elles craindront	ils/elles craindraient	ils/elles auraient craint	qu'ils/elles craignent	
je croirai	je croirais	j' aurais cru	que je croie	
tu croiras	tu croirais	tu aurais cru	que tu croies	crois
il/elle/on croira	il/elle/on croirait	il/elle/on aurait cru	qu'il/elle/on croie	
nous croirons	nous croirions	nous aurions cru	que nous croyions	croyons
vous croirez	vous croiriez	vous auriez cru	que vous croyiez	croyez
ils/elles croiront	ils/elles croiraient	ils/elles auraient cru	qu'ils/elles croient	
je devrai	je devrais	j' aurais dû	que je doive	
tu devras	tu devrais	tu aurais dû	que tu doives	dois
il/elle/on devra	il/elle/on devrait	il/elle/on aurait dû	qu'il/elle/on doive	
nous devrons	nous devrions	nous aurions dû	que nous devions	devons
vous devrez	vous devriez	vous auriez dû	que vous deviez	devez
ils/elles devront	ils/elles devraient	ils/elles auraient dû	qu'ils/elles doivent	
je dirai	je dirais	j' aurais dit	que je dise	
tu diras	tu dirais	tu aurais dit	que tu dises	dis
il/elle/on dira	il/elle/on dirait	il/elle/on aurait dit	qu'il/elle/on dise	
nous dirons	nous dirions	nous aurions dit	que nous disions	disons
vous direz	vous diriez	vous auriez dit	que vous disiez	dites
ils/elles diront	ils/elles diraient	ils/elles auraient dit	qu'ils/elles disent	
je dormirai	je dormirais	j' aurais dormi	que je dorme	
tu dormiras	tu dormirais	tu aurais dormi	que tu dormes	dors
il/elle/on dormira	il/elle/on dormirait	il/elle/on aurait dormi	qu'il/elle/on dorme	
nous dormirons	nous dormirions	nous aurions dormi	que nous dormions	dormons
vous dormirez	vous dormiriez	vous auriez dormi	que vous dormiez	dormez
ils/elles dormiront	ils/elles dormiraient	ils/elles auraient dormi	qu'ils/elles dorment	

écrire[5]	j' écris	j' ai écrit	j' écrivais	j' avais écrit
(*to write*)	tu écris	tu as écrit	tu écrivais	tu avais écrit
écrivant	il/elle/on écrit	il/elle/on a écrit	il/elle/on écrivait	il/elle/on avait écrit
écrit	nous écrivons	nous avons écrit	nous écrivions	nous avions écrit
	vous écrivez	vous avez écrit	vous écriviez	vous aviez écrit
	ils/elles écrivent	ils/elles ont écrit	ils/elles écrivaient	ils/elles avaient écrit
envoyer	j' envoie	j' ai envoyé	j' envoyais	j' avais envoyé
(*to send*)	tu envoies	tu as envoyé	tu envoyais	tu avais envoyé
envoyant	il/elle/on envoie	il/elle/on a envoyé	il/elle/on envoyait	il/elle/on avait envoyé
envoyé	nous envoyons	nous avons envoyé	nous envoyions	nous avions envoyé
	vous envoyez	vous avez envoyé	vous envoyiez	vous aviez envoyé
	ils/elles envoient	ils/elles ont envoyé	ils/elles envoyaient	ils/elles avaient envoyé
faire	je fais	j' ai fait	je faisais	j' avais fait
(*to do;*	tu fais	tu as fait	tu faisais	tu avais fait
to make)	il/elle/on fait	il/elle/on a fait	il/elle/on faisait	il/elle/on avait fait
faisant	nous faisons	nous avons fait	nous faisions	nous avions fait
fait	vous faites	vous avez fait	vous faisiez	vous aviez fait
	ils/elles font	ils/elles ont fait	ils/elles faisaient	ils/elles avaient fait
falloir	il faut	il a fallu	il fallait	il avait fallu
(*to be*				
necessary)				
fallu				
lire[6]	je lis	j' ai lu	je lisais	j' avais lu
(*to read*)	tu lis	tu as lu	tu lisais	tu avais lu
lisant	il/elle/on lit	il/elle/on a lu	il/elle/on lisait	il/elle/on avait lu
lu	nous lisons	nous avons lu	nous lisions	nous avions lu
	vous lisez	vous avez lu	vous lisiez	vous aviez lu
	ils/elles lisent	ils/elles ont lu	ils/elles lisaient	ils/elles avaient lu
mettre[7]	je mets	j' ai mis	je mettais	j' avais mis
(*to put*)	tu mets	tu as mis	tu mettais	tu avais mis
mettant	il/elle/on met	il/elle/on a mis	il/elle/on mettait	il/elle/on avait mis
mis	nous mettons	nous avons mis	nous mettions	nous avions mis
	vous mettez	vous avez mis	vous mettiez	vous aviez mis
	ils/elles mettent	ils/elles ont mis	ils/elles mettaient	ils/elles avaient mis

[5]Verbs like **écrire: décrire**
[6]Verbs like **lire: élire, relire**
[7]Verbs like **mettre: permettre, promettre, remettre**

FUTURE		PRESENT		PAST		PRESENT	
j'	écrirai	j'	écrirais	j'	aurais écrit	que j'	écrive	
tu	écriras	tu	écrirais	tu	aurais écrit	que tu	écrives	écris
il/elle/on	écrira	il/elle/on	écrirait	il/elle/on	aurait écrit	qu'il/elle/on	écrive	
nous	écrirons	nous	écririons	nous	aurions écrit	que nous	écrivions	écrivons
vous	écrirez	vous	écririez	vous	auriez écrit	que vous	écriviez	écrivez
ils/elles	écriront	ils/elles	écriraient	ils/elles	auraient écrit	qu'ils/elles	écrivent	
j'	enverrai	j'	enverrais	j'	aurais envoyé	que j'	envoie	
tu	enverras	tu	enverrais	tu	aurais envoyé	que tu	envoies	envoie
il/elle/on	enverra	il/elle/on	enverrait	il/elle/on	aurait envoyé	qu'il/elle/on	envoie	
nous	enverrons	nous	enverrions	nous	aurions envoyé	que nous	envoyions	envoyons
vous	enverrez	vous	enverriez	vous	auriez envoyé	que vous	envoyiez	envoyez
ils/elles	enverront	ils/elles	enverraient	ils/elles	auraient envoyé	qu'ils/elles	envoient	
je	ferai	je	ferais	j'	aurais fait	que je	fasse	
tu	feras	tu	ferais	tu	aurais fait	que tu	fasses	fais
il/elle/on	fera	il/elle/on	ferait	il/elle/on	aurait fait	qu'il/elle/on	fasse	
nous	ferons	nous	ferions	nous	aurions fait	que nous	fassions	faisons
vous	ferez	vous	feriez	vous	auricz fait	que vous	fassiez	faites
ils/elles	feront	ils/elles	feraient	ils/elles	auraient fait	qu'ils/elles	fassent	
il	faudra	il	faudrait	il	aurait fallu	qu'il	faille	
je	lirai	je	lirais	j'	aurais lu	que je	lise	
tu	liras	tu	lirais	tu	aurais lu	que tu	lises	lis
il/elle/on	lira	il/elle/on	lirait	il/elle/on	aurait lu	qu'il/elle/on	lise	
nous	lirons	nous	lirions	nous	aurions lu	que nous	lisions	lisons
vous	lirez	vous	liriez	vous	auriez lu	quc vous	lisiez	lisez
ils/elles	liront	ils/elles	liraient	ils/elles	auraient lu	qu'ils/elles	lisent	
je	mettrai	je	mettrais	j'	aurais mis	que je	mette	
tu	mettras	tu	mettrais	tu	aurais mis	que tu	mettes	mets
il/elle/on	mettra	il/elle/on	mettrait	il/elle/on	aurait mis	qu'il/elle/on	mette	
nous	mettrons	nous	mettrions	nous	aurions mis	que nous	mettions	mettons
vous	mettrez	vous	mettriez	vous	auriez mis	que vous	mettiez	mettez
ils/elles	mettront	ils/elles	mettraient	ils/elles	auraient mis	qu'ils/elles	mettent	

INFINITIVE PRESENT PARTICIPLE PAST PARTICIPLE	PRESENT	PASSÉ COMPOSÉ	IMPERFECT	PLUPERFECT
mourir (*to die*) mourant mort	je meurs tu meurs il/elle/on meurt nous mourons vous mourez ils/elles meurent	je suis mort(e) tu es mort(e) il/elle/on est mort(e) nous sommes mort(e)s vous êtes mort(e)(s) ils/elles sont mort(e)s	je mourais tu mourais il/elle/on mourait nous mourions vous mouriez ils/elles mouraient	j' étais mort(e) tu étais mort(e) il/elle/on était mort(e) nous étions mort(e)s vous étiez mort(e)(s) ils/elles étaient mort(e)s
naître (*to be born*) naissant né	je nais tu nais il/elle/on naît nous naissons vous naissez ils/elles naissent	je suis né(e) tu es né(e) il/elle/on est né(e) nous sommes né(e)s vous êtes né(e)(s) ils/elles sont né(e)s	je naissais tu naissais il/elle/on naissait nous naissions vous naissiez ils/elles naissaient	j' étais né(e) tu étais né(e) il/elle/on était né(e) nous étions né(e)s vous étiez né(e)(s) ils/elles étaient né(e)s
ouvrir[8] (*to open*) ouvrant ouvert	j' ouvre tu ouvres il/elle/on ouvre nous ouvrons vous ouvrez ils/elles ouvrent	j' ai ouvert tu as ouvert il/elle/on a ouvert nous avons ouvert vous avez ouvert ils/elles ont ouvert	j' ouvrais tu ouvrais il/elle/on ouvrait nous ouvrions vous ouvriez ils/elles ouvraient	j' avais ouvert tu avais ouvert il/elle/on avait ouvert nous avions ouvert vous aviez ouvert ils/elles avaient ouvert
plaire (*to please*) plaisant plu	je plais tu plais il/elle/on plaît nous plaisons vous plaisez ils/elles plaisent	j' ai plu tu as plu il/elle/on a plu nous avons plu vous avez plu ils/elles ont plu	je plaisais tu plaisais il/elle/on plaisait nous plaisions vous plaisiez ils/elles plaisaient	j' avais plu tu avais plu il/elle/on avait plu nous avions plu vous aviez plu ils/elles avaient plu
pleuvoir (*to rain*) pleuvant plu	il pleut	il a plu	il pleuvait	il avait plu
pouvoir (*to be able*) pouvant pu	je peux, je puis tu peux il/elle/on peut nous pouvons vous pouvez ils/elles peuvent	j' ai pu tu as pu il/elle/on a pu nous avons pu vous avez pu ils/elles ont pu	je pouvais tu pouvais il/elle/on pouvait nous pouvions vous pouviez ils/elles pouvaient	j' avais pu tu avais pu il/elle/on avait pu nous avions pu vous aviez pu ils/elles avaient pu
prendre[9] (*to take*) prenant pris	je prends tu prends il/elle/on prend nous prenons vous prenez ils/elles prennent	j' ai pris tu as pris il/elle/on a pris nous avons pris vous avez pris ils/elles ont pris	je prenais tu prenais il/elle/on prenait nous prenions vous preniez ils/elles prenaient	j' avais pris tu avais pris il/elle/on avait pris nous avions pris vous aviez pris ils/elles avaient pris

[8]Verbs like **ouvrir: couvrir, découvrir, offrir, souffrir**
[9]Verbs like **prendre: apprendre, comprendre, surprendre**

	CONDITIONAL				SUBJUNCTIVE		IMPERATIVE
FUTURE		PRESENT		PAST		PRESENT	
je	mourrai	je	mourrais	je	serais mort(e)	que je	meure	
tu	mourras	tu	mourrais	tu	serais mort(e)	que tu	meures	meurs
il/elle/on	mourra	il/elle/on	mourrait	il/elle/on	serait mort(e)	qu'il/elle/on	meure	
nous	mourrons	nous	mourrions	nous	serions mort(e)s	que nous	mourions	mourons
vous	mourrez	vous	mourriez	vous	seriez mort(e)(s)	que vous	mouriez	mourez
ils/elles	mourront	ils/elles	mourraient	ils/elles	seraient mort(e)s	qu'ils/elles	meurent	
je	naîtrai	je	naîtrais	je	serais né(e)	que je	naisse	
tu	naîtras	tu	naîtrais	tu	serais né(e)	que tu	naisses	nais
il/elle/on	naîtra	il/elle/on	naîtrait	il/elle/on	serait né(e)	qu'il/elle/on	naisse	
nous	naîtrons	nous	naîtrions	nous	serions né(e)s	que nous	naissions	naissons
vous	naîtrez	vous	naîtriez	vous	seriez né(e)(s)	que vous	naissiez	naissez
ils/elles	naîtront	ils/elles	naîtraient	ils/elles	seraient né(e)s	qu'ils/elles	naissent	
j'	ouvrirai	j'	ouvrirais	j'	aurais ouvert	que j'	ouvre	
tu	ouvriras	tu	ouvrirais	tu	aurais ouvert	que tu	ouvres	ouvre
il/elle/on	ouvrira	il/elle/on	ouvrirait	il/elle/on	aurait ouvert	qu'il/elle/on	ouvre	
nous	ouvrirons	nous	ouvririons	nous	aurions ouvert	que nous	ouvrions	ouvrons
vous	ouvrirez	vous	ouvririez	vous	auriez ouvert	que vous	ouvriez	ouvrez
ils/elles	ouvriront	ils/elles	ouvriraient	ils/elles	auraient ouvert	qu'ils/elles	ouvrent	
je	plairai	je	plairais	j'	aurais plu	que je	plaise	
tu	plairas	tu	plairais	tu	aurais plu	que tu	plaises	plais
il/elle/on	plaira	il/elle/on	plairait	il/elle/on	aurait plu	qu'il/elle/on	plaise	
nous	plairons	nous	plairions	nous	aurions plu	que nous	plaisions	plaisons
vous	plairez	vous	plairiez	vous	auriez plu	que vous	plaisiez	plaisez
ils/elles	plairont	ils/elles	plairaient	ils/elles	auraient plu	qu'ils/elles	plaisent	
il	pleuvra	il	pleuvrait	il	aurait plu	qu'il	pleuve	
je	pourrai	je	pourrais	j'	aurais pu	que je	puisse	
tu	pourras	tu	pourrais	tu	aurais pu	que tu	puisses	
il/elle/on	pourra	il/elle/on	pourrait	il/elle/on	aurait pu	qu'il/elle/on	puisse	
nous	pourrons	nous	pourrions	nous	aurions pu	que nous	puissions	
vous	pourrez	vous	pourriez	vous	auriez pu	que vous	puissiez	
ils/elles	pourront	ils/elles	pourraient	ils/elles	auraient pu	qu'ils/elles	puissent	
je	prendrai	je	prendrais	j'	aurais pris	que je	prenne	
tu	prendras	tu	prendrais	tu	aurais pris	que tu	prennes	prends
il/elle/on	prendra	il/elle/on	prendrait	il/elle/on	aurait pris	qu'il/elle/on	prenne	
nous	prendrons	nous	prendrions	nous	aurions pris	que nous	prenions	prenons
vous	prendrez	vous	prendriez	vous	auriez pris	que vous	preniez	prenez
ils/elles	prendront	ils/elles	prendraient	ils/elles	auraient pris	qu'ils/elles	prennent	

INFINITIVE / PRESENT PARTICIPLE / PAST PARTICIPLE	PRESENT	PASSÉ COMPOSÉ	IMPERFECT	PLUPERFECT
recevoir[10] (*to receive*) recevant reçu	je reçois tu reçois il/elle/on reçoit nous recevons vous recevez ils/elles reçoivent	j' ai reçu tu as reçu il/elle/on a reçu nous avons reçu vous avez reçu ils/elles ont reçu	je recevais tu recevais il/elle/on recevait nous recevions vous receviez ils/elles recevaient	j' avais reçu tu avais reçu il/elle/on avait reçu nous avions reçu vous aviez reçu ils/elles avaient reçu
rire (*to laugh*) riant ri	je ris tu ris il/elle/on rit nous rions vous riez ils/elles rient	j' ai ri tu as ri il/elle/on a ri nous avons ri vous avez ri ils/elles ont ri	je riais tu riais il/elle/on riait nous riions vous riiez ils/elles riaient	j' avais ri tu avais ri il/elle/on avait ri nous avions ri vous aviez ri ils/elles avaient ri
savoir (*to know*) sachant su	je sais tu sais il/elle/on sait nous savons vous savez ils/elles savent	j' ai su tu as su il/elle/on a su nous avons su vous avez su ils/elles ont su	je savais tu savais il/elle/on savait nous savions vous saviez ils/elles savaient	j' avais su tu avais su il/elle/on avait su nous avions su vous aviez su ils/elles avaient su
suivre (*to follow*) suivant suivi	je suis tu suis il/elle/on suit nous suivons vous suivez ils/elles suivent	j' ai suivi tu as suivi il/elle/on a suivi nous avons suivi vous avez suivi ils/elles ont suivi	je suivais tu suivais il/elle/on suivait nous suivions vous suiviez ils/elles suivaient	j' avais suivi tu avais suivi il/elle/on avait suivi nous avions suivi vous aviez suivi ils/elles avaient suivi
tenir[11] (*to hold; to keep*) tenant tenu	je tiens tu tiens il/elle/on tient nous tenons vous tenez ils/elles tiennent	j' ai tenu tu as tenu il/elle/on a tenu nous avons tenu vous avez tenu ils/elles ont tenu	je tenais tu tenais il/elle/on tenait nous tenions vous teniez ils/elles tenaient	j' avais tenu tu avais tenu il/elle/on avait tenu nous avions tenu vous aviez tenu ils/elles avaient tenu
valoir (*to be worth*) valant valu	je vaux tu vaux il/elle/on vaut nous valons vous valez ils/elles valent	j' ai valu tu as valu il/elle/on a valu nous avons valu vous avez valu ils/elles ont valu	je valais tu valais il/elle/on valait nous valions vous valiez ils/elles valaient	j' avais valu tu avais valu il/elle/on avait valu nous avions valu vous aviez valu ils/elles avaient valu
venir[12] (*to come*) venant venu	je viens tu viens il/elle/on vient nous venons vous venez ils/elles viennent	je suis venu(e) tu es venu(e) il/elle/on est venu(e) nous sommes venu(e)s vous êtes venu(e)(s) ils/elles sont venu(e)s	je venais tu venais il/elle/on venait nous venions vous veniez ils/elles venaient	j' étais venu(e) tu étais venu(e) il/elle/on était venu(e) nous étions venu(e)s vous étiez venu(e)(s) ils/elles étaient venu(e)s

[10] Verbs like **recevoir**: apercevoir, décevoir
[11] Verbs like **tenir**: maintenir, obtenir
[12] Verbs like **venir**: devenir, revenir, se souvenir de

		CONDITIONAL				SUBJUNCTIVE	IMPERATIVE
	FUTURE		PRESENT		PAST	PRESENT	
je	recevrai	je	recevrais	j'	aurais reçu	que je reçoive	
tu	recevras	tu	recevrais	tu	aurais reçu	que tu reçoives	reçois
il/elle/on	recevra	il/elle/on	recevrait	il/elle/on	aurait reçu	qu'il/elle/on reçoive	
nous	recevrons	nous	recevrions	nous	aurions reçu	que nous recevions	recevons
vous	recevrez	vous	recevriez	vous	auriez reçu	que vous receviez	recevez
ils/elles	recevront	ils/elles	recevraient	ils/elles	auraient reçu	qu'ils/elles reçoivent	
je	rirai	je	rirais	j'	aurais ri	que je rie	
tu	riras	tu	rirais	tu	aurais ri	que tu ries	ris
il/elle/on	rira	il/elle/on	rirait	il/elle/on	aurait ri	qu'il/elle/on rie	
nous	rirons	nous	ririons	nous	aurions ri	que nous riions	rions
vous	rirez	vous	ririez	vous	auriez ri	que vous riiez	riez
ils/elles	riront	ils/elles	riraient	ils/elles	auraient ri	qu'ils/elles rient	
je	saurai	je	saurais	j'	aurais su	que je sache	
tu	sauras	tu	saurais	tu	aurais su	que tu saches	sache
il/elle/on	saura	il/elle/on	saurait	il/elle/on	aurait su	qu'il/elle/on sache	
nous	saurons	nous	saurions	nous	aurions su	que nous sachions	sachons
vous	saurez	vous	sauriez	vous	auriez su	que vous sachiez	sachez
ils/elles	sauront	ils/elles	sauraient	ils/elles	auraient su	qu'ils/elles sachent	
je	suivrai	je	suivrais	j'	aurais suivi	que je suive	
tu	suivras	tu	suivrais	tu	aurais suivi	que tu suives	suis
il/elle/on	suivra	il/elle/on	suivrait	il/elle/on	aurait suivi	qu'il/elle/on suive	
nous	suivrons	nous	suivrions	nous	aurions suivi	que nous suivions	suivons
vous	suivrez	vous	suivriez	vous	auriez suivi	que vous suiviez	suivez
ils/elles	suivront	ils/elles	suivraient	ils/elles	auraient suivi	qu'ils/elles suivent	
je	tiendrai	je	tiendrais	j'	aurais tenu	que je tienne	
tu	tiendras	tu	tiendrais	tu	aurais tenu	que tu tiennes	tiens
il/elle/on	tiendra	il/elle/on	tiendrait	il/elle/on	aurait tenu	qu'il/elle/on tienne	
nous	tiendrons	nous	tiendrions	nous	aurions tenu	que nous tenions	tenons
vous	tiendrez	vous	tiendriez	vous	auriez tenu	que vous teniez	tenez
ils/elles	tiendront	ils/elles	tiendraient	ils/elles	auraient tenu	qu'ils/elles tiennent	
je	vaudrai	je	vaudrais	j'	aurais valu	que je vaille	
tu	vaudras	tu	vaudrais	tu	aurais valu	que tu vailles	vaux
il/elle/on	vaudra	il/elle/on	vaudrait	il/elle/on	aurait valu	qu'il/elle/on vaille	
nous	vaudrons	nous	vaudrions	nous	aurions valu	que nous valions	valons
vous	vaudrez	vous	vaudriez	vous	auriez valu	que vous valiez	valez
ils/elles	vaudront	ils/elles	vaudraient	ils/elles	auraient valu	qu'ils/elles vaillent	
je	viendrai	je	viendrais	je	serais venu(e)	que je vienne	
tu	viendras	tu	viendrais	tu	serais venu(e)	que tu viennes	viens
il/elle/on	viendra	il/elle/on	viendrait	il/elle/on	serait venu(e)	qu'il/elle/on vienne	
nous	viendrons	nous	viendrions	nous	serions venu(e)s	que nous venions	venons
vous	viendrez	vous	viendriez	vous	seriez venu(e)(s)	que vous veniez	venez
ils/elles	viendront	ils/elles	viendraient	ils/elles	seraient venu(e)s	qu'ils/elles viennent	

INFINITIVE PRESENT PARTICIPLE PAST PARTICIPLE	INDICATIVE PRESENT	PASSÉ COMPOSÉ	IMPERFECT	PLUPERFECT
vivre (*to live*) vivant vécu	je vis tu vis il/elle/on vit nous vivons vous vivez ils/elles vivent	j' ai vécu tu as vécu il/elle/on a vécu nous avons vécu vous avez vécu ils/elles ont vécu	je vivais tu vivais il/elle/on vivait nous vivions vous viviez ils/elles vivaient	j' avais vécu tu avais vécu il/elle/on avait vécu nous avions vécu vous aviez vécu ils/elles avaient vécu
voir (*to see*) voyant vu	je vois tu vois il/elle/on voit nous voyons vous voyez ils/elles voient	j' ai vu tu as vu il/elle/on a vu nous avons vu vous avez vu ils/elles ont vu	je voyais tu voyais il/elle/on voyait nous voyions vous voyiez ils/elles voyaient	j' avais vu tu avais vu il/elle/on avait vu nous avions vu vous aviez vu ils/elles avaient vu
vouloir (*to wish; to want*) voulant voulu	je veux tu veux il/elle/on veut nous voulons vous voulez ils/elles veulent	j' ai voulu tu as voulu il/elle/on a voulu nous avons voulu vous avez voulu ils/elles ont voulu	je voulais tu voulais il/elle/on voulait nous voulions vous vouliez ils/elles voulaient	j' avais voulu tu avais voulu il/elle/on avait voulu nous avions voulu vous aviez voulu ils/elles avaient voulu

6. *-er* verbs with spelling changes

Note: Certain verbs ending in **-er** require spelling changes. Models for each kind of change are listed here. Stem changes are in boldface type.

INFINITIVE PRESENT PARTICIPLE PAST PARTICIPLE	INDICATIVE PRESENT	PASSÉ COMPOSÉ	IMPERFECT	PLUPERFECT
commencer[13] (*to begin*) **commençant** commencé	je commence tu commences il/elle/on commence nous **commençons** vous commencez ils/elles commencent	j' ai commencé tu as commencé il/elle/on a commencé nous avons commencé vous avez commencé ils/elles ont commencé	je **commençais** tu **commençais** il/elle/on **commençait** nous commencions vous commenciez ils/elles **commençaient**	j' avais commencé tu avais commencé il/elle/on avait commencé nous avions commencé vous aviez commencé ils/elles avaient commencé

[13]Verbs like **commencer: dénoncer, divorcer, menacer, placer, prononcer, remplacer, tracer**

		CONDITIONAL				SUBJUNCTIVE		IMPERATIVE
FUTURE		PRESENT		PAST		PRESENT		
je	vivrai	je	vivrais	j'	aurais vécu	que je	vive	
tu	vivras	tu	vivrais	tu	aurais vécu	que tu	vives	vis
il/elle/on	vivra	il/elle/on	vivrait	il/elle/on	aurait vécu	qu'il/elle/on	vive	
nous	vivrons	nous	vivrions	nous	aurions vécu	que nous	vivions	vivons
vous	vivrez	vous	vivriez	vous	auriez vécu	que vous	viviez	vivez
ils/elles	vivront	ils/elles	vivraient	ils/elles	auraient vécu	qu'ils/elles	vivent	
je	verrai	je	verrais	j'	aurais vu	que je	voie	
tu	verras	tu	verrais	tu	aurais vu	que tu	voies	vois
il/elle/on	verra	il/elle/on	verrait	il/elle/on	aurait vu	qu'il/elle/on	voie	
nous	verrons	nous	verrions	nous	aurions vu	que nous	voyions	voyons
vous	verrez	vous	verriez	vous	auriez vu	que vous	voyiez	voyez
ils/elles	verront	ils/elles	verraient	ils/elles	auraient vu	qu'ils/elles	voient	
je	voudrai	je	voudrais	j'	aurais voulu	que je	veuille	
tu	voudras	tu	voudrais	tu	aurais voulu	que tu	veuilles	veuille
il/elle/on	voudra	il/elle/on	voudrait	il/elle/on	aurait voulu	qu'il/elle/on	veuille	
nous	voudrons	nous	voudrions	nous	aurions voulu	que nous	voulions	veuillons
vous	voudrez	vous	voudriez	vous	auriez voulu	que vous	vouliez	veuillez
ils/elles	voudront	ils/elles	voudraient	ils/elles	auraient voulu	qu'ils/elles	veuillent	

	CONDITIONAL			SUBJUNCTIVE	IMPERATIVE
FUTURE	PRESENT	PAST		PRESENT	
je commencerai	je commencerais	j' aurais commencé		que je commence	
tu commenceras	tu commencerais	tu aurais commencé		que tu commences	commence
il/elle/on commencera	il/elle/on commencerait	il/elle/on aurait commencé		qu'il/elle/on commence	
nous commencerons	nous commencerions	nous aurions commencé		que nous commencions	**commençons**
vous commencerez	vous commenceriez	vous auriez commencé		que vous commenciez	commencez
ils/elles commenceront	ils/elles commenceraient	ils/elles auraient commencé		qu'ils/elles commencent	

INFINITIVE PRESENT PARTICIPLE PAST PARTICIPLE		INDICATIVE PRESENT		PASSÉ COMPOSÉ		IMPERFECT		PLUPERFECT
manger[14]	je	mange	j'	ai mangé	je	**mangeais**	j'	avais mangé
(*to eat*)	tu	manges	tu	as mangé	tu	**mangeais**	tu	avais mangé
mangeant	il/elle/on	mange	il/elle/on	a mangé	il/elle/on	**mangeait**	il/elle/on	avait mangé
mangé	nous	**mangeons**	nous	avons mangé	nous	mangions	nous	avions mangé
	vous	mangez	vous	avez mangé	vous	mangiez	vous	aviez mangé
	ils/elles	mangent	ils/elles	ont mangé	ils/elles	**mangeaient**	ils/elles	avaient mangé
appeler[15]	j'	**appelle**	j'	ai appelé	j'	appelais	j'	avais appelé
(*to call*)	tu	**appelles**	tu	as appelé	tu	appelais	tu	avais appelé
appelant	il/elle/on	**appelle**	il/elle/on	a appelé	il/elle/on	appelait	il/elle/on	avait appelé
appelé	nous	appelons	nous	avons appelé	nous	appelions	nous	avions appelé
	vous	appelez	vous	avez appelé	vous	appeliez	vous	aviez appelé
	ils/elles	**appellent**	ils/elles	ont appelé	ils/elles	appelaient	ils/elles	avaient appelé
essayer[16]	j'	**essaie**	j'	ai essayé	j'	essayais	j'	avais essayé
(*to try*)	tu	**essaies**	tu	as essayé	tu	essayais	tu	avais essayé
essayant	il/elle/on	**essaie**	il/elle/on	a essayé	il/elle/on	essayait	il/elle/on	avait essayé
essayé	nous	essayons	nous	avons essayé	nous	essayions	nous	avions essayé
	vous	essayez	vous	avez essayé	vous	essayiez	vous	aviez essayé
	ils/elles	**essaient**	ils/elles	ont essayé	ils/elles	essayaient	ils/elles	avaient essayé
acheter[17]	j'	**achète**	j'	ai acheté	j'	achetais	j'	avais acheté
(*to buy*)	tu	**achètes**	tu	as acheté	tu	achetais	tu	avais acheté
achetant	il/elle/on	**achète**	il/elle/on	a acheté	il/elle/on	achetait	il/elle/on	avait acheté
acheté	nous	achetons	nous	avons acheté	nous	achetions	nous	avions acheté
	vous	achetez	vous	avez acheté	vous	achetiez	vous	aviez acheté
	ils/elles	**achètent**	ils/elles	ont acheté	ils/elles	achetaient	ils/elles	avaient acheté
préférer[18]	je	**préfère**	j'	ai préféré	je	préférais	j'	avais préféré
(*to prefer*)	tu	**préfères**	tu	as préféré	tu	préférais	tu	avais préféré
préférant	il/elle/on	**préfère**	il/elle/on	a préféré	il/elle/on	préférait	il/elle/on	avait préféré
préféré	nous	préférons	nous	avons préféré	nous	préférions	nous	avions préféré
	vous	préférez	vous	avez préféré	vous	préfériez	vous	aviez préféré
	ils/elles	**préfèrent**	ils/elles	ont préféré	ils/elles	préféraient	ils/elles	avaient préféré

[14]Verbs like **manger: bouger, changer, dégager, engager, exiger, juger, loger, mélanger, nager, obliger, partager, voyager**
[15]Verbs like **appeler: épeler, jeter, projeter, (se) rappeler**
[16]Verbs like **essayer: employer, (s')ennuyer, nettoyer, payer**
[17]Verbs like **acheter: achever, amener, emmener, (se) lever, (se) promener**
[18]Verbs like **préférer: célébrer, considérer, espérer, (s')inquiéter, pénétrer, posséder, répéter, révéler, suggérer**

	CONDITIONAL			SUBJUNCTIVE	IMPERATIVE
FUTURE	PRESENT		PAST	PRESENT	
je mangerai	je mangerais	j'	aurais mangé	que je mange	
tu mangeras	tu mangerais	tu	aurais mangé	que tu manges	mange
il/elle/on mangera	il/elle/on mangerait	il/elle/on	aurait mangé	qu'il/elle/on mange	
nous mangerons	nous mangerions	nous	aurions mangé	que nous mangions	**mangeons**
vous mangerez	vous mangeriez	vous	auriez mangé	que vous mangiez	mangez
ils/elles mangeront	ils/elles mangeraient	ils/elles	auraient mangé	qu'ils/elles mangent	
j' **appellerai**	j' **appellerais**	j'	aurais appelé	que j' **appelle**	
tu **appelleras**	tu **appellerais**	tu	aurais appelé	que tu **appelles**	**appelle**
il/elle/on **appellera**	il/elle/on **appellerait**	il/elle/on	aurait appelé	qu'il/elle/on **appelle**	
nous **appellerons**	nous **appellerions**	nous	aurions appelé	que nous appelions	appelons
vous **appellerez**	vous **appelleriez**	vous	auriez appelé	que vous appeliez	appelez
ils/elles **appelleront**	ils/elles **appelleraient**	ils/elles	auraient appelé	qu'ils/elles **appellent**	
j' **essaierai**	j' **essaierais**	j'	aurais essayé	que j' **essaie**	
tu **essaieras**	tu **essaierais**	tu	aurais essayé	que tu **essaies**	**essaie**
il/elle/on **essaiera**	il/elle/on **essaierait**	il/elle/on	aurait essayé	qu'il/elle/on **essaie**	
nous **essaierons**	nous **essaierions**	nous	aurions essayé	que nous essayions	essayons
vous **essaierez**	vous **essaieriez**	vous	auriez essayé	que vous essayiez	essayez
ils/elles **essaieront**	ils/elles **essaieraient**	ils/elles	auraient essayé	qu'ils/elles **essaient**	
j' **achèterai**	j' **achèterais**	j'	aurais acheté	que j' **achète**	
tu **achèteras**	tu **achèterais**	tu	aurais acheté	que tu **achètes**	**achète**
il/elle/on **achètera**	il/elle/on **achèterait**	il/elle/on	aurait acheté	qu'il/elle/on **achète**	
nous **achèterons**	nous **achèterions**	nous	aurions acheté	que nous achetions	achetons
vous **achèterez**	vous **achèteriez**	vous	auriez acheté	que vous achetiez	achetez
ils/elles **achèteront**	ils/elles **achèteraient**	ils/elles	auraient acheté	qu'ils/elles **achètent**	
je préférerai	je préférerais	j'	aurais préféré	que je **préfère**	
tu préféreras	tu préférerais	tu	aurais préféré	que tu **préfères**	**préfère**
il/elle/on préférera	il/elle/on préférerait	il/elle/on	aurait préféré	qu'il/elle/on **préfère**	
nous préférerons	nous préférerions	nous	aurions préféré	que nous préférions	préférons
vous préférerez	vous préféreriez	vous	auriez préféré	que vous préfériez	préférez
ils/elles préféreront	ils/elles préféreraient	ils/elles	auraient préféré	qu'ils/elles **préfèrent**	

Appendix C

Perfect Tenses

In addition to the **passé composé,** French has several other perfect verb tenses (conjugated forms of **avoir** or **être** + the past participle of a verb). Following are the most common perfect tenses.

Le plus-que-parfait (*The Pluperfect*)

The pluperfect tense (also called the past perfect) is formed with the imperfect of the auxiliary verb (**avoir** or **être**) + the past participle of the main verb.

	parler	**sortir**	**se réveiller**
je/j'	avais parlé	étais sorti(e)	m'étais réveillé(e)
tu	avais parlé	étais sorti(e)	t'étais réveillé(e)
il/elle/on	avait parlé	était sorti(e)	s'était réveillé(e)
nous	avions parlé	étions sorti(e)s	nous étions réveillé(e)s
vous	aviez parlé	étiez sorti(e)(s)	vous étiez réveillé(e)(s)
ils/elles	avaient parlé	étaient sorti(e)s	s'étaient réveillé(e)s

The pluperfect is used to indicate an action or event that occurred before another past action or event, either stated or implied: *I had already left for the country* (*when my friends arrived in Paris*).

Quand j'ai téléphoné aux Dupont, ils **avaient** déjà **décidé** d'acheter la ferme.	*When I phoned the Duponts, they had already decided to buy the farm.*
Marie **s'était réveillée** avant moi. Elle **était** déjà **sortie** à sept heures.	*Marie had awakened before me. She had already left by seven o'clock.*

Le futur antérieur (*The Future Perfect*)

The future perfect is formed with the future of the auxiliary verb (**avoir** or **être**) + the past participle of the main verb.

parler		sortir		se réveiller	
j'	aurai parlé	je	serai sorti(e)	je	me serai réveillé(e)
tu	auras parlé	tu	seras sorti(e)	tu	te seras réveillé(e)
il/elle/on	aura parlé	il/elle/on	sera sorti(e)	il/elle/on	se sera réveillé(e)
nous	aurons parlé	nous	serons sorti(e)s	nous	nous serons réveillé(e)s
vous	aurez parlé	vous	serez sorti(e)(s)	vous	vous serez réveillé(e)(s)
ils/elles	auront parlé	ils/elles	seront sorti(e)s	ils/elles	se seront réveillé(e)s

The future perfect is used to express a future action that will already have taken place when another future action occurs. The subsequent action is always expressed by the simple future.

Je publierai mes résultats quand j'**aurai terminé** cette expérience.	*I'll publish the results when I finish this experiment.*
Aussitôt que mes collègues **seront revenus,** ils liront mon rapport.	*As soon as my colleagues return, they'll read my report.*

Le conditionnel passé (*The Past Conditional*)
The past conditional (or conditional perfect) is formed with the conditional of the auxiliary verb (**avoir** or **être**) + the past participle of the main verb.

parler		sortir		se réveiller	
j'	aurai parlé	je	serai sorti(e)	je	me serai réveillé(e)
j'	aurais parlé	je	serais sorti(e)	je	me serais réveillé(e)
tu	aurais parlé	tu	serais sorti(e)	tu	te serais réveillé(e)
il/elle/on	aurait parlé	il/elle/on	serait sorti(e)	il/elle/on	se serait réveillé(e)
nous	aurions parlé	nous	serions sorti(e)s	nous	nous serions réveillé(e)s
vous	auriez parlé	vous	seriez sorti(e)(s)	vous	vous seriez réveillé(e)(s)
ils/elles	auraient parlé	ils/elles	seraient sorti(e)s	ils/elles	se seraient réveillé(e)s

The past conditional is used to express an action or event that would have occurred if some set of conditions (stated or implied) had been present: *We would have worried (if we had known).*

Uses of the Past Conditional
The past conditional is used in the main clause of an *if*-clause sentence when the verb of the *if*-clause is in the pluperfect.

Si j'**avais eu** le temps, j'**aurais visité** Nîmes.	*If I had had the time, I would have visited Nîmes.*
Si les Normands n'**avaient** pas **conquis** l'Angleterre en 1066, l'anglais **aurait été** une langue très différente.	*If the Normans had not conquered England in 1066, English would have been a very different language.*

The underlying set of conditions (the *if*-clause) is sometimes not stated.

À ta place, j'**aurais parlé** au guide.   *If I were you, I would have spoken to the guide.*

Nous **serions allés** au lac.   *We would have gone to the lake.*

The Past Conditional of *devoir*

The past conditional of **devoir** means *should have* or *ought to have*. It expresses regret about something that did not take place in the past.

J'**aurais dû prendre** l'autre chemin.   *I should have taken the other road.*

Nous **aurions dû acheter** un plan.   *We should have bought a map.*

Le subjonctif passé *(The Past Subjunctive)*

The past subjunctive is formed with the present subjunctive of the auxiliary verb (**avoir** or **être**) + the past participle of the main verb.

PAST SUBJUNCTIVE OF **parler**		PAST SUBJUNCTIVE OF **venir**	
que j'	**aie parlé**	que je	**sois venu(e)**
que tu	**aies parlé**	que tu	**sois venu(e)**
qu'il/elle/on	**ait parlé**	qu'il/elle/on	**soit venu(e)**
que nous	**ayons parlé**	que nous	**soyons venu(e)s**
que vous	**ayez parlé**	que vous	**soyez venu(e)(s)**
qu'ils/elles	**aient parlé**	qu'ils/elles	**soient venu(e)s**

Je suis content que tu **aies parlé avec Léa.**   *I'm glad you spoke with Léa.*

Il est dommage qu'elle ne **soit** pas encore **venue.**   *It's too bad that she hasn't come yet.*

The past subjunctive is used following the same expressions as the present subjunctive except that it indicates that the action or situation described in the dependent clause occurred *before* the action or situation described in the main clause. Compare these sentences:

Je suis content que tu **viennes.**   *I'm happy that you are coming.*

Je suis content que tu **sois venu(e).**   *I'm happy that you came.*

Je doute qu'ils le **comprennent.**   *I doubt that they understand it.*

Je doute qu'ils l'**aient compris.**   *I doubt that they have understood it.*

Appendix D

Le passé simple

1. The **passé simple** is a past tense often used in literary texts. It is not a conversational tense. Verbs that would be used in the **passé composé** in informal speech or writing are in the **passé simple** in formal writing. You may want to learn to recognize the forms of the **passé simple** for reading purposes. The **passé simple** of regular **-er** verbs is formed by adding the endings **-ai, -as, -a, -âmes, -âtes,** and **-èrent** to the verb stem. The endings for **-ir** and **-re** verbs are: **-is, -is, -it, -îmes, -îtes,** and **-irent.** The endings for **-oir** verbs are: **-us, -us, -ut, -ûmes, -ûtes, -urent.**

parler		**finir**		**perdre**		**vouloir**	
je	parlai	je	finis	je	perdis	je	voulus
tu	parlas	tu	finis	tu	perdis	tu	voulus
il/elle/on	parla	il/elle/on	finit	il/elle/on	perdit	il/elle/on	voulut
nous	parlâmes	nous	finîmes	nous	perdîmes	nous	voulûmes
vous	parlâtes	vous	finîtes	vous	perdîtes	vous	voulûtes
ils/elles	parlèrent	ils/elles	finirent	ils/elles	perdirent	ils/elles	voulurent

2. Here are the third-person forms (**il, elle, on; ils, elles**) of some verbs that are irregular in the **passé simple.**

INFINITIVE	PASSÉ SIMPLE
avoir	il eut, ils eurent
dire	il dit, ils dirent
être	il fut, ils furent
faire	il fit, ils firent

Appendix E

Les pronoms

Les pronoms démonstratifs *(Demonstrative Pronouns)*

Demonstrative pronouns such as *this one* and *that one* refer to a person, thing, or idea that has been mentioned previously. In French, they agree in gender and number with the nouns they replace.

		SINGULAR		PLURAL
Masculine	**celui**	*this one, that one, the one*	**ceux**	*these, those, the ones*
Feminine	**celle**	*this one, that one, the one*	**celles**	*these, those, the ones*

French demonstrative pronouns cannot stand alone. They must be used:

1. with the suffix **-ci** (to indicate someone or something located close to the speaker) or **-là** (for someone or something more distant from the speaker)

   Voici deux affiches. Préférez-vous **celle-ci** ou **celle-là?** — *Here are two posters. Do you prefer this one or that one?*

2. followed by a prepositional phrase (often a construction with **de**)

   Quelle époque t'intéresse, **celle** du Moyen Âge ou **celle** de la Renaissance? — *Which period interests you, that of the Middle Ages or that of the Renaissance?*

3. followed by a dependent clause introduced by a relative pronoun

   On trouve des villages anciens dans plusieurs parcs: **ceux** qui sont dans le Parc de la Brière sont en ruine; **ceux** qui sont dans les parcs de la Lorraine et du Morvan ont été restaurés. — *One finds very old villages in several parks: Those that are in Brière Park are in ruins; those that are in the Lorraine and Morvan parks have been restored.*

Indefinite Demonstrative Pronouns

Ceci (*this*), **cela** (*that*), and **ça** (*that*, informal) are indefinite demonstrative pronouns; they refer to an idea or thing with no definite antecedent. They do not show gender or number.

Cela (**Ça**) n'est pas important.	*That's not important.*
Regarde **ceci** de près.	*Look at this closely.*
Qu'est-ce que c'est que **ça?**	*What's that?*

Les pronoms relatifs *(Relative Pronouns)*

A. *Ce qui* and *ce que*

Ce qui and **ce que** are indefinite relative pronouns similar in meaning to **la chose qui** (**que**) or **les choses qui** (**que**). The first serves as the subject of a dependent clause, and the second as the object. They refer to an idea or a subject that is unspecified and has neither gender nor number, often expressed as *what*.

—Dites-moi **ce qui** est arrivé au touriste américain.	*Tell me what happened to the American tourist.*
—Je ne sais pas **ce qui** lui est arrivé.	*I don't know what happened to him.*
—Dites-moi **ce que** vous avez fait à Reims.	*Tell me what you did in Reims.*
—Je n'ai pas le temps de vous dire tout **ce qu'**on a fait.	*I don't have time to tell you everything we did.*

B. *Lequel*

Lequel (**laquelle, lesquels, lesquelles**) is the relative pronoun used as an object of a preposition to refer to things and people. **Lequel** and its forms contract with **à** and **de.**

Où est l'agence de voyages **devant laquelle** il attend?	*Where is the travel agency in front of which he's waiting?*
L'hôtel **auquel** j'écris est à la Guadeloupe.	*The hotel to which I am writing is in Guadeloupe.*
Je connais bien l'homme **près duquel** elle est assise.	*I know well the man next to whom she is sitting.*

Les pronoms possessifs *(Possessive Pronouns)*

Possessive pronouns replace nouns that are modified by a possessive adjective or other possessive construction. In English, the possessive pronouns are *mine, yours, his, hers, its, ours,* and *theirs.* In French, the appropriate definite article is always used with the possessive pronoun.

	SINGULAR		PLURAL	
	MASCULINE	FEMININE	MASCULINE	FEMININE
mine	le mien	la mienne	les miens	les miennes
yours	le tien	la tienne	les tiens	les tiennes
his/hers/its	le sien	la sienne	les siens	les siennes
ours	le nôtre	la nôtre	les nôtres	
yours	le vôtre	la vôtre	les vôtres	
theirs	le leur	la leur	les leurs	

POSSESSIVE CONSTRUCTION + *NOUN*

POSSESSIVE PRONOUN

Où sont **leurs bagages?** $\longrightarrow$ **Les leurs** sont ici.

C'est **mon frère** là-bas. $\longrightarrow$ Ah oui? C'est **le mien** à côté de lui.

La **voiture de Frédérique** est plus rapide que **ma voiture.** $\longrightarrow$ Ah oui? **La sienne** est aussi plus rapide que **la mienne.**

Appendix F

Translations of Postcards, Letters, and E-mail Messages

Chapitre 1: Opener

Dear Sophie,

Good morning! How's it going?

I'm doing well.

Today is Monday. I'm preparing for a biology exam. I must get back to the computer.

See you soon,
Caroline

Correspondance 1

Dear Caroline,

Thank you for your card!

Me, I'm so-so. Today, it's Sunday. In Quebec, it's fall, and there are still some tourists!

Good luck on your exam!

Love,
Sophie

Chapitre 2: Opener

Dear Caroline,

We have an American "au pair" student. Her name is Lisa, and she lives with us. She loves the children and, of course, the children adore her!

She studies French at Laval University. She plans to visit France. A friend for you, perhaps?

See you soon!

Love,
Sophie

Correspondance 2

Dear Sophie,

I am perfectly organized now. I eat at the university cafeteria, I work hard, and I study at the library.

However, on weekends, I don't work. I prefer chats on the Internet, spending evenings with friends at the movies, dancing, or going to the gym.

Life is beautiful!

Hugs to the whole family.

Your little Caroline

P.S. Give my e-mail address to Lisa. I dream of having an American friend!

Chapitre 3: Opener

Dear Caroline,

I finally have a new computer.

Here is a recent picture of the children. They are beautiful and intelligent! Isabelle is kind and sociable. She has lots of friends at school. Jérémie is very serious. He likes books, but he is also a great athlete: He plays football!

I'm a happy mother, and I am well.

Love,
Sophie

Correspondance 3

Dear Sophie,

Thank you for the picture: The kids are wonderful!

Appendix F **A33**

I am also doing well. As always, I'm optimistic. I feel like a change, so I have decided to be elegant. My new style: classic clothes. In a little store on the boulevard St-Germain, I bought black boots, a gray skirt, a white shirt, and a cashmere jacket. Your sister is preppy!

But today, I'm wearing jeans and an old sweater: Tomorrow, I have an exam and I'm studying.

Give Isabelle and Jérémie hugs from me!

Love,
Caroline

Chapitre 4: Opener
Hello, Sophie!

Here is a decorating idea for your new apartment: Marie-Antoinette's room at Versailles. What do you think of this royal room?

In comparison, my little castle is very modest: A bed, a desk, some shelves. All this in a 100 square foot space! It's small, but it's charming. The problem is that there is no room for my friends! But I have a computer, a printer, and a stereo: luxury! Of course, everything is a mess! When I lose something, I look under the bed and I'm sure to find what I'm looking for.

Love to all,
Caroline

Correspondance 4
Dear Caroline,

We are moving next week to a new apartment in old Quebec. It's not Versailles, but the neighborhood has a lot of charm: Picturesque streets, old churches, beautiful stone houses, monuments built in the 17th century. I feel like I'm in Europe!

The children finish school in two weeks. We are inviting you to come for vacation, okay?

Love and kisses,
Sophie

Chapitre 5: Opener
Hello Malik!

Thank you for your birthday card. I intend to celebrate the event in Paris, at home, with family and friends.

How are you? What's the weather like over there? Do you like your new job? Travel guide: What an adventure!

Describe for me your itinerary in Africa: What countries are you going to visit? Me, I travel only in my books and on the Internet!

Bye for now,
Your friend Michel

Correspondance 5
Dear Michel,

I will accompany a group of thirty tourists. Here is our itinerary: A tour in Senegal and the Ivory Coast.

Today, I am in Dakar, the capital of Senegal. Tonight, I will visit my friend: He has invited me to dinner at his home. He has seven sisters and two brothers: A family of ten children in all. What a responsibility for his parents! But, you know, with my tourists, I often ask myself if I'm a travel guide or the father of a large family!

Write, if you have time.

Bye!
Malik

Chapitre 6: Opener
Dear Michel,

Being a travel guide is a job for the adventurous but also for the gourmet. Today, I'm having lunch with my group in an excellent restaurant in Abijan, in the Ivory Coast. Here, it is not the country of steak and fries. The menu is exotic. I ordered a local specialty: **Macharon** (it's a type of fish), and, to drink, a glass of **lemouroudji** (lime and ginger).

It's a new culinary adventure!

Bye,
Malik

Correspondance 6
Hello, Malik!

Let's continue this gastronomical chapter. In Paris, I discovered a little restaurant in my neighborhood. It's called "Chez Yvette." They offer a "student" menu for 15 euros, with everything included: A quarter-liter bottle of wine or a bottle of mineral water, an appetizer, an entree, some salad, cheese, AND a dessert. To top it off, a cup of coffee at the end of the meal.

Of course, it's not a three-star restaurant. But for the price, it's excellent. The problem is that there are always a lot of people and little space. Tonight, at 9, I'll eat there with my friend Bénédicte who knows how to appreciate good things!

So, see you soon,
Michel

Chapitre 7: Opener
Dear Malik,

Tonight, I'm inviting my friends to dinner. I'll pretend to be Paul Bocuse and will prepare my specialty: **coq au vin.** What a challenge!

I have already done the shopping at the market: A beautiful salad for the appetizer, and a small chicken, onions, and **herbes de Provence** for the main dish. For the end, some good cheeses and seasonal fruits. No cakes: My guests are watching their weight!

To drink, I will serve a local wine that I have bought directly from the wine maker.

My friend Bénédicte desperately wants to help me. I could accept but . . . no, no, and no! I do not want to share the glory!

Wish me luck.

Bye!
Michel

Correspondance 7
Dear Michel,

Your Parisian market is very different from African markets. Here, we have to admire the colors: A symphony of green, yellow, and blue—like fireworks. I love to stroll and ask questions to the merchants: "What is this odd fruit? What do you call this fish with blue eyes? What is the name of this cake?" Around me, women dressed in the traditional dress chat, taste, haggle, and choose. This is the authentic Africa! I leave you to dream . . .

Bye!
Malik

Chapitre 8: Opener
Hello Michel!

Do you believe in paradise? I do!

For two days, I have been spending my time sunbathing on the beach, in Djerba, Tunisia. When I open my eyes, behind my sunglasses, I see blue (the sea and the sky) and white (the sand). I have scheduled a day of deep sea diving for tomorrow. And, in ten days, I will board a sailboat with a group of tourists. Then, I will spend a few days in France.

So long!
Malik, the adventurer

Correspondance 8
Malik,

I am also on vacation. A family vacation in Deauville, at my grandmother's house, with my brother. I arrived two days ago.

Today, I ate some big slices of bread with butter, slept, went to Honfleur in the afternoon. Yesterday, I walked for two hours on the beaches of the Normandy landing during World War II.

This summer, I hope to take a big trip, to Africa perhaps. I count on you to help me find my way around.

Call me when you arrive in Paris.

Have a nice trip!
Michel

Chapitre 9: Opener
Dear Nathalie,

I just bought a car from the 70's: a collector's item!

For a week, I drove without any problems. Unfortunately, my happiness did not last: I had an accident on the road to Chantilly. Nothing serious, but my car is in the garage. Since this event, I am desperate and ruined. How can I go to the university now? I hate public transportation, and I don't know anyone who has a car.

I forbid you to laugh!
Paul

Correspondance 9

My poor Paul,

On the road or on the highway, you always go too fast. It's dangerous for you and for others. Why don't you use another mode of transportation: The high-speed train, for example?

Another solution: You could ride a bike. It's economical and ecological. Or else, in Paris, you can buy a subway card and, like everybody else, take the subway or the bus. I suppose you've never used public transportation!

Last solution: walk. It's free, and it's great for fitness.

I take the train for Cannes next week. The festival and its beauties await me. I intend to do a series of interviews for my newspaper.

I'll keep you posted.

Love,
Nathalie

Chapitre 10: Opener

Paul,

I have just conducted the interview of the century: Juliette Binoche, the actress, in person. She is very beautiful and, on top of that, she is friendly. She answered all my questions with a lot of kindness, and she spoke to me about her next film: an exclusive. I'm the best! My article will be published in the magazine *Première*.

Right now, I'm researching an article on new technologies: palm pilots, DVDs, cell phones.

I bought a very fast new computer. Now, it's even easier to communicate through electronic mail. I hope to hear from you soon.

Love,
Nathalie

Correspondance 10

Dear Nathalie,

Congratulations on your interview with the beautiful Juliette. I see that you are enjoying yourself. Good for you. Me, I am bored to death. It rains, and I spend my time in front of the television watching uninteresting shows. At the movies, there is nothing to see: The good films will come out in September.

Of course, I have my friends Bénédicte, Michel, Caroline . . . But without you, life isn't fun. Come live in Paris. You can work for a newspaper or a television station. I tried to call you, but without success. It's exasperating! I left messages. Please check your answering machine or your cell phone!

You'll call me soon?

Lots of love,
Paul

Chapitre 11: Opener

Paul,

It's true, last week, I was hard to reach. I am constantly traveling. But journalism means mobility. I don't have a choice, and my career is more important than anything. This week, for example, I'm working on an article on European capitals focusing on the theme "Living in the city." Two days ago, I was in Vienna; today, I'm in Geneva and then, Zurich and Brussels.

Come join me! We'll spend the weekend together. It will get your mind off things.

Love,
Nathalie

Correspondance 11

Nathalie,

Do you know that I have finished my exams? I'm free as the wind.

Of course, I'll meet you in Brussels, the city of chocolate, French fries, and the European Parliament!

Next Sunday, I'll wait for you at noon on the Grand-Place, in front of City Hall. I will have a bouquet of red roses in my right hand and my left hand on my heart. On the agenda: strolls, restaurants, and movies.

Confirm this meeting by e-mail.
Paul

P.S. Yes, in spite of appearances, I am a romantic.

Chapitre 12: Opener

Dear Nathalie,

Thank you for this really nice weekend. I loved walking with you through the streets of Brussels, and I am ready to do it again.

Here's what I suggest: Next meeting in Paris, in Vosges square, in front of Victor Hugo's house, in thirteen days, three hours, and ten minutes (today is Monday; it is 8:50 a.m.). I promise you a wonderful time. The Marais neighborhood is rich with historical monuments. It's always surprising and full of charm. What do you think about this? Good idea, right?

I advise you to accept this proposition.

Love,
Paul

Correspondence 12

My little Paul,

I'm very flattered by your invitation. I would love to stroll in the streets of the Marais in Paris, admire the architecture from past centuries, see some exhibits. Honestly, it's tempting.

Unfortunately, I'm forced to turn down this Parisian rendez-vous because I am leaving very soon on an assignment. I have to write an article on French-speaking islands. Guess where I'm going. To Reunion Island, in the Indian Ocean.

What luck! I have a career that I love, I travel all over the world, I'm young, I'm free: Everything is possible!

I expect to be in Paris in a few weeks. I suggest a meeting at the Rodin museum, in front of the sculpture of the *Thinker*. You see, I also have good ideas!

With love from Nathalie, journalist and world traveler

Chapitre 13: Opener

Dear Jérôme,

There is nothing fun in my life. I am a prisoner of daily routine, and I'm bored to death. I dream of adventures, sun, and meeting people. I would like surprises, plans, but nothing is happening. Perhaps I don't know how to have fun? Exams, outings to the movies, to restaurants, to clubs with my friends, meals with family. Where is the newness in all of that?

At least you are having fun at Club Med!

Tell me everything in detail!

Love,
Bénédicte

Correspondance 13

My little Bénédicte,

It's true that when one is a tennis instructor like I am, one has a great time at Club Med! Here, in Martinique, there is no room for routine. I get up early and go to bed late. The days are long but filled and always full of surprises. Meals with the group, tennis lessons, parties: Each moment is an opportunity to meet interesting people and even to fall in love!

But, what I love the most are sports: Tennis, swimming, sailing, windsurfing, and, in the evening, dancing!

And you? Do you feel better? Write me!

Your best friend,
Jérôme

Chapitre 14: Opener

Dear Bénédicte,

We have a lot of fun at Club Med, but we work hard!

This week, I'm organizing a tennis tournament: Every morning, I get up at 5 a.m. to prepare the matches and check the condition of the courts.

As early as 8 in the morning, we train. At 10 a.m., competition starts. By 6 at night, I'm worn out! Starting at 8 p.m., I have to be in my best shape to have dinner and then party!

As the song goes: "Work is health: By doing nothing, you will keep it." I leave you to mediate on this profound thought.

Love,
A tired but happy Jérôme

Correspondance 14

Jérôme,

After a period of the blues from which I have just emerged, I am investing myself in my studies and am making plans. I would like to find a small job for next summer. Something original: Photographer, pastry chef, travel guide . . . at Club Med, for example! Is there work for me in Martinique? Could you tell your director I'm interested in applying? If he's interested, I would be the happiest person in the world!

I am counting on you. Answer me as soon as possible.

With much love,
Bénédicte

Chapitre 15: Opener

Dear Bénédicte,

Who is going to be very happy and thank her great friend, Jérôme? Who is going to work at Club Med this summer as a photographer? Who is going to leave for the Antilles with a ticket paid by her employer? Who is going to live under the Caribbean sun for three months?

You guessed it: It's you! And it's not a joke! I have found you the summer job of your dreams, and you can already start to pack your bags. Don't forget your swimsuits! You will take pictures at the pool, on the beach, during outdoor activities, and also in the evening during shows. A real artist's life.

I hope that you are happy. The whole team is waiting for you!

See you soon,
Jérôme

Correspondance 15

My dear Jérôme,

You are a dear! I knew that I could count on you! How can I thank you?

I am in seventh heaven! Soon, I will be in Martinique! I will do some sports, dance, sunbathe—and, of course, take pictures!

While waiting for the great day when I will be able to take your portrait—in color and large format—I have a gift for you: It's round, light, elegant, original. It's a hat that I bought at the flea market. It will be perfect for our costume parties.

I will stop chatting. Tomorrow, I have an exam, and I want to go to bed early.

Lots of love,
Bénédicte

Chapitre 16: Opener

Dear Jérôme,

I have a big problem. I got into a fight with my friend, Caroline. Because of a simple political disagreement, she left angry. Since then, I've had no news. Of course, you'll tell me that it's better to avoid certain subjects. You might be right, but I think we should be able to express our opinions with friends. Personally, I have strong convictions, but I am able to explain myself with moderation.

Caroline does not accept contradiction: nuclear energy, the environment, sexism, globalization, solidarity . . . For her, everything is a source of conflict rather than a topic for discussion.

And what about tolerance, then?

Fortunately, to get my mind off things, I can think about Martinique!

Love,
Bénédicte

Correspondance 16

My darling,

Calm down! You know your fellow French. They love to discuss, criticize, and protest . . .

A little friendly advice: In the future, it's better to avoid certain hot topics such as politics, immigration, unemployment, inequality, Social Security. Rather, talk about the last little restaurant that you just discovered or your vacation plans. Not great national or global issues with stubborn people!

For my part, I have an important decision to make: Where will I spend the winter season? I have a choice between Polynesia and the French Alps. In other words, between happiness and happiness.

We will discuss this face to face, and you will tell me what you think. I'm anxiously awaiting your arrival.

See you very soon,
Jérôme

Appendix G

Translations of Minidialogues

CHAPITRE 1
Les articles et les noms: les articles indéfinis
Going Back to School
CHRISTINE: Are you ready to go back to school? ALEX: Yes, in my briefcase, I have a pencil, an eraser, and some notebooks. CHRISTINE: As for me, I have a computer!

CHAPITRE 2
Les articles et les noms: les articles définis
In the University District
Alex, an American student, is visiting the university with Anne, a French student. ANNE: There are the library, the university bookstore, and the student cafeteria. ALEX: Is there also a café? ANNE: Yes, of course. The students like the café. It's the center of university life! ALEX: Is it ever! There are twenty or thirty people here, and only one student in the library!

Les verbes réguliers en *-er*
Meeting of Friends at the Sorbonne
XAVIER: Hi, Françoise! Are you visiting the university? FRANÇOISE: Yes, we're admiring the library right now. This is Paul, from New York, and Mireille, a friend [of mine]. XAVIER: Hello, Paul. Do you speak French? PAUL: Yes, a little bit. XAVIER: Hello, Mireille. Are you a student at the Sorbonne? MIREILLE: Oh, no. I work in the library.

Le verbe *être*
Teamwork
FABRICE: Martine, who's the person at the table? MARTINE: Oh, that's Nicole, a new student. She is Italian. We're in the same biology class. Are you ready to study? FABRICE: And who's that with her? MARTINE: That's Marco, her fiancé. FABRICE: Now, I'm ready. Shall we?

La negation *ne... pas*
The End of a Friendship?
BERNARD: Things aren't great with Martine [and me]. She likes to dance, I don't like dancing. I like to go skiing, and she doesn't like sports. She's studying biology, and I don't like science . . .
MARTINE: Things aren't great with Bernard [and me]. He doesn't like to dance, I like dancing. I don't like skiing, and he likes sports. He's a humanities student, and I don't like literature . . .

CHAPITRE 3
Le verbe *avoir*
A Good Friend
JASMINE: Hello, Florence? Do you have a minute? FLORENCE: Hi, Jasmine! I don't really have time. I need to finish my chemistry. JASMINE: But Florence, we have an appointment with the Italian professor for our oral exam in one hour. FLORENCE: What? But that's not possible. He always has difficult questions to ask me. I'm not at all ready! JASMINE: Listen, you continue studying, and I'll call Professor Marchand and tell him that you seem very sick.

Les adjectifs qualificatifs
Computerized Dating Services
He is sociable, charming, serious, good-looking, idealistic, and athletic. She is sociable, charming, serious, good-looking, idealistic, and athletic. [COMPUTER]: They're hard to please!

Les questions à réponse affirmative ou négative
A Discussion Between Friends
TOURIST: Is this an accident? POLICE OFFICER: No, it's not an accident. TOURIST: Is it a demonstration? POLICE OFFICER: Of course not! TOURIST: So it's a fight? POLICE OFFICER: Not really. It's an animated discussion between friends.

Les prépositions *à* et *de*
Arnaud and Delphine, Two Students
They live in the dormitory. They eat in the cafeteria. They play volleyball in the gym. On the weekend, they play cards with friends. They like talking about professors, the English exam, French literature class, and university life.

CHAPITRE 4
Les articles indéfinis après *ne... pas*
Student Comfort
NATHALIE: Where is the bathroom? ANNE: Sorry, I don't have a toilet in my room. It's in the hallway. NATHALIE: But do you have a shower? ANNE: No; no toilet, no shower, but I do have a little kitchenette and . . . NATHALIE: And a TV? ANNE: No, there's no TV, but I do have a stereo.

Les mots interrogatifs
Room for Rent
MME GÉRARD: Hello, miss. What's your name? AUDREY: Audrey Delorme. MME GÉRARD: Are you a student? AUDREY: Yes. MME GÉRARD: Where do you go to school? AUDREY: At the Sorbonne. MME GÉRARD: That's very good. And what are you studying? AUDREY: Philosophy. MME GÉRARD: Oh, that's serious. How many hours of class do you have? AUDREY: 21 hours per week. MME GÉRARD: So you need an inexpensive room? AUDREY: Yes, that's right. When will the room be available? MME GÉRARD: Today. It's yours.

Les verbes en *-ir*
Down with Term Papers!
Khaled and Naima have term papers in history.
KHALED: Which topic are you choosing? NAIMA: I don't know, I'm thinking it over. OK, I'm choosing the first topic—Napoleon's empire. (*Two days later.*) KHALED: Well, are you ready? NAIMA: Wait, I'm finishing up my conclusion, and then I'm coming. And if I manage to get 15 out of 20, we'll have a party!

La place de l'adjectif qualificatif
A New Apartment
CHLOË: I am moving into a new apartment soon. VINCENT: Really? Where exactly? CHLOË: On des Braves Street, in an old building, by the park. VINCENT: Do you like the neighborhood? CHLOË: A lot! There are tall trees and beautiful churches. And the people are nice!

CHAPITRE 5
Les adjectifs possessifs
The House as a Reflection of Social Standing
Marc, a student at the Sorbonne, is taking a brief tour of Paris and the suburbs with his friend, Thu. While driving, he points out the different kinds of housing to Thu. My brother-in-law has a lot of money. There's his villa; it's beautiful, isn't it? Our house is small, but comfortable; my family is pretty happy. Out here in the suburbs you see the big housing complexes where families of workers and immigrants mostly live. Their buildings are called HLMs (**habitations à loyer modéré:** *French public housing*).

Le verbe *aller* et le futur proche
A Model Father
SIMON: Shall we play tennis this afternoon? STÉPHANE: No, I'm going to the zoo with Céline. SIMON: So [how about] tomorrow? STÉPHANE: I'm sorry, but tomorrow I'm going to take Sébastien to the dentist. SIMON: What a model father [you are]!

Le verbe *faire*
A Question of Organization
SANDRINE: Do you and your roommate eat in the student cafeteria? MARION: No, Candice and I are very organized. She does the shopping, and I cook. SANDRINE: And who does the dishes? MARION: The dishwasher, of course!

Les verbes en *-re*
Beauregard at the Restaurant
JILL: Do you hear that? GÉRARD: No. What's the matter? JILL: I hear a noise under the table. GENEVIÈVE: Oh, that! That's Beauregard . . . He's waiting for his dinner . . . and he doesn't like to wait . . .

CHAPITRE 6
Les verbes *prendre* et *boire*
At the Restaurant

WAITER: What will you have, sir? Ma'am? JULIETTE: We'll have the chicken with cream and the vegetables. WAITER: And what will you have to drink? JEAN-MICHEL: I'll have a beer, and for the lady, a bottle of mineral water, please.

Les articles partitifs
No Dessert

JULIEN: What are we having to eat today, Mommy? MME TESSIER: There's chicken with potatoes. JULIEN: And the chocolate mousse in the fridge, is it for lunch today? MME TESSIER: No, no; the mousse is for this evening. For lunch, there is fruit or coffee ice cream. JULIEN: I don't like ice cream, and I don't like fruit! But I love mousse! MME TESSIER: The answer is no!

L'impératif
The Enemy of a Good Meal

FRANÇOIS: Martine, pass me the salt, please . . . (*Martine passes the salad to François.*) FRANÇOIS: No, come on! Use your ears a little . . . I asked you for the salt! MARTINE: François, be a dear—don't talk so loud. I can't hear the television . . .

L'heure
It's seven o'clock. What meal is Vincent having? It's ten thirty. Where is Vincent? It's noon. What meal is he having? It's two fifteen. Where is Vincent? It's three forty-five (a quarter till four). What is he doing? It's eight twenty. Is he having dinner with his family? It's twenty to twelve. Is he still studying? It's midnight, and Vincent is sleeping.

CHAPITRE 7
L'adjectif interrogatif *quel*
Henri Lefèvre, Restaurant Owner in Deauville
Dan Bartell, an American journalist, asks Henri Lefèvre some questions. DAN BARTELL: What is the main difference between traditional cooking and the **nouvelle cuisine?** HENRI LEFÈVRE: The sauces, my friend, the sauces. DAN BARTELL: And which sauces do you make? HENRI LEFÈVRE: I really like to make the traditional sauces such as **bordelaise** and **beurre blanc** [white butter]. DAN BARTELL: Which wines do you buy for your restaurant? HENRI LEFÈVRE: I buy mostly red wines from Burgundy and white wines from Anjou.

Les adjectifs démonstratifs
A Dinner with Friends

BRUNO: This roast beef is really delicious! ANNE: Thank you. BRUNO: Can I try a little more of that sauce? ANNE: But of course. MARIE: These green beans, mmm! Where do you do your shopping? ANNE: Rue Contrescarpe. MARIE: Me too. I just love that street, that village-like feeling, those little shops . . .

Les verbes *vouloir, pouvoir* et *devoir*
Le Procope

MARIE-FRANCE: Would you like some coffee? CAROLE: No, thanks, I can't drink coffee. I have to be careful. I have an exam today. If I drink coffee, I'll be too nervous. PATRICK: I drink coffee only on the days when I have exams. It inspires me, the way it inspired Voltaire!

L'expression impersonnelle *il faut*
Danielle and François Invite Some Friends Over Tonight

DANIELLE: What can we make for the main dish? FRANÇOIS: I suggest salmon. DANIELLE: Excellent idea! Do we need to go to the market? FRANÇOIS: We have the salmon. But for this recipe, we also need some fresh cream, chives, and mint. DANIELLE: So we must hurry! Our guests are arriving in less than an hour!

CHAPITRE 8
Quelques verbes irréguliers en *-ir*
The Joy of Nature

STÉPHANE: Where are you going on vacation this summer? ANNE-LAURE: This year we're going to Martinique. We're going to camp in a little village 30 kilometers from Fort-de-France. We'll drink **ti'punch,** go out every night, and sunbathe on the beach. A dream, huh? Come with us. We're leaving August 2. STÉPHANE: No thanks, the sea is not for me. Smelling fish, sleeping with mosquitoes, no way! ROMAIN: You never change, that's for sure. The gentleman needs his creature comforts! Too bad for you! We just love sleeping in the open, feeling the sea breeze, and admiring the stars.

Le passé composé avec l'auxiliaire *avoir*
At the Hotel

GUEST: Good morning, ma'am. I made a reservation for a room for two people. EMPLOYEE: Your name, please? GUEST: Bernard Meunier. EMPLOYEE: Hmm . . .

Appendix G **A41**

yes, Room 12, on the ground floor. You asked for a room with a view of the sea, is that right? GUEST: Yes, that's right. EMPLOYEE: All right, then, please fill out this card.

Le passé composé avec l'auxiliaire *être*
Sunday Morning Explanations
MME FERRY: I would really like to know where you went last night! And what time did you get home? STÉPHANIE: Not late, Mom. I went out with some friends. We went to have a drink at Laurent's, we stayed there about an hour, then we left to go to the movies. I got back to the house right after the movie. MME FERRY: Are you sure? Because your father got back from the soccer game at 11 and didn't see the car in the garage . . .

Les prépositions devant les noms de lieu
Bruno in the Congo
Bruno is on vacation in the Congo. He has met Kofi.
KOFI: Where in France do you come from? BRUNO: From Marseille. KOFI: It must be beautiful there! Tell me, do you have plans for future vacations? BRUNO: Yeah, lots. First, I'm going to Mexico next year with a friend. And in the future I want to go to Russia, Quebec, Senegal, and also Asia. KOFI: Which town would you like to live in? BRUNO: Verona, in Italy, so I can find my Juliet.

CHAPITRE 9
Le verbe *conduire*
A Weekend in the Mountains
MARIE-JOSÉE: Shall we go to the mountains this weekend? ALEX: Good idea! That will give me a chance to drive my new convertible! MARIE-JOSÉE: Oh no! You destroy the environment with your car, and besides, you drive way too fast. Let's go by train! ALEX: But they have built a new expressway. Let's take my car; it will be faster. MARIE-JOSÉE: How many speeding tickets have you gotten lately? ALEX: Oh! What time does the train leave? . . .

Depuis et pendant
Auto Racing
JOURNALIST: How long have you been auto racing? DRIVER: I have been competing professionally since 1995. Before [that], I was at the amateur level for three years. JOURNALIST: How long do you train? DRIVER: Usually, I work every day for seven hours. It's demanding work, but it's also very exciting!

Les adverbes affirmatifs et négatifs
The High-speed Train (TGV)
PATRICIA: Have you taken the TGV yet? FRÉDÉRIC: No, not yet, but I've reserved a seat for next Saturday. I'm going to see my parents in Lyon. PATRICIA: Do you always have to make an advance reservation for the TGV? FRÉDÉRIC: Yes, it's required. I don't like that system at all, because I hate to look ahead; I like to leave at the last minute, I never make plans, and I've never kept an appointment book.

Les pronoms affirmatifs et négatifs
Coin-Operated Luggage Lockers
SERGE: Is there something wrong? JEAN-PIERRE: Yes, I'm having trouble with the locker. It doesn't work. SERGE: Oh, that! There's nothing more annoying! JEAN-PIERRE: Everyone always seems to find a locker that works, except me. SERGE: Look, someone is taking their luggage out of one of the lockers. That way, you can be sure that one works. JEAN-PIERRE: Excellent idea!

CHAPITRE 10
L'imparfait
Poor Grandmother!
MME CHABOT: You see, when I was little, television didn't exist. CLÉMENT: So what did you do in the evenings? MME CHABOT: Well, we read, we chatted; our parents told us stories . . . CLÉMENT: Poor Grandmother, it must have been sad not to be able to watch television at night . . .

Les pronoms d'objet direct
The Cossecs Are Moving
THIERRY: What should we do with the TV? MARYSE: We're going to give it to your sister. THIERRY: Okay. And all our books? MARYSE: We're going to mail them. They have a special book rate. THIERRY: You're right. I didn't want to throw them away. And are we going to sell the minitel? MARYSE: Of course not! You *know* that we rent it from France Télécom. We have to return it before the end of the month.

L'accord du participe passé
Opinion of an American TV Viewer in France
REPORTER: Have you watched French television yet? AMERICAN: Yes, I watched it last night. REPORTER: Which shows did you like best? AMERICAN: That's hard to say . . . REPORTER: Don't you think it's very

different from American TV? AMERICAN: Well . . . the programs I saw are rather similar . . . *Six Feet Under, The Simpsons* . . . That is, sure, they're different: They're in French!

Les verbes *voir* et *croire*
Where Are the Keys?
MICHAËL: I think I've lost the car keys. VIRGINIE: What? They must be at the restaurant. MICHAËL: You think so? VIRGINIE: I'm not sure, but we can go check. (*At the restaurant.*) MICHAËL: You're right. They're over there on the table. I see them. VIRGINIE: Whew! Well, what do you want to do now? MICHAËL: Let's go see what we can find in the booksellers' stalls.

CHAPITRE 11
Le passé composé et l'imparfait
Casablanca
ALAIN: So, are you going to tell us about your vacation in Morocco? SYLVIE: Well, I left Paris July 23. The weather was terrible: It was cold and raining. Awful! But when I arrived in Casablanca, the sky was bright blue, the sun was shining, the sea was warm . . . RÉMI: Did you like the city? SYLVIE: Yes, a lot. But I wanted to visit a mosque, and I couldn't get in. ALAIN: Why? SYLVIE: It was my fault, because I was wearing a miniskirt.

Les pronoms d'objet indirect
A New Park Downtown
RÉGIS: Did you write to the mayor? NICOLE: Yes, I wrote to him. RÉGIS: And he answered you? NICOLE: Yes, he scheduled an appointment with us for tomorrow. RÉGIS: Did he like the idea of creating a new park downtown? NICOLE: He hasn't said anything to me yet. We're going to have to wait until tomorrow.

Les verbes *savoir* et *connaître*
Labyrinth
MARCEL: Taxi! Are you familiar with Vaucouleurs Street? TAXI DRIVER: Of course I know where it is! I know Paris like the back of my hand [literally, like my pocket]! MARCEL: I don't know how you do it. I got lost yesterday in the Île de la Cité. TAXI DRIVER: I know my job; and besides, you know, with a map of Paris it's not that hard!

Les pronouns *y* et *en*
Paris, City of Love
MYRIAM: Have you gone to the Parc Montsouris yet? FABIENNE: No, not yet, but I'm going there Saturday with Vincent. MYRIAM: Vincent? Tell me, how many boyfriends do you have? FABIENNE: Right now I have two. But I'm going to break up with Jean-Marc soon. MYRIAM: Have you talked to Jean-Marc about it? FABIENNE: No, not yet. But I'm seriously thinking about it.

CHAPITRE 12
Les pronoms accentués
Artistic Visits
David is visiting Paris with his parents and his brother. He's telling Géraldine, a Parisian friend, about their activities. GÉRALDINE: David, did you go to the Louvre? DAVID: No, it's too big for me. I prefer the Picasso Museum. GÉRALDINE: Me, too! But did your parents visit the Louvre? DAVID: Them? Yes, they went there several times. But my brother prefers visiting the shops and discos.

La place des pronoms personnels
An Artistic Temperament
Marie wants a box of paint. MARIE: Go on, Mommy, buy it for me! MOTHER: Listen to me carefully. I'm going to buy it for you on the condition that you share it with your sister. Give her half of it. MARIE: I promise [you].

Les verbes suivis d'une préposition
Going to the Movies
FRANÇOISE: I decided to go see Juliette Binoche's latest film this evening. THOMAS: Juliette Binoche!!! My Juliette! I think I forgot to tell you that I was free this evening . . . FRANÇOISE: Oh no! You're still dreaming of meeting her one day! THOMAS: Not at all! I'm only looking to make myself more cultured. FRANÇOISE: Of course! With such noble intentions, I'm not going to stop you from coming!

Les adverbes
Provence
ANNE-LAURE: Tomorrow I'm leaving for Provence. I'm going to make a quick visit to Renoir's house in Cagnes, then to the Matisse Museum in Nice, to the Picasso Museum in Antibes . . . SYLVAIN: Do you travel constantly? ANNE-LAURE: No, not really, but I absolutely want to go to Provence because several French painters lived there. SYLVAIN: And now, what are you doing? ANNE-LAURE: I'm going to see Monet's house at Giverny, in the suburbs of Paris. SYLVAIN: Tell me frankly: Aside from painting, what interests

you? ANNE-LAURE: Classical music . . . I like Berlioz a lot.

CHAPITRE 13
Les verbes pronominaux (première partie)
DAMIEN: Madeleine! How are you? VÉRONIQUE: You are mistaken, sir. My name isn't Madeleine. DAMIEN: I'm sorry, ma'am. I wonder if I haven't met you already . . . VÉRONIQUE: I don't remember having met you. But that's fine . . . My name is Véronique. What's yours? DAMIEN: Damien . . . Would you like to have some coffee perhaps?

Les verbes pronominaux (deuxième partie)
Taking Advantage of the Nice Weather
MAX: Are you leaving? THÉO: Yes, it's nice out and I'm bored here. I'm going to take a walk along the lake. Will you come along? MAX: No, I can't; I have a lot of work. THÉO: Oh, you're making too much of it. Come on, we'll go have some fun! MAX: Some other time. If I stop now, I won't have the courage to finish up later.

Les verbes pronominaux (troisième partie)
The Ideal Couple
THIERRY: You see, for me the ideal couple is Jacquot and Patricia. VALÉRY: Why do you say that? THIERRY: Because they love each other. Every time I see them they gaze lovingly at each other, they kiss, and they say sweet things to each other. They have known each other for ten years, and I've never seen them argue.

Les verbes pronominaux (quatrième partie)
A Love Match
SABINE: Tell me, Denis, how did you meet each other? DENIS: We saw each other for the first time in Avignon. VÉRONIQUE: Remember? It was raining, you came into the boutique where I worked, and . . . DENIS: And it was love at first sight! We got married that same year.

CHAPITRE 14
Le futur simple (première partie)
His Future
FATHER: He will learn foreign languages and work as a diplomat. MOTHER: No, he will study law, and he will be the head of an important company. CHILD: I believe I will be looking for an apartment very soon . . .

Le futur simple (deuxième partie)
A Dream Job
EMPLOYER: You will have two months of vacation per year. APPLICANT: Will I have to come into the office to work? EMPLOYER: Of course not! You will come when you want to. You could also make use of our property on the Cote d'Azur. APPLICANT'S WIFE: Michel, wake up! It's time to go to work!

Les pronoms relatifs
Interviewing the Head of a Business
JOURNALIST: And why do you say that you studied for three years in vain? GENEVIÈVE: Well, because all that time, it was making jewelry that interested me. JOURNALIST: The jewelry you create is made out of natural materials? GENEVIÈVE: Yes. I also design costume jewelry, for magazines, that people can make at home. JOURNALIST: Now, your business makes thousands of pieces of jewelry, three quarters of which go to Japan? GENEVIÈVE: Yes, and I have loads of new projects!

La comparaison de l'adjectif qualificatif
Shopping
Laurence and Franck, newlyweds, are going shopping together for the first time. LAURENCE: Where are we going to shop? FRANCK: At Carrefour, of course! It's less expensive and cleaner than Trouvetout. LAURENCE: I hate big discount chains. I prefer to go to the little grocer on Rue Leclerc. The products are more expensive, I agree, but they're fresher. And then it's also more practical: You don't need to take the car. As for friendly service, this grocer is the best in the neighborhood. FRANCK: I agree, sweetheart, but right now the most important thing is to save money.

CHAPITRE 15
Les pronoms interrogatifs
At the Rugby Game
BILL: What are they trying to do? JEAN-PAUL: Well, they're trying to get the ball behind the goal line of the other team. BILL: What are they doing now? JEAN-PAUL: This is called a scrummage. BILL: And what's a scrummage? JEAN-PAUL: That's when several players from each team are clustered around the ball. You see, one of the players got it. BILL: Which one? JEAN-PAUL: Fabien Devichi. BILL: What's keeping him from throwing it toward the goal? JEAN-PAUL:

The rules of the game, pal! This is rugby; it's not American football.

Le présent du conditionnel
Oh, if I Were Rich . . .
FRANÇOIS: What would you do if you won the lottery? VINCENT: Me? I'd buy an old neighborhood movie theater. I would choose all the films I like, and all my friends could get in for free. CHLOË: If I had enough money, I'd settle in the south of France and would spend my time painting. I'd have a big house, and you could both come and see me every weekend.

La comparaison de l'adverbe et du nom
Jazz
JENNIFER: Do you often go to nightclubs on the weekends? BRUNO: No, I go to jazz bars more often than nightclubs. There aren't as many people, and I like the music better. JENNIFER: I love jazz, too. I have more records of Duke Ellington than of Madonna. But I listen to jazz more often at my place. When I go to a nightclub, it's to dance, and also because there's more atmosphere.

Les adjectifs et les pronoms indéfinis
Vacation in Martinique
DANIEL: So, what about your vacation in Martinique? NADINE: Everything went very well. We stayed a few days in Fort-de-France, the capital, and then we relaxed at the beach. You know, the people there are very nice, but they all have an accent that we had trouble understanding. Sometimes we had the impression that there were some of them who didn't understand us either. RAPHAËL: And each time they said something, we had to ask them to repeat. It's funny. Certain words are the same as ours, but others are completely different.

CHAPITRE 16
Le subjonctif (première partie)
Vote for Laure!
LAURE: So, you want me to run for the university council! SIMON: Yes, we wish the council would get over its inertia and that the delegates would realize what their political responsibilities are. LAURE: But I already ran without any luck last year. LUC: This year, Laure, we want you to win. And we'll support you to the end.

Le subjonctif (deuxième partie)
The Draft or Voluntary Military Service?
PATRICK FAURE (22): In my opinion, the draft is an anachronism in the nuclear age. GÉRARD BOURRELLY (36): It's possible that young people will become more interested in military service if it gives them professional training. FRANCIS CRÉPIN (25): Now that the draft has been abolished, we must set up a career army. CHARLES PALLANCA (18): But if I were a volunteer, I would insist that the salary be at least 1,000 euros a month!

Le subjonctif (troisième partie)
A United Europe
Several French people are expressing their opinions about the political and economic unification of Europe. JEAN-PIERRE (35): I'm glad that France is part of the European Union. ISABELLE (24): We're afraid the nationalists will become violent, like in Bosnia-Herzogovina. CLAUDE (40): I'm sorry the Swiss don't want to be part of Europe. NICOLE (30): I doubt whether Europe can settle the problem of unemployment. MONIQUE (52): I'm furious that the Americans put taxes on European agricultural products.

Le subjonctif (quatrième partie)
Military Interventions
KOFI: Do you believe France should intervene militarily in countries where there are political problems? KARIM: I'm not so sure that's a good solution. KOFI: Why? KARIM: Because I don't think it can change the political situation of those countries.

Appendix H

Answers to À l'écoute sur Internet! Activities

CHAPITRE 1
1. c 2. a 3. d 4. b 5. e

CHAPITRE 2
Fatima, Tunisie, espagnol, cinéma
François, Québec (Canada), philosophie, sport
Scott, Angleterre, sociologie, café

CHAPITRE 3
A. Patrice is the person on the right.
B. 1. b 2. a 3. b 4. b 5. a 6. a

CHAPITRE 4
1. b, e, f
2. b, c, g, h

CHAPITRE 5
1. Gérard 2. Géraldine 3. Marie 4. Juliette
5. Laurence 6. Franck 7. Léa

CHAPITRE 6
A. 1. d 2. b 3. a 4. c
B. 3

CHAPITRE 7
1. a 2. b 3. b 4. a 5. a 6. a

CHAPITRE 8
A. 1. V 2. V 3. F 4. F 5. V
B. 1. J-Y 2. J-Y 3. J-Y 4. S 5. S

CHAPITRE 9
A. 1. a 2. b 3. a 4. b 5. a 6. c
B. 1. F 2. V 3. F 4. F 5. V

CHAPITRE 10
A. 1. c 2. b 3. b
B. 1. F/F 2. F/V 3. F/V

CHAPITRE 11
A. 1. a 2. b 3. a 4. b 5. b
B.

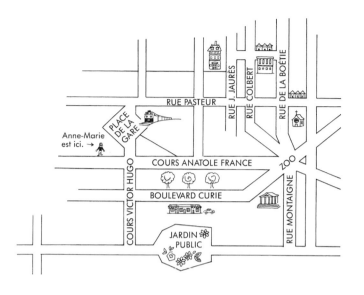

CHAPITRE 12
A. 1. F 2. V 3. V 4. F 5. F 6. V
B. 1. c 2. b 3. c 4. a 5. c

CHAPITRE 13
A. 5 - 8 - 1 - 7 - 4 - 10 - 3 - 6 - 2 - 9
B. 1. V 2. F 3. F 4. V 5. F 6. V

CHAPITRE 14
A. 1. b 2. c 3. a
B. 1. Annonce numéro 3   2. Annonce numéro 2
3. Annonce numéro 1

CHAPITRE 15
A. 1. b 2. c 3. a 4. b 5. c 6. b 7. a
B. 1. 1er: français; 2e: français; 3e: américain
   2. 1er: français; 2e: espagnol; 3e: italien

CHAPITRE 16
A. 3, 6, 8, 9, 11, 12
B. 1. d 2. e 3. a 4. b 5. c

Answers to **Révisez!** Activities

CHAPITRES 1–4
A. 1. m'appelle 2. parle 3. les 4. étudions 5. C'est
6. sont 7. lundi 8. vendredi 9. bibliothèque 10. écoutent 11. vous 12. cherchez
B. 1. à 2. ai 3. une 4. sportive 5. pas 6. ne 7. agis
8. de 9. à côté de 10. élégante 11. de

CHAPITRES 5–8
A. 1. allons 2. sa 3. Chez 4. prépare 5. préfèrent
6. du 7. boivent 8. ayez 9. font un tour 10. descendent 11. attend
B. 1. au 2. quel 3. suis descendue 4. sommes allées
5. avons visité 6. ce 7. avons acheté 8. eu 9. sent
10. Quelle 11. Quels 12. n'ai pas compris 13. veux

CHAPITRES 9–12
A. 1. Quelque chose 2. ai eue 3. ont offert 4. depuis
5. pendant 6. étais 7. crois 8. quelqu'un 9. l'
10. jamais 11. déjà 12. Tout le monde
B. 1. merveilleusement 2. connaissais 3. à 4. savais
5. couramment 6. avons participé 7. avons poursuivi
8. faisait 9. y 10. de

CHAPITRES 13–16
A. 1. m'ennuyer 2. me réveille 3. m'habille
4. m'installe 5. plus 6. le moins 7. où 8. me suis
trompé
B. 1. pourrions 2. plusieurs 3. quelqu'un 4. plus
5. aurons 6. serait 7. visitions 8. Qu'est-ce que
9. Laquelle 10. le plus 11. Qui est-ce qui 12. mieux
13. allions 14. nous amuserons

Lexiques

Lexique français-anglais

This end vocabulary provides contextual meanings of French words used in this text. It does not include proper nouns (unless presented as active vocabulary or unless the French equivalent is quite different in spelling from English), most abbreviations, exact cognates, most near cognates, past participles used as adjectives if the infinitive is listed, or regular adverbs formed from adjectives listed. Adjectives are listed in the masculine singular form; feminine endings or forms are included when irregular. An asterisk (*) indicates words beginning with an aspirate *h*. Active vocabulary is indicated by the number of the chapter in which it first appears.

ABBREVIATIONS

A.	archaic	*indic.*	indicative (mood)	*p.p.*	past participle
ab.	abbreviation	*inf.*	infinitive	*prep.*	preposition
adj.	adjective	*interj.*	interjection	*pron.*	pronoun
adv.	adverb	*interr.*	interrogative	*Q.*	Quebec usage
art.	article	*inv.*	invariable	*s.*	singular
colloq.	colloquial	*irreg.*	irregular	*s.o.*	someone
conj.	conjunction	*m.*	masculine noun	*s th*	something
fam.	familiar or colloquial	*n.*	noun	*subj.*	subjunctive
f.	feminine noun	*neu.*	neuter	*tr. fam.*	very colloquial, slang
Gram.	grammatical term	*pl.*	plural	*v.*	verb

à *prep.* to; at; in (2); by, on (9); **à bientôt** see you soon (1); **à côté de** beside (4); **à destination de** to, for (9); **à droite (de)** on the right (of) (4); **à gauche (de)** on the left (of) (4); **à l'est/l'ouest** to the east/west (9); **à l'étranger** abroad, in a foreign country (9); **à l'heure** on time (9); **à pied** on foot (9); **au nord/sud** to the north/south (9); **au printemps** in spring (5); **au revoir** good-bye (1)

abats *m. pl.* giblets, offal

abbaye *f.* abbey

abîme *m.* abyss

abolir to abolish (16)

abord: d'abord *adv.* first, first of all, at first (11)

abordable *adj.* approachable; reasonable

aboutissement *m.* end, outcome

aboyer (il aboie) to bark (*dog*)

abréger (j'abrège, nous abrégeons) to cut short, shorten

abréviation *f.* abbreviation

abri *m.* shelter; **les sans-abri** *m. pl.* the homeless (16)

abriter to house

absolu *adj.* absolute

abstrait *adj.* abstract

abus *m.* abuse, misuse

académicien(ne) *m., f. member of* the **Académie française**

Académie française *f.* French Academy (*official body that rules on language questions*)

accent *m.* accent; **accent aigu (grave, circonflexe)** acute (grave, circumflex) accent

accentué: pronom accentué *Gram.* tonic or disjunctive pronoun

accepter (de) to accept (to) (12); to agree to

accès *m.* access; **fournisseur** (*m.*) **d'accès** provider (*Internet*)

accessoire *m.* accessory

accompagner to accompany, go along (with)

accomplir to perform, accomplish, carry out

accord *m.* agreement; **d'accord** all right, O.K., agreed (2); **être d'accord** to agree, be in agreement

accorder to grant, bestow, confer

accroître (*p.p.* **accru**) *irreg.* to increase, add to

accueil *m.* greeting, welcome; **page** (*f.*) **d'accueil** homepage; **terre** (*f.*) (**pays** [*m.*]) **d'accueil** country of settlement (*immigration*)

accueillir *irreg.* to greet, welcome

acculer to drive (*s.o.*) back

s'accumuler to accumulate

achat *m.* purchase

acheter (**j'achète**) to buy (6)

acheteur/euse *m., f.* buyer, purchaser

s'achever (**il s'achève**) to end; to come to an end

acier *m.* steel

acquérir (*like* **conquérir**) *irreg.* to acquire

acteur (actrice) *m., f.* actor, actress (12)

actif/ive *adj.* active; working

action *f.* action; gesture

activé *adj.* activated

activité *f.* activity; **activités de plein air** outdoor activities (15)

actualisé *adj.* updated

actualité *f.* piece of news; present-day event

actuel(le) *adj.* present, current

actuellement *adv.* currently, at the present time

adapter to adapt; **s'adapter à** to adapt oneself to

addition *f.* bill, check (*in a restaurant*) (7)

adepte *m., f.* enthusiast, follower

adieu *interj.* good-bye

adjectif *m., Gram.* adjective

admettre (*like* **mettre**) *irreg.* to admit, accept

administratif/ive *adj.* administrative; **assistant(e) administratif/ive** *m., f.* administrative assistant

admirer to admire

adolescent(e) *m., f., adj.* adolescent, teenager

adopter to adopt

adorer to love, adore (2)

adresse *f.* address (10)

s'adresser (à) to be intended (for), aimed (at)

adulte *m., f., adj.* adult

adverbe *m., Gram.* adverb

adverse *adj.* opposing; opposite

aérobic *f.* aerobics; **faire de l'aérobic** to do aerobics (5)

aéroport *m.* airport (9)

affaire *f.* affair; business matter; belongings; *pl.* business; **chiffre** (*m.*) **d'affaires** turnover (*in business*); **classe** (*f.*) **affaires** business class (9); **homme (femme) d'affaires** *m., f.* businessman (-woman)

affectueux/euse *adj.* affectionate; fond

affiche *f.* poster; billboard (4)

afficher to post, put up; to display, show; **s'afficher** to be displayed

affirmatif/ive *adj.* affirmative

affirmation *f.* declaration

affirmer to affirm, state

affreux/euse *adj.* awful

afin de *prep.* to, in order to

africain(e) *adj.* African; **Africain(e)** *m., f.* African (*person*)

Afrique *f.* Africa; **Afrique de l'ouest (Afrique occidentale)** West Africa; **Afrique du Nord** North Africa

âge *m.* age; epoch; **Moyen Âge** *m. s.* Middle Ages (12); **quel âge avez-vous?** how old are you?

agence *f.* agency; **agence de voyages** travel agency

agenda *m.* engagement book, pocket calendar

agent *m.* agent; **agent de police** police officer (14)

agir to act (4); **il s'agit de** it's about, it's a question of

agité *adj.* agitated, restless; rough, choppy (*sea*)

agneau: côte (*f.*) **d'agneau** lamb chop

agréable *adj.* agreeable, pleasant, nice (3)

agricole *adj.* agricultural

agriculteur/trice *m., f.* farmer (14)

ah bon? *interj.* oh, really?

aide *f.* help, assistance; **à l'aide de** with the help of

aider to help (12)

aigu: accent (*m.*) **aigu** acute accent (**é**)

aiguille *f.* needle

ail *m.* garlic (7)

ailleurs elsewhere; **d'ailleurs** besides, moreover

aimable *adj.* likable, friendly

aimer to like; to love (2); **aimer bien** to like; **aimer mieux** to prefer (2); **j'aimerais** + *inf.* I would like (*to do s.th.*); **je n'aime… pas du tout** I don't like . . . at all

ainsi *conj.* thus, so; **ainsi que** as well as; **et ainsi de suite** and so on

air *m.* air; look; tune; **activités** (*f. pl.*) **de plein air** outdoor activities (15); **avoir l'air (de)** to seem, look (3); **de plein air** outdoor; **en plein air** outdoors, in the open air; **hôtesse** (*f.*) **de l'air** flight attendant (9)

ajouter to add

album *m.* (photo) album; picture book

alcool *m.* alcohol

alcoolisé *adj.* alcoholic

Alger Algiers

Algérie *f.* Algeria (8)

algérien(ne) *adj.* Algerian; **Algérien(ne)** *m., f.* (Algerian (*person*) (2)

aligné: faire du patin à roues alignées to do in-line skating

aliment(s) *m.* food, nourishment

alimentaire *adj.* alimentary, pertaining to food

alimentation *f.* food, feeding, nourishment; **magasin** (*m.*) **d'alimentation** food store

alizé: vent (*m.*) **alizé** trade wind

allée *f.* path, walk

allégé *adj.* light, low-fat (*foods*)

Allemagne *f.* Germany (8)

allemand *adj.* German; *m.* German (*language*) (2); **Allemand(e)** *m., f.* German (*person*) (2)

aller *irreg.* to go (5); **aller** + *inf.* to be going (*to do s.th.*) (5); **aller à la pêche** to go fishing (8); **aller mal** to feel bad (ill) (4); **allez-vous-en!** go away! (13); **allez-y!** go ahead!; **billet** (*m.*) **aller-retour** round-trip ticket; **ça peut aller** all right, pretty well (1); **ça va?** how's it going? (1); **ça va** fine (things are going well) (1); **ça va bien (mal)** fine (bad[ly]) (things are going well [badly]) (1); **comment allez-vous? (comment vas-tu?)** how are you? (1); **s'en aller** to go away, go off (*to work*) (13); **va-t'en!** go away! (13)

allô *interj.* hello (*phone greeting*) (10)

allumer to light

alors *adv.* so; then, in that case (4)

alpin *adj.* Alpine; **ski** (*m.*) **alpin** downhill skiing (8)

alpinisme *m.* mountaineering, mountain climbing; **faire de l'alpinisme** to go mountain climbing (8)

amande *f.* almond

ambiance *f.* atmosphere, surroundings

ambitieux/euse *adj.* ambitious

âme *f.* soul; spirit

amélioration *f.* improvement

améliorer to improve, better

amener (j'amène) to bring (along)

américain *adj.* American; **à l'américaine** American-style; **Américain(e)** *m., f.* American (*person*) (2)

Amérique *f.* America

ameublement *m. s.* furnishings

ami(e) *m., f.* friend (2); **petit(e) ami(e)** *m., f.* boyfriend, girlfriend

amical *adj.* (*m. pl.* **amicaux**) friendly

amitié *f.* friendship (13)

amour *m.* love (13); love affair

amoureux/euse *adj.* loving, in love (13); *m., f.* lover, sweetheart, person in love (13); **tomber amoureux/euse (de)** to fall in love (with) (8); **vie** (*f.*) **amoureuse** love life

amphithéâtre (*fam.* **amphi**) *m.* lecture hall, amphitheater (2)

ampoule *f.* light bulb

amusant *adj.* amusing, fun (3)

s'amuser (à) to have fun, have a good time (13)

an *m.* year; **avoir (vingt) ans** to be (twenty) years old (3); **l'an dernier (passé)** last year; **par an** per year, each year

analyser to analyze

ancêtre *m., f.* ancestor

ancien(ne) *adj.* old, antique; former (4); ancient; **anciens** *n. m. pl.* elders

ange *m.* angel; **je suis aux anges** I'm in seventh heaven

anglais *adj.* English; *m.* English (*language*) (2); **Anglais(e)** *m., f.* Englishman (woman) (2)

Angleterre *f.* England (8)

angoissé *adj.* anxious, anxiety-prone

animal *m.* animal; **animal domestique** pet

animateur/trice *m., f.* host, hostess (*radio, TV*); motivator (*in marketing*)

animé *adj.* animated

année *f.* year; **l'année prochaine (dernière [passée])** next (last) year; **les années (cinquante)** the decade (era) of the (fifties) (8)

anniversaire *m.* anniversary; birthday; **bon anniversaire** happy birthday; **carte** (*f.*) **d'anniversaire** birthday card

annonce *f.* announcement, ad; **petites annonces** (classified) ads (10)

annoncer (nous annonçons) to announce, declare; **s'annoncer** to look; to promise to be

annuaire *m.* telephone book (10); **consulter l'annuaire** to look up (a phone number) in the phone book (10)

annuel(le) *adj.* annual

anorak *m.* (ski) jacket, windbreaker (8)

anticiper (sur) to anticipate

antillais *adj.* West Indian; **Antillais(e)** *m., f.* West Indian (*person*)

Antilles *f. pl.* West Indies

antipathique *adj.* disagreeable, unpleasant (3)

anxieux/euse *adj.* anxious

août August (1)

apaiser to appease; to soothe

aperçu *adj.* noticed

apéritif (*fam.* **apéro**) *m.* cocktail

apparaître (*like* **connaître**) *irreg.* to appear

appareil *m.* apparatus; device; appliance; telephone (10); **appareil photo** *m.* (*still*) camera; **qui est à l'appareil?** who's calling? (10)

apparemment *adv.* apparently

apparence *f.* appearance

apparenté *adj.* related; **mot** (*m.*) **apparenté** cognate (*word*)

appartement *m.* apartment (4)

appartenir (*like* **tenir**) **à** *irreg.* to belong to

appel *m.* call; **faire appel à** to appeal to; to require, call for

appeler (j'appelle) to call (10); to name; **comment s'appelle... ?** what's . . . name?; **comment vous appelez-vous? (comment t'appelles-tu?)** what's your name? (1); **je m'appelle...** my name is . . . (1); **s'appeler** to be named (13)

appétit *m.* appetite; **bon appétit** enjoy your meal

appliquer to apply

apporter to bring, carry; to furnish (7)

apprécier to appreciate, value

apprendre (*like* **prendre**) *irreg.* to learn; to teach (6); **apprendre à** to learn (how) to

apprentissage (*m.*) **des langues** language learning

approcher to approach

après *prep.* after (2); afterward (5); **après avoir (être)...** after having . . . ; **d'après** *prep.* according to

après-midi *m. or f.* afternoon; **cet après-midi** this afternoon (5); **de l'après-midi** in the afternoon (6)

arabe *m.* Arabic (*language*)

arachide *f.* peanut(s)

arbre *m.* tree (5)

archéologue *m., f.* archeologist

architecte *m., f.* architect (14)

arène(s) *f.* (*pl.*) arena, bullring (12)

argent *m.* money; silver; **argent liquide** cash (14)

arme *f.* weapon, arm

armée *f.* army; **armée de métier** professional army

armoire *f.* wardrobe; closet (4)

arrêter (de) to stop, cease (12); **s'arrêter** to stop (*oneself*) (13)

arrière *adv.* back; **arrière-grand-parent** *m.* great-grandparent (5)

arrivant(e) *m., f.* newcomer

arrivée *f.* arrival (9)

arriver to arrive, come (3); to happen

arrondissement *m.* district, section (*of Paris*) (11)

art *m.* art; **œuvre** (*f.*) **d'art** work of art (12)

artichaut *m.* artichoke

artifice: feux (*m. pl.*) **d'artifice** fireworks

artisan(e) *m., f.* artisan, craftsperson (14)

artisanal *adj.* craft

artisanat *m.* handicrafts, arts and crafts

artiste *m., f.* artist (12)

Asie *f.* Asia

aspiré *adj.* aspirate

asseoir (*p.p.* **assis**) *irreg.* to seat; **s'asseoir** to sit down

asservi *adj.* enslaved

assez *adv.* somewhat (3); rather, quite; **assez de** *adv.* enough (6)

assiette *f.* plate (6)

assise *f.* foundation

assistance *f.* assistance, help; audience

assistant(e) *m., f.* assistant; **assistant(e) administratif/ive** *m., f.* administrative assistant; **assistant** (*m.*) **numérique** PDA (personal digital assistant) (10)

assisté *adj.* supported, assisted

assister à to attend, go to (*concert, etc.*) (15)

associer to associate

assortiment *m.* assortment

assurance *f.* assurance; insurance; **assurances-automobile** *pl.* car insurance

assurer to insure; to assure; to ensure

atelier *m.* workshop; (*art*) studio

athlète *m., f.* athlete

atmosphère *f.* atmosphere (16)

atout *m.* asset

attacher to attach

attaquer to attack

atteindre (*like* **craindre**) *irreg.* to reach, attain

attendre to wait, wait for (5)

attention *f.* attention; **faire attention (à)** to pay attention (to); to be careful (of), watch out (for) (5)

attentivement *adv.* attentively

attirer to attract

attrait *m.* attraction, lure; charm

attribuer to attribute

auberge *f.* inn; **auberge de jeunesse** youth hostel (9)

aucun(e) (ne... aucun[e]) *adj., pron.* none; no one, not one, not any; anyone; any

audace *f.* daring innovation

audacieux/euse *adj.* daring

auditoire *m.* audience

augmentation *f.* increase (14); **augmentation de salaire** salary raise

augmenter to increase (16)

aujourd'hui *adv.* today (1); nowadays

auprès de *prep.* with, to

aurore *f.* dawn

aussi *adv.* also; so; as; **aussi... que** as . . . as (14); **moi aussi** me too (3)

aussitôt *conj.* immediately, at once; **aussitôt que** as soon as (14)

autant (de) *adv.* as much, so much, as many, so many; **autant (de)... que** as much (many) . . . as (15); **autant que** as much as

auteur *m.* author

authentique *adj.* authentic, genuine

autobus (*fam.* **bus**) *m.* (*city*) bus (5)

autocar *m.* (*interurban*) bus (9)

automatique *adj.* automatic; **consigne** (*f.*) **automatique** coin locker (9); **distributeur** (*m.*) **automatique** automatic teller (14)

automne *m.* autumn, fall; **en automne** in the autumn (5)

automobile (*fam.* **auto**) *f., adj.* automobile, car

autoportrait *m.* self-portrait

autoroute *f.* highway, freeway (9)

autour de *prep.* around

autre *adj., pron.* other (4); another; *m., f.* the other; *pl.* the others, the rest; **autre chose** something else (7); **d'autres** other(s) (15); **entre autres** among other things; **l'autre / les autres** the other(s) (15); **un(e) autre** another (15)

autrefois *adv.* formerly, in the past (11)

autrement *adv.* otherwise; **autrement dit** in other words

Autriche *f.* Austria

auxiliaire *m., Gram.* auxiliary (verb)

avaleur/euse (*m., f.*) **de feu** fire swallower

avance *f.* advance; **à l'avance** beforehand; **en avance** early (6)

avancé *adj.* advanced

avant *adj.* before (*in time*); *prep.* before, in advance of; *m.* front; **avant de** + *inf.* (*prep.*) before; **avant-goût** *m.* foretaste; **avant-hier** *adv.* the day before yesterday (8)

avantage *m.* advantage, benefit; **tirer avantage de** to take advantage of

avec *prep.* with (2)

avenir *m.* future (14); **à l'avenir** from now on, in the future (14)

aventure *f.* adventure; **partir à l'aventure** to leave with no itinerary

aventurier/ière *m., f.* adventurer (adventuress)

averti *adj.* warned; informed

avion *m.* airplane (9); **billet** (*m.*) **d'avion aller-retour** round-trip plane ticket; **en avion** by plane

avis *m.* opinion; **à votre (ton) avis** in your opinion (11); **changer d'avis** to change one's mind

avocat(e) *m., f.* lawyer (14)

avoir (*p.p.* **eu**) *irreg.* to have (3); **avoir (vingt) ans** to be (twenty) years old (3); **avoir besoin de** to need (3); **avoir chaud** to be warm (hot) (3); **avoir confiance en** to have confidence in; **avoir de la chance** to be lucky (3); **avoir de la fièvre** to have a fever; **avoir droit à** to have a right to; **avoir du mal à** to have trouble (difficulty); **avoir envie de** to feel like; to want (3); **avoir faim** to be hungry (3); **avoir froid** to be (feel) cold (3); **avoir honte (de)** to be ashamed (of) (3); **avoir horreur de** to hate; **avoir l'air (de)** to seem, look (like) (3); **avoir le temps (de)** to have the time (to); **avoir lieu** to take place; **avoir mal (à)** to have pain; to hurt (13); **avoir peur (de)** to be afraid (of) (3); **avoir raison** to be right (3); **avoir rendez-vous avec** to have a meeting (date) with (3);

avoir soif to be thirsty (3); **avoir sommeil** to be sleepy (3); **avoir tort** to be wrong (3); **il n'y a pas de quoi** you're welcome (7); **il y a** there is, there are (1); ago (8); **j'aurai droit à quoi** I'll be entitled to what

avouer to confess, admit

avril April (1)

Azur: Côte (*f.*) **d'Azur** French Riviera

baccalauréat (*fam.* **bac**) *m.* baccalaureate (*French secondary school degree*)

bagages *m. pl.* luggage

bagarre *f.* fight, brawl

baguette (de pain) *f.* French bread, baguette (6)

baie *f.* bay

se baigner to bathe (*oneself*) (13); to swim (13)

bain *m.* bath; swim; **maillot** (*m.*) **de bain** swimsuit (3); **salle** (*f.*) **de bains** bathroom (5)

baiser *m.* kiss

baisse *f.* lowering, reduction

baisser: faire baisser to lower

bal *m.* dance, ball

balade *f., fam.* walk, drive, outing

se balader *fam.* to go for a walk (drive, outing)

baladeur *m.* Walkman

balcon *m.* balcony (5)

balle *f.* (*small*) ball; tennis ball

ballon *m.* (*soccer, basket*) ball; balloon; **ballon à air chaud** hot-air balloon

banane *f.* banana (6)

banc *m.* bench

bancaire *adj.* banking, bank; **carte** (*f.*) **bancaire** bank (ATM) card (14); **compte** (*m.*) **bancaire** bank account

bande *f.* band; group; gang; (*cassette, video*) tape; **bande dessinée** comic strip, cartoon (15); *pl.* comics

banlieue *f.* suburbs (11); **en banlieue** in the suburbs

banque *f.* bank (11)

baptiser to baptize; to name

bar *m.* bar; snack bar; pub

barde *f.* bard (*layer of bacon on a roast*)

barrer to bar, block

barrière *f.* gate, fence; barrier

bas(se) *adj.* low; **à bas...** down with . . . ; **là-bas** *adv.* over there (10); **Pays-Bas** *m. pl.* the Netherlands, Holland

base *f.* base; basis, foundation; **base de données** database; **être à la base de** to be at the root of

base-ball *m.* baseball; **jouer au base-ball** to play baseball

baser to base; **se baser sur** to be based on

basilique *f.* basilica

basket-ball (*fam.* **basket**) *m.* basketball; **jouer au basket** to play basketball

bassin *m.* ornamental pond

bateau *m.* boat (8); **bateau à voile** sailboat (8); **bateau de croisière** cruise ship; **bateau-mouche** *m.* *tourist boat on the Seine;* **en bateau** by boat, in a boat; **faire du bateau** to go boating

bâtiment *m.* building (11)

bâtir to build (12)

battre (*p.p.* **battu**) *irreg.* to beat; to battle with; **se battre** to fight

bavard *adj.* talkative

bavardage *m.* chattering

bavarder to chat; to talk

bavaroise *f.* mousse (*dessert*)

bavette: bifteck (*m.*) **bavette** sirloin of beef

beau (bel, belle [beaux, belles]) *adj.* handsome; beautiful (3); **à la belle étoile** under the stars; **beau-frère** *m.* brother-in-law; stepbrother (5); **beau-père** *m.* father-in-law; stepfather (5); **belle-mère** *f.* mother-in-law; stepmother (5); **belle-sœur** *f.* sister-in-law; stepsister (5); **il fait beau** it's nice (weather) out (5)

beaucoup (de) *adv.* very much, a lot (1); much, many (6)

beauté *f.* beauty

belge *adj.* Belgian; **Belge** *m., f.* Belgian (*person*) (2)

Belgique *f.* Belgium (8)

bénéficier (de) to profit, benefit (from)

bénévolat *m.* volunteerism

bénévole *m., f., adj.* volunteer

béquille *f.* crutch

béret *m.* beret (3)

besoin *m.* need; **avoir besoin de** to need (3)

bête *f.* animal, beast

beurre *m.* butter

beurré *adj.* buttered

bibliothèque (*fam.* **bibli**) *f.* library (2)

bicentenaire *m.* bicentennial

bicyclette *f.* bicycle (8); **faire de la bicyclette** to go bicycling (8)

bien *adv.* well (15); (*fam.*) good, quite; much; comfortable; **aimer bien** to like; **bien sûr** *interj.* of course; **ça va bien** fine (things are going well) (1); **eh bien** *interj.* well; **je vais bien** I'm fine; **s'amuser bien** to have a good time; **s'entendre bien** to get along (well); **très bien** very well (good) (1); **vouloir bien** to be willing; to agree

bien-être *m.* well-being; welfare

bienfaisant *adj.* refreshing; beneficial

bientôt *adv.* soon (5); **à bientôt** *interj.* see you soon (1)

bienvenu(e) *adj., interj.* welcome

bière *f.* beer (6)

bifteck *m.* steak (6)

bijou *m.* jewel (14); piece of jewelry

bilingue *adj.* bilingual

billet *m.* bill (*currency*); ticket (9); **billet aller-retour** round-trip ticket; **billet d'avion (de train)** plane (train) ticket; **composter son billet** to stamp (punch) one's ticket

biologie *f.* biology (2)

biologique *adj.* (*fam.* **bio**) biological; organic

bip *m.* beep (*answering machine*)

biscuit (sec) *m.* cookie

bise *f., fam.* kiss, smack; **faire la bise** to kiss on both cheeks (*in greeting*); **(grosses) bises** love and kisses

bisou *m., fam.* kiss (*child's language*); **(gros) bisous** love and kisses

bistro *m.* bar, pub; neighborhood restaurant

bizarre: il est bizarre que + *subj.* it's strange (bizarre) that

blague *f.* joke (15)

blanc(he) *adj.* white (3); **coup** (*m.*) **à blanc** blank shot

blancheur *f.* whiteness

bleu *adj.* blue (3)

blond(e) *m., f., adj.* blond (3)

bloqué *adj.* stuck, held up (*in traffic*); **être bloqué** to have a mental block

blouson *m.* windbreaker; jacket (3)

bœuf *m.* beef (6); **consommé** (*m.*) **de bœuf** beef consommé; **filet** (*m.*) **de bœuf** beef fillet; **rôti** (*m.*) **de bœuf** roast beef

boire (*p.p.* **bu**) *irreg.* to drink (6)

bois *m.* forest, woods (11); wood

boisson *f.* drink, beverage (6); **boisson gazeuse** soft drink

boîte *f.* box; can; nightclub; **boîte (de conserve)** can (*of food*) (7); **boîte aux lettres** mailbox (10); **boîte de nuit** nightclub; **boîte vocale** voice mail (10)

bol *m.* wide cup; bowl (6)

bon(ne) *adj.* good (4); right, correct; *f.* maid, chambermaid; **ah bon?** oh, really?; **bon anniversaire** happy birthday; **bon appétit** enjoy your meal; **bon marché** *adj., inv.* inexpensive; **bon voyage** have a good trip; **bonne chance** good luck; **bonne route** have a good trip; **de bonne heure** early (6); **il est bon que** + *subj.* it's good that (16)

bonbon *m.* (*piece of*) candy

bonheur *m.* happiness

bonjour *interj.* hello, good day (1)

bonsoir *interj.* good evening (1)

bonté *f.* kindness

bord *m.* board; edge, bank, shore; **à bord** on board; **au bord de** on the banks (shore, edge) of

bordé *adj.* edged, lined

bordelais *adj.* Bordeaux-style

borné *adj.* limited; restricted

Bosnie-Herzégovine *f.* Bosnia-Herzegovina

bosser *fam.* to work

bottes *f. pl.* boots (3)

boubou *m. long tunic worn by black North Africans*

bouche *f.* mouth (13)

boucher/ère *m., f.* butcher (14)

boucherie *f.* butcher shop (7); **boucherie-charcuterie** *f.* combination butcher and deli

boucler to buckle

bouddhisme *m.* Buddhism

bouger (nous bougeons) to move, budge

bouillabaisse *f. fish chowder typical of southern France*

bouillir (*p.p.* **bouilli**) *irreg.* to boil; **faire bouillir** to bring to a boil

boulangerie *f.* bakery (7); **boulangerie-pâtisserie** *f.* bakery-pastry shop

boulot *m., fam.* job; work

bouquiniste *m., f.* secondhand bookseller (*especially along the Seine in Paris*)

bourgeois *adj.* bourjeois; middle-class

Bourgogne *f.* Burgundy

bourse (*f.*) **d'études** scholarship, study grant

bout *m.* end; **jusqu'au bout** until the very end

bouteille *f.* bottle (6)

boutique *f.* shop, store

bouton *m.* button; push-button

brancher to connect (up); **se brancher (sur)** to link oneself (with); to go online (on the Internet)

bras *m. s.* arm (13)

brasserie *f.* bar, brasserie

bref/ève *adj.* short, brief; *adv.* in short, in brief

Brésil *m.* Brazil (8)

Bretagne *f.* Brittany

breton(ne) *adj.* Breton; **Breton(ne)** *m., f.* Breton (*person*)

bribes *f. pl.* scraps, snippets

bricolage *m.* do-it-yourself, work, puttering around (15)

bricoler to putter around, do odd jobs (15)

brièvement *adv.* briefly

brillant *adj.* brilliant; shining

briller to shine, gleam

brique *f.* brick

briser to break

bronchite *f.* bronchitis

bronzer to get a suntan (8)

brosse *f.* brush (13); **brosse à dents** toothbrush

brosser to brush; **se brosser les cheveux (les dents)** to brush one's hair (teeth) (13)

brousse *f.* (*African, Australian*) bush (country)

bruit *m.* noise (5)

brûlant *adj.* burning; urgent

brûlé *adj.* burned, burnt; **crème** (*f.*) **brûlée** custard topped with caramelized sugar

brumeux/euse *adj.* foggy, misty

brutal *adj.* violent, rough

Bruxelles Brussels

bûche *f.* log; **bûche de Noël** Yule log (*pastry*)

bûcheron(ne) *m., f.* woodcutter

budget *m.* budget (14); **budget militaire** military budget (16)

buffet (*m.*) **de la gare** train station restaurant (9)

bureau *m.* desk (1); office, study (5); **bureau de change** money exchange (office) (14); **bureau de poste** post office (10); **bureau de tabac** (*government-licensed*) tobacconist

but *m.* goal; objective; **ligne** (*f.*) **de but** goal, goal line (*soccer*)

ça *pron.* this, that; it (7); **ça cloche** things aren't going right; **ça m'est égal** it's all the same to me; **ça peut aller** all right, pretty well (1); **ça va?** how's it going? (1); **ça va** fine (things are going well) (1); **ça va bien (mal)** things are going well (badly) (1); **comme ci, comme ça** so-so (1)

cabine *f.* cabin; booth; **cabine téléphonique** telephone booth (10)

câble *m.* cable; cable TV; **télévision** (*f.*) **par câble** cable TV

câblé *adj.* wired; equipped for cable TV

cachemire *m.* cashmere

cacher to hide

cacheter (je cachette) to seal (*envelope*)

cadeau *m.* present, gift

cadre *m.* frame; setting, framework; middle (upper) manager (14)

café *m.* café (2); (cup of) coffee (2); coffee-flavored; **café au lait** coffee with milk; **café-tabac** *m.* bar-tobacconist (*government-licensed*) (11)

cafetière *f.* coffeepot, coffeemaker

cahier *m.* notebook (1); workbook

caisse *f.* cash register

calcul *m.* calculation; arithmetic; calculus; **faire des calculs** to do calculations

calculer to calculate, figure; **machine** (*f.*) **à calculer** adding machine

calendrier *m.* calendar

Californie *f.* California

californien(ne) *adj.* Californian

calme *m., adj.* calm (3)

calmer to calm (down)

calorique *adj.* caloric; **très (peu) calorique** high (low) in calories

camarade *m., f.* friend, companion; **camarade de chambre** roommate (3); **camarade de classe** classmate, schoolmate

caméra *f.* movie camera (10); **caméra vidéo** video camera (10)

Cameroun *m.* Cameroon

caméscope *m.* camcorder, video camera (10)

camion *m.* truck (9)

campagne *f.* country(side) (8); campaign; **à la campagne** in the country; **campagne électorale** election campaign; **pain** (*m.*) **de campagne** country-style bread, wheat bread (7); **pâté** (*m.*) **de campagne** terrine, (country-style) pâté (7)

camper to camp

campeur/euse *m., f.* camper

camping *m.* camping (8); **faire du camping** to go camping (8)

Canada *m.* Canada (8)

canadien(ne) *adj.* Canadian; **Canadien(ne)** *m., f.* Canadian (*person*) (2)

canal *m.* channel; canal

canapé *m.* sofa, couch (4)

canard *m.* duck; *tr. fam.* newspaper; **confit** (*m.*) **de canard** duck conserve

canari *m.* canary

candélabre *m.* candelabra

candidat(e) *m., f.* candidate; applicant

candidature *f.* candidacy; **poser sa candidature** to apply (14)

caniche *m.* poodle

canne (*f.*) **à sucre** sugarcane

capitale *f.* capital (*city*)

car *conj.* for, because

caractère *m.* character (*personality*)

caractériser to characterize; **se caractériser par** to be characterized (distinguished) by

carafe *f.* carafe; pitcher (6)

Caraïbes *f. pl.* Caribbean (*islands*)

caravane *f.* caravan; (camping) trailer

carburateur *m.* carburetor

cardiaque *adj.* cardiac

cardinal: points (*m., pl.*) **cardinaux** compass points, directions

cargaison *f.* cargo

caricaturiste *m., f.* caricaturist, cartoonist

carnaval *m.* carnival

carnet *m.* booklet; **carnet d'adresses** address book; **carnet de chèques** checkbook (14)

carotte *f.* carrot (6)

carreau: à carreaux checkered, checked

carrefour *m.* intersection; crossroads (11)

carrière *f.* career

carte *f.* card (3); menu (7); map (*of region, country*) (11); *pl.* (playing) cards; **carte bancaire** bank (ATM) card (14); **carte d'anniversaire** birthday card; **carte de crédit** credit card (14); **carte d'embarquement** boarding pass (9); **carte d'étudiant** student ID card; **carte d'identité** ID card; **carte postale** postcard (10); **carte routière** road map; **introduire la carte** to insert the card (10); **jouer aux cartes** to play cards (3)

cas *m.* case; **dans ce cas** in this case (situation); **en cas de** in case of; **en tout cas** in any case, at any rate; **selon le cas** as the case may be

casque *m.* helmet; **casque d'écoute** headset

casquette *f.* cap; baseball cap (3)

casser to break

casse-tête *m.* puzzle, riddle game

cassette *f.* cassette tape (*video or audio*) (4); **cassette vidéo** *f.* videotape; **lecteur** (*m.*) **de cassettes** cassette deck, cassette player

catégorie *f.* category, class

catégorique *adj.* categorical, flat

cathédrale *f.* cathedral (12)

cauchemar *m.* nightmare

CD: lecteur (*m.*) **de CD** compact disc player (4, 10)

ce (c') (cet, cette, ces) *pron., adj.* this, that (7); **ce week-end** this weekend; **c'est un (une)...** it's a ...; **cet après-midi (ce matin, ce soir)** this afternoon (morning, evening) (5); **qu'est-ce que c'est?** what is it? (1); **qui est-ce?** who is it? (1)

cédérom (CD-ROM) *m.* CD-ROM (10)

cédille *f.* cedilla (**ç**)

ceinture *f.* belt; **ceinture de sécurité** safety belt

cela (ça) *pron.* this, that

célèbre *adj.* famous

célébrer (je célèbre) to celebrate (6)

célébrité *f.* celebrity

célibataire *m., f., adj.* single (*person*) (5)

cellulaire *m.* cellular phone (10)

celui (ceux, celle, celles) *pron.* the one, the ones; this one, that one; these, those

cendres *f. pl.* ashes

cendrier *m.* ashtray

censé: être censé(e) faire quelque chose to be supposed to do s.th.

cent *adj.* one hundred

centaine *f.* about one hundred

centrale *f.* power station; **centrale nucléaire** nuclear power plant

centre *m.* center; **centre d'hébergement** shelter; **centre-ville** *m.* downtown (11)

cependant *conj.* however, nevertheless

céramique *f.* pottery, ceramics

cercle *m.* circle

céréales *f. pl.* cereal; grains

cérémonie *f.* ceremony

certain *adj.* sure; particular; certain (15); *pl., pron.* certain ones, some people; **il est certain que** + *indic.* it's certain that (16)

certificat *m.* certificate, diploma

cesser to stop, cease

c'est-à-dire *conj.* that is to say, I mean

chacun(e) *m., f., pron.* each (one), every one (15)

chaîne *f.* television channel; network (10); **chaîne stéréo** stereo (4)

chair *f.* meat; flesh

chaise *f.* chair (1)

chaleur *f.* heat; warmth

chaleureux/euse *adj.* warm; friendly

chambre *f.* room; bedroom (4); hotel room; **camarade** (*m., f.*) **de chambre** roommate (3)

champ *m.* field

champagne *m.* champagne, sparkling wine (*from Champagne*)

champignon *m.* mushroom (6)

champion(ne) *m., f.* champion

chance *f.* luck; possibility; opportunity; **avoir de la chance** to be lucky (3); **bonne chance** good luck; **pas de chance** no luck; **quelle chance** what luck

chandail *m.* sweater

change *m.* currency exchange; **bureau** (*m.*) **de change** money exchange (office) (14); **taux** (*m.*) **de change** exchange rate (14)

changement *m.* change

changer (nous changeons) to change; to exchange (*currency*); **changer d'avis** to change one's mind; **changer de l'argent** to exchange currency

chanson *f.* song; **chanson de variété** popular song (15)

chant *m.* song

chanter to sing

chanteur/euse *m., f.* singer

chantilly *f.* whipped cream; **à la chantilly** with whipped cream

chapeau *m.* hat (3)

chapitre *m.* chapter

chaque *adj.* each, every (15)

charbon *m.* coal; charcoal

charcuterie *f.* deli; cold cuts; pork butcher's shop, delicatessen (7); **boucherie-charcuterie** *f.* combination butcher and deli

chargé (de) *adj.* in charge (of), responsible (for); heavy, loaded (with); busy

chargement *m.* loading; shipping; **gare** (*f.*) **de chargement** loading dock

charger (nous chargeons) to load; **charger de** to ask s.o. to do s.th.; **se charger de** to take responsibility for, take care of

charlotte *f.* charlotte (*cake with whipped cream and fruit*)

charmant *adj.* charming (3)

charmer to charm, enchant

charolais *adj.* of (from) Charolais

charte *f.* charter, title

chasse *f.* hunt, hunting

chasser to hunt

chat(te) *m., f.* cat (4)

châtain *adj.* brown, chestnut-colored (*hair*) (3)

château *m.* castle, chateau (11)

chaud *adj.* warm; hot; **avoir chaud** to be warm (hot) (3); **il fait chaud** it's hot (5)

chauffeur/euse *m., f.* chauffeur; driver; **chauffeur/euse de taxi** taxi(cab) driver

chaussée *f.* pavement; **rez-de-chaussée** *m.* ground floor (5)

chaussettes *f. pl.* socks (3)

chaussures *f. pl.* shoes (3); **chaussures de ski (de montagne)** ski (hiking) boots (8)

chef *m.* leader; head; chef, head cook; **chef d'entreprise** company head, top manager, boss (14)

chef-d'œuvre *m.* (*pl.* **chefs-d'œuvre**) masterpiece (12)

chemin *m.* way (*road*) (11); path; **chemin de fer** railroad

chemise *f.* shirt (3)

chemisier *m.* (*woman's*) shirt, blouse (3)

chèque *m.* check (14); **carnet** (*m.*) **de chèques** checkbook (14); **chèque de voyage** traveler's check; **compte-chèques** *m.* checking account (14); **déposer un chèque** to deposit a check; **encaisser (toucher) un chèque** to cash a check; **faire un chèque** to write a check (14)

cher/ère *adj.* expensive; dear (3)

chercher to look for (2); to pick up (*a passenger*); **chercher à** to try to (12)

chéri(e) *m., f.* darling

cheval (*pl.* **chevaux**) *m.* horse (8); **à cheval** on horseback; **faire du cheval** to go horseback riding (8); **queue** (*f.*) **de cheval** ponytail

cheveux *m. pl.* hair (3); **se brosser les cheveux** to brush one's hair (13)

chez at the home (establishment) of (5); **chez moi** at my place

chic *adj., often inv.* chic, stylish

chien(ne) *m., f.* dog (4)

chiffre *m.* number, digit; **chiffre d'affaires** turnover (*in business*); **chiffre record** record number

chimie *f.* chemistry (2)

chimique *adj.* chemical; **produit** (*m.*) **chimique** chemical

chimiste *m., f.* chemist

Chine *f.* China (8)

chinois *adj.* Chinese; *m.* Chinese (*language*) (2); **Chinois(e)** *m., f.* Chinese (*person*) (2)

chocolat *m.* chocolate; hot chocolate (6); **éclair** (*m.*) **au chocolat** chocolate eclair; **mousse** (*f.*) **au chocolat** chocolate mousse; **pain** (*m.*) **au chocolat** chocolate croissant

chocolaterie *f.* chocolate shop

chocolatier/ière *m., f.* chocolate maker

choisir (de) to choose (to) (4)

choix *m.* choice

chômage *m.* unemployment; **taux** (*m.*) **de chômage** unemployment rate (14)

chômeur/euse *m., f.* unemployed person (14)

choquer to shock

chose *f.* thing; **autre chose** something else (7); **quelque chose** something (9); **quelque chose (de)** + *adj.* something (15)

chou *m.* cabbage; (*fam.*) darling; **chou-fleur** (*pl.* **choux-fleurs**) *m.* cauliflower

choucroute *f.* sauerkraut

chrétien(ne) *adj.* Christian

chronique *adj.* chronic

chronologique *adj.* chronological

ci: comme ci, comme ça so-so (1); **ci-dessous** *adv.* below; **ci-dessus** *adv.* above, previously

ciboulette *f.* chive(s)

ciel *m.* sky; **gratte-ciel** *m. inv.* skyscraper

cigare *m.* cigar

cils *m. pl.* eyelashes

cimetière *m.* cemetery

cinéaste *m., f.* filmmaker (12)

ciné-club *m.* film club

cinéma (*fam.* **ciné**) *m.* movies; movie theater (2)

cinq *adj.* five (1)

cinquante *adj.* fifty (1); **les années** (*f. pl.*) **cinquante** the decade (era) of the fifties

cinquième *adj.* fifth (11)

circonflexe *m.* circumflex (*accent*) (**ê**)

circonstance *f.* circumstance

circuit *m.* organized tour

circulation *f.* traffic; circulation

circuler to circulate; to travel

cire *f.* wax

ciré *adj.* polished; waxed

cirque *m.* circus

citadin(e) *m., f.* city-dweller

citation *f.* quotation

cité *f.* area in a city; **cité universitaire** (*fam.* **cité-U**) university dormitory (2)

citer to cite, name; to quote

citoyen(ne) *m., f.* citizen (16)

citron *m.* lemon; **citron pressé** fresh lemon juice; **citron vert** lime (*fruit*)

civil: état (*m.*) **civil** marital (civil) status

clair *adj.* light, bright; light-colored; clear; evident; **il est clair que** + *indic.* it's clear that (16)

clandestin *adj.* clandestine, secret

clarinette *f.* clarinet

classe *f.* class; classroom; **camarade** (*m., f.*) **de classe** classmate; **classe affaires (économique)** business (tourist) class (9); **première (deuxième [seconde]) classe** first (second) class (9); **salle** (*f.*) **de classe** classroom (1)

classement *m.* classification

classer to classify; to sort; to rate; **se classer** to come in; to rank

classique *adj.* classical (11); classic; **musique** (*f.*) **classique** classical music

clé, clef *f.* key (8); **mot clé** *m.* key word

clic *m.* click

client(e) *m., f.* customer, client

clientèle *f.* clientele, customers

climatisé *adj.* air-conditioned

cliquer (sur) to click (on)

cloche *f.* bell

clocher *fam.* to be cockeyed; to go wrong; **ça cloche** things are going wrong

clos *m.* field

club *m.* club (*social, athletic*); **ciné-club** *m.* film club

coca *m., fam.* cola drink

cocasse *adj.* comical, funny

cocher to check off (*list*)

coco: noix (*f.*) **de coco** coconut; **lait** (*m.*) **de coco** coconut milk

cocotier *m.* coconut tree

cocotte *f.* stewpot, casserole

code *m.* code; **code postal** postal (zip) code

cœur *m.* heart (13); **au cœur de** at the heart (source) of; **par cœur** by heart (13)

coexister to coexist

coffre *m.* trunk (*of car*) (9)

coffret *m.* box; lunch box

coiffeur/euse *m., f.* hairdresser; barber (14)

coiffure *f.* hair style; **salon** (*m.*) **de coiffure** beauty salon

coin *m.* corner (11)

colis *m.* package, parcel (10)

collectif/ive *adj.* collective

collectionner to collect

collège *m.* (French) secondary school

collègue *m., f.* colleague

colocataire *m., f.* housemate, roommate

colocation *f.* house or apartment sharing

Colombie *f.* Colombia; **Colombie-Britannique** *f.* British Columbia

colonie *f.* colony

colonisateur/trice *m., f.* colonizer

colonisé *adj.* colonized

colonne *f.* column

combatif/ive *adj.* fighting, combative

combattre (*like* **battre**) *irreg.* to fight

combien (de)? *adv.* how much? (1), how many? (4); **c'est combien?** how much is it? (1) **depuis combien de temps... ?** (for) how long . . . ? (9); **pendant combien de temps... ?** (for) how long . . . ? (9)

combiner to combine

comédie *f.* comedy

comédien(ne) *m., f.* actor; comedian

comète *f.* comet

comique *m., f.* comedian, comic; *adj.* funny, comical, comic

commande *f.* order (*in business, restaurant*)

commandement *m.* command (*military leadership*)

commander to order (*in a restaurant*) (6)

comme *adv.* as, like, how; **comme ci, comme ça** so-so (1)

commencement *m.* beginning

commencer (nous commençons) (à) to begin (to) (2); **commencer par** to begin by (*doing s.th.*)

comment *adv.* how; **comment** what, how (1), **comment allez-vous?** **(comment vas-tu?)** how are you? (1); **comment ça va?** how are you?, how's it going? (1); **comment dit-on... en français?** how do you say . . . in French?; **comment est-il/elle?** what's he (she, it) like?; **comment s'appelle-t-il/elle?** what's his (her) name?; **comment vous appelez-vous? (comment t'appelles-tu?)** what's your name? (1)

commenter to comment on

commerçant(e) *m., f.* shopkeeper (14); *adj.* commercial, shopping

commerce *m.* business (2)

commercial *adj.* commercial, business; **directeur/trice** (*m., f.*) **commercial(e)** business manager (14)

commissariat *m.* police station (11)

commission *f.* commission; errand

commode *f.* chest of drawers (4); *adj.* convenient

commun *adj.* ordinary, common; shared; **en commun** in common; **transports** (*m. pl.*) **en commun** public transportation

communauté *f.* community
commune *f.* district
communicatif/ive *adj.* communicative
communication *f.* communication; phone call
communiquer to communicate
compact: disque (*m.*) **compact** compact disc
compagnie *f.* company
compagnon/compagne *m., f.* companion
comparaison *f.* comparison
comparer to compare
compartiment *m.* compartment (9)
compatriote *m., f.* fellow countryman (woman)
complément *m.* complement; **pronom** (*m.*) **complément d'objet (in)direct** *Gram.* (in)direct object pronoun
complémentaire *adj.* complementary
complet/ète *adj.* complete; whole
compléter (**je complète**) to complete, finish
compliqué *adj.* complicated
comportement *m.* behavior
composé *adj.* composed; **passé** (*m.*) **composé** *Gram.* compound past tense
composer to compose; to make up; **composer un numéro** to dial a (phone) number (10)
compositeur/trice *m., f.* composer (12)
composter to stamp (*date*); to punch (*ticket*)
compréhensif/ive *adj.* understanding
compréhension *f.* understanding
comprendre (*like* **prendre**) *irreg.* to understand; to comprise, include (6); **je ne comprends pas** I don't understand (1)
comprimé *m.* tablet, pill
compris *adj.* included (7); **tout compris** all inclusive
comptabilité *f.* accounting
comptable *m., f.* accountant (14); **expert(e)-comptable** *m., f.* certified public accountant
compte *m.* account; **compte bancaire** bank account; **compte-chèques** *m.* checking account (14); **compte d'épargne**

savings account (14); **travailler pour (à) son compte** to be self-employed
compter (sur) to plan (on); to intend; to count; to have; to include
concentrer to concentrate
concerner to concern; **en ce qui concerne** concerning
concevoir (*like* **recevoir**) *irreg.* to conceive, design
conclu (*p.p. of* **conclure**) *adj.* settled, agreed upon
concours *m.* competition; competitive exam
conçu (*p.p. of* **concevoir**) *adj.* designed, devised, conceived
concurrence *f.* competition; trading
concurrent(e) *m., f.* competitor
condamner to condemn
condition *f.* condition; situation; **à condition de** provided, providing
conditionnel *m., Gram.* conditional
conducteur/trice *m., f.* driver (9)
conduire (*p.p.* **conduit**) *irreg.* to drive (9); to take; to lead; **permis** (*m.*) **de conduire** driver's license
confection *f.* making (*clothing*)
conférence *f.* lecture (12); conference
confiance *f.* confidence; **avoir confiance en** to have confidence in; to trust; **faire confiance à** to trust in
confié (à) *adj.* entrusted (to)
confirmer to confirm
confiserie *f.* candy store
confit (*m.*) **de canard** duck conserve
conflit *m.* conflict (16)
confondre to mix up, confuse
confondu *adj.* mixed, confused
conformiste *m., f., adj.* conformist (3)
confort *m.* comfort; amenities
confortable *adj.* comfortable
congé *m.* vacation, leave (*from work*)
Congo *m.* Congo (8); **République** (*f.*) **Démocratique du Congo** Democratic Republic of Congo (8)
congolais *adj.* Congolese; **Congolais(e)** *m., f.* Congolese (*person*)
congrès *m.* meeting, convention
conjugaison *f., Gram.* (verb) conjugation
conjuguer to conjugate

connaissance *f.* knowledge; acquaintance; **faire connaissance** to get acquainted; **faire la connaissance de** to meet (*for the first time*), make the acquaintance of (5)
connaisseur/euse *m., f.* connoisseur
connaître (*p.p.* **connu**) *irreg.* to know; to be familiar with (11); **se connaître** to know one another; to meet
connexion *f.* link, connection
connu *adj.* known; famous
conquérir (*p.p.* **conquis**) *irreg.* to conquer
consacré *adj.* devoted
se consacrer à to devote oneself to
conscience *f.* conscience; **prendre conscience de** to become aware of
conseil *m.* (piece of) advice; council; **donner des conseils à** to give advice to
conseiller (à, de) to advise; to suggest (12)
conseiller/ère *m., f.* adviser; **conseiller/ère d'orientation** guidance counselor
conservation *f.* conserving; preservation (16)
conservatoire *m.* conservatory
conserve *f.* preserve(s), canned food; **boîte** (*f.*) **de conserve** can of food (7)
conserver to conserve, preserve (16)
considération: prendre en considération to take into consideration
considérer (**je considère**) to consider (6)
consigne *f.* instruction(s); **consigne (automatique)** coin locker (9)
consommateur/trice *m., f.* consumer
consommation *f.* consumption; consumerism
consommé *m.* clear soup, consommé
consommer to consume
conspirer à to conspire to
constamment *adv.* constantly (12)
constater to notice; to remark
constituer to constitute
constructeur *m.* maker; constructor
constructif/ive *adj.* constructive
construire (*like* **conduire**) *irreg.* to construct, build (9)

consulter to consult; **consulter l'annuaire** to look up (a phone number) in the phone book (10)

contacter to contact

conte *m.* tale, story; **conte de fée** fairy tale

contempler to contemplate, meditate upon

contemporain *adj.* contemporary

contenir (*like* **tenir**) *irreg.* to contain

content *adj.* happy, pleased; **être content(e) de** + *inf.* to be happy about; **être content(e) que** + *subj.* to be happy that

contenter to please

contenu *m.* content

contester to dispute; to answer

conteur/euse *m., f.* storyteller

continuer (à) to continue (to) (11)

contrairement à contrary to, unlike

contrat *m.* contract

contravention *f.* traffic ticket

contre *prep.* against; **le pour et le contre** the pros and cons; **manifester contre** to demonstrate against (16)

contrôle *m.* control, overseeing, inspection

contrôler to inspect, monitor (16)

contrôleur/euse *m., f.* ticket collector; conductor

convaincant *adj.* convincing

convaincre (*p.p.* **convaincu**) *irreg.* to convince

convenable *adj.* proper; appropriate

convenir (*like* **venir**) *irreg.* to be suitable

converger (nous convergeons) (vers) to converge (on), lead (toward)

convertisseur *m.* converter

convoquer to summon, invite, convene

copain (copine) *m., f., fam.* friend, pal

copier to copy

copieux/euse *adj.* copious, abundant

coq *m.* rooster; **coq au vin** coq au vin (*chicken prepared with red wine*)

coquelicot *m.* poppy

coquillages *m. pl.* seashells

corps *m. s.* body (13)

correctement *adv.* correctly

correspondance *f.* correspondence

correspondant(e) *m., f.* newspaper correspondent; *adj.* corresponding

correspondre to correspond

corriger (nous corrigeons) to correct

Corse *f.* Corsica

cortège *m.* procession

cosmopolite *adj.* cosmopolitan

costume *m.* (*man's*) suit; costume (3)

costumé: soirée (*f.*) **costumée** costume party

côte *f.* coast; chop (7); rib; rib steak; side; **côte d'agneau (de porc)** lamb (pork) chop; **Côte d'Azur** (French) Riviera; **Côte-d'Ivoire** *f.* Ivory Coast (8)

côté *m.* side; **(d')à côté** (from) next door; **à côté (de)** *prep.* by, near; beside, next to (4); at one's side; **mettre de côté** to set aside

coton *m.* cotton

cou *m.* neck (13)

couchage: sac (*m.*) **de couchage** sleeping bag (8)

couche *f.* layer; stratum; **couche d'ozone** ozone layer

se coucher to go to bed (13)

couchette *f.* berth (train) (9)

coucou *interj., fam.* peek-a-boo

coudre (*p.p.* **cousu**) *irreg.* to sew; **machine** (*f.*) **à coudre** sewing machine

coulé *adj.* cast

couleur *f.* color; **de quelle couleur est... ?** what color is . . . ?; **en couleur(s)** in color; colored

coulis *m.* purée

couloir *m.* hall(way) (4)

coup *m.* blow; **coup à blanc** blank shot; **coup de foudre** flash of lightning (13); love at first sight (13); **coup de pouce** little push (in the right direction); **coup de téléphone** telephone call; **coup d'œil** glance, quick look; **tout à coup** *adv.* suddenly (11)

coupe *f.* trophy, cup; ice cream sundae; **Coupe d'Europe** European Cup (*soccer*); **Coupe du Monde** World Cup

couper to cut (off, up); **couper la ligne** to cut off (*phone call*)

cour *f.* court (*legal, royal*)

courage *m.* courage; spirit; **bon courage** cheer up, be brave

courageux/euse *adj.* courageous (3)

couramment *adv.* fluently (12)

courant *adj.* general, everyday; **être au courant de** to be up (to date) with

coureur/euse *m., f.* runner; **coureur/euse cycliste** bicycle racer

courir (*p.p.* **couru**) *irreg.* to run (15)

couronne *f.* crown; royalty

couronné *adj.* crowned

courriel *m., fam.* e-mail

courrier *m.* mail; **courrier électronique** e-mail (10)

cours *m.* course (2); class; exchange rate (14); price; **cours d'eau** river, waterway; **cours du jour** today's exchange rate; **suivre un cours** to take a course

course *f.* race; errand; **faire les courses** to do errands; to shop (5)

court *f.* short (*hair*) (3); *m.* (tennis) court; **à court terme** in the short term (run)

couscous *m.* couscous (*North African cracked-wheat dish*)

couscoussier *m.* couscous pan (*with steamer*)

cousin(e) *m., f.* cousin (5)

coût *m.* cost; **coût de la vie** cost of living (14)

couteau *m.* knife (6)

coûter to cost

couture *f.* sewing; clothes design; *****haute couture** high fashion

couturier/ière *m., f.* clothes designer; dressmaker

couvert (de) *adj.* covered (with); **mettre le couvert** to set the table

couvrir (*like* **ouvrir**) *irreg.* to cover (14)

crabe *m.* crab (*seafood*)

craindre (*p.p.* **craint**) *irreg.* to fear

craquer to crack, snap

cravate *f.* tie (3)

crayon *m.* pencil (1)

créateur/trice *m., f.* creator

créativité *f.* creativity

crèche *f.* day-care center

crédit *m.* credit; **carte** (*f.*) **de crédit** credit card (14)

credo *m.* creed, system of beliefs
créer to create
crème *f.* cream (6); *m.* coffee with cream; **crème fraîche** clotted cream, crème fraîche; **crème glacée** ice cream
crêpe *f.* crepe, French pancake
crevé *adj., fam.* exhausted, wiped out
cri *m.* cry, shout
crier to cry out; to shout
crise *f.* crisis; **crise économique** recession; depression
critique *m., f.* critic
critiquer to criticize
croire (*p.p.* **cru**) (**à**) *irreg.* to believe (in) (10); **croire que** to believe that
croisière *f.* cruise; **bateau** (*m.*) **de croisière** cruise ship
croissant *m.* croissant (*roll*) (6)
croyance *f.* belief
crustacé *m.* crustacea, shellfish
cuillère *f.* spoon (6); **cuillère à soupe** soup spoon, tablespoon (6); **petite cuillère** teaspoon
cuir *m.* leather; **en cuir** (*made of*) leather
cuire: faire cuire to cook (*food*)
cuisine *f.* cooking (6); food, cuisine; kitchen (5); **faire la cuisine** to cook (5); **nouvelle cuisine** light (low-fat) cuisine
cuisiner to cook
cuisinette *f.* kitchenette
cuisinier/ière *m., f.* cook, chef
cuisse *f.* leg; thigh
cuisson *f.* cooking (*process*)
cuit *adj.* cooked
culinaire *adj.* culinary, cooking
culotte *f.* breeches
cultivé *adj.* educated; cultured
cultiver to cultivate; to grow (*crops*)
culture *f.* education; culture
culturel(le) *adj.* cultural
curieux/euse *adj.* curious (3)
curiosité *f.* curiosity
curriculum (*m.*) **vitæ** résumé (14)
cybercafé *m.* Web (Internet) café
cyclable: piste (*f.*) **cyclable** bike path
cyclisme *m.* cycling (15)
cycliste *m., f.* cyclist, bicycle rider

d'abord *adv.* first, first of all, at first (11)

d'accord *interj.* all right, O.K., agreed (2)
dame *f.* lady, woman; **messieurs dames** *colloq.* ladies and gentlemen
Danemark *m.* Denmark
dangereux/euse *adj.* dangerous
dans *prep.* within, in (2); **dans quatre jours** in four days
danse *f.* dance; dancing
danser to dance (2)
danseur/euse *m., f.* dancer
darne *f.* steak (*fish*)
date *f.* date (*time*); **quelle est la date (d'aujourd'hui)?** what's today's date? (1)
dater de to date from (12)
d'autres *pron.* others (15)
davantage *adv.* more
de (d') *prep.* of, from, about (2); **de nouveau** again (11); **de rien** not at all; don't mention it; you're welcome (1); **de temps en temps** from time to time (2)
débarquement *m.* debarkation, landing
débarquer to land
débat *m.* debate
débouché *m.* opening, (job) prospect
déboucher to come out, lead to
debout *adj., inv., adv.* standing up
se débrouiller to manage (13)
début *m.* beginning; **au début (de)** in (at) the beginning (of)
débutant(e) *m., f.* beginner, novice
débuter to begin, start
décapotable *f.* convertible (*car*)
décembre December (1)
déchets *m. pl.* waste (material) (16); **déchets industriels** industrial waste; debris; **déchets nucléaires** nuclear waste
décidément *adv.* decidedly; definitely
décider (de) to decide (to) (12)
décision *f.* decision; **prendre une décision** to make a decision
déclencher to release, activate
déclin *m.* decline
déconseillé *adj.* not recommended
decor *m.* setting
décoratif/ive *adj.* decorative
décorer (de) to decorate (with)

découler to follow from; to ensue
découper to cut up
découverte *f.* discovery
découvrir (*like* **ouvrir**) *irreg.* to discover (14)
décrire (*like* **écrire**) *irreg.* to describe (10)
décrocher *fam.* to get, receive
déçu *adj.* disappointed
dédié *adj.* consecrated, dedicated
défaut *m.* defect, fault
défavoriser to penalize, put at a disadvantage
défendre to defend; to prohibit, disallow
défenseur *m.* defender, champion
défi *m.* challenge
défilé *m.* fashion show
défini: article (*m.*) **défini** *Gram.* definite article
définir to define
définitif/ive *adj.* definitive, permanent
dégager (nous dégageons) to release; to clear; to bring out
dégâts *m. pl.* damage, harm
dégénérer (je dégénère) to degenerate
dégourdir to bring the circulation back to; to warm up
degré *m.* degree
déguiser to disguise
déguster to taste (*wine*)
dehors *adv.* outdoors; outside; **en dehors de** *prep.* outside
déjà *adv.* already; ever (9)
déjeuner to have lunch (6); *m.* lunch (6); **petit déjeuner** breakfast (6)
delà: au-delà de *prep.* beyond
délégué(e) *m., f.* delegate
délice *m.* delight
délicieux/euse *adj.* delicious
délinquance *f.* criminality
délire: en délire ecstatic
demain *adv.* tomorrow (5)
demande (*f.*) **d'emploi** job application (14)
demander (de) to ask (for, to), request (2); **se demander** to wonder (13)
se démarquer (par) to stand out, distinguish oneself

déménager (nous déménageons) to move out (*change residence*) (4)

demeure *f.* residence

demeurer to remain

demi *adj.* half; **demi-frère** *m.* half brother; stepbrother (5); **demi-sœur** *f.* half sister; stepsister (5); **et demi(e)** half past (the hour) (6)

démocratie *f.* democracy

démocratique: République (*f.*) **Démocratique du Congo** Democratic Republic of Congo (8)

démolir to demolish, destroy

démonstratif/ive *adj.* demonstrative

dénoncer (nous dénonçons) to denounce

dent *f.* tooth (13); **brosse** (*f.*) **à dents** toothbrush; **se brosser les dents** to brush one's teeth (13)

dentelle *f.* lace

dentiste *m., f.* dentist (14)

dépannage *m.* emergency repair

départ *m.* departure (9); **point** (*m.*) **de départ** starting point

se dépêcher to hurry (13)

dépendre de to depend on

dépense *f.* expense; spending (14)

dépenser to spend (*money*) (14)

dépit: en dépit de *prep.* in spite of

déporté *adj.* deported

déposer to deposit; **déposer de l'argent (un chèque)** to deposit money (a check) (14); **déposer la monnaie** to deposit change (10)

dépot-vente *m.* resale store

dépravation *f.* depravity

dépression *f.* depression, breakdown

déprime *f., fam.* blues

déprimé *adj.* depressed

depuis *prep.* since, for (9); **depuis combien de temps… ?** (for) how long . . . ? (9); **depuis longtemps** for a long time; **depuis quand… ?** since when . . . ? (9)

député *m.* delegate, deputy

déranger (nous dérangeons) to disturb, bother

dernier/ière *adj.* last (8); most recent; past; **la dernière fois** the last time; **l'an dernier (l'année dernière)** last year

dernièrement *adv.* recently

se dérouler to take place, happen

derrière *prep.* behind (4)

dès *prep.* from (*then on*); **dès que** *conj.* as soon as (14)

désaccord *m.* disagreement

désagréable *adj.* disagreeable, unpleasant (3)

désavantage *m.* disadvantage

descendre to go down; to get off (5); to go down (*street, river*); **descendre à (sur)** to go down (*south*) to; **descendre de** to get down (from), get off

déséquilibre *m.* imbalance

désert *m.* desert; wilderness

déserter to desert; to run away

désespéré *adj.* desperate

désespoir *m.* despair, hopelessness

désigner to designate

désir *m.* desire

désirer to desire, want (15)

désolé *adj.* sorry (16); **(je suis) désolé(e)** I'm sorry

désordonné *adj.* disorganized

désordre *m.* disorder, confusion; **en désordre** disorderly; disheveled (4)

désormais *adv.* henceforth

dessin *m.* drawing

dessiné: bande (*f.*) **dessinée** comic strip, cartoon (15); *pl.* comics

dessiner to draw

dessous: ci-dessous *adv.* below

dessus, au-dessus de *prep.* above; **ci-dessus** *adv.* above, previously

destin *m.* destiny

destination *f.* destination; **à destination de** to, for (9); in the direction of; heading for

destinée *f.* destiny, future

détail *m.* detail; **en détail** in detail

détaillé *adj.* detailed

détecteur *m.* detector

se détendre to relax (13)

détente *f.* relaxation

déterminer to determine

détester to detest; to hate (2)

détruire (like conduire) *irreg.* to destroy (9)

dette *f.* debt

deux *adj.* two (1); **tous (toutes) les deux** both (of them)

deuxième *adj.* second (11); **deuxième étage** third floor (*in the U.S.*) (5)

devant *prep.* before, in front of (4)

développé *adj.* developed; industrialized

développement *m.* development (16); developing (*photo*); **pays** (*m.*) **en voie de développement** developing country

développer to develop (16); **se développer** to develop

devenir (like venir) *irreg.* to become (8)

deviner to guess (12)

devinette *f.* riddle, conundrum

dévoiler to reveal, disclose

devoir (p.p. dû) *irreg.* to owe; to have to, be obliged to (7); *m.* duty; *m. pl.* homework; **faire ses devoirs** to do one's homework (5); **je devrais** I should (15)

dévorant *adj.* all-consuming

d'habitude *adv.* habitually, usually (5)

diagnostic *m.* diagnosis; prognosis

diapositive *f.* (*photographic*) slide

dictionnaire *m.* dictionary (2)

diététique *adj.* dietetic

Dieu *m.* God; **croire en Dieu** to believe in God

différemment *adv.* differently

différend *m.* disagreement

différent *adj.* different (3)

difficile *adj.* difficult (3)

difficulté *f.* difficulty

diffuser to broadcast; to disseminate

digne *adj.* worthy

dignité *f.* dignity

diligemment *adv.* diligently

dimanche *m.* Sunday (1)

diminuer to lessen, diminish, lower (16)

dinde *f.* turkey

dîner to dine, have dinner (6); *m.* dinner (6)

diplomate *m., f.* diplomat; *adj.* diplomatic, tactful

diplomatique *adj.* diplomatic (*of the diplomatic corps*)

diplôme *m.* diploma

diplômé(e) *m., f.* graduate; holder of a diploma

dire (p.p. dit) *irreg.* to say; to tell, relate (10); **c'est-à-dire** that is to say, namely; **entendre dire que** to hear that;

que veut dire... ? what does . . . mean?; **se dire** to say to one another; **vouloir dire** to mean

direct *adj.* direct; **en direct** live (*broadcasting*); **pronom** (*m.*) (**complément**) **d'objet direct** *Gram.* direct object pronoun

directeur/trice *m., f.* manager, head (14); **directeur/trice commercial(e)** business manager (14)

direction *f.* direction; steering (*auto*)

directives *f. pl.* rules of conduct, directives

diriger (nous dirigeons) to direct; to govern, control (14)

discothèque (*fam.* **disco**) *f.* discothèque

discours *m.* discourse; speech

discret/ète *adj.* discreet

discuter (de) to discuss

disparaître (*like* **connaître**) *irreg.* to disappear

disparition *f.* disappearance; **en voie de disparition** endangered (*species*)

disponible *adj.* available

disposer to arrange

dispute *f.* quarrel

disputer to contest; to play; to fight (over); **se disputer** to argue (13)

disque *m.* record, recording (4); **disque compact** compact disc

dissertation *f.* essay, term paper

dissimuler to hide

dissiper to dissipate; to dispel

distance *f.* distance; **mettre à distance** to separate

se distinguer to distinguish oneself

distraction *f.* recreation; entertainment; distraction

se distraire (*p.p.* **distrait**) *irreg.* to have fun, amuse oneself

distribuer to distribute

distributeur *m.* distributor; **distributeur automatique** automatic teller (14)

divers *adj.* varied, diverse (1)

se diversifier to diversify

se divertir to amuse oneself, have a good time

divertissant *adj.* amusing

divisé (par) *adj.* divided (by)

divorcé *adj.* divorced (5)

divorcer (nous divorçons) to get a divorce, divorce

dix *adj.* ten (1); **dix-sept (-huit, -neuf)** *adj.* seventeen (eighteen, nineteen) (1)

dixième *adj.* tenth

dizaine *f.* about ten

docteur *m.* doctor

doctorat *m.* doctorate

documentaire *m.* documentary (*film*)

doigt *m.* finger (13)

domaine *m.* domain; specialty

domestique *m., f.* servant; *adj.* domestic; **animal** (*m.*) **domestique** pet

dominer to dominate

dommage! *interj.* too bad! (16); **il est dommage que** + *subj.* it's too bad that (16)

don *m.* gift

donc *conj.* then; therefore (4)

données: base (*f.*) **de données** database

donner to give (2); **donner des conseils** to give advice; **donner rendez-vous à** to make an appointment with; **donner sur** to overlook

dont whose, of whom, of which (14)

dorer: faire dorer to brown (*in cooking*)

dormir *irreg.* to sleep (8)

dortoir *m.* dormitory

dos *m.* back (13); **sac** (*m.*) **à dos** backpack (3)

douane *f.* customs (*at the border*)

doubler to double; to pass (*in a car*)

douche *f.* shower (*bath*) (4); **prendre une douche** to take a shower

se doucher to take a shower (13)

doué (*adj.*) gifted, talented

douleur *f.* pain, ache; grief

doute *m.* doubt; **sans doute** probably

douter to doubt (16); **douter de** to be suspicious of

doux (douce) *adj.* sweet; **à feu doux** over a low flame (*cooking*); **petits pois** (*m. pl.*) **doux** sweet peas

douzaine *f.* dozen; about twelve

douze *adj.* twelve (1)

douzième *adj.* twelfth

dramatique: art (*m.*) **dramatique** theater, theater arts

drap *m.* (*bed*) sheet

drapeau *m.* flag

dresser to set up

drogue *f.* drug(s)

droit *m.* law (2); right (*legal*); **droit d'entrée** entrance fee

droit *adj.* right; straight; **Rive** (*f.*) **droite** Right Bank (*in Paris*) (11); **tout droit** *adv.* straight ahead (11)

droite *f.* right, right-hand; **à droite (de)** *prep.* on (to) the right (of) (4)

drôle *adj.* funny, odd (3)

duc *m.* duke

durant *prep.* during

durée *f.* duration, length

durer to last, continue; to endure; to last a long time

DVD *m.* DVD (4); **lecteur** (*m.*) **de DVD** DVD player (10)

dynamique *adj.* dynamic (3)

eau *f.* water (6); **cours** (*m.*) **d'eau** river, waterway; **eau minérale** mineral water (6)

ébloui *adj.* dazzled

ébranlé *adj.* shaken, shattered

écart *m.* gap; difference

écarté *adj.* removed

échange *m.* exchange

échanger (nous échangeons) to exchange

échec *m.* failure; *pl.* chess (3)

échouer to fail

éclair *m.* éclair (*pastry*) (7)

éclaircie *f.* clearing (*in weather*)

éclairer to light, illuminate

éclater to break out (*war*)

école *f.* school (10); **école primaire (secondaire)** primary (secondary) school

écolier/ière *m., f.* pupil, schoolchild

écologie *f.* ecology

écologique *adj.* ecological

écologiste *m., f.* ecologist; *adj.* ecological

économe *adj.* thrifty, economical

économie *f.* economics (2); economy; *pl.* savings; **faire des économies** to save (up) money (14)

économique *adj.* economic; financial; economical; **classe** (*f.*) **économique** tourist class (9); **sur le plan économique** economically speaking

économiser to save (*money*)

Écosse *f.* Scotland; **Nouvelle-Écosse** *f.* Nova Scotia

écoute *f.* listening; **à l'écoute** tuning in; **casque** (*m.*) **d'écoute** headset

écouter to listen to (2)

écran *m.* screen (1); monitor; **le petit écran** television

écrevisse *f.* crayfish (7)

écrire (*p.p.* **écrit**) (**à**) *irreg.* to write (to) (10)

écriture *f.* writing; handwriting

écrivain (femme écrivain) *m., f.* writer (12)

écumoire *f.* skimmer (*in cooking*)

édifice *m.* (public) building

éditeur/trice *m., f.* editor; publisher

édition *f.* publishing; edition; **maison** (*f.*) **d'édition** publisher, publishing house

éducatif/ive *adj.* educational

éducation *f.* upbringing; breeding; education

s'effacer (nous nous effaçons) to fade; to stay in the background

effectuer to carry out, make

effet *m.* effect; **effet de serre** greenhouse effect; **en effet** as a matter of fact, indeed

efficace *adj.* efficient

effort *m.* effort, attempt; **faire des efforts pour** to try (make an effort) to

égal *adj.* equal; **cela (ça) m'est égal** I don't care, it's all the same to me

également *adv.* equally; likewise, also

égaler to equal

égalité *f.* equality

égaré *adj.* scattered, lost

église *f.* church (11)

égoïste *adj.* selfish (3)

égorger (nous égorgeons) to slit the throat of

Égypte *f.* Egypt

eh bien *interj.* well, well then

s'élancer (nous nous élançons) to rush out

électeur/trice *m., f.* voter (16)

électoral *adj.* election, electoral

électricité *f.* electricity

électronique: adresse (*f.*) **électronique** e-mail address; **courrier** (*m.*) **électronique** e-mail (10);

message (*m.*) **électronique** e-mail message (10)

élégant *adj.* elegant (3)

élève *m., f.* pupil, student

élevé *adj.* high; raised, built

éliminé *adj.* eliminated

élire (*like* **lire**) *irreg.* to elect (16)

elle *pron., f. s.* she; her; it; **elle-même** *pron., f. s.* herself (12); **elles** *pron., f. pl.* they; them

élu *adj.* elected

embarquement: carte (*f.*) **d'embarquement** boarding pass (9)

embarquer to embark, get on

embauche *f.* hiring; **entretien** (*m.*) **d'embauche** job interview

embaucher to hire

embouteillage *m.* traffic jam

embrasser to kiss; to embrace; **je t'embrasse** love (*closing of letter*); **s'embrasser** to kiss; to embrace (13)

émérite *adj.* highly skilled; emeritus

émettre (*like* **mettre**) *irreg.* to broadcast

émeute *f.* riot

émigré(e) *m., f.* émigré, expatriate

émission *f.* program; broadcast (10)

emménager (nous emménageons) to move in (4)

emmener (j'emmène) to take (*s.o. somewhere*); to take along (12)

empêcher (de) to prevent (from) (12); to preclude

empereur *m.* emperor

emplacement *m.* location

emploi *m.* use; job, position (14); **demande** (*f.*) **d'emploi** job application (14); **offre** (*f.*) **d'emploi** job offer

employé(e) *m., f.* employee (14); white-collar worker; (sales) clerk; **employé(e) de** s.o. employed by

employer (j'emploie) to use; to employ

employeur/euse *m., f.* employer

emporter to take (*s.th. somewhere*); to take out (*food*); to carry away

emprunt *m.* loan (14)

emprunter (à) to borrow (from) (11)

en *prep.* in (2); in, by (9); to; like; in the form of; *pron.* of them; of it; some, any (11); **de temps en**

temps from time to time (2); **en automne** in fall (5); **en avance** early (6); **en dehors de** outside; **en été** in summer (5); **en face de** across from (4); **en général** in general (2); **en hiver** in winter (5); **en profondeur** in depth; **en retard** late (6); **qu'en penses-tu?** what do you think of that? (11)

encadrement *m.* training, supervision; framework

encaisser to cash (*a check*) (11)

enceinte *f.* enclosure; **dans l'enceinte de** within (the boundary of)

encens *m.* incense

encercler to circle, encircle

enchaîné *adj.* chained, fettered

enchanté *adj.* enchanted; pleased (to meet you)

encore *adv.* still (9); again; yet; even; more; **encore de** more; **encore un peu** a little more; **ne... pas encore** not yet (9); **ou encore** or else

encourager (nous encourageons) (à) to encourage (to)

encyclopédie *f.* encyclopedia

endormir (*like* **dormir**) *irreg.* to put to sleep; **s'endormir** to fall asleep (13)

endroit *m.* place, spot (8)

énergie *f.* energy; **énergie nucléaire (solaire)** nuclear (solar) energy (16)

énergique *adj.* energetic

énervant *adj.* aggravating, irritating

enfance *f.* childhood

enfant *m., f.* child (5); **petit-enfant** *m.* grandchild (5)

enfermer to lock up

enfin *adv.* finally, at last (11)

enflammer to kindle (*imagination*)

enfouir to bury

engagé *adj.* involved, politically active, politically committed

engagement *m.* (*political*) commitment

engager (nous engageons) to begin, start; **s'engager (dans)** to get involved (*in a public issue*) (16)

énigme *f.* riddle, enigma

enlever (j'enlève) to remove, take off

ennemi(e) *m., f.* enemy

ennui *m.* trouble; problem (9); worry; boredom

ennuyer (j'ennuie) to bother; to bore; **s'ennuyer** to be bored (13); **s'ennuyer à mourir** to be bored to death

ennuyeux/euse *adj.* boring; annoying

énoncé *m.* statement, utterance

énorme *adj.* enormous, huge

énormément *adv.* enormously, tremendously

enquête *f.* survey, poll

enregistrer to record; to check in

enseignant(e) *m., f.* teacher, instructor

enseignement *m.* teaching; education

enseigner (à) to teach (to) (12)

ensemble *adv.* together; *m.* ensemble; whole

ensoleillé *adj.* sunny

ensuite *adv.* then, next

entendre to hear (5); **entendre dire que** to hear that; **s'entendre (avec)** to get along (with) (13)

entente *f.* (mutual) understanding

enthousiasme *m.* enthusiasm

enthousiaste *adj.* enthusiastic (3)

entier/ière *adj.* entire, whole, complete; **en entier** in its entirety

entourer (de) to surround (with)

entraîner to bring about, lead to; **s'entraîner** to train, work out

entraîneur/euse *m., f.* trainer

entre *prep.* between, among (4)

entrecôte *f.* rib steak

entrée *f.* entrance, entry; admission; first course (*meal*) (7); **droit** (*m.*) **d'entrée** entrance fee

entreprise *f.* business, company (14); **chef** (*m.*) **d'entreprise** company head, top manager, boss (14)

entrer (dans) to enter (8)

entretien *m.* maintenance; conversation; **entretien (d'embauche)** job interview (14)

énumérer (j'énumère) to spell out, recite; to list, enumerate

envahir to invade

enveloppe *f.* envelope (10)

envers *prep.* toward

envie *f.* desire; **avoir envie de** to want; to feel like (3)

environ *adv.* about, approximately; *m. pl.* environs; **dans les environs** in the vicinity

environnement *m.* environment (16)

environnementaliste *m., f.* environmentalist

envoi *m.* sending

envoyer (j'envoie) to send (10)

éolienne *f.* windmill; windpump

s'épanouir to bloom

épargne: compte (*m.*) **d'épargne** savings account (14)

épaule *f.* shoulder

épice *f.* spice

épicerie *f.* grocery store (7)

épicier/ière *m., f.* grocer

épinards *m. pl.* spinach

époque *f.* period (*of history*) (12); **à l'époque (de)** at the time (of); **meubles** (*m. pl.*) **d'époque** antique furniture

épouser to marry

époux (épouse) *m., f.* husband; wife; **époux** *m. pl.* married couple

épreuve *f.* test; event (*sports*)

éprouver to feel; to experience

équilibre *m.* equilibrium, balance

équipage *m.* crew

équipe *f.* team (15); **sports** (*m. pl.*) **d'équipe** team sports; **travail** (*m.*) **d'équipe** teamwork

équipé *adj.* equipped

équipement *m.* equipment; gear

s'équiper to equip oneself

équitation *f.* horseback (8); **faire de l'équitation** to go horseback riding

erreur *f.* error; mistake

erroné *adj.* wrong, erroneous

escalade *f.* (mountain) climbing

escalader to climb, scale

escale: faire escale à to stop over at

escalier *m.* stairs, stairway (5)

escalope *f.* (*veal*) scallop

escargot *m.* snail; escargot (7)

escarpement *m.* steep slope

esclavage *m.* slavery

esclave *m., f.* slave

espace *m.* space; **espaces verts** green space

espadrilles *f. pl.* fabric sandals, espadrilles

Espagne *f.* Spain (8)

espagnol *adj.* Spanish; *m.* Spanish (*language*) (2); **Espagnol(e)** *m., f.* Spanish (*person*) (2)

espèces *f. pl.* species

espérer (j'espère) to hope (6)

esprit *m.* mind; spirit; wit

essai *m.* attempt, try; **mariage** (*m.*) **à l'essai** trial marriage

essaimer to spread, expand

essayer (j'essaie) (de) to try (to) (12)

essence *f.* gasoline, gas; **faire le plein (d'essence)** to fill the tank (9)

essentiel(le) *adj.* essential; **il est essentiel que** + *subj.* it's essential that (16)

essentiellement *adv.* largely, mainly

est *m.* east; **à l'est** to the east (9)

estampe *f.* engraving

estimer to consider; to believe; to estimate (16)

et *conj.* and (2); **et puis** and (then), next (7); **et quart** quarter past the hour; **et vous (et toi)** and you (1)

établir to establish, set up

établissement *m.* establishment

étage *m.* floor (*of building*); **premier (deuxième) étage** second (third) floor (*in the U.S.*) (5)

étagère *f.* shelf (4)

étape *f.* stage; stopping place

état *m.* state (8); condition; **état civil** marital (civil) status; **États-Unis** *m. pl.* United States (of America) (8); **homme (femme) d'état** statesman (-woman)

été *m.* summer; **en été** in summer (5); **job** (*m.*) **d'été** summer job

étendue *f.* area, expanse

éternité *f.* eternity

étiquette *f.* label

étoile *f.* star; **à la belle étoile** in the open air

étonné *adj.* surprised; astonished (16)

étrange *adj.* strange; **il est étrange que** + *subj.* it's strange that (16)

étranger/ère *adj.* foreign; *m., f.* stranger; foreigner; **à l'étranger** abroad, in a foreign country (9); **langue** (*f.*) **étrangère** foreign language

être (*p.p.* **été**) *irreg.* to be (2); **c'est (ce n'est pas)** it's (it isn't) (1); **c'est combien?** how much is it? (1); **comment est-il/elle?** what's he/she like?; **être en train de** to be in the process of, be in the middle of (15); **il est... heure(s)** it is . . . o'clock (6);

n'est-ce pas? isn't it (so)?, isn't that right? (3); **nous sommes lundi (mardi...)** it's Monday (Tuesday ...) (1); **peut-être** *adv.* perhaps, maybe; **quel jour sommes-nous (est-ce)?** what day is it? (1); **quelle heure est-il?** what time is it? (6); **qui est-ce?** who is it? (1)

étroit *adj.* narrow

étude *f.* study; *pl.* studies; **bourse** (*f.*) **d'études** scholarship, study grant; **faire des études** to study

étudiant(e) *m., f., adj.* student (1); **carte** (*f.*) **d'étudiant** student ID card

étudier to study (2)

euh... *interj.* uh ...

euphorisant *m.* euphoriant

euro *m.* euro (*European currency*)

Europe *f.* Europe; **coupe** (*f.*) **d'Europe** European Cup (*soccer*)

européen(ne) *adj.* European; **Européen(ne)** *m., f.* European (*person*); **Union** (*f.*) **européenne (UE)** European Union (EU)

eux *pron., m. pl.* them; **eux-mêmes** *pron., m. pl.* themselves (12)

événement *m.* event (12)

évidemment *adv.* evidently, obviously (12)

évident *adj.* obvious, clear; **il est évident que** + *indic.* it is clear that (16)

éviter to avoid

évoluer to evolve, advance, develop

évoquer to evoke, call to mind

exact: oui, c'est exact yes, that's correct

exactement *adv.* exactly

exagérer (j'exagère) to exaggerate

examen (*fam.* **exam**) *m.* test, exam (2); examination; **passer un examen** to take an exam (4); **réussir à un examen** to pass a test

examiner to inspect, examine

exaspérant *adj.* exasperating

exaspéré *adj.* exasperated

excéder (j'excède) to exceed

excentricité *f.* eccentricity

excentrique *adj.* eccentric (3)

excepté *prep.* except

exceptionnel(le) *adj.* exceptional

excès *m.* excess

excitant *adj.* exciting

exclu(e) *m., f.* excluded (*people*)

exclure (*p.p.* **exclu**) *irreg.* to exclude, rule out

exclusivement *adv.* exclusively

exclusivité *f.* exclusive rights, coverage

excursion *f.* excursion, outing; **faire une excursion** to go on an outing

s'excuser to apologize (13); **excusez-moi (excuse-moi)** excuse me, pardon me (1)

exemplaire *adj.* exemplary; *m.* copy

exemple *m.* example; **par exemple** for example (16)

exercer (nous exerçons) to exercise, exert (*control, influence*)

exercice *m.* exercise

exigeant *adj.* demanding; difficult

exigence *f.* demand

exiger (nous exigeons) to require; to demand (16)

exil *m.* exile

exister to exist

exode *m.* exodus

expatrié *adj.* expatriated

s'expatrier to leave one's country

expérience *f.* experience; experiment

expert(e) *m., f.* expert; **expert(e)-comptable** *m., f.* certified public accountant

explication *f.* explanation

expliquer to explain

exploité *adj.* exploited

exploiter to make use of, make the most of

explorateur/trice *m., f.* explorer

explorer to explore

exportation *f.* export(s)

s'exporter to be exported

exposé *m.* presentation, exposé

exposer to expose, show; to display

exposition *f.* exhibition; show (12)

expression *f.* expression; term (1); **liberté** (*f.*) **d'expression** freedom of expression (16)

exprimer to express; **exprimer une opinion** to express an opinion (16); **s'exprimer** to express oneself

exquis *adj.* exquisite

extrait *m.* excerpt; extract

extraordinaire *adj.* extraordinary (3)

extrasensoriel(le) *adj.* extra-sensory

extrêmement *adv.* extremely

fabrication *f.* manufacture, making

fabriquer to manufacture, make

fabuleux/euse *adj.* fabulous

fac *f., fam.* **(faculté)** university department or school

façade *f.* façade, face (*of a building*)

face: en face (de) *prep.* opposite, facing, across from (4); **face à** facing; **face à face** face to face

fâché *adj.* angry (16)

fâcher to anger; **se fâcher** to get angry (13)

fâcheux/euse *adj.* unfortunate; troublesome; **il est fâcheux que** + *subj.* it is unfortunate that (16)

facile *adj.* easy

facilité *f.* ease, easiness

faciliter to facilitate, make easier

façon *f.* way, manner, fashion; **de façon (logique)** in a (logical) way

facteur/trice *m., f.* factor; letter carrier (14)

faculté *f.* ability; (*fam.* **fac**) division (*academic*) (2); **faculté des lettres** School of Arts and Letters; **faculté des sciences** School of Science

faible *adj.* weak; small

faim *f.* hunger; **avoir faim** to be hungry (3)

faire (*p.p.* **fait**) *irreg.* to do; to make (5); to form; to be; **faire appel à** to appeal to; to require, call for; **faire attention (à)** to pay attention (to) (5); to watch out (for); **faire baisser** to lower; **faire beau (il fait beau)** to be good weather (it's nice out) (5); **faire bouillir** to boil; **faire chaud (il fait chaud)** to be warm, be hot (out) (it's warm, it's hot) (5); **faire confiance à** to trust; **faire connaissance** to get acquainted (5); **faire cuire** to cook; **faire de la bicyclette** to cycle, go (bi)cycling (8); **faire de la peinture (de la musique, de la poterie)** to paint (play music, do ceramics); **faire de la planche à voile** to go windsurfing; **faire de la plongée sous-marine** to go skin diving (scuba diving) (8); **faire de la politique** to go in for politics; **faire de la voile** to go sailing (5); **faire de l'aérobic** to do aerobics (5);

faire de l'alpinisme to go mountain climbing (8); **faire de l'équitation** to go horseback riding (8); **faire des économies** to save (up) money (14); **faire des études** to study; **faire des glissades** Q. to go tobogganing; **faire des moulinets avec les bras** to whirl one's arms about; **faire des projets** to make plans; **faire des recherches** to do research; **faire dorer** to brown (*in cooking*); **faire du bateau** to go boating (8); **faire du bruit** to make noise; **faire du camping** to camp, go camping; **faire du cheval** to go horseback-riding (8); **faire du jogging** to run, jog (5); **faire du magasinage** Q. to go shopping; **faire du patin à glace** to go ice-skating; **faire du patin à roues alignées** to do in-line skating; **faire du recyclage** to recycle; **faire du shopping** to go shopping; **faire du ski (alpin)** to ski (5); **faire du ski de fond** to go cross-country skiing; **faire du ski nautique** to go waterskiing; **faire du snowboard** to go snowboarding; **faire du soleil (il fait du soleil)** to be sunny (it's sunny) (5); **faire du sport** to do sports (5); **faire du théâtre** to act; **faire du tourisme** to go sightseeing; **faire du vélo (de montagne)** to go cycling (mountain biking) (5); **faire du vent (il fait du vent)** to be windy (it's windy) (5); **faire escale à** to stop over at; **faire faire** to have done, make (*s.o.*) do (*s.th.*); **faire frais (il fait frais)** to be cool (out) (it's cool) (5); **faire froid (il fait froid)** to be cold (out) (it's cold) (5); **faire grève** to strike, go on strike (16); **faire la bise** to kiss on both cheeks (*in greeting*); **faire la connaissance de** to meet (*for the first time*); **faire la cuisine** to cook (5); **faire la fête** to party; **faire la lessive** to do the laundry (5); **faire la queue** to stand in line (5); **faire la sieste** to take a nap; **faire la vaisselle** to do the dishes (5); **faire le lit** to make the bed;

faire le marché to do the shopping, go to the market (5); **faire le ménage** to do the housework (5); **faire le plein** to fill it up (gas tank) (9); **faire le tour de** to go around; to tour; **faire les courses** to do errands (5); **faire les valises** to pack one's bags; **faire mauvais (il fait mauvais)** to be bad weather (out) (it's bad out) (5); **faire partie de** to belong to; **faire preuve de** to show; **faire ses devoirs** to do one's homework (5); **faire son possible** to do one's best; **faire un chèque** to write a check (14); **faire un pique-nique** to go on a picnic; **faire un safari** to go on a safari; **faire un temps pourri** *fam.* to be rotten weather; **faire un tour (en voiture)** to take a walk, take a ride (5); **faire un voyage** to take a trip (5); **faire une erreur** to make a mistake; **faire une excursion** to go on an outing; **faire une promenade** to take a walk (5); **faire une randonnée (pédestre)** to go hiking (8); **faire une réservation** to make a reservation; **faire une visite** to pay a visit; **quel temps fait-il?** how's the weather? (5)

fait *m.* fact; *adj.* made; **tout à fait** *adv.* completely, entirely

falloir (*p.p.* **fallu**) *irreg.* to be necessary (16); to be lacking; **il faut** + *inf.* it is necessary to; one needs (7)

fameux/euse *adj.* famous

familial *adj.* family

famille *f.* family (5); **en famille** with one's family; **fonder une famille** to start a family

fanatique (*fam.* **fan**) *m., f.* fan; fanatic, zealot

fanatisme *m.* fanaticism

fantaisie: bijoux (*m. pl.*) **fantaisie** costume jewelry

fantaisiste *adj.* fanciful, whimsical

farine *f.* flour

fascinant *adj.* fascinating

fasciné *adj.* fascinated

fatigant *adj.* tiring

fatigué *adj.* tired (3)

fauché *adj., fam.* broke, without money

faut (il) it is necessary to; one needs

faute *f.* fault, mistake

faux (fausse) *adj.* false (4)

faveur: en faveur de in favor of

favorable: être favorable à to be in favor of (favorably disposed to)

favori(te) *adj.* favorite

favoriser to further, favor

fée *f.* fairy; **conte** (*m.*) **de fée** fairy tale

félicitations *f. pl.* congratulations

féminin *adj.* feminine

femme *f.* woman (2); wife (5); **femme d'affaires** businesswoman; **femme d'état** stateswoman; **femme écrivain** writer (12); **femme médecin** doctor, physician (14); **femme peintre** painter (12); **femme poète** poet (12); **femme politique** politician; **femme sculpteur** sculptor (12); **jeune femme** young woman (3)

fenêtre *f.* window (1)

fente *f.* slot

fer *m.* iron; **chemin** (*m.*) **de fer** railroad

ferme *f.* farm

fermer to close

fermeture *f.* closing

fermier/ière *m., f.* farmer

ferroviare *adj.* rail, railroad

fête *f.* holiday; celebration, party; saint's day, name day; *pl.* Christmas season; **faire la fête** to party; **fête des patrons** saint's day; **fête des Rois** Feast of the Magi, Epiphany; **jour** (*m.*) **de fête** holiday

fêter to celebrate; to observe a holiday

feu (*pl.* **feux**) *m.* fire; traffic light; **à feu doux** on low heat (*cooking*); **feux d'artifice** fireworks

feuille *f.* leaf

feuilleté *adj.* flaky (*pastry*)

feuilleton *m.* soap opera

fève *f.* bean

février February (1)

fiable *adj.* reliable

fiançailles *f. pl.* engagement (13)

fiancé(e) *m., f.* fiancé, fiancée

se fiancer (nous nous fiançons) to get engaged (13)

fibre *f.* fiber, filament

fiche *f.* index card; form (to fill out); deposit slip

fichier *m.* file

fictif/ive *adj.* fictitious; imaginary

fier/ière *adj.* proud (3)

fierté *f.* pride

fièvre *f.* fever

figure *f.* figure, important person

figurer to appear

filer to trail, follow

filet *m.* fillet (*fish, meat*) (7); **filet de porc (de bœuf)** pork (beef) fillet

filiale *f.* subsidiary; branch (*office*)

fille *f.* girl; daughter (5); **jeune fille** girl, young lady; **petite-fille** granddaughter (5)

film *m.* movie, film (2)

fils *m.* son (5); **petit-fils** grandson (5)

filtrage *m.* filtration, filtering

fin *f.* end; **à la fin de** at the end of; **en fin d'après-midi** in the late afternoon; *adj.* fine, delicate; **extra-fin** *adj.* superfine; **mi-fin** *adj.* medium-cut (*vegetables*)

finalement *adv.* finally

finance *f.* finance; *pl.* finances

financier/ière *adj.* financial, monetary

finir (de) to finish (4); **finir par** to end (finish) by (*doing s.th.*) (12)

Finlande *f.* Finland

firme *f.* firm, company

fiscalité *f.* tax system, taxes

fixer to fasten; to make firm

flacon *m.* small bottle (*with stopper*)

flamand *m.* Flemish (*language*)

flâner to stroll (12)

flash (d'informations) *m.* newsbrief

flatté(e) *adj.* flattered

fleur *f.* flower (4); **chou-fleur** *m.* cauliflower; **fleur de lys** fleur de lis, trefoil

fleurette *f.* floret

fleuve *m.* (*large*) river (8)

Floride *f.* Florida

flûte *f.* flute

foie *m.* liver; **pâté** (*m.*) **de foie gras** goose liver pâté

fois *f.* time, occasion; times (*arithmetic*); **à la fois** at the same time; **la première (dernière) fois** the first (last) time; **une fois** once (11); **une fois par semaine** once a week (5)

folklorique *adj.* traditional; folk (*music, etc.*)

foncé *adj.* dark

fonction *f.* function, use

fonctionnaire *m., f.* civil servant (14)

fonctionner to function, work

fond *m.* bottom; background; back; **ski** (*m.*) **de fond** cross-country skiing (8)

fondamental *adj.* fundamental, basic

fondation *f.* founding, inception

fonder to found; **fonder une famille** to start a family

fondue *f.* fondue (*Swiss melted cheese dish*)

fontaine *f.* fountain

fonte *f.* cast iron

football (*fam.* **foot**) *m.* soccer; **football américain** football; **match** (*m.*) **de foot** soccer game

footballeur/euse *m., f.* soccer player

force *f.* strength; **à force de** as a result of; **en force** in force; **force est de** + *inf.* one must

forcément *adv.* necessarily

forcer (nous forçons) to force, compel

forêt *f.* forest (8)

forgé: fer (*m.*) **forgé** wrought iron

formalité *f.* formality

formation *f.* education, training

forme *f.* form; shape; figure; **en (bonne, pleine) forme** physically fit; **en forme de** in the form of; **sous forme de** in the form of

formel(le) *adj.* formal

formellement *adv.* positively, categorically

former to form, shape; to train

formule *f.* formula; plan

formuler to formulate, make up

fort *adj.* strong; heavy; *adv.* strongly; loudly; very (14); **parler fort** to speak loudly

fortifier to fortify

fou (fol, folle) *adj.* crazy, mad; **fou (folle)** *m., f.* insane (crazy) person

foudre *f.* lightning; **coup** (*m.*) **de foudre** flash of lightning (13); love at first sight (13)

foulard *m.* scarf

foule *f.* crowd

fourchette *f.* fork (6)

fournir to furnish, supply

fournisseur (*m.*) **d'accès** service provider (*Internet*)

foyer *m.* hearth; home; student residence; **femme** (*f.*) **au foyer** homemaker

frais *m., pl.* expenses, costs (14); **frais de scolarité** school, university (tuition) fees

frais (fraîche) *adj.* cool; fresh; **crème fraîche** clotted cream, crème fraîche; **faire frais (il fait frais)** to be cool (out) (it's cool) (5)

fraise *f.* strawberry (6)

framboise *f.* raspberry

franc(he) *adj.* frank; fruitful; honest

français *adj.* French; *m.* French (*language*); **Français(e)** *m., f.* Frenchman (-woman) (2)

France *f.* France (8)

franchement *adv.* frankly (12)

francophile *m., f.* Francophile (*person who admires France or the French*)

francophone *adj.* French-speaking

francophonie *f.* French-speaking world

frapper to strike

fraternité *f.* brotherhood, fraternity

fredonner to hum

freinage *m.* braking system (*auto*)

fréquemment *adv.* frequently, often

fréquent *adj.* frequent, common

fréquenter to go to often

frère *m.* brother (5); **beau-frère** brother-in-law (5); **demi-frère** half brother; stepbrother (5)

fricassée *f.* (chicken) stew; fricassee

frigo *m., fam.* fridge, refrigerator

fripe *f. s.* secondhand clothing

frisé *adj.* curly

frites *f. pl.* French fries (6)

froid *adj.* cold; *m.* cold; **avoir froid** to be cold (3); **faire froid (il fait froid)** to be cold (out) (it's cold) (5)

fromage *m.* cheese (6)

frontière *f.* border

fruit *m.* fruit (6); **jus** (*m.*) **de fruit** fruit juice

fumer to smoke (2)

fumeur/euse *m., f.* smoker; **zone** (*f.*) **fumeurs (non-fumeurs)** smoking (nonsmoking) section (9)
furieux/euse *adj.* furious (16)
fusée *f.* rocket
futur *m., Gram.* future (*tense*); *adj.* future

gabarit *m.* size, stature
gagner to win; to earn (14)
galerie *f.* gallery; roof rack (*auto*)
galette *f.* pancake; tart, pie
gant *m.* glove
garagiste *m., f.* mechanic, garage owner
garçon *m.* boy; café waiter
garder to keep, retain; **garder la ligne** to keep one's figure
gardien(ne) *m., f.* guard
gare *f.* station; train station (9); **buffet** (*m.*) **de la gare** train station restaurant (9); **gare de chargement** loading dock
garer to park; **se garer** to be parked
gaspillage *m.* wasting, waste (16)
gaspiller to waste (16)
gastronome *m., f.* gourmet
gastronomie *f.* gastronomy, good food
gastronomique *adj.* gastronomic
gâteau *m.* cake (6)
gâter to spoil
gauche *adj.* left; *f.* left; **à gauche (de)** *prep.* on the (to the) left (of) (4); **Rive** (*f.*) **gauche** Left Bank (*in Paris*) (11); **se lever du pied gauche** to get up on the wrong side of the bed
gaz *m.* gas
gazeux/euse: boisson (*f.*) **gazeuse** soft drink (6)
gênant *adj.* bothersome, annoying
généalogique *adj.* genealogical; family
général *m., adj.* general; **en général** generally (2); **quartier** (*m.*) **général** headquarters
généraliste *m., f.* general practitioner (MD)
générer (je génère) to generate
généreux/euse *adj.* generous
génétique *adj.* genetic
Genève Geneva

génial *adj.* brilliant, inspired; *fam.* neat, delightful, cool
génie *m.* genius
genou (*pl.* **genoux**) *m.* knee (13)
genre *m.* type, style, kind
gens *m. pl.* people; **jeunes gens** young men; young people
gentil(le) *adj.* nice, pleasant; kind (3)
gentillesse *f.* kindness, niceness
géographe *m., f.* geographer
géographie (*fam.* **géo**) *f.* geography (2)
géographique *adj.* geographical
géologie *f.* geology (2)
géométrie *f.* geometry
Géorgie *f.* Georgia (*country*)
gérer (je gère) to manage
gestion *f.* management
gigantesque *adj.* gigantic
gingembre *m.* ginger
glace *f.* ice cream (6); ice; mirror; **patin** (*m.*) **à glace** ice-skating
glacé: crème (*f.*) **glacée** ice cream
glissade: faire des glissades *Q.* to go tobogganing
se glisser to slip into
gloire *f.* glory
glorieux/euse *adj.* glorious
glorifier to glorify
gomme *f.* eraser
gommier *m.* gum tree
gorge *f.* throat (13); gorge; **avoir mal à la gorge** to have a sore throat (13)
gothique *adj.* Gothic (12)
gourmand(e) *adj.* gluttonous, greedy; *m., f.* glutton, gourmand
goût *m.* taste; **avant-goût** *m.* foretaste
goûter *m.* afternoon snack (6); *v.* to taste; to eat (7)
goutte *f.* drop (*liquid*)
gouvernement *m.* government (16)
gouverner to rule; to govern
gouverneur *m.* governor
grâce *f.* grace; pardon; **jour** (*m.*) **d'action de grâce** Thanksgiving Day; **grâce à** thanks to
gramme *m.* gram
grand *adj.* great; large, tall; big (3); **arrière-grand-parent** *m.* great-grandparent; **grand magasin** *m.* department store; **grand-maman** *f.* grandma, granny; **grand-mère** *f.*

grandmother (5); **grand-parent** (*pl.* **grands-parents**) *m.* grandparent (5); **grand-père** *m.* grandfather (5); **grande surface** *f.* mall; superstore; **grandes écoles** *f. pl. French government graduate schools;* **grandes vacances** *f. pl.* summer vacation (from school); **Train** (*m.*) **à grande vitesse (TGV)** (*French high-speed*) bullet train
grandeur *f.* size
grandir to grow; to grow up
gras(se) *adj.* fat; oily; rich; **pâté** (*m.*) **de foie gras** goose liver pâté
gratte-ciel *m., inv.* skyscraper
gratuit *adj.* free (*of charge*)
grave *adj.* grave, serious; **accent** (*m.*) **grave** grave accent (**è**)
gravure *f.* printing, engraving
Grèce *f.* Greece (8)
grenouille *f.* frog
grève *f.* strike, walkout; **faire grève** to strike (16)
grille *f.* grid
grillé *adj.* toasted; grilled; broiled
griller: faire griller to broil; to toast
grimpeur/euse *m., f.* climber
grippe *f.* flu, influenza
gris *adj.* gray (3)
gros(se) *adj.* large; fat; thick; **grosses bises (gros bisous)** *fam.* hugs and kisses (*closing of letter*)
grossir to gain weight
guérison *f.* recovery
guerre *f.* war (16); **Première (Deuxième [Seconde]) Guerre mondiale** First (Second) World War
guichet *m.* (ticket) window (9); counter, booth
guide *m., f.* guide; *m.* guidebook; instructions
Guinée *f.* Guinea
guirlande *f.* garland; Christmas lights
guitare *f.* guitar (4); **jouer de la guitare** to play the guitar
Guyane *f.* Guyana
gymnase *m.* gymnasium (2)

s'habiller to get dressed (13)
habit *m.* clothing, dress
habitacle *m.* passenger compartment
habitant(e) *m., f.* inhabitant; resident

habitation *f.* lodging, housing; **habitations à loyer modéré (H.L.M.)** *publicly subsidized apartment blocks (France)*

habiter to live (2)

habitude *f.* habit; **d'habitude** *adv.* usually, habitually (5)

habitué (à) *adj.* accustomed (to)

habituel(le) *adj.* usual

*****hacher** to chop (up)

Haïti *m.* Haiti (8)

*****hardi** *adj.* bold, daring

*****haricot** *m.* bean; **haricots** (*pl.*) **mange-tout** string beans; sugar peas; **haricots verts** green beans (6)

*****hasard** *m.* chance, luck; **jeux** (*m. pl.*) **de hasard** games of chance (15); **par hasard** by accident, by chance

*****hasardeux/euse** *adj.* dangerous, hazardous

*****hâte** *f.* haste; **à la hâte** hastily

*****haut** *adj.* high; higher; tall; upper; *m.* top; height; **de haut** high (*in measuring*); **du haut de** from the top of; **haute couture** *f.* high fashion; **là-haut** *adv.* up there

*****hauteur** *f.* height

hébergement *m.* lodging, accommodations; shelter

héberger (nous hébergeons) to shelter

herbe *f.* herb

héritage *m.* legacy, inheritance

héritier *m.* heir

*****héros** *m.* (*f.* **héroïne**) hero, heroine

hésiter (à) to hesitate (to)

heure *f.* hour; time; **à l'heure** on time (9); per hour; **à n'importe quelle heure** at any time; **à quelle heure... ?** (at) what time . . . ? (6); **à tout à l'heure** see you soon; **dans une heure** in one hour; **de bonne heure** early (6); **de l'heure** an hour, per hour; **demi-heure** *f.* half hour; **il est... heure(s)** it is . . . o'clock (6); **il est l'heure de +** *inf.* it's time to . . . ; **quelle heure est-il?** what time is it? (6); **tout à l'heure** in a while (5)

heureusement *adv.* fortunately, luckily

heureux/euse *adj.* happy; fortunate (10)

Hexagone *m.* (metropolitan) France

hier *adv.* yesterday (8); **avant-hier** day before yesterday (8); **hier matin (soir)** yesterday morning (evening)

histoire *f.* history (2); story

historien(ne) *m., f.* historian

historique *adj.* historical (12)

hiver *m.* winter; **en hiver** in the winter

H.L.M. (habitations à loyer modéré) *f. pl. publicly subsidized apartment blocks (France)*

*****homard** *m.* lobster

hommage *m.* homage, respects; **en hommage à** in recognition of

homme *m.* man (2); **homme d'affaires** businessman; **homme politique** politician; **jeune homme** young man (3)

honnête *adj.* honest

honorer to honor

*****honte** *f.* shame; **avoir honte (de)** to be ashamed (of) (3)

hôpital *m.* hospital (11)

horaire *m.* schedule (12)

horodateur *m.* parking ticket machine

*****horreur** *f.* horror; **avoir horreur de** to hate, detest; **j'ai horreur de...** I can't stand . . .

*****hors de** *prep.* outside, beyond

*****hors-d'œuvre** *m., inv.* appetizer (7)

hospitalier/ière *adj.* hospitable

hôtel *m.* hotel (11); **hôtel de ville** town hall, city hall

hôtellerie *f.* hotel business or management

hôtesse *f.* hostess; **hôtesse de l'air** flight attendant (9)

huile *f.* oil; **huile de tournesol** sunflower seed oil; **huile d'olive** olive oil (7); **sardines** (*f. pl.*) **à l'huile** sardines in oil (7)

*****huit** *adj.* eight (1)

*****huitième** *m.* one-eighth; *adj.* eighth (11)

huître *f.* oyster (7)

humain *adj.* human; *m.* human being; **corps** (*m.*) **humain** human body; **sciences** (*f. pl.*) **humaines** social sciences

humanitaire *adj.* humanitarian

humidité *f.* humidity, dampness

humour *m.* humor

hymne *m.* hymn

hypocrisie *f.* hypocrisy

hypocrite *adj.* hypocritical (3)

ici *adv.* here (2)

idéal *m.* ideal; *adj.* ideal (3)

idéaliste *m., f.* idealist; *adj.* idealistic (3)

idée *f.* idea

identifier to identify

identité *f.* identity; **carte** (*f.*) **d'identité** ID card

il *pron., m. s.* he; it; there; **il n'y a pas de quoi** you're welcome (7); **il y a** there is/are (1); ago; **il y a... que** for (*period of time*); it's been . . . since; **y-a-til... ?** is/are there . . . ? (1)

île *f.* island (11)

illustrer to illustrate

ils *pron., m. pl.* they

image *f.* picture, image

imaginer to imagine

imiter to imitate

immédiatement *adv.* immediately

immeuble *m.* apartment or office building (4)

immigré(e) *m., f.* immigrant

imparfait *m., Gram.* imperfect (*verb tense*)

impatience *f.* impatience; **avec impatience** impatiently

impératif *m., Gram.* imperative, command

impératrice *f.* empress

imperméable *m.* raincoat (3)

impersonnel(le) *adj.* impersonal

s'implanter to take hold

impliqué *adj.* implicated, involved

important *adj.* important (3); large, great; **il est important que +** *subj.* it's important that (16)

importer to import; to matter; **n'importe où** anywhere

imposer to impose

impossible *adj.* impossible; **il est impossible que +** *subj.* it's impossible that (16)

impôts *m. pl.* (*direct*) taxes (16)

impressionnant *adj.* impressive

impressionné *adj.* impressed

impressionnisme *m.* impressionism (*art*)

impressionniste *m., f., adj.* impressionist (*art*)

imprévisible *adj.* unpredictable

imprimante *f.* (*computer*) printer

improviste: à l'improviste unexpectedly, without warning

inacceptable *adj.* unacceptable

incarner to embody

inclure (*p.p.* **inclus**) *irreg.* to include

inconfortable *adj.* uncomfortable

inconnu *adj.* unknown

incontestablement *adv.* unquestionably

inconvénient *m.* disadvantage

incorporer to incorporate

incroyable *adj.* unbelievable, incredible

Inde *f.* India

indéfini *adj.* indefinite; **pronom** (*m.*) **indéfini** *Gram.* indefinite pronoun

indéniable *adj.* undeniable

indépendance *f.* independence; **fête** (*f.*) **de l'Indépendance** Independence Day

indépendant *adj.* independent; **travailleur/euse** (*m., f.*) **indépendant(e)** self-employed worker (14)

indicatif *m., Gram.* indicative

indication *f.* instruction(s)

indice *m.* indication, sign

indiquer to show, point out (15)

indirect *adj.* indirect; **pronom d'objet indirect** *Gram.* indirect object pronoun

indispensable *adj.* indispensable; **il est indispensable que** + *subj.* it's indispensable that (16)

individualisé *adj.* individualized

individualiste *adj.* individualistic, nonconformist (3)

industrialisé *adj.* industrialized

industrie *f.* industry

industriel(le) *adj.* industrial (16); *m.* manufacturer; **déchets** (*m. pl.*) **industriels** toxic waste (16)

inégalité *f.* inequality

inertie *f.* inertia

inexact *adj.* incorrect

inférer (j'infère) to infer

infini *adj.* infinite

infinitif *m., Gram.* infinitive

infirmier/ière *m., f.* (hospital) nurse

influencer (nous influençons) to influence

infographie *f.* computer graphics

informaticien(ne) *m., f.* computer scientist

information *f.* (*fam.* **info**) information; *pl.* news (broadcast); **flash** (*m.*) **d'informations** newsbrief

informatique *f., adj.* computer science (2)

informé *adj.* informed; **bien (mal) informé** well (badly) informed

informel(le) *adj.* informal

informer to inform

ingénieur *m.* engineer (14)

inhabituel(le) *adj.* unusual

initiateur/trice *m., f.* innovator, pioneer

initiation *f.* initiation, introduction

initiative: syndicat (*m.*) **d'initiative** (local) chamber of commerce; tourist information bureau (11)

initier (à) to introduce (*s.o.*) (to) (*activity, sport, cuisine, etc.*)

injure *f.* insult

injuste *adj.* unjust, unfair; **il est injuste que** + *subj.* it's unfair that (16)

inoubliable *adj.* unforgettable

inquiétude *f.* worry

inscription *f.* inscription; matriculation; registration

inscrire (*like* **écrire**) *irreg.* to inscribe; **s'inscrire (à)** to join; to enroll; to register

insister to insist; **insister sur** to stress; to emphasize

insolite *adj.* unusual

inspirer to inspire; **s'inspirer de** to be inspired by

installation *f.* moving in; installation

installer to install; to set up; **s'installer** to settle down, settle in (13); to settle in (*to a new house*)

instituer to institute, set up

instituteur/trice *m., f.* elementary (primary) school teacher (14)

instructeur/trice *m., f.* instructor

instrument *m.* instrument; **jouer d'un instrument** to play a musical instrument (3)

insupportable *adj.* unbearable, insufferable

intègre *adj.* honest, upright

s'intégrer (je m'intègre) (à) to integrate oneself, get assimilated (into)

intellectuel(le) *adj.* intellectual (3); *m., f.* intellectual (*person*)

intelligemment *adv.* intelligently

intempéries *f. pl.* bad weather

intention *f.* intention; meaning; **avoir l'intention de** to intend to

interdiction *f.* prohibition

interdire (*like* **dire, vous interdisez**) *irreg.* to forbid; to prohibit

interdit *adj.* forbidden; prohibited

intéressant *adj.* interesting (3)

intéresser to interest (14); **s'intéresser à** to be interested in

intérêt *m.* interest, concern

interlocuteur/trice *m., f.* speaker, interlocutor

internaute *m., f.* Internet user

interprète *m., f.* singer, performer

interrogatif/ive *adj., Gram.* interrogative

interroger (sur) (nous interrogeons) to question, ask (about)

intervenir (*like* **venir**) *irreg.* to intervene

intervention *f.* intervention; speech; operation

interview *f.* interview (*journalism*)

interviewé(e) *m., f.* interviewee

interviewer to interview

intime *adj.* intimate; private; **journal** (*m.*) **intime** private diary

intouchable *adj.* untouchable

introduire la carte to insert the card (10)

intrus(e) *m., f.* intruder

inutile *adj.* useless; **il est inutile que** + *subj.* it's useless that (16)

inventaire *m.* inventory

inventer to invent

inverser to reverse

investir to invest; **s'investir** to invest oneself

invité(e) *m., f.* guest, invitee

inviter to invite

ironie *f.* irony

irrégulier/ière *adj.* irregular

irrité *adj.* irritated, sore

islamiste *m., f.* Islamist, Muslim
isolement *m.* isolation, loneliness
issu *adj.* stemming from
Italie *f.* Italy (8)
italien(ne) *adj.* Italian; *m.* Italian (*language*) (2); **Italien(ne)** *m., f.* Italian (*person*) (2)
italique *m.* italic; **en italique** in italics
itinéraire *m.* itinerary; **tracer un itinéraire** to map out an itinerary
ivoire *m.* ivory; **Côte-d'Ivoire** *f.* Ivory Coast
ivoirien(ne) *adj.* of (from) the Ivory Coast Republic; **Ivoirien(ne)** *m., f.* native (inhabitant) of the Ivory Coast Republic

jamais *adv.* ever; **ne... jamais** *adv.* never (9)
jambe *f.* leg (13)
jambon *m.* ham (6)
janvier January (1)
Japon *m.* Japan (8)
japonais *adj.* Japanese; *m.* Japanese (*language*) (2); **Japonais(e)** *m., f.* Japanese (*person*) (2)
jardin *m.* garden (5)
jardinage *m.* gardening (15); **faire du jardinage** to garden
jaune *adj.* yellow (3)
je (j') *pron., s.* I
jean(s) *m.* (*blue*) jeans (3)
jésuite *adj., m.* Jesuit
jeter (je jette) to throw, throw away; **ne jetez plus** don't throw away any more
jeu (*pl.* **jeux**) *m.* game; game show; **jeu de mots** pun, play on words (15); **jeux de *hasard** games of chance (15); **jeux de société** board games, group games (15); **jeux vidéo** video games
jeudi *m.* Thursday (1)
jeune *adj.* young (4); *m. pl.* young people, youth; **jeune femme** *f.* young woman (3); **jeune fille** *f.* girl, young lady; **jeune homme** *m.* young man (3); **jeunes gens** *m. pl.* young men; young people; **jeunes (nouveaux) mariés** *m. pl.* newlyweds, newly married couple (13)

jeunesse *f.* youth, young people; **auberge** (*f.*) **de jeunesse** youth hostel (9)
job *m.* job; odd job; **job d'été** summer job
Joconde: la Joconde Mona Lisa
jogging *m.* jogging; **faire du jogging** to run, jog (5)
joie *f.* joy
joindre (*p.p.* **joint**) *irreg.* to join; to reach; to attach; to add
joint *adj.* connected, reachable
joli *adj.* pretty (4)
jouer to play; **jouer à** to play (*a sport or game*) (3); to play at (*being*); **jouer de** to play (*a musical instrument*) (3); **jouer un rôle** to play a role
jouet *m.* toy
joueur/euse *m., f.* player
jour *m.* day (1); **au jour le jour** from day to day; **chaque jour** every day; **dans quatre jours** in four days (5); **de nos jours** these days, nowadays, currently; **du jour** today's (*menu, exchange rate*); **jour d'action de grâce** Thanksgiving Day; **par jour** per day, each day; **plat** (*m.*) **du jour** today's special (*restaurant*); **quel jour est-ce (aujourd'hui)?** what day is it today? (1); **quel jour sommes-nous?** what day is it? (1); **quinze jours** two weeks; **tous les jours** every day (5); **un jour** someday (14)
journal (*pl.* **journaux**) *m.* newspaper, news (10); **journal intime** private journal, diary
journaliste *m., f.* reporter, journalist (14)
journée *f.* (*whole*) day (6)
joyau *m.* jewel
juillet July (1)
juin June (1)
jupe *f.* skirt (3); **minijupe** *f.* miniskirt
jurer to swear
jus *m.* juice; **jus de fruit** fruit juice; **jus d'orange** orange juice (6)
jusqu'à (jusqu'en) *prep.* up to, as far as (11); until
juste *adj.* just; right, exact; *adv.* just, precisely; accurately; **il est juste que** + *subj.* it's fair (equitable) that (16)
justifier to justify

kabyle *m.* Kabylian (*language*)
kilo(gramme) (kg) *m.* kilogram (7)
kilomètre (km) *m.* kilometer
kiosque *m.* kiosk; newsstand (10)

la (l') *art., f. s.* the; *pron., f. s.* it, her
là *adv.* there; **là-bas** *adv.* over there (10); **oh, là, là** *interj.* good heavens, my goodness
laboratoire (*fam.* **labo**) *m.* laboratory; **laboratoire de langues** language lab (2)
lac *m.* lake (8); **au bord du lac** on the lakeshore
laisser to let; to leave (*behind*) (7); **laisser** + *inf.* to let, allow
lait *m.* milk (6); **café** (*m.*) **au lait** coffee with hot milk
laitier/ière *adj.* dairy, milk
laitue *f.* lettuce (6)
lampe *f.* lamp (4); flashlight; **lampe torche** flashlight
lancer (nous lançons) to launch; to start up; **se lancer dans** to take on, embark on
langue *f.* language; tongue, **apprentissage** (*m.*) **des langues** language learning; **laboratoire** (*m.*) **de langues** language lab (2); **langue étrangère** foreign language; **langue maternelle** native language; **langues vivantes** modern languages
lapin *m.* rabbit
large *adj.* wide; extensive; **au large de Dakar** off (of) Dakar
latin: Quartier (*m.*) **latin** Latin Quarter (*in Paris*)
laurier *m.* laurel, bay; **feuille** (*f.*) **de laurier** bay leaf
lavabo *m.* bathroom sink (4)
lavande *f.* lavender
lave-vaisselle *m.* (*automatic*) dishwasher
laver to wash; **se laver** to wash (*oneself*) (13); **se laver les mains** to wash one's hands
laveuse *f.* washing machine
le (l') *art., m. s.* the; *pron., m. s.* it, him
leçon *f.* lesson
lecteur/trice *m., f.* reader; *m.* disk drive; **lecteur de cassettes** cassette deck;

lecteur de CD compact disc (CD) player (4, 10); **lecteur de DVD** DVD player (10)

lecture *f.* reading (15)

légalisation *f.* legalization (16)

légendaire *adj.* legendary

légende *f.* legend

léger (légère) *adj.* light; lightweight; slight; mild

légume *m.* vegetable (6)

lent *adj.* slow

lequel (laquelle, lesquels, lesquelles) *pron.* which one, who, whom, which (15)

les *art., pl., m., f.* the; *pron., pl., m., f.* them

lessive *f.* laundry; **faire la lessive** to do the laundry (5)

lettre *f.* letter (10); *pl.* literature; humanities; **arts** (*m.*) **et lettres** humanities; **boîte** (*f.*) **aux lettres** mailbox (10); **faculté** (*f.*) **des lettres** School of Arts and Letters; **poster une lettre** to mail a letter

leur *adj., m., f.* their; *pron., m., f.* to them; **le/la/les leur(s)** *pron.* theirs

lever (je lève) to raise, lift; **levez la main** raise your hand; **se lever** to get up; to get out of bed (13)

levier *m.* lever

lèvres *f. pl.* lips; **rouge** (*m.*) **à lèvres** lipstick

lézard *m.* lizard

liaison *f.* liaison; love affair

Liban *m.* Lebanon

libanais *adj.* Lebanese; **Libanais(e)** *m., f.* Lebanese (*person*) (2)

libéral *adj.* liberal; **professions** (*f. pl.*) **libérales** professions (*private practice*)

libérer (je libère) to free

liberté *f.* freedom; **liberté d'expression** freedom of expression (16)

librairie *f.* bookstore (2)

libre *adj.* free; available; vacant; **temps** (*m.*) **libre** leisure time; **union** (*f.*) **libre** cohabitation, common-law marriage

Libye *f.* Libya

licence *f.* French university degree (*U.S. bachelor's degree*)

lien *m.* tie, bond, link

lier to link

lieu *m.* place (2); **au lieu de** *prep.* instead of, in the place of; **avoir lieu** to take place

ligne *f.* line; bus line; figure; **couper la ligne** to cut off (*phone call*); **en ligne** on-line; **garder la ligne** to keep one's figure; **ligne de but** goal, goal line

lilas *m. inv.* lilac

limite *f.* limit, deadline; **limite de vitesse** speed limit

limiter to limit

limonade *f.* lemonade; soft drink

linge *m.* laundry

linguiste *m., f.* linguist

linguistique *f.* linguistics (2)

liqueur *f.* liquor; liqueur

liquide *m., adj.* liquid; cash; **argent** (*m.*) **liquide** cash (14)

lire (*p.p.* **lu**) *irreg.* to read (10)

lisible *adj.* legible

liste *f.* list

lit *m.* bed (4); **faire son lit** to make one's bed; **wagon-lit** *m.* sleeping car

litre *m.* liter

littéraire *adj.* literary

littérature *f.* literature (2)

livre *m.* book (1)

location *f.* rental

logement *m.* lodging(s), place of residence (4)

logiciel *m.* software; **logiciel de navigation** browser

logique *m.* logic; *adj.* logical

loi *f.* law

loin *adv.* far; **loin de** *prep.* far from (4)

loisir *m.* leisure; *pl.* leisure activities (15)

Londres London

long(ue) *adj.* long (3); **le long de** (all) along; **tout au long de** throughout

longtemps *adv.* (for) a long time; **il y a longtemps** a long time ago

lors de at the time of

lorsque *conj.* when

loto *m.* lottery

louer to rent (4); to reserve; **à louer** for rent

Louisiane *f.* Louisiana

loup *m.* wolf

lourd *adj.* heavy

loyer *m.* rent (*payment*)

ludique *adj.* playful

lui *pron., m., f.* he; it; to him; to her; to it; **lui-même** *pron., m. s.* himself (12)

lumière *f.* light; **Siècle** (*m.*) **des lumières** Age of Enlightenment

lundi *m.* Monday (1); **le lundi** on Mondays (5)

lune *f.* moon

lunettes *f. pl.* (eye)glasses (8); **lunettes de ski** ski goggles (8); **lunettes de soleil** sunglasses (8)

luxe *m.* luxury

luxueux/euse *adj.* luxurious

lycée *m.* lycée (*French secondary school*)

lycéen(ne) *m., f.* secondary school student

lyonnais *adj.* of (from) Lyon

lyrique *adj.* lyrical

lys: fleur (*f.*) **de lys** fleur de lis, trefoil

ma *adj., f. s.* my; **pour ma part** in my opinion, as for me (16)

machine *f.* machine; **machine à café** coffeemaker; **machine à calculer** calculator; **machine à coudre** sewing machine

madame (Mme) (*pl.* **mesdames**) *f.* Madam, Mrs. (ma'am) (1)

mademoiselle (Mlle) (*pl.* **mesdemoiselles**) *f.* Miss (1)

magasin *m.* store, shop (7); **grand magasin** department store; **magasin d'alimentation** food store

magasinage *m., Q.* shopping; **faire du magasinage** to go shopping

magazine *m.* (*illustrated*) magazine (4)

Maghreb *m.* Maghreb, North Africa

maghrébin *adj.* from the Maghreb; North African

magique *adj.* magic, magical

magnétoscope *m.* videocassette recorder (VCR) (1)

magnifique *adj.* magnificent (12)

mai May (1)

maillot *m.* jersey, T-shirt; **maillot de bain** swimsuit (3); **maillot jaune** yellow jersey (*worn by current leader in the Tour de France*)

main *f.* hand (13); **sac** (*m.*) **à main** handbag, purse (3); **se laver les mains** to wash one's hands

maintenant *adv.* now (2); **à partir de maintenant** from now on (14)

maintien *m.* keeping, upholding

maire *m.* mayor

mairie *f.* town (city) hall (11)

mais *conj.* but (2); **mais non** (but) of course not; **mais si** of course there is (*affirmative answer to negative question*)

maison *f.* house, home (4); company, firm; **à la maison** at home; **Maison-Blanche** *f.* White House; **maison d'édition** publishing company; **repas** (*m.*) **fait maison** homemade meal

maître (maîtresse) *m., f.* master (mistress)

majestueux/euse *adj.* majestic, stately

majeur *adj.* major

majorité *f.* majority

mal *adv.* badly; *m.* evil; pain (*pl.* **maux**); **aller mal** to feel bad (ill); **avoir du mal à** to have trouble (difficulty); **avoir mal (à)** to hurt, have a pain; **avoir mal à la tête (au ventre)** to have a headache (stomachache) (13); **ça va mal** bad(ly) (things are going badly) (1); **(le) plus mal** worse (worst); **pas mal** not bad(ly) (1); **pas mal de** a lot of

malade *m., f.* sick person; patient; *adj.* sick

maladie *f.* illness, disease; **assurances** (*f. pl.*) **maladie** health insurance

mâle *adj.* male

malgré *prep.* in spite of

malheureusement *adv.* unfortunately; sadly

malheureux/euse *adj.* unhappy; miserable

maltraité *adj.* mistreated

maman *f., fam.* mom, mommy

mamie *f., fam.* grandma

mandat *m.* mandate, term in office

mange-tout: *haricots (*m. pl.*) **mange-tout** string beans; sugar peas

manger (nous mangeons) to eat (2); *n. m.* food; **salle** (*f.*) **à manger** dining room (5)

mangeur/euse *m., f.* eater

maniable *adj.* easy to handle, manageable

manier to wield; to handle

manière *f.* manner, way; **bonnes manières** *f. pl.* good manners

manifestation *f.* (*political*) demonstration; **manifestation sportive** sporting event (15)

manifester (pour, contre) to demonstrate (for, against) (16)

manne *f.* manna, godsend

manque *m.* lack, shortage

manquer to miss

manteau *m.* coat, overcoat (3)

se maquiller to put on makeup (13)

marais *m.* marsh, swamp

marbre *m.* marble

marchand(e) *m., f.* merchant, shopkeeper; **marchand(e) de vin** wine merchant (14)

marchander to bargain

marche *f.* walking (15); step (*stair*)

marché *f.* market; deal, transaction; **bon marché** *adj. inv.* cheap, inexpensive; **faire le marché** to do the shopping, go to the market (5); **marché aux puces** flea market; **marché en plein air** outdoor market

marcher to walk; to work (*machine, object*)

mardi *m.* Tuesday (1)

mari *m.* husband (5)

mariage *m.* marriage; wedding (13); **mariage à l'essai** trial marriage

marié *adj.* married (5); **jeunes (nouveaux) mariés** *m. pl.* newlyweds, newly married couple (13)

se marier (avec) to get married (to) (13)

marin *adj.* maritime, of the sea; **plongée** (*f.*) **sous-marine** skin diving (8)

marmite *f.* soup pot

Maroc *m.* Morocco (8)

marocain *adj.* Moroccan; **Marocain(e)** *m., f.* Moroccan (*person*) (2)

marque *f.* trade name, brand, make

marquer to mark; to indicate

marrant *adj., fam.* funny, hilarious

marron *adj. inv.* brown (3); *m.* chestnut; **dinde** (*f.*) **aux marrons** turkey with chestnuts

mars March (1)

martiniquais *adj.* Martinican; **Martiniquais(e)** *m., f.* Martinican (*person*)

masculin *adj.* masculine

masque *m.* mask

masqué *adj.* masked

mât *m.* pole, climbing pole

match *m.* game (15); **match de foot(ball) (de rugby)** soccer game (rugby match)

matérialiste *adj.* materialistic

matériau (*pl.* **matériaux**) *m.* material; building material

matériel *m.* material(s); **matériel(le)** *adj.* material

maternel(le) *adj.* maternal; **(école)** (*f.*) **maternelle** nursery school, preschool; **langue** (*f.*) **maternelle** native language

maternité *f.* maternity, childbearing

mathématiques (*fam.* **maths**) *f. pl.* mathematics (2)

matière *f.* academic subject (2); material; **en matière de** in the matter of, as far as . . . is concerned

matin *m.* morning; **ce matin** this morning (5); **du matin** in the morning (6); **tous les matins** every morning (10)

matinal *adj.* morning

matinée *f.* morning (*duration*) (8)

mauvais *adj.* bad (4); **il fait mauvais** it's bad (weather) out (5); **le/la plus mauvais(e)** the worst; **plus mauvais(e)** worse

me (m') *pron., s.* me, to me, for me

mécanicien(ne) *m., f.* mechanic

mécanisme *m.* mechanism

médecin (femme médecin) *m., f.* doctor, physician (14); **médecin généraliste** general practitioner

médias *m. pl.* media (16)

médicament *m.* medication; drug

médiéval *adj.* medieval (12)

méditer to meditate

mégalithique *adj.* megalithic

meilleur *adj.* better (14); **le/la/les meilleur(e)(s)** the best

mélange *m.* mixture

mélanger (nous mélangeons) to mix

mêlée *f.* scrum (*rugby*)

se mêler to mingle

membre *m.* member

même *adj.* same; itself; very same; *adv.* even; **de même** *adv.* likewise; **en même temps** at the same time; **le/la/les même(s)** the same one(s) (15); **moi-même** *pron.* myself (12); **quand même** anyway, even so

mémoire *m.* memory; *pl.* memoirs

ménage *m.* housekeeping; household; **faire le ménage** to do the housework (5); **scène** (*f.*) **de ménage** domestic squabble

ménager/ère *adj.* household; **tâches** (*m. pl.*) **ménagères** household tasks

mener (je mène) (à) to lead (to)

mensuel(le) *adj.* monthly

menthe *f.* mint (*leaves*)

mentionné *adj.* mentioned

menton *m.* chin

menu *m.* menu; fixed-price menu (7)

mer *f.* sea, ocean (8); **au bord de la mer** at the seashore

merci *interj.* thank you (1); **merci beaucoup** thank you very much (1)

mercredi *m.* Wednesday (1)

mère *f.* mother (5); **belle-mère** mother-in-law; stepmother (5); **grand-mère** grandmother (5)

méridien *m.* meridian

mérite *m.* merit, worth

mériter to deserve, be worth

merveille *f.* marvel; **à merveille** *adv.* marvelously

mes *adj., m., f., pl.* my

message (*m.*) **électronique** e-mail message (10)

messager/ère *m., f.* messenger

messe *f.* (*Catholic*) Mass

messieurs dames ladies and gentlemen

mesure *f.* measure; **dans une moindre mesure** to a lesser extent; **prendre des mesures** to take measures; **sur mesure** custom-made

météo *f., fam.* weather forecast (5)

méthode *f.* method

métier *m.* trade, profession (14); **armée** (*f.*) **de métier** professional army

mètre *m.* meter

métro *m.* subway (*train, system*) (9); **station** (*f.*) **de métro** metro station (11)

métropole *m.* metropolis

métropolitain *adj.* metropolitan; from (of) mainland France

mets *m. s.* food, dish

metteur/euse (*m., f.*) **en scène** producer; film or theater director

mettre (*p.p.* **mis**) *irreg.* to place, put (10); to put on (8); to turn on; to take (*time*); to admit, grant; **mettre à mort** to put to death; **mettre en valeur** to emphasize; **mettre la table (le couvert)** to set the table; **mettre ses vêtements** to get dressed; **se mettre à** to begin to (*do s.th.*) (13)

meuble *m.* piece of furniture (5); **meubles d'époque** antique furniture

meublé *adj.* furnished

mexicain *adj.* Mexican; **Mexicain(e)** *m., f.* Mexican (*person*) (2)

Mexico Mexico City

Mexique *m.* Mexico (8)

mi-: (à la) mi-juin (in) mid-June

micro-ordinateur (*fam.* **micro**) *m.* personal computer

midi noon; **Midi** *m. south-central region of France*; **après-midi** *m.* afternoon; **de l'après-midi** in the afternoon (6); **il est midi** it's noon (6)

miel *m.* honey

mien(ne)(s) (le/la/les) *pron., m., f.,* mine

mieux *adv.* better (15); **aimer mieux** to prefer (2); **il vaut mieux que +** *subj.* it's better that (16); **mieux (le mieux)** better (the best) (15); **tant mieux** so much the better (15)

milieu *m.* environment; milieu, setting; middle; **au milieu de** in the middle of

militaire *adj.* military; **budget** (*m.*) **militaire** military budget (16)

militairement *adv.* militarily

militer pour (contre) to militate, argue for (against)

mille *adj.* thousand

millénaire *m.* one thousand; millennium; *adj.* millennial

milliard *m.* billion

milliardaire *m., f.* billionaire

millier *m.* (around) a thousand

mince *adj.* thin; slender

mine *f.* appearance, demeanor; mine; **vous n'avez pas bonne mine** you don't look well

minéral: eau (*f.*) **minérale** mineral water (6)

minier/ière *adj.* mining

minijupe *f.* miniskirt

ministre *m.* minister; **premier ministre** prime minister

minitel *m.* Minitel (*French personal communications terminal*) (10)

minuit midnight; **il est minuit** it's midnight (6)

minute *f.* minute; **dans dix minutes** in ten minutes

miraculeux/euse *adj.* miraculous

miroir *m.* mirror (4)

mise *f.* placement; **mise à distance** separating; **mise en circulation** putting into circulation; **mise en place** placement

misère *f.* misery, poverty

missionnaire *m., f.* missionary

mobiliser to mobilize

mobilité *f.* mobility

mode *f.* fashion, style; *m.* form, mode; *adj.* fashionable; **à la mode** in style; **créateur/trice** (*m., f.*) **de mode** fashion designer

modèle *m.* model; pattern

modéré *adj.* moderate; **habitations** (*f. pl.*) **à loyer modéré (H.L.M.)** *publicly subsidized apartment blocks (France)*

modernité *f.* modernity

modeste *adj.* modest, humble (3)

modifié *adj.* modified

moi *pron. s.* I, me; **chez moi** at my place; **excusez-moi** excuse me; **moi aussi** me too (3); **moi non plus** me neither (3); **moi-même** *pron.* myself (12); **selon moi** in my view

moindre *adj.* less, lesser; **dans une moindre mesure** to a lesser extent; **le/la/les moindre(s)** the least

moine *m.* monk

moins *adv.* less; minus; **au moins** at least; **le moins** the least; **moins de…** fewer than (*with numbers*); **moins le quart** quarter to (the hour) (6); **moins… que** less … than (14); **plus ou moins** more or less

mois *m.* month (1); **par mois** per month

moitié *f.* half

moment *m.* moment; **au dernier moment** at the last moment; **au moment de partir** upon leaving; **en ce moment** now, currently; **pour le moment** for the moment

mon *adj., m. s.* my

monde *m.* world (8); people; society; **Coupe du Monde** World Cup (*soccer*); **Tiers-Monde** *m.* Third World; **tour** (*m.*) **du monde** trip around the world; **tout le monde** everybody, everyone (9)

mondial *adj.* world; worldwide; **Première (Deuxième [Seconde]) Guerre** (*f.*) **mondiale** First (Second) World War

mondialement *adv.* throughout the world

mondialisation *f.* globalization

monétaire *adj.* monetary

moniteur *m.* monitor; screen

monnaie *f.* coins, change (10); currency (*units*); **déposer la monnaie** to deposit change (10)

monsieur (M.) (*pl.* **messieurs**) *m.* Mister; gentleman; sir (1); **croque-monsieur** *m. grilled ham and cheese sandwich*

montagne *f.* mountain (8); **à la montagne** in the mountains; **chaussures** (*f.*) **de montagne** hiking boots (8); **faire du vélo de montagne** to go mountain biking

montant *m.* sum, amount (14); total

monter (dans) to set up, organize; to put on; to carry up; to go up; to climb (into) (8)

montre *f.* watch; wristwatch

montrer to show (3)

moral *m.* morale, spirits

morale *f.* moral philosophy

moralité *f.* morals, morality

morceau *m.* piece (7); **morceau de gâteau** piece of cake

morphinique *adj.* containing morphine

mort *f.* death; *adj.* dead; **mettre à mort** to put to death; **mort de fatigue** dead-tired; **nature** (*f.*) **morte** still life

mosaïque *f.* mosaic

mosquée *f.* mosque

mot *m.* word (1); **jeu** (*m.*) **de mots** pun, play on words (15); **mot apparenté** related word, cognate; **mot clé** *m.* key word

moteur (*m.*) **de recherche** search engine

motivation *f.* motive; **lettre** (*f.*) **de motivation** cover letter, letter in support of one's application

motivé *adj.* motivated

motocyclette (*fam.* **moto**) *f.* motorcycle (9)

mouche *f.* fly, housefly; **bateau-mouche** (*pl.* **bateaux-mouches**) *m. tourist boat on the Seine*

moule *f.* mussel (*seafood*)

moulinet: faire des moulinets avec les bras to whirl one's arms about

mourir (*p.p.* **mort**) *irreg.* to die (8); **s'ennuyer à mourir** to be bored to death

mousse (*f.*) **au chocolat** chocolate mousse

mousser to bubble; to sparkle

moustique *m.* mosquito

mouton *m.* sheep

mouvement *m.* movement

moyen *m.* mean(s); way; **moyen de transport** means of transportation (9); **un bon (meilleur) moyen** a good (better) way

moyen(ne) *adj.* average; **de taille moyenne** of medium height (3); **Moyen Âge** *m. s.* Middle Ages (12)

moyennant *prep.* in return for (which)

moyenne *f.* average; **en moyenne** on (an) average

muet(te) *adj.* mute

multinationale *f.* multinational (corporation)

multiplier to multiply

mur *m.* wall (4)

musée *m.* museum (11)

musical (*pl.* **musicaux**) *adj.* musical

musicien(ne) *m., f.* musician (12)

musique *f.* music (2); **musique classique** classical music

musulman(e) *m., f.* Muslim

mutation *f.* change, alteration

myrtille *f.* huckleberry; blueberry

mystère *m.* mystery

nacre *f.* mother-of-pearl; *m.* pearly (*color*)

nager (nous nageons) to swim (8)

naïf (naïve) *adj.* naive (3); simple

naissance *f.* birth

naître (*p.p.* **né**) *irreg.* to be born (8)

nappe *f.* tablecloth (6)

narrateur/trice *m., f.* narrator

natal *adj.* native

natation *f.* swimming

nation *f.* nation; **Organisation des Nations Unies (ONU)** United Nations (UN)

nationaliste *m., f.* nationalist; *adj.* nationalistic, nationalist

nationalité *f.* nationality (2)

nature *f.* nature (16); **nature morte** still life

naturel(le) *adj.* natural; **ressources** (*f. pl.*) **naturelles** natural resources (16); **sciences** (*f. pl.*) **naturelles** natural sciences (2)

nautique *adj.* nautical, **ski** (*m.*) **nautique** water-skiing (8)

navarin *m.* stew; lamb stew

navigation: logiciel (*m.*) **de navigation** browser (*Internet*)

naviguer to navigate

ne (n') *adv.* no; not; **ne... aucun(e)** none, not one; **ne... jamais** never, not ever (9); **ne... ni... ni** neither nor; **ne... pas** no; not; **ne... pas du tout** not at all (9); **ne... pas encore** not yet (9); **ne... personne** no one, nobody (9); **ne... plus** no more, no longer (9); **ne... que** only (9); **ne... rien** nothing (9); **n'est-ce pas?** isn't it (so)?, isn't that right? (3)

néanmoins *adv.* nevertheless

nécessaire *adj.* necessary; **il est nécessaire que** + *subj.* it's necessary that (16)

nécessité *f.* need

nécessiter to require, necessitate

néfaste *adj.* harmful

négatif/ive *adj.* negative

négativement *adv.* negatively

négociateur/trice *m., f.* negotiator

négocier to negotiate

nègre (négresse) *m., f.* Negro (Negress)

négrier/ière: traite (*f.*) **négrière** slave trade

négritude *f.* Negritude (*1930s Black consciousness movement*)

neige *f.* snow; **surf** (*m.*) **des neiges** snowboarding

neiger (il neigeait) to snow; **il neige** it's snowing (5)

nénuphar *m.* water lily

nerveux/euse *adj.* nervous (3)

net(te) *adj.* clear; net (*price*)

nettoyer (je nettoie) to clean

neuf *adj.* nine (1)

neuf (neuve) *adj.* new, brand-new; **quoi de neuf?** what's new?; **remettre à neuf** to restore

neutre *adj.* neutral

neuvième *adj.* ninth (11)

neveu *m.* nephew (5)

nez *m.* nose (13)

ni *conj.* neither; nor; **ne... ni... ni** neither . . . nor

nièce *f.* niece (5)

niveau *m.* level

noces: voyage (*m.*) **de noces** honeymoon trip

Noël *m.* Christmas; **bûche** (*f.*) **de Noël** Yule log (*pastry*); **père** (*m.*) **Noël** Santa Claus; **réveillon** (*m.*) **de Noël** *midnight Christmas dinner*

noir *adj.* black (3)

noix *f.* nut; **noix de coco** coconut

nom *m.* noun; name; **au nom de** in the name of

nombre *m.* number (1); quantity; **nombres** (*pl.*) **ordinaux** ordinal numbers

nombreux/euse *adj.* numerous; **famille** (*f.*) **nombreuse** large family

nommer to name; to appoint

non *interj.* no; not (1); **moi non plus** me neither (3); **non plus** neither, not . . . either

nord *m.* north; **Amérique** (*f.*) **du Nord** North America; **au nord** to the north (9); **Nord-américain(e)** *m., f.* North American (*person*); **nord-est** *m.* northeast; **nord-ouest** *m.* northwest

normal *adj.* normal; **il est normal que** + *subj.* it's normal that (16)

normalement *adv.* usually

normand *adj.* Norman; **à la normande** in the Norman style

Normandie *f.* Normandy

Norvège *f.* Norway

nos *adj., m., f., pl.* our

notamment *adv.* notably; especially

note *f.* note; grade (*academic*); **bonnes (mauvaises) notes** *pl.* good (bad) grades; **prendre des notes** to take notes

noter to notice; to note, write down

notre *adj., m., f., s.* our

nôtre(s): le/la/les nôtre(s) *pron., m., f.* ours; our own

nourrir to nourish

nourrissant *adj.* nourishing

nourriture *f.* food

nous *pron., pl.* we; us; **nous-mêmes** *pron., pl.* ourselves (12); **nous sommes lundi (mardi...)** it's Monday (Tuesday . . .) (1); **quel jour sommes-nous?** what day is it? (1)

nouveau (nouvel, nouvelle [nouveaux, nouvelles]) *adj.* new (3); **à nouveau** once more; **de nouveau** again (11); **jeunes nouveaux mariés** *m. pl.* newlyweds, newly married couple (13); **la nouvelle cuisine** *lighter, low-fat cooking style*; **La Nouvelle-Orléans** New Orleans; **Nouveau-Brunswick** *m.* New Brunswick; **Nouveau-Mexique** *m.* New Mexico; **Nouvel An** *m.* New Year's; **Nouvelle-Écosse** *f.* Nova Scotia

nouveauté *f.* novelty

nouvelle *f.* piece of news; short story; *pl.* news, current events; **bonne (mauvaise) nouvelle** good (bad) news

novembre November (1)

nuage *m.* cloud

nuageux/euse *adj.* cloudy; **le temps est nuageux** it's cloudy (5)

nucléaire *adj.* nuclear; **armes** (*f. pl.*) **nucléaires** nuclear weapons; **centrale** (*f.*) **nucléaire** nuclear power plant; **déchets** (*m. pl.*) **nucléaires** nuclear waste (16); **énergie** (*f.*) **nucléaire** nuclear power (16)

nuit *f.* night (8); **boîte** (*f.*) **de nuit** nightclub, club; **de nuit** at night

nul(le) *adj.,* null; worthless; *fam.* no good

numérique: assistant (*m.*) **numérique** PDA (personal digital assistant) (10)

numéro *m.* number (10); **composer un numéro** to dial a number (10); **numéro de téléphone** telephone number (10)

numéroter to number

nuque *f.* nape, back of the neck

nymphéa *m.* white water lily

objectif *m.* goal, objective

objet *m.* object; objective; **pronom** (*m.*) **complément d'objet direct (indirect)** *Gram.* direct (indirect) object pronoun

obligatoire *adj.* obligatory; mandatory; **service** (*m.*) **(militaire) obligatoire** mandatory military service

obligatoirement *adv.* necessarily, obligatorily

obligé *adj.* obliged, required; **être obligé de** to be obliged to

observateur/trice *m., f.* observer

observer to observe

obtenir (*like* **tenir**) *irreg.* to obtain, get (8)

obtention *f.* obtaining; achieving

occasion *f.* opportunity; occasion; bargain

occident *m.* the west

occidental *adj.* (*pl.* **occidentaux**) western, occidental; **Afrique** (*f.*) **occidentale** western Africa; **Virginie-Occidentale** *f.* West Virginia

occupé *adj.* occupied; busy

occuper to occupy; **s'occuper de** to look after, take care of

océan *m.* ocean, sea; **océan Atlantique** Atlantic Ocean

Océanie *f.* Oceania, the South Sea Islands

octobre October (1)

odeur *f.* odor, smell

œil (*pl.* **yeux**) *m.* eye (13); **coup** (*m.*) **d'œil** glance, quick look

œnologue *m., f.* oenologist, wine expert

œuf *m.* egg (6)

œuvre *f.* work; artistic work; **chef-d'œuvre** (*pl.* **chefs-d'œuvre**) *m.* masterpiece (12); ***hors-d'œuvre** *m. inv.* appetizer (7); **œuvre d'art** work of art (12)

officiel(le) *adj.* official
offre *f.* offer; **offre d'emploi** job offer
offrir (*like* **ouvrir**) *irreg.* to offer (14)
oie *f.* goose; **la Mère l'Oie** Mother Goose
oignon *m.* onion (7); **soupe** (*f.*) **à l'oignon** (French) onion soup
olive *f.* olive; **huile** (*f.*) **d'olive** olive oil (7)
ombre *f.* shadow; shade
ombrelle *f.* parasol
omelette *f.* omelet
on *pron. s.* one, they, we
oncle *m.* uncle (5)
onze *adj.* eleven (1)
onzième *adj.* eleventh (11)
opéra *m.* opera
opinion *f.* opinion; **exprimer une opinion** to express an opinion (16); **opinion publique** public opinion (16)
opposé *m.* the opposite
opter pour to opt for, choose
optimiste *m., f.* optimist; *adj.* optimistic (3)
orage *m.* storm
orageux/euse *adj.* stormy; **le temps est orageux** it's stormy (5)
orange *adj. inv.* orange (3); *m.* orange (*color*); *f.* orange (*fruit*) (6); **jus** (*m.*) **d'orange** orange juice (6)
orchestre *m.* orchestra; band
ordinaire *adj.* ordinary, regular (3)
ordinal *adj.* ordinal; **nombres** (*m. pl.*) **ordinaux** ordinal numbers
ordinateur *m.* computer (1); **micro-ordinateur** *m.* desktop computer
ordre *m.* order; command; **dans le bon ordre** in the right order; **dans l'ordre chronologique** in chronological order; **en ordre** orderly, neat (4)
oreille *f.* ear (13)
organique *adj.* organic
organiser to organize
organisme *m.* organization, institution; organism
oriental (*pl.* **orientaux**) *adj.* Oriental
orientation *f.* orientation; direction; **conseiller/ère** (*m., f.*) **d'orientation** guidance counselor

s'orienter to orient oneself, get one's bearings
oriflamme *f.* banner, standard (*flag*)
originaire (*adj.*) **de** native to
original (*pl.* **originaux**) *adj.* original; eccentric
originalité *f.* originality, imagination
origine *f.* origin; **d'origine algérienne** of Algerian origin (background); **pays** (*m.*) **d'origine** native country, nationality
ornement *m.* ornament; embellishment, adornment
orteil *m.* toe
ou *conj.* or; either (2); **ou bien** or else
où *adv.* where (4); *pron.* where, in which, when (14); **où est... ?** where is . . . ?
oublier (de) to forget (to) (8)
ouest *m.* west; **à l'ouest** to the west (9); **Afrique** (*f.*) **de l'ouest** West Africa; **nord-ouest** *m.* northwest; **ouest-africain** *adj.* West African; **sud-ouest** *m.* southwest
ouf *interj.* phew, whew
oui *interj.* yes (1)
outil *m.* tool
ouvert *adj.* open; frank
ouverture *f.* opening
ouvrier/ière *m., f.* (*manual*) worker (14)
ouvrir (*p.p.* **ouvert**) *irreg.* to open (14)
ozone: couche (*f.*) **d'ozone** ozone layer

pacifiste *adj.* pacifistic
page (*f.*) **d'accueil** homepage
pager *m.* pager (10)
pain *m.* bread (6); **baguette** (*f.*) **de pain** (French) bread, baguette; **pain au chocolat** chocolate croissant; **pain de campagne** country-style bread, wheat bread (7)
pair: au pair au pair (*child care by foreign student*)
paix *f.* peace
palais *m.* palace (12)
palier *m.* (stair) landing; **voisin(e)** (*m., f.*) **de palier** neighbor living on the same landing
palmarès *m.* record of achievement
pamplemousse *m.* grapefruit
panne *f.* (*mechanical*) breakdown; **en panne de débouchés** faced with an absence of job openings

panneau *m.* billboard, sign
panoramique *adj.* with a panoramic view
pantalon *m.* (pair of) pants (3)
papa *m., fam.* dad, daddy
papier *m.* paper
papy *m., fam.* grandpa
Pâques *f. pl.* Easter
paquet *m.* package (10)
par *prep.* by, through, with; **commencer (finir) par** to begin (end up) by; **par avion** air-mail; **par cœur** by heart (12); **par exemple** for example (16); **par *hasard** by chance; **par jour (semaine,** *etc.*) per day (week, etc.); **par ordre chronologique** in chronological order; **par rapport à** in comparison with, in relation to; **par terre** on the ground (4); **une fois par semaine** once a week (5)
paradis *m.* paradise
paradoxalement *adv.* paradoxically
paradoxe *m.* paradox
paragraphe *m.* paragraph
paraître (*like* **connaître**) *irreg.* to appear
parapluie *m.* umbrella (8)
parasol *m.* beach umbrella; parasol
parc *m.* park (11)
parce que *conj.* because (4)
parcourir (*like* **courir**) *irreg.* to cover, travel; to skim
parcours *m.* distance, journey, course
pardon *interj.* pardon (me) (1)
pareil(le) *adj.* the same, similar
parent(e) *m., f.* parent; relative (5); **arrière-grand-parent** *m.* great-grandparent (5); **grand-parent** grandparent (5); **parent(e) proche** close relative
parenthèse *f.* parenthesis; **entre parenthèses** in parentheses
paresseux/euse *adj.* lazy (3)
parfait *adj.* perfect
parfois *adv.* sometimes (9)
parfum *m.* perfume; flavor
parier to bet, wager
parisien(ne) *adj.* Parisian (3); **Parisien(ne)** *m., f.* Parisian (*person*)
parking *m.* parking lot
parlement *m.* parliament

parler (à, de) to speak (to, of) (2); to talk (2); *m.* speech

parmi *prep.* among

parole *f.* word

parquet *m.* wooden (parquet) floor

part *f.* share, portion; **à part** besides; separately; **c'est de la part de X** X is calling; **de ma part** for me, on my behalf; **pour ma part** in my opinion, as for me (16); **quelque part** somewhere

partager (nous partageons) to share

partenaire *m., f.* partner

partenariat *m.* partnership

parti *m.* (*political*) party (16)

participant(e) *m., f.* participant

participe *m., Gram.* participle

participer à to participate in

particulier/ière *adj.* particular, special; **en particulier** in particular

partie *f.* part; **faire partie de** to be part of

partir (like dormir) (à, pour, de) *irreg.* to leave (for, from) (8); **à partir de** *prep.* starting from; **à partir de maintenant** from now on (14); **partir à l'aventure** to leave with no itinerary; **partir en vacances** to leave on vacation

partisan(e) *m., f.* supporter, advocate

partitif/ive *adj., Gram.* partitive

partout *adv.* everywhere (11)

parvenir (like venir) à *irreg.* to succeed in

pas (ne… pas) not; **ne… pas du tout** not at all (9); **ne… pas encore** not yet (9); **n'est-ce pas?** isn't it (so)?, isn't that right? (3); **pas à pas** step-by-step; **pas du tout** not at all; **pas mal** not bad(ly) (1)

passage *m.* passage; passing; **lieu** (*m.*) **de passage** crossing point, passageway

passager/ère *m., f.* passenger (9)

passant(e) *m., f.* passerby

passé *m.* past; *adj.* past, gone, last (8); **l'année** (*f.*) **passée** last year; **participe** (*m.*) **passé** *Gram.* past participle; **passé composé** *Gram.* compound past tense; **passé simple** *Gram.* past tense (*literary*)

passeport *m.* passport

passer to pass, spend (*time*) (6); to put through to (*by phone*); to show, play (*a film, record*) **passer (par)** to pass (by, through) (8); **passer sur** to go over; **passer les vacances** to spend one's vacation; **passer un examen** to take an exam (4); **qu'est-ce qui se passe?** what's happening?, what's going on? (15); **se passer** to happen, take place (15); to go

passe-temps *m. inv.* pastime, hobby (15)

passionné(e) *m., f.* enthusiast; *adj.* enthusiastic; passionate

se passionner pour to be excited about

pasteur *m.* (*Protestant*) minister

pâté *m.* liver paste, pâté; **pâté de campagne** (country-style) pâté (7); **pâté de foie gras** goose liver pâté

pâtes *f. pl.* pasta, noodles

patience *f.* patience; **avoir de la patience** to be patient; **perdre patience** to lose patience

patient *m., f.* (*hospital*) patient; *adj.* patient (3)

patienter to wait (patiently)

patin *m.* skate, ice skate; **faire du patin à glace** to go ice-skating; **faire du patin à roues alignées** to do in-line skating

patiner to skate

pâtisserie *f.* pastry; pastry shop (7); **boulangerie-pâtisserie** *f.* bakery-pastry shop

pâtissier/ière *m., f.* pastry shop owner; pastry chef

patrie *f.* native land

patrimoine *m.* legacy; heritage (12)

patron(ne) *m., f.* boss, employer; **fête** (*f.*) **des patrons** saint's day

pause *f.* pause, break

pauvre *adj.* poor; unfortunate (3)

pavillon *m.* house, lodge

payé *adj.* paid, paying

payer (je paie) to pay, pay for (10)

pays *m.* country, nation (2); **pays en voie de développement** developing nation; **Pays-Bas** *m. pl.* Netherlands, Holland

paysage *m.* landscape; scenery

paysan(ne) *m., f.* peasant, farmworker

pêche *f.* peach; fishing (15); **aller à la pêche** to go fishing (8)

pêcheur/euse *m., f.* fisherman (woman)

pédagogique *adj.* pedagogical, teaching

pédestre *adj.* pedestrian; **randonnée** (*f.*) **pédestre** hike; hiking

peigne *m.* comb (13)

se peigner to comb one's hair (13)

peindre (like craindre) *irreg.* to paint (12)

peintre (femme peintre) *m., f.* painter (12)

peinture *f.* painting (12); paint(s); **faire de la peinture** to paint

pendant *prep.* for, during (9); **pendant combien de temps… ?** (for) how long . . . ? (9); **pendant les vacances** during vacation; **pendant que** *conj.* while

pénible *adj.* painful; hard, difficult

Pennsylvanie *f.* Pennsylvania

pensée *f.* thought; idea

penser to think; to reflect; to expect, intend; **je ne pense pas** I don't think so; **penser + inf.** to plan on (*doing s.th.*); **penser à** to think of, think about (11); **penser de** to think of, have an opinion about (11); **qu'en penses-tu?** what do you think about it? (11); **que pensez-vous de… ?** what do you think of . . . ? (11)

penseur/euse *m., f.* thinker

pensif/ive *adj.* pensive, thoughtful

perception (*f.*) **extrasensorielle** extra-sensory perception (ESP)

perdre to lose; to waste (5); **perdre patience** to lose patience; **se perdre** to get lost (13)

père *m.* father (5); **beau-père** father-in-law; stepfather (5); **grand-père** grandfather (5)

perfectionner to perfect

péril *m.* danger; **mettre en péril** to endanger

période *f.* period (*of time*)

péripétie *f.* adventure; event, episode

permanence: en permanence *adv.* permanently

permettre (like mettre) (de) *irreg.* to permit, allow, let (12)

permis *m.* permit, license; **permis de conduire** driver's license; **permis de travail** work permit

perruque *f.* wig

persévérant *adj.* persevering, dogged

personnage *m.* (*fictional*) character; personality, celebrity

personnalisé *adj.* personalized

personnalité *f.* personality

personne *f.* person (3); **ne... personne** nobody, no one (9)

personnel(le) *adj.* personal

personnellement *adv.* personally (16)

perspective *f.* view; perspective

persuader to persuade, convince

pessimiste *adj.* pessimistic (3)

pétanque *f.* bocce ball, lawn bowling (*southern France*) (15)

pétiller to fizz

petit *adj.* little; short (3); very young; *m. pl.* young ones; little ones; **petit(e) ami(e)** *m., f.* boyfriend, girlfriend; **petit déjeuner** *m.* breakfast (6); **petit écran** *m.* television set; **petit matin** early morning; **petit-enfant** *m.* grandchild (5); **petit-fils** *m.* grandson (5); **petite cuillère** *f.* teaspoon; **petite-fille** *f.* granddaughter (5); **petites annonces** *f. pl.* classified ads (10); **petits pois** *m. pl.* peas; **un petit peu** a little (bit)

peu *adv.* little; few; not very; hardly (3); **à peu près** *adv.* nearly; **encore un peu** a little more; **il est peu probable que** + *subj.* it's doubtful that (16); **peu à peu** little by little; **peu calorique** low in calories; **peu de** few (6); **un peu** a little (3); **un peu (de)** a little (of) (6)

peuple *m.* nation; people (*of a country*)

peuplé (de) *adj.* filled (with), full (of); populated

peur *f.* fear; **avoir peur (de)** to be afraid (of) (3)

peut-être *adv.* perhaps, maybe (5)

pharaon *m.* Pharaoh

phare *m.* beacon

pharmacie *f.* pharmacy, drugstore (11)

pharmacien(ne) *m., f.* pharmacist (14)

phénomène *m.* phenomenon

philanthrope *m., f.* philanthropist

philosophe *m., f.* philosopher

philosophie (*fam.* **philo**) *f.* philosophy (2)

philosophique *adj.* philosophical

photocopieur *m.* photocopy machine (10)

photographe *m., f.* photographer

photo(graphie) *f.* picture, photograph; **appareil photo** *m.* (*still*) camera; **prendre des photos** to take photos

photographique *adj.* photographic

phrase *f.* sentence

physique *f.* physics (2)

piano *m.* piano; **jouer du piano** to play the piano

pièce *f.* piece; room (*of a house*) (5); coin; **monter une pièce** to put on a play; **pièce de collection** collector's item; **pièce de monnaie** coin; **pièce de théâtre** (*theatrical*) play (12)

pied *m.* foot (13); **à pied** on foot (9); **se lever du pied gauche** to get up on the wrong side of the bed

piège *f.* trap, trick

pierre *f.* stone

pilote *m., f.* pilot (9); driver

pique-nique *m.* picnic (15); **faire un pique-nique** to go on a picnic

pique-niquer to have a picnic

pire *adj.* worse (14); **le/la/les pire(s)** the worst

pirogue *f.* dugout canoe

pis *adv.* worse; **le pis** the worst; **tant pis** too bad (15)

piscine *f.* swimming pool (11)

piste *f.* path, trail; course; slope; **piste cyclable** bicycle path

pittoresque *adj.* picturesque

place *f.* place; position; (public) square (11); seat (12); **à votre (ta) place** in your place, if I were you (15); **mise** (*f.*) **en place** placement

placer (nous plaçons) to place, put

plage *f.* beach (8); **serviette** (*f.*) **de plage** beach towel (8)

plaidoyer *m.* defense, plea

se plaindre (de) (*like* **craindre**) *irreg.* to complain (about)

plaine *f.* plain

plaire (*p.p.* **plu**) **à** *irreg.* to please; **en français, s'il vous plaît** in French, please; **s'il te (vous) plaît** *interj.* please (1)

plaisir *m.* pleasure

plan *m.* plan; diagram; map (*of a city*) (11); **sur le plan économique** economically speaking

planche *f.* board; **faire de la planche à voile** to windsurf; **planche à voile** windsurfer (8)

plancher *m.* floor

planète *f.* planet

planifier to plan

plante *f.* plant

planter to plant

planteur *m.* planter, plantation owner

plaque *f.* package (*of frozen food*); **plaque tournante** linchpin; hub

plaquer to tackle (*U.S. football*)

plat *m.* dish (*type of food*); course (*meal*) (7); **plat de résistance** main course, dish; **plat du jour** today's special (*restaurant*); **plat principal** main course (7)

plein (de) *adj.* full (of); complete; **activités** (*f. pl.*) **de plein air** outdoor activities (15); **faire le plein** to fill it up (*gas tank*) (9); **marché** (*m.*) **en plein air** outdoor market; **plein de** a lot of

plénitude *f.* plenitude; richness

pleurer to cry, weep

pleuvoir (*p.p.* **plu**) *irreg.* to rain (8); **il pleut** it's raining (5)

plombier *m.* plumber (14)

plongée *f.* diving; **faire de la plongée sous-marine** to go skin diving (scuba diving) (8)

plonger (nous plongeons) to dive, plunge

pluie *f.* rain

plupart: la plupart (de) most (of), the majority (of) (12)

pluriel *m., Gram.* plural

plus (de) *adv.* more; plus; **de plus en plus** more and more; **en plus** in addition; **le plus** + *adv.* most; **le/la/les plus** + *adj.* most; **moi non plus** me neither; **ne... plus** no longer, no more (9); **plus... que** more . . . than (14); **plus tard** later

plusieurs (de) *adj., pron.* several (of) (15)

plutôt *adv.* instead; rather

poche *f.* pocket

poème *m.* poem (12)

poésie *f.* poetry (12)

poète (femme poète) *m., f.* poet (12)

poétique *adj.* poetic, poetry

point *m.* point; spot; **être sur le point de** + *inf.* to be on the verge of; **point cardinal** compass point; **point de départ** starting point; **point de rencontre** meeting point; **point de vue** point of view; **point fort** strong point

pointe *f.* point, tip; **pointes** headlands

pointillisme *m.* pointillism (*style of painting*)

poire *f.* pear (6)

pois *m. pl.* peas; dots; **à pois** polka-dotted; **petits pois** peas

poisson *m.* fish (6)

poissonnerie *f.* fish market (7)

poivrade: sauce (*f.*) **poivrade** *vinaigrette dressing with pepper*

poivre *m.* pepper (6); **steak** (*m.*) **au poivre** pepper steak

poivrer to pepper

poivron *m.* bell pepper

poli *adj.* polite; polished

police *f.* police; **agent** (*m.*) **de police** police officer (14); **poste** (*m.*) **de police** police station (11)

policier/ière *adj.* pertaining to the police; *m.* police officer; **roman** (*m.*) **policier** detective novel

politicien(ne) *m., f.* politician (16)

politique *f.* politics; policy (16); *adj.* political; **faire de la politique** to go in for politics; **homme (femme) politique** *m., f.* politician

polluant *adj.* polluting

polluer to pollute (16)

Polynésie (*f.*) **française** French Polynesia

pomme *f.* apple; **jus** (*m.*) **de pomme** apple juice; **pomme de terre** potato (6); **tarte** (*f.*) **aux pommes** apple tart

pont *m.* bridge

populaire *adj.* popular; common; of the people

popularité *f.* popularity

porc *m.* pork (6); **côte** (*f.*) **de porc** pork chop

portable *m.* cellular phone (10)

porte *f.* door (1); stop, exit (*metro*); gate

porter to wear; to carry (3); **prêt-à-porter** *m.* ready-to-wear (*clothing*)

porto *m.* port (*wine*)

portugais *adj.* Portuguese

Portugal *m.* Portugal (8)

poser to put (down); to state, pose; to ask; **poser sa candidature** to apply; to run (*for office*) (14); **poser une question** to ask a question (11)

positif/ive *adj.* positive

positionnement *m.* positioning

posséder (je possède) to possess

possesseur/euse *m., f.* owner

possessif/ive *adj.* possessive

possession *f.* possession; **prendre possession de** to take possession of

possibilité *f.* possibility

possible *adj.* possible; **aussi souvent que possible** as often as possible; **faire son possible** to do one's best; **il est possible que** + *subj.* it's possible that (16)

postal *adj.* postal, post; **carte** (*f.*) **postale** postcard (10); **code** (*m.*) **postal** postal code, zip code

poste *m.* position; employment; **bureau** (*m.*) **de poste** post office (10); **La Poste** post office; postal service (10); **poste** (*m.*) **de police** police station (11);

poster to mail (10)

postuler to apply (*for a job*)

poterie *f.* pottery

pouce *m.* thumb; inch; **coup** (*m.*) **de pouce** little push (in the right direction)

poule *f.* hen

poulet *m.* chicken (6)

poupée *f.* doll

pour *prep.* for, in order to (2); **le pour et le contre** the pros and cons; **manifester pour** to demonstrate for (16); **pour ma part** in my opinion, as for me (16); **pour que** + *subj.* in order to

pourboire *m.* tip, gratuity (7)

pourcentage *m.* percentage

pourquoi *adv., conj.* why (4)

pourri: faire un temps pourri *fam.* to be rotten weather

poursuivre (*like* **suivre**) *irreg.* to pursue (12)

pousser to push; to grow

pouvoir (*p.p.* **pu**) *irreg.* to be able to, can (7); *m.* power, strength; **ça peut aller** all right, pretty well (1); **il se peut que** + *subj.* it's possible that (16); **je pourrais** I could (7)

pratique *adj.* practical; *f.* practice; use; **travaux** (*m. pl.*) **pratiques** hands-on learning

pratiquer to play, perform (*sport, activity*)

préavis: sans donner de préavis without notice

précédent *adj.* preceding

précéder (je précède) to precede

précieusement *adv.* preciously

précipiter to rush, hurry

préciser to clarify, specify

précision *f.* precision; piece of information

précoce *adj.* precocious

prédiction *f.* prediction, forecast

prédilection *f.* partiality, predilection

prédire (*like* **dire, vous prédisez**) *irreg.* to predict, foretell

préférable *adj.* preferable, more advisable; **il est préférable que** + *subj.* it's preferable that (16)

préféré *adj.* favorite, preferred (5)

préférence *f.* preference; **de préférence** preferably

préférer (je préfère) to prefer, like better (6)

préfrit *adj.* pre-fried

préjugé *m.* prejudice

premier/ière *adj.* first (11); *f.* opening night, premiere; **le premier janvier** the first of January; **premier étage** *m.* second floor (*in the U.S.*) (5); **premier ministre** *m.* prime minister; **première classe** *f.* first class (9)

prendre (*p.p.* **pris**) *irreg.* to take; to have (to eat, to drink); to order (6); **prendre au sérieux** to take seriously; **prendre conscience de** to realize, become aware of; **prendre des notes** to take notes; **prendre des vacances** to take vacation; **prendre du temps** to take a long time; **prendre l'avion**

to take a plane; **prendre possession de** to take possession of; **prendre rendez-vous** to make an appointment (date); **prendre son temps** to take one's time; **prendre un repas** to have a meal; **prendre un verre** *fam.* to have a drink; **prendre une douche** to take a shower; **prendre une photo** to take a photo; **se prendre pour** to believe oneself to be

prénom *m.* first name, Christian name

préoccupé *adj.* worried, preoccupied

préoccuper to concern; **se préoccuper de** to concern, preoccupy oneself with; to worry about

préparatifs *m. pl.* preparations

préparer to prepare (5); **préparer un examen** to study for an exam; **se préparer (à)** to prepare oneself, get ready (for) (13)

près (de) *adv.* near, close to (4); **à peu près** nearly; **tout près** very near

présent *m.* present (*time*); *adj.* present; **à présent** now, at the present time

présentement *adv.* presently, currently

présenter to present; to introduce; to put on (*a performance*); **je vous (te) présente...** I want you to meet . . . ; **se présenter** to run for office; to introduce oneself

préserver to preserve

président(e) *m., f.* president

présidentiel(le) *adj.* presidential

présider to preside

presque *adv.* almost, nearly

presse *f.* press (*media*)

pressé *adj.* in a hurry, rushed; **citron** (*m.*) **pressé** fresh lemon juice

prestigieux/ieuse *adj.* prestigious

prêt *adj.* ready (3); **prêt-à-porter** *m.* ready-to-wear clothing

prétendre to claim (to be); **prétendre à** to lay claim to

prétentieux/euse *adj.* pretentious

prêter (à) to lend (to) (11)

preuve *f.* proof; **faire preuve de** to show

prévision *f.* prediction

prévoir (*like* **voir**) *irreg.* to foresee, anticipate

prévu *adj.* expected, anticipated; **comme prévu** as planned

prier to pray; to beg, entreat; to ask (*s.o.*); **je vous (t')en prie** please; you're welcome (7)

primaire *adj.* primary; **école** (*f.*) **primaire** primary school

principal *adj.* principal, main, most important; **plat** (*m.*) **principal** main course (7)

principe *m.* principle

printanier/ière *adj.* spring(like); with vegetables (*in cooking*)

printemps *m.* spring; **au printemps** in the spring (5)

prise *f.* taking

prisme *m.* prism

prisonnier/ière *m., f.* prisoner

privé *adj.* private

privilégié *adj.* privileged

privilégier to favor

prix *m.* price (7); prize

probabilité *f.* probability

probable *adj.* probable; **il est peu probable que** + *subj.* it's doubtful that (16); **il est probable que** + *indic.* it's probable that (16)

problématique *f.* problem, issue

problème *m.* problem (16)

procédé *m.* process, method

procéder (je procède) to proceed

processus *m.* process

prochain *adj.* next; coming; **à la prochaine** until next time; **la rentrée prochaine** beginning of next academic year; **la semaine prochaine** next week (5)

prochainement *adv.* soon, shortly

proche (de) *adj., adv.* near, close; *m. pl.* close relatives; **futur** (*m.*) **proche** *Gram.* immediate (near) future

producteur/trice *m., f.* producer

produire (*like* **conduire**) *irreg.* to produce (9)

produit *m.* product; **produit chimique** chemical

professeur (*fam.* **prof**) *m.* professor, instructor (*male or female*) (1)

professionnel(le) *adj.* professional

profil *m.* profile; outline; cross section

profiter de to take advantage of, profit from; **profitez-en donc** take advantage of it

profiterole *f.* profiterole (*small cream puff*)

profond *adj.* deep

profondément *adv.* deeply, profoundly

profondeur: en profondeur in depth

programme *m.* program; agenda

programmer to program; to plan

progrès *m.* progress

projection *f.* projection, showing

projet *m.* project; *pl.* plans (5); **projets d'avenir** future plans

prolifération *f.* proliferation (16)

promenade *f.* walk; ride; **faire une promenade** to take a walk (5)

promener (je promène) to take out walking, take for a walk; **se promener** to go for a walk (drive, ride), take a walk (13)

promesse *f.* promise

promettre (*like* **mettre**) **(de)** *irreg.* to promise (to)

promotion *f.* promotion; sale, store special; **en promotion** on special

promouvoir (*p.p.* **promu**) *irreg.* to promote

pronom *m., Gram.* pronoun; **pronom accentué (indéfini, interrogatif, personnel, relatif)** *Gram.* disjunctive, tonic (indefinite, interrogative, personal, relative) pronoun; **pronom complément d'objet direct (indirect)** *Gram.* direct (indirect) object pronoun

pronominal *adj., Gram.* pronominal; **verbe** (*m.*) **pronominal** *Gram.* pronominal (reflexive) verb

prononcé *adj.* pronounced

propagation *f.* spread

propos *m.* talk; utterance; **à propos** by the way; **à propos de** about

proposer to propose; to offer

proposition *f.* proposal; offer

propre *adj.* own; clean; **propre à** characteristic of

propriétaire *m., f.* owner; landlord

propriété *f.* property

prospectus *m.* handbill, leaflet

protéger (je protège, nous protégeons) to protect (16)

prouver to prove

provenir (*like* **venir**) *irreg.* to come (descend) from

provision *f.* supply; *pl.* groceries

provoquer to provoke

proximité *f.* proximity, closeness; **à proximité de** near

psychologie (*fam.* **psycho**) *f.* psychology (2)

psychologique *adj.* psychological

psychologue *m., f.* psychologist

public (publique) *adj.* public (11); **opinion** (*f.*) **publique** public opinion (16); *m.* public; audience

publicité (*fam.* **pub**) *f.* commercial, advertisement; advertising (10)

publier to publish

puce *f.* flea; **marché** (*m.*) **aux puces** flea market

puériculteur/trice *m., f.* daycare teacher, nursery nurse

puis *adv.* then, next (11); besides (7); **et puis** and then; and besides (7)

puissance *f.* power, strength

puissant *adj.* powerful; **tout-puissant** *adj.* all-powerful

pull-over (*fam.* **pull**) *m.* sweater (3)

pur *adj.* pure

purée *f.* purée; *adj.* mashed (*vegetables*)

pureté *f.* purity

pyjama *m. s.* pajamas

quai *m.* quay; platform (*train station*) (9)

qualificatif/ive *adj.* qualifying

qualité *f.* quality; characteristic

quand *adv., conj.* when (4); **depuis quand** since when (9); **quand même** even though; anyway

quantité *f.* quantity

quarantaine *f.* quarantine

quarante *adj.* forty (1)

quart *m.* quarter; fourth; quarter of an hour; **et quart** quarter past (the hour) (6); **moins le quart** quarter to (the hour) (6); **un quart de vin** a quarter liter carafe of wine

quartier *m.* quarter, neighborhood (2); **quartier général** headquarters; **Quartier latin** Latin Quarter (district) (*in Paris*)

quasi-totalité *f.* nearly all

quatorze *adj.* fourteen (1)

quatorzième *adj.* fourteenth

quatre *adj.* four (1); **quatre-vingts** eighty

quatrième *adj.* fourth

que (qu') what (4); that, which; whom (14); **ne... que** *adv.* only (9); **parce que** because (4); **que pensez-vous de... ?** what do you think about . . . ? (11); **que veut dire... ?** what does . . . mean?; **qu'en penses-tu?** what do you think of that? (11); **qu'est-ce que** what (*object*) (4); **qu'est-ce que c'est?** what is it? (1); **qu'est-ce qui** what (*subject*) (15); **qu-est-ce qui se passe?** what's happening?, what's going on? (15)

Québec *m.* Quebec (8)

québécois *m.* Quebecois (*language*); *adj.* from (of) Quebec; **Québécois(e)** *m., f.* Quebecois

quel(le)(s) *interr. adj.* what, which (7); what a; **à quelle heure... ?** (at) what time . . . ? (6); **quel âge avez-vous?** how old are you?; **quel jour sommes-nous (est-ce)?** what day is it? (1); **quel temps fait-il?** how's the weather? (5); **quelle est la date?** what is the date? (1); **quelle heure est-il?** what time is it? (6)

quelque(s) *adj.* some, any; a few (15); **quelque chose** *pron.* something (9); **quelque chose (de)** + *adj.* something (15); **quelque part** *adv.* somewhere

quelquefois *adv.* sometimes (2)

quelques-uns/unes *pron., pl.* some, a few (15)

quelqu'un *pron., neu.* someone, somebody (9)

question *f.* question; **poser une question (à)** to ask a question (11)

quête *f.* quest, search

queue *f.* line (*of people*); **faire la queue** to stand in line (5); **queue de cheval** ponytail

qui *pron.* who, whom (4); who, that, which (14); **qu'est-ce qui** what (*subject*); **qui est à l'appareil?** who's calling? (10); **qui est-ce?** who is it? (1); **qui est-ce que** whom (*object*) (15); **qui est-ce qui** who (*subject*)

quiche *f.* quiche (*egg custard pie*); **quiche lorraine** *egg custard pie with bacon*

quinze *adj.* fifteen (1); **quinze jours** two weeks

quinzième *adj.* fifteenth

quitter to leave (*s.o. or someplace*) (8); **se quitter** to separate, leave one another

quoi (à quoi, de quoi) *pron.* which (15); what (4); **à quoi sert-il?** what is it for?; **il n'y a pas de quoi** you're welcome (7); **j'aurai droit à quoi** I'll be entitled to what; **n'importe quoi** anything; no matter what

quotidien(ne) *adj.* daily, everyday (13); *n. m.* daily life; **dépenses** (*f. pl.*) **du quotidien** everyday living expenses

racine *f.* root

racisme *m.* racism

raconter to tell, relate (11)

rage: faire rage to rage; to be fierce

ragoût *m.* meat stew, ragout

raide *adj.* stiff; straight (*hair*) (3)

raideur *f.* stiffness

raison *f.* reason; **avoir raison** to be right (3)

raisonnable *adj.* reasonable; rational (3)

raisonneur/euse *adj.* argumentative; reasoning

rallonger (nous rallongeons) to prolong, lengthen

ramener (je ramène) to bring back

randonnée *f.* hike; **faire** (*irreg.*) **une randonnée (pédestre)** to go hiking (8)

rang *m.* rank, ranking; row

rapatriement *m.* repatriation

rapide *adj.* rapid, fast; **restauration** (*f.*) **rapide** fast food

rapidement *adv.* quickly

rappeler (je rappelle) to remind; **se rappeler** to recall, remember (13)

rapport *m.* relation; **rapports** (*pl.*) **familiaux** family relationships; **par rapport à** in comparison with, in relation to

rapporter to bring back; to return; to report

rapprocher to relate; **se rapprocher (de)** to draw nearer (to)

rarement *adv.* rarely (2)

raser to raze, demolish; **se raser** to shave (oneself) (13)

rassembler to put back together, reassemble; to gather together, assemble

rater to miss, not find

rationnellement *adv.* reasonably, rationally

rattraper to recapture

rayé *adj.* striped

rayon (*m.*) **de soleil** ray of light

réactionnaire *adj.* reactionary, very conservative

réagir to react

réaliser to carry out, fulfill; to create

réaliste *adj.* realistic (3)

réalité *f.* reality; **en réalité** actually

rebondir to bounce (back)

récemment *adv.* recently, lately (12)

récent *adj.* recent, new, late

réception *f.* hotel (lobby) desk; receiving, receipt

recette *f.* recipe

recevoir (*p.p.* **reçu**) *irreg.* to receive

rechange: ampoule (*f.*) **de rechange** spare lightbulb

rechargement *m.* recharging; refilling

recherche *f.* (*piece of*) research; search; **à la recherche de** in search of; **faire des recherches** to do research; **moteur** (*m.*) **de recherche** search engine

recherché *adj.* sought after

réclamer to call for, demand

récolte *f.* harvest

récolter to harvest

recommandation *f.* recommendation

recommander to recommend

recommencer (nous recommençons) to start again

reconnaître (*like* **connaître**) *irreg.* to recognize (16)

reconnu *adj.* known, recognized

recours: avoir recours à to have recourse, turn to

reçu *m.* receipt (14)

recueil *m.* collection (12)

récupérer (je récupère) to recover, get back

recyclage *m.* recycling (16)

recycler to recycle (16)

rédacteur/trice *m., f.* writer; editor

rédaction *f.* writing, preparing (*documents*)

rédiger (nous rédigeons) to write, write up, compose

redoutable *adj.* formidable, fearsome

réduction *f.* reduction; discount

réduire (*like* **conduire**) *irreg.* to reduce (9)

réduit *adj.* reduced; discounted

rééducation *f.* rehabilitation

réel(le) *adj.* real, actual

référence *f.* reference

réfléchir (à) to reflect (upon); to think (about) (4)

reflet *m.* reflection

refléter (je reflète) to reflect, mirror

réflexion *f.* reflection, thought

réforme *f.* reform (16)

réformer to reform

reformuler to reformulate

refrain *m.* chorus, refrain

refuser (de) to refuse (to) (12)

se régaler to feast on, treat oneself

regarder to look at, watch (2); **se regarder** to look at oneself, look at each other (13)

régime *m.* diet; regime (7)

régional (*pl.* **régionaux**) *adj.* local, of the district

règle *f.* rule

règlement *m.* rules, regulations

régler (je règle) to regulate, adjust; to settle

règne *m.* reign

regretter to regret, be sorry (16)

regrouper to regroup

régulier/ière *adj.* regular

régulièrement *adv.* regularly

reine *f.* queen (12)

rejoindre (*like* **craindre**) *irreg.* to (re)join

réjouissance *f.* rejoicing

relatif/ive *adj.* relative; **pronom** (*m.*) **relatif** *Gram.* relative pronoun

relation *f.* relation; relationship; **en relation avec** in contact with

relativement *adv.* relatively

se relaxer to relax

relier to tie, link

religieux/euse *adj.* religious

reliure *f.* bookbinding

remarquable *adj.* remarkable, outstanding

remarquer to notice

remède *m.* remedy; treatment

remercier (de) to thank (for); **(je ne sais pas) comment vous (te) remercier** I don't know how to thank you

remettre (*like* **mettre**) *irreg.* to hand in; to replace; to deliver; **remettre à neuf** to restore

remplacer (nous remplaçons) to replace

rempli *adj.* filled, full

remplir to fill (in, out, up)

remporter to win

rémunéré *adj.* compensated, paid

Renaissance *f.* Renaissance (12)

rencontre *f.* meeting, encounter (13); **point** (*m.*) **de rencontre** meeting point

rencontrer to meet, encounter; **se rencontrer** to meet; to get together (13)

rendez-vous *m.* meeting, appointment; date (13); meeting place; **avoir rendez-vous avec** to have a meeting (date) with (3); **donner rendez-vous à** to make an appointment with

rendre to give (back), return; to hand in (5); to render, make; **rendre visite à** to visit (*s.o.*) (5); **se rendre à** to go to

renouveler (je renouvelle) to renew

rénover to renew

renseignement *m.* (*piece of*) information

se renseigner sur to make inquiries about

rentrée *f.* going back to school; **rentrée prochaine** beginning of next academic year

rentrer to return, go home (8)

réparer to repair

réparti *adj.* spread out

repartir (*like* **partir**) *irreg.* to leave (again)

répartition *f.* dividing up; distribution

repas *m.* meal (6); **repas fait maison** homemade meal

repeindre (*like* **craindre**) *irreg.* to repaint

repérer (je repère) to spot, locate, find

répertoire *m.* directory (*Internet*)

répéter (je répète) to repeat; **répétez (répète)** repeat (1)

réplique *f.* replica

répondeur (téléphonique) *m.* answering machine (10)

répondre (à) to answer, respond (5)

réponse *f.* answer, response

reportage *m.* reporting; commentary

reposant *adj.* restful

reposer to put down, set down; **se reposer** to rest (13)

reprendre (*like* **prendre**) *irreg.* to take (up) again; to have more (*food*)

représentant(e) *m., f.* representative

représentatif/ive *adj.* representative

représenter to represent

reprise: à plusieurs reprises several times

reproduire (*like* **conduire**) *irreg.* to reproduce, copy

république *f.* republic; **République Démocratique du Congo** Democratic Republic of Congo (8)

répudié *adj.* repudiated, renounced

réputé *adj.* famous

réseau *m.* network

réservation *f.* reservation; **faire une réservation** to make a reservation

réservé (à) *adj.* reserved (for)

réserver to reserve; to keep in store

résidence *f.* residence; apartment building; **résidence universitaire** dormitory building

résider to reside

résistance: plat (*m.*) **de résistance** main dish, course

résister à to resist

résolument *adv.* resolutely, steadfastly

résonner to resonate, reverberate, resound

résoudre (*p.p.* **résolu**) *irreg.* to solve, resolve

respecter to respect, have regard for

respectueux/euse *adj.* respectful

respirer to breathe

responsabilité *f.* responsibility

responsable *m., f.* supervisor; staff member; *adj.* responsible

ressemblance *f.* resemblance

ressembler à to resemble; **se ressembler** to look alike, be similar

ressentir (*like* **dormir**) *irreg.* to feel

ressource *f.* resource; **ressources naturelles** natural resources (16)

restaurant *m.* restaurant (2); **restaurant universitaire** (*fam.* **le resto-U**) university cafeteria (2)

restaurateur/trice *m., f.* restaurant owner

restauration *f.* restoration; restaurant business; **restauration rapide** fast food

reste *m.* rest, remainder

rester to stay, remain (5); to be remaining; **il nous reste encore...** we still have . . .

restreint *adj.* limited, restrained

résultat *m.* result

résulter de to stem from, result from

résumé *m.* summary, résumé

rétablir to reestablish

retard *m.* delay; **en retard** late (6)

retirer to withdraw (14); to derive, gain

retour *m.* return; **au retour** upon returning; **billet** (*m.*) **aller-retour** round-trip ticket

retourner to return; to go back (8)

retraité(e) *m., f.* retiree, retired person

retransmission *f.* broadcast; rebroadcast

rétroprojecteur *m.* overhead projector (1)

retrouver to find (again); to regain; **se retrouver** to meet (again)

réunion *f.* meeting; reunion

réunir to collect, gather together; **se réunir** to get together; to hold a meeting

réussir (à) to succeed (at), be successful (in); to pass (*a test*) (4)

réussite *f.* success, accomplishment

rêve *m.* dream; **un emploi** (*m.*) **de rêve** a "dream" job

réveil *m.* alarm clock (4)

réveiller to wake, awaken (*s.o.*); **se réveiller** to awaken, wake up (13)

Réveillon *m. Christmas Eve* (*New Year's Eve*) *dinner*

revendication *f.* demand; claim

revenir (*like* **venir**) *irreg.* to return; to come back (*someplace*) (8)

revenus *m. pl.* personal income

rêver (de, à) to dream; to dream (about, of) (2)

réviser to review, revise

révision *f.* review; revising

revivre (*like* **vivre**) *irreg.* to relive

revoir (*like* **voir**) *irreg.* to see again (10); **au revoir** good-bye (1)

révolte *f.* rebellion, revolt

révolutionnaire *adj.* revolutionary

révolutionner to revolutionize

revue *f.* magazine; review; journal (10)

rez-de-chaussée *m.* ground floor, first floor (5)

rhume *m.* (head) cold

riche *adj.* rich (3)

richesse *f.* wealth; blessing

rideau (*pl.* **rideaux**) *m.* curtain (4)

rien (ne... rien) *pron.* nothing (9); **de rien** not at all, don't mention it; you're welcome (1)

rigoler *fam.* to amuse, entertain; to be kidding

rire (*p.p.* **ri**) *irreg.* to laugh (15); *m.* laughter

risque *m.* risk

risquer to risk

rissoler to brown (*cooking*)

rivaliser avec to rival, compete with

rive *f.* (river)bank; **Rive gauche (droite)** the Left (Right) Bank (*in Paris*) (11)

rivière *f.* river, tributary

riz *m.* rice

robe *f.* dress (3)

rocheux/euse *adj.* rocky

roi *m.* king (12); **fête** (*f.*) **des Rois** Feast of the Magi, Epiphany

rôle *m.* part, character, role; **à tour de rôle** in turn, by turns; **jouer le rôle de** to play the part of

romain *adj.* Roman (12)

roman *m.* novel (10); **roman de science-fiction**; science fiction novel; **roman policier** detective novel

romancier/ière *m., f.* novelist

romantique *m., f., adj.* romantic

romantisme *m.* romanticism

rompre (avec) (*p.p.* **rompu**) *irreg.* to break (with)

rond *adj.* round; (smoke) ring

rose *adj.* pink (3); *f.* rose

rôti *m.* roast (7)

roue *f.* wheel; **faire du patin à roues alignées** to do in-line skating

rouge *adj.* red (3); **rouge** (*m.*) **à lèvres** lipstick

roulé *adj.* rolled (up)

rouler to travel (*in a car*) (9); to roll (along)

route *f.* road, highway (8); **en route** on the way, en route

routier/ière *adj.* (pertaining to the) road; **carte** (*f.*) **routière** road map; **sécurité** (*f.*) **routière** highway safety

routinier/ière *adj.* routine, following a routine

roux (rousse) *m., f.* redhead; *adj.* redheaded; red (*hair*) (3)

royaume *m.* kingdom

rubrique *f.* headline; section

rue *f.* street (4)

ruine *f.* ruin; decay; collapse

ruiné *adj.* ruined

russe *adj.* Russian; *m.* Russian (*language*); **Russe** *m., f.* Russian (*person*) (2)

Russie *f.* Russia (8)

rythme *m.* rhythm

sa *adj., f. s.* his; her; its; one's

sable *m.* sand

sac *m.* sack; bag; handbag; **sac à dos** backpack (3); **sac à main** handbag (3); **sac de couchage** sleeping bag (8)

sachet *m.* packet

sacré *adj.* sacred; *fam.* darn

sage *m.* wise man; *adj.* good, well-behaved

saignant *adj.* rare (*meat*)

saison *f.* season

saisonnier/ière *adj.* seasonal

salade *f.* salad; lettuce (6)

salaire *m.* salary (14)

salarié(e) *m., f.* salaried employee; **travailleur/euse** (*m., f.*) **salarié(e)** salaried worker (14)

saler to salt

salle *f.* room; auditorium; **salle à manger** dining room (5); **salle de bains** bathroom (5); **salle de classe** classroom (1); **salle de séjour** living room (5); **salle de sports** gymnasium

salon *m.* salon; living room; **salon de coiffure** hairdresser, beauty salon

saltimbanque *m., f.* acrobat; traveling performer

saluer to greet

salut *m.* health; *interj.* hi; bye (1)

salutation *f.* greeting

samedi *m.* Saturday (1)

sandales *f. pl.* sandals (3)

sans *prep.* without; **sans-abri** *m., f. inv.* homeless (*person, people*) (16); **sans doute** probably

santé *f.* health (13); **à votre (ta) santé** *interj.* cheers, to your health

sardines (*f. pl.*) (**à l'huile**) sardines (in oil) (7)

satisfaisant *adj.* satisfying

satisfait *adj.* satisfied; pleased

sauce *f.* sauce; gravy; salad dressing

saucisse *f.* sausage (7)

saucisson *m.* (hard) salami

sauf *prep.* except

saumon *m.* salmon (7); **darne** (*f.*) **de saumon** salmon steak

sauté *adj.* pan-fried, sautéed

sauter to jump

sauver to save, rescue (16)

savane *f.* savanna

savoir (*p.p.* **su**) *irreg.* to know (how) (11)

savon *m.* soap

scandaleux/euse *adj.* scandalous

scène *f.* stage; scenery; scene; **scène de ménage** domestic squabble

science *f.* science; **faculté** (*f.*) **des sciences** School of Science; **science-fiction** science fiction; **sciences humaines** humanities; **sciences naturelles** natural sciences (2)

scientifique *m., f.* scientist; *adj.* scientific

scolaire *adj.* pertaining to schools, school, academic; **frais** (*m. pl.*) **scolaires** tuition, fees; **zone** (*f.*) **scolaire** school zone

scolarité: frais (*m. pl.*) **de scolarité** tuition, fees

scrupuleusement *adj.* scrupulously

sculpteur (femme sculpteur) *m., f.* sculptor (12)

se (s') *pron.* oneself; himself; herself; itself; themselves; to oneself, etc.; each other

sec (sèche) *adj.* dry; **biscuit** (*m.*) **sec** cookie, wafer

séché *adj.* dried

second(e) *adj.* second; **seconde classe** second class; **Seconde Guerre** (*f.*) **mondiale** Second World War

secondaire *adj.* secondary; **école** (*f.*) **secondaire** secondary school

secours *m. s.* help, assistance, aid; *pl.* rescue services; **trousse** (*f.*) **de secours** first-aid kit

secrétaire *m., f.* secretary (14)

section *f.* section; division

sécurité *f.* safety; sense of security; **ceinture** (*f.*) **de sécurité** safety belt; **sécurité routière** highway safety; **sécurité sociale** Social Security

séduire (*like* **conduire**) *irreg.* to charm, win over; to seduce

seize *adj.* sixteen (1)

seizième *adj.* sixteenth

séjour *m.* stay, sojourn; **salle** (*f.*) **de séjour** living room (5)

sel *m.* salt (6)

sélectionner to select

selon *prep.* according to; **selon moi** according to me, I think (16)

semaine *f.* week (1); **la semaine prochaine (passée)** next (last) week (5); **toutes les semaines** every week (10); **une fois par semaine** once a week (5)

semblable (à) *adj.* like, similar (to)

sembler to seem; to appear; **il semble que** + *subj.* it seems that (16)

semestre *m.* semester

sénateur *m.* senator

Sénégal *m.* Senegal (8)

sénégalais *adj.* Senegalese; **Sénégalais(e)** *m., f.* Senegalese (*person*) (2)

sens *m.* meaning; sense; way, direction; **bon sens** common sense; **dans ce sens** to that end (effect)

sensibiliser (à) to make (*s.o.*) sensitive (to)

sensoriel(le) *adj.* sensory; **perception** (*f.*) **extrasensorielle** extra-sensory perception

sentiment *m.* feeling

sentir (*like* **dormir**) *irreg.* to feel, sense; to smell (8); **se sentir** to feel; **sentir bon (mauvais)** to smell good (bad)

séparé *adj.* separated

sept *adj.* seven (1)

septembre September (1)

septième *adj.* seventh

série *f.* series

sérieusement *adv.* seriously

sérieux/euse *adj.* serious (3); **prendre au sérieux** to take seriously

serre *f.* greenhouse; **effet** (*m.*) **de serre** greenhouse effect

serré *adj.* tight, snug

serveur/euse *m., f.* bartender; waiter, waitress (7)

service *m.* favor; service; military service; serve (*tennis*); **station-service** *f.* service station (9)

serviette *f.* napkin (6); towel; briefcase; schoolbag; **serviette de plage** beach towel (8)

servir (*like* **dormir**) *irreg.* to serve (8); **à quoi sert-il?** what is it for?; **servir à** to be of use in, be used for

ses *adj. m., f. pl.* his; her; its; one's

seul *adj.* alone; single

seulement *adv.* only (9)

sexisme *m.* sexism (16)

short *m.* (*pair of*) shorts (3)

si *adv.* so (very); so much; yes (*response to negative question*) (9); **si (s')** *conj.* if; whether (4); **même si** even if; **s'il vous (te) plaît** please (1)

sida (SIDA) *m.* AIDS

siècle *m.* century (12); **Siècle des lumières** Age of Enlightenment

siège *m.* seat; place; headquarters

sien: le/la/les sien(ne)(s) *pron., m., f.* his/hers

sieste *f.* nap; **faire la sieste** to take a nap

signe *m.* sign, gesture

signer to sign

signifier to mean

silencieux/euse *adj.* silent

simplement *adv.* simply

simplicité *f.* simplicity

sincère *adj.* sincere (3)

sincérité *f.* sincerity

se singulariser to distinguish oneself

singulier/ière *adj.* singular; *m., Gram.* singular (*form*)

sinon *prep.* if not; otherwise

site *m.* site

situer to situate, find; **se situer** to be situated; to be located

sixième *adj.* sixth

ski *m.* skiing; ski (8); **chaussures** (*f. pl.*) **de ski** ski boots (8); **faire du ski** to ski (5); **lunettes** (*f. pl.*) **de ski** ski goggles (8); **ski alpin** downhill skiing (8); **ski de fond** cross-country skiing (8); **ski nautique** water-skiing (8); **station** (*f.*) **de ski** ski resort

skier to ski (2)

skieur (skieuse) *m., f.* skier

SNCF (Société nationale des chemins de fer français) *f.* French national train system

snob *adj. inv.* snobbish (3)

snowboard: faire du snowboard to go snowboarding

sociabilité *f.* sociability

sociable *adj.* sociable (3)

social *adj.* social; **sécurité** (*f.*) **sociale** Social Security; **siège** (*m.*) **social** head office, headquarters

société *f.* society; organization; company (14); **jeux** (*m. pl.*) **de société** board games, group games (15)

sociologie (*fam.* **socio**) *f.* sociology (2)

sœur *f.* sister (5); **belle-sœur** sister-in-law (5); **demi-sœur** half-sister; stepsister

soi (soi-même) *pron., neu.* oneself (12); **chez soi** at one's own place, home

soie *f.* silk

soif *f.* thirst; **avoir soif** to be thirsty (3)

soigner to take care of; to treat (14)

soigneusement *adv.* carefully

soin *m.* care; **avec soin** carefully

soir *m.* evening; **ce soir** tonight, this evening (5); **ce soir-là** that evening; **demain (hier) soir** tomorrow (yesterday) evening; **du soir** in the evening, at night (6); **le lundi (le vendredi) soir** on Monday (Friday) evenings (5)

soirée *f.* party (3); evening (8)

soit: quel(le)(s) que soit (soient) whatever may be

soixante *adj.* sixty (1)

sol: sous-sol *m.* basement, cellar (5)

solaire *adj.* solar; **énergie** (*f.*) **solaire** solar energy (16)

solde *f.* (*soldier's*) pay, wages

sole *f.* sole (*fish*) (7)

soleil *m.* sun; **faire du soleil (il fait du soleil)** to be sunny (out) (it's sunny) (5); **le roi Soleil** the Sun King (Louis XIV); **lunettes** (*f. pl.*) **de soleil** sunglasses (8)

solidaire *adj.* showing solidarity, loyal

solidarité *f.* solidarity; interdependence

solide *adj.* solid, sturdy

solitaire *adj.* solitary; single; alone (3)

sombre *adj.* dark; gloomy

sommeil *m.* sleep; **avoir sommeil** to be sleepy (3); **le plein sommeil** deep in sleep

sommet *m.* summit, top

somptueux/euse *adj.* sumptuous

son *adj., m. s.* his; her; its; one's

sonate *f.* sonata

sondage *m.* opinion poll, survey (16)

sonner to ring (*telephone*)

sonnette *f.* bell; doorbell

sonore *adj.* sound

sophistiqué *adj.* sophisticated

sorte *f.* sort, kind; manner

sortie *f.* exit; going out; evening out

sortir (*like* **dormir**) *irreg.* to leave; to take out; to go out (8)

sot(te) *adj.* stupid, foolish

souci *m.* care, worry

se soucier de to worry about

soucoupe (*f.*) **volante** flying saucer

soudain *adv.* suddenly (11)

souffle *m.* breath of air; puff of wind

souffrir (*like* **ouvrir**) *irreg.* to suffer (14)

souhait *m.* wish, desire

souhaiter to wish, desire (16)

souk *m. North African market*

soulagement *m.* relief

soulager (nous soulageons) to relieve

soulever (je soulève) to excite; to bring up

souligner to underline, emphasize

soupe *f.* soup; **cuillère** (*f.*) **à soupe** tablespoon, soup spoon (6)

sourcil *m.* eyebrow

sourire (*like* **rire**) *irreg.* to smile; *m.* smile

souris *f.* mouse (1)

sournois *adj.* sly, shifty

sous *prep.* under, beneath (4); in (*rain, sun*); **sous (la) forme de** in the form of

sous-marin *adj.* underwater; *m.* submarine; **plongée** (*f.*) **sous-marine** skin diving, scuba diving (8)

sous-sol *m.* basement, cellar (5)

soutenir (*like* **tenir**) *irreg.* to support (16); to assert

soutien *m.* support

souvenir *m.* memory, recollection; souvenir

se souvenir (*like* **venir**) **de** *irreg.* to remember (13)

souvent *adv.* often (2)

spécial (*pl.* **spéciaux**) *adj.* special

spécialisé *adj.* specialized

spécialiste (en) *m., f.* specialist (in)

spécialité *f.* specialty (*in cooking*)

spectacle *m.* show; performance (15)

spectaculaire *adj.* spectacular

spectateur/trice *m., f.* viewer, spectator

spirituel(le) *adj.* spiritual; witty

splendeur *f.* splendor

spontané *adj.* spontaneous

sport *m.* sport(s) (2); **faire du sport** to do (participate in) sports (5); **magasin** (*m.*) **de sports** sporting goods store; **salle** (*f.*) **de sports** gymnasium

sportif/ive *adj.* athletic; sports-minded (3); **manifestation** (*f.*) **sportive** sporting event (15); *m., f.* athlete

squelette *m.* skeleton

stade *m.* stadium

stage *m.* training course; practicum, internship

standardiste *m., f.* switchboard operator

station *f.* resort (*vacation*); station; **station de métro** subway station (11); **station de ski** ski resort; **station-service** *f.* service station, garage (9)

stationnement *m.* parking

statut *m.* status

steak *m.* (beef) steak; **steak au poivre** pepper steak; **steak frites** steak with French fries

stéréo *adj. m., f.* stereo(phonic); **chaîne** (*f.*) **stéréo** stereo (4)

stéréotypé *adj.* stereotyped

steward *m.* flight attendant, steward (9)

stimuler to stimulate

stipuler to stipulate

stratégie *f.* strategy

studieux/ieuse *adj.* studious

studio *m.* studio apartment

stupide *adj.* stupid; foolish; **il est stupide que** + *subj.* it's idiotic that (16)

style *m.* style; **style de vie** lifestyle

stylo *m.* pen (1)

subjonctif *m., Gram.* subjunctive (*mood*)

substantif *m., Gram.* noun, substantive

substituer to substitute

subtil *adj.* subtle

subventionner to support, back (*financially*)

se succéder (**ils se succèdent**) to follow one another

succès *m.* success; **à succès** successful

successeur *m.* successor

succession *f.* series, succession

sucre *m.* sugar (6); **canne** (*f.*) **à sucre** sugarcane

sud *m.* south; **Amérique** (*f.*) **du Sud** South America; **au sud** to the south (9); **sud-est (-ouest)** southeast (-west)

Suède *f.* Sweden

suggérer (**je suggère**) to suggest

se suicider to commit suicide

Suisse *f.* Switzerland (8); **suisse** *adj.* Swiss; **Suisse** *m., f.* Swiss (*person*) (2)

suite: et ainsi de suite and so on; **tout de suite** immediately (5)

suivant *adj.* following

suivi (de) *adj.* followed (by)

suivre (*p.p.* **suivi**) *irreg.* to follow; to take (*a class, a course*) (12)

sujet *m.* subject; topic

super *adj. inv., fam.* super, fantastic

supérieur *adj.* superior; upper

supermarché *m.* supermarket

supplément *m.* supplement, addition; supplementary charge

supplémentaire *adj.* supplementary, additional

supportable *adj.* bearable, tolerable

supporter to bear, tolerate

supposer to suppose

supprimer to abolish, suppress

sur *prep.* on, on top (of) (4); over; out of; about; **donner sur** to overlook

sûr *adj.* sure, certain (16); safe; **bien sûr** of course; **il est sûr que** + *indic.* it is certain that (16)

surchargé *adj.* overloaded

sûrement *adv.* definitely, certainly

surf (*m.*) **des neiges** snowboarding

surface *f.* surface; **grande surface** shopping mall, superstore

surfer to surf

surgelé *adj.* frozen

surnom *m.* name, family name

surnommer to nickname

surprenant *adj.* surprising

surpris *adj.* surprised (16)

surtout *adv.* especially; above all (10)

survenir (*like* **venir**) *irreg.* to happen

survêtement *m.* track suit, sweat suit

survivre (*like* **vivre**) *irreg.* to survive

survol *m.* browsing (*Internet*)

survoler to fly over

suspect(e) *m., f.* suspect

symbole *m.* symbol

symboliser to symbolize

symétrique *adj.* symmetrical

sympathique (*fam., inv.* **sympa**) *adj.* nice, friendly (3)

symphonie *f.* symphony

syndicat (*m.*) **d'initative** (local) chamber of commerce, tourist information bureau (11)

synonyme *m.* synonym; *adj.* synonymous

système *m.* system

ta *adj., f. s., fam.* your

tabac *m.* tobacco; **bureau** (*m.*) **de tabac** (*licensed*) tobacco store; **café-tabac** *m.* bar-tobacconist (11)

table *f.* table (1); **à table** at (to) the table

tableau *m.* (chalk)board (1); painting (12); chart

tablette *f.* bar (*of chocolate*)

tâche *f.* task

taille *f.* waist; build; size; **de taille moyenne** of medium height (3)
tailleur *m.* (*woman's*) suit (3)
talonnade *f.* heel; back-heel (*rugby, soccer*)
tambour *m.* drum
tandis que *conj.* while
tant *adj.* so much; so many; **tant de** so many, so much; **tant mieux** so much the better (15); **tant pis** too bad (15)
tante *f.* aunt (5)
taper to type
tapis *m.* rug (4)
tapisserie *f.* tapestry
tard *adv.* late; **il est tard** it's late; **plus tard** later
tarif *m.* tariff; fare, price
tarifaire *adj.* tariff
tarte *f.* tart; pie (6); **tarte aux pommes** apple tart
tartine *f. bread and butter sandwich*
tas: des tas de lots of, piles of
tasse *f.* cup (6)
tatouage *m.* tattoo
taux *m.* rate; **taux de change** exchange rate (14); **taux de chômage** unemployment rate (14)
taxe *f.* indirect tax
taxi *m.* taxi; **chauffeur/euse** (*m., f.*) **de taxi** cab driver
te (t') *pron., s., fam.* you; to you, for you; **s'il te plaît** please (1)
technicien(ne) *m., f.* technician
technique *f.* technique; *adj.* technical
technologie *f.* technology
tee-shirt (*pl.* **tee-shirts**) *m.* T-shirt (3)
tel(le) *adj.* such; **tel père, tel fils** like father, like son
télécarte *f.* telephone calling card (10)
télécharger (nous téléchargeons) to download
télécopieur *m.* fax machine
téléphone *m.* telephone *f.* (4); **numéro** (*m.*) **de téléphone** telephone number (10)
téléphoner (à) to phone, telephone (3); **se téléphoner** to call one another
téléphonique: cabine (*f.*) **téléphonique** phone booth (10); **répondeur** (*m.*) **téléphonique** (telephone) answering machine (10)

téléspectateur/trice *m., f.* television viewer
téléviseur *m.* television set (10)
télévision (*fam.* **télé**) *f.* television (1)
tellement *adv.* so; so much
témoin *m.* witness; **être témoin de** to witness
tempérament *m.* temperament, personality
température *f.* temperature
temporaire *adj.* temporary
temporel(le) *adj.* temporal, pertaining to time
temps *m.* time; weather (5); *Gram.* tense; **avoir le temps de** to have time to; **de temps en temps** from time to time (2); **depuis combien de temps... ?** since when . . . ?, (for) how long . . . ? (9); **en même temps** at the same time; **en temps de pluie** in rainy weather; **faire un temps pourri** to be rotten weather; **il est temps de** it's time to; **le temps est nuageux** it's cloudy (5); **le temps est orageux** it's stormy (5); **passer du temps** to spend time; **pendant combien de temps... ?** (for) how long . . . ? (9); **perdre du temps** to waste time; **prendre le temps (de)** to take the time (to); **quel temps fait-il?** how's the weather? (5); **temps libre** leisure time; **tout le temps** always, the whole time
tendance *f.* tendency; trend; **avoir tendance à** to have a tendency to
tendre *adj.* tender, sensitive; soft
tenir (*p.p.* **tenu**) *irreg.* to hold; to keep; **tenir au courant** to keep up to date; **tenir un journal** to keep a diary
tennis *m.* tennis; *pl.* tennis shoes (3); **court** (*m.*) **de tennis** tennis court; **jouer au tennis** to play tennis
tentant *adj.* tempting
tente *f.* tent (8)
tenter (de) to try, attempt (to)
terme *m.* term; expression; **à court (long) terme** in the short (long) run
terminer to end; to finish
terrain *m.* field; ground; **terrain** (*m.*) **de camping** campground; **tout-terrain** *adj.* all-terrain

terrasse *f.* terrace, patio (5)
terre *f.* land; earth; the planet Earth; **par terre** on the ground (4); **pomme** (*f.*) **de terre** potato (6)
terrine *f.* (*type of*) pâté, terrine
territoire *m.* territory
tes *adj., m., f. pl., fam.* your
tête *f.* head (13); **avoir mal à la tête** to have a headache (13); **casse-tête** *m.* puzzle; **tête-à-tête** tête-à-tête, intimate conversation
texte *m.* text; passage; **traitement** (*m.*) **de texte** word processing (10)
TGV (Train à grande vitesse) *m.* (*French high-speed*) bullet train
thé *m.* tea (6)
théâtre *m.* theater; **faire du théâtre** to act, do theater; **pièce** (*f.*) **de théâtre** (*theatrical*) play (12)
théorie *f.* theory
ticket *m.* ticket (*subway, movie*)
tiède *adj.* lukewarm, tepid
tiens *interj.* well, well (*expresses surprise*); you don't say; **ah, tiens** oh, there's
tiers *m.* one-third; *adj.* third; **Tiers-Monde** *m.* Third World
tigre *m.* tiger
timbre *m.* stamp; postage stamp (10)
timide *adj.* shy; timid
tiré (de) *adj.* drawn, adapted (from)
tirer to pull, draw (out); **tirer avantage de** to take advantage of
titre *m.* title; degree
toi *pron., s., fam.* you; **et toi** and you (1); **toi-même** *pron.* yourself (12)
toilettes *f. pl.* bathroom, toilet (4); **faire sa toilette** to wash up
toit *m.* roof
tomate *f.* tomato (6)
tombe *f.* tomb, grave
tomber to fall (8); **tomber amoureux/euse (de)** to fall in love (with) (8)
ton *adj., m. s., fam.* your; **à ton avis** in your opinion (11)
tondeuse *f.* lawn mower
tondre to mow (*lawn*)
torche: lampe (*f.*) **torche** flashlight
tort *m.* wrong; **avoir tort** to be wrong (3)
se tortiller to twist, wriggle
tôt *adv.* early; **il est tôt** it's early

totalité *f.* totality, entire amount

touche *f.* key (*keyboard*); stroke

toucher (à) to touch; to concern; to cash (*a check*) (14)

toujours *adv.* always (2); still

tour *f.* tower (11); *m.* walk, ride; turn; tour; trick; **à tour de rôle** in turn, by turns; **faire le tour de** to go around, take a tour of; **faire un tour (en voiture)** to take a walk (ride) (5)

tourisme *m.* tourism; **faire du tourisme** to go sightseeing

touriste *m., f.* tourist

touristique *adj.* tourist

tourmenté *adj.* uneasy; tortured

tournant: plaque (*f.*) **tournante** linchpin; hub

tourné (*adj.*) **vers** facing

tourner (à) to turn (11)

tournesol *m.* sunflower; **huile** (*f.*) **de tournesol** sunflower seed oil

tournoi *m.* tournament

tousser to cough

tout(e) (*pl.* **tous, toutes**) *adj., pron.* all, every (10); everything (9); each; any; **tout** *adv.* wholly, entirely, quite, very, all; **à tout à l'heure** see you soon; **en tout** altogether, in all; **en tout cas** in any case, at any rate; **haricots** (*m. pl.*) **mange-tout** green beans; sugar peas; **je n'aime pas du tout...** I don't like . . . at all; **ne... pas du tout** not at all (9); **pas du tout** not at all; **tous ensemble** all together; **tous (toutes) les deux** both (of them); **tous les jours** every day (5); **tous les matins** every morning (10); **tout à coup** suddenly (11); **tout à fait** completely, entirely; **tout à l'heure** in a while (5); **tout au long de** throughout; **tout de suite** immediately (5); **tout droit** *adv.* straight ahead (11); **tout le monde** everybody, everyone (9); **tout le temps** always, the whole time; **tout va bien** everything is going well; **tout-puissant** *adj.* all-powerful; **tout-terrain** *adj.* all-terrain (*vehicle*); **toute la matinée (la journée, la soirée)** all morning (day, evening); **toutes les deux**

heures every two hours; **toutes les semaines** every week (10)

toutefois *adv.* however

tracasserie *f.* harassment, hassle

tracer (nous traçons) to draw; to trace out; **tracer un itinéraire** to map out an itinerary

tracteur *m.* tractor

traditionnel(le) *adj.* traditional

traduction *f.* translation

traduire (*like* **conduire**) *irreg.* to translate (9)

train *m.* train (9); **billet** (*m.*) **de train** train ticket; **en train** by train; **être en train de** to be in the process of (15); **prendre le train** to take the train; **Train à grande vitesse (TGV)** (*French high-speed*) bullet train; **train-train** (*m.*) **quotidien** daily grind, routine

traite *f.* trade; **traite négrière** slave trade

traité *adj.* treated, dealt with

traitement *m.* treatment; **traitement de texte** word processing (10)

traiter de to deal with

traiteur *m.* caterer, deli owner; delicatessen

trajet *m.* trip; distance

tranche *f.* slice (7); block, slab

trancher to slice, cut up

tranquille *adj.* quiet, calm

tranquillité *f.* tranquility; calm

transformer to transform, change; **se transformer** to change

translucide *adj.* translucent

transmettre (*like* **mettre**) *irreg.* to transmit, convey

transport(s) *m.* transportation; **moyen** (*m.*) **de transport** means of transportation (9); **transports en commun** public transportation

transporter to carry, transport

trapéziste *m., f.* trapeze artist

travail (*pl.* **travaux**) *m.* work (2); project; job; employment; **langue** (*f.*) **de travail** working language; **travail d'équipe** teamwork; **travaux** (*pl.*) **pratiques** hands-on (practical) work

travaillé *adj.* finely worked; intricate; polished

travailler to work (2); **travailler à (pour) son compte** to be self-employed

travailleur/euse *m., f.* worker (14); *adj.* hardworking (3); **travailleur/euse indépendant(e)** self-employed worker (14); **travailleur/euse salarié(e)** salaried worker (14)

travers: à travers *prep.* through

traverser to cross (9)

treize *adj.* thirteen (1)

treizième *adj.* thirteenth

tréma *m.* dieresis, umlaut (ë)

tremplin *m.* diving board; springboard

trentaine *f.* about thirty

trente *adj.* thirty (1)

très *adv.* very; most; very much; **très bien** very well (good) (1); **très bien, merci** very well, thank you; **très (peu) calorique** high (low) in calories

trésor *m.* treasure

trésorier/ière *m., f.* treasurer

tricolore *m.* French flag (*blue, white, red*)

trimestre *m.* trimester; quarter (*academic*)

triomphe *m.* triumph, success

triompher to triumph

tripes *f. pl.* tripe

triste *adj.* sad

trois *adj.* three (1)

troisième *adj.* third

tromper to deceive; **se tromper (de)** to make a mistake; to be wrong (13)

trompette *f.* trumpet

trop (de) *adv.* too; too much (of); too many (of) (6)

trophée *m.* trophy

troubler to trouble, disturb

troupeau *m.* herd

trousse *f.* case; kit; **trousse de secours** first-aid kit

trouver to find (2); to deem; to like; **se trouver** to be located (situated, found) (11)

truffe *f.* truffle

truite *f.* trout

tu *pron., s., fam.* you
tuer to kill
Tunisie *f.* Tunisia (8)
tunisien(ne) *adj.* Tunisian; **Tunisien(ne)** *m., f.* Tunisian (*person*) (2)
turc (turque) *adj.* Turkish
type *m.* type, kind; *fam.* guy, fellow
typique *adj.* typical

un(e) (*pl.* **des**) *art., adj., pron.* one (1); **un(e) autre** another (15); **un jour** someday (14); **un peu** a little (3); **un peu (de)** a little (of) (6); **une fois** once (11); **une fois par semaine** once a week (5)
unanime *adj.* unanimous
uni *adj.* united; plain, solid (*color*); **États-Unis** *m. pl.* United States; **Organisation des Nations Unies (ONU)** United Nations
union *f.* union; marriage; **Union européenne (UE)** European Union (EU); **union libre** living together, common-law marriage
unique *adj.* only, sole; single
s'unir to unite
unité *f.* unity; unit; department
univers *m.* universe
universel(le) *adj.* universal
universitaire *adj.* (*of or belonging to the*) university; **cité** (*f.*) **universitaire** (*fam.* **cité-U**) university dormitory; **résidence** (*f.*) **universitaire** dormitory; **restaurant** (*m.*) **universitaire** (*fam.* **le resto-U**) university cafeteria (2)
université *f.* university (2)
urbain *adj.* urban, city
urgent *adj.* urgent; **il est urgent que** + *subj.* it's urgent that (16)
usage *m.* use; custom
utile *adj.* useful; **il est utile que** + *subj.* it's useful that (16)
utilisation *f.* use
utiliser to use, utilize
utilité *f.* use; utility, usefulness

vacances *f. pl.* vacation (5); **grandes vacances** *pl.* summer vacation; **partir (aller) en vacances** to leave

on vacation; **passer les vacances** to spend one's vacation; **pendant les vacances** during vacation
vache *f.* cow
vachement *adv., fam.* very, tremendously
vague *f.* (ocean) wave; **nouvelle vague** new wave (*trend*)
vaincre (*p.p.* **vaincu**) *irreg.* to win; to triumph
vaisselle *f. s.* dishes; **faire la vaisselle** to wash (do) the dishes (5)
valable *adj.* valid
valeur *f.* value; worth
valise *f.* suitcase (8); **faire sa valise** to pack one's bag
vallée *f.* valley
valoir (*p.p.* **valu**) *irreg.* to be worth (16); **il vaut mieux que** + *subj.* it is better that (16)
vanille *f.* vanilla
vaniteux/euse *adj.* vain
variante *f.* variation
varier to vary; to change
variété *f.* variety, type; **chanson** (*f.*) **de variété** popular song (15)
Varsovie *f.* Warsaw
vaste *adj.* vast; wide, broad
va-t'en! *fam.* get going!, go away! (13)
veau *m.* veal; calf; **escalope** (*f.*) **de veau** veal scaloppini
vedette *f.* star, celebrity (*male or female*)
végétarien(ne) *m., f., adj.* vegetarian
véhicule *m.* vehicle
veille *f.* the day (evening) before; eve
vélo *m., fam.* bike; **à/en vélo** by bike; **faire du vélo** to go cycling (5)
velours *m.* velvet
vendeur/euse *m., f.* salesperson
vendre to sell (5); **à vendre** for sale
vendredi *m.* Friday (1); **le vendredi soir** on Friday evenings (5)
se venger (nous nous vengeons) to avenge oneself; to take revenge
venir (*p.p.* **venu**) *irreg.* to come (8); **venir de** + *inf.* to have just (*done s.th.*) (8)
vent *m.* wind; **faire du vent (il fait du vent, il y a du vent)** to be windy (it's windy) (5); **vent alizé** trade wind

vente *f.* sale; sales
venter to be windy; **il vente** it's windy (5)
ventre *m.* abdomen, belly; stomach (13)
verbe *m.* verb; language
vérifier to verify
véritable *adj.* true; real
vérité *f.* truth
verre *m.* glass (6); **prendre un verre** *fam.* to have a drink; **un verre de** a glass of
verrouillable *adj.* lockable
vers *prep.* around, about (*with time expressions*); toward, to; about; **tourné** (*adj.*) **vers** facing
version *f.* version; **en version originale** original version, not dubbed (*movie*)
vert *adj.* green (3); (*politically*) "green"; **citron** (*m.*) **vert** lime (*fruit*); **espace** (*m.*) **vert** grassy (wooded) area; ***haricots** (*m. pl.*) **verts** green beans (6); **poivron** (*m.*) **vert** green (bell) pepper; **tourisme** (*m.*) **vert** ecotourism
veste *f.* sports coat, blazer (3); **veste de montagne** hiking (ski) jacket
veston *m.* suit jacket (3)
vêtement *m.* garment; *pl.* clothes, clothing
viande *f.* meat (6)
vibrer to vibrate
victime *f.* victim (*male or female*)
victoire *f.* victory
vide *adj.* empty
vidéo *f., fam.* video(cassette); *adj. inv.* video; **caméra** (*f.*) **vidéo** video camera; **cassette** (*f.*) **vidéo** videocassette; **jeux** (*m. pl.*) **vidéo** video games
vidéothèque *f.* video store
vie *f.* life (2); **coût** (*m.*) **de la vie** cost of living (14)
vietnamien(ne) *adj.* Vietnamese
vieux (vieil, vieille) *adj.* old (4); **mon vieux (ma vieille)** old friend, buddy
vif (vive) *adj.* lively; bright
vigne *f.* vineyard
villa *f.* bungalow; single-family house; villa

ville *f.* city (1); **centre-ville** *m.* downtown (11); **en ville** in town, downtown

vin *m.* wine (6); **coq** (*m.*) **au vin** coq au vin (*chicken prepared with red wine*); **marchand(e)** (*m., f.*) **de vin** wine merchant (14)

vingt *adj.* twenty (1); **vingt et un (vingt-deux...)** *adj.* twenty-one (twenty-two ...) (1)

vingtaine *f.* about twenty

vingtième *adj.* twentieth

violet(te) *adj.* purple, violet (3); *m.* violet (*color*)

violon *m.* violin

Virginie *f.* Virginia; **Virginie-Occidentale** West Virginia

visa *m.* visa; signature

visage *m.* face (13)

vis-à-vis (de) *adv.* opposite, facing; toward

viser à to aim to; to set out to

visibilité *f.* visibility

visionnaire *m., f.* visionary

visionner to watch, view

visite *f.* visit (2); **faire une visite** to pay a visit; **rendre visite à** to visit (*s.o.*) (11)

visiter to visit (*a place*) (2); **je peux la visiter** I may visit it

visiteur/euse *m., f.* visitor

vitæ: curriculum (*m.*) **vitæ** résumé (14)

vite *adv.* quickly, fast, rapidly; **il faut faire vite** we have to move fast; **venez vite** come quickly

vitesse *f.* speed; **limite** (*f.*) **de vitesse** speed limit; **Train** (*m.*) **à grande vitesse (TGV)** (*French high-speed train*) bullet train

vitres *f. pl.* windows

vitrine *f.* display window, store window

vivant *adj.* living; **langues** (*f. pl.*) **vivantes** modern languages

vive... *interj.* long live . . .

vivre (*p.p.* **vécu**) *irreg.* to live (12); **facile (difficile) à vivre** easy (hard) to live with; **vive le professeur** *interj.* long live (hurrah for) the professor

vocabulaire *m.* vocabulary

vocal: boîte (*f.*) **vocale** voice mail (10)

voici *prep.* here is/are (2)

voie *f.* way, road; course; lane; railroad track; **pays** (*m.*) **en voie de développement** developing nation

voilà *prep.* there is/are (2)

voile *f.* sail; **bateau** (*m.*) **à voile** sailboat (8); **faire de la voile** to go sailing (5); **planche** (*f.*) **à voile** windsurfer

voilier *m.* sailboat

voir (*p.p.* **vu**) *irreg.* to see (10)

voire *adv.* indeed

voisin(e) *m., f.* neighbor; **voisin(e) de palier** neighbor living on the same landing

voiture *f.* car, automobile (4); train car; **faire un tour en voiture** to take a ride (5); **voiture-restaurant** *f.* dining (sleeping, bar) car (*train*)

voix *f.* voice

vol *m.* flight (9)

volant: objet (*m.*) **volant non identifié (O.V.N.I.)** unidentified flying object (UFO); **soucoupe** (*f.*) **volante** flying saucer

volcan *m.* volcano

voler to fly; to steal; **qui vole un œuf vole un bœuf** once a thief always a thief

volley-ball (*fam.* **volley**) *m.* volleyball, **jouer au volley** to play volleyball

volontaire *m., f., adj.* volunteer

volonté *f.* will, willingness

volupté *f.* voluptuous pleasure

vos *adj., m., f. pl.* your

voter to vote

votre *adj., m., f.* your; **à votre avis** in your opinion (11)

vôtre(s): le/la/les vôtre(s) *pron., m., f.* yours; *pl.* your close friends, relatives

vouloir (*p.p.* **voulu**) *irreg.* to wish, want (7); **je voudrais** I would like (6); **que veut dire... ?** what does . . . mean?; **vouloir bien** to be willing; to agree (7); **vouloir dire** to mean (7)

vous *pron.* you; yourself; to you; **chez vous** where you live, your place; **et vous** and you (1); **s'il**

vous plaît please (1); **vous-même** *pron.* yourself (12)

voyage *m.* trip; **agence** (*f.*) **de voyages** travel agency; **bon voyage** *interj.* have a good trip; **chèque** (*m.*) **de voyage** traveler's check; **faire un voyage** to take a trip (5); **partir (s'en aller) en voyage** to leave on a trip; **projets** (*m. pl.*) **de voyage** travel plans

voyager (nous voyageons) to travel (8)

voyageur/euse *m., f.* traveler

voyant(e) *m., f.* fortune-teller, medium

vrai *adj.* true, real (4); **il est vrai que** + *indic.* it's true that (16)

vue *f.* view; panorama; sight; **en vue de** with a view toward; **point** (*m.*) **de vue** point of view

wagon *m.* train car (9); **wagon-lit** *m.* sleeping car; **wagon-restaurant** *m.* dining car

Wallonie *f.* Wallonia (*French-speaking Belgium*)

W.-C. *f. pl.* restroom, toilet (4)

Web *m.* web (10)

week-end *m.* weekend; **ce week-end** this weekend (5); **le week-end** on weekends (5)

xénophobie *f.* xenophobia

y *pron.* there (11); **il n'y a pas de...** there isn't (aren't) . . . ; **il y a** there is (are) (1); ago (8); **qu'est-ce qu'il y a dans... ?** what's in . . . ?; **y a-t-il... ?** is (are) there . . . ?

yeux (*pl.* (3) of **œil**) *m.* eyes (13)

zèbre *m.* zebra

zéro *m.* zero

zone *f.* zone, area; **zone fumeurs (non-fumeurs)** smoking (nonsmoking) area (9)

zoologique *adj.* zoological; **jardin** (*m.*) **zoologique** (*fam.* **zoo**) zoological gardens, zoo

Lexique anglais-français

This English-French end vocabulary contains the words in the active vocabulary lists of all chapters. See the introduction to the *Lexique français-anglais* for a list of abbreviations used.

abdomen ventre *m.* (13)
able: to be able pouvoir *irreg.* (7)
abolish abolir (16)
about (*with time expressions*) vers (6)
abroad à l'étranger (9)
accept accepter (de) (12)
accident accident *m.* (16)
accomplish réussir (4)
according to selon (16)
account compte *m.* (14); **checking account** compte-chèques *m.* (14); **savings account** compte d'épargne (14)
accountant comptable *m., f.* (14)
acquaintance: to make the acquaintance (of) faire la connaissance (de) (5)
across from en face de (4)
act *v.* agir (4)
activities (leisure) loisirs *m. pl.* (15); **outdoor activities** activités (*f.*) de plein air (15)
actor acteur *m.*, actrice *f.* (12)
address adresse *f.* (10)
adore adorer (2)
ads (classified) petites annonces *f. pl.* (10)
advertisement, advertising publicité *f.* (10)
advise conseiller (à, de) (15)
aerobics aérobic *f.* (5); **to do aerobics** faire de l'aérobic (5)
afraid: to be afraid of avoir peur de (3)
after après (2, 5)
afternoon après-midi *m.* (5); **afternoon snack** goûter *m.* (6); **this afternoon** cet après-midi (5)
afterward après (5)
again de nouveau (11)
age âge *n. m.*; **Middle Ages** le Moyen Âge (12)
ago il y a (8)
agree vouloir (*irreg.*) bien (7)
agreeable agréable (3)

agreed d'accord (2)
ahead: straight ahead tout droit (11)
airplane avion *m.* (9)
airport aéroport *m.* (9)
alarm clock réveil *m.* (4)
Algeria Algérie *f.* (8)
Algerian (*person*) Algérien(ne) *m., f.* (2)
all *adj., pron.* tout, toute, tous, toutes (9); **all right** ça peut aller (1); **not at all** ne... pas du tout (9)
allow (to) permettre (de) (12)
almost presque (6)
already déjà (9)
also aussi
always toujours (2)
American (*person*) Américain(e) *m., f.* (2)
amount montant *m.* (14)
amusing amusant(e) (3)
and et (2); **and you?** et vous?/et toi? (1)
angry fâché(e) (16); **to get angry** se fâcher (13)
another un(e) autre (15)
answer *v.* répondre à (5); **answering machine** répondeur *m.* (téléphonique) (10)
Antilles (*islands*) Antilles *f. pl.*
antique *adj.* ancien(ne) (4)
apartment appartement *m.*; **apartment building** immeuble *m.* (4)
apologize s'excuser (13)
apparatus appareil *m.* (10)
appetizer *hors-d'œuvre *m. inv.* (7)
apple pomme *f.* (7)
application (job) demande (*f.*) d'emploi (14)
apply (*for a job*) poser sa candidature (14)
appointment: to have an appointment avoir (*irreg.*) rendez-vous (3)
April avril (1)

architect architecte *m., f.* (14)
area: smoking, nonsmoking area zone (*f.*) (non-)fumeurs (9)
arena arènes *f. pl.* (12)
argue se disputer (13)
arm bras *m.* (13)
around (*with time expressions*) vers (6)
arrival arrivée *f.* (9)
arrive arriver (3)
art (work of) œuvre (*f.*) (d'art) (12)
artisan artisan(e) *m., f.* (14)
artist artiste *m., f.* (14)
as . . . as aussi... que (14); **as far as** jusqu'à (11); **as for me** pour ma part (16); **as much (many) . . . as** autant (de)... que (15); **as soon as** dès que (14), aussitôt que (14)
ashamed: to be ashamed avoir (*irreg.*) honte (3)
ask (for) demander; **to ask a question** poser une question (12)
asleep: to fall asleep s'endormir *irreg.* (13)
at à (2)
athletic sportif/ive (3)
atmosphere atmosphère *f.* (16)
attend assister à (15)
attendant (flight) hôtesse (*f.*) de l'air (9), steward *m.* (9)
attention: to pay attention (to) faire (*irreg.*) attention (à) (5)
August août (1)
aunt tante *f.* (5)
automatic teller distributeur (*m.*) automatique (14)
automobile voiture *f.* (4)
autumn automne *m.*; **in autumn** en automne (5)
awaken se réveiller (13)

back dos *m.* (13)
backpack sac (*m.*) à dos (3)
bad mauvais(e) *adj.* (4); **bad(ly)** mal *adv.*; **it's bad (out)** il fait mauvais

(5); **not bad(ly)** pas mal (1); **things are going badly** ça va mal (1); **to feel bad (ill)** aller (*irreg.*) mal (5); **too bad!** dommage! (16)

bag: sleeping bag sac (*m.*) de couchage (8)

baguette baguette (*f.*) (de pain) (6)

bakery boulangerie *f.* (7)

balcony balcon *m.* (5)

ball: bocce ball pétanque *f.* (15)

bank banque *f.* (11); **bank (ATM) card** carte (*f.*) bancaire (14); **the Left Bank** (*in Paris*) Rive (*f.*) gauche (11); **the Right Bank** (*in Paris*) Rive (*f.*) droite (11)

bar-tobacconist café-tabac *m.* (11)

basement sous-sol *m.* (5)

bathe se baigner (13)

bathroom salle (*f.*) de bains (5); **bathroom sink** lavabo *m.* (4)

be être (*irreg.*) (2); **here is/are** voici (2); **how are you?** comment allez-vous?/comment vas-tu? (1); **it's a . . .** c'est un (une)… (1); **there is/are** il y a; voilà; **to be in the middle (the process) of** être en train de (15)

beach plage *f.* (8); **beach towel** serviette (*f.*) de plage (8)

beans: green beans *haricots (m. pl.)* verts (6)

beautiful beau, bel, belle (beaux, belles) (3)

because parce que (4)

become devenir *irreg.* (8)

bed lit *m.* (4); **to go to bed** se coucher (13)

bedroom chambre *f.* (4)

beef bœuf *m.* (6)

beer bière *f.* (6)

begin commencer (2); **to begin to** (*do s.th.*) se mettre (*irreg.*) à (+ *inf.*) (13)

behind derrière (4)

Belgian (*person*) Belge *m., f.* (2)

Belgium Belgique *f.* (8)

believe croire *irreg.* (10); estimer (16); **to believe in (that)** croire à, en (que)

beret béret *m.* (3)

berth couchette *f.* (9)

beside à côté de (4)

best le mieux *adv.* (15); le/la/les meilleur(e)(s) *adj.*

better meilleur(e) *adj.*; mieux *adv.* (15); **it is better that** il vaut mieux que + *subj.* (16)

between entre (4)

bicycle bicyclette *f.* (8), vélo *m.*; **to go bicycling** faire (*irreg.*) de la bicyclette, du vélo (5)

big grand(e) (3)

bill (*in a restaurant*) addition *f.* (7); (*currency*) billet *m.*

biology biologie *f.* (2)

black noir(e) (3)

blackboard tableau (noir) *m.* (1)

blazer veste *f.* (3)

blond(e) blond(e) (3)

blouse chemisier *m.* (3)

blue bleu(e) (3)

board games jeux (*m. pl.*) de société (15)

boarding pass carte (*f.*) d'embarquement (9)

boat bateau *m.* (8); **sailboat** bateau à voile (8)

bocce ball pétanque *f.* (15)

body corps *m.* (13)

book livre *m.* (1); **telephone book** annuaire *m.* (10)

bookstore librairie *f.* (2)

booth (telephone) cabine (*f.*) téléphonique (10)

boots bottes *f. pl.* (3); **hiking boots** chaussures (*f. pl.*) de montagne (8); **ski boots** chaussures (*f. pl.*) de ski (8)

bore: to be bored s'ennuyer (13)

born: to be born naître *irreg.* (8)

borrow (from) emprunter (à) (11)

boss chef (*m.*) d'entreprise (14)

bottle bouteille *n. f.* (6)

boulevard boulevard *m.* (11)

bowling (lawn) pétanque *f.* (15)

brave courageux/euse (3)

Brazil Brésil *m.* (8)

bread pain *m.* (6); **country-style wheat bread** pain de campagne (7)

breakfast petit déjeuner *m.* (6)

bring apporter (7); **to bring** (*s.o. somewhere*) amener

broadcast émission *n. f.* (10); **to broadcast** émettre (*irreg.*)

brother frère *m.* (5); **brother-in-law** beau-frère *m.* (5)

brown (*hair*) châtain(e) (3); marron *inv.* (3)

brush (one's hair, teeth) se brosser (les cheveux, les dents) (13); brosse *n. f.* (13)

budget budget *m.* (14)

build bâtir (6)

building bâtiment *m.* (1); immeuble (*office, apartment*) *m.* (4)

bus (*city*) autobus *m.* (5); (*interurban*) autocar *m.* (9)

business commerce *m.* (2); **business class** classe (*f.*) affaires (9); **business manager** directeur/trice commercial(e) (14)

but mais (2)

butcher boucher/ère *m., f.* (14); **butcher shop** boucherie *f.* (7); **pork butcher's shop** charcuterie *f.* (7)

butter beurre *m.* (6)

buy *v.* acheter (6)

by à (2); en (2); par

café café *m.* (2)

cafeteria (university) restaurant (*m.*) universitaire (resto-U) (2)

cake gâteau *m.* (6)

call *v.* appeler (10); **telephone calling card** télécarte *f.* (10); **who's calling?** qui est à l'appareil? (10)

calm calme (3)

camera (video) caméra *f.* (10), caméscope *m.* (10)

camping camping *m.* (8)

can (*to be able*) pouvoir *irreg.* (7)

can (of food) boîte (*f.*) (de conserve) (7)

Canada Canada *m.* (8)

Canadian (*person*) Canadien(ne) *m., f.* (2)

cap casquette *f.* (3)

car voiture *f.* (4); **train car** wagon *m.* (9)

carafe carafe *f.* (6)

card carte *f.* (3); **bank (ATM) card** carte bancaire (14); **credit card** carte de crédit (14); **play cards** jouer aux cartes (3)

careful: to be careful faire (*irreg.*) attention (à) (5)

Caribbean Islands Antilles *f. pl.* (1)

carrier (letter) facteur *m.* (14)

carrot carotte *f.* (6)

carry apporter (7); porter (3)

cartoon bande (*f.*) dessinée (15)

case: in that case alors (4)

cash argent (*m.*) liquide (14); **to cash** (*a check*) toucher (14), encaisser (11)

cassette tape cassette *f.* (4)

castle château *m.* (11)

cathedral cathédrale *f.* (12)

CD player platine (*f.*) laser, lecteur (*m.*) de CD (4, 10)

CD-ROM cédérom, CD-ROM *m.* (10)

celebrate fêter, célébrer (6)

century siècle *m.* (12)

certain certain(e) (16); sûr(e) (16)

chair chaise *f.* (1)

chalkboard tableau (noir) *m.* (1)

chance: games of chance jeux (*m. pl.*) de hasard (15)

change monnaie *n. f.* (10)

channel (*television*) chaîne *f.* (10)

chateau château *m.* (11)

check (*in a restaurant*) addition *f.* (7); (*bank*) chèque *m.* (14); **checkbook** carnet (*m.*) de chèques (14); **checking account** compte-chèques *m.* (14); **to cash a check** toucher un chèque (14), encaisser un chèque (11); **to write a check** faire (*irreg.*) un chèque (14)

cheese fromage *m.* (6)

chemistry chimie *f.* (2)

chess échecs *m. pl.* (3)

chest (of drawers) commode *f.* (4)

chestnut (*hair color*) châtain (3)

chicken poulet *m.* (6)

child enfant *m., f.* (5)

China Chine *f.* (8)

Chinese (*person*) Chinois(e) *m., f.* (2); (*language*) chinois *m.* (2)

chocolate chocolat *m.* (6)

choose choisir (4)

chop (*meat*) côte *n. f.* (7)

church (*Catholic*) église *f.* (11)

citizen citoyen(ne) (16)

city ville *f.* (2)

civil servant fonctionnaire *m., f.* (14)

class (business) classe (*f.*) affaires (9); **first class** première classe (9); **tourist class** classe économique (9)

classical classique (2)

classified ads petites annonces *f. pl.* (10)

classroom salle (*f.*) de classe (1)

clear *adj.* clair(e) (16)

clerk (sales) employé(e) (14)

climb *v.* monter (8)

clock (alarm) réveil *m.* (4)

close to près de (4)

closet armoire *f.* (4)

cloudy: it's cloudy le temps est nuageux (5)

coat manteau *m.* (3); **sports coat** veste *f.* (3)

coffee (cup of) un café *m.* (2)

coin locker consigne *f.* (automatique) (9)

cold froid *m.*; **it's cold** il fait froid (5); **to be cold** avoir (*irreg.*) froid (3)

collection collection *f.* (15); recueil *m.* (12)

comb peigne *n. m.* (13); **to comb one's hair** se peigner (13)

come venir *irreg.* (8); **to come back to** (*someplace*) revenir *irreg.* (8)

commercial publicité *n. f.* (10)

compact disc (CD) player platine (*f.*) laser, lecteur (*m.*) de CD (4, 10)

company entreprise *f.* (14); société *f.* (14); **company head** chef (*m.*) d'entreprise (14)

compartment (*train*) compartiment *m.* (9)

composer compositeur/trice (12)

computer ordinateur *m.* (1); **computer science** informatique *f.* (2)

concern *v.* toucher (14)

conflict conflit *n. m.* (16)

conformist conformiste (3)

Congo (Republic Democratic of) République (*f.*) Démocratique du Congo (8)

conservation conservation *f.* (16)

conserve conserver (16)

consider estimer (16)

constantly constamment (12)

construct construire *irreg.* (9)

continue continuer (11)

cooking cuisine *f.* (6); **to cook** faire (*irreg.*) la cuisine (5)

cool *adj.* frais (fraîche); **it's cool** il fait frais (5)

corner coin *m.* (11)

cost of living coût (*m.*) de la vie (14)

costs frais *m. pl.* (14)

country (*nation*) pays *m.* (2); **country(side)** campagne *f.* (8)

courageous courageux/euse (3)

course (*academic*) cours *m.* (2); **course** (*meal*) plat *m.* (7); **first course** entrée *f.* (7); **main course** plat (*m.*) principal (7)

cousin cousin(e) (5)

cover *v.* couvrir *irreg.* (14)

craftsperson artisan(e) (14)

crayfish écrevisse *f.* (7)

cream crème *f.* (6); **ice cream** glace *f.* (6)

credit card carte (*f.*) de crédit (14)

croissant croissant *m.* (6)

cross traverser (9); **cross-country skiing** ski (*m.*) de fond (8)

cup tasse *f.* (6); **cup of coffee** un café *m.* (2); **wide cup** bol *m.* (6)

curtain rideau *m.* (4)

cycling cyclisme *m.* (15); vélo *m.*; **to go cycling** faire (*irreg.*) du vélo (5)

daily quotidien(ne) (13)

dance *v.* danser (2)

date (from) *v.* dater (de) (12); **to have a date** avoir (*irreg.*) rendez-vous (3); **what is the date?** quelle est la date? (1)

daughter fille *f.* (5)

day jour *m.* (1); **every day** tous les jours (5); **the day before yesterday** avant-hier (8); **what day is it?** quel jour sommes-nous? (1); **whole day** journée *f.* (7)

dear cher/ère (3)

decade: the decade of (the fifties) les années (cinquante) *f. pl.* (8)

December décembre (1)

decide décider (de) (12)

delay retard *n. m.* (6)

delicatessen charcuterie *f.* (7)

demand *v.* exiger (16)

demonstrate (for/against) manifester (pour/contre) (16)

dentist dentiste *m., f.* (14)

departure départ *m.* (9)

deposit (change) v. déposer (14) (la monnaie) (10)
describe décrire *irreg.* (10)
desire v. désirer (15); souhaiter (16)
desk bureau *m.* (1)
dessert dessert *m.* (6)
destroy détruire *irreg.* (9)
detest détester (2)
develop développer (16)
development développement *m.* (16)
dial (a number) composer (un numéro) (10)
dictionary dictionnaire *m.* (2)
die mourir *irreg.* (8)
diet régime *n. m.* (7)
different différent(e) (3)
difficult difficile (3)
dine dîner (6)
dining room salle (*f.*) à manger (5)
dinner dîner *m.* (6); **to have dinner** dîner (6)
direct v. diriger (14)
disagreeable désagréable (3)
discover découvrir *irreg.* (14)
dishes vaisselle *f. s.;* **to do the dishes** faire (*irreg.*) la vaisselle (5)
district quartier *m.* (2); arrondissement *m.* (11)
division (*academic*) faculté *f.* (2)
divorced divorcé(e) (5)
do faire *irreg.* (5); **do-it-yourself work** bricolage *m.* (15)
doctor médecin (femme médecin) (14)
dog chien(ne) (4)
door porte *f.* (1)
dormitory cité (*f.*) universitaire (cité-U) (2)
doubt v. douter (16)
downhill skiing ski (*m.*) alpin (8)
downtown centre-ville *m.* (11)
drawers (chest of) commode *f.* (4)
dream (of) v. rêver (de) (2)
dress robe *f.* (3); **to dress up in disguise** se déguiser; **to get dressed** s'habiller (13)
drink (soft) boisson (*f.*) gazeuse (6); **to drink** boire *irreg.* (6)
drive v. conduire *irreg.* (9)
driver conducteur/trice (9)
drugstore pharmacie *f.* (11)
during pendant (9)
DVD player lecteur (*m.*) de DVD (10)
dynamic dynamique (3)

each (one) chacun(e) *pron.* (15); chaque *adj.* (15)
ear oreille *f.* (13)
early de bonne heure (6); tôt (6); en avance (6)
earn gagner (14)
east est *m.;* **to the east** à l'est (9)
easy facile (3)
eat manger (2)
eccentric excentrique (3)
eclair éclair (*pastry*) *m.* (7)
economics économie *f.* (2)
egg œuf *m.* (6)
eight *huit (1)
eighteen dix-huit (1)
eighth le/la *huitième (11)
elect élire *irreg.* (16)
eleven onze (1)
eleventh le/la onzième (11)
else (s. th.) autre chose (7)
e-mail courrier (*m.*) électronique (10); **e-mail message** message (*m.*) électronique (10)
employee employé(e) (14); **s.o. employed (by)** employé(e) (de) (14)
encounter rencontre *n. f.* (13); **to encounter** rencontrer (13)
end by (*doing s.th.*) finir par (12)
energy énergie *f.* (16); **nuclear/solar energy** énergie (*f.*) nucléaire/solaire (16)
engage: to get engaged se fiancer (13)
engagement fiançailles *f. pl.* (13)
engineer ingénieur *m.* (14)
England Angleterre *f.* (8)
English (*person*) Anglais(e) *m., f.* (2); (*language*) anglais *m.* (2)
enough (of) assez de (6)
enter entrer (8)
enthusiastic enthousiaste (3)
envelope enveloppe *f.* (10)
environment environnement *m.* (16)
era: the era of (the fifties) les années (cinquante) *f. pl.* (8)
errands courses *f. pl.;* **to do errands** faire (*irreg.*) les courses (5)
especially surtout (10)
essential essentiel(le) (16)
establishment: at the establishment of chez (5)
estimate v. estimer (16)

evening soir *m.* (6); **entire evening** soirée *f.* (8); **good evening** bonsoir (1); **in the evening** du soir (6); **Monday/Friday evenings** le lundi/le vendredi soir (5); **this evening** ce soir (5)
event événement *m.* (12); **sporting event** manifestation (*f.*) sportive (15)
ever déjà (9)
every tout, toute, tous, toutes (10); **every day** tous les jours (5); **every week** toutes les semaines (10)
everybody tout le monde (9)
everyday quotidien(ne) (13)
everyone tout le monde (9)
everything tout (9)
everywhere partout (11)
evidently évidemment (12)
exam examen *m.* (2); **to take an exam** passer un examen (4)
example: for example par exemple (16)
exchange rate cours (*m.*) (14), taux (*m.*) de change (14); **money exchange (office)** bureau (*m.*) de change (14)
excuse (oneself) s'excuser (13); **excuse me** excusez-moi (1)
exhibit exposition *f.* (12)
expense dépense *f.* (14); **expenses** frais *m. pl.* (14)
expensive cher/chère (3)
express an opinion exprimer une opinion (16)
expression: freedom of expression liberté (*f.*) d'expression (13)
eye œil *m.* (*pl.* yeux) (13)

face visage *n. m.* (13)
fair *adj.* juste (16)
fall automne *n. m.* (5); **in fall** en automne (5)
fall v. tomber (8); **to fall in love (with)** tomber amoureux/euse (de) (13)
false faux (fausse) (4)
familiar: to be familiar with connaître *irreg.* (11)
family famille *f.* (5)
far from loin de (4)
farmer agriculteur/trice (14)
father père *m.* (5); **father-in-law** beau-père *m.* (5)

favorite préféré(e) (5)
February février (1)
feel sentir *irreg.* (8); **to feel bad** aller (*irreg.*) mal (5); **to feel like** avoir (*irreg.*) envie de (3)
few: a few *adj.* quelques; quelques-uns/unes *pron.* (9)
fifteen quinze (1)
fifth le/la cinquième (11)
fifty cinquante (1)
fill it up faire (*irreg.*) le plein (9)
fillet (*beef, fish, etc.*) filet *m.* (7)
film film *m.* (2)
filmmaker cinéaste *m., f.* (12)
finally enfin (11)
find *v.* trouver (2)
fine bien (15); ça va bien (1)
finger doigt *m.* (13)
finish finir de (+ *inf.*) (4); **to finish by** (*doing s.th.*) finir par (+ *inf.*) (12)
first d'abord *adv.* (11); premier/ière *adj.* (11); **first of all (at first)** d'abord (11)
fish poisson *m.* (6); **fish store** poissonnerie *f.* (7); **fishing** pêche *f.* (15); **to go fishing** aller (*irreg.*) à la pêche (8)
five cinq (1)
fixed-price menu menu *m.* (7)
flash of lightning coup (*m.*) de foudre (13)
flight vol *m.* (9); **flight attendant** hôtesse (*f.*) de l'air (9); steward *m.* (9)
floor: ground floor rez-de-chaussée *m.* (5); **second floor** premier étage *m.* (5); **third floor** deuxième étage *m.* (5)
flower fleur *f.* (4)
fluently couramment (12)
follow suivre *irreg.* (12)
food cuisine *f.* (6)
foot pied *m.* (13); **on foot** à pied (9)
for pour (2); (*time*) depuis (9), pendant (9); (*flight*) à destination de (9); **for example** par exemple (16)
foreign: in a foreign country à l'étranger (9); **foreign language** langue (*f.*) étrangère (2)
forest bois *m.* (11); forêt *f.* (8)
forget (to) oublier (de) (8)
fork fourchette *f.* (6)

former ancien(ne) (4)
formerly autrefois (11)
fortunate heureux/euse (10)
forty quarante (1)
found: to be found se trouver (13)
four quatre (1)
fourteen quatorze (1)
fourth le/la quatrième (11); **one-fourth** quart *m.* (6)
France France *f.* (8)
freedom (of expression) liberté (*f.*) (d'expression) (16)
French (*person*) Français(e) *m., f.* (2); (*language*) français *m.*; **French fries** frites *f. pl.* (6); **in French, please** en français, s'il vous plaît (1)
fresh frais (fraîche) (5)
Friday vendredi *m.* (1)
friend ami(e) (2)
friendship amitié *f.* (13)
fries frites *f. pl.* (6)
from de (2); **from time to time** de temps en temps (2); **from now on** à l'avenir (14), à partir de maintenant (14)
front: in front of devant (4)
fruit fruit *m.* (6); **fruit juice** jus (*m.*) de fruit (6)
fun *adj.* amusant(e) (3); **to have fun** s'amuser (à) (13)
funny drôle (3)
furious furieux/euse (16)
furniture (piece of) meuble *m.* (5)
future avenir *m.* (14); **in the future** à l'avenir (14)

game (*sport*) match (15); **games of chance** jeux (*m. pl.*) de hasard (15); **group, social games** jeux (*m. pl.*) de société (15)
garden jardin *n. m.* (5)
gardening jardinage *m.* (15)
garlic ail *m.* (15)
generally en général (2)
geography géographie *f.* (2)
geology géologie *f.* (2)
German (*person*) Allemand(e) *m., f.* (2); (*language*) allemand *m.* (2)
Germany Allemagne *f.* (8)
get obtenir *irreg.* (8); **get going!** va-t'en! (13); **to get along (with)**

s'entendre (avec) (13); **to get off, down from** descendre (de) (5); **to get up** se lever (13)
girl jeune fille *f.* (3)
give donner (2); **to give back** rendre (5)
glass verre *m.* (6); **(eye)glasses** lunettes *f. pl.* (8)
go: to go aller *irreg.* (5); **go away!/get going!** allez-vous-en! (va-t'en!) (13); **how's it going?** ça va? (1); **things are going well** ça va (1); **to be going** (*to do s.th.*) aller + *inf.* (5); **to go back** retourner (8); **to go down** descendre (5); **to go fishing** aller à la pêche (8); **to go home** rentrer (8); **to go off, go away** (*to work*) s'en aller *irreg.* (13); **to go out** sortir (de) (8); **to go up** monter (8); **what's going on?** qu'est-ce qui se passe? (15)
goggles: ski goggles lunettes (*f. pl.*) de ski (8)
good bien *adv.* (15); bon(ne) *adj.* (4); **good-bye** au revoir (1); **good day** bonjour (1); **good evening** bonsoir (1); **that's good** tant mieux (15)
Gothic gothique (12)
government gouvernement *m.* (16)
grandchild petit-enfant *m.* (5)
granddaughter petite-fille *f.* (5)
grandfather grand-père *m.* (5)
grandmother grand-mère *f.* (5)
grandparent grand-parent (5)
grandson petit-fils *m.* (5)
gray gris(e) (3)
great formidable; bravo; excellent (4)
great-grandparent arrière-grand-parent *m.* (5)
Greece Grèce *f.* (8)
green vert(e) (3); **green beans** *haricots (*m. pl.*) verts (6)
grocery store épicerie *f.* (7)
ground: on the ground par terre (4); **ground floor** rez-de-chaussée *m.* (5)
group games jeux (*m. pl.*) de société (15)
guess *v.* deviner (12)
guitar guitare *f.* (4)
gymnasium gymnase *m.* (2)

habitually d'habitude (5)
hair cheveux *m. pl.* (3)
hairdresser coiffeur/euse (14)
Haiti Haïti *m.* (8)
half demi(e) (6); **half brother** demi-frère *m.* (5); **half past the hour** et demi(e) (6); **half sister** demi-sœur *f.* (5)
hall couloir *m.* (4); **lecture hall** amphithéâtre *m.* (2); **town hall** mairie *f.* (11)
ham jambon *m.* (6)
hand main *f.* (13); **hand in** rendre (5)
handbag sac (*m.*) à main (3)
handsome beau, bel, belle (beaux, belles) (3)
happen se passer (15); **what's happening?** qu'est-ce qui se passe? (15)
happy heureux/euse (10)
hardly peu (3)
hardworking travailleur/euse (3)
hat chapeau *m.* (3)
have avoir *irreg.* (3); **to have** (*to eat; to order*) prendre *irreg.* (6); **to have to** devoir *irreg.* (7)
head tête *f.* (13); directeur/trice (14); **company head** chef (*m.*) d'entreprise (14)
health santé *f.* (13)
hear entendre (5)
heart cœur *m.* (13); **by heart** par cœur (12)
height: medium height de taille moyenne (3)
hello bonjour (1); (*telephone*) allô (10)
help *v.* aider (14)
here ici (1); **here is/are** voici (2)
heritage patrimoine *m.* (12)
hi salut (1)
highway autoroute *f.* (9)
hike randonnée *n. f.* (8); **hiking boots** chaussures (*f. pl.*) de montagne (8); **to go hiking** faire (*irreg.*) une randonnée (pédestre) (8)
hire embaucher (14)
historical historique *f.* (13)
history histoire *f.* (2)
hobby passe-temps *m.* (15)
holiday fête *f.* (1)
home maison *f.* (4); **at the home of** chez (5); **to go home** rentrer (8)

homeless sans-abri *m., f. inv.* (16)
homework devoirs *m. pl.*; **to do homework** faire (*irreg.*) ses devoirs (5)
hope *v.* espérer (6)
horse cheval *m.* (8); **to go horseback riding** faire (*irreg.*) du cheval (8)
hospital hôpital *m.* (9)
hostel: youth hostel auberge (*f.*) de jeunesse (9)
hot chaud; **it's hot** il fait chaud (5); **to be hot** avoir (*irreg.*) chaud (3)
hotel hôtel *m.* (9)
hour heure *f.* (6); **quarter before the hour** moins le quart (6)
house maison *f.* (4)
housework: to do the housework faire (*irreg.*) le ménage (5)
how comment (1); **how are you?** comment allez-vous? comment vas-tu? (1); **How much is it?** C'est combien? (1); **how many?** combien (de)? (4); **how much?** combien (de)? (1); **how's it going?** ça va? (1)
hungry: to be hungry avoir (*irreg.*) faim (4)
hurry *v.* se dépêcher (13)
hurt *v.* avoir (*irreg.*) mal (à) (13)
husband mari *m.* (5)

ice cream glace *f.* (6)
idealistic idéaliste (3)
if si; **if I were you** à ta (votre) place (15)
immediately tout de suite (5)
impatient impatient(e) (3)
important important(e) (3)
impossible: it is impossible il est impossible (16)
in à (2); en (2); dans; **in four days** dans quatre jours (5); **in order to** pour (4); **in the afternoon** de l'après-midi (6)
include comprendre *irreg.* (6)
increase augmentation *n. f.* (14)
indispensable indispensable (16)
individualistic individualiste (3)
industrial industriel(le) (16)
inflation inflation *f.* (16)
information: tourist information bureau syndicat (*m.*) d'initiative (11)

insert: to insert the card introduire (*irreg.*) la carte (10)
inspect contrôler (16)
instructor professeur *m., f.* (1)
intellectual intellectuel(le) (3)
intelligent intelligent(e) (3)
interest *v.* intéresser (14)
interesting intéressant(e) (3)
intersection carrefour *m.* (11)
interview (job) entretien *m.* (14)
involve: to get involved (in) (*a public issue, cause*) s'engager (dans) (16)
island île *f.* (11)
isn't it so? n'est-ce pas? (3)
it's a . . . c'est un (une)... (1)
Italian (*person*) Italien(ne) *m., f.* (2); (*language*) italien *m.* (2)
Italy Italie *f.* (8)
Ivory Coast Côte-d'Ivoire *f.*

jacket (ski) anorak *m.* (8); **suit jacket** veston *m.* (3)
January janvier (1)
Japan Japon *m.* (8)
Japanese (*person*) Japonais(e) *m., f.* (2); (*language*) japonais *m.* (2)
jeans jean *m.* (3)
jewel bijou *m.* (14)
jog faire (*irreg.*) du jogging (5)
joke blague *n. f.* (15)
juice (orange) jus (*m.*) (d'orange) (6)
July juillet (1)
June juin (1)
just juste; **to have just done s.th.** venir (*irreg.*) de + *inf.* (8)

key clé, clef *f.* (8)
kilo kilogramme *m.* (7)
kiosk kiosque *m.* (10)
kiss *v.* s'embrasser (13)
kitchen cuisine *f.* (5)
knee genou *m.* (*pl.* genoux) (13)
knife couteau *m.* (6)
know connaître *irreg.* (11); **to know (how)** savoir *irreg.* (11)

lake lac *m.* (8)
lamp lampe *f.* (4)
language (foreign) langue (*f.*) (étrangère) (2)
last dernier/ière (8); passé(e) (8)
late en retard (6); tard

laugh v. rire *irreg.* (15)

laundry: to do the laundry faire (*irreg.*) la lessive (5)

law droit *m.* (2)

lawn bowling pétanque *f.* (15)

lawyer avocat(e) (14)

lazy paresseux/euse (3)

learn apprendre *irreg.* (à) (6)

leave (for, from) partir *irreg.* (à, de) (8); **to leave** (*behind*) laisser (7); **to leave** (*go out*) sortir *irreg.* (8); **to leave** (*s.o. or someplace*) quitter (8)

Lebanese (*person*) Libanais(e) *m., f.* (2)

lecture conférence *f.* (12); **lecture hall** amphithéâtre *m.* (2)

left: on the left à gauche (4); **the Left Bank** (*in Paris*) Rive (*f.*) gauche (11)

leg jambe *f.* (13)

legacy patrimoine *m.* (12)

legalization légalisation *f.* (16)

leisure (activities) loisirs *m. pl.* (15)

lend (to) prêter (à) (11)

less . . . than moins... que (14)

letter lettre *f.* (10); **letter carrier** facteur/trice *m., f.* (14)

lettuce salade *f.* (6)

library bibliothèque *f.* (2)

life vie *f.* (2)

lightning: flash of lightning coup (*m.*) de foudre (13)

like aimer (2); **I would like** (*to do s.th.*) je voudrai (+ *inf.*) (6); **to like better** aimer mieux (2)

likeable sympa(thique) (13)

likely probable (16)

line: to stand in line faire (*irreg.*) la queue (5)

linguistics linguistique *f.* (2)

listen écouter (2)

literature littérature *f.* (2)

little: a little (of) un peu (de) (3)

live habiter (2); vivre *irreg.* (12)

living: cost of living coût (*m.*) de la vie (14); **living room** salle (*f.*) de séjour (5)

loaf (of bread) baguette (*f.*) (de pain) (6)

loan emprunt *m.* (14)

locate: to be located se trouver (11)

locker (coin) consigne (*f.*) automatique (9)

lodging logement *m.* (4)

long long(ue) (3)

longer: no longer ne... plus (9)

look (at) regarder (8); **to look (like)** avoir (*irreg.*) l'air (de) (3); **to look at oneself, look at each other** se regarder (13); **to look for** chercher (2); **to look up** (*a phone number*) consulter l'annuaire (10)

lose perdre (5); **to get lost** se perdre (13)

lot: a lot (of) beaucoup (de) (1,6)

love v. adorer (2); aimer (2); amour *n. m.* (13); **love at first sight** coup (*m.*) de foudre (13); **lover; loving** amoureux/euse (13); **to fall in love (with)** tomber amoureux/euse (de) (8)

lucky: to be lucky avoir (*irreg.*) de la chance (8)

lunch déjeuner *m.* (6); **to have lunch** déjeuner (6)

ma'am Madame (Mme) (1)

machine: answering machine répondeur (*m.*) téléphonique (10)

magazine (*illustrated*) magazine *m.* (4); (*journal*) revue *f.* (10)

magnificent magnifique (12)

mail v. poster (10)

mailbox boîte (*f.*) aux lettres (10)

majority: the majority of la plupart de (12)

make faire *irreg.* (5)

makeup: to put on makeup se maquiller (13)

man homme *m.* (2); **young man** jeune homme *m.* (13)

manager directeur/trice *m., f.* (14); **middle/senior manager** cadre *m.* (14); **top manager** chef (*m.*) d'entreprise (14)

many: how many? combien (de)? (4)

map plan (*city*) *m.* (11); carte (*of a region, country*) *f.* (11)

March mars (1)

market marché *m.*; **to go to the market** faire (*irreg.*) le marché (5)

marriage mariage *m.* (13)

married marié(e) (5); **to get married** se marier (avec) (13)

Martinique Martinique *f.* (1)

masterpiece chef-d'œuvre *m.* (*pl.* chefs-d'œuvre) (12)

mathematics (math) mathématiques (maths) *f. pl.* (2)

May mai (1)

maybe peut-être (5)

me: as for me pour ma part (16); **me neither** moi non plus (3); **me too** moi aussi (3)

meal repas *m.* (6)

mean v. vouloir (*irreg.*) dire (7)

meat viande *f.* (6)

media médias *m. pl.* (16)

medieval médiéval(e) (12)

medium: of medium height de taille moyenne (3)

meet se rencontrer (13); **to meet (for the first time)** faire (*irreg.*) la connaissance (de)

meeting rencontre *f.* (13); **to have a meeting** avoir (*irreg.*) rendez-vous (3)

mention: don't mention it de rien (1)

menu carte *f.* (7); **fixed-price menu** menu *m.* (7)

merchant (wine) marchand(e) (de vin) (14)

messy en désordre (4)

metro station station (*f.*) de métro (11)

Mexican (*person*) Mexicain(e) *m., f.* (2)

Mexico Mexique *m.* (8)

middle: Middle Ages Moyen Âge *m. s.* (12); **to be in the middle of** être (*irreg.*) en train de (15)

midnight: it is midnight il est minuit (6)

military budget budget (*m.*) militaire (16)

milk lait *m.* (6)

Minitel Minitel *m.* (10)

mirror miroir *m.* (4)

Miss Mademoiselle (Mlle) (1)

mixture mélange *m.* (7)

Monday lundi *m.* (1); **it's Monday** nous sommes lundi

money argent *m.*; **money exchange (office)** bureau (*m.*) de change (14)

monitor v. contrôler (16)

month mois *m.* (1)

monument monument *m.* (11)

more . . . than plus... que (14); **no more** ne... plus (9)

morning matin *m.*; **entire morning** matinée *f.* (8); **in the morning** du matin (6); **this morning** ce matin (5)

Moroccan (*person*) Marocain(e) *m., f.* (2)

Morocco Maroc *m.* (8)

most (of) la plupart (de) (12)

mother mère *f.* (5)

mother-in-law belle-mère *f.* (5)

motorcycle motocyclette, moto *f.* (9)

mountain montagne *f.* (8); **to go mountain climbing** faire (*irreg.*) de l'alpinisme (8)

mouse souris *f.* (1)

mouth bouche *f.* (13)

move in emménager (4)

move out déménager (4)

movie film *m.* (2); **movie theater; movies** cinéma *m.* (2)

Mr. Monsieur (M.) (1)

Mrs. Madame (M^mc^) (1)

much bien *adv.*; **as much/many . . . as** autant (de)... que (15); **how much?** combien (de)? (1); **too much** trop de (6); **very much** beaucoup (1)

municipal municipal(e) (11)

museum musée *m.* (11)

mushroom champignon *m.* (6)

music musique *f.* (2)

musician musicien(ne) (12)

myself moi-même (12)

naive naïf (naïve) (3)

name(d): my name is . . . je m'appelle... (10); **to be named** s'appeler (13); **what's your name?** comment vous appelez-vous? comment t'appelles-tu? (10)

napkin serviette *f.* (6)

natural naturel(le); **natural resources** ressources (*f. pl.*) naturelles (16)

nature nature *f.* (16)

necessary nécessaire; **it is necessary that** il est nécessaire que + *subj.* (16); **to be necessary** falloir *irreg.* (7)

neck cou *m.* (13)

necktie cravate *f.* (3)

need *v.* avoir (*irreg.*) besoin de (3); **one needs** il faut (7); il est nécessaire de (16)

neighbor voisin(e) (4)

neighborhood quartier *m.* (2)

nephew neveu *m.* (5)

nervous nerveux/euse (3)

network chaîne *f.* (10)

never ne... jamais (9)

new nouveau, nouvel, nouvelle (nouveaux, nouvelles) (3)

Newfoundland Terre-Neuve *f.*

newlyweds jeunes nouveaux mariés *m. pl.* (13)

New Orleans La Nouvelle-Orléans

newspaper (news) journal *m.* (*pl.* journaux) (10)

newsstand kiosque *m.* (10)

next ensuite, puis *adv.* (11); prochain(e) *adj.*; **next to** à côté de (4); **next week** la semaine prochaine (5)

nice beau (*weather*) (5); gentil(le) (3); agréable (3); sympathique (sympa *inv.*) (3); **it's nice (out)** il fait beau (5)

niece nièce *f.* (5)

night nuit *f.* (8); **at night** du soir (6)

nine neuf (1)

nineteen dix-neuf (1)

ninth le/la neuvième (11)

no non; **no longer, no more** ne... plus (9); **no one, nobody** ne... personne (9)

noise bruit *m.* (5)

nonsmoking area zone (*f.*) non-fumeurs (9)

noon midi (6)

normal normal(e) (3)

north nord *m.*; **to the north** au nord (9)

nose nez *m.* (13)

not (at all) ne... pas (du tout) (9); **not bad(ly)** pas mal (1); **not very** peu (3); **not yet** ne... pas encore (9)

notebook cahier *m.* (1)

nothing ne... rien (9)

Nova Scotia Nouvelle-Écosse *f.*

novel roman *m.* (10)

November novembre (1)

now maintenant (2); **from now on** à l'avenir (14), à partir de maintenant (14)

nuclear energy énergie (*f.*) nucléaire (16)

number (telephone) numéro (*m.*) (de téléphone) (10); **to dial a number** composer un numéro (10)

obliged: to be obliged to devoir *irreg.* (7)

obtain obtenir *irreg.* (8)

ocean mer *f.* (8)

o'clock: it is . . . o'clock il est... heures (6)

October octobre (1)

odd drôle (3)

of de (2); **of which** dont (14)

offer *v.* offrir *irreg.* (14)

office bureau *m.* (5)

officer (police) agent (*m.*) de police (14)

often souvent (2)

oil (olive) huile (*f.*) (d'olive) (7)

okay d'accord (2)

old ancien(ne) (4); vieux, vieil, vieille (4)

on (top of) sur (4); **on the ground** par terre (4)

once une fois (11); **all at once** tout d'un coup (11); **once a week** une fois par semaine (5)

one un(e) (1)

onion oignon *m.* (7)

only ne... que (9); seulement (9)

open *v.* ouvrir *irreg.* (14)

opinion: in my opinion pour ma part (16); à mon avis; **in your opinion** à votre (ton) avis (11); **public opinion** opinion (*f.*) publique (16); **to express an opinion** exprimer une opinion (16); **to have an opinion about** penser de (11)

optimistic optimiste (13)

or ou (2)

orange orange *inv.* (3)

order: in order/orderly en ordre (4); **in order to** pour (2); **to order** commander (6), prendre *irreg.* (*in a restaurant*) (6)

other autre (4); **others** d'autres (15); **the other(s)** le/la/les autre(s) (15)

outdoors de plein air; **outdoor activities** activités (*f.*) de plein air (15)

outside dehors

owe devoir *irreg.* (7)

oyster huître *f.* (7)

package paquet *m.* (10); colis *m.* (10)
pager pager *m.* (10)
pain: to have pain avoir (*irreg.*) mal
  (à) (3)
paint *v.* peindre *irreg.* (12)
painter artiste peintre *m., f.* (14);
  peintre (femme peintre) (12)
painting peinture *f.* (12); tableau
  m. (12)
palace palais *m.* (12)
pants pantalon *m. s.* (3)
pardon (me) pardon (1)
Parisian parisien(ne) (3)
park parc *n. m.* (11)
party soirée *f.* (3); **political party**
  parti *m.* (16)
pass (*time*) passer (6); **boarding
  pass** carte (*f.*) d'embarquement (9);
  to pass (*a test*) réussir à (4); **to
  pass by** passer par (8)
passenger passager/ère (9)
past passé *n. m.* (8)
pastry, pastry shop pâtisserie *f.* (7)
pâté (country-style) pâté (*m.*) (de
  campagne) (7)
patient *adj.* patient(e) (3)
patrimony patrimoine *m.* (12)
pay *v.* payer (10); **to pay attention
  (to)** faire (*irreg.*) attention (à) (5)
PDA (personal digital assistant)
  assistant (*m.*) numérique (10)
pear poire *f.* (6)
pen stylo *m.* (1)
pencil crayon *m.* (1)
pepper poivre *m.* (6)
performance spectacle *m.* (15)
period (*of history*) époque *f.* (12)
permit (to) *v.* permettre *irreg.*
  (de) (12)
person personne *f.* (3)
personal digital assistant (PDA)
  assistant (*m.*) numérique (10)
personally personnellement (16)
pessimistic pessimiste (3)
pharmacist pharmacien(ne) (14)
pharmacy pharmacie *f.* (11)
philosophy philosophie *f.* (2)
phone *v.* téléphoner (à) (3); **phone
  book** annuaire *m.* (10)
photocopy machine photocopieur
  m. (10)
physics physique *f.* (2)
picnic pique-nique *m.* (15)

pie tarte *f.* (6)
piece morceau *m.* (7); **piece of
  furniture** meuble *m.* (5)
pilot pilote *n. m., f.* (9)
pink rose (3)
place endroit *n. m.* (8); lieu *n. m.*
  (2); **place of residence** logement
  m. (4); **to place (put)** mettre
  irreg. (10)
plans projets *m. pl.* (5)
plate assiette *f.* (6)
platform (*train station*) quai *m.* (9)
play (*theater*) pièce (*f.*) de théâtre
  (12); **to play** (*a musical instrument*)
  jouer de (3); **to play** (*a sport or
  game*) jouer à (3)
player (cassette, CD, DVD) lecteur
  m. (de cassettes, de CD, de DVD)
  (4, 10)
pleasant gentil(le) (3); agréable (3)
please *interj.* s'il vous (te) plaît (1)
plumber plombier *m.* (14)
poem poème *m.* (12)
poet poète *m.*, femme poète *f.* (12)
poetry poésie *f.* (12)
point out indiquer (15)
police officer agent (*m.*) de police
  (14); **police station** commissariat
  m. (11), poste (*m.*) de police (11)
policy politique *f.* (16)
politely poliment (12)
political party parti *m.* (16)
politician politicien(ne) (16)
politics politique *f.* (16)
pollute polluer (16)
pollution pollution *f.* (16)
pool (swimming) piscine *f.* (11)
poor pauvre (3)
popular song chanson (*f.*) de
  variété (15)
pork porc *m.* (6); **pork butcher's
  shop (delicatessen)** charcuterie
  f. (7)
Portugal Portugal *m.* (8)
possible possible; **it is possible that**
  il est possible que + *subj.* (16), il se
  peut que + *subj.* (16)
post office bureau (*m.*) de poste
  (10); La Poste (10)
postcard carte (*f.*) postale (10)
poster affiche *f.* (4)
potato pomme (*f.*) de terre (6)
prefer aimer mieux (2); préférer (6)

preferable préférable (16)
preferred préféré(e) (5)
prepare préparer (5)
pretty joli(e) (4)
prevent (from) empêcher (de) (12)
price prix *m.* (7); **fixed-price menu**
  menu *m.* (7)
primary school teacher
  instituteur/trice *m., f.* (14)
problem ennui *m.* (9); problème
  m. (16)
process: to be in the process of
  être (*irreg.*) en train de (15)
produce *v.* produire *irreg.* (9)
professor professeur *m., f.* (1)
program (*TV, radio*) émission *f.* (10)
projector (overhead) rétroprojecteur
  m. (1)
proliferation prolifération *f.* (16)
protect protéger (16)
protection protection *f.* (16)
proud fier/ère (3)
psychology psychologie *f.* (2)
public public (publique) (11); **public
  opinion** opinion (*f.*) publique (16)
pun jeu (*m.*) de mots (15)
pursue poursuivre *irreg.* (12)
put (on) mettre *irreg.* (8)
putter (around) bricoler (15);
  puttering (around) bricolage
  m. (15)

quarter (*one-fourth*) quart *m.* (6);
  quarter (*district*) quartier *m.* (2);
  quarter past the hour et quart (6);
  quarter to the hour moins le
  quart (6)
Quebec (*city*) Québec (8) **Quebec**
  Québécois(e); **Quebec** (*province*)
  Québec *m.*
queen reine *f.* (12)
question: to ask a question poser
  une question (à) (11)
quiet tranquille *adj.* (4)

radio radio *f.* (2)
rain *v.* pleuvoir *irreg.* (8); **it's raining**
  il pleut (5)
raincoat imperméable *m.* (3)
raise *v.* augmenter (16)
rarely rarement (2)
rate (of exchange) cours *m.* (14),
  taux (*m.*) de change (14);

(of unemployment) taux de chômage (14)
read lire *irreg.* (10); **reading** lecture *f.* (15)
ready prêt(e) (3); **to get ready** se préparer (13)
realistic réaliste (3)
really vraiment (12)
reasonable raisonnable (3)
receipt reçu *m.* (14)
recognize reconnaître *irreg.* (16)
record disque *n. m.* (4)
recycle recycler (16)
recycling recyclage *m.* (16)
red rouge (3); **red** (*hair*) roux (rousse) (3)
redheaded roux (rousse) (3)
reform réforme *f.* (16)
refuse (to) refuser (de) (12)
regret *v.* regretter (16)
relate (*tell*) raconter (1)
relax se détendre (13)
relieved soulagé(e) (16)
remain rester (5)
remember se rappeler (13); se souvenir *irreg.* (de) (13)
Renaissance Renaissance *f.* (12)
rent *v.* louer (4)
repeat répéter (1)
reporter journaliste *m., f.* (14)
require exiger (16)
rescue *v.* sauver (16)
residence: university residence complex cité (*f.*) universitaire (cité-U) (2)
resource: natural resources ressources (*f. pl.*) naturelles (16)
rest *v.* se reposer (13)
restaurant restaurant *m.* (2)
résumé curriculum (*m.*) vitæ (C.V.) (14)
return (give back) rendre, retourner (8); (*go home*) rentrer (8); (*come back to someplace*) revenir *irreg.* (8)
review revue *n. f.* (10)
ride tour *n. m.*; **to take a ride** faire (*irreg.*) un tour (en voiture) (5)
right: on (to) the right à droite (4); **the Right Bank** (*in Paris*) Rive (*f.*) droite (11); **to be right** avoir (*irreg.*) raison (3)
river fleuve *m.* (8)

road route *f.* (8)
roast rôti *m.* (7)
Roman romain(e) (12)
room pièce *f.* (5); (*bedroom*) chambre *f.* (4, 5)
roommate camarade (*m., f.*) de chambre (4)
rug tapis *m.* (4)
run courir *irreg.* (15); faire (*irreg.*) du jogging (5)
Russia Russie *f.* (8)
Russian (*person*) Russe *m., f.* (2)

sailboat bateau (*m.*) à voile (8)
sailing voile *f.*; **to go sailing** faire (*irreg.*) de la voile (5)
salad salade *f.* (6)
salami saucisson *m.* (7)
salaried worker travailleur/euse salarié(e) (14)
salary salaire *m.* (14)
salmon saumon *m.* (7)
salt sel *m.* (6)
same même; **the same one(s)** le/la/les même(s) (15)
sandals sandales *f. pl.* (3)
sardines (in oil) sardines (*f. pl.*) (à l'huile) (7)
Saturday samedi *m.* (1)
sausage saucisse *f.* (7)
save (*rescue*) sauver (16); **savings account** compte (*m.*) d'épargne (14); **to save (up) money** faire (*irreg.*) des économies (14)
say dire *irreg.* (10)
schedule horaire *m.* (12)
school école *f.* (10); **primary school teacher** instituteur/trice (14)
screen écran *m.* (1)
sculptor sculpteur *m.*, femme sculpteur *f.* (14)
sculpture sculpture *f.* (14)
sea mer *f.* (8)
season saison *f.* (5)
seat (*theater*) place *f.* (12)
second le/la deuxième (11); **second floor** premier étage *m.* (5)
secretary secrétaire *m., f.* (14)
section (*of Paris*) arrondissement *m.* (11)
see voir *irreg.* (10); **see you soon** à bientôt (5); **to see again** revoir *irreg.* (10)

seems: it seems that il semble que + *subj.* (16); **to seem** avoir (*irreg.*) l'air de (3)
self-employed worker travailleur/euse indépendant(e) (14)
sell vendre (5)
send envoyer (10)
Senegal Sénégal *m.* (8)
Senegalese (*person*) Sénégalais(e) *m., f.* (2)
sense *v.* sentir *irreg.* (8)
September septembre (1)
serious sérieux/euse (3)
serve servir *irreg.* (8)
settle (down, in) s'installer (13)
seven sept (1)
seventeen dix-sept (1)
several plusieurs (15)
sexism sexisme *m.* (16)
shave *v.* se raser (13)
shelf étagère *f.* (4)
shirt chemise *f.* (3)
shoes chaussures *f. pl.* (3); **tennis shoes** tennis *m. pl.* (3)
shop (*store*) magasin *m.* (7); **butcher shop** boucherie *f.* (7); **pastry shop** pâtisserie *f.* (7)
shopkeeper commerçant(e) (14)
shopping: to do the shopping faire (*irreg.*) le marché (5)
short court(e) (*hair*) (3); petit(e) (*person*) (3)
shorts short *m. s.* (3)
show spectacle *n. m.* (15); **to show** indiquer (15); montrer (3)
shower douche *f.* (4); **to take a shower** se doucher (13)
since depuis (9); **since when** depuis quand (9)
sincere sincère (3)
sing chanter
single (*person*) célibataire *m., f.* (5)
sir Monsieur (M.) (1)
sister sœur *f.* (5); **sister-in-law** belle-sœur *f.* (5)
situate: to be situated se trouver (11)
six six (1)
sixteen seize (1)
sixty soixante (1)
ski ski *n. m.* (8); **ski boots** chaussures (*f. pl.*) de ski (8);

ski goggles lunettes (*f. pl.*) de ski (8); **ski jacket** anorak *m.* (8); **to ski** faire (*irreg.*) du ski (5), skier (2)

skiing ski *m.*; **cross-country skiing** ski de fond (8); **downhill skiing** ski alpin (8); **to go skiing** faire (*irreg.*) du ski (5); **waterskiing** ski nautique (8)

skin diving plongée (*f.*) sous-marine; **to go skin diving** faire (*irreg.*) de la plongée sous-marine (8)

skirt jupe *f.* (3)

sleep *v.* dormir *irreg.* (8)

sleeping bag sac (*m.*) de couchage (8)

sleepy: to be sleepy avoir (*irreg.*) sommeil (3)

slice tranche *f.* (7)

small petit(e) (3)

smell sentir *irreg.* (8)

smoke fumer (2)

smoker fumeur/euse (9)

smoking area zone (*f.*) fumeurs (9)

snack: afternoon snack goûter *m.* (6)

snob snob (3)

snow neige *n. f.*; **to snow** neiger; **it's snowing** il neige (5)

so alors; **so-so** comme ci, comme ça (1)

sociable sociable (3)

sociology sociologie *f.* (2)

socks chaussettes *f. pl.* (3)

sofa canapé *m.* (4)

solar energy énergie (*f.*) solaire (16)

sole (*fish*) sole *f.* (7)

some en *pron.* (11); quelques-uns/unes *pron.* (15); quelques *adj.* (15)

someday un jour (14)

someone quelqu'un (de) (15)

something quelque chose (de) (9); **something else** autre chose (7)

sometimes parfois (9); quelquefois (2)

somewhat assez (3)

son fils *m.* (5)

song (*popular*) chanson (*f.*) de variété (15)

soon bientôt (5); **as soon as** aussitôt que (14); dès que (14); **see you soon** à bientôt (1)

sorry désolé(e) (16); **to be sorry** regretter (16)

source source *f.* (16)

south sud *m.*; **to the south** au sud (9)

Spain Espagne *f.* (8)

Spanish (*person*) Espagnol(e) *m., f.* (2); (*language*) espagnol *m.* (2)

speak parler (2)

spend (*money*) dépenser (14); (*time*) passer (6)

spoon (soup) cuillère *f.* (à soupe) (6)

sport(s) sport *m.* (2); **sporting event** manifestation (*f.*) sportive (15); **sports coat** veste *f.* (3); **sports-minded** sportif/ive (3); **to do sports** faire (*irreg.*) du sport (5)

spring printemps *m.*; **in spring** au printemps (5)

square (*in city*) place *f.* (11)

stairway escalier *m.* (5)

stamp timbre *m.* (10)

stand: to stand in line faire (*irreg.*) la queue (5)

state état *m.* (8); **United States** États-Unis *m. pl.* (8)

station (subway) station (*f.*) de métro (11); **police station** commissariat *m.* (11); poste (*m.*) de police (11); **service station** station-service *f.* (9); **train station** gare *f.* (9)

stay *v.* rester (5)

steak bifteck *m.* (6)

stepbrother demi-frère *m.* (5)

stepfather beau-père *m.* (5)

stepmother belle-mère *f.* (5)

stepsister demi-sœur *f.* (5)

stereo chaîne (*f.*) stéréo (4)

steward, stewardess steward *m.* (9), hôtesse (*f.*) de l'air (9)

still encore (9)

stomach ventre *m.* (13)

stop *v.* arrêter (de) (12); s'arrêter (13)

store magasin *m.* (7); **fish store** poissonnerie *f.* (7); **grocery store** épicerie *f.* (7)

stormy: it's stormy le temps est orageux (5)

straight (*hair*) raide (3); **straight ahead** tout droit (11)

strange étrange

stranger étranger/ère (2)

strawberry fraise *f.* (6)

street rue *f.* (4)

strike: to strike faire (*irreg.*) grève (16)

stroll *v.* flâner (12)

student étudiant(e) (1)

study étudier (2)

suburbs banlieue *f.* (11)

subway métro *m.* (9); **subway station** station (*f.*) de métro (11)

succeed réussir (à) (4)

success réussite *f.*

suddenly soudain (11); tout à coup (11)

suffer souffrir *irreg.* (14)

sugar sucre *m.* (6)

suit (*man's*) costume *m.* (3); (*woman's*) tailleur *m.* (3); **suit jacket** veston *m.* (3)

suitcase valise *f.* (8)

sum montant *m.* (14)

summer été *m.*; **in summer** en été (5)

sun soleil *m.*; **it's sunny** il fait du soleil (5)

Sunday dimanche *m.* (1)

sunglasses lunettes (*f. pl.*) de soleil (8)

suntan: to get a suntan bronzer (8)

support *v.* soutenir *irreg.* (16)

sure sûr(e) (16)

surprised étonné(e) (16); surpris(e) (16)

survey sondage *n. m.* (16)

sweater pull-over *m.* (3)

sweetheart amoureux/euse (13)

swim *v.* nager (8); se baigner (13)

swimming pool piscine *f.* (11)

swimsuit maillot (*m.*) de bain (3)

Swiss (*person*) Suisse *m., f.* (2)

Switzerland Suisse *f.* (8)

table table *f.* (1)

take prendre *irreg.* (6); **to take** (*a course*) suivre *irreg.* (12); **to take** (*s.o. somewhere*) emmener (12); **to take a ride** faire (*irreg.*) un tour (5); **to take a shower** se doucher (13); **to take a trip** faire (*irreg.*) un voyage (5); **to take a walk** faire (*irreg.*) un tour (5); se promener (13); **to take an exam** passer un examen (4); **to take place** se passer (15)

tall grand(e) (3)

tape (cassette) cassette *f.* (4)

taste *v.* goûter (7)

taxes impôts *m. pl.* (16)

tea thé *m.* (6)

teach enseigner (à) (12); apprendre (à) (6)

teacher professeur *m.* (1); **primary school teacher** instituteur/trice (14)

team équipe *f.* (15)

telephone téléphone *n. m.* (4); appareil *n. m.*; **telephone book** annuaire *m.* (10); **telephone booth** cabine (*f.*) téléphonique (10); **telephone calling card** télécarte *f.* (10); **telephone number** numéro (*m.*) de téléphone (10); **to telephone** téléphoner à (3)

television télévision *f.* (1); téléviseur (10); **television channel** chaîne *f.* (10)

tell dire *irreg.* (10); raconter (11)

teller: automatic teller guichet (*m.*) automatique (14)

ten dix (1)

tennis shoes tennis *m. pl.* (3)

tent tente *f.* (8)

terrace terrasse *f.* (5)

test examen *m.* (2); **to pass a test** réussir à un examen (1)

thank you (very much) merci (beaucoup) (1); **to thank** remercier (3)

that cela (ça); que (4, 14), qui *rel. pron.* (4, 14); ce, cet, cette, ces *demonstrative adj.* (7)

theater (*movie*) cinéma *m.* (2)

then (and) (et) alors (4); ensuite; puis (11)

there là *adv.*; y *pron.* (11); **is/are there . . . ?** il y a... ? (1); **over there** là-bas (10); **there is/are** voilà (2); il y a

therefore alors (4); donc (4)

think (about) réfléchir (à) (4); **to think (of, about)** penser (à) (11); **to think (have an opinion) about** penser de (11); **what do you think about . . . ?** que pensez-vous (penses-tu) de... ? (11); **what do you think of that?** qu'en pensez-vous (penses-tu)? (11)

third floor deuxième étage *m.* (5)

thirsty: to be thirsty avoir (*irreg.*) soif (3)

thirteen treize (1)

thirty trente (1)

this cela (ça); ce, cet, cette, ces (7)

three trois (1)

throat gorge *f.* (13)

Thursday jeudi *m.* (1)

ticket billet *m.* (6); **ticket window** guichet *m.* (9)

tidy en ordre (4)

tie (*necktie*) cravate *f.* (3)

time fois (*f.*); heure *f.*; temps *m.* (5); **at what time . . . ?** à quelle heure... ? (6); **from time to time** de temps en temps (2); **not on time** en retard (6); **on time** à l'heure (9); **the time is . . . o'clock** il est... heures (6); **to pass, spend time** passer du temps (6); **what time is it?** quelle heure est-il? (6)

tip pourboire *n. m.* (7)

tired fatigué(e) (3)

to à (3); (*flight*) à destination de (9)

tobacconist (bar) café-tabac *m.* (11)

today aujourd'hui (1)

tomato tomate *f.* (6)

tomorrow demain (5)

too: me too moi aussi (3); **too bad! dommage!** *interj.* (16); **too much of, too many of** trop de (6)

tooth dent *f.* (13)

top: on top sur (4)

tourist class classe (*f.*) économique (9); **tourist information bureau** syndicat (*m.*) d'initiative (11)

towel: beach towel serviette (*f.*) de plage (8)

tower tour *f.* (11)

town hall mairie *f.* (11)

trade métier *n. m.* (14)

train train *m.* (9); **train car** wagon *m.* (9); **train station** gare *f.* (9)

translate traduire *irreg.* (9)

transportation transports *m. pl.*; **means of transportation** moyen (*m.*) de transport (9)

travel *v.* voyager (8); (*in a car*) rouler (9)

treat *v.* soigner (14)

tree arbre *m.* (5)

trip voyage *m.*; **to take a trip** faire (*irreg.*) un voyage (5)

trouble ennui *m.*

truck camion *m.* (9)

true vrai(e) (4)

trunk coffre *m.* (9)

try (to) essayer (de) (14); chercher (à) (12)

T-shirt tee-shirt *m.* (3)

Tuesday mardi *m.* (1)

Tunisia Tunisie *f.* (8)

Tunisian (*person*) Tunisien(ne) *m., f.* (2)

turn *v.* tourner (11)

TV la télévision (5)

twelve douze (1)

twenty vingt (1): **twenty-one** vingt et un (1); **twenty-two** vingt-deux (1)

two deux (1)

ugly laid(e) (4)

umbrella parapluie *m.* (8)

uncle oncle *m.* (5)

under sous (4)

understand comprendre *irreg.* (6); **I don't understand** je ne comprends pas (1)

unemployment chômage *m.*; **unemployed person** chômeur/euse (14); **unemployment rate** taux (*m.*) de chômage (14)

unfair: it is unfair that il est unjuste que & *subj.* (16)

unfortunate pauvre (3); **it is unfortunate that** il est fâcheux que & *subj.* (16)

United States États-Unis *m. pl.* (8)

university université *f.* (2); **university cafeteria** restaurant (*m.*) universitaire (resto-U) (2); **university dormitory** cité universitaire (cité-U) *f.* (2)

unjust injuste (16)

unlikely peu probable (16)

until jusqu'à (11)

up to jusqu'à (11)

urgent urgent(e) (16)

useful utile (16)

useless inutile (16)

usually d'habitude (5)

vacation vacances *f. pl.* (5)

VCR magnétoscope *m.* (1)

vegetable légume *m.* (6)

very très (1); fort *adv.* (14); **not very** peu (3); **very much** beaucoup (1); **very well, good** très bien (1)

violet violet(te) (3)

visit visite *n. f.* (2); **to visit** (*a place*) visiter (2); **to visit** (*s.o.*) rendre visite à (11)

voice mail boîte (*f.*) vocale (10)

voter électeur/trice (16)

wait (for) attendre (5)

waiter, waitress serveur/euse (7)

wake up se réveiller (13)

walk promenade *n. f.*; tour *n. m.*; **to take a walk** se promener (15); faire (*irreg.*) un tour/une promenade (5); **walking** marche *f.* (15)

wall mur *m.* (4)

want avoir (*irreg.*) envie de (3); désirer (15); vouloir *irreg.* (7)

war guerre *f.* (16)

wardrobe armoire *f.* (4)

warm: to be warm avoir (*irreg.*) chaud (3)

wash (*oneself*) se laver (13)

waste gaspillage *n. m.* (16); (*material*) déchet *n. m.* (16); **to waste** perdre (5); gaspiller (16)

watch *v.* regarder (2); **to watch out (for)** faire (*irreg.*) attention (à) (5)

water (mineral) eau (*f.*) (minérale) (6)

waterskiing ski (*m.*) nautique (8)

way (*road*) chemin *m.* (11)

wear porter (3)

weather temps *m.* (5); **how's the weather?** quel temps fait-il? (5); **it's bad (nice) weather** il fait mauvais (beau) (5); **weather forecast** météo *f.* (5)

web Web *m.* (10)

Wednesday mercredi *m.* (1)

week semaine *f.* (1); **every week** toutes les semaines (10); **next week** la semaine prochaine (5); **once a week** une fois par semaine (5)

weekend: on weekends le week-end (6); **this weekend** ce week-end (5)

welcome: you're welcome de rien (1); il n'y a pas de quoi (7); je vous en prie (7)

well bien *adv.* (15); **pretty well** ça peut aller (1); **things are going well** ça va bien (1); **very well, good** très bien (1)

west ouest *m.*; **to the west** à l'ouest (9)

what que (4); qu'est-ce que (1); qu'est-ce qui (15); quoi (4, 15); quel(le) (7); **what?** comment? (1); **what is it?** qu'est-ce que c'est? (4)

when quand (4); lorsque; où *relative pron.* (4); **since when** depuis quand (9)

where où (4)

which lequel, laquelle, lesquels, lesquelles (15); que, qui *relative pron.* (4); quel, quelle, quels, quelles *interr. adj.* (7); **of which** dont (14)

while: in a while tout à l'heure (5)

white blanc(he) (3); **white-collar worker** employé(e) (14)

who qui (4); qui est-ce qui (14); **who is it?** qui est-ce? (1)

whom qui (4); qui est-ce que; que (14); **of whom** dont (14)

whose dont (14)

why pourquoi (4)

wife femme *f.* (5)

willing: to be willing vouloir (*irreg.*) bien (7)

win *v.* gagner (14)

wind vent *m.*; **it's windy** il fait du vent, il y a du vent (5)

windbreaker blouson *m.* (3)

window fenêtre *f.* (1); **(ticket) window** guichet *m.* (9)

windsurfing planche (*f.*) à voile (8)

wine vin *m.* (6); **wine merchant** marchand (*m.*) de vin (14)

winter hiver *m.*; **in winter** en hiver (5)

wish *v.* souhaiter (16)

with avec (2)

withdraw retirer (14)

woman femme *f.* (2); **young woman** jeune femme *f.* (3)

wonder se demander (13)

wood(s) bois *m.* (11); forêt *f.* (8)

word mot *m.* (1); **word processing** traitement (*m.*) de texte (10)

work travail *n. m.* (2); **do-it-yourself work** bricolage *m.* (15); **work (of art)** œuvre (*f.*) (d'art) (12); **to work** travailler (2); (*machine or object*) marcher

worker travailleur/euse (14); (*manual*) ouvrier/ière (14); **salaried worker** travailleur/euse salarié(e) (14); **self-employed worker** travailleur/euse indépendant(e) (14); **white-collar worker** employé(e) (14)

world monde *m.* (8)

worse pire (14)

worth: to be worth valoir *irreg.* (16)

write (to) écrire *irreg.* (à) (10)

writer écrivain *m.*, femme écrivain *f.* (12)

wrong: to be wrong avoir (*irreg.*) tort (3); se tromper (13)

year an *m.* (1); **entire year** année *f.*; **to be (vingt) years old** avoir (*irreg.*) (twenty) ans (3)

yellow jaune (3)

yes oui (1); si (*response to negative question*) (9)

yesterday hier (8); **the day before yesterday** avant-hier (8)

yet: not yet ne... pas encore (9)

you: and you et vous (et toi) (1)

young *adj.* jeune (4); **young lady** jeune fille *f.* (3); **young man** jeune homme *m.* (3)

youth jeunesse *f.*; **youth hostel** auberge (*f.*) de jeunesse (9)

Zaire République (*f.*) Démocratique du Congo (2)

Index

This index is divided into two parts: Part I (Grammar) covers topics in grammar, structure, and usage; Part II (Topics) lists cultural, functional (**En société** and **Mots clés**), and vocabulary topics treated in the text. Topics in Part II appear as groups; they are not cross-referenced. See Appendix A for general definitions of grammatical terms presented with examples.

Part I: Grammar

Part II: Topics

CULTURE

FUNCTIONS (Mots clés and En société)

STRATEGIES (Avant de lire)

VOCABULARY

Credits

Photo Credits

Page iii Corbis; **2** (*top left*) Beryl Goldberg; **2** (*top right*) PhotoDisc/Getty Images; **2** (*bottom left*) Photodisc/Getty Images; **2** (*bottom right*) Ulrike Welsch; **3** (*top left*) PhotoDisc/Getty Images; **3** (*top right*) Owen Franken/Stock Boston; **3** (*bottom left*) Jason Laure/The Image Works; **3** (*bottom right*) Photomondo/Getty Images; **6** Adam Sylvester/Photo Researchers; **12** Corbis; **18** Superstock; **19** Paul Edmondson/Corbis; **30** Division des Archives, Université Laval, Québec; **46** David R. Frazier/Photo Researchers; **47** Dean Abramson/Stock Boston; **60** Trevor Bonderv/FirstLight; **73** Owen Franken; **74** Owen Franken; **75** Erik Nelson; **79** Erik Nelson; **84** (*top*) Charly Hel/Prestige/Getty Images; **84** (*bottom*) © AFP/Corbis; **85** Charly Hel/Prestige/Getty Images; **90** Hulton Archive/Getty Images; **95** Dovic Muriel/Corbis; **102** Ulrike Welsch; **103** David Houser; **111** Andrew Brilliant; **112** Francis G. Mayer/Corbis; **117** (*bottom*) Corbis; **118** Pierre Auguste Renoir, *Madame Georges Charpentier and Her Children*, 1878. Oil on canvas, 60 1/2 × 74 7/8. The Metropolitan Museum of Art, New York. Wolfe Fund, Catharine Lorillard Wolfe Collection, 1907; **121** Owen Franken; **132** Panos Pictures; **133** David Houser; **139** Frank Pedrick/The Image Works; **140** Erich Lessing/Art Resource; **146** Betty Press/Panos Pictures; **152** Gault Millau; **153** Owen Franken; **154** Owen Franken; **160** Sandro Vannini/Corbis; **161** Owen Franken; **169** (*left*) Owen Franken, **169** (*right*) Owen Franken, **174** Owen Franken, **184** Owen Franken; **186** Denarnaud/Sipa Press; **187** Betty Press/Panos Pictures; **188** Dave G. Houser/Corbis; **198** Michelle Burgess/Stock Boston; **201** Monkmeyer Press/Rogers; **204** (*top*) Courtesy of IBM Archives; **204** (*middle*) Roger-Viollet, Paris; **204** (*bottom*) Bettman/Corbis; **212** Eric A. Wessman/Stock Boston; **213** PhotoEdit; **214** Owen Franken; **215** Ulrike Welsch; **218** Owen Franken; **223** Corbis; **225** A. Allstock Publiphoto; **226** Corbis; **231** (*bottom*) Corbis; **232** J.L. Bohin/Photo Researchers; **244** Owen Franken; **245** Owen Franken; **246** Beryl Goldberg; **253** Courtesy of Orient Express; **255** Owen Franken; **267** Owen Franken; **273** Owen Franken; **274** Owen Franken; **275** Owen Franken; **280** Owen Franken; **282** David Hanover/Stone/Getty Images; **288** Beryl Goldberg; **297** Owen Franken; **298** (*top*) Benoit Roland/The Image Works; **298** (*bottom*) Frank Pennington/Unicorn Stock Photos; **301** Owen Franken; **302** Ulrike Welsch; **303** Beryl Goldberg; **304** Lawrence Manning/Corbis; **305** Jacques Guillard/Scope; **307** Giraudon/Art Resource; **312** Doug Armand/Getty Images; **314** Eric Ben/Archivo Iconografico, S.A.; **318** Owen Franken; **320** (*top*) Monkmeyer Press; **320** (*bottom*) Jahan/Explorer; **321** (*left*) Owen Franken; **321** (*right*) Desmond/Monkmeyer Press; **322** (*top right*) M. Antman/The Image Works; **322** (*left*) 1997 Comstock; **322** (*bottom right*) Steve Vidler/Superstock; **324** Thomas Craig/Picture Cube; **326** Vincent Van Gogh, *Self-Portrait*, 1889. Musée d'Orsay, Paris. Photograph by Erich Lessing/Art Resource; **327** Owen Franken; **334** Owen Franken; **335** Lionel Delevigne/Stock Boston; **339** Michael Busselle/Getty

Images; **342** Digital Stock; **343** Claude Monet, detail from *Waterlilies*. Orangerie, Paris. Photograph © Giraudon/Art Resource; **345** Globe Photos; **346** Digital Stock; **351** © Herscovia/Art Resource, New York; **352** Owen Franken; **356** Owen Franken; **364** (*top*) Owen Franken; **364** (*bottom*) © Lauros-Giraudon/Art Resource; **365** Animals/Animals; **369** Nik Wheeler/Black Star; **370** C. Osborne/Photo Researchers; **376** Bill Bachmann/Mira; **382** Owen Franken; **383** Christopher Bissell/Getty Images; **386** Owen Franken; **389** Owen Franken; **390** Giraudon/Art Resource; **391** Beryl Goldberg; **396** Bruce Paton/Panos Pictures; **402** Farrell Grehan/Photo Researchers; **408** Robert Fried 1995; **411** Owen Franken; **413** Mark Antman/The Image Works; **421** Owen Franken; **422** Erich Lessing/Art Resource, NY; **423** Sylvain Grandadan/Getty Images; **427** Dourdin/Photo Researchers; **430** Robert Fried/Stock Boston; **432** Corbis; **438** The Granger Collection; **445** Facelly/Sipa Press; **450** Noel Quidu/Gamma Liaison; **454** Stevens/Gamma Liaison; **463** Donald Stampfli/AP Wide World Photos; **469** (*top*) Robert Fried/Stock Boston; **469** (*bottom*) Corbis

Literary & Realia Credits

Page 26 (*top*) Hachette Filipacchi Associés, Levallois-Perret Cx, France; **26** (*bottom right*) Hachette Filipacchi Associés, Levallois-Perret Cx, France; **26** (*bottom left*) *Quo*, 11/19/98. Used by permission of Suzuki Motor Corporation; **35-36** Flags © Liber Kartor, Sweden; **55** Text, logo, and photo used courtesy of Programme spécial de français, École des langues vivantes, Université Laval, Québec; **71** Magazines Canada 1998: Writer/Art Director, Dennis Bruce; Art, Jerzy Kolacz; **111** "Avantages et pièges de la colocation" by Sebastien Thomas, *Quo*. Used by permission of Hachette Filipacchi Associés, Levallois-Perret Cx, France; **124** *Dernières Nouvelles d'Alsace*; **159** © L'Express 1998; **177** Restaurant La Guirlande de Julie, Paris, France; **194** Courtesy of Restaurant St. Julien les vignes, Puyricard, France; **224–225** Dakar, Gorée, Joal, Les site mégalithiques, La Casmance http://www.primature.sn/tour/t_dec.htm#Dakar; **258** Used by permission of Association française du festival international du film; **277** Courtesy of *Africa No. 1*; **292** © 2002 Michelin, Permission No. 02-US-017; **313–314** *Journal Français d'Amérique*; **345** "Déjeuner du matin" in *Paroles* by Jacques Prévert, © Éditions Gallimard; **371–372** Text: From "L'acupuncture: est-elle sur la bonne voie," *Ça m'intéresse*, November 1998; **380** Jean-Pierre Adelbert; **426** Data from Ministère de la Culture et de la Communication in *Francoscopie 1999* by Gérard Mermet (Paris: Larousse); **441** "Petit plaidoyer pour le vélo à Paris" Courtesy of Éditions Parigramme, "Faire du vélo à Paris" 2002; **455** Courtesy of the Ministère de la Culture et de la Communication (DGLFLF); **463** *La Réclusion solitaire* by Tahar Ben Jelloun, © Éditions Denoël 1976

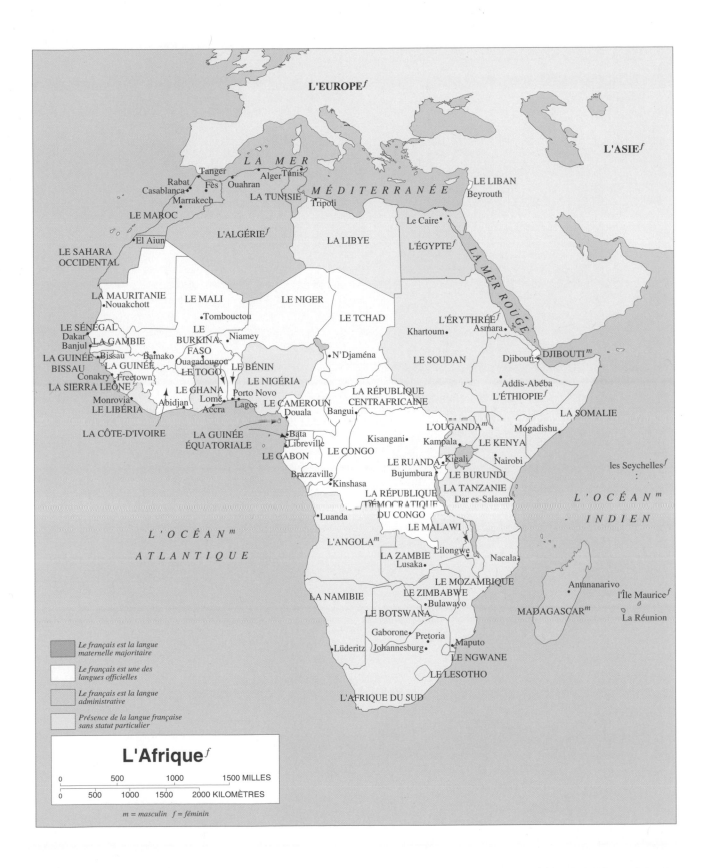

L'EUROPE*f*

L'ASIE*f*

LA MER

Tanger
Rabat •Alger •Tunis
Casablanca •Fès •Ouahran
•Marrakech   LA TUNISIE
LE LIBAN
Beyrouth

MÉDITERRANÉE

LE MAROC
•Tripoli

L'ALGÉRIE*f*

•El Aiun

Le Caire•

LA LIBYE

L'ÉGYPTE*f*

LE SAHARA
OCCIDENTAL

LA MER ROUGE

LA MAURITANIE
•Nouakchott

LE MALI

LE NIGER

LE TCHAD

L'ÉRYTHRÉE*f*
Khartoum•   Asmara•

•Tombouctou

LE SÉNÉGAL
Dakar•
LA GAMBIE
Banjul•
LA GUINÉE
BISSAU
•Bissau
Conakry•

LE
BURKINA-
FASO
•Niamey

•N'Djaména

LE SOUDAN

Djibouti• DJIBOUTI*m*

Bamako•
Ouagadougou•
LA GUINÉE   LE TOGO
•Freetown   LE BÉNIN
LA SIERRA LEONE
LE NIGÉRIA
Porto Novo

LE GHANA
Monrovia• Abidjan• Lomé•
LE LIBÉRIA   Accra• Lagos•
LE CAMEROUN
Douala•

Bangui•

LA RÉPUBLIQUE
CENTRAFRICAINE

Addis-Abéba•
L'ÉTHIOPIE*f*

LA SOMALIE

Mogadishu•

LA CÔTE-D'IVOIRE

LA GUINÉE
ÉQUATORIALE

•Bata
•Libreville
LE GABON

Kisangani•

LE CONGO

L'OUGANDA*m*
Kampala•

LE RUANDA Kigali•
Bujumbura•
LE BURUNDI

LE KENYA

Nairobi•

les Seychelles*f*

Brazzaville•
Kinshasa•

LA RÉPUBLIQUE
DÉMOCRATIQUE
DU CONGO

LA TANZANIE
Dar es-Salaam•

L'OCÉAN*m*

INDIEN

•Luanda

LE MALAWI

*L'OCÉAN*m*

ATLANTIQUE

L'ANGOLA*m*

LA ZAMBIE
Lusaka•

Lilongwe•
•Nacala

Antananarivo•

LE MOZAMBIQUE

l'Île Maurice*f*

LA NAMIBIE

LE ZIMBABWE
•Bulawayo

MADAGASCAR*m*
La Réunion

LE BOTSWANA

Gaborone•
•Pretoria
•Maputo

Lüderitz• Johannesburg•

LE NGWANE

LE LESOTHO

L'AFRIQUE DU SUD

	Le français est la langue maternelle majoritaire
	Le français est une des langues officielles
	Le français est la langue administrative
	Présence de la langue française sans statut particulier

L'Afrique*f*

| 0 | 500 | 1000 | 1500 MILLES |

| 0 | 500 | 1000 | 1500 | 2000 KILOMÈTRES |

m = masculin   *f* = féminin

ralauriehw@yorku.ca

L'Europe*f*

0 50 100   200   300   400   500 MILLES
0 100 200 300 400 500 600 700 800 KILOMÈTRES

m = masculin   f = féminin

Le français est la langue
maternelle majoritaire

Le français est une des
langues officielles

Le français est la langue
administrative

Présence de la langue française
sans statut particulier

Reykjavik
L'ISLANDE*f*

LA SUÈDE

LA NORVÈGE

LA FINLANDE

Helsinki

St-Pétersbourg

Oslo

Stockholm

Tallinn
L'ESTONIE

LA RUSSIE

Moscou

LA MER BALTIQUE

Riga

LA LETTONIE

L'ÉCOSSE*f*

LA MER
DU NORD

Copenhague

LA LITUANIE

Tver

Vilnius

Minsk

L'IRLANDE DU NORD

LA GRANDE-

LE DANEMARK

LA BIÉLORUSSIE

L'IRLANDE*f* Dublin

BRETAGNE

LE PAYS DE GALLES

L'ANGLETERRE*f*

Amsterdam

Berlin

Varsovie

Londres

LES PAYS-BAS*m*

L'ALLEMAGNE*f*

LA POLOGNE

Kyev

LA BELGIQUE

Bonn

L'UKRAINE*f*

Jersey

Bruxelles

Luxembourg

Prague

LE LUXEMBOURG

LA RÉPUBLIQUE
TCHÈQUE

LA SLOVAQUIE

Paris

L'OCÉAN
ATLANTIQUE*m*

LA FRANCE

Vienne

Bratislava

LA MOLDAVIE

Chisinau

Berne

Budapest

LA HONGRIE

Lausanne LA SUISSE

L'AUTRICHE*f*

Genève

Ljubljana

Zagreb

LA ROUMANIE

le Val d'Aoste

LA SLOVÉNIE

LA CROATIE

Belgrade

Bucarest

LA MER
NOIRE

L'ITALIE*f*

LA BOSNIE-
HERZÉGOVINE

LE PORTUGAL

L'ANDORRE*f*

Sarajevo

LA SERBIE

LA BULGARIE

Istanbul

Madrid

La Corse

LE MONTÉNÉGRO

Sofia

Lisbonne

Ajaccio

Rome

Titograd

Skopje

L'ESPAGNE*f*

Tirana

LA MACÉDOINE

LA TURQUIE

L'ALBANIE*f*

LA MER
ADRIATIQUE

LA GRÈCE

LA MER ÉGÉE

LA MER MÉDITERRANÉE

Athènes

L'AFRIQUE*f*

LA CRÈTE